U0920740

中国农业机械化年鉴

THE YEARBOOK OF AGRICULTURAL MECHANIZATION IN CHINA

主管　中 华 人 民 共 和 国 农 业 部
主办　农业部南京农业机械化研究所

2016

中国农业科学技术出版社

图书在版编目 (CIP) 数据

中国农业机械化年鉴 . 2016 / 陈巧敏主编 . — 北京 : 中国农业科学技术出版社，2016. 12

ISBN 978-7-5116-2752-0

Ⅰ. ① 中… Ⅱ. ① 陈… Ⅲ. ① 农业机械化－中国－2016－年鉴 Ⅳ. ① F323.3-54

中国版本图书馆CIP数据核字(2016)第222109号

责任编辑　姚　欢
责任校对　李向荣

出 版 者　中国农业科学技术出版社
　　　　　北京市中关村南大街 12 号　　邮编：100081
电　　话　（010）82106636（编辑室）　（010）82109704（发行部）
　　　　　（010）82109709（读者服务部）
传　　真　（010）82106631
网　　址　http://www.castp.cn
经 销 者　各地新华书店
印 刷 者　南京四彩印刷有限公司
开　　本　889mm × 1194mm　1/16
印　　张　21　彩插　4 面
字　　数　900 千字
版　　次　2016 年 12 月第 1 版　2016 年 12 月第 1 次印刷
定　　价　320.00 元

版权所有 · 翻印必究

中国农业机械化年鉴编辑委员会

名誉主任
张桃林

主　任
李伟国

副主任
白人朴　孔　亮　李安宁　陈巧敏

刘　敏　刘恒新　陈　志　毛　洪

编　委
（按姓氏笔划为序）

丁卫东	马世青	马荣才	孔　亮	木合塔尔·艾沙		毛　洪	牛宝俊	王玉狮
王利民	王建元	王建伟	王建江	王罗方	王家忠	韦恩学	仪坤秀	可　斌
宁学贵	左义河	白人朴	任永昌	刘云泽	刘长华	刘伟华	刘　旭	刘绍太
刘恒新	刘　敏	吕参军	吕林汉	朱　良	何存贵	吴军旗	宋建武	张连才
张桃林	李伟国	李安宁	李斯华	杜永清	杨　林	杨敏丽	杨　斌	汪小昆
沈建辉	肖体琼	陈巧敏	陈　阳	陈　志	陈志颖	陈　健	陈海燕	陈　涛
陈　雍	周建龙	周　洲	官少飞	范学民	范景龙	郑建东	郑联邦	侯庆忠
姚春生	施　忠	洪暹国	胡志超	凌小燕	凌中南	徐成高	涂志强	秦大春
贾立新	郭建辉	高明飞	曹光乔	黄铭福	葛建平	虞景龙	翟金津	潘旭春

名誉主编
汪懋华

主　编
陈巧敏

副主编
王利民　李斯华　王家忠

编　辑
凌小燕　乔　璐　张进龙　高　雅　朱　冰　刘昊一　金雪婷　谢铭露

特约编审
宋　英　刘司法

编辑说明

一、《中国农业机械化年鉴》是我国农业机械化综合性行业年鉴，旨在逐年记载我国农业机械化发展的历史进程，提供农业机械化经济技术资料与统计数据，服务现代农业，促进行业发展，为政府决策提供发展借鉴与依据。

二、《中国农业机械化年鉴》2016年版设领导报告与论述、农业机械化论坛、农业机械化政策法规及规章、农业机械化工作、农机工业与流通、农业机械化统计资料、农机社团组织、机构与负责人、大事记、附录、索引等栏目。

三、《中国农业机械化年鉴》由中华人民共和国农业部主管，农业部南京农业机械化研究所主办。中国农业机械化年鉴编辑委员会由农业部农业机械化管理司、各省（自治区、直辖市）农业机械化主管部门、有关农业机械化企事业单位和高等院校领导与专家组成。《中国农业机械化年鉴》编辑部设在农业部南京农业机械化研究所。

四、《中国农业机械化年鉴》采用分类编辑法编辑，类目下设分目，年鉴以条目为记载资料的基本单元。

五、《中国农业机械化年鉴》的类目、分目、条目标题使用不同字体、字号，类目标明于页眉，以便于检索，条目标题均为黑体字加【 】号。

六、《中国农业机械化年鉴》所采用的稿件来自农业部、各省（自治区、直辖市）农业机械化主管部门、有关农业机械化企事业单位和高等院校，条目、数据、事实等经过有关部门反复核对。

七、《中国农业机械化年鉴》的各项全国统计数字均不含香港特别行政区、澳门特别行政区和台湾地区。

八、为便于读者查阅，《中国农业机械化年鉴》卷首有目录，卷末有大事记和索引，全书的信息资料可通过目录、大事记、索引3个检索渠道查阅。

九、由于编排格式的需求，年鉴农业机械化发展报告、领导报告与论述、农业机械化论坛等栏目文章略去了“参考文献”内容，在此深表歉意。

十、《中国农业机械化年鉴》的编辑工作得到中国农业科学院、各级农业机械化主管部门、农业机械化企事业单位和有关高等院校的大力支持，在此深表谢意。

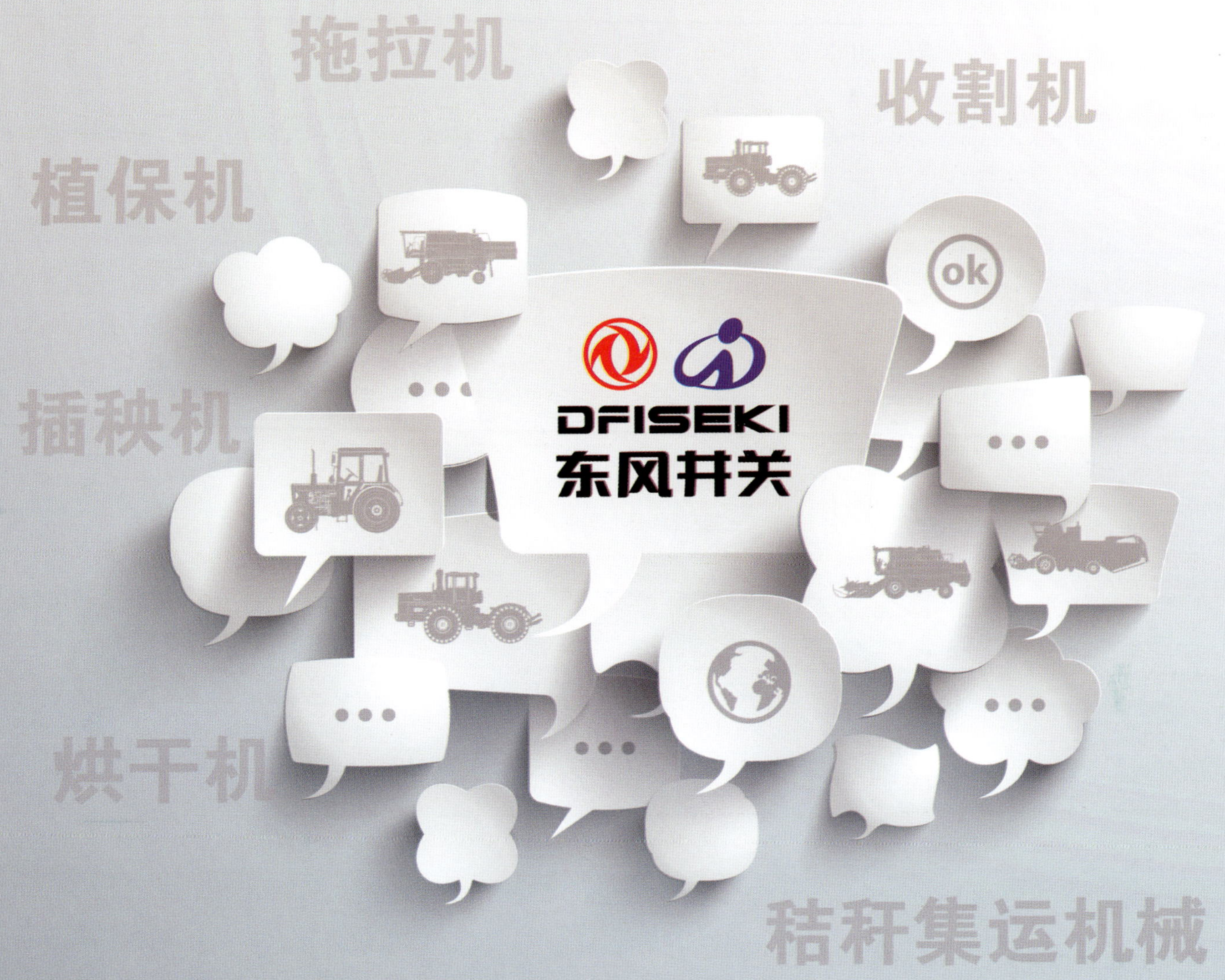

拖拉机
收割机
植保机
插秧机
烘干机
秸秆集运机械

DFISEKI
东风井关

为全程机械化提供创新解决方案

东风井关农业机械有限公司
地址：湖北省武汉市经济技术开发区东风三路1号东合中心B座16楼
电话：027-84289904
传真：027-84289900
Email：yx@dfiseki.com
网址：www.dfiseki.com

东风井关农业机械有限公司
地址：湖北省武汉市经济技术开发区东风三路1号东合中心B座16楼
电话：027-84289904
传真：027-84289900
Email：yx@dfiseki.com
网址：www.dfiseki.com

全面 高质 高效

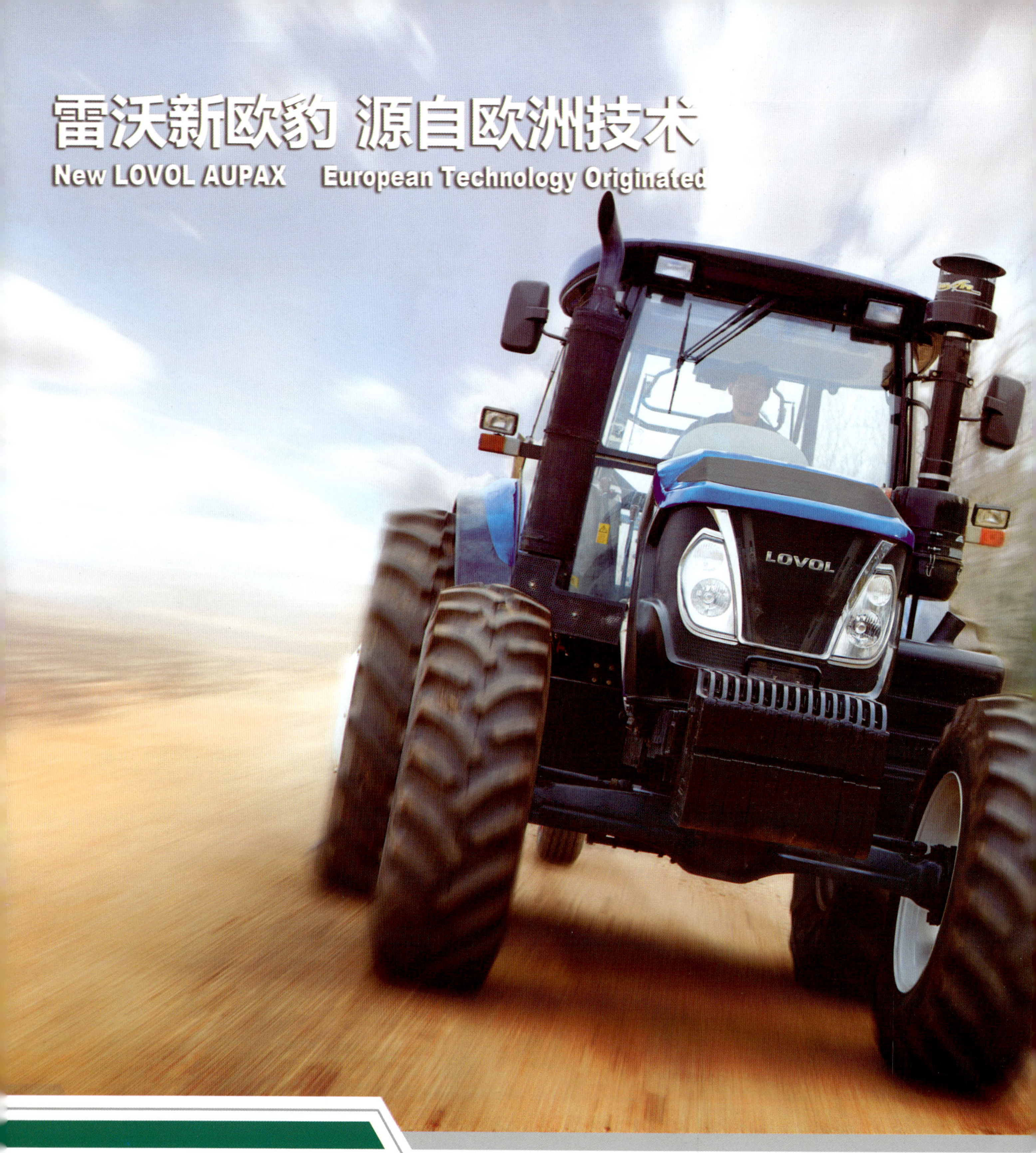

雷沃新欧豹 源自欧洲技术

New LOVOL AUPAX European Technology Originated

雷沃欧豹的产品基因，融入着欧洲现代人机工学理念，以简约时尚的朴质艺术和内敛风格，在驰骋田野的同时带您迈入全新境界。

新欧豹采用节能环保的国三发动机，三大系统全面升级，为您提供更加舒适、可靠、高效的驾乘使用体验。

雷沃重工股份有限公司雷沃阿波斯潍坊农业装备分公司

LOVOL ARBOS WEIFANG AGRICULTURAL EQUIPMENT BRANCH OF LOVOL HEAVY INDUSTRY CO., LTD.

地址：山东省潍坊市北海南路192号　网址：www.lovol.com　服务专线：4006589888

销售电话：0536-7608629（小麦机）7527087（玉米机）7623129（水稻机）7603190（拖拉机）7602173（农机具）

雷沃阿波斯农业装备微信

雷沃阿波斯农业装备微博

www.lovol.com

雷沃 ASHNA 谷神 GE70
创富明星·锋芒所向
为你带来高效干净的收获体验

LOVOL
AGRICULTURE

雷沃阿波斯农业装备
LOVOL ARBOS AGRICULTURAL

地　址：山东省潍坊市北海南路 192 号　网　址：www.lovol.com　24 小时统一服务热线：4006589888
销售电话：0536-7608629（小麦机） 7527087（玉米机） 7623129（水稻机） 7603190（拖拉机） 7602173（农机具）

雷沃阿波斯农业装备微信

雷沃阿波斯农业装备微博

www.lovol.com

品质超越，从常

扫一扫了解更多

江苏常发农业装备股份有限公司
JIANGSU CHANGFA AGRICULTURAL EQUIPMENT CO.,LTD

地　　址：江苏省常州市武进区礼嘉镇常发工业园
销售热线：0519-86236220　　服务热线：400-8878228
传　　真：0519-86230033　　网　　址：www.changfanz.com

企业简介

山东润源实业有限公司始建于 1986 年，致力于农业装备的研发、生产、销售、服务一体的专业制造企业，现有职工 1200 余人，其中高级工程师 100 余人，大专以上学历 220 余人，熟练技术工人 900 余人，四个项目事业部，九个处室，两个技术中心，一个省级技术中心，是国家级守合同重信用企业、高新技术企业、省级企业技术中心、山东名牌、山东省著名商标。公司占地面积 25 万平方米，建筑面积 12 万平方米。公司拥有先进的厂房、装配流水线以及涂装流水线，世界一流的激光切割机、机械手焊接设备、数控折弯机、CNC 数控加工中心以及钣金加工设备，一流的制造工艺和独立的零配件供应系统，保证用户随时随地享受高质量的产品和优质、及时的售后服务。“润源”以严谨的管理理念，强大的科研开发团队，完善的质量检测体系，使其在农业装备制造行业中独树一帜。

公司通过了 ISO9001：2008 质量管理体系和 ISO/TS16949 全球汽车质量体系认证。

公司与中国农机院、山东大学、山东理工大学等科研院所、高校全面战略合作。

主要产品有玉米收获机、谷物联合收割机、水稻收割机、畜牧机械、拖拉机等系列。“润源”产品坚持以自动化、智能化、大型化为发展方向，以先进的技术，优质的产品，完善的网络为广大用户提供优质、快捷的服务，为世界农业贡献力量！

公司董事长丁月芝先生热情欢迎国内外广大朋友来润源参观、洽谈、真诚合作、共创辉煌！

地址：山东省临清市临博路15号润源工业园　邮编：252653　网址：www.runyuan.com.cn　E-mail：sdrysy@163.com

润源收获
让农业生产更专业、更高效、更轻松！
Runyuan 润源实业
山东润源实业有限公司
地址：山东省临清市临博路15号润源工业园
电话：0635-2636868/2639999
网址：www.runyuan.com.cn
全国招商热线：
400 635 6998

星光农机股份有限公司

2万台新建项目鸟瞰图

星光农机股份有限公司成立于2004年，是一家集研发、制造、销售、服务于一体的农业机械上市企业（股票代码：603789），注册资金2亿元,占地面积260余亩,现有员工380余人,专业为客户打造作业性能优越和高效率的农业机械并提供技术支持。公司秉承中国农业文明传统，致力于中国现代农业装备的推广与应用。公司拥有从事农业机械研究和开发三十余年经历的资深高级工程师，多位专业的高级技师和一支技术型员工队伍，因此在农业机械的研发、制造等方面具有雄厚的实力。公司依托技术优势获得并储备了多项国家专利，是国家重点支持的高新技术企业；二级安全质量标准化企业；湖州市工业行业龙头骨干企业。

公司通过了ISO9001质量管理、ISO14000环境管理、OHSAS18000企业健康安全等三体系认证；建有企业研究院、产业技术联盟、院士专家工作站、博士后工作站等科研平台，先后参与起草了多项国家与行业技术标准，引领收获机械行业的技术升级。拥有国际先进制造加工设备，主要生产收获机械、动力机械、耕整机械，产品畅销全国，同时出口多个国家，其优越的作业性能，可靠的售后服务保障，得到了国内外客户的一致信赖。

公司倡导富国兴农，以人为本；注重研发与服务，崇尚品质与管理。立足国内，面向世界，不断提高自身素质，增强企业竞争力，全面提高企业管理水平和产品质量，以稳健的步伐迈向世界舞台！

地址：浙江省湖州市和孚镇星光大街1688号

销售热线：0572 - 3966618　服务热线：0572 - 3966999　网址：www.xg1688.com

国外引进的先进数控设备

洛阳市鑫乐机械设备有限公司

全还田防缠绕免耕施肥播种机系列产品

2BMQF-8/16全还田防缠绕免耕施肥播种机

2BMQF-6/12全还田防缠绕免耕施肥播种机

2BMQF-7/14全还田防缠绕免耕施肥播种机

洛阳市鑫乐机械设备有限公司，地处佛教圣地”释源祖庭白马寺”西一公里，是专业生产”全还田防缠绕免耕施肥播种机”系列产品的企业公司。

我公司生产的”全还田防缠绕免耕施肥播种机”是十多年来紧紧围绕国家农业部提出的保护性耕作技术研发的新型机械装备，是旋耕刀的换代产品，在农机技术上有重大突破，填补了国内技术及产品的空白，技术理念达到国际先进水平，有效满足现代农业复式、联合、节能、高效的农业技术作业需求，是国家农业部提出的实现“全国主要农作物全程机械化”的重点推广机型。

该装备技术先进、功能齐全、优势有三点。

优势一：懒汉种田、复式作业、一次性完成铡切、灭茬、秸秆与土壤有效分离、开沟碎土、播种、施肥、覆土、镇压、起垅多道工序，使种子种在带墒情的净土里，苗全苗壮。

优势二：节约增产、节水：雨水、雪水、浇地水都渗透在沟里，墒情持续时间长，秸秆分离在背垅上，擢干种湿，微垅覆盖、沟播双行探墒、边沟优势好，起到了蓄水保墒、通风透光、保湿、保墒、保苗的作用。在南方，对付水稻作物的水肥高产田的厚层秸秆的通过性不受影响，省事、省力、节约、增产。

优势三：一机多用：可播种小麦、玉米、大豆、谷子、油菜、高粱、花生等。

公司对该系列产品拥有完全的知识产权，三项发明专利，十三项国家实用新型专利。有专业的研发团队，专业的制造团队，专业的销售服务团队。

多年来，公司团队以服务三农为根本宗旨，以市场为导向，以客户为中心。实现了秸秆全还田，防燃禁烧，“懒汉种田，节约增产”，真正做到了利国利民。产品适应于全国各省市不同地区的作物种植，做到了农机农艺的完美结合，得到了农业部及各省市有关领导和专家的高度赞誉和充分肯定。使农业生产持续发展，受到了全国老百姓的欢迎！

洛阳市鑫乐机械设备有限公司

全国免费服务电话：400-618-0379

玉米：前茬小麦，复式作业，一次性完成秸秆全还田，微垅覆盖，免耕探墒，沟播种植玉米长势。

谷子：前茬小麦，复式作业，一次性完成秸秆全还田免耕播种，免间苗精播谷子在山西晋城长势。

小麦：前茬玉米，复式作业，一次性完成秸秆全还田，微垅覆盖，探墒，沟播双行小麦抽穗期长势。

大豆：前茬小麦，收割后高留茬，复式作业，一次性完成秸秆全还田，探墒播种大豆在山西晋城长势。

销售热线：0379-63789371　　0379-63789005

许经理：13703490216

地址：洛阳市白马寺镇政府西300米

传真：0379-63789371

网址：www.lyxinle.com

企业简介

山东众和植保机械股份有限公司（股票代码：832466）始建于2007年3月，是一家专注于农业植保机械的研发、制造和销售的国家级高新技术企业。旗下子公司分别涉及农业机械、农资、工程机械、化工、商贸等领域业务。

公司通过了ISO9001体系认证和国家知识产权贯标认证，其产品均已通过3C认证，拥有先进的产品研发能力及稳定的核心技术团队，2016年被评为“山东省知识产权示范企业”。迄今已取得50余项国家专利，其中发明专利3项。2013年与济南大学合作成立“济大-众和智能植保机器人技术研究中心”。

产品多元化开发与生产，目前植保机械上市产品达12款，销售网络遍及全国27个省市自治区。“2016中国农业机械年度产品TOP50”评选活动中山东众和3WPSD-300型自走式喷杆喷雾机荣获“市场领先奖”。

由中国农业机械学会农机化分会与农机360网共同主办的第七届“精耕杯”农业机械行业评选中，山东众和被评为“用户最心仪的植保机械十佳品牌”。

山东众和始终坚持“服务农业现代化，降低农民劳动强度，立志成为水田植保机械行业的No.1”的发展目标而不懈努力。期盼与您的合作，期待与您的共赢！

智能植保机器人

- 高性价比，服务大众

该产品采用无线局域网络传输数据和精准作业控制，使此款产品的操控成本大幅降低。

- 人机分离，科学喷洒

该产品利用无线wifi局域网络传输，视觉反馈遥操作，真正实现远程无人驾驶，彻底达到人药分离。

- 实时动态反馈，手动自动一体切换

该植保机器人采用遥控操作与自主操作相结合的方式，自动循迹，通过整合激光雷达、超声波、红外等多传感器融合反馈的数据，机器人可以进行自动驾驶。

地址：山东省烟台市栖霞经济开发区安徽路

邮编：265323

电话：+86-535-5573752

网址：www.sdzhgf.com

全国统一客服热线

400-0072-606

山东众和
JOIN HERE
CCTV.com 央视网
推广合作伙伴
一机多用
液体药肥喷洒·固体化肥抛撒
运苗
400-0072-606
3WPHS-700

卓越的发动机制造专家

国三
国四

绿色科技动力

推动中国农机现代化持续进步

一拖(洛阳)柴油机有限公司
YTO (LUOYANG) DIESEL ENGINE CO., LTD

服务热线：400-659-1869

为国三农机提供环保、强劲、可靠动力

一拖（洛阳）柴油机公司总经理：游海

一拖（洛阳）柴油机有限公司，成立于1958年，专业设计、生产多缸多系列柴油机，经过近60年的发展，现拥有轻中重三家发动机制造基地，产品涵盖四、六缸柴油机。

公司目前生产的著名品牌为“东方红”的柴油机，共有4大产品平台、十九大系列（YM重型产品平台包括S、H、K三大系列；LR中型产品平台包括V、N、M、B、A五大系列；YT中型产品平台包括A、B二大系列；YD轻中型产品平台包括380、385、480、485、490、495、4100、4102、4015九大系列），形成从2L到12L排量，10KW到405KW功率段的黄金产品链，年制造能力30万台。

公司始终把目光定位在行业发展的前沿，携手英国里卡多公司、美国西南研究院等国际著名的一流研发机构，保持着核心技术与国际的同步化。

东方红柴油机，在非道路移动机械配套动力中，系列和品种最全，可以全面满足拖拉机、收割机、工程机械、发电机组、船机、固定机组等主机的动力配套需求。具有功率强劲、扭矩储备大、可靠耐用、低耗经济的显著优势。产品技术升级，如非道路国Ⅲ产品的研发、认证和批量投产；电控喷射；四气门；废气后处理；减振降噪等，都在非道路移动机械配套动力行业中处于领先地位。

公司在全国各地建立了12个驻外服务中心、1100个服务站；9个配件中心库、380个配件专卖店。服务半径小，配件平价正宗，就地就近快速为用户提供优质服务。在每年的春耕、夏收、秋收农忙季节，派出大规模的服务人员和车辆，将服务送到田间地头、用户庭院。公司在农机行业首创了“金色服务”品牌，多年来我们精心维护，不断丰富其内涵，使其不断发扬光大，“金色服务”在您身边。

公司和产品先后获得全国机械工业质量管理活动杰出企业；中国内燃机行业排头兵企业；中国农机零部件（农用柴油机）龙头企业；农机行业最高信用等级AAA企业；用户最满意的农机配套产品十佳品牌；中国农业机械产品十大优秀配套商；中国农业机械零部件产品金奖和创新奖；用户最心仪的农机部件二十佳品牌奖；农机行业用心智造十大产品奖；中国工程机械配套动力最具影响力品牌等称号和奖项。

目前，东方红农用国三柴油机，包括LR、YT、YM、YD四大产品平台，近500种机型已经获得国家环保部的国三型式认可证书。其中自然吸气型可覆盖55-120马力，增压型可覆盖95-150马力，增压中冷型可覆盖95-270马力。完全可以满足拖拉机、小麦收、玉米收、水稻收等农机的配套需求。

东方红柴油机自2015年10月1日切换成国三以来，大批量配套全国主要的拖拉机主机厂包括中国一拖、东风农机、中联重机、沃得、清拖、山东五征、迪尔天津、常林、国泰等，收获机主机厂包括、中联重机、洛阳中收、山东金亿、中农博远、河北英虎、新疆波曼、山东巨明、河南豪丰、洛阳福格森等，经过春耕、夏收和秋收的使用验证，东方红国三农用柴油机的可靠性、动力性和服务保障，受到了用户、经销商和主机厂的认可和好评。2016年7月2日，农业部农机化推广总站在安徽阜阳召开“2016”国三农机应用推广会，对东方红农用国三柴油机进行了重点推介。

东方红柴油机，配套国三农机，行业内销量遥遥领先。

蓝天白云、青山绿水，宜居的环境，是每个中国人的不懈追求。公司作为国有企业，肩负着严格遵守国家法规、生产排放达标产品、超前储备满足将来排放要求更加严格的技术和产品、引领行业生产环保产品的重任。公司目前已经做好农用国四柴油机的技术和产品储备，并且已经开始进行国五农用柴油机的研发。储备一代、研发一代，公司将坚持对环保产品研发的大力度投入，与国际先进企业保持深层合作，为中国农机的现代化持续不断的提供环保、强劲、可靠的动力。

绿色科技动力
推动中国农机现代化持续进步

一拖（洛阳）柴油机有限公司
YTO (LUOYANG) DIESEL ENGINE CO., LTD

服务热线：400-659-1869

绛县星源工贸有限公司

绛县星源工贸有限公司成立于2008年，位于安峪镇工业园区，拥有总资产2000余万元。现有职工30余人，其中高级工程师2人，工程师5人，拥有生产设备20余台套及一条完整的装配生产线。在当地政府、运城市和山西省各级领导和有关部门的亲切关怀、大力支持下，历时五年多的研发和改进，本着“以质量求生存，以创新求发展”的公司理念，攻克了一道道技术和制造难关，生产出了理想的自走式秸秆收获打捆机。2013年，通过了山西省农机局组织的鉴定验收，获得了《农业机械定型鉴定证书》；2014年11月6日，经山西省经信委鉴定验收，颁发验收合格证。经山西省科学技术厅鉴定验收，获得了《科技成果鉴定证书》，并被鉴定为国际先进水平，已获得专利8项。2016年10月22日，自走式秸秆收获打捆机项目经中科高技术企业发展评价中心评审通过，被评为“收割打捆一体化技术水平国内领先”，并纳入科技部的“国家科技成果网”公布。为了紧跟农机科技发展趋势，满足市场需求，减少空气污染，节能减排，我公司精心组织，在原有技术的基础上，2015年至2016年期间研发了电动自走式秸秆收获打捆机和液压驱动自走式秸秆收获打捆机两款新产品。这三款产品作为我公司的主打产品推向市场，其中电动自走式秸秆收获打捆机填补了市场的空白，并获山西省电动农机奖补资金支持。

鑫绛牌自走式秸秆收获打捆机适用于小麦、玉米、葵花、苜蓿、药材等多种农作物秸秆，可为造纸行业、工业生产、食用菌、畜牧养殖业、生物质发电厂等提供原料，有利于保护环境、保护土壤有机质、利于复播，受到了广大农户、相关专家及社会各界的一致好评。

鑫绛牌系列自走式秸秆收获打捆机结构紧凑，转弯半径小，通过性好；操作方便，机动灵活，地域适应性强。配套国内知名品牌国Ⅲ标准25kW柴油机，性能稳定可靠；采用德国进口RS6003重型打结器，打捆可靠，成捆率高达98%；设计扭矩限制器防止过载、有效保护关键部件，工作可靠性高。收割打捆一机完成，比捡拾类打捆机收草率高25%-50%；投资小，油耗低，一人即可操作，成本低，一机多用，经济效益高。

液压驱动系统采用意大利技术，实现无级变速，调速范围宽，一个手柄即可实现换向与变速，作业更轻便。

电动自走式秸秆收获打捆机配套25kW直流无刷电机，61.4kWh磷酸铁锂动力电池，环保节能，零排放，无污染，符合国家新能源产业政策；使用成本低，用电比用柴油降低能耗成本约1/2～2/3。

鑫绛牌自走式秸秆收获打捆机是农民致富的好帮手！

鑫绛牌4FZY-2000型

液压驱动自走式秸秆收获打捆机

★可靠性高：

配套国内知名品牌最新国Ⅲ标准25kW柴油机，性能稳定可靠；

采用德国进口RS6003重型打结器，打捆可靠，成捆率高达98%；

设计扭矩限制器防止过载、有效保护关键部件，工作可靠性高。

★性价比高：

广泛用于小麦、玉米、葵花、苜蓿、药材等多种农作物秸秆收割打捆，一机多用，经济效益高；

收割打捆一机完成，比捡拾类打捆机收草率高25%-50%；

价格适中，投资小，油耗低，一人即可操作，成本低，效益高。

★适应性强：

结构紧凑，转弯半径小，通过性好；

操作方便，机动灵活，地域适应性强。

★驾乘舒适：

液压驱动系统采用意大利技术，实现无级变速，调速范围宽，一个手柄就可实现换向与变速，作业更轻便；

豪华密封式驾驶室，配置空调，密封性好，操作舒适。

鑫绛牌4FZ-2000A型
自走式秸秆收获打捆机

★可靠性高：

配套国内知名品牌最新国Ⅲ标准25kW柴油机，性能稳定可靠；

采用德国进口RS6003重型打结器，打捆可靠，成捆率高达98%；

设计扭矩限制器防止过载、有效保护关键部件，工作可靠性高。

★性价比高：

广泛用于小麦、玉米、葵花、苜蓿、药材等多种农作物秸秆收割打捆，一机多用，经济效益高；

收割打捆一机完成，比捡拾类打捆机收草率高25%-50%；

价格适中，投资小，油耗低，一人即可操作，成本低，效益高。

★适应性强：

结构紧凑，转弯半径小，通过性好；

操作方便，机动灵活，地域适应性强。

★可靠性高：

配备国内知名品牌25kW直流无刷电机，200Ah磷酸铁锂动力电池，性能稳定可靠；

采用德国进口RS6003重型打结器，打捆可靠，成捆率高达98%；

设计扭矩限制器防止过载、有效保护关键部件，工作可靠性高。

★性价比高：

广泛用于小麦、玉米、葵花、苜蓿、药材等多种农作物秸秆收割打捆，一机多用，经济效益高；

收割打捆一机完成，比捡拾类打捆机收草率高25%-50%；

价格适中，投资小，一人即可操作，成本低，效益高。

★适应性强：

结构紧凑，转弯半径小，通过性好；

★电动自走式秸秆收获打捆机优势：

1.环保节能，零排放，无污染，符合国家新能源产业政策；2.能源利用率高；3.噪声小；4.降低成本，用电比用柴油降低能耗成本约1/2～2/3。

鑫绛牌4FZD-2000型

电动自走式秸秆收获打捆机

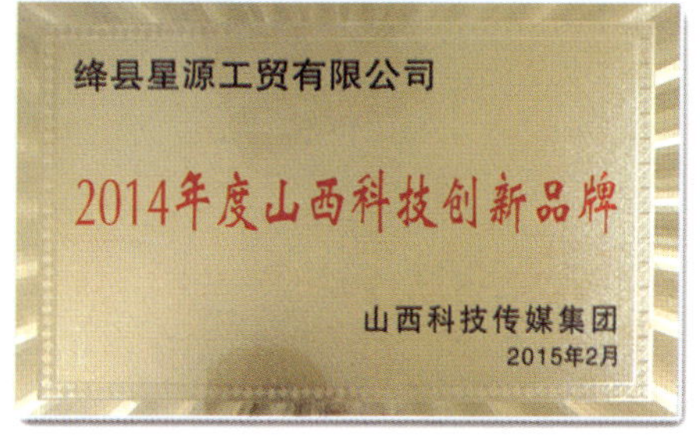

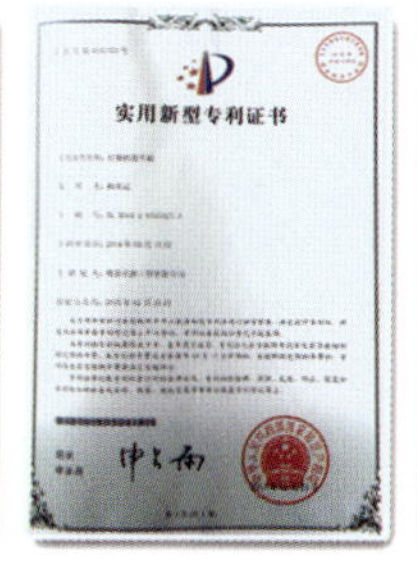

绛县星源工贸有限公司

地址：山西省运城市绛县安峪镇工业园区

电话：400-9656-576　网址：www.sxjxxygm.com

农业装备研发制造、农业和食品工程为主导的多元化科技型企业

- 农业装备
- 畜牧业装备
- 农产品与食品加工装备
- 可再生能源装备
- 军工与特种装备
- 勘察设计与工程施工
- 信息传媒

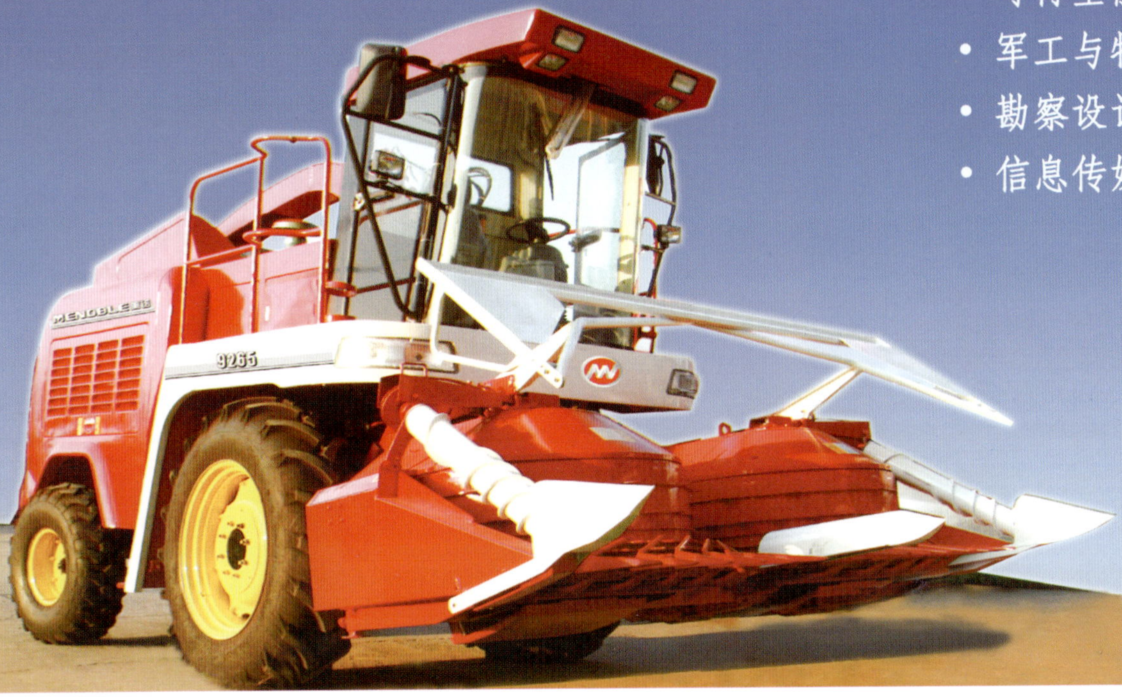

青贮饲料收割机

中国农业机械化科学研究院
Chinese Academy of Agricultural Mechanization Sciences

中国农业机械化科学研究院（以下简称“中国农机院”）成立于1956年。1999年由科研事业单位整体转制成为中央直属科技企业。2009年进入中国机械工业集团有限公司。总部位于北京奥运村核心地区。在职员工6000余人。

中国农机院将以打造“价值型农机院”为引领，致力于建设“创新农机院、智慧农机院、幸福农机院”，围绕现代农业装备制造、农业和食品工程，发展多元化产业，努力打造具有国际竞争力的一流企业，引领中国农机工业技术进步，支撑中国农业机械化发展。

10kg/s通用型多功能谷物联合收割机

方草捆压捆机

六行采棉机

液压反转犁

免耕播种机

地址：北京朝阳区德胜门外北沙滩一号 （100083）电话：010-64882223 传真：010-64877326 网址:www.caams.org.cn

OK种机 ——走向世界的品牌

酒泉奥凯种子机械股份有限公司始建于1958年，是国内最早研制生产种子加工机械的专业化龙头企业。

◆国家级企业技术中心、国家技术创新示范企业、国家高新技术企业。

◆国家种子加工装备工程技术研究中心、种子加工成套装备国家地方联合实验室、农业部种子加工技术装备重点实验室依托单位。

◆甘肃省战略性新兴产业总体攻坚战优势行业骨干企业。

◆中国农机工业AAA级信用企业、中国农机工业100强。

◆首批国家级知识产权优势企业。

◆公司荣获2015年甘肃省人民政府质量奖。

◆产品曾获国家银质奖，有5项系列产品获甘肃名牌产品。

四条国内一流的全智能化钢板仓设备生产线

公司以专业化设计，采用先进的加工设备，精湛的加工工艺和过程管理，不断的提高公司的产品质量和服务水平，为您提供农业工程规划设计、生产制造、工程安装、调试运行和人员培训等一条龙“交钥匙工程”的整体解决方案。

国家种子加工装备工程技术研究中心

设计安装的大型种子加工成套生产线

焊接机器人工作现场

智能静电喷涂生产线

热销机型

打造国际行业知名品牌　创建百年强势酒泉奥凯

地址：甘肃省酒泉市南郊工业园区奥凯路3号（735000）
电话：400-891-8181
E-mail：lzok@woksm.com　woksm@163.com

地址：兰州市城关区南面滩268号创新大厦B座三层（730010）
传真：0937-2616300　传真：0931-8235907
网址：www.woksm.com

洋马全喂入联合收割机 AW85GR 85PS

■ **发动机配置**

洋马国“Ⅲ”排放4TNV98T型增压进气85马力柴油发动机，"ECO"电控引擎、动力强劲，即使配置辅助作业机也能保证稳定动力输出。

■ **割取部**

收割作物高度适应广，输送稳定可靠，可调节割台与拨禾轮的高度适应多品种作物的收割作业。

■ **脱粒清选部**

超长封闭六面体耙齿滚筒、双风扇多风道设计使得脱粒高效，选别精良。

■ **底盘**

宽幅500mm/高齿45mm履带，后倾式行走结构，适应多种作业条件。

■ **操作简单，作业舒适**

液压HST无级变速，拨禾轮与割台联动，手控液压转向可靠便捷。高位液压式卸粮装置，省工高效。

■ **选配附件**

粉碎机、下割刀、油菜装置等适应多种作业条件要求。

洋马拖拉机 YT704

洋马半喂入联合收割机 AG600G

洋马乘坐式高速插秧机 VP6D

洋马农机官方微信

扫一扫,关注洋马农机官方微信,尊享洋马公司、产品、服务、部品等信息。

洋马农机(中国)有限公司

YANMAR AGRICULTURAL EQUIPMENT (CHINA) CO.,LTD.

地址:江苏省无锡新区黄山路8号 | 邮编:214028 | 电话:0510-85216887（销售专线）| 传真:0510-85218154 | http://cn.yanmar.com/

麦赛福格森
MF 2204 大马力拖拉机

屡获国内外殊荣的他，继承了历经百余年麦赛福格森家族的出色动力和性能，Dyna-6 型先进传统系统与非凡的电子控制系统相结合，实现精准作业和舒适驾驶。

体验蝙蝠侠般的敏捷和威猛，不容错过的麦赛福格森明星款大马力拖拉机MF2204。

爱科中国运营中心

地址：江苏省常州市武进高新技术开发区常武南路508号

电话：+86-(0)519-8619 9700　**传真：**+86-(0)519-8552 7020　**邮编：**213164

客户关怀热线：400-8812-396　**代理商服务热线：**400-9902-396

网站：www.agcocorp.cn

请扫描二维码关注微信服务号“爱科在线”

中国马铃薯机械制造专家

希森天成

2CMX-4B 马铃薯播种机

1LF-550 翻转犁

3ZMP-360 马铃薯中耕培土施肥机

3WP-1200 喷杆式喷雾机

4UQ-165 马铃薯收获机

为您的马铃薯全程机械化提供专业服务

山东希成农业机械科技有限公司

ShanDong Transce Agricultural Machinery Technology Co., Ltd.

地址：山东省乐陵市文昌东路485号

客服热线：4001-123-678

网址：www.sdtiancheng.com

常林农装

沐河

山东常林农业装备股份有限公司

山东常林农业装备股份有限公司坐落于山东临沭，是“中国机械工业百强”企业。公司北依兖石铁路、东临日照港、连云港；长深高速横穿临沭，四十公里内有临沂和连云港两个机场。

山东常林农业装备业务，经过七十年的发展，已经由1943年组建的稻埝铁业小组，从锻造简单农具、生产制造播种机、脱粒机等农业机械，到1987年开发生产“沭河”系列手扶拖拉机，直到目前的“沭河”系列手扶拖拉机、柴油机、四轮拖拉机；“沭河•小耕牛”系列微耕机；“沭河•谷丰”系列稻麦联合收割（打捆）机、2-6行多款电控操纵、静液压驱动、无级变速系列、籽粒直收系列玉米收获机、捡拾打捆机等现代农业装备的大型农业装备企业。2013年，常林农业装备业务的“沭河•谷丰”系列玉米收获机械，分别荣获精耕杯“用户最喜爱玉米收获机械十佳品牌”和《农民日报》“2013中国农民最喜爱品牌”等荣誉，“沭河”谷丰系列玉米收获机投放市场后，在较短的时间内成功进入到收获机械领域。目前，公司已在全国各区域建有400余家代理商和“沭河”农机4S连锁店。产品分别出口亚、非、欧、拉美等60多个国家和地区。凭借钻石般的品质，公司分别荣获“全国质量管理先进企业”、“山东省政府质量奖”、“山东省名牌”、“最具成长价值品牌”、“2013中国用户最喜爱的农机品牌”、“中国用户最喜爱玉米收获机械十佳品牌”、全国农机流通协会“创新标杆单位”、“全国优秀服务团队”、“全国守合同重信用企业”、“全国企业信用评价AAA级信用企业”等荣誉称号。

本着“持续改进，力求质量完美；不断创新，确保顾客满意”的方针，公司专门配置了40余辆三包服务车，分布在全国各地。对用户反映的问题，承诺24小时到位、48小时内给予解决。优质的产品、高效的服务，赢得了广大用户的一致好评。

公司以“专注.匠心.升级”为内涵，加快新农村建设，促进农业现代化发展，全面实现“让耕牛退休、请农民进城、由我们种田”的企业愿景。

免费服务电话：400-007-1399

地址：山东省临沭县常林西大街112号　邮编：276715

电话：0539-7192087　传真：0539-7190256

网址：www.sdclnz.net

五征农业装备

五征青贮机

五征雷诺曼系列 动力换挡拖拉机
145~230马力

山东五征集团有限公司农业装备事业部
AGRICULTURAL EQUIPMENT DIVISION, SHANDONG WUZHENG GROUP CO., LTD.
地址：山东省日照市北经济开发区五征汽车城
邮编：262306 电话：0633-5329999 传真：0633-5323562

客户服务
400-6582-999
www.wuzheng.com.cn

浙江中工农业装备有限公司

浙江中工农业装备有限公司公司成立于2013年12月，是一家外商投资企业，现有占地面积约415亩，位于杭州、宁波、温州、金华四座城市的交通交汇处，专业化生产和销售农业装备（拖拉机、植保机械、收获机械、配套机具）整机及其主要零部件。

公司预计总投资8亿元用于农机产品开发和生产设施配置，目前已经拥有专业技术人员30余人、外聘专家2人，其中中级以上职称16人；拥有原装进口高精尖生产设备23台，各项专用检测设备15台；采用先进的清洗涂装流水线，按照JB/T 5673《农林拖拉机及机具涂漆 通用技术条件》质量执行，工艺设计涂装线质量达到QC/T484-1999《汽车油漆涂层》TQ6的质量要求；底盘生产及装配采用日本、瑞士、欧美设备体系，实现GB/T21958-2008拖拉机驱动桥标准执行，从而达到与国际同步国内先进水平。

公司已成功研发28-80马力拖拉机并批量销往客户，产品安全性、可靠性、舒适性得到客户好评。目前公司已经建立了系列化的产品标准，确保产品质量技术的先进性。此系列化产品是一种水旱兼用中型轮式拖拉机，具有结构紧凑、操作方便、转向灵活、自重轻、提升力大和维修方便等特点，定制优化的国III排放四缸直喷发动机，扭矩储备率大、动力足、易启动、油耗低。整机配合农具适宜于大、中、小型水田及旱田、翻耙、旋耕、播种、田间管理、收获等作业，亦可作为固定动力、除草、铲运、运输作业等。

中工农装将不断致力于农业机械的研究，力争成为行业的领头羊。

齐跃千里　共赢天下

中工农装·协同发展·以农为本·共创未来

浙江中工农业装备有限公司

地址：浙江省嵊州市经济开发区浦南大道368号

邮箱：sales@sinomachinery-ae.com

咨询电话

400-694-3888

www. sinomachinery-ae.com

安徽省传奇农业机械制造有限公司

打造农机精品 开创徽拖传奇

安徽省传奇农业机械制造有限公司是自然人投资和控股的有限责任公司；公司的主要生产范围：拖拉机、收割机、打捆机、烘干机、秸秆还田机等农业机械制造与销售。是一家长期致力于研发、制造、销售、服务于一体的现代农业装备制造企业。现有职工500余人，其中，专业技术人员60余人，总投资7亿元，占地面积20万平方米。

主要产品有：拖拉机（型号：CQ-704、CQ-1000、CQ-1104、CQ-1200、CQ-1204、CQ-1300、CQ-1304、CQ-1354、CQ-1504、CQ-1654、CQ-1854及220马力以上大型拖拉机、谷物联合收割机、玉米收割机、打捆机、烘干机、秸秆还田机等自主创新品牌。

传奇恪守诚实守信的经营理念，与经销商、供应配套商建立良好的合作关系，将继续坚持贴近百姓、面向市场、服务社会、为民造福；坚持自主创新，以人为本、科学管理；坚持品牌战略，承担起振兴农业，产业报国，造福亿万百姓的光荣使命。努力争创国家级研发中心，进一步开拓国际市场，成为国际农机市场有影响力的传奇品牌。

CQ1000 轮式拖拉机
CQ1200 轮式拖拉机
CQ1204 轮式拖拉机
CQ1300 轮式拖拉机
CQ1304 轮式拖拉机
CQ1404 轮式拖拉机
CQ1504 轮式拖拉机
CQ1654 轮式拖拉机

CQ1854 轮式拖拉机

联系方式：0552-2220888　　服务热线：400-878-5515

公司地址：安徽省蚌埠市怀远县经济开发区世纪大道21号

宁波甬野拖拉机制造有限公司

宁波甬野拖拉机制造有限公司是一家强强联合的企业，位于长江三角洲杭州湾大桥南岸经济发达交通便利的港口城市——宁波。公司主要生产甬野牌28-80马力轮式水田、旱地二用拖拉机。公司已有近50年专业生产拖拉机的历史，企业经过近50年的发展，年产达万台，甬野牌拖拉机具有：牵引力大、操作方便、省油、可靠性好故障率低、整机性能优越等特点，出口泰国能承受40度以上高温满负荷高强度作业。被当地用户誉为“水田王”。

宁波甬野坚持“奋发向上、求实创新、用户至上、质量第一”的质量方针，坚守“顾客满意、诚信为本”的经营理念。公司现拥有稳定的国内外市场，产品主要出口美国、英国、秘鲁、埃及、阿根廷、东南亚等30多国家和地区。甬野牌拖拉机是中国最成功的拖拉机品牌之一。

www.nbyytlj.com

地址：浙江省宁波市余姚二六市工业区11号

销售热线：0574-62947759　传真：0574-62947756

全国免费服务热线：4000-708-768

南昌旋耕机厂有限责任公司

"春翔"牌系列旋耕机被列为：

国家火炬计划　国家星火计划

国家级重点新产品

"春翔"牌系列旋耕机曾荣获：

机械工业部优质产品称号

部、省、市科技进步奖　中国旋耕机行业金质奖章

江西省名牌产品称号　江西省著名商标　国家免检产品

水田驱动耙

南昌旋耕机厂始建于1958年，2006年5月为适应市场经济的需要，建立了现代企业制度，企业更名为南昌旋耕机厂有限责任公司。公司位于江西省会南昌市的南大门银三角地区，占地面积7.2万平方米，员工总数160人，其中专业技术人员12人（高中级技术人员6名），管理人员22人，固定资产原值2300万元，拥有各类生产设备600多台套，并且形成了产品零部件规范化、专业化生产线，表面喷塑涂装线，整机装配线，企业信息管理已实现局域网(Microsoft系统)信息共享和计算机辅助设计（CAD）。

公司是原机械工业部重点企业，国家二级企业，中国农机工业协会常务理事单位、中国旋耕机械协会付理事长单位、全国轮（履带）式旋耕机专业组组长厂，江西省机械工程学会常务理事单位。

驱动圆盘犁

公司是专业生产全系列旋耕机及其变型产品的厂家，具有一定的开发研制新产品的能力，技术力量雄厚、工艺装备齐全，产品质量可靠，性能稳定，在国内外享有一定的知名度，深受广大农户称赞。多年来我公司奉行"实干、创新、和谐、发展"的企业精神，执行"全过程改革、全质量管理、全系列生产、全方位销售、全素质提高、全项目夺标"的治厂方针，在国内外公司、客户的关照下，产品已发展到24个系列、300余个品种，耕幅从40㎝到520㎝，可与6～160马力世界各地的拖拉机匹配能适应多种不同的农艺要求和完成多种农业、牧业工程作业。

旋耕机

公司的质量方针是"尽春翔之力，持续改进质量管理体系，确保产品符合法律法规要求，提高可靠性，出精品、出新品，不断满足顾客需求，夺最佳效益，创春翔名牌"。是通过国际ISO9001质量保证体系认证的企业。

目前，"春翔"牌产品在我国行业中获品种、质量、产值、产量、效益、市场领域均属行业前列。产品畅销全国31个省、自治区、直辖市，国内旋耕机市场占有率10%，并出口到26个国家和地区。

公司更将励精图治，研制、生产更多、更好、不同规格、不同型号、不同功能的各式、各类驱动农业机具，致力于自主开发新产品。以顾客为中心是公司宗旨；与时俱进、开拓进取、春翔农机、再创辉煌是公司的行动纲领。

厂址：江西省南昌市南昌县莲塘镇五一路235号
电话：0791-85716694
传真：0791-85715817
邮箱：ncxgjc@163.com
网址:http://www.ncxgjc.com
邮编:330200

整机装配生产线

服务热线

400-6516-059

佳和保丰河北农业机械制造有限公司

佳和保丰河北农业机械制造有限公司（以下简称“佳和保丰”）座落于有中国杂技之乡美誉的河北省吴桥县，交通便利，人杰地灵。

公司成立于2005年，占地160000平方米，注册资金1200万元，现拥有资产1.5亿元，是一家集农业收获机械，植保机械及与之配套的核心部件研发、制造、销售、服务于一体的现代化企业。公司目前拥有员工500余名，其中研究员2名，高级工程师4名，工程师16名，各类技术人员20名。

佳和保丰以“传承绿色农耕、服务现代农业”为文化理念，秉承“务实诚信、果敢睿智、进取创新、责任感恩”，坚持“诚信、敬业、以人为本、广聚英才”实现可持续发展。

佳和保丰前身是一家专业研发、制造农机核心部件的大中型企业，拥有多年的研发制造经验，发展至今已成为拥有年生产力8000余台套整机的现代化企业。主要产品有三行、四行、五行自走式玉米收获机，ZP3系列、ZP4系列自走式喷杆喷雾机。销往河南、河北、山东、山西、东北三省、宁夏回族自治区等地区。

我们拥有健全的经销网络及售后服务体系，以一对一的服务模式赢得了广大用户好评。保丰人以影响　时代进程为己任，以结束中国农民时代迎接农场时代到来为宗旨，不断完善自我，以科技手段推进实现农业机械化，保丰人愿做现代农民的先锋，与现代化农业共同发展。

佳和保丰河北农业机械制造有限公司

地址：河北省吴桥开发区嘉陵江路北燕山道西　电话：0317-7175111　手机：13730592683

传真：0317-7279677　网站：www.jhbfhb.com　邮箱：jiahebaofeng@163.com

山东亿嘉农业机械装备股份有限公司

亿嘉股份 838483

亿嘉迪敖 筑梦中国

山东亿嘉农业机械装备股份有限公司是以“迪敖”农业装备为主体业务的大型机械制造企业，为客户提供专业的现代农业装备。公司的发展目标是打造全球农机产品物流、农业装备交易、农场经济订单三大平台；提升服务工程、服务分销、配件保障、新型机械推广、新技术服务及客户关怀等能力。公司于 2016 年 8 月成功上市。

公司秉承“团结协作，做就做好，以人为本，诚信经营”的企业文化，坚持“人人有目标，事事有人做，工作目标化，考核数据化，奖惩及时化”的工作理念，力争通过 10 年努力，把亿嘉迪敖打造成“装备中国，走向世界”的大型现代农业装备制造企业！

公司始终坚持“用户至上，服务第一”的服务理念，不断提高服务意识和服务质量，与客户心与心的交流，达到更多的默契，实现更好的服务。真诚合作，互利双赢，坚信与客户心灵碰撞的同时，也是我们为自己创造价值的良机。

热烈祝贺

山东亿嘉农业机械装备股份有限公司

成功上市

股票名称：亿嘉股份　股票代码：838483

微信二维码：

公司地址：山东省潍坊市寿光（羊口）开发区先进制造业园区

联系电话：0536-5808666　服务热线：4000-717-555

公司网址：www.yjdior.com

莱州市金达威机械有限公司

莱州市金达威机械有限公司 董事长：张军涛

莱州市金达威机械有限公司是一家集团化、多元化发展的大型机械制造企业。位于206国道处，交通便利，风景宜人，有着得天独厚的地理位置。本公司技术力量雄厚，拥有经验丰富的机械技术人员70余人，员工600多人，公司占地160000平方米，建筑面积60000平方米。生产精良，拥有数控，冲压切割、钣金、实验、组装生产线等先进设备，有完善的质量监督检验机制。取得了国家特种设备制造许可证及ISO9001:2008国际质量体系认证

我公司有雄厚的机械设计、科研开发，制造销售为一体的服务体系，过硬的专业制造能力，专业生产玉明牌系列小型玉米收割机、脱粒机，FC-1.0吨、FC-1.5吨有棚无棚，手启动和电启动翻斗车；ZL935型、ZL930型、ZL920型、ZL918型、ZL916型、ZL915型、ZL912型、ZL910型机械转向和液压转向装载机，JZC250、JZC350、JZC500、JZC750。产品外观设计合理，安全防护齐全，性能优良耐用，操作简便，价格定位合理，产品远销山东、黑龙江、吉林、辽宁、河南、河北、山西、甘肃、内蒙古等省市县，深受用户欢迎！

长久以来，公司本着以荣誉第一、客户至上为企业理念，追寻质量第一，服务至上作为企业文化，内部挖潜效益、外部开拓市场，良好的信誉使得我公司的产品得到了大用户好评及认可。质量是生命，信誉是宗旨，全心全意服务三农是公司的不懈追求，源于全国农机经销商及广大农机用户精诚合作，共创辉煌。

我们针对山区
我们智做精品

丘陵
两行玉米收

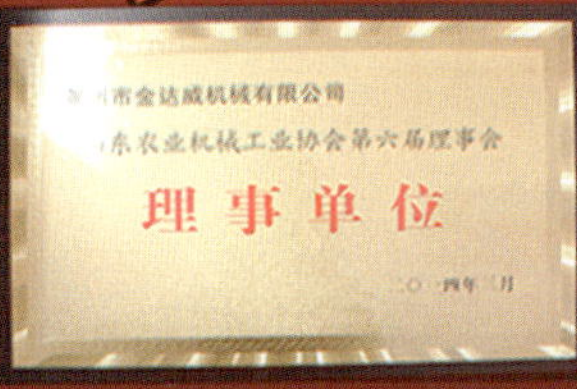

莱州市金达威机械有限公司

地址：山东省烟台市莱州市沙河镇蒋家村
电话：0535-2310528 手机：13553138858
传真：0535-2897333/2310518
邮箱：laizhoujindawei@163.com

兴化东华齿轮有限公司
XINGHUA DONGHUA GEAR.,LTD.

兴化东华齿轮有限公司(原兴化齿轮厂)是成立于1979年的国有中型企业，在2007年被杭州东华链条集团全资收购。公司厂房面积18万平方米，年产齿轮、链轮400万件、链条520万米，各类变速箱总成5万台，年产值3亿元，年出口创汇500万美元。公司现有员工800人，主要产品有齿轮、变速箱、链轮、链条等，广泛配套于中轻卡汽车、大中型拖拉机、农业机械、工程机械、风力发电等领域。是常州东风农机集团、上海汽车集团、江苏沃得农机集团、山东时风集团、山东五征集团、山东蒙沃变速器有限公司等企业的主要配套供应商。

“飞宇牌”产品获“江苏省名牌产品”、“中国农业机械零部件产品金奖”，“中国农业机械零部件龙头企业”、公司是国家级“高新技术企业”、“江苏省民营科技企业”、“江苏省重合同守信用企业”、“全国守合同重信用企业”，2015年荣获江苏省“五一劳动奖状”。

40-160马力
轮式拖拉机驱动轴

40-160马力
轮式拖拉机全套齿轮

FY60型收割机变速箱总成

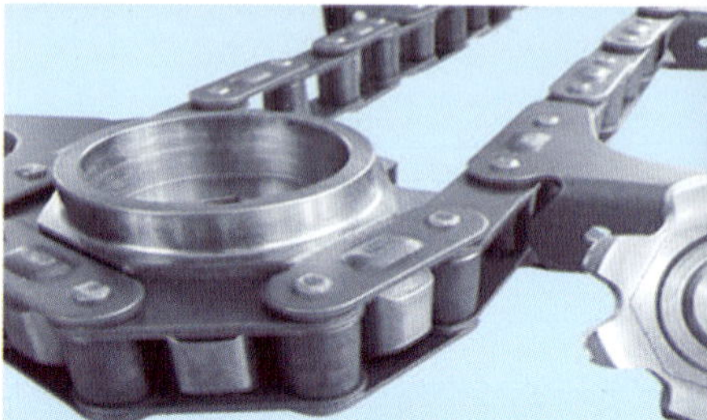

电 话：0523—82323180（业务） 0523—83264363（传真）
邮 箱：gezhengfa@xhdhcl.com
地 址：江苏省兴化经济开发区五里西路26号
网 址：http://www.xhdhcl.com

潍坊盛瑞零部件有限公司

总经理 王建国寄语：

精良装备 品质盛瑞 盛瑞农装 致富领航

盛瑞农业装备

来客登记

出入下车

4620黑、吉、辽、内

总经理：王建国

公司简介：

潍坊盛瑞零部件有限公司，是盛瑞传动股份有限公司的全资子公司。2003年初，由潍坊柴油机厂改制而成立的民营企业，注册资金人民币8180万，厂房面积16000平方米，现有员工120人。主导产品涵盖农业装备、汽车配件和柴油机配件等，即以整机装配、冲压、滚压、旋压、焊接为一体的综合加工厂。2013年切入农业装备。

主营产品：

玉米机（4B1、4B2、4620、3B1、3B2）、旋耕机（1GKN230、1GKN300）、深松机（1S150、1S230、1S270、1S300、1S330）、免耕播种机（2BFG-12、2BFG-16）、田园管理机等农业装备。

企业文化：

秉承“先做人再做事”的文化理念，以“诚信、品质、创新、共赢”的经营准则，以“打造世界知名品牌”为奋斗目标，以博大的胸怀和灵活的运营机制，愿与各大知名企业联手合作，打造“中国一流，世界接轨”的农装研发、制造基地。

3B1山东、河北、安徽

4B2河北、山西、甘肃

旋耕施肥播种机

全方位深松机

联系方式：经理：李多耀 座机：0536-5605107 手机：15165697088

山东云宇机械集团有限公司

山东云宇机械集团(原肥城车桥厂)，地处泰山西麓，佛桃之乡——肥城市。东接泰安，北接济南，交通方便。

集团从事驱动桥生产三十几年，主要为国内70余家工程机械及农业机械主机厂配套，产品种类有65-200马力拖拉机驱动桥及220-440马力整体车架式拖拉机驱动桥，ZL08-80装载机驱动桥，1.5吨-7吨叉车桥，拖拉机行车制动器及ZL系列钳盘式制动器，钢圈，铸件等。年产各类工程机械驱动桥12万余条，铸件6万吨，制动器60万套，钢圈4万套。主导产品驱动桥总成为山东名牌产品，云宇商标为中国驰名商标。

集团董事长张建明

集团现有员工1300余人，其中各类专业技术人员400余人，具有良好的技术研发能力，可根据用户的特殊要求开发设计产品。是驱动桥、制动器等四类产品的行业标准起草单位。科研所被认定为省级技术中心。

集团占地面积52万平方米，建筑面积20万平方米。拥有各种先进的生产加工设备1000余台及多条生产线，具有完善的工艺装备和二级理化检测资质，为生产优质产品提供了可靠的质量保证。产品通过了ISO9001质量体系认证。

集团下设：山东云宇机械集团有限公司、金城重工科技有限公司，现代制动器有限公司、云宇铸造有限公司、云宇钢圈有限公司等。集团的经营宗旨是“用户的要求永远不过分，全心全意为用户着想，最大限度满足用户的要求。”公司将不断学习国内外先进技术，不断提高产品品质，与广大用户携手共创辉煌！

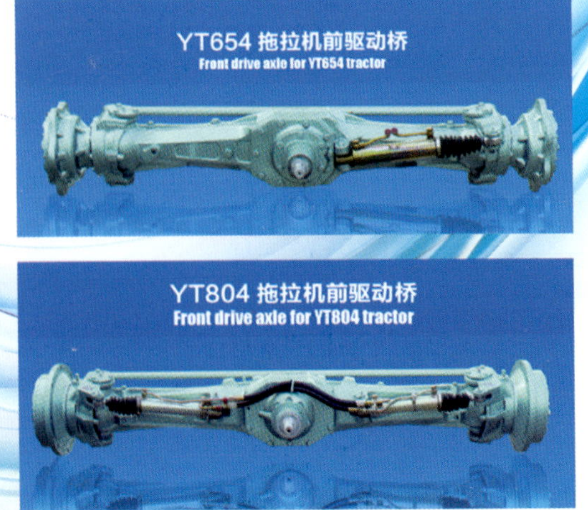

云宇车桥 使用中见品质

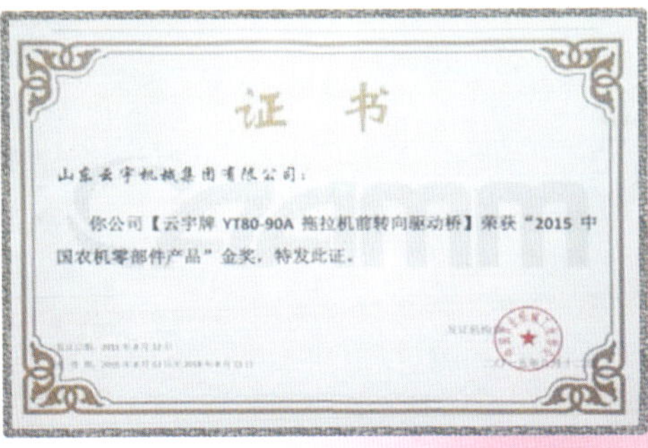

联系人:刘士峰

地址：山东省肥城市康王西路257号

电话：0538-3302651 2095198 3302663 3302973

传真：0538-3302973 2095197

售后服务电话：0538-3302680

配件部：0538-3302671 3302674

邮编：271600

四达® 农机 —切为用户着想！

Http://www.lysdnj.com

SIDA 4QZ-10A型自走式青贮饲料机

整装待发

物料加工效果

收获后效果

四达牌青贮机的特点

一、原装进口作业系统

- 双圆盘割台不对行收割；
- 进草系统电控正倒装置，一键操作轻松解决堵塞问题；
- 鱼鳞板搓碎装置使破节率和籽粒破碎率达到90%以上；
- 磨刀装置怠速磨刀方便快捷；
- 全面采用集中供油，保养方便快捷

二、行走系统

- 德国（Bosch Rexroth）原装静液压驱动装置，实现作业与行走系统控制的有效分离，行走无极变速，操作简单，轻松自如；
- 德国（Bosch Rexroth）原装进口自动液压风扇控制系统；无需任何操作，每40分钟自动清理水箱外表吸附的杂物,；
- 一体式组合手柄，单手即可以控制行走速度及倒车、割台升降、抛送筒旋转及出草距离远近的调节；
- 配置有宽视野的倒车影像系统，极大地提高了倒车安全性；

技术参数及性能指标

项　　目	内　　容
结构质量（kg）	7700
工作幅宽（mm）	2440
收获能力（T）	36
作业速度（km/h）	1　4
最小割茬高度（mm）	≤150
割台升降范围（mm）	0　880
配套动力（kW）	130～162
抛送筒旋转范围（度）	230
配套动力162kW的抛送筒升降范围（mm）	3500～5400
配套动力130kW外形尺寸（mm）	运输:8160×2480×3430 使用:8000×2480×5400
配套动力162kW外形尺寸（mm）	运输:7800×2480×3670 使用:7360×2480×4710

地址：河南省孟津县黄河大道西口 邮编：471100 电邮：sdnjyxb@163.com

服务电话：400 600 1197　0379-67913226　传真：0379-67921908

中文网址：四达农机·中国　英文网址：www.lysdnj.com

山东康弘机械有限公司，坐落于中国山东省青州市，公司占地70000m²，建筑面积30000m²，注册资金2000万，总资产9000万，是一家专业生产装载机的企业，年生产能力10000台。

公司拥有雄厚的综合实力，集产品研发、生产、销售和服务为一体，现有中高级技术人员30余人，并通过国家ISO9001国家质量体系认证，被任命为山东省高新技术企业。

公司生产的装载机共8个系列，40余种产品，生产采用流水线，质量稳定可靠，产品高效节能，适用于建筑工程、市政工程、农田水利及各种砂石场等。公司优质的产品、高效的售后服务，赢得了国内外广大客户的好评和信赖。产品畅销国内二十多个省市、并出口印度、朝鲜、南非等国家。

公司于2012年投资新厂，占地240亩，并新建现代化电泳、烤漆流水线，借鉴丰田拉动式物流系统建立流水线，预计年生产量能够达到30000台套。

山东康弘机械有限公司

地址：山东省青州市经济开发区
纽约路北仙客来路东交界处
电话：0536-3091298
传真：0536-3091291
网址：www.xinbangchina.com

目 录

领导报告与论述

全国农业工作会议农机专业会

在全国农业机械化工作会议上的讲话（摘要）

（2016 年 1 月 19 日 · 北京）

中华人民共和国农业部副部长　**张桃林**

这次会议的主要任务是，贯彻落实党的十八届五中全会和中央农村工作会议精神以及全国农业工作会议部署要求，总结 2015 年和“十二五”农业机械化工作，研究“十三五”农业机械化工作思路，部署 2016 年工作，加快提高农业机械化发展水平。

一、关于 2015 年及“十二五”农业机械化工作

2015 年，各级农业机械化主管部门围绕农业部党组“稳粮增收调结构、提质增效转方式”的总体思路，改革创新、锐意进取，扎实工作，推动农业机械化装备水平、作业水平、安全水平、社会化服务水平稳步提升，农作物耕种收综合机械化率预计达到 63%，超过“十二五”规划目标 3 个百分点，超额完成了 2 亿亩（1 亩≈667 米^2）深松整地任务，为巩固农业农村经济发展好形势作出了积极贡献。主要抓了以下 5 个方面的重点工作：

（一）着力放管结合，进一步推进了农业机械化制度改革创新。认真贯彻落实国务院关于推进简政放权、放管结合、转变政府职能的部署要求，积极开展了购机补贴、试验鉴定、安全监理等 3 个方面制度的改革完善。一是持续推进农机购置补贴政策改革，力求从顶层设计上优化程序、管控风险，提升政策实施的针对性、公平性和安全性。制定发布了《2015—2017 年农机购置补贴实施指导意见》，着力于五突出、一加强：突出稳定性，一定管三年，稳定预期；突出保重点，选择重点机具敞开补贴；突出市场化，补贴机具资质与支持推广目录脱钩，补贴操作与经销商脱钩；突出鼓励创新，探索农机新产品补贴试点；突出便民，简化操作程序；加强了信息公开和违规惩处，优化政策实施环境。二是积极推进鉴定制度改革，力求进一步统一责权、提高效能。修订完善了农机试验鉴定办法及推广鉴定实施办法，强化鉴定机构主体责任，精简推广鉴定内容，简化换证手续。加强监督检查及结果运用，促进鉴定规范化。三是积极推进安全监理制度改革，力求务实管用可操作。开展农机检验制度改革研究，启动修订拖拉机、联合收割机有关牌证管理规章，明确了进一步整合规章制度、落实管理责任、下放管理权限、优化业务流程、方便农民群众的改革方向。这些改革措施，便民利民效果明显，促进了政策目标和管理目标实现，营造了公平竞争市场秩序，全年补贴政策实施总体规范有序，各方反映良好。

（二）着力联动共促，启动了全程机械化推进行动。为进一步提升农业生产效率、降低生产成本，促进农业发展方式转变，农业部印发《关于开展主要农作物生产全程机械化推进行动的意见》，明确提出了推进行动的总体思路、发展目标、区域布局和工作重点。新布局了一批全程机械化创建示范县，分别在湖南、广西、山东等省召开水稻、甘蔗、花生生产全程机械化现场推进会，促进农机农艺融合示范。组织开展农机合作社建设经验交流，支持引导农机合作社在全程机械化等方面发挥示范带头作用。深入开展农业机械化教育培训，组建农机装备职教集团，举办全国农机推广人员知识竞赛及农机维修职业技能竞赛，带动提高主推技术应用能力。推进行动得到各方面的积极响应，许多地方制定完善了具体创建方案，江苏省、吉林省政府提出整省推进粮食生产全程机械化，科研推广机构加快了关键装备的研发突破和全程化技术的集成推广，骨干农机企业纷纷建立全程机械化示范农场。可以说，大力推进全程机械化，已经逐步成为农业机械化行业的普遍共识和共同行动。

（三）着力精心组织，打赢了农机深松整地等农业机械化生产大会战。紧扣重点农时，紧抓工作部署，强化机具调度，强化信息服务，宣传贯彻小麦、水稻、玉米机械化收获减损等技术指导意见，推行复式和一体化作业，推广应用农业机械化生产信息服务平台，促进农机有序流动和跨区作业，推动了全年机械化作业任务顺利完成，作业效率和作业质量得到了明显提高，机收损失率和焚烧秸秆现象得到了有效控制。粮食作物机播率同比提高1～2个百分点，大规模小麦机收作业时间比2015年减少1天，为粮食生产赢得了农时主动。国务院下达2亿亩农机深松作业任务之后，农业部和各省市区高度重视，从细化分解任务、增加机具装备、实施作业补助、加强作业质量监管和开展工作督导等方面入手，举全系统之力，齐抓共促，完成深松土地2.05亿亩，向国务院交上了一份满意的答卷。

（四）着力落实责任，促进了农业机械化安全发展。以"落实安全责任、传播法治文化、普及安全知识、建设平安农机"为重点，在全国组织开展农机安全生产月、农机安全生产宣传咨询日、农机安全事故处置应急演练等活动，各地开展现场宣传活动1.7万余次，营造了重安全、懂安全的氛围，进一步增强了相关负责人安全生产红线意识和法治观念。采用用户调查与安全性检查相结合的方式，组织开展在用微耕机、大马力拖拉机、玉米收获机产品质量调查，促使企业不断提升产品质量和安全水平。积极创建"平安农机"，新推出一批示范县、示范岗位标兵，巩固"政府负责、农机主抓、部门配合、群众参与"的农机安全监管工作长效机制。开展安全生产大检查，严厉打击违规上牌行为，举办农机监理法治建设和执法培训，强化监理干部依法行政意识。督导各地落实农机监理惠农政策，进一步推广免费监理的经验做法，全国农机牌、证、检三率超过70%。2015年等级公路以外的农机事故起数、死亡人数和受伤人数均同比下降20%以上，全国农机安全生产形势持续稳定向好。

（五）着力政策创设，拓展了农业机械化发展支持渠道。国务院将现代农机装备列入《中国制造2025》重点支持领域，为提高国产农机产品有效供给能力开辟了新途径。支持适宜地区统筹一定比例的农机购置补贴资金用于深松整地作业补助试点，各级财政累计安排补助19.5亿元，积累了大范围实施农机作业补助政策的经验。在新疆、广西开展了大型农机具金融租赁贴息试点，开辟了金融支持农业机械化发展的新途径。积极争取将机耕道、全程机械化技术中试基地及科学观测站等纳入"十三五"相关基本建设规划。各地加大了政策创设力度，湖南省每年财政奖补建设一千个较高标准的农机合作社，山东省每年安排4 000万元在全省实施农机装备研发创新计划，甘肃省将4 500万元省级购机补贴资金拓展用于示范推广、体系建设等方面，四川省投入9 500万元建设机耕道等农业机械化基础设施，江苏省开展农机综合保险。这些新的探索，极大丰富发展了农业机械化支持政策体系。

2015年农业机械化持续良好发展态势，标志着"十二五"圆满收官。"十二五"期间，我国农机装备水平、作业水平、科技水平、安全水平和社会化服务水平实现了前所未有的快速提升，确保了《国民经济和社会发展"十二五"规划纲要》《农业机械化发展"十二五"规划》有关农业机械化目标任务的全面完成，再现了农业机械化发展的又一个黄金期。主要表现在：农机装备结构显著优化，预计全国农机总动力达到11亿千瓦，大中型拖拉机、联合收获机、插秧机保有量分别是"十一五"末的1.53倍、1.75倍和2.1倍，小型拖拉机占比持续下降，粮食生产环节高性能机具占比持续提高。主要农作物薄弱环节机械化快速推进，耕种收综合机械化率达到63%，年均提高2个百分点；水稻种植、玉米收获机械化率分别超过40%、63%，比"十一五"末分别提高19个百分点、37个百分点，棉油糖主要经济作物机械化取得实质性进展。农业机械化科技迈出新步伐，高效、精准、节能型装备研发制造取得重大突破，农机农艺融合成为广泛共识，适应机械化的良种、良法加快应用，农机深松等重点技术大范围推广。农机社会化服务纵深发展，由耕种收环节为主向产前产中产后全环节加快拓展，各类新型主体不断涌现，服务模式不断创新，农机合作社超过5.3万个，全程机械化服务能力明显增强。农机安全生产形势持续好转，创建"平安农机"示范县、提高农机监理"三率"水平、降低安全生产事故三大安全生产任务圆满完成。农业机械化成为"十二五"农业现代化发展的突出亮点，为保障粮食产能持续增强、农业农村经济持续向好做出了重要贡献。

这些辉煌成就的取得，关键在于中央高度重视农业机械化发展，各地各部门大力支持农业机械化发展，持续强化农机购置补贴等政策投入，有力促进了农业机械化持续健康发展。各级农业机械化主管部门坚决贯彻落实中央部署要求，在工作中做到"五个始终坚持"。一是始终坚持从"三农"全局出发谋划农业机械化发展，主动入位、积极作为，不断巩固拓展农业机械化的地位作用。二是始终坚持遵循农业机械化发展规律，围绕充分发挥市场配置资源的决定性作用和更好发挥政府作用，持续推进农业机械化管理制度改革、发展机制完善、公共服务优化，不断激发市场主体活力。三是始终坚持完善强化农业机械化政策手段，有效调动农民购机用机积极性，不断调整优化农机装备结构布局，提高机具使用效率效益。四是始终坚持机艺融合、造用结合的工作机制，强化技术集成，不断破解农业机械化技术瓶颈。五是始终坚持重点突破、梯度推进的工作方法，聚焦主要作物、关键环节，上下联动、集中用力、久久为功，不断开辟农业机械化发展新局面。这些经验，来之不易、弥足珍贵，必须长期坚持并不断完善。

二、关于"十三五"农业机械化发展形势和任务

党的十八届五中全会强调要加快转变农业发展方式，提高农业质量效益和竞争力，走产出高效、产品安全、资源节约、环境友好的农业现代化道路，并明确指出要提高农业机械化水平。中央农村工作会议指出，大力推进农业现代化必须着力强化物资装备和技术支撑，着力构建现代农业产业体系、生产体系、经营体系，强调要加强农业供给侧结构性改革，提高农业供给体系质量和效率。这为新时期农业机械化工作指明了方向，提出了新的任务要求。

展望"十三五"及更长时期，机械化生产方式的主导地位必将日益增强，深刻影响我国农业现代化进程。现代农机装备已不仅仅是替代人工劳力、减轻劳动强度的生产工具，还是农业科技和支农政策的载体，机械化程度越来越直接地影响着各类生产要素，特别是承包土地的流转、聚集和优化配置，影响生产成本和农民种植意愿，影响先进农业科技的标准化广泛应用，影响农业生产经营方式变革，影响农业投入品减量化使用和废弃物资源化利用，关系到农业结构调整、产业链条延伸、农产品市场竞争力和农业可持续发展。我们要对新时期农业机械化功能定位再认识，对其内涵外延再丰富再发展，更好发挥农业机械化技术及装备在提高农业科技进步贡献率、推进农业农村改革特别是农业经营方式的变革、拓展现代农业发展空间中的作用，让农业机械化发展道路越走越宽广。

站在新的历史起点上，面对全面而迫切的现实需求，我们必须清醒地认识到，当前农业机械化发展不平衡、不协调、不可持续的问题还很多，农业机械化装备、技术、人才、政策、服务有效供给不足等诸多矛盾日益突出，很多环节低水平粗放式发展特征仍然明显，深刻制约着农业机械化功能作用的充分发挥，深刻影响发展后劲。适应现代农业发展新需求、农民生产生活新期盼，亟须以更明确的思路、更丰富的措施、超常规的力度，加快农业机械化供给侧结构性改革步伐，提高全要素生产率水平，有效增加中高端型全产业链装备供给、机艺融合型全程机械化技术供给、新理念高素质型农机管理人才实用人才供给、系统性精准型农业机械化政策供给、专业便捷高效型社会化服务和公共服务供给，不断增强农业机械化发展质量效益。

“十三五”是我国传统农业向现代农业转变的关键期，也是农业机械化加快发展的机遇期，更是农业机械化供给侧结构性改革“攻坚、拓展、升级”的窗口期，必须紧紧抓住机遇、乘势而上，千方百计攻克瓶颈制约，站位高远拓宽发展领域，综合施策提升发展质量发展效益，加快打造中国农业机械化升级版。“十三五”我国农业机械化发展的总体思路和主要目标是：全面贯彻落实党的十八届五中全会精神，坚持目标导向和问题导向，对照现代农业建设要求，着眼短板环节、薄弱区域，围绕强化创新、协调、绿色、开放、共享等五大发展新理念，抓住机遇、积极作为，科学谋划、攻坚克难，推动农机装备、服务组织和作业水平向数量质量效益并重转型升级，促进农业机械化全程、全面、高质、高效发展。力争 2020 年主要农作物产前产中产后全程机械化、种养加全面机械化取得显著进展，农作物耕种收综合机械化率超过 68%，其中粮食作物超过 80%，在全国建成 500 个以上基本实现主要农作物生产全程机械化示范县，有条件的省率先整体基本实现农业机械化。

一要强化创新发展理念，增添农业机械化发展新动能。加大精准型政策创设力度，优化顶层设计，健全财政、金融、保险、投资、用地等多种政策工具协调组合的农业机械化扶持政策体系，不断改善农业机械化发展条件手段。大力推动农业机械化科技创新，抓住加快推进农业现代化和实施《中国制造 2025》的历史机遇，积极谋划，创设政策，推动制定实施农机装备制造发展行动方案，政府和市场两个方向用力，研发制造和推广使用两个领域发力，力争尽快改变粮食作物生产装备不全不优和经济作物、规模养殖生产装备短缺落后的状况。研究制定生产需求与农机科研导向目录，探索实施新产品补贴，加强“产业急需、农民急用”的中高端农机装备中试熟化，促进产业全链条装备技术集成配套，有效推动主要环节机械由“能用”向“好用”升级。同时，围绕农业经营体系创新、农业信息化和“互联网＋”的发展，推动农业机械化生产方式、组织方式、服务方式、管理方式创新，进一步激发各类农机发展主体活力。

二要强化协调发展理念，提升农业机械化发展的整体性。在保持发展速度的同时，更加注重提质增效、整体提升。加快调整工作重点，统筹力量，同向施策，着力解决作物间、地区间、行业间机械化发展不平衡和机械增长与利用效率、使用效益不协调的问题。针对大田作物之间、各环节之间机械化不协调问题，深入实施主要农作物全程机械化推进行动，巩固提高粮食作物精量播种、联合收获作业效率，加快提升高效植保、集中烘干等滞后环节作业能力，科学确定棉花、甘蔗、花生、油菜机收等主要经济作物关键环节机械化技术路线。针对区域间、行业间机械化不协调问题，下大力气抓好双季稻地区机械化育插秧、畜产品优势区饲草料生产机械化、丘陵山区特色作物采收机械化发展，协调推进养殖机械化、设施农业自动化，研究强化丘陵山区机械化发展政策措施，助力产业发展、农民增收、农村脱贫。

三要强化绿色发展理念，扩大资源节约型环境友好型农业机械化技术应用。完善农机报废更新补贴政策，教育和引导农机手加强机具保养和使用管理，鼓励推广符合环保标准的农业动力装备，加快淘汰能耗高、污染重、性能低的老旧机械。采取有力有效措施，提高农民接受和应用资源节约型环境友好型农业机械化技术的积极性、自觉性。配合实现“一控两减三基本”目标，加快节水灌溉、精准施药、定位施肥、秸秆收集、残膜回收、病死畜禽无害化处理及粪便处理等机械化技术的推广应用，进一步挖掘节种节肥节药节水潜力。加快普及深松整地、秸秆还田等绿色增产保护性耕作技术，培肥改善地力，促进农业永续发展。

四要强化开放发展理念，凝聚农业机械化发展合力。农业机械化是个系统工程，需要跳出农机发展农机。只要是对农业机械化有利的事，都要主动入位、主动配合、主动尽责、主动落实。努力构建部门协作、造用配合、机艺融合、开放发展的新格局。主动争取发改、财政、科技等部门支持，加强机耕道、场库棚等农业机械化基础条件建设。加强与育种、土肥、农艺等科研推广机构紧密协作，实现农机作业、作物品种、栽培模式相互适应、深度融合，形成全程机械化整体解决方案和技术体系。积极配合“一带一路”等对外合作战略的实施，引导和支持农机企业和产品走出去，加强国外先进农机研发与制造技术的引进消化吸收，提高我国现代农业装备有效供给能力和国际竞争力。

五要强化共享发展理念，推进农机社会化服务。完善购机补贴、农机监理惠农等政策，有重点地促进政策的普惠性，让购机用机农民有更多获得感。积极推进农机作业市场、维修市场、流通市场健康发展，加快提高农机推广、鉴定、监理、信息、培训等公共服务能力，进一步便民利民。培育壮大农机大户、农机合作社等专业服务组织，推进服务方式多样化、扶持政策系列化、组织建设规范化。强化农机合作社建设指导，引导其通过联耕联种、代耕代种、土地托管等多种形式，开展便捷的社会化服务，带动先进农业技术推广应用和适度规模经营发展，帮助其他农户解决耕种困难，实现互利共赢。支持培养农机作业能手、维修能手、经营高手，鼓励农机合作社向新型社会化服务主体和新型农业经营主体方向发展，引导其紧密利益联结机制、经营流转土地、延长产业链条、提高发展效益，让更多农民分享农业机械化发展成果。

三、关于 2016 年农业机械化工作

2016 年是“十三五”开局之年，确保农业机械化工作有一个好的开端，对实现“十三五”全局目标至关重要。我们要深入学习贯彻中央农村工作会议精神，紧紧围绕全国农业工作会议确定的“提质增效转方式、稳粮增收可持续”中心任务，以转变农业机械化发展方式为主线，以全程机械化推进行动为重要抓手，加大政策创设、制度改革、机制创新力度，着力主攻短板环节、薄弱地区，加快培育新型主体，优化公共服务，强化依法监管，进一步提高农业机械化装备水平、作业水平、科技水平、安全水平、服务水平。农作物耕种收综合机械化率超过 64%，农业机械化“全面、全程、高质、高效”发展取得新进展，为“十三五”农业农村经济发展开好局、起好步提供有力支撑。

要突出抓好以下 9 项重点工作。

1. 继续完善农机购置补贴管理机制。围绕更好实现产业政策目标，按照大稳定、小调整的原则，进一步完善政策实施思路。调整的主要方向是“缩范围、控定额、促敞开”。“缩范围”，就是突出现代农业发展要求的重点导向，因地制宜选择补贴机具品目，精准发力，原则上应将低端、低值、需求量小和监管难度大的机具，剔除出补贴范围；“控定额”，就是要科学开展补贴额测定和机具分档工作，更好发挥财政资金的引导撬动作用，适当降低市场已近饱和及非重点机具的补贴标准，引导农民理性购机和提升机具利用效率，引导企业靠质量、靠服务竞争市场；“促敞开”，就是力求做到重点机具最大限度的应补尽补，提高生产急用机具的有效供给。继续扩大信息公开，不断加强社会监督特别是企业间的监督，坚持不懈打造诚信守法的行业环境。持续强化监督管理，切实落实地方在补贴政策实施管理中的主体责任，充分发挥就近就地监管优势；进一步明确补贴机具产销企业经营行为的主体责任、权利和义务，强化企业社会责任意识；研究制定违规处理指导性规范，建立健全违规查处联动工作机制，让失信者寸步难行。开展延伸绩效管理，提高工作执行力，促进补贴政策规范、有序、高效、安全实施。

2.深入实施主要农作物生产全程机械化推进行动。各地要把推进全程机械化作为加快现代农业发展的一项重点工作来抓，从强化组织领导、政策扶持、技术支撑、绩效管理、宣传引导等方面下工夫，着力构建上下联动、多方协作、合力推进的工作机制，整合资金项目，加大投入力度。2016 年农业部将制定主要农作物生产全程机械化评价体系，成立全程机械化推进行动专家组，组织召开一次现场推进会，指导开展创建工作。各地要扎实做好全程机械化示范县建设工作，聚焦主要作物耕地、种植、收获、植保、烘干、秸秆处理等六个主要环节，集中用力补短板、选准主体建样板、机艺融合探模式、跟踪督导促成效、加大宣传扩影响，确保建一个、成一个、带一片。今年农业部还将分作物、分区域公布一批基本实现全程机械化的示范县，发挥示范带动作用，不断提升粮食作物生产全程机械化水平和突破主要经济作物生产全程机械化“瓶颈”。

3.扎实推进农业机械化科技创新。主动协调，多渠道增加农业机械化科技投入，以区域性农业机械化技术研究、标准化精细栽培技术为重点，加强关键技术装备研发，加快农机农艺融合和集成创新，推进全程机械化技术体系完善和提升。配合实施全国农业科技创新能力条件建设规划，推动建设一批农业机械化专业（区域）实验室、农业科学试验站、农业装备试验基地，支持开展农业机械化技术基础性、长期性研究，推进农业机械化薄弱环节技术装备研发与集成示范。继续开展农业机械化大培训，加强推广管理骨干、职业技能师资培训，结合重要农时举办示范性培训班，加快“一控、两减、三基本”农业机械化技术推广应用，不断满足农业结构调整和可持续发展对机械化生产技术装备的新要求。

4.切实加强农机鉴定管理。农机试验鉴定是农业机械化系统的一项重要职能，必须依法履职、积极作为。农业机械化主管部门及鉴定机构要大力贯彻实施我部新修订的《农业机械试验鉴定办法》《农业机械推广鉴定实施办法》，加快修改完善相关工作制度，制修订推广鉴定大纲，组织鉴定机械能力认定和复评审等，积极推进农机鉴定改革工作。农业机械化主管部门要加强对农机试验鉴定工作的组织领导，既要监管到位又不干涉技术工作和试验检测结果，保证鉴定机构的独立性和公正性。要加强推广鉴定工作规范化管理，督促鉴定机构依法依规严格按照鉴定范围和鉴定大纲开展工作，坚决杜绝不按工作程序、鉴定内容弄虚作假等现象。组织对获得推广鉴定证书产品开展监督检查，促进先进适用农机产品应用。

5.精心组织重要农时机械化生产。要围绕春耕、三夏、双抢、三秋等重点农时，及时组织机具检修、机手培训、信息服务等工作，加强应急指挥调度，推动机械化生产有序进行，确保农业生产进度和农机作业质量。研究“农机跨区作业证”改革措施，协调落实好联合收割机免交车辆通行费等惠农政策。做好跨区机收供需协调，大力推行“机收—秸秆处理—机播”一条龙复式作业，努力扩大机插秧、玉米机收和秸秆机械化还田面积。发布实施《全国农机深松整地作业实施规划（2016—2020 年）》，争取扩大农机深松作业补助试点范围，持续调动农民积极性，积极推广物联网等信息化手段加强作业质量监管，加快农机深松技术在全国适宜地区的推广应用。力争主产区全年深耕深松面积达到 30%左右，其中农机深松整地达到 1.5 亿亩。

6.积极培育新型农机服务主体。加强农机社会化服务体系建设，加大对农机合作社规范发展的指导力度和机库棚建设的扶持力度。参与实施《全国高标准农田建设规划》，加快建设机耕道，改善农机作业通行条件。深入开展全国农机合作社示范社创建活动，每年推出一批有完善的基础设施、有良好的运行机制、有健全的财务制度、有较大的服务规模、有显著的综合效益的“五有”农机合作社。有关农机报废更新补贴、农机作业补助、农机金融租赁、全程机械化示范项目等财政支农政策优先在示范社中安排试点。大力推进农机服务方式创新，进一步完善订单作业、托管作业、承包作业等服务模式，探索“机农合一”新机制，拓宽农机服务领域，通过规模化服务来弥补分散经营主体的不足。鼓励农机合作社与农机企业开展“企社共建”，与金融机构开展“银社对接”，实现合作共赢。

7.抓紧完善农机安全监管规章制度。坚持用法治思维和法治手段解决安全生产问题，贯彻简政放权、放管结合、优化服务的原则，修改完善拖拉机、联合收割机登记规定和驾驶证申领使用规定等 3 个部令。改革农机安全检验制度，实行分类管理，简化检测内容，优化检验程序，提高检验效率，尽快修订并公布实施《拖拉机和联合收割机安全监理检验技术规范》。会同工信部出台规范拖拉机联合收割机出厂合格证及使用管理的意见。完善农机报废更新补贴试点政策，加强农机报废更新机制研究，稳步扩大试点范围，加快淘汰老旧农机。

8.广泛开展“平安农机”建设。以“创建平安农机，推进农业现代化”为主题，广泛开展“平安农机”创建活动，健全安全生产责任制，完善安全监管网络，强化安全生产措施。积极推行送检下乡，深入基层为广大农民机手提供安全生产服务。进一步巩固牌证治理和“打非治违”专项行动成果，坚决纠正个别地方超标准为变型拖拉机发放农机牌证的违规行为，加大伪造变造牌证、无牌无证等违法行为的行政执法力度。加强事故应急求援与事故预防，深入开展安全生产大检查、安全生产月、安全生产咨询日等活动，确保农机安全生产形势平稳向好。

9.大力增强农业机械化公共服务能力。加强农业机械化统计队伍建设，健全指标体系，创新统计方法，提升数据质量，定期开展形势分析，为科学决策提供基础支撑。继续推进农机质量投诉监督体系建设，维护农民合法权益。以插秧机为重点开展农业机械化质量调查，督促农机生产企业、经销商落实“三包”责任。加强农机维修监督管理，指导成立行业协会，以行业自律推动市场规范。促进农业机械化与信息化融合，开发农机推广鉴定信息联网查询系统，完善农业机械化生产信息服务平台，探索建立“互联网＋农机服务”“互联网＋农机监理”“互联网＋农机推广”等服务新模式，最大限度方便服务对象。努力扩大农业机械化宣传的覆盖面和影响力，充分发挥媒体凝聚力量、推动工作的积极作用，营造农业机械化发展良好氛围。

其他会议

在全国农机试验鉴定站长会议暨农机化质量工作座谈会上的讲话（摘要）

（2015 年 4 月 9 日·北京）

中华人民共和国农业部副部长　张桃林

在改革成为新常态、创新成为主旋律的新形势下，农业部农业机械试验鉴定总站组织召开这次会议，对于研究解决行业发展面临的新情况新问题，统一思想，明确思路，推动农机试验鉴定改革和农业机械化质量监管工作创新发展，有着非常重要的意义。

2014 年，全国农业机械化系统圆满完成了各项重点工作任务，巩固了农业机械化全面快速健康发展的好势头。一年来，农机购置补贴制度创新力度加大，政策实施更加高效规范；农业机械化扶持政策措施丰富发展，强机惠农效应更加凸显；粮食生产机械化水平不断提高，玉米机收等重点薄弱环节机械化加快推进；农业机械化新技术推广面积持续增加，机械深松作业成效显著；农机安全生产形势进一步稳定好转，依法管机水平持续提升。2014 年农作物耕种收综合机械化水平突破 60%，提前实现"十二五"规划目标，为粮食产量"十一连增"提供了支撑，为农业综合生产能力持续提升增添了底气。这些成绩的取得，农机试验鉴定系统功不可没。尤其在为政策规范实施提供技术支撑、促进农机安全生产、维护购机农民合法权益等方面，全国农机试验鉴定系统做了大量卓有成效的工作，发挥了重要作用。2014 年，农机试验鉴定系统在任务重、压力大的情况下，认真负责地履行职能，规范开展农机试验鉴定，全年共完成部级推广鉴定产品 2 200 多项，省级推广鉴定 3 600 多项。配合农业机械化主管部门组织开展了微耕机等机具质量专项调查及安全检查，加强质量监管，协调有关部门妥善解决投诉质量问题。同时，在农机维修管理、投诉监督、职业技能开发、农机标准化和信息化等方面的工作也取得了显著成效。

当前，我国农业机械化和农机试验鉴定工作都处于改革发展的新阶段，全国农业机械化主管部门、农机试验鉴定系统，以及所有的农业机械化质量工作者都要把握好这一阶段面临的新要求，勇于迎接新挑战。

一是要把握好农业机械化发展的新要求。在当前经济进入新常态、农业发展面临前所未有新挑战的背景下，我国农业机械化发展的内外环境正在发生深刻变化，农业机械化面临着更迫切的要求。随着农民老龄化状况日益突出、土地流转规模经营步伐不断加快、生态环境约束日趋紧张、农业投入品利用率仍然偏低，在解决"谁来种地"及实现绿色增产、促进农业可持续发展方面，农业机械化大有作为。随着农业发展方式的转变和新一轮农业产业结构的加快调整，农民合作社、农机服务组织、家庭农场等逐渐成为农业机械化应用新型主体，对配套化、高端化、多样化、个性化的农机装备和服务需求日趋旺盛，必将对农业机械化发展产生新的推动。综合判断，今后一个时期，我国农业机械化仍处于大有作为的战略机遇期，可期待又一个"黄金十年"。农机作业领域向全程、全面发展提速，农业机械化向高质、高效转型升级，将是我国农业机械化发展的新常态。

新形势对农机试验鉴定工作提出了新挑战。1. 全程、全面发展农业机械化对农机鉴定能力提出新挑战，迫切需要农机鉴定拓宽能力范围，扩大服务领域，全面提高支持农业机械化发展的保障力。特别是对于农机新产品的推广，需要农机鉴定和推广部门敢于"吃螃蟹"，为行政主管部门和农民把好第一关。2. 推进高质、高效农业机械化对农机鉴定技术提出新挑战。要优化我国农机装备结构和布局，促进农机产品技术和结构升级，提升农机产品质量，迫切需要农机鉴定机构加强高精尖技术研究，积极引进国外先进技术和创新理念，不断促进我国农机试验鉴定技术升级完善。3. 农业机械化转型升级对农机鉴定工作作风提出新考验。新常态下，农业机械化发展要"数量质量效益并重"，不能让低质量、低水平，甚至不合格、不合规的产品进入财政补贴范围，要求农机鉴定工作更加注重质量、强化责任、严格把关，以高度的责任感和使命感助推农业机械化转型升级，进入农业机械化又好又快发展的"质量时代"。

二是要把握好农业机械化质量监管工作的新要求。我们应该客观地认识到，农业机械化虽然经过前 10 年政策支持、需求拉动，在农机总动力、主要机具数量、耕种收综合机械化率等方面实现了迸发式的"量"的增长，但"质"方面的问题日益突出，农机科技含量低、机械故障多、安全隐患大、维修难等状况依然存在。近十几年来，尽管我们在提高农业机械化质量监管方面进行了积极有益的探索，着力构建和完善包括试验鉴定、质量投诉、质量调查、职业技能鉴定和维修管理在内的农业机械化质量监管工作体系，质量监管工作的效益初步显现，但是总体来看，目前维修体系、标准体系、职业技能鉴定体系、投诉监督体系的建设还不够完善，各地工作发展基础不平衡，工作职能不统一，全国农业机械化质量监管公共服务能力不足，服务支撑力量不够。

在农业机械化高质、高效转型升级期，要坚持"管""放"结合，强化政府对市场的事中事后监管，营造良好的质量提升环境，必然对加强农机使用过程中的质量监管工作提出更高的要求。不仅需要更加注重推广应用前期的试验鉴定，还要注重农机使用过程中的质量监管，包括维修服务监管、质量调查、质量投诉等；不仅要注重推广“好机具”，还要注重培养“好机手”，不断提升农机作业质量，保障农机安全生产，全面提升农机效益，促进农业增效和农民增收。当然，农业机械化质量监管工作要坚持标准引领、法制先行，不断完善农业机械化标准体系，提升标准的有效性、先进性和适用性；逐步完善法规体系，明确“责任清单”，保障所有的农业机械化质量监管工作依法依规开展。

三是要把握好深化改革的新要求。党的十八届三中全会提出，经济体制改革是全面深化改革的重点，核心问题是处理好政府和市场的关系，使市场在资源配置中起决定性作用和更好发挥政府作用，而简政放权是新一届政府推进改革的核心。2014年下半年以来，为进一步推进简政放权，强化监管，发挥农机试验鉴定机构作用，农业部农业机械化管理司组织农机鉴定总站和相关单位对《农业机械试验鉴定办法》（农业部令第54号）修订工作进行了深入研究，对涉及鉴定审核发证主体、有效期等方面的条款进行了修订，并草拟了《农业机械试验鉴定办法（修订征求意见稿）》，目前正在向社会公开征求意见。办法修改坚持政事分开和管办分离，本着“谁鉴定，谁负责；谁发证，谁负责”的原则，将赋予农机鉴定机构更大的工作自主权，充分发挥农机鉴定机构的活力。同时，农业机械试验鉴定相关的实施办法、大纲等法规和技术文件也要随之修订，修订的宗旨就是在保证工作质量的前提下，最大限度地简化程序，减轻企业负担，提高工作效率。

2015年农机购置补贴制度创新力度进一步加大。按照农业部和财政部联合印发的《2015—2017年农业机械购置补贴实施指导意见》，从2015年开始，补贴产品资质不再与国家和省级支持推广的农机产品目录挂钩，但补贴产品应具备两个资质条件：一是补贴机具必须是在中华人民共和国境内生产的产品；二是除新产品补贴试点外，补贴机具应是已获得部级或省级有效推广鉴定证书的产品。这说明，推广鉴定工作直接与补贴挂钩，鉴定工作的责任更大、任务更加艰巨。为了保障国家购置补贴政策的顺利实施，农机试验鉴定工作只能加强，不能削弱；农机试验鉴定制度改革完善迫在眉睫，必须认真研究、快速推进。

同时，目前事业单位改革也正在稳步推进。各单位处于机构整合、调整职能的探索阶段，处于改革的“深水区”，面临外部环境和自身发展的双重压力，需要大家增强信心、坚定信念、齐心协力、直面挑战。

当前，把握新常态，适应新常态，各级农业机械化主管部门和农机试验鉴定系统要着力做好以下5个方面工作：

（一）要履职尽责、敢于担当，继续加强依法鉴定。当前，鉴定系统必须继续坚持依法鉴定、科学鉴定、规范鉴定、廉洁鉴定。要依法履行职能，对事业高度负责，树立“有为才能有位”的思想，把履职尽责、敢于担当作为基本要求，不回避矛盾，不推卸责任。要按照促进法的要求，认真做好“先进性、适用性、安全性、可靠性”技术评价，突出农机试验鉴定“四性”评价特色，不断提升自身能力和水平，树立良好的农机试验鉴定品牌形象。同时，各地农业机械化行政主管部门要继续加强对农机试验鉴定工作的指导和支持，规范鉴定政策制定和结果采信，及时发现和帮助解决鉴定工作面临的新问题，推动农机试验鉴定工作依法依规开展。

（二）要加快完善制度、改进方法，提高鉴定工作科学规范化水平。要根据改革的要求，加快修订鉴定工作相关管理办法，进一步完善农机试验鉴定政策法规和制度保障体系。进一步规范农机推广鉴定受理审查、试验检测、证书变更和证后监督等关键环节的管理，实现鉴定结果公开透明。要进一步理顺部省两级之间的关系，建立部省两级互动协作的良性机制，逐步推进省级鉴定的内容和程序的统一规范，尽可能地减少重复鉴定。要充分发挥各鉴定机构的能力优势和专业特色，深入开展农机试验鉴定科研创新，不断改进试验方法，提高科学化水平。要加快农机试验鉴定大纲的制修订工作，提高大纲的制修订工作质量。

（三）要加强自律、防控风险，实现监督检查常态化。新的改革形势下，农机试验鉴定机构将拥有更大的报告审批、鉴定批准自主权，同时也将肩负更大的责任、担负更大的风险。有权不能任性，要进一步加强自律，切实增强政治意识、大局意识、忧患意识和责任意识，把廉政风险防控作为工作的重中之重来抓，更加坚决地把反腐倡廉贯穿于农机试验鉴定工作的全过程。要进一步强化内部考核监督措施，完善企业监督等外部监督机制。各级农业机械化主管部门要加强对农机试验鉴定工作的监督检查，实现监督工作常态化，既要监管到位，又不会干涉技术工作和试验检测结果，保证鉴定机构的独立性和公正性。

（四）要立足公益、拓宽职能，提升农业机械化质量监管工作水平。要进一步明确农机试验鉴定机构公益性职能定位，切实转变工作作风，积极开拓思路，拓宽公益性服务领域，不断提高服务能力，积极承担试验鉴定、维修管理、职业技能开发、农业机械化标准和信息化、质量调查、投诉监督等公益性职能工作。要进一步整合资源、发挥优势、强化手段，努力改进农业机械化质量管理服务水平，不断强化产品质量，提高作业质量，抓好维修质量，提升服务质量，为推动农业机械化向高质、高效转型升级做出更大的贡献。各级农业机械化主管部门要加强指导，争取支持，在积极推进事业单位改革的过程中，进一步明确鉴定机构职能定位，尽快解决各地工作发展不平衡，工作职能不统一的问题，逐步形成全国统一的农业机械化质量监管工作体系。

（五）要注重提升素质、优化结构，加强农业机械化质量监管人才队伍建设。促进农业机械化又好又快发展，科技是关键，人才是根本。新形势新要求下，全行业更要牢固树立人才是第一资源的理念，以提高创新转化能力、发挥技术支撑作用为核心，加强农业机械化科技人才队伍建设，加大对农业机械化质量管理服务的科技骨干和专家型人才的培养力度。要根据农业机械化事业发展需要和机构改革发展需要，积极开展业务知识更新培训，优化行业从业人员知识结构，培养农机试验鉴定、维修管理、职业技能培训、农机标准化和信息化、质量调查、投诉监督等多领域的科技人才，以高素质、多元化的人才队伍推动农业机械化质量监管服务各项工作全面发展。

总之，希望全国农业机械化主管部门和农机试验鉴定系统准确把握新常态下的新要求，充分认识农业机械化提质增效转型升级的紧迫性、艰巨性、长期性，进一步强化责任意识、创新意识、服务意识和廉政意识，主动作为、奋发有为，为推动农业机械化实现更有质量、更有效益、更加均衡、更可持续地健康发展做出新的更大贡献。

在2015年全国“三夏”小麦跨区机收工作视频会议上的讲话（摘要）

（2015年5月13日·北京）

中华人民共和国农业部副部长　张桃林

召开2015年全国小麦跨区机收工作视频会议，主要任务是研究分析2015年小麦跨区机收形势，安排部署“三夏”农业机械化工作，努力夺取夏粮丰产丰收，为全年农业有个好收成奠定基础。

一、充分认识抓好“三夏”农业机械化生产的重要性和紧迫性

保障粮食安全始终是治国安邦的头等大事，抓好“三农”工作是做好一切工作的重要基础。夏粮占全年粮食产量的近四分之一，夏粮收获是全年粮食收获的第一仗，至关重要。据农业部农情调度，2015年夏粮面积稳中略增，其中冬小麦面积接近3.4亿亩。但是“三夏”生产时间紧、天气变化多、任务重，能否将成熟的小麦及时抢收归仓，能否将“丰收在望”转变为“丰收到手”，关键要看能否发挥好农业机械的主力军作用。俗话说：“夏粮归仓、心中不慌；以秋补夏、担惊受怕”。只有夺取夏粮丰收，同时为秋粮生产赢得宝贵农时，才能掌握全年粮食生产的主动权。可以说，打好“三夏”小麦跨区机收这一仗，是夺取夏粮和全年粮食丰收的关键所在。

各级农业、农业机械化部门一定要从全局和战略的高度，深刻认识抓好2015年“三夏”农业机械化生产的重要意义，全力组织好“三夏”农机作业，努力完成稳粮增收的目标任务，进一步巩固农业农村经济持续向好的势头，为“稳增长、调结构、促改革、惠民生”提供有力支撑。

二、认真分析2015年“三夏”小麦跨区机收的形势

2015年“三夏”小麦跨区机收工作面临许多有利条件。一是政策扶持力度继续加大，机具供应充足。在农机购置补贴、报废更新补贴等扶持政策的拉动下，广大农民购买和更新联合收割机十分踊跃。到2014年年底，全国稻麦联合收割机拥有量达到122.4万台，较2013年增长7.8%。特别是大功率、大喂入量的机型成为新增机型的主力，充足的机具数量将为“三夏”小麦抢收提供坚实的物质保障。二是农业现代化进程加快，市场需求上升。截至2014年年底，全国家庭承包经营耕地流转面积达到4.03亿亩，约占家庭承包耕地总面积的30.4%。与此同时，农民专业合作社、家庭农场等一大批新型农业生产经营主体蓬勃发展。随着农业劳动力转移和土地规模经营的推进，对机械化抢收、抢种的作业需求持续增加。三是农机部门准备充分，各项组织和服务工作有序推进。各地农机部门结合实际，制订了周密的“三夏”小麦跨区机收工作方案，提前做好了机具检修、人员培训、信息发布、供需对接等各项准备工作，免费发放了30多万份《农机跨区作业证》，为打好“三夏”小麦跨区机收大会战提供了有力的组织保障。

当然，“三夏”小麦跨区机收还存在一些制约因素，不容忽视。一是麦收期间的天气复杂多变，局部地区仍有可能出现机具供需矛盾。近年来我国气象灾害呈多发频发态势，尤其是“三夏”时节，极易发生持续降雨等灾害性天气和洪涝灾害，会对小麦的收获和晾晒产生不利影响。气象因素的不确定，极易造成作物成熟时间的变化，容易引起局部地区联合收割机供需失衡，出现农民争机抢机现象。二是作业成本上升，单机效益下降，部分机手跨区作业的积极性受到影响。由于全国联合收割机保有量持续增加，作业市场竞争加剧，单机作业面积有所下降，再加上运输成本和人工费用持续上涨，这些都影响了农机跨区作业的经济效益，大跨度、长距离跨区作业的联合收割机数量将有所下降。

为此，各级农业机械化主管部门要根据跨区作业市场的变化，及时调整工作重心，力争做到三个“更加注重”。一要更加注重对市场供需的调控。要及时掌握麦收进度，科学调度机具，及早签订作业任务。既要保障机具供给，满足农民对机械化抢收作业的迫切需要；又要防止机具过剩，努力提高跨区作业的经济效益。二要更加注重对市场主体的培育。充分发挥农机合作社“装备优、信息灵、服务好”的特点，将分散的农机户联合起来，组成规模化、专业化的农机服务实体，不断提高小麦跨区机收的组织化程度。三要更加注重对市场秩序的监管。要认真贯彻执行《联合收割机跨区作业管理办法》，建立统一开放、竞争有序的农机跨区作业市场。加强农机产品质量和作业质量监督，及时处理农机投诉。协调落实好农机跨区作业税费减免等扶持政策，营造良好发展环境。

三、全力以赴完成2015年“三夏”农机跨区作业的目标任务

各地农业机械化主管部门要强化组织领导，周密部署安排，坚持“稳中有进”的原则，力争2015年“三夏”农机跨区作业达到“两稳两提高”的目标：一是机具投入总量保持平稳。投入“三夏”生产的稻麦联合收割机达到55万台，其中参加跨区作业的达到30万台以上。二是农机作业水平稳中有升。力争冬小麦机收水平超过92%，其中黄淮海主产区小麦机收水平稳定在96%以上；夏玉米机播水平达到85%。三是农机作业质量进一步提高。减少机械化收获环节中的抛洒损失，力争颗粒归仓。四是农机作业效率进一步提高。跨区作业的联合收割机转移顺畅，作业机具供需平衡，夏收夏种有序推进，不误农时。

各地要紧紧围绕上述目标，着力从以下五个方面入手，全力以赴打好“三夏”农业机械化生产这场攻坚战。

一要强化机具和人员准备。“三夏”开始前，各地要组织农机技术人员深入乡村，对参加跨区作业的农机手进行集中技术培训和安全教育，帮助农机户提前做好联合收割机等农机具的检修和保养，确保农机具技术状态良好。组织农机生产、经销企业和维修网点备足零配件、易损件，开展送件送修下乡，不断提高售后服务能力和水平。

二要强化市场供需协调。各地要及早开展小麦机收作业市场摸底调查，认真做好“农机跨区作业证”免费发放和登记备案工作。要充分利用互联网平台、手机短信系统等多种渠道，及时发布机具供需、麦收进度等信息，引导供需双方签订作业合同，合理安排作业任务，促进联合收割机有序流动。“三夏”期间，小麦主产区农机部门要公布值班热线电话，及时为广大机手和农户提供信息咨询服务，并协调解决机具供需矛盾。

三要强化技术指导服务。各地要把农机与农艺更好地结合起来，在“三夏”生产中积极推广保护性耕作、深松整地、免耕播种、秸秆还田、节水灌溉、高效施药、粮食烘干等节本增效的新技术、新机具。在此，我要重点强调两个问题。一是切实减少小麦机收环节的抛撒损失。机械化收获已成为当前小麦收获的主要方式，但个别地区出现了机收损失率偏高的现象，要引起大家的重视。各地要牢固树立“减损就是增产、减损就是增收”的理念，认真执行小麦联合收割机作业质量标准，进一步加强农机手的教育培训，提高技能水平和职业素养。前不久，农业部已经发布《小麦机械化收获减损技术指导意见》，各地要加强宣传和技术指导，引导农户和机手选择合适机具、适宜割期、留茬高度和收割速度等，切实提高粮食收获作业质量，确保颗粒归仓。二是大力推广秸秆综合利用技术。每逢麦收时节，一些地方乱烧秸秆的情况屡禁不绝，既污染了环境，又浪费了生物质能源。解决这个问题，必须堵疏结合，双管齐下。一方面要依靠地方政府的行政力量，对违规行为予以处罚；另一方面更要通过机械化手段来促进秸秆的资源化、清洁化利用，为秸秆找出路。各地要对农民购买秸秆还田机、捡拾打捆机、秸秆固化装置等设备进行补贴，争取对秸秆还田实行作业补助，进一步加强技术指导与服务，推动秸秆焚烧问题的解决。

四要强化应急指挥调度。各地要牢固树立抗灾夺丰收的思想，未雨绸缪，提前制定阴雨等灾害性天气小麦抢收工作应急预案。密切关注天气变化，及时掌握机具分布动态，确保关键时刻“调得出、用得上”。大力推进合同作业、订单作业和全程托管服务，推广机收机种“一条龙”作业模式，千方百计加快小麦机收和玉米机播作业进度，不误农时。

五要强化部门协调配合。各地要加强与相关部门协作，共同营造良好的跨区作业环境。要协调公路管理部门，落实对跨区作业的联合收割机及其运输车辆免费通行政策，促进农民节本增收。要协调公安交通管理部门，加强公路秩序管理和交通疏导，开展农机安全生产督导检查，保障跨区机具顺畅转移。要协调油品供应企业，加大用油集中地区的资源调度，保障农用柴油供应。

最后，我强调一下做好农机深松整地工作。2015年“两会”期间，国务院李克强总理在《政府工作报告》中提出，2015年全国“增加深松土地2亿亩”。韩长赋部长也多次强调，要确保完成农机深松整地任务。2015年年初，农业部已经将2亿亩作业任务分解下达给相关省份，并提出了相关工作要求，建立了作业进度按月通报制度。截至5月5日，全国共投入深松机7.9万台(套)，已完成深松土地2 000万亩，其中内蒙古600万亩、辽宁245万亩、山东172万亩，部分省取得了不错的开局。但2 000万亩仅占全年任务的10%，深松整地的大头在秋季，下半年的任务十分艰巨。各地要高度重视，切实加强组织领导，一级抓一级，层层落实责任。要进一步加大深松机具和深松技术的研发与推广力度，认真实施农机深松整地作业补助，强化作业质量监管和面积核实，扎扎实实完成全年深松整地作业任务，为改善耕地质量、促进粮食增产和实现农业可持续发展贡献力量。

在全国农作物秸秆综合利用暨农机深松整地作业现场会上的讲话(摘要)

(2015年10月10日·河北石家庄)

中华人民共和国农业部副部长　**张桃林**

开展农机深松整地，是改善耕地质量，提高粮食综合生产能力，促进农业可持续发展的重要举措。2014年中共中央国务院一号文件(简称中央一号文件，全书同)文件强调要“大力推广机械深松整地”，李克强总理在2015年《政府工作报告》中明确了“增加深松土地2亿亩”的工作目标。这体现中央对农机深松整地工作的重视，也是各级农业农机部门的责任。

为了贯彻国务院关于农机深松整地工作的部署，2015年以来，农业部强化了三个方面的工作：一是强化任务分解落实。将2亿亩任务分解到25个省份，并建立深松整地进度月报考核通报制度，不断增强各地的责任意识。二是强化购机补贴扶持。将深松机具列为农机购置补贴的重点，适当提高了补贴标准，并要求各地优先满足农民购机需求，力争做到敞开补贴、应补尽补。三是强化作业补助试点。积极协调争取财政部门支持，2015年实施农机深松整地作业补助的试点省份由2014年的东北、华北地区扩大到西北、华东、西南等适宜地区。据初步统计，已有20个省份落实深松作业补助资金15亿元，拟补助作业面积5 000多万亩。

为确保任务落实，各地不断加强组织领导和技术服务。河北省政府多次召开现场会进行动员和部署，2015年共安排3亿元资金用于农机深松作业补助(其中省级财政预算2.5亿元，资金投入量居各省之首)，并解决了每亩1.5元的作业质量检验工作经费。黑龙江省深松作业任务最重，2015年采取了“双敞开一提高”做法，即对农民购买深松机敞开补贴，买多少台就补多少台；对深度达到30厘米的深松作业敞开补助，有多少亩就补多少亩，补助标准由每亩10元提高到每亩20元。山东省认真做好组织发动和技术指导工作，年初就将任务层层分解下达到各个区县，通过招标方式确定了600多家农机合作社承担全省大部分作业任务，计划安装3 000台深松检测仪，积极探索运用信息化手段自动检测深松作业面积和质量。这些省的做法和经验，值得各地学习和借鉴。

在各级农业机械化主管部门的共同努力下，2015年全国农机深松整地工作开局总体顺利。截至10月5日，全国已累计投入深松机22万台(套)，已完成深松整地作业面积5 760.5万亩，占计划任务的28.8%。其中，完成面积位居前五位的省份分别是内蒙古965万亩、山东688万亩、黑龙江520万亩、吉林493万亩、河南402万亩。按完成比例居前五位的省份是湖南87.6%、广西80%、海南69.2%、浙江65%、云南65%。各省任务完成情况，我们还将每周统计一次，并上报国办。回去之后，各省要向当地政府汇报，引起领导重视。

但是，我们也要清醒地看到，在推进农机深松整地作业的过程中，还面临着一些困难和挑战，主要体现在三个方面：一是农民认识不到位。不少农民对深松整地带来的增产效果还不了解，加上农机深松耗油较多、作业成本较高，一些土地规模较小的农户积极性不高。二是农时茬口偏紧。在一年两熟地区，收获播种的茬口很紧，深松有效作业时间较短。东北等地区玉米秸秆量大，不能及时清运处理，影响了深松作业效率。部分地区大功率拖拉机、深松机还存在缺口，制约了大面积推广。三是政府投入仍然不足。在目前各级财政普遍紧张的情况下，争取地方政府增加深松作业补助资金、保障深松工作经费有一定难度。个别基层农业农机管理部门还存在一定的畏难情绪，认为作业补助的程序环节多、核查难度大，有“宁可不做也不愿做错”的想法。困难是客观存在的，关键是需要我们以更大的勇气、智慧和决心去推进、去解决。

深松整地是“三秋”农业机械化生产的重头戏。目前，全国大规模的秋季农机深松整地高潮已经到来，并由南向北推进，预计持续到11月中旬左右结束。在此，我再强调一下，各级农业机械化主管部门一定要把农机深松整地作为当前的一项中心工作来抓，把“增加深松土地2亿亩”作为一项政治任务来完成。要在当地党委政府的领导下，不畏困难，敢于担当，采取有效措施，认真研究解决存在的问题，目标任务不动摇，推进力度不减弱，思想劲头不松懈，扎实做好各项组织管理和技术服务工作，力争高质量、高效率地完成全年任务。为此，要重点抓好以下三项工作。

一要进一步加强组织领导。各地要抓紧完善和细化秋季农机深松工作实施方案，将作业任务分解落实到乡镇、到地块。要积极探索适宜本地的深松技术模式，广泛宣传农机深松的重要作用，努力提高广大农民开展深松整地的自觉性，挖掘深松面积增加的潜力。农业部还将启动新一轮《全国农机深松整地作业实施规划》的编制工作，各地要认真配合落实。根据国务院统一部署和韩部长批示要求，为推动《政府工作报告》确定的量化指标任务落实到位，近日农业部将组成多个工作组赴各地进行专项督查。农机深松已纳入此次专项督查的重点内容，各地要加大工作力度，确保按时保质完成全年目标任务，向国务院交上一份满意答卷。

二要进一步落实扶持政策。各地要充分发挥农机购置补贴政策的引导作用，优先满足农民购买大功率拖拉机、深松机等作业机具的需求。要积极开展农机深松作业补助试点，努力增加各级财政资金投入，不断提高农民开展深松整地的积极性。要认真遵守有关财政补助资金的操作程序和原则，强化对补助信息的公开和监督检查，防范套补骗补现象发生。要积极探索运用卫星定位、物联网等信息化手段进行实时监测，推动深松作业补助更加公开透明、精准高效。农业部将建立奖惩措施，将2015年深松任务量和完成情况与明年各省农机购置补贴资金安排挂钩，向任务完成好的省份进行倾斜，对未完成或者完成不好的省份进行核减。

三要进一步加快作业进度。各地要及时发布农机深松整地作业的供需信息，发挥农机服务组织的作用，做好大功率拖拉机和深松机的指挥调度。要组织农户与农机大户、农机合作社签订深松作业合同，开展跨区深松整地作业，实现整村整乡推进，努力加快作业进度。农业部将汇总各省进度情况上报国办并通报全国。要大力宣传各地的好经验、好做法，为深松整地工作营造良好的舆论氛围。

在2015年全国农机推广与安全监理站长会议上的讲话(摘要)

(2015年11月23日·江苏南京)

中华人民共和国农业部副部长　张桃林

召开全国农业机械化技术推广和监理站长会议，学习贯彻党的十八届五中全会精神，总结“十二五”工作，分析当前的形势，谋划“十三五”的工作思路和重点任务，意义重大。

一、充分肯定“十二五”农业机械化技术推广和农机监理工作成绩

“十二五”以来，全国农业机械化技术推广和安全监理系统认真贯彻落实历年中央一号文件精神，按照农业部部署要求，充分发挥公共服务职能，围绕试验示范推广关键环节农业机械化技术、推进主要农作物生产全程机械化、保障农机生产安全、落实强农惠农富农政策等方面，做了大量卓有成效的工作，为农业增产、农民增收提供了坚强有力的科技支撑，为推动我国农业机械化发展和现代农业建设做出了重要贡献。概括起来，主要体现在三个方面。

(一)为加速农业机械化发展、推进农业生产方式转变提供了重要支撑。各地农业机械化技术推广机构立足试验验证，充分发挥了桥梁纽带、验证引导、加速成果转化作用，主攻水稻机插、玉米机收、棉花机采、甘蔗机收等薄弱环节机械化，加强新技术试验示范；着力成果转化应用，加快增产增收型、资源节约型、环境友好型农业机械化技术大面积推广；深化农机农艺融合，推动作物品种、新技术和机械装备的集成配套；大力开展技术培训，强化队伍和体系建设，有力助推了农业机械化全程、全面、高质、高效发展。2014 年，全国主要农作物耕种收综合机械化水平超过 61%，比 2010 年增长了 12 个百分点，提前实现了"十二五"规划目标。目前，我国农业生产方式已进入了以机械作业为主的新阶段。

（二）为保障农业机械化安全发展、促进农业安全生产形势平稳向好做出了重要贡献。农机安全生产是农业机械化工作和农业安全生产的重要组成部分。"十二五"期间，各地农机安全监理机构认真贯彻《农业机械安全监督管理条例》，全面落实农机安全生产责任制，加强农机监理规范化、标准化和制度化建设，加大农机安全生产执法检查力度，深入开展"平安农机"创建活动，积极推进农机监理费用减免、政策性保险、报废更新补贴政策等的制定、出台和贯彻落实，加强农机安全监理装备建设，提高农机安全监管水平，有力地保障了农业机械化安全发展，为农业安全生产做出了贡献。2014 年，全国"上牌率""持证率"和"检验率"平均水平达到了 70.33%，提前实现"十二五"规划目标。在拖拉机、联合收割机总量持续增加的同时，农机安全生产形势一直保持平稳向好，2014 年全国农机事故起数、死亡人数和受伤人数比 2010 年分别下降了 27.6%、37.9% 和 49.6%，连续多年未发生重特大安全生产事故，受到了国务院安全生产委员会表扬。

（三）为农机购置补贴等政策顺利实施提供了强有力的技术和体系支撑。"十二五"期间，农业机械化技术推广和安全监理两个系统，发挥队伍和技术优势，全力配合农业机械化主管部门，为农机购置补贴、深松和秸秆还田作业补助、农机报废更新补贴、农机政策性保险、农机金融租赁等政策的实施，做了大量的基础性、服务性、支撑性工作。特别是在农机购置补贴政策实施过程中，农业部农业机械试验鉴定总站和各省站认真做好补贴产品分类分档、补贴额测算、政策咨询、技术培训、督导检查等；各市、县、乡农机推广和监理人员认真做好补贴产品核查、登记造册、数据录入上报等，有力地支撑了政策的安全规范实施。

二、进一步增强做好农机推广与农机监理工作的紧迫感责任感

当前，我国农业发展进入到一个新阶段，既面临着资源条件和生态环境两道"紧箍咒"的双重约束，又面临着生产成本"地板"和农产品价格"天花板"的双重挤压，保供给、保安全、保生态的压力越来越大，迫切需要转型升级。必须以发展多种形式农业适度规模经营为核心，着力转变农业经营方式、生产方式、资源利用方式和管理方式。充分发挥农业机械集成技术、节本增效、推动规模经营的重要作用，进一步推进农业机械化，是转变农业发展方式的重要途径。农业机械化技术推广和安全监理系统要深入分析农业发展面临的新形势、新问题，认真总结经验，进一步增强责任意识，强化使命担当，着力在加快农业发展方式转变、推进农业现代化中发挥更大的作用。

（一）在构建现代农业科技创新推广体系中发挥好主力军作用。现代农业科技创新推广体系是促进农业科技进步、转变农业发展方式的重要支撑。农业机械化技术推广机构要认真履行公益性职能，围绕农民急需和农业生产中的薄弱技术环节，加强技术集成，试验示范先行，依法大力推广。要尊重农民意愿，切实解决农业生产需求，增加公共服务产品的有效供给。要加强基层农机推广机构建设，稳定人员队伍，规范推广行为，引领其他农业机械化技术推广服务主体发展，加快"一主多元"农业机械化技术推广服务体系建设，在构建现代农业科技创新推广体系中发挥基础性、主体性的作用。

（二）在打造农业安全生产体系中发挥好保障作用。农业安全生产体系是保障人民群众生命和财产安全，促进现代农业健康发展的重要支柱。农机安全监理机构作为农业安全生产体系的重要组成部分，要加强自身体系建设，强化基层执法队伍。要全面落实党政同责、一岗双责、失职追责的农机安全生产责任制，依法履行安全监管职能，指导农民安全用机。要方便农民，寓管理于服务当中。要强化农机经营者的主体责任和安全自律意识，创新试点村级农机协管员队伍建设，在打造农业安全生产体系中发挥保障作用，促进农业和农业机械化安全发展。

（三）在健全农业社会化服务体系中发挥好引领作用。农业社会化服务体系是现代农业发展的重要推动力量。国家鼓励科研院校、行业协会、合作组织、家庭农场和企业等社会力量参与农业机械化公共服务。农业部启动了政府向经营性服务组织购买包括农机作业等内容的农业公益性服务机制创新试点工作。各地要以积极的态度处理好农业机械化公益性服务与社会化服务之间的关系，创新农机社会化服务新机制，以农机社会化服务为引擎带动发展。要积极探索购买服务、招投标、定向委托等公益性服务的多种实现形式，建立完善项目承接、试验示范基地建设等方面的激励机制，引导多元社会力量参与到社会化服务中来。要强化规划引领，实施项目带动，加强对各种农机社会化服务主体的业务指导、人员培训、宣传引导，不断提高其服务能力。

（四）在培育新型农业经营主体中发挥好服务作用。构建新型农业经营体系、扶持发展新型农业经营主体是实现农业转型升级的必然选择。要发挥农业机械化技术推广和安全监理系统作用，积极开展面向新型农业经营主体的职业技能培训、驾驶操作培训、实用技术培训，打造农机实用人才队伍。要进一步下沉工作重心，加强对新型农业生产经营主体的技术服务支持、安全生产指导，促进技术集成应用，消除安全隐患。要围绕新型农业经营主体适度规模经营，提供机械化生产工艺路线、技术模式、机具配套、操作规程及运行机制一体化解决方案。

三、贯彻五大发展理念，积极谋划"十三五"农机推广和监理工作

"十三五"时期是全面建成小康社会决胜阶段。党的十八届五中全会审议通过的"十三五"规划建议，提出农业现代化取得明显进展，明确提出必须牢固树立创新、协调、绿色、开放、共享的发展理念，要求大力推进农业现代化，加快转变农业发展方式，走产出高效、产品安全、资源节约、环境友好的农业现代化道路。各地要认真学习、深刻领会和贯彻落实全会精神，谋划好"十三五"农机推广和监理工作。

（一）贯彻创新发展理念，推动技术和管理创新。要把创新贯穿于农机推广和监理工作各方面全过程，谋划新举措、取得新进展。加快农业机械化技术先进性、适用性、安全性验证方式方法创新，完善标准体系，提高试验验证工作水平。创新农机推广专项资金筹集、重大技术推广补助制度，扩大投入渠道。建立完善农业机械化技术推广机构与多元主体间的长效协作机制，强化研发、鉴定、推广等环节间的衔接，促进产、学、研、推、用密切结合，积极参与《中国制造 2025》农机装备行动工作。不断完善农机农艺不同部门、学科协同创新机制，着力创设整体解决方案，推进农机农艺融合，促进工程、生物、信息、环境等技术集成应用，加快农业机械化技术创新和新技术装备集成推广应用步伐。紧密跟踪各地农业产业结构调整和农业经营方式转变，加强补贴产品数据分析和需求调研，为农机购置补贴政策的定向、精准、高效实施提供强有力的技术支撑。围绕农机安全监管方式、范围、环节、手段的转变，建立健全法规体系，创新监管服务模式，推进动态管理，完善责任体系，加强应急管理，探索精准管理，提升农机安全监管水平。

（二）贯彻协调发展理念，促进农业机械化区域布局和结构优化。技术推广是农业机械化发展的先导，安全监理是农业机械化发展的保障，在推动农业机械化协调发展中责任重大。要大力加强丘陵山区等农业机械化薄弱地区技术示范推广，缩小与农业机械化发达地区的差距。加快突破油菜、棉花、甘蔗等经济作物关键环节机械化技术瓶颈，优化粮食生产机械化技术体系，推进大田作物生产全程机械化。加强与种植、畜牧、水产、林果、设施、园艺、能源、环保等技术部门协作，推进种、机、技配套，加快养殖业、林果业、设施农业、农产品初加工等各业生产机械化发展，引导农民念好“山海经”、唱好“林草戏”、打好“果蔬牌”。加大高性能、大功率、复式作业农业机械的推广应用，促进装备结构与区域布局的优化。努力做好农业生产全过程、全领域机械化作业安全监管，保障农业机械化持续健康协调发展。

（三）贯彻绿色发展理念，助力可持续发展。以农业机械化推动农业减量化、资源化和清洁化生产，实现绿色可持续发展，农业机械化技术推广和安全监理工作潜力巨大。要大力推广节水、节肥、节药、节种、节地农业机械化技术，通过机械化手段提高农业投入品利用率，努力实现化肥、农药使用量零增长。加快推进农作物秸秆机械化综合利用、残膜机械化回收和畜禽养殖废弃物机械化无害化处理等农业机械化技术的普及应用，推动农业废弃物资源化利用。在拖拉机、联合收割机节能减排、安全环保、维修保障等方面积极作为，促进农业机械化绿色发展。

（四）贯彻开放发展理念，推动农机“走出去”“引进来”。开放是提升我国农业机械化发展水平的必由之路，农业机械化技术推广和安全监理系统要贯彻开放发展理念，推动农机“走出去”“引进来”。要响应国家“一带一路”战略构想，在技术、标准、服务上提供相应的支持帮助，推进农机制造企业和产品走出去。加强国际交流与合作，及时了解掌握世界农业机械化发展最新动态和前沿技术，推动农机“引进来”，促进我国农业机械化科技水平升级。积极参与构建农业机械化科技创新联盟，加强产学研推的横向联系，充分发挥农机推广机构特有的优势，积极参与重大农业机械化科技攻关。加强对发达国家农机安全技术和管理先进做法的学习，不断推动农机产品安全技术性能的提升和安全管理水平的提高。

（五）贯彻共享发展理念，提升服务水平。坚持为民服务、保民平安，切实做好农业机械化技术推广服务和安全监理工作，让广大农民共享农业机械化发展成果。要大力推进“互联网＋农机”推广，丰富技术推广服务内容和形式，为农民和各种新型生产经营主体及时有效获得、运用先进适用技术，提供多层次、多领域、多形式、个性化的技术和服务。积极推行送检、送考、送教下乡、一站式服务和“互联网＋农机监理”等便民措施，为农民提供方便快捷的农机安全监理服务，让农民在更多的获得感中接受安全管理。加大对老少边穷地区农业生产机械化技术的推广力度，通过机械化助力精准扶贫、精准脱贫。关心农村弱势群体，主动为他们提供所需的农业机械化技术服务。加强作风建设、树立宗旨意识，提升服务水平。

在全国甘蔗生产全程机械化现场推进会上的讲话（摘要）

（2015 年 11 月 24 日 · 广西崇左）

中华人民共和国农业部副部长 **张桃林**

会议的主要任务是贯彻落实党的十八届五中全会精神和 2015 年中央一号文件及国务院领导的要求，深入分析甘蔗生产机械化发展的形势，总结交流推进甘蔗生产全程机械化的成效和经验，进一步明确加快甘蔗生产全程机械化的方向、重点和措施，促进《甘蔗主产区生产发展规划（2015—2020 年）》落实，推进甘蔗生产机械化加快发展。

一、充分认识发展甘蔗生产机械化的重要性

食糖是关系国计民生的重要战略物资，是食品工业发展的重要基础原料，也是人们日常生活的必需品。我国蔗糖消费量占食糖消费总量的比例高达 90％以上，甘蔗生产关系食糖基本供给能力保障。随着经济发展和生活水平提高，今后食糖消费仍将保持增长态势。但是，受自然条件、生产成本等因素影响，我国蔗糖产业发展形势不容乐观。加快推进甘蔗生产全程机械化，对于提升糖业竞争力、确保产业安全和食糖供给安全、促进农民增收都具有十分重要的意义。

（一）加快发展甘蔗生产全程机械化，是提高我国糖业竞争力、促进产业稳定发展的必然选择。我国食糖年产量大约在 1 100 万～1 300 万吨，消费量在 1 300 万～1 400 万吨，产需缺口在 200 万吨左右。近年来，由于食糖进口过快过猛，导致市场供需失衡，国内糖价和甘蔗种植效益大幅下滑，影响产业的稳定。我国甘蔗种植主要集中在广西、云南、广东、海南，其中，广西约占全国产量的 60％。据有关方面统计，广西 2012/2013 年榨季种植面积 1 584 万亩，而 2015/2016 年榨季种植面积只有1 190 万亩，两个榨季减少 394 万亩。造成进口冲击的主要原因是，我国糖料生产成本高、市场竞争力弱，我国每吨甘蔗的生产成本普遍是巴西、泰国的一倍以上。从目前看，降低我国甘蔗生产成本的主要途径是，通过推进生产全程机械化来实现规模经营、提高生产率，通过推进生产全程机械化来实现劳动替代、降低日益增长的劳动成本。从广西已开展的试验示范来看，机械种植甘蔗效率是人工种植作业的10倍以上，甘蔗机械收获的效率是人工收获的30倍以上；全程机械化甘蔗生产可降低用工成本600元/亩。

从长远来看，随着国家工业化、城镇化的推进，受农村劳动力大量向第二、第三产业转移和新生代农民择业意愿的影响，如果没有机械化生产替代，像甘蔗生产这样一些劳动用工量大、劳动强度高的传统农业产业必然会受到冲击。因此，加快推进甘蔗生产全程机械化，已成为缓解劳动力紧缺、提高生产率和产业竞争力、确保产业稳定发展的必然选择。

（二）加快推进甘蔗生产全程机械化，是促进蔗农增收和区域经济发展的重要途径。我国甘蔗主产区地处西南部边境地区，经济发展相对滞后，当地农民收入和县域经济高度依赖蔗糖产业。据统计，广西、云南两省（区）甘蔗生产大县中，11个是边境县，29个是国家级贫困县；财政收入来自糖业比重超过10%的县分别有9个和11个。蔗农收入本来就不高，大多低于本省（区）农民人均纯收入平均水平。近几年，由于糖价大幅下降，更是严重影响了农民增收。据统计，2014/2015榨季，许多蔗农种植甘蔗收入不到300元/亩，部分还亏了本。已有的示范实践表明，通过推广机种、机收，可节约作业成本30%以上；通过蔗地机械化深耕深松技术可增强抗旱抗倒伏能力，提高甘蔗单产20%以上；通过实施节水灌溉与微滴灌能够增产12吨/亩。因此，加快推进甘蔗生产全程机械化，可以极大地起到节本、增产、增效的作用，有利于促进县域经济发展和农民增收，有利于实现党的十八届五中全会提出的贫困人口脱贫和全面小康目标。

（三）加快推进甘蔗生产全程机械化，是实现农业可持续发展的迫切需要。我国农业资源过度开发、农业投入品过量使用问题突出，已严重影响农业可持续发展。这些问题在甘蔗生产上同样也是比较突出的，迫切要求我们在甘蔗生产上加快节水、节油、节肥、节种、节药和资源综合利用的农业机械化装备及技术的推广应用。通过加快推广机械喷灌、滴灌及水肥一体化技术，实现节水、节肥；通过应用现代喷雾机械，实施精细喷雾作业，实现节药，减少残留；通过蔗叶粉碎还田、蔗田保护性耕作、机械深松施肥降低地表径流，减少土壤流失，保护生态环境。通过推进生产全程机械化，全面节约和高效利用资源，已成为实现资源节约、环境友好、生产安全绿色发展的有效选择。

二、认真总结甘蔗生产机械化发展的成效经验

党中央、国务院高度重视蔗糖产业的发展。2014年中央一号文件明确提出“主攻机插秧、机采棉、甘蔗机收等薄弱环节，实现作物品种、栽培技术和机械装备的集成配套。”2013—2015年国务院领导先后多次调研、批示和指示，明确要求要加大对糖业的支持，要求有关部委专题研究支持糖业发展的意见和建议。2015年，发展和改革委员会、农业部联合印发了《糖料蔗主产区生产发展规划（2015—2020年）》，进一步明确了稳定甘蔗产业发展的目标任务和保障措施，特别提出要加快推进全程机械化。在国家有关部门的支持下，主产区各级政府认真贯彻中央精神和要求，出台政策，整合力量，突出重点，加大生产薄弱环节机械化推进力度，取得了良好成效，为推进全程机械化生产奠定了良好基础。

（一）甘蔗生产机械化水平稳步提高。近年来，为调动甘蔗主产区农民购机用机积极性，进一步加大了相关政策的支持力度，在增加农机购机补贴资金规模的同时，提高了甘蔗生产大型机具补贴标准，2015年，中央财政甘蔗收获机单机最高补贴额，由原来的20万～25万元/台提高到了40万元/台，补贴对象也进行了适当调整拓展；开展了甘蔗地深松整地作业补助试点；同时，财政部、农业部安排资金支持广西开展大型甘蔗机具金融租赁试点，促进了甘蔗生产机械化水平不断提高。2014/2015年榨季，全国甘蔗生产综合机械化水平达48.7%，较上个榨季提高约13个百分点，耕整地基本实现机械化，机械种植、收获也有新的突破。特别是广西“双高”示范基地的生产机械化取得突破性进展，除育种种植外，种管环节已基本实现机械联合作业；50万亩“双高”基地机收率达7.8%，均创历史新高。在此辐射带动下，广西甘蔗机械化种植快速发展，机种面积是上个榨季的3倍。云南甘蔗生产机械化水平，虽然基础薄弱，但发展势头很好，与2014年相比，机械开沟增长260%，机械种植增长500%，机械中耕培土增长320%，机械联合收割增长210%。

（二）甘蔗生产机械化装备和技术日渐成熟。近年来，国家加大对甘蔗机械化生产技术和装备创新的支持力度，通过公益性农业行业科研专项、科技支撑计划等项目相继投入近3 000万元支持甘蔗机械装备研发；一些企业和科研单位，也加大研发攻关力度，取得了可喜的成果。目前，适合大规模联合作业的切段式、整杆式甘蔗联合收获机型和适合丘陵区小地块作业的割铺机、剥叶机，有的试制成功了样机，正在进行试验完善；有的完成了定型，开始小批量生产，进行示范推广；有的已通过推广鉴定，进入了补贴推广。此外，一些国外大型农机企业结合我国甘蔗生产实际改型完善的收获机也在国内设厂生产，并得到蔗农的认可。国内自主研发制造的甘蔗种植机、甘蔗运输车日趋成熟，开始在生产中大范围推广应用。

为试验总结不同区域甘蔗全程机械化技术规范，农业部和各主产省通过多种方式、设立项目，开展甘蔗高产创建、全程机械化生产试验示范，制定了甘蔗生产机械化技术指导意见，总结提出了大规模全程机械化、中等规模全程机械化、小规模部分机械化、微小型半机械化等四种农机农艺融合生产模式，分别明确了相关标准和技术规范，为加快推进甘蔗生产全程机械化打下了良好的技术和装备基础。

（三）推进甘蔗生产全程机械化的理念和思路逐步明确。甘蔗生产全程机械化涉及耕地条件、品种选育、栽培方式和加工配套等众多因素，需要多部门的通力合作，多方面的协调配合。为此，主产省各级政府纷纷成立了以农业、农机为主，综合计划、财政、国土、水利等部门参加的合作机制，针对甘蔗种植区多处丘陵，蔗地坡陡不平整、石头多、交通不便、灌溉条件差等难点，开展了以土地整治为重点的农田基本建设，如广西的“双高”基地建设；针对农机农艺不配套的问题，加大了品种选育和栽培方式调整；针对机械收获甘蔗与制糖加工不配套的问题，开展了糖厂加工工艺的改造，同时加强了机械收获作业、运输与加工产能的时空调度，确保机收甘蔗在最佳时间内得到压榨加工。并积极探索适合机械化生产经营管理模式，逐步摸索出了“农机专业服务公司＋制糖企业＋农户”“制糖企业＋农户”“合作社＋制糖企业＋农户”及股份制等多种合作模式。

应该说，近些年，围绕推进甘蔗生产机械化，各地创新工作思路，加强政策创设，加大工作力度，形成了许多好经验、好做法。特别是广西自治区坚持以适合全程机械化作业为前提，以大力推进“双高”基地建设为抓手，发展改革、财政、国土、水利、农业、糖业等多部门合作，加强统筹协调、资源整合，取得了明显成效。崇左市委、政府对这项工作高度重视，作为一把手工程，四套班子多次蹲点到一线，亲自指挥推进，力度大，成效显著。云南、广东、海南等也都围绕提高甘蔗生产机械化水平，研究提出了一系列的政策和措施，刚才各省代表交流发言中已经介绍，不再一一列举。这些经验都值得各地相互学习和借鉴。

当然，我们也应当清醒地看到，我国甘蔗综合机械化水平总体还不高，地区间发展也很不平衡，尤其是一些薄弱环节还没有大的突破，高产栽培技术普及率还较低，稳定蔗糖产业发展、保障蔗农持续增收任务仍然艰巨。提高产量相对容易，但如何降低成本、提高效益，特别是使蔗农从中得到更多共享，是推动整个产业进步和机械化过程中需要关注的方面。从目前看，制约甘蔗生产机械化水平提高的原因，主要有以下几个方面。

一是机械化作业立地条件差。我国甘蔗大多种植在旱坡地，蔗田地块小、坡度大、石头多、机耕道不通畅。根据国外的数据和我国的经验，300 马力大型甘蔗机械系统，安全有效作业的立地条件一般是 6°以下大块缓坡地；6°以下小块缓坡地以及条件好的 6°～15°丘陵地，只能采用 75～200 马力的中型机械系统；6°～15°小地块只能采用小型机械化系统；15°～25°坡耕地只能采用微耕机等微型机械系统进行部分作业。经专家测算，我国现蔗地适合大型机作业的地块不到 10%、中型机作业的约占 40%。

二是生产经营方式落后。大中型机械的广泛应用是以规模化生产和社会化服务为前提的。而在目前，我国农村特别是甘蔗主产区主要还是以小面积单家独户经营方式为主。虽然，近些年通过土地流转，出现了甘蔗生产合作社、专业作业服务公司等一些规模化新型经营主体，但数量有限，机械大规模作业与小规模家庭分散、不集中连片经营的矛盾仍很突出。

三是高效联合作业农机装备有效供给不足。国产甘蔗联合种植、收获、装运机具的研发、制造虽有所发展，装备拥有量也有一定幅度增长，但仍存在作业效率不高、性能发挥不稳定、可靠性差等问题，如有的收割机作业损失率超过 20%，经常出现故障，导致蔗农不愿用。同时，收获机售价昂贵，国产大中型收获机单台售价上百万元，外资产品价格更高；加上受农时限制，作业时间短（只有 70 天左右），投资回收周期长（一般需要 4 年以上），直接影响农民购机用机的积极性。

四是多方主体衔接机制尚未建立。目前，甘蔗机械收获的主流技术是切段式收获。为减少含糖量损失，切段式收获甘蔗须在 24 小时内进厂压榨，需要建立起科学紧密的收获、运输、加工调度机制。切段式收获与整杆式收获比较，甘蔗占用空间大，运输车装载量少，相应增加了运输成本，需要平衡运蔗服务的利益。切段式收获甘蔗含杂率在 6%以上，与糖厂现有加工工艺 3%以下的要求不适应，需要改造卸蔗平台和蔗槽，在目前糖价低迷的情况下，需要调动糖厂改造的积极性。因此，迫切需要从整体上考虑蔗农、收获、运输、糖厂间的关系，建立新的利益衔接机制。

五是扶持政策还不完善。现已出台的政策看起来不少，科研、整地、补贴、试验示范等方面的都有，但资金规模不大，针对性和配套性不强，集中力量办大事体现得不够。有的省（区）、市、县有政策，有的还没有，有的扶持标准高、有的低，尚难以调动蔗农、企业的积极性。

六是农机农艺融合不够。甘蔗机械化收获需要抗倒伏、易剥叶的品种，种植行距要求在 1.2 米以上，但目前大部分主栽品种还达不到这样的要求。现行 0.7～0.9 米行距的种植方式，也不适合高效机收作业要求。

三、努力推动甘蔗生产全程机械化加快发展

党的十八届五中全会明确提出，大力推进农业现代化，提高农业机械化水平。各甘蔗主产区农业、农业机械化主管部门要进一步提高对发展甘蔗生产机械化重要性紧迫性的认识，树立创新、协调、绿色、开放、共享发展的理念，坚持市场主导、政府扶持，因地制宜、合理布局，突出重点、整体推进，部门联动、形成合力的原则，进一步加大工作力度，攻坚克难，着力做好以下重点工作。

（一）强化示范基地建设。各级农业、农业机械化主管部门，要把示范作为推动工作的重要抓手，加快强化示范基地建设的谋篇布局工作。要遵循试点先行、示范带动、社会化服务的规律推进甘蔗生产机械化发展，选择当地政府有积极性、市场主体有愿意和实力、土地整治有基础的区域优先设立示范基地。在示范基地建设中，优选品种、种植模式，优化机具选型和配套方案，研究总结甘蔗机械化生产经营管理成功模式，探索适合现代农业要求的全程机械化技术实现方案。力争 1～2 年内，在不同区域布局内，打造出一批全程机械化的示范区，为各类主体发展甘蔗全程机械化提供可学习的良好样板。

（二）加快推进农机农艺融合。农机农艺融合是机械化生产的客观要求。各级农机、农艺部门，要密切合作，充分利用全国优势资源，开展繁育推联合攻关，加强高产高糖分、适宜机械化的甘蔗品种选育，加快抗倒伏好、易剥叶的甘蔗品种推广。根据甘蔗机械化收获要求，研究改进农艺制度、增强机具适用性；针对不同自然条件和经营方式，从品种、耕整、种植、植保、灌溉、收获等方面，综合研究完善适宜不同类型区域条件下的甘蔗全程机械化生产技术规范；围绕关键薄弱环节，进行重点推广突破，以重点突破带动整体提升。

（三）加快促进土地整治。甘蔗生产机械化作业的主战场在农田。各级农业、农业机械化主管部门，要站在共享发展的高度，积极争取发改、财政、国土、水利等有关部门支持，整合扶持政策，借鉴广西土地整治的做法，根据地形条件，加强土地整理，建设适合大、中、小机械系统高效作业的高标准蔗田，建设满足农机作业及糖料蔗运输通行要求的田间道路；遵循“依法、自愿、有偿”原则，积极稳妥有序推进土地流转，开展“小块并大块”，推进规模化种植，为农机高效作业创造条件。

（四）加快促进机具研发。机具研发创新是推进机械化的重要推动力。各级农业、农业机械化主管部门，要站在创新发展的高度，立足当前，着眼长远，以现有技术产业化与前瞻技术研究并举为导向，以推进甘蔗机收技术国产化为主攻点，带动甘蔗生产各环节所需机具生产制造本土化。要积极配合发改、科技、工信等主管部门引导企业重点做好三项工作。一是加强先进适用甘蔗生产机具的研发，特别要加强对甘蔗收割机、种植机关键技术的研究。重点是完善提升国产大中型切段式（轮式/履带式）甘蔗联合收割机的技术水平，开展切割输送、杂质分离、收割机自动化等关键技术攻关。二是加强现有机具选型，发挥规模经营主体、基层农机推广机构作用，选择一些价格相对低、性能较好、有发展潜力的机具，优化机具配套方案，有针对性地开展试验验证，及时将发现的问题反馈至企业，促进企业提高机具的适用性、可靠性和安全性。三是组建甘蔗机械研发联合体。鼓励和选择有一定研发基础的企业、研究机构，形成甘蔗机械研发联合体，组建公共研发平台，促进多方力量整合、各种资源共享；树立开放的理念，创新合作机制，加大引进吸收再创新力度，促进研发水平、机具性能加快提高。

（五）加快促进糖厂改造。糖厂是助力机械化的重要环节。各农业、农业机械化主管部门，要站在协调发展的高度，配合有关部门支持糖厂技术改造，研发甘蔗自卸、环保高效清洗预处理系统及配套设备。根据切段式甘蔗进厂压榨要求，逐步改造糖厂卸蔗平台和蔗槽；根据机收作业的实际情况，制修订机收甘蔗入厂收购标准，使其与机械收割作业相衔接匹配；改善糖厂农务管理，探索建立机收与糖厂加工的有效衔接机制，完善机收作业调度，开辟绿色通道，确保切段式甘蔗24小时内入厂压榨，为解决甘蔗机械化联合收获提供保障。

（六）落实完善扶持政策。各农业机械化主管部门，要发挥好农机购置补贴政策作用，重点补贴甘蔗收获机等大型机具，重点支持糖厂、农机专业服务公司、甘蔗种植公司等规模化生产经营组织购置机具。扎实做好农机深松作业补助试点工作，积极争取各级财政增加资金投入，调动农民购机用机积极性。积极探索农机金融租赁新模式，开辟农民购用机新渠道。努力争取发改、财政将机棚、机库建设列入基建项目支持范围。争取安排专项农业机械化技术财政推广资金，支持甘蔗全程机械化示范。将农机手培训纳入国家新型职业农民培育工程重点支持。争取设立相关专项，支持甘蔗机械生产企业开展重点装备关键技术攻关、产品研发和产业化，支持制糖企业前处理工艺的技术设备改造等。

（七）加强组织领导。各级农业、农业机械化主管部门要高度重视，将推进甘蔗机械化工作列入重要议事日程，精心组织，狠抓落实。要统筹农机管理、科研、生产、鉴定、推广和安全监理等方面的力量和资源，制订完善工作计划和方案，将工作抓实抓到位。要积极宣传，争取各级政府的重视和支持，把甘蔗机械化作为发展现代农业、推进新农村建设的重要内容，纳入当地经济社会发展的总体规划。要加强对甘蔗机械化工作的指导，研究和协调解决甘蔗机械化发展中遇到的困难和问题。

大力推进甘蔗生产全程机械化，事关蔗糖业全面协调可持续发展、事关蔗区农民增收和全面建成小康社会目标的实现，使命光荣，任务繁重。我们要把思想和行动统一到中央的决策部署上来，进一步增强使命感和责任感，发奋工作，努力作为，争取在推进甘蔗生产全程机械化方面做出新的更大贡献。

在全国农业机械化工作会议上的总结讲话

（2015年1月14日·广西南宁）

农业部农业机械化管理司司长　**李伟国**

全国农业机械化工作会议上，张桃林副部长作了重要讲话，全面总结了2014年以来全国农业机械化发展的新成绩、新经验，深刻分析了农业机械化发展面临的新形势、新问题，明确提出了做好当前农业机械化工作的新思路、新举措。张桃林副部长的讲话立意高远，内涵丰富，要求明确，既有长远工作思路，又有当前工作部署，还有工作方法指导，具有很强的针对性和可操作性。我们要认真学习，深刻领会，统一思想认识，并及时传达、研究，明确任务，切实抓好贯彻落实。

会议期间，代表们围绕贯彻张桃林副部长的讲话精神，研讨交流了下一步农业机械化的工作思路和工作重点，提出了很多有建设性的意见和建议。大家畅所欲言，体现出了对做好当前农业机械化工作的强烈责任感和紧迫感。下面，我就大家关心的"农机购置补贴政策"和"主要农作物生产全程机械化推进行动"两个内容，谈点意见。

一、关于落实好农机购置补贴政策

（一）2014年农机购置补贴政策实施情况。2014年，全国农业机械化系统认真贯彻落实党中央、国务院的决策部署、农业部和财政部要求，将实施农机购置补贴政策作为落实党的强农惠农富农政策、加快农业机械化发展方式转变、促进农业综合生产能力提高的重大任务，及早启动政策实施，大力推进改革创新，认真开展督导检查，严厉惩处违法违规，全程全面公开信息，农机购置补贴政策实施成效显著。

主要采取了以下措施：

一是大力推进改革创新，狠抓关键举措落实。全面推行"全价购机、定额补贴、县级结算、直补到卡"。除北京、西藏和黑龙江垦区部分管局外，其他省份全部实行"全价购机、定额补贴、县级结算、直补到卡"。缩小范围、突出重点，推进政策的普惠制。全国有21个省份围绕农业生产急需的农业机械确定补贴范围，实行敞开补贴，其中江苏省对补贴范围内的50个品目全部敞开补贴，补贴资金由省财政兜底。吉林以省政府名义印发农机购置补贴实施方案，将补贴范围压缩到35个品目，重点补贴粮食生产全程机械化所需机具。以市场化改革为导向，充分尊重企业和农民自主权。实行由农机生产企业自主设定经销商资质条件并自主确定补贴产品经销商；农民自主选择销售商、自主议价、自主购机，并允许跨县购机。选择福建开展补贴产品市场化改革试点。

二是着力强化信息公开，推进便民服务。全国38个省级农业机械化主管部门和80%左右的县（市）均已在官方网站上开通信息公开专栏，推进政策内容公开化、实施过程公开化、补贴结果公开化，接受社会各界监督。部分省份开展农民先购机后申请补贴试点；一些县选择在政务大厅、农机大市场等进行购机申请、补贴申领等一站式服务。与财务司共同在广西、新疆开展大型农机金融租赁试点，许多地方协调出台了农机具抵押贷款、小额信贷、低息贴息贷款等便民利民服务措施，缓解农民全价购机的筹资压力。

三是加强监管，严厉惩处违法违规。在继续开展针农机购置补贴专项督导检查的基础上，加大违规行为查处力度。对实名举报的问题，做到凡报必查、一查到底。农业部会同财政部有关司局直接组织查处了一批违反农机购置补贴政策的行为，共在全国范围内暂停或取消了27家违规农机生产企业的产品补贴资格。省级农业机械化主管部门对123家违规产销企业进行查处，并向社会公开，有力地维护了政策的严肃性。

截至12月底，大多数省份农机购置补贴实施工作基本结束，全国共补贴购置各类农业机械448万台（套），受益农户达到321.8万户，引导农民和农业生产经营组织投入资金454.6亿元。在农机购置补贴政策的推动下，农机装备水平和农机作业水平快速提高，农业机械化新技术加快推广使用，农民购机用机积极性高涨，为实现粮食生产“十一连增”、农民增收“十一连快”提供了有力的装备技术支撑。

（二）对2015年实施指导意见有关内容的说明。2014年，在抓好组织实施、强化监管的同时，我们还围绕政策实施中的突出问题，围绕修订资金管理办法和实施指导意见，在全国范围内开展了专题调研，向部常务会作了专题汇报并获得原则通过，广泛征求各地和各部门的意见建议，加强了与有关部门的沟通协商，进一步加强顶层制度设计，细化末端治理，力求最大程度地统一思想、形成共识。

目前，《2015—2017年农机购置补贴实施指导意见》（以下简称《意见》）已基本形成，即将下发。该意见总体上体现了尊重农民的自主权、顺应市场化需求的原则，体现了公共财政政策的普惠与产业发展政策的重点导向，在政策实施格局上坚持简政放权，在政策操作层面上的坚持删繁就简，着力推进政策实施的针对性、稳定性、普惠性、安全性，切实保障资金安全和干部安全，确保补贴政策高效安全实施。

结合昨天大家的讨论，我就指导意见中的几个主要问题作些说明。

1.关于补贴对象。各省对这个问题都很关心，提出了很多意见建议。这次我们对此进行了适当修改。以前表述是“补贴对象为纳入实施范围并符合补贴条件的农牧渔民、农场（林场）职工、农民合作社和从事农机作业的农业生产经营组织。”现在改为“直接从事农业生产的个人和农业生产经营组织。”。个人既包括农牧渔民、农场（林场）职工，也包括直接从事农业生产的其他居民；农业生产经营组织的界定可与《中华人民共和国农业法》衔接，既包括农民合作社、家庭农场也包括从事农业生产经营的农业企业等。补贴对象范围作适当调整，主要是考虑到随着城镇化快速推进、农村劳动力转移步伐加快，目前从事农业生产的主体不仅仅是农牧渔民，越来越多的农业生产任务由合作社、农业企业等新型农业经营主体承担；另外，户籍制度改革后，农民只是一种职业划分，很难再从居住地和户籍上区分。更主要的是，由于农业机械的专用性，无论谁购买农机，都只能用于农业生产。当然，是否扩大到农业生产企业等其他补贴对象，各省可以根据实际，作进一步细化界定。在具体的实施过程中，还要兼顾效率与公平，注意优先重点考虑农民、家庭农场和农机合作社等，避免大量补贴资金被农业企业占用。

2.关于补贴机具种类范围。中央财政资金补贴方向应优先考虑满足公共需求和能体现国家战略目标的一些机具品目，在确定种类范围时主要依据三条原则：一是为便于监管，补贴种类范围尽量限制在只能用于农业、不能用于其他产业的机械；二是为突出重点，按照“口粮绝对安全、谷物基本供给”的目标要求，重点补贴粮棉油糖等主要农作物生产关键环节所需机具，兼顾畜牧业、渔业、设施农业、林果业及农产品初加工发展所需机具；三是着力于解决农民购机难的、补贴价值较高的农业机械。据此，2015年中央财政资金补贴机具范围由2014年175个品目压缩到137个品目。

取消各省自选品目，一是体现中央与地方事权的划分，目前中央确定的范围已基本涵盖了主要农业机械（包括往年各省需求量大的自选品目），一些地方特色农业发展所需和小区域适用性强的机械设备，可由地方各级财政安排资金补贴；二是防范风险，往年自选品目中有部分是否属农业机械还值得商榷，有部分也存在监管困难。

《意见》要求，各省根据资金规模，选择深松机、免耕播种机、水稻插秧机等粮棉油糖主要作物生产关键环节急需的部分机具品目，实行优先、敞开补贴。主要考虑：一是希望各地进一步聚焦粮棉油糖等主导产业，集中力量，通过提升主要作物生产全程机械化，提升我国主要农产品的生产能力，确保供给安全。二是从实践看，实行重点品目敞开补贴、普惠制，能减少确定补贴对象等审批环节，简化手续，防范权力寻租。因此，各省都应围绕当地主导产业、从中选择部分品目实行敞开补贴；也可根据当地产业特点，在大的补贴范围内再选择部分品目进行敞开补贴。

粮食主产省要优先选择粮食生产关键环节急需机具品目敞开补贴；棉花、油料、糖料作物主产省要优先选择棉花、甘蔗、油菜、花生等大宗经济作物生产关键环节急需机具品目敞开补贴。同时，鼓励有条件的省份，借鉴江苏、吉林省的做法，根据资金规模，缩小机具补贴范围，实行全部敞开补贴。

3.关于补贴产品资质。2015年开始，将补贴产品资质与支持推广目录脱钩。补贴范围内，已获得部级或省级有效推广鉴定证书的产品都可以申请享受补贴。主要考虑是，从近几年《国家支持推广的农业机械产品目录》（以下简称《推广目录》）制定来看，通过省部级鉴定的产品，只要企业提出申请，基本上都能进入《推广目录》，失去了选优推优的意义。同时，企业和社会对目前的推荐制度已有许多不同的看法。脱钩后，今后的支持《推广目录》，在企业自愿申请的基础上，真正选择一批技术含量高、质量优、售后服务好的产品向社会推荐。为便于各省掌握产品鉴定的情况，我们将要求各级鉴定机构及时将相关鉴定信息在网上公布，部级鉴定信息由农业部鉴定总站在中国农业机械化信息网上专栏公布。

为进一步推进市场化改革，今后，继续选择个别有积极性、有相对成熟思路和较强组织能力的省份，开展补贴产品市场化改革试点，即在补贴机具种类范围内，除被明确取消补贴资格的或不符合生产许可证管理、强制性认证管理的农机产品外，符合条件的购机者购置的农机产品，均可申请补贴。

为鼓励农机生产企业加强研发创新，2015 年农业部和财政部拟选择若干省份开展农机新产品中央财政资金购置补贴试点。对试点省份的选择，按照自愿的原则，由各省提出。新产品补贴是一项新的工作，没有成熟的经验。对于什么是农机新产品，目前国家还没有严格的界定，需要试点省来探索；如何开展新产品的补贴，也需要在实践中摸索。我们认为，在新产品种类选择上，还是要突出粮棉油糖等主要产业发展和农业机械化新技术推广的需要；在具体产品的确定上，要深入调研、广泛论证、集体研究、审慎决策，确保技术先进和风险可控；在具体操作方式上，能否借鉴试验项目管理等方式，先小范围试验，再适当扩大范围试验。当然，具体实施办法，由试点省农业机械化主管部门、财政部门共同研究制定。在总结试点的基础上，农业部和财政部再根据需要，研究制定相关的管理办法。

试点省份要认真研究，认真组织，积极探索，大胆创新，并做好相应预案，确保试点工作取得成效。

4. 关于简化程序和便民阳光操作。为稳定预期，保持政策连续性，2015 年农业部和财政部实施指导意见执行期为 2015—2017 年，补贴范围、补贴标准、操作方式等 3 年保持不变。如有个别规定确需调整的，及早公布。上年结转资金可结转下年使用。连续两年未用完的结转资金，按有关规定处理。需要强调的是，各省应加强组织，切实提高资金使用效率，当年资金尽量当年执行完毕、发挥效应。

继续在全国范围内推行“自主购机、定额补贴、县级结算、直补到卡”的实施方式。将“全价购机”改为“自主购机”，突出农民自主购机。补贴对象可以在省域内自主选机购机，也可通过企业直销等方式购机。为避免造成行政部门审核认可的错觉，今后农机部门不再汇总公布补贴经销商名单，补贴产品经销企业由农机生产企业自主确定并向社会公布。

提倡补贴政策实施过程与经销企业脱钩，经销企业不参与补贴政策操作流程，补贴对象直接到农机、财政等部门或乡镇站办理所有补贴手续。考虑到各地情况不同，我们设定 3 年过渡期，即现在能脱钩的尽量脱钩，确有难度的，最迟 3 年后要完全脱钩。

另外，各地要尽量简化手续，减少农民申领奔波的次数，提倡补贴对象先购机再申请补贴，鼓励县乡在购机集中地或当地政务大厅等开展受理申请、核实登记“一站式”服务。对于资金结算进度，目前，还难于从全国范围内作出统一的时限要求，因此，希望各地结合实际，商地方财政部门作出规定。

全价购机后，各地要加大与金融部门的协调力度，积极探索农机金融租赁、农机抵押贷款等农村金融服务，切实缓解农民购机筹资难的问题。

推进信息公开，实行阳光操作，加强社会监督，是防止骗补、套补和滋生腐败的最有效手段。各地要在建立完善农机购置补贴信息公开专栏的基础上，积极探索信息公开的手段和方式，有条件的地方要推进补贴结果公开到村。

5. 关于补贴额。为切实解决一些重点环节的机械化，2015 年适当提高了部分机具的补贴限额。但客观上说，补贴定额也不是越高越好，一方面在资金总量有限的前提下，标准提高，受众面就会减少，影响政策的普惠性；另一方面，补贴标准过高，也容易造成农民盲目购机，使机械闲置，影响使用效率。继续提出按不超过上年平均销售价 30％的原则进行测算，主要考虑：一是从确定定额标准来看，客观上需要有个掌握的标准；二是相关部门也有这样的要求。

6. 关于农机深松整地作业补助和报废更新补贴试点。为落实国务院提出的 2015 年“深松整地 2 亿亩”的任务，经商务部和财政部同意，2015 年纳入《全国农机深松整地作业实施规划》的省份可结合实际，在农机购置补贴资金中安排补助资金(不超过补贴资金总量的 15％)用于在适宜地区实行农机深松整地作业补助。具体实施办法，参照农业部、财政部有关文件执行。2015 年的深松整地任务很重，各地要高度重视，采取有效措施，在作业面积上有所突破。特别是 2015 年首次将开展深松整地作业补助的省份，要提前谋划，借鉴有关省份的经验和做法，扎实推进补助试点工作。农机报废更新补贴试点工作开展两年多来，在优化农机装备结构，促进节能减排，推动安全生产等方面发挥了重要作用。经商财政部同意，2015 年调整和补充了部分农机报废更新补贴试点省份。今后，将继续视试点开展情况，按照有进有出的原则，进行适当调整。希望各试点省份农机部门加强与财政部、商务部等相关部门的沟通协调，认真总结农机报废更新补贴试点工作经验，为进一步推行此项政策打好基础。

7. 关于加强监管和违规惩处。一是进一步细化了工作要求。要求各级农业机械化主管部门对投诉集中、“三包”服务不到位、采取不正当竞争、出厂编号及铭牌不规范、未按规定使用管理软件系统、虚假宣传、降低配置、以次充好、骗补套补等线索具体的投诉进行调查核实。二是进一步强化了违规惩处。要求对于违反农机购置补贴政策相关规定的生产和经销企业，各省应视情节轻重采取约谈告诫、限期整改、暂停补贴、取消补贴资格及列入黑名单等措施，要将处理情况及时向社会公布，并视情况抄送工商、质量监督、公安等部门。另外，为适应依法监管新要求，规范惩处，农业部、财政部正在考虑研究制定相关办法，也请各地加强研究，提出建议。三是进一步明确了企业违规责任。农机生产和经销企业产品补贴资格或经销补贴产品的资格因违规被暂停、取消，所引起的纠纷和经济损失由相关农机生产或经销企业自行承担。

(三)对 2015 年工作的几点要求。农机购置补贴实施指导意见近期要下发，资金管理办法也在抓紧修订，争取尽早出台。下一步，关键是抓好实施，推进农机购置补贴政策实施的常态化、规范化。张桃林副部长就做好 2015 年的补贴工作作了明确的部署要求，下面，我再强调几点：

一是认真组织学习贯彻农机购置补贴政策有关新规定、新要求。针对 2015 年补贴实施指导意见调整变化内容较大的情况，各省要有计划地组织开展学习培训，全面准确把握内容实质，确保规范实施。近期，我们将组织对各省分管补贴工作的局长和主管处长进行专题培训；结合新版管理系统软件上线，开展系统管理操作人员培训。各省也要逐级开展培训，充分解读政策，多渠道开展宣传，使相关人员切实掌握政策要求，确保执行政策不走样。

二是抓紧制定方案，尽快启动实施。目前已是 1 月中旬，一些地方已经开始谋划春耕备耕，农民将陆续开始购机。各省要根据农业部和财政部指导意见，结合本地实际，抓紧制定本省实施方案，并尽快公布。同时，要统筹兼顾，协调推进补贴额一览表制定、软件安装启用以及补贴产品归档等基础性工作，确保补贴政策早实施、早见效。

三是加强跟踪调研，确保改革创新取得成效。2015 年是新办法、新指导意见实施的第一年，一些改革创新措施，特别是试点工作效果如何，需要加强关注。我们将在 2015 年组织开展专题调研和实施效果评估。各地要发挥就近跟踪问效的优势，主动关注和调研新措施的实施情况，及时反馈情况，并提出完善管理的意见建议，上下形成合力，共同推进改革创新取得新成效。

四是加强监督管理，严惩违规行为。随着补贴管理制度的不断健全完善，今后我们将投入更多的时间和精力加强监管。根据现行管理制度，农机购置补贴政策实施主体在地方，大多数省实施主体在县级或乡镇政府。部省两级主要职责是协调指导和监督检查。农业部农业机械化管理司将把日常监管和专项检查相结合，根据举报投诉线索和日常监管发现的问题，有针对性地开展专项检查。同时，将继续开展农机购置补贴延伸绩效管理。各省也要以问题为导向，适时开展专项督导检查，全面加强监管，严惩违规，并及时予以曝光，切实增强政策的执行力和威慑力。

各省要加强对鉴定工作特别是推广鉴定的指导和监管，确保依法依规开展鉴定，绝不允许乱发证。今后，如出现问题，要严肃处理，按照谁鉴定、谁负责的原则，不仅要追究相关鉴定机构责任，而且还要追究具体鉴定人员的责任。

二、关于主要农作物生产全程机械化推进行动

在前不久召开的全国农业工作会议上，韩长赋部长要求在粮食和大宗农产品主产区全面开展主要农作物生产全程机械化推进行动。张桃林副部长昨天已提出了明确要求。下面，我就这项工作再谈 3 点意见。

(一)充分认识开展主要农作物生产全程机械化推进行动的重要意义。为什么要开展主要农作物生产全程机械化推进行动，主要基于三方面的考虑：

首先，这是提高农业综合生产能力和市场竞争能力的客观需要。在中央和全党的高度重视下，在政策、投入、科技包括农机等综合要素的支撑下，我国农业综合生产能力有了迅速提高，粮食生产实现了"十一连增"，农业、农村经济发展进入了一个新阶段，但同时也面临着新的困难。当前，随着城镇化和农村劳动力转移步伐的加快，农民老龄化加剧，资源瓶颈和生态环境约束趋紧，农业生产成本日趋上升，主要农产品国际国内价格倒挂，解决"谁来种地"问题、降低我国农产品生产成本、提高农业生产科技含量等都迫切需要加快农业机械替代人工劳动的过程，迫切需要全面发展农业机械化。

其次，这是提升农业机械化发展水平的内在要求。《中华人民共和国农业机械化促进法》实施以来，我国农业机械化迎来了"黄金十年"发展期，无论是从农机装备总动力，还是农作物耕种收综合机械化水平上看，均取得了长足的进步，保持了较快的发展态势，实现了从初级阶段到中级阶段的跨越。但我们还要清醒地看到，从作物上看，虽然我国小麦基本实现了耕种收机械化，但水稻、油菜、甘蔗、棉花等作物综合机械化水平仍然偏低；从环节上看，虽然耕作环节机械化水平较高，但一些主要农作物的播种、植保、收获、烘干等环节机械化仍存在"短板"，农民劳动强度依然较高；从地区上看，虽然有些地区的综合机械化水平较高，但还存在机械化生产技术模式不够完善、机具配备不够合理等问题。如何突破薄弱环节，集成配套农业机械化技术，推进主要农作物生产全过程机械化，是提升我国农业机械化发展水平的当务之急。

最后，这是新常态下推进农业机械化发展的重要抓手。当前，我国经济进入新常态、改革进入深水区、经济社会发展进入新阶段，农业机械化发展也面临新常态。2014 年中央一号文件要求"加快推进大田作物生产全程机械化"以来，各地在推进水稻等农作物生产全程机械化中，探索和积累了许多宝贵的经验。这次会议上，4 个省分别就推动水稻、油菜、甘蔗、棉花生产全程机械化作了典型介绍。在新常态下，如何进一步贯彻中央的部署，满足农民的期盼，再创一个"黄金十年"，还需要我们在创新思路、创新机制、创新方法、创新制度上下工夫，找准工作的新动力，创设工作的新平台，树立工作的新标杆。要以组织开展"主要农作物生产全程机械化推进行动"为契机，明确目标，开拓创新，共同打造我国农业机械化发展的升级版。

(二)进一步明确主要农作物生产全程机械化推进行动的思路和重点。总的思路是：以科学发展观为指导，以提高劳动生产率、土地产出率和资源利用率为目标，以主产区为重点，以粮棉油糖等主要农作物为对象，以关键环节为着力点，优化农机装备结构，促进农机与农艺融合、农业机械化与信息化融合，创新工作机制和评价体系，激发市场主体活力，大力提升主要农作物生产全程机械化水平，为提高我国农业生产综合能力，加快推进农业现代化做出贡献。

主要内容是：从农作物品种和环节上，应突出以下两个主攻方向：一是大力推广先进适用的农业机械化技术，提升粮食作物生产全程机械化水平，重点是深松整地、小麦精量播种、水稻机械化育(插)秧、玉米机收，以及植保、烘干机械化技术等；二是试验推广关键环节的农业机械化技术，突破经济作物生产全程机械化的"瓶颈"，重点是油菜机播和机收、甘蔗机收、棉花机采、马铃薯机收、花生机收技术等。

总的目标是："十三五"期间，在主要农作物的优势生产区域内，以提高耕整地、种植、收获、植保、烘干等主要环节机械化水平为重点，推动小麦、水稻、玉米等主要粮食作物基本实现生产全程机械化，油菜、甘蔗、棉花、花生、马铃薯等大宗经济作物生产全程机械化水平得到明显提高。到 2020 年，力争全国农作物耕种收综合机械化水平达到 70%以上，建设一批主要农作物生产全程机械化示范县或示范区。

(三)创新机制，合力开展主要农作物全程机械化推进行动。开展主要农作物生产全程机械化推进行动，是一项系统工程，既需要上下联动，部省市县各级农机部门齐抓共管；也需要左右协调，强化农机农艺融合，积极争取相关部门的鼎立支持，合力推动。

一是要高度重视，切实加强领导。要把推进主要农作物全程机械化生产作为今后一个时期农业机械化工作的主要工作任务，作为中心工作来抓。不仅如此，还要积极争取把它列入各级政府加快农业发展方式转变、强化农业基础地位的一项重要工作内容，摆上重要议事日程。各级政府的重视，是我们抓好推进行政的基础和前提。同时，要主动协调财政、发展改革、国土资源、科技、水利、工业等部门特别是农业系统内部的相关单位，建立相应的领导和推进机制，形成多部门协调联动、合力推进。

二是要统筹规划，突出重点。要根据各省农业产业的特点，制定推进方案，明确目标任务，突出主攻作物和主攻环节，确定技术路线和推进模式，强化政策引导，落实工作责任，加以推进。

三是抓点与抓面相结合，典型引路，率先推进。抓点，主要是选择一些先进点、关键点（关键环节），进行重点示范推进。在示范点的选择上，要综合考虑地方政府的积极性和基层农机管理部门的技术力量、推动能力。2015 年，农业机械化管理司通过整合相关的财政资金，在有关省选择确立了一批重点试验示范项目。希望各省也把这些点作为省里的重点示范项目，整合资源，加大支持，加强指导，通过持续抓上几年，切实抓出成效。同时，围绕主要作物生产全程机械化推进行动，我们准备继续在全国范围内开展全程机械化示范县创建活动。通过分层次、多形式，抓好一批示范区，探索和总结主要农作物优势产区的机械化生产模式和技术路线，树立一批可看、可学、可示范的典型，以点带面，推动周边地区全程机械化水平不断提高。

四是要加快培育推进全程机械生产的市场主体。全程机械化生产的主体是农民、家庭农场和农机合作社等农业生产经营者。在加强行政推动的同时，要积极创新农业经营体系，推进适度规模经营，大力培育农机专业合作社、农机大户、家庭大户等新型经营主体，积极推进跨区作业、订单作业、代耕代收、承包经营等农机社会化服务，提高主要农作物生产的组织化程度。引导工商社会资本投向农机作业服务，促进现代信息技术与机械化生产的融合。

五是要加强培训和宣传。要成立由农业、农机等部门技术骨干组成的全程机械化技术指导专家组，围绕良种良法配套、农机农艺融合，强化主导技术和关键技术的培训。加强农机职业技能开发和新型职业农民、农业实用人才培训，通过多层次、多形式的培训，着力提高农民使用农业机械的技能和水平。要加强推进全程农业机械化生产先进典型的宣传，推动农业机械化技术的推广应用，同时，也为加快推进全程农业机械化生产营造更好的氛围。

在全国农机试验鉴定站长会议暨农机化质量工作座谈会上的讲话（摘要）

（2015 年 4 月 9 日 · 北京）

农业部农业机械化管理司司长　李伟国

一、关于农机试验鉴定改革

农机试验鉴定是农业机械化管理工作的一项重要基础性工作，是《中华人民共和国农业机械化促进法》等法律法规赋予农业机械化行政主管部门的重要职责之一。2014 年，全国农机鉴定系统扎实开展各项工作，共完成部级农机推广鉴定 2 286 项，省级推广鉴定 3 600 多项，其他检验检测 2 500 多项；组织对 33 项部级鉴定通则和大纲进行制修订，进一步简化了推广鉴定受理、变更审查等工作程序，提高了农机鉴定技术体系的适应性，进一步夯实了农业机械化发展基础，为加快农业机械化新技术新装备推广应用、保障农机购置补贴政策有效实施，发挥了重要作用。

当前，我国改革发展进入到一个新阶段，农机试验鉴定工作面临一些新形势、新要求，迫切需要进一步改革完善。一是政府职能转变、简政放权对农机试验鉴定制度提出了新要求；二是农机新技术新装备快速发展对农机试验鉴定能力提出了新要求；三是农机试验鉴定系统自身存在鉴定检测设备和手段相对落后、技术创新动力不足、风险防控意识不强等突出问题亟待提高完善。特别是《2015—2017 年农机购置补贴实施指导意见》已经明确，国家补贴机具产品资质与《国家支持推广的农业机械产品目录》脱钩，省部级推广鉴定成为农机产品能否享受购机补贴的资质之一，推广鉴定工作的作用更加凸显，责任也更重大了。此外，如何开展并实施好中央财政资金农机新产品购置补贴试点，也需要鉴定和推广系统共同研究，提供支撑。

根据《中华人民共和国农业机械化促进法》的规定，农机试验鉴定主要是对农机产品进行适用性、安全性和可靠性检测，作出技术评价，从而为农民和农业生产经营者选购先进适用的农业机械提供信息，其本质上是面向农民的一项公益性技术服务。改革完善的目的，一方面要着力提高信息的及时性和真实性，确实为农民购机起到信息引导作用；另一方面通过技术评价，促进企业提高农机产品质量。因此，下一步改革完善的重点是围绕提高试验鉴定的针对性、规范性和开放性，抓好以下几方面工作：

一要改革完善试验鉴定制度。要按照《中华人民共和国农业机械化促进法》的内在要求，结合当前深化改革的形势，坚持“公正、公开、科学、高效”的原则，加强农机试验鉴定理论研究，围绕优化推广鉴定内容、规范鉴定程序、推进鉴定结果信息公开和方便企业等内容，尽快修订出台《农机机械推广鉴定实施办法》。要加强农机试验鉴定基础技术研究，积极创新农机先进性、适用性、安全性和可靠性等农机试验鉴定方法和检测技术研究，进一步完善农机鉴定技术体系。

二要着力推进鉴定规范化。从近三年监督检查情况看，大部分被查的省农机鉴定机构能够不断完善各项工作制度和程序，鉴定工作基本做到了有章可循、有据可依。但仍有少数省级推广鉴定业务不够规范。随着试验鉴定制度的改革完善，今后我们将投入更多的时间和精力加强农机推广鉴定工作监管，2015 年的工作重点是继续推进鉴定的规范化，提升鉴定工作质量。部里已发了通知，将派出 5 个检查组，对三年来未检查的单位进行督查。各省要加强对鉴定工作特别是推广鉴定的指导和监管，确保依法依规开展鉴定，绝不允许乱发证。按照“谁鉴定、谁负责”的原则，今后出现问题，要严肃处理，不仅要追究相关鉴定机构责任，还要追究具体鉴定人员的责任。

三要不断提升鉴定能力。当前农机新技术新机具发展较快，对农机鉴定能力建设提出更高要求。要积极推进部级鉴定能力认定工作，扩大部级鉴定能力范围，争取支持并引导各地加强鉴定基础设施、改进检测设备，提高试验鉴定质量、效率和科技水平。要加强鉴定能力认定工作研究，探索能力认定向农机系统外的检测机构延伸的方法。要探索研究支持新产品推广应用的方法，激发农业企业创新积极性，促进农机产品改进升级、提升质量，努力满足农业生产需要。

四要增强责任担当。在改革发展中，一是主管部门要根据改革精神和要求，积极推进改革，加强对鉴定机构的指导监督，确保各项工作有序衔接。二是通过部级能力认定的鉴定机构要服务服从大局，按总站要求积极承接部级鉴定任务，确保两级鉴定任务保质保量及时完成。

2014年以来，为推进试验鉴定改革完善，农业机械化管理司组织在全国范围内开展了专题调研，广泛征求各地和各部门意见建议，力求在现有法律框架基础上改革完善农机试验鉴定制度。目前，对《农业机械试验鉴定办法》的修订已有一个初步意见，主要涉及鉴定审核发证主体、有效期等6个方面的条款。《农业机械推广鉴定实施办法》也将作相应的修改。会议期间，也请代表们进一步提出修改完善意见。

二、关于支持推广目录制定和补贴归档工作

（一）关于支持推广目录制定工作。农业机械化主管部门会同有关部门编制《国家支持推广的农业机械产品目录》以及省级支持推广目录，是《中华人民共和国农业机械化促进法》赋予我们农业机械化主管部门的重要职责。过去10年，支持推广目录为农民选购农机产品和购机补贴政策有效实施提供了强有力得支撑，对推广农机新技术和优化农机装备结构等方面取得了良好效果，对促进我国农业机械化发展起到了重要的推进作用。部农机鉴定总站和大部分省级农机试验鉴定机构承担了很多制定目录的具体工作，从申报受理到评审等方面，做了大量细致而艰辛的工作，值得充分肯定。

按照《2015—2017年农机购置补贴实施指导意见》精神，农机购置补贴与推广目录已经脱钩，主要考虑是，从近几年部级推广目录制定来看，由于与购机补贴政策直接挂钩，只要企业提出申请，通过部省级鉴定的产品基本都能进入目录，失去了选优推优的意义。脱钩后，国家和省级支持推广目录要回到《中华人民共和国农业机械化促进法》确定的要求上来，应根据促进农业结构调整、保护自然资源与生态环境、推广农业新技术与加快农机具更新的原则制定目录。今后的支持推广目录，要当作一个品牌来开展相应工作，在企业自愿申请的基础上，真正选择一批技术含量高、质量优、售后服务好的产品向社会推荐。

（二）关于农机购置补贴产品归档工作。补贴产品归档工作是落实补贴政策的重要环节，关系到企业和农民切身利益。为提高工作效率，减轻各省和企业工作量，经2014年8月27日司站联席会研究，决定部级农机购置补贴产品归档工作由部农机鉴定总站承担。总站高度重视，精心组织，稳步推动，鉴定系统全力参与、积极配合，已经取得初步成效，得到社会各界的欢迎和肯定。2015年的《部级归档农机购置补贴产品信息表（第一批）》已于3月9日发布，目前正在紧张开展部级农机购置补贴产品第二批归档工作。

补贴归档工作社会关注度高，各方要求也很高，这是一项系统工程，涉及到农业机械分类标准、推广鉴定、补贴管理等方面，特别需要依靠鉴定机构的专业能力和推广鉴定信息。各省鉴定机构要积极参与部级和省级农机购置补贴产品归档工作，重点是要按照《农业部办公厅关于切实做好当前农机推广鉴定工作的通知》（农办机〔2015〕2号）要求，及时将通过农机推广鉴定的有效期内产品的有关信息进行公开。在全国范围内集中发布推广鉴定信息尚属首次，农机产品所属品目是本次信息发布的重点，要严格按规定确定和发布，特别是具体品目名称要与农业行业标准《农业机械分类》（NY/T1640—2008）相一致，经得起企业、社会和有关部门的监督检验。推广鉴定报告或检验报告中没有归档必需的结构参数和技术参数，可提供由原鉴定机构根据原鉴定过程中的技术材料出具的相应参数证明材料，原鉴定机构在职责和业务范围内积极配合、据实提供。尚未按要求公布的省份应尽快公布到位，避免因信息公布不及时、不准确、不到位而影响归档和补贴实施。

为进一步推进农机推广鉴定工作的公开透明和提高补贴归档工作效率、工作质量，以及促进农业机械化信息资源共享，农业部农业机械化管理司和农业部农业机械试验鉴定总站将加快农机鉴定信息的基础数据库建设和信息公开工作，充分发挥信息化技术对推广鉴定和补贴归档工作的服务作用。

三、关于农业机械化质量调查和投诉处理工作

农业机械化质量调查和投诉处理是农机部门对农业机械化质量实施监督管理的重要方式，是维护农机所有者、使用者和生产者合法权益的重要手段，是农机部门履行市场监管和公共服务的一项重要的法定职能，对维护农民群众和农机企业合法权益、保障农业机械化事业快速健康发展、构建和谐社会具有十分重要的意义。

2014年全国农机质量投诉总量保持稳定，未出现大幅攀升，全国农机质量整体趋势基本向好。全国各级农机质量投诉监督机构接收农机质量投诉1 714件，受理1 669件，处理完毕1 567件，结案率93.9%，为农机用户挽回直接经济损失近2 363万元。农业机械化质量调查稳步开展。2014年8—12月，农业部组织有关单位对湖南、甘肃两省20家微耕机生产企业的20个型号的在用微耕机开展了质量调查。对调查中发现的微耕机产品安全性问题以及产品的售后服务状况、产品流通和使用情况、产品发生事故情况作了通报，并提出改进措施和建议。

如何进一步落实好在用农机产品质量调查和重点检查的监管责任，落实《中华人民共和国农业机械化促进法》《农业机械安全监督管理条例》和《农业机械质量调查办法》等有关规定，是我们下一步工作的重要内容。全国农机试验鉴定机构拥有较雄厚的检测技术力量和专业人才队伍，是各级农业机械化行政主管部门做好农机质量监督工作的重要依托，也是组织开展各项农业机械化质量监督活动的重要力量。各级农机试验鉴定机构要围绕农机质量调查这项专业性、公益性职能，下更大的工夫、花更大的力气、投入更多的精力，把工作做细做实做出成效。

重点是做好以下几个方面的工作：一是进一步加强作业质量技术标准的制定。加强对农机作业质量的研究，建立健全主要农作物生产全程机械化的作业质量标准体系；各地要大力宣传贯彻有关农机作业技术规范和质量标准，积极调解处理作业质量纠纷。二是进一步强化农机质量投诉监督机构建设。各地要推进农机质量投诉监督工作的制度化和规范化，加强农机质量投诉监督机构工作人员的培训，公布投诉电话、申通投诉渠道，进一步规范投诉的受理和处理工作。三是进一步加强质量调查和重点检查工作。针对农民投诉和农业生产实际需要，2015年将重点组织开展玉米联合收获机和大中型拖拉机的质量调查工作。

四、关于农机维修与职业技能开发工作

农机维修管理是农业机械化管理的法定职责。农机职业技能开发是新型农机技能人才培养的重要途径。2014年，各地积极推动农机维修服务体系建设和农机技能人才培养。一是开展农机维修服务保障能力研究，推动维修服务体系优化布局和能力建设。山西、河北省对5 603个维修网点进行了执法检查，取缔维修网点500个，纠正420个，查处260个。江西等近10个省份设立专项扶持资金，强化维修网点能力建设，仅山西、江西、江苏三省已累计投资6 570万元。二是推进农机报废更新制度建设和规范。草拟了《报废农业机械回收办法》和《农业机械报废回收拆解技术规范》等文件。三是推进农机教育培训和农机手、修理工技能鉴定，全年核发职业资格证书10万个，占农业行业人才培养总量的三分之一。四是推进培训鉴定示范基地建设和教具课件选型，创新"政企联动"培训方式，培养建设师资及考评员队伍，提升技能人才培养质量。浙江等地各类农机手技能大赛成为展示农业现代化发展成果的缤纷舞台。

但是，应该看到，农机"维修难"（找不到维修点、买不到配件、维修时间长、质量低等），农机企业"难维修"（人才少、技能低、维修工艺及设备落后）等问题依然突出，维修质量监管体系不健全（许多省无明确职责、机构和人员），监督管理手段薄弱（维修网点数量多、分散、守法经营意识差，《农机维修技术合格证》审批率不足50%，上网登记率不足10%，农机维修人员持证率不足30%）等问题依旧存在。农机技能人才培养总量偏低（获得职业资格证书的农机手不足大中型农机驾驶操作人员的1/10）、结构不合理（高级工以上人才不足已获证人才的10%）依然明显。因此，农机"看病难"、农业机械化"缺人才"问题，将直接影响着农业全程全面机械化进程和农业机械化发展质量，是农业机械化发展中需要重点探索的一项工作。

在后面工作中，一是要充分认识农机维修服务和职业技能开发在农业机械化发展中的地位和作用，切实履行行业管理与政策扶持的职责任务。二是以农机企业"三包"服务点和社区农机维修点为重点，加强农机维修企业审批监管，规范维修服务市场秩序。三是以农机合作社维修间建设为重点，以区域性维修中心建设为补充，加强政策扶持，提升农机维修服务能力。四是推动农机维修技术研究，推广实用节能维修技术。五是加大农机技能人才培训力度。将农机职业培训纳入新型职业农民培育工程，加大农机手、修理工、合作社理事长等重点技能人才开发力度；创新"政企联动""校企联合"和"企社共建"等培训模式，加强技能型师资培养和新型培训教材、教具的开发应用，提升技能人才的培养质量和效果，增强农机社会化服务能力和水平。

农机试验鉴定系统承担的工作还有许多，如农业机械化标准和信息化等等，都十分重要。有关工作，刘敏站长要作具体部署，希望大家继续抓实抓好。农机试验鉴定和质量监督等工作意义重大，任务艰巨。农机鉴定系统要紧紧抓住当前农业机械化发展的大好形势，改革创新，主动作为，扎实工作，努力开拓农机试验鉴定和质量监督工作新局面，为推动农业机械化"全程、全面、高质、高效"发展，为农业农村经济持续快速健康发展，为实现中国特色农业现代化、全面建成小康社会做出更大贡献。

在全国水稻生产全程机械化现场会上的讲话

（2015年4月16日·湖南长沙）

农业部农业机械化管理司司长　李伟国

农业部农业机械化管理司与种植业司共同在湖南省举办这次现场会，意义重大，体现了农业机械化系统与种植业系统共同推进水稻生产机械化的决心。湖南省是我国水稻第一种植大省，近几年主推为机育秧、大力发展集中育秧，有力地推动了水稻生产全程机械化发展。湖南省的做法和经验，值得各地学习借鉴。上午的参观现场中，既有大棚集中育秧和水稻育供插一体化的内容，又有耕整、栽插、植保等水稻生产机械化各环节的演示。下午的交流发言中，既有农业机械化系统的典型经验，又有种植业系统的成功做法，还有水稻生产技术的最新成果交流。大家互相学习，相互借鉴，更加有助于推动农机农艺融合，更加有助于推进水稻生产全程机械化。

一、认清当前水稻生产机械化的发展形势

2014年全国水稻生产机械化保持较好发展态势，水稻耕整、种植、收获机械化面积持续提高。据统计，全国水稻耕种收综合机械化水平达到73.8%，比上年提高将近1个百分点，提前实现了"十二五"期末达到70%的发展目标，为夺取我国粮食"十一连增"做出了积极贡献。

从耕地环节上看，2014年全国新增水稻机耕面积880万亩，总面积达到4.4亿亩，机耕水平达到95.5%。各个水稻主产区已全面实现了水稻耕整机械化。

从种植环节上看，2014年全国新增水稻机种面积1 400万亩，总面积超过1.7亿亩，机种水平达到38.5%，比上年增长了2个百分点。其中，全国新增插秧机6.2万台，同比增长10.2%，继续保持较高增速；全国新增机插秧面积1 200万亩，黑龙江、安徽、江西、湖北、湖南、广西等6省新增机插面积均超过100万亩。这说明机插秧作为主推技术，正引领我国水稻种植技术的发展方向。

从收获环节上看，新增水稻机收面积710万亩，总面积达到3.6亿亩,机收水平达到80.2%。其中,全国新增水稻联合收割机8.6万台,江苏、安徽、江西、湖南等4省新增收割机数量均超过1万台。我国水稻主产区已基本实现了水稻收获机械化。

此外,2014年从中央到地方都高度重视水稻烘干机械化,加大烘干设备的补贴力度。

2014年共投入中央财政资金3.2亿元,补贴烘干设备8 400多台套,同比增加20%。全国机械烘干装备总量达到3.1万台套,烘干能力接近2 000万吨/批次,有力地提升了我国水稻生产的防灾抗灾能力。

总的来看,各个稻区呈现竞相发展的格局。北方稻区起步早,整体水平高,水稻机插水平达到79.2%,超过全国平均水平40个百分点。长江中下游一季稻区经济基础好,农机社会化服务能力强,水稻收获机械化水平达到93.5%,率先实现了水稻收获机械化。南方双季稻区起步虽然晚,但追赶步伐较大,近两年湖南等省机插秧面积保持较快增长势头。西南稻区的机插育秧等关键技术逐步熟化,适宜当地的机插秧及其配套高产栽培技术体系日益完善,具备了加快发展的基础。

成绩来之不易,经验尤为珍贵。总结各地推进水稻生产机械化的做法和经验,可以从五个方面来概括。一是坚持行政推动。一些地方将水稻生产机械化工作从部门行为上升为政府行为,明确工作责任,不断加大政策扶持和资金投入力度。湖南、辽宁省以省政府名义召开了全省水稻生产机械化推进会议,省长亲自动员部署,层层落实任务,为水稻生产机械化提供了有力的组织保障。二是坚持示范带动。一些地方建立了多层次的水稻生产机械化示范区、示范点,以点代面,梯度推进。广西在积极创建全国水稻生产全程机械化示范县的基础上,投入地方财政资金3 000多万元,建设27个自治区级水稻全程机械化示范区。湖南省在70个自然条件较好的县市区开展机插秧示范,共设立709个机插秧示范点,示范带动面积不断扩大。三是坚持市场拉动。一些地方积极探索农机服务市场化运作机制,大力培育农机合作社,为周边农户提供育秧、机插、机收等作业服务。江苏省农机合作社完成的机插秧面积占全省机插秧总面积的60%以上,成为推进水稻生产机械化的主力军。四是坚持部门联动。许多地方的农机部门和农艺部门密切配合,共同研究制定适合本地区水稻生产机械化的技术路线,形成了工作合力。安徽省建立了农机农艺融合发展联席会议制度,由省农委对新建180座水稻标准化育秧工厂进行奖补,省农机局继续将秧盘播种成套设备作为重点补贴机型,形成了工厂化育秧助推机插秧发展的良好局面。五是坚持宣传促动。一些地方大力宣传水稻育插秧和收获机械化技术"增产、创收、省时、省力"优点,努力提高农民群众对机械化作业的认知程度,争取各相关部门的支持与配合,为推进水稻生产机械化营造了良好氛围。

在总结成绩的同时,我们还要重视存在的问题。2015年是"十二五"规划的收官之年。对照《全国水稻生产机械化十年规划(2006—2015年)》提出的目标要求,还存在以下差距。一是各稻区之间发展不够平衡。虽然全国水稻机耕、机收水平已经提前完成目标,但机械化种植水平仅为38.5%,距离45%的目标仍有较大的差距,特别是南方双季稻区和西南稻区的机械化种植水平基本上未超过20%。当前,发展水稻机插秧的重点在南方稻区,最大的潜力也在南方稻区。二是农机与农艺结合不够紧密。栽插环节是水稻生产机械化最薄弱的环节,但我国水稻品种较多,育秧标准难以统一,技术到位率不高。一些地方的农机、农艺部门的主推技术不一致,集中育秧与机械插秧不配套,没有形成工作合力。三是农机社会化服务不够到位。受土地经营分散、机耕道等基础设施差等因素影响,许多地方水稻规模化种植程度偏低,机械化作业优势难以发挥,插秧机利用率不高、影响了农机手、农机服务组织开展跨区作业的积极性。受种粮成本上升等因素影响,一些地方手撒直播、粗放种稻的情况开始回潮,甚至出现抛荒现象。这些问题,需要引起我们高度重视,认真加以解决。

二、明确今后一个时期水稻生产机械化的目标任务

水稻作为我国第一口粮品种,是确保"口粮绝对安全"的关键,必须毫不松懈地抓好,把饭碗牢牢地端在自己手里。要稳住水稻播种面积、稳步提高水稻单产,除了加强良种推广、水肥科学管理等措施以外,还应加强全程机械化生产技术的推广。实践证明,推广水稻全程机械化生产技术,可以减轻农民劳动强度,有效地调动种粮积极性,对于确保水稻稳产高产、节本增效至关重要。

随着农村土地流转进程的加快,水稻种植规模化程度不断提高,对水稻生产机械化提出了新的更高要求。不仅需要提高水稻耕作、栽插、收获机械化水平,还需要不断提高水稻植保、烘干机械化能力,推动实现水稻生产全程机械化。

各地要充分发挥农业机械在生产中的示范和引领作用,借鉴湖南省"为机育秧"的成功经验,延伸和拓展工作领域,推动农机农艺深度融合,从水稻育秧和机插等薄弱环节入手,集成推广以农业机械为载体的高产高效、资源节约、生态环保的技术模式,全面提升水稻耕作、栽插、收获、植保、烘干机械化水平。经过5~6年的努力,力争2020年全国水稻耕种收综合机械化水平要达到78%以上,其中耕整地机械化水平保持95%以上、种植机械化水平达到50%、收获机械化水平达到85%,高效植保机械、烘干机数量不断增长,服务能力明显增强,基本满足水稻生产需要。

当前水稻种植环节仍然是水稻机械化生产的薄弱环节,水稻机械化插秧仍然是水稻机械化生产的主推技术。各地要进一步完善技术路线,主攻薄弱环节,加大示范推广力度。北方稻区重点以规模化生产的大棚温室集中育秧、乘座式机插秧、大型机械化烘干技术为主,集成示范秸秆还田耕整地、高效植保、大中型联合收获等机械化技术;部分适宜地区示范钵体苗机械化移栽技术。长江中下游单季稻区重点以工厂化集中育供秧、乘坐式机插秧、低温循环烘干技术为主,集成示范秸秆还田耕整地、高效植保、联合收获等机械化技术;部分适宜地区示范钵体苗机械化移栽、机直播技术。南方双季稻区重点以早稻保温育秧和晚稻控温育秧、高性能机插秧技术为主,集成示范秸秆还田耕整地、高效植保、履带式联合收获、烘干等机械化技术;适宜地区示范钵体苗机械化移栽技术、机直播技术。西南稻区重点开展集中育秧、高性能机插秧、中小型机械化收获技术为主,集成示范中小型耕整地、轻简型植保、小型烘干等轻简型机械化技术;丘陵山区示范微耕机、手扶式机插秧、有序浅栽、分段收获等机械化技术。

推动水稻生产全程机械化,是当前和今后一个时期农业机械化的重点工作,要突出抓好以下四项措施,着力解决"四大难题":一是推广先进适用农机具,解决水稻生产全程机械化薄弱环节的物质装备问题。充分发挥农机购置补贴政策的导向作用，对水稻生产全程机械化急需的农机具予以优先扶持，最大限度地满足农民的购机需求。推动农机企业进行技术改造和产业升级，着力提高农机产品质量和性价比。二是发展农机社会化服务，解决水稻生产全程机械化的生产主体问题。依靠家家户户买农机来发展水稻生产机械化，既不现实也不经济，要走“大户带动小户”的发展路子。各地要积极培育农业生产规模经营者及农机社会化服务组织等市场主体，大力推进跨区作业、订单作业、代耕代插代收、承包经营、租赁服务等农机社会化服务，切实提高水稻生产的组织化程度。三是抓好试点示范，解决水稻生产全程机械化的生产模式问题。开展水稻生产全程机械化的试验示范，探索总结水稻生产全程机械化的工艺路线、技术模式、机具配套、操作规程及服务方式。通过树立一批可看、可学、可复制、可推广的典型，以点带面，不断提高周边地区水稻生产全程机械化水平。争取财政部门支持，积极推动水稻集中育秧补贴、机插秧作业补贴，推动薄弱环节的突破。四是加强农业机械化基础建设，解决水稻生产全程机械化的发展条件问题。充分发挥农业综合开发、标准农田建设等建设项目的作用，加强耕地的整理、机耕道路、农机具库棚和维修网点建设，切实解决农机“住房难、行路难、看病难”等问题。发展农业适度规模经营，大力支持农机合作社，为农机作业规模化、社会化服务创造条件。

三、集中力量开展主要农作物生产全程机械化推进行动

为提高我国农业综合生产能力和竞争力，加快推进农业现代化进程，农业部决定从 2015 年开始，在全国粮食和大宗农产品主产区开展“主要农作物生产全程机械化推进行动”，这既是发展现代农业的迫切需要，也是新时期农业机械化工作的重要内容。在 2015 年年初召开的全国农业机械化工作会议上，张桃林副部长提出要“集中力量开展主要农作物生产全程机械化推进行动”，并做了总体部署。在此，我提三点要求。

（一）进一步明确开展主要农作物生产全程机械化推进行动的目标任务。在品种上，定位在 9 大主要农作物，即水稻、玉米、小麦、马铃薯等主要粮食作物，和棉花、油菜、花生、大豆、甘蔗等主要经济作物。在环节上，聚焦在 5 个主要环节，即以提高耕整地、种植、收获、植保、烘干等主要环节机械化水平为重点。在目标上，在主要农作物的优势生产区域内，推出一批率先基本实现生产全程机械化的示范区，主要粮食作物全程机械化水平有显著提升，棉花、油菜、花生、大豆、甘蔗等大宗经济作物生产全程机械化水平有明显突破。到 2020 年，力争全国农作物耕种收综合机械化水平达到 68% 以上，植保机械化水平、粮食烘干机械化水平分别达到 45% 和 20% 以上。

（二）进一步把握开展主要农作物生产全程机械化推进行动应遵循的原则。一要坚持因地制宜、分类指导。根据不同地区的优势作物、经营规模、经济条件、机械化水平等因素，选择适宜的技术路线和装备，推动农业机械化技术集成和标准化，形成不同区域、不同作物的全程机械化生产模式。二要坚持统筹规划、梯度推进。优先推进水稻、玉米、小麦、马铃薯等主要粮食作物生产全程机械化，积极推进棉花、油菜、花生、大豆、甘蔗等经济作物主要环节生产机械化。优先选择基础好的区域建设示范点，典型引路，由点及面，连片、整村、整乡、整县逐步推进。三要坚持机艺融合、协同互动。农机、农艺等部门联合开展技术攻关、项目指导和人员培训，建立农机与农艺相协调的合作机制。以先进适用的农机装备为载体，以绿色增产的农艺技术为内容，在优化技术装备的基础上，进一步完善农艺路线，推动农机农艺相融合。四要坚持政府引导、多方参与。以农业生产规模经营者及农机社会化服务组织为主体，政府扶持为引导，广泛吸引农机生产企业和科研、教育等部门参与，汇聚各方力量，增加资金投入，形成合力推进主要农作物生产全程机械化的良好格局。

（三）进一步强化开展主要农作物生产全程机械化推进行动的保障措施。开展主要农作物生产全程机械化推进行动，是一项系统工程，既需要上下联动，部省市县各级农机部门齐抓共管；也需要左右协调，强化农机农艺融合，积极争取相关部门的鼎立支持，合力推动。一要强化组织领导。各地要把推进主要农作物生产全程机械化作为当前的一项中心工作来抓，主动协调有关职能部门以及农业系统各相关单位，成立相应工作领导小组，搞好统筹规划，制定实施方案，明确发展目标，构建上下联动、多方协作、合力推进的工作机制。要建立健全各级农机部门与农艺部门合作机制，加强对基层农业、农机技术骨干和农民技术培训。努力争取各级政府和有关部门的支持，把主要农作物生产全程机械化推进行动列为农业机械化发展的重要考核目标。二要强化政策扶持。农机购置补贴、农机作业补助、农业技术示范等项目资金，向推进行动的实施区域倾斜。各地要争取发改、财政、金融等有关部门支持，加大资金投入，增加信贷扶持，落实农业机械化发展的有关税费减免措施。进一步加强农业机械化公共服务能力建设，不断提高农业机械化管理水平，确保全程机械化推进行动顺利实施。三要强化技术支撑。农业部将成立全程机械化推进行动专家指导组，按作物品种设立工作组，由农业机械化行业和农业产业体系的有关专家组成，开展决策咨询、技术指导、培训交流、验收考核等工作。充分发挥各级农技、农机推广机构和科研院校的作用，分区域探索总结全程机械化生产模式及评价标准。四要强化绩效管理。农业部将建立主要农作物生产全程机械化评价指标体系，以县（市、区）为单位进行绩效考核。重点实施区域要落实责任，相互交流，共同促进。要整合农业机械化系统力量，分层次、多形式创建一批基本实现主要农作物生产全程机械化示范县。对符合创建工作要求的单位和地区，由农业部予以认定并公布。五要强化宣传引导。建立网络交流平台，集中发布各地推进主要农作物生产全程机械化的工作进展和项目成果，供各地学习借鉴，并监督实施。各地要及时总结工作中的好做法、好经验、好典型，通过组织召开现场观摩活动，充分利用广播、电视、报刊、网络等媒体以及手机等新媒体，开展主题突出、形式多样的宣传报道，为全程机械化推进行动营造良好舆论氛围。

目前，农业部起草了《关于开展主要农作物生产全程机械化推进行动的意见》，正在征求相关单位意见，将很快以农业部的文件予以印发。各地要按照文件和本次会议的要求，及早制定实施方案，并尽快启动实施。希望各级农业机械化主管部门进一步提高思想认识，加强与种植业系统的合作，强化农机农艺融合，找准工作新动力，创设工作新平台，树立工作新标杆，共同打造我国农业机械化发展的升级版，为现代农业发展、转变农业发展方式贡献力量！

在全国农机合作社发展经验座谈会上的讲话(摘要)

(2015 年 11 月 17 日 · 山东临沂)

农业部农业机械化管理司司长　李伟国

召开全国农机合作社发展经验座谈会主要任务是:总结交流各地发展农机合作社的好经验、好做法,分析当前面临的新形势、新问题,安排部署下一步的重点工作。

一、认真总结近年来农机合作社发展的成效与经验

2012 年农业部在江苏召开了全国农机合作社建设经验交流会,充分肯定了农机合作社在发展现代农业、促进农民增收、加快农业机械化发展的重要意义,明确提出了"十二五"期间农机合作社的发展目标和工作要求。三年来,各地认真贯彻落实会议精神,不断加大对农机合作社的指导、扶持和服务力度,取得了显著成效。总的来看,农机合作社呈现出蓬勃发展的良好态势,主要体现在以下四个方面:一是数量快速增长。截至 2015 年 5 月,全国已登记在册的农机合作社达到 4.98 万个,比三年前增长 76.7%;入社成员达到 185.3 万人,增长 87.2%。二是实力大幅提升。农机合作社的资产总额达到 1 037.6 亿元,比三年前增长 98.2%;拥有农机具 301 万台(套),增长 70.5%。三是服务能力不断增强。2014 年农机合作社服务农户总数达到 3 813.2 万户,占全国乡村户数的 14.1%;完成作业服务面积 7.3 亿亩,约占全国农机作业总面积的 12.2%。四是经营效益明显提高。2014 年农机合作社总收入达到 769.3 亿元,比三年前增长了 163.4%;社均收入达到 154.6 万元,增长了 50.9 万元。以上这些数据表明,农机合作社日益成为农机社会化服务的主力军,为推动农业增产增效和农民持续增收做出了重要贡献。

近年来,我们在推进农机合作社发展的工作中,也积累了许多有益的经验,归纳起来有以下四条:

(一)坚持尊重农民意愿,推进创建形式多元化,是促进农机合作社创新发展的基本前提。各地农机部门结合实际,坚持"入社自愿、退社自由"的原则,积极引导和鼓励种养大户、农机大户等市场主体创办农机合作社。从创建形式上看,目前主要有五种类型。一是农机大户合作型。主要是由几个具备一定实力的农机大户共同创建,忙时合作,闲时单干,以劳动合作为主,属于松散型联合。这类合作社创建的门槛比较低,在大多数地区仍比较常见。二是农村能人带动型。主要是由农村群众中威望较高、组织能力较强的致富能手或村干部,带动几个经济实力较强的农户共同出资创建。这类合作社具有资金雄厚、经营灵活、管理高效的特点,对农业机械化新技术、新机具认识度较高,未来发展潜力巨大。三是农村集体领办型。主要是由村委会牵头,以村集体原有的农机站、机耕队为依托创建。这类合作社对入社机械实行统一管理调配,主要为本村农田提供耕、种、收等全程机械化作业服务,有利于推动土地规模经营。四是工商企业兴办型。主要是由经济实力较强的农机制造商、经销商或农业龙头企业发起创建,吸收农户入社,并为成员提供农业生产资料购买、农产品加工和销售等技术和经营服务。山东省全泉农机合作社就是这方面的典型。这类合作社具有经营管理优势,可实现入社成员和工商企业"合作双赢"。五是合作社联办型。各地还积极引导农机合作社组建农机合作社联合社,吉林省田丰机械种植专业合作联合社、宁波市田螺山农机合作社联合社就是很好的范例。这类合作社通过强强联合,可实现优势互补,增强服务功能,扩大服务规模,有效提高机具利用率。总之,农民是合作社的主体,合作社怎么建,都应由农民说了算。我们要鼓励和支持农民创办农机合作社,让合作社成为农业领域大众创业、万众创新的重要平台。

(二)坚持市场需求导向,推进服务方式市场化,是促进农机合作社持续发展的不竭动力。为适应土地流转、现代农业发展的需要,各地以发挥机具效能、提高经济效益为中心,不断探索创新农机合作社的服务方式。归纳起来,主要有三种类型。一是提供"订单式"服务。合作社统一制定机耕、机插、植保、机收等作业服务标准,以"订单"的形式供农户选择。农户可根据生产需要,选择单项或多项、组合式服务,并按作业量向合作社支付服务费。安徽省焦魁农机合作社开展的小麦跨区机收作业,就是比较常见的"订单式"服务,可以有效扩大服务范围、增加作业面积,提高机具利用率。二是提供"托管式"服务。一些常年在外打工或经商办企业的农户,将承包田全年或某一季托管给农机合作社,合作社根据托管协议开展代耕、代种、代管、代收、代烘等全程农机作业服务。收获的粮食作物归农户所有,合作社获得以粮食或现金结算的托管费。例如,湖北省双丰收农机合作社探索了三种土地"托管式"服务方式,既解决了土地流转价格虚高、规模化生产推进难的问题,又解决了因地块零散、种植不统一而导致农机作业效率低的问题,在创新农业经营方式上做了有益探索。三是提供"承包式"服务。合作社通过依法流转农民的土地,把分散地块连起来承包经营,所有产出归合作社所有,但合作社需按约定向农户支付土地流转金。山东省临沂的育新、恒丰、众利农机合作社就是这方面的典型,通过社员"带地入社"等方式,在成方连片土地上实行统一供种供肥、统一作业、统一管理服务,实行区域化种植、标准化生产、规模化经营,推出了自有的大米品牌,最大限度地提高了劳动生产率、资源利用率和土地产出率。这些农机合作社也从提供农机作业服务的"单一主体"向既开展农机作业服务又开展农业生产经营的"双主体"转变。总之,通过推行订单式、托管式、承包式等多种服务形式,满足了广大农户的生产需要和个性化需求,逐步形成了更加紧密的市场化合作机制,实现了合作社成员经济效益的最大化。

(三)坚持政府引导推动,推进扶持政策系列化,是促进农机合作社快速发展的重要保障。各地认真贯彻落实《农民专业合作社法》以及农业部《关于进一步加快农机专业合作社发展的意见》等有关法规、文件精神,强化政策引导,多措并举,打出了一套扶持农机合作社发展的"组合拳"。一是政府推进责任明确。湖南、四川等省将发展农机合作社纳入了省政府的目标责任考核范畴,将部门行为上升为政府行为。二是购机补贴政策倾斜。各地优先支持农机合作社购置农业机械,在购买数量上不设限制,应补尽补,一些地区还利用地方财政资金对合作社购机进行累加补贴。三是财政专项资金支持。黑龙江省从2008年起已累计投入专项资金131.4亿元,组建了1 161个大型的现代农机合作社。湖南省启动了"千社工程",由财政出资3亿元奖补资金,用两年时间,扶持发展了1 000个"小精坚"农机合作社。江苏省从2009年起已累计投入9 993万元,扶持了998个农机合作社机库建设。四是作业补助项目拉动。山东省2015年已将500万亩农机深松整地作业补助项目,通过招标等方式委托全省600多家农机合作社承担。此外,各地有关部门还在税收减免、信贷支持、保险优惠、建设用地、油料补贴等方面给予农机合作社支持,营造了良好的发展环境。

(四)坚持典型示范带动,推进运行管理规范化,是促进农机合作社健康发展的有效途径。在积极创办农机合作社的同时,各地也相继出台了农机合作社规范化建设意见和建设标准,重点培育一批设施完备、功能齐全、特色明显、效益良好的示范合作社,积极引导他们在农业机械化生产、跨区作业、新技术新机具推广和土地流转等方面发挥示范带头作用。2010年农业部推出第一轮206个全国农机合作社示范社,2013年推出第二轮1 022个示范社,成为我国农业机械化发展的排头兵。中国农业机械化协会还为农机合作社示范社设计了专用的LOGO标志,社会影响日益扩大。江苏省制定了《江苏省农机专业合作社建设指南》和《星级农机专业合作社评比办法》等,先后评出星级农机合作社858个。各地纷纷推出了"明星合作社"等不同名称、不同层级的农机合作社示范社,在全国建立了部、省、市、县四级农机合作社示范体系,为农机合作社规范化建设奠定了基础。

二、深入分析当前农机合作社发展的形势与任务

随着我国经济发展进入新常态,农业农村发展迈向新阶段。农业发展面临农产品价格"天花板"和农业生产成本"地板"双重挤压,生态环境和资源条件两道"紧箍咒"加剧等挑战,迫切需要加快转变农业发展方式。前不久,国务院办公厅下发《关于加快转变农业发展方式的意见》,核心是发展多种形式农业适度规模经营,重点是构建现代农业经营体系、生产体系和产业体系,着力点是转变农业经营方式、生产方式、资源利用方式和管理方式,目的是实现三个转变,即:推动农业发展由数量增长为主转到数量质量效益并重上来,由主要依靠物质要素投入转到依靠科技创新和提高劳动者素质上来,由依赖资源消耗的粗放经营转到可持续发展上来,最终是要走出一条产出高效、产品安全、资源节约、环境友好的现代农业发展道路。

农机合作社作为重要的新型农业经营主体,也要顺应农业发展的新变化,农民群众的新期待,在推动农业转型升级中发挥重要作用。各级农业机械化主管部门要深刻分析转变农业发展方式对农业机械化工作的新要求,充分把握新时期推进农机合作社发展的重要意义,推动"谁来种地、怎样种地、怎么增收"的问题的解决。首先,发展农机合作社是培育壮大新型农业经营主体的重要内容。随着我国工业化、城镇化进程不断推进,农业劳动力向二三产业转移步伐加快,目前留守农村的大多是"386199"部队,也就是妇女、儿童和老人,对农业机械化的需求日益迫切。与其他种植业、养殖业合作社不同,农机合作社作为新型农业经营主体,上联工业,下联农业,是构建新型农业社会化服务体系的关键一环。农机合作社具有农业技术和农业装备上的优势,可以面向广大农户提供全程机械化的作业服务,回答了"谁来种地"的突出问题。其次,发展农机合作社是推进多种形式规模经营的重要举措。"新型经营主体+社会化服务+适度规模经营"是推进现代农业发展的有效模式。农机合作社通过土地入股、土地托管、承包经营、联耕联种等方式,可在不改变土地承包权的前提下,在更大规模上实现土地的统一经营,实现了规模效益,推动了农业生产方式由分散经营向规模经营的转变,回答了"怎样种地"的突出问题。第三,发展农机合作社,是大力开展农业产业化经营的重要途径。农机合作社通过整合土地、劳动力、资金、装备、技术、信息、人才等生产要素,进一步增强农业的物质装备基础,可以促进农机服务领域由产中向产前、产后延伸,提高农业生产的组织化程度和产业化水平,让农民得以分享全产业链的增值收益,回答了"怎么增收"的问题。很多人都有这样的评价,农机合作社是农民专业合作社中作用独特、效果最好的合作社类型之一。所以,在中央政策的大力扶持下,在农业转型升级的迫切需求下,我国农机合作社面临良好的发展机遇,还有巨大的发展空间。

但我们必须看到,我国农机合作社的发展仍存在许多困难和问题。一是区域发展不平衡。从总量上看,虽然全国平均每个乡镇拥有1.5个农机合作社,但一些西部地区、丘陵山区的不少乡镇仍是空白。二是资金筹措尚存困难。虽然一些示范社获得了金融机构的信贷支持,但大多数合作社面临融资渠道少、贷款审批难、自筹资金有限的困境,其购买和更新高性能农机具的积极性受到制约。三是库棚用地难以落实。虽然2014年国土部、农业部联合印发了文件,对大型农机具临时停放场所的用地纳入农用地管理范畴,并由审批制改成备案制,但大多数地区仍未出台具体操作办法,扶持政策难以落地。四是运行机制不够规范。不少农机合作社只是到工商部门挂个名,连个章程也没有,甚至连台账都没有,更谈不上管理民主和分配盈余,徒有合作社的外衣,却无合作经营的内核。五是发展活力比较弱。不少农机合作社的服务模式单一,服务领域狭窄,社员利益联结机制不完善,持续发展的后劲不足,甚至丧失了开展农机服务的能力。

总的来看,我国农机合作社仍处在快速发展的战略机遇期,需要我们倍加珍惜,乘势而上,加快发展;农机合作社存在的困难和问题不容忽视,需要我们高度重视,认真研究加以解决。

2014年8月,农业部等9部门联合下发了《关于引导和促进农民合作社规范发展的意见》,要求各级各部门把加强农民合作社规范化建设摆在更加突出的位置。2015年9月,农业部在黑龙江召开了全国农民合作社创新发展座谈会,会议要求各地认真总结基层农机合作社的创新经验,不断增强合作社发展的经济实力、发展活力和带动能力。我们要认真领会这些文件和会议精神,并认真贯彻落实。

在农机合作社发展的初期,我们工作的重点是引导广大农机手创办合作社,比较注重的是合作社数量上的增长。现在合作社数量发展到了一定规模,就要求我们的工作策略进行相应调整,把工作重点由注重农机合作社数量上的增长,逐步转到注重农机合作社质量上的提高。过去我们强调"先发展后规

范”，后来强调“边发展边规范”，但现在则要强调“以规范促发展”和“以创新促发展”，要把“规范发展”和“创新发展”摆到更加突出的位置上来。总的来说，在当前推动农机合作社发展的工作中，我们要树立“数量与质量并重”“规范与创新并举”的工作理念。一是要正确处理好数量与质量的关系。数量是基本要求，质量是最终目的。我们既要重视合作社数量的增长，更要重视合作社质量的提升，力争办一个成一个。只有农机合作社及其成员达到一定数量，合作社发展的基础才会更加牢固；只有发展质量上去了，带动农民致富和发展现代农业的作用才会更加显著。二是要正确处理好规范与创新的关系。规范是合作社发展的基础，只有抓好规范，合作社才能体现其自身的基本属性，始终坚持服务成员的宗旨，才能承接财政支农项目和享受相关扶持政策；创新是合作社发展的动力，只有抓好创新，合作社才能不断增强创造力和感召力，肩负起时代赋予的历史使命。所以，在今后的工作中，我们必须坚持规范和创新两手抓，努力提高农机合作社发展质量，实现永续发展。

三、扎实做好下一步推动农机合作社发展的重点工作

2015 年是“十二五”收官之年，也是“十三五”的谋划之年。我们要深入学习贯彻党的十八届五中全会精神，认真谋划好当前和“十三五”期间农机合作社的建设与发展。重点要抓好以下几项工作。

一要落实完善扶持政策。各地要把发展农机合作社作为提高农业社会化服务能力的主攻方向和促进农业生产方式转变的重要抓手，科学制订发展目标，积极争取各级政府的支持，力争列入本地经济社会发展规划中。继续将农机购置补贴向农机合作社倾斜，有关农机报废更新补贴、农机作业补助、农机金融租赁等财政支农政策优先在农机合作社中安排试点，有关全程机械化技术示范等项目以及机库棚建设项目等要优先安排农机合作社承担。各地要主动加强与有关部门的联系沟通，为农机合作社发展营造良好氛围。

二要更加注重规范发展。各地要加强对农机合作社的指导，重点把握好“健全规章制度、依法登记注册、明确产权关系、完善议事制度、做好收益分配”等关键环节的要求。要把运行规范的农机合作社作为各项扶持政策的实施重点，突出正向激励的引导作用。农业部将深入开展农机合作社示范创建活动，近期将启动第三轮全国农机合作社示范社推荐工作，计划在 2016 年 1 月推出一批有完善的基础设施、有良好的运行机制、有健全的财务制度、有较大的服务规模、有显著的综合效益的“五有”农机合作社。省、市、县农业机械化主管部门也可参照有关标准，建立多个层级的农机合作社示范社名录，示范带动周边农机合作社发展。

三要积极推进创新发展。创新是事业发展的不竭动力。各地要认真总结基层的鲜活经验，善于捕捉培育发展农机合作社的创新创造，把成功的做法经验化，零星探索系统化，通过机制创新来提高合作社的发展活力。加强宣传推广不同的发展模式，让农民群众根据自身需求自主选择，将“盆景”变成“风景”。要推动“互联网+”技术在农机合作社的应用，推进管理方式信息化；要树立守法经营、诚信经营的理念，打造农机服务品牌，推进经营理念品牌化；鼓励农机合作社组建联合社或联合会，优势互补，更好地开展全程机械化服务；鼓励以承包土地经营权入股的“土地股份合作”，探索“机农合一”新机制。鼓励农机合作社与农机企业开展“企社共建”，与金融机构开展“银社对接”，实现合作共赢。

四要切实强化人才培训。火车跑得快，全靠车头带。在规范发展、创新发展的阶段，对农机合作社理事长的经营理念、知识结构、创新能力提出了更高要求。这次中国农机安全报社将连续三届“全国 20 佳农机合作社理事长”的事迹重新采编成册，为全国的农机合作社理事长树立起标杆。各地要将合作社理事长培训作为一项长期性的重要工作，加强统筹规划，搞好分层实施，加快培养一批具有互联网思维、善于经营管理、掌握先进技术的带头人，提高新形势下办社治社兴社的能力。同时，要引导和鼓励高等院校毕业生到农机合作社就业、创业，补充新鲜血液，增强新的动力，逐步培养一批合作社的职业经理人，不断提高合作社的经营管理能力。

在 2015 年全国农机推广与安全监理站长会上的讲话

（2015 年 11 月 23 日 · 江苏南京）

农业部农业机械化管理司司长　**李伟国**

召开全国农机推广与安全监理站长会主要任务是认真贯彻落实党的十八届五中全会精神，总结交流“十二五”农业机械化技术推广和安全监理工作的经验，分析形势，把握机遇，研究“十三五”农业机械化技术推广和安全监理工作的思路、目标和重点任务，推动工作再上新台阶。张桃林部长重要讲话充分肯定了全国农机推广和安全监理系统“十二五”的成绩，明确提出了做好“十三五”农机推广与安全监理工作的思路，大家要认真学习领会，深入贯彻落实。下面，我讲三点意见：

一、关于“十二五”的工作成就和经验

农机推广和安全监理工作是推进农业机械化发展的重要抓手，农机推广系统和安全监理系统是支撑农业机械化持续健康安全发展的重要力量。“十二五”期间，全国农机推广和安全监理系统，围绕农业机械化中心任务，奋发有为，开拓创新，成绩突出，经验宝贵，主要体现在以下四个方面：

（一）坚持围绕中心、服务大局。始终把提高农业机械化水平、加快农业现代化建设作为农业机械化技术推广和安全监理机构履职尽责的出发点和落脚点，强化水稻机插秧、玉米机收等薄弱环节农机技术的示范推广，提升主要粮食作物生产机械化水平；加强油菜机械化栽植和收获、花生机收、甘蔗机收、棉花机收和马铃薯机械化种植与收获等技术试验示范，推进主要经济作物生产机械化；以重要农时、关键环节、重点机具为监管重点，开展农机安全技术检验、宣传教育、隐患排查、打非治违；

发挥人才和技术优势，认真做好农机购置补贴政策实施的支撑工作，推动政策有效落实。各地创新总结出了很多很好的做法和经验，如：在加快农业机械化技术推广方面，江苏省大力开展以主攻机插秧为主要内容的水稻全程机械化整县（市）推进工作，已有59个县（市）基本实现了水稻生产全程机械化；山东省产学研推用联合、集中力量促进玉米生产全程机械化，2014年玉米机收率达到83%；还有浙江、湖北、湖南等地着力推广油菜机械化栽植和机收技术，新疆和新疆生产建设兵团着力推广棉花机收技术，广西着力推广甘蔗机械化种植和收获技术，内蒙古、陕西、甘肃、贵州、广东等地大力推广马铃薯机械化收获技术，山东、河南等地大力推广花生机械化收获和种植技术，北京、天津、上海等地着力推广设施蔬菜机械化生产技术，均取得了可喜进展，为促进当地农业机械化发展、农业增效、农民增收发挥了积极作用。在抓好农机安全监理工作方面，一些省积极联合保险、移动通讯、石油石化、公安交通等部门开展“送检下乡”“送险下乡”“送考下乡”等活动，为广大农机手、农机合作社提供农机检审、安全宣传教育、跨区作业证发放、农机保险、“平安农机通”入网、油料直供等便民服务，有效保障了关键农时季节农机高效、安全作业。

（二）坚持依法推广、依法监理。认真贯彻落实《农业技术推广法》《中华人民共和国农业机械化促进法》《农机安全监督管理条例》，强化法制意识，切实加强了标准规范和规章制度的制定完善，严格依法依规履职。“十二五”期间，由农业部农业机械试验鉴定总站牵头，相继完成了《马铃薯机械化收获作业技术规范》《起垄覆膜联合作业技术规范》等一批技术推广行业标准，以及《农业机械事故现场图形符号》《农业机械机身反光标识》等11项农机安全监理行业标准的制定；修订完善了《农业事故处理办法》等3部安全监理方面部门规章和《农业机械事故处理文书规范（试行）》《农业机械实地安全检验办法》等4部安全监理规范性文件。各地也结合实际，强化了技术标准和规章建设，新制定、修订了20多部地方规章和技术标准。如，甘肃省制定了《微耕机安全操作及保养规程》，河南省制定了《玉米机械化生产技术规范》，山东省制定了《农机安全监理执法检查工作规范》，广东省制定了《农机安全监理基本文书》等技术规范。这些规章规范和技术标准的颁布实施，为依法依规开展工作提供了基本遵循。在执行中，坚持依法推广，推广重大技术，充分经过示范和验证，确保先进适用安全；充分尊重农民意愿，引导农民自觉应用。坚持依法监理，规范开展注册登记、年检年审、驾驶员考试发证等管理和服务工作。

（三）坚持创新驱动、完善机制。注重方式方法创新和机制创新，推动技术创新和普及应用，努力构建农业机械化技术推广和安全监管长效机制。各地以农机农艺融合为目标，推动农业机械化技术创新。积极探索建立农机与种植业、渔业、畜牧业等农业技术推广机构相互协调、协作机制，在项目规划、主导品种与主推技术选、技术宣传与人才培养、试验示范基地建设等方面加强合作；改革创新项目管理和工作考评机制，落实农机农艺融合的要求，制定科学合理、相互适应的农艺标准和机械作业规范，形成了一批种植业、养殖业机械化技术规范和生产模式；注重发挥专家作用，大力推行“专家＋农机技术人员＋示范户＋农户”的推广服务模式，加强了与农机科研教育、企业、合作社和社会服务组织的联合合作，积极探求公益性服务和市场化、专业化、社会化服务有机结合的新机制。通过机制创新，集成创新了一批新技术、新机具，如，农业部农业机械试验鉴定总站联合全国农业技术推广服务中心、中国农业科学院油料研究所、农业部南京农业机械化研究所和相关地方农机鉴定、推广机构，开展油菜不同收获模式损失检测，完善了油菜机械化收获技术路线；江西省农机推广机构与科研单位合作，研究形成了双季稻、花生、果业生产等多项全程机械化技术成果；甘肃省农机推广站成功研制了玉米起垄铺膜施肥播种一体机等18种旱作农牧业新型农机装备；河南省农机推广站研制了填补国内空白的胡萝卜分段收获机和联合收获机；安徽省农机推广站研发了可调行距宽窄行水稻高速插秧机等。

以扩大监管覆盖面为目标，推动农机监理支持政策创新。各地积极争取政府支持，探索开展了牌证发放、安全检验、培训考试等减免费管理服务，以及农机安全政策性保险与互助合作保险、燃油补贴或优惠与牌证管理相衔接等一系列试点。通过创新支持政策，既减轻了农民的负担，又提高了安全管理和风险防控效果。2014年，全国81%的省（区、市）开展了安全监理减免费试点工作，北京、天津、上海、陕西、青海、宁夏、大连、青岛和宁波实现了减免费管理全覆盖，免费实地检验农机703万台；全国共为33.4万台农机免费核发了牌证，为88万台农机免费粘贴夜间反光标识，为15.7万台农业机械提供了保险补贴。同时，以提高监管能力为目标，推动部门联动监管方式创新，例如，与安全监督管理部门、公安交通管理部门密切合作，创新联动机制，提高了联合执法监管效果，推动了“平安农机”创建活动的深入开展。北京、天津、河北、山西、内蒙古创新区域农机安全监管联动机制，协力做好华北地区农机安全管理工作，开创了我国区域性联合农机监理的新路子。

（四）坚持以民为本、为民服务。各级农业机械化技术推广机构牢固树立推广就是服务的理念，把技术示范、培训和宣传演示搬到田间地头，做给农民看、带着农民干，提高技术推广效果。仅在开展农业科技促进年活动期间，就免费培训农机手240多万人次，示范推广农业机械化新技术60多项，深受农民群众欢迎。农机安全监理机构强化管理就是服务的意识，工作重心下移，大力开展年检年审到乡、安全宣传到村、隐患排查到户、执法检查到田活动，努力为农民办实事。5年来，仅农业部农业机械试验鉴定总站就免费向农民和农机合作社赠送5万多册《农机科技推广》杂志，赠送近百万张《农业机械安全操作挂图》。为不断提高服务意识和服务水平，全系统十分注重队伍建设，通过编制教材、举办培训班、开展知识和技能竞赛等多种形式，提高农机推广、农机监理人员的业务素质和能力；不断创新服务方式，提高服务实效，如青岛市推进农机监理进社区，使服务进一步贴近群众；山东省90%的县建立了农机监理综合服务大厅，为农机手提供“一站式”服务；广西破解山区农民居住分散的难题，在关键农时组织大篷车队深入乡镇，为农民宣传展示先进农业机械化生产技术和安全生产知识。

二、关于“十三五”的目标任务

我国农业机械化经过十多年的跨越式发展，农机总动力、主要机具数量、主要农作物耕种收综合机械化水平等都实现了快速增长，农业生产进入了以机械化作业为主的新时期。但是，也面临装备结构不合理、发展不平衡等方面的问题，迫切需要进一步加快推进主要农作物生产全程机械化，全面提升畜牧业、设施农业等领域和丘陵山区等地区的机械化水平，推动转变农业机械化发展方式，提升农业机械化生产质量和效益。特别是面对新形势、新任务，农业机械化技术推广系统和安全监理系统要着力解决当前还存在的体制不顺、机制不活、保障不足、人员老化、方法老套、设备老旧等问题，以改革促发展，以创新添动力，推动农业机械化技术推广和安全监理工作迈上新的台阶。

"十三五"是我国全面建成小康社会的决胜阶段，也是实现农业机械化转型发展、农业现代化水平明显提升的关键时期。我们要以党的十八大及十八届三中、四中、五中全会精神为指导，认真贯彻落实张部长的讲话精神，着眼于农业生产和农业机械化发展大局，科学合理地谋划好农业机械化技术推广和安全监理工作的目标任务。

农业机械化技术推广工作方面，要以推进农业机械化发展方式转变为主线，深入贯彻《农业技术推广法》，按照推广机构公益化、推广体系多元化、推广重点全程化、推广领域全面化、推广方式集成化、推广服务多样化的要求，加强推广机构建设，转变技术推广方式，完善"一主多元"推广体系建设，提升推广服务能力，为我国农业机械化转型升级提供更加有力的支撑。力争在以下几个方面取得新突破，见到新成效：

一是农机推广机制创新不断深化，人才培养和队伍建设进一步加强，农机推广创新能力、技术集成能力、推广服务能力得到全面提升；二是突破一批制约我国主要农作物以及养殖业、设施农业等领域全程机械化生产的关键技术瓶颈，探索形成一系列技术成熟配套、可复制、可推广的全程机械化生产模式，建设一批全程农业机械化生产示范区；三是增产增效、资源节约、环境友好、安全可靠的农业机械化技术广泛应用，支撑绿色发展的能力显著提高；四是农机与农艺、机械化与信息化、农机推广与经营体系进一步融合，"全程、全面、高质、高效"农业机械化生产技术体系初步形成。

农机安全监理工作方面，要坚持"安全第一、预防为主、综合治理"方针，牢固树立安全红线意识和依法治机的理念，深入贯彻实施《农机安全监督管理条例》，以防控农机事故和维护安全生产秩序为主线，加强农机监理机构能力建设，健全安全管理网络体系，落实安全生产责任制，强化宣传教育，加强隐患排查治理，促进农机安全生产形势稳定向好，保障农机安全发展。力争在以下几个方面取得新进展：一是制修订一批适应新形势新要求的标准规范，农机安全法规标准体系进一步健全；二是工作规范化建设全面推进，农机事故防控能力、执法监管能力、应急管理能力和隐患排查能力进一步提高；三是责任落实机制进一步完善，拖拉机联合收割机牌证上牌率、检验率、持证率"三率"水平稳步提高。

三、关于"十二五"的重点工作

"十三五"时期，我国农业机械化技术推广和安全监理工作任务十分繁重，要统筹兼顾，突出重点，着力抓好以下五个方面的工作。

一是强化规划引领。贯彻落实问题导向和目标导向统一、全面规划和突出重点相协调的原则，认真编制"十三五"规划或方案，科学谋划好"十三五"重点工作，落实好推广和监理工作的目标任务。要主动衔接上位规划，把农机推广、农机监理的重要工作纳入农业机械化发展规划之中，落实好农业机械化工作的有关要求。要严格推进规划的落实，坚持按规划推广、按规划建设、按规划监理，确保各项工作任务如期完成。

二是强化试验验证。贯彻落实《农业技术推广法》关于先进性、适用性和安全性验证的规定和要求，加强农业机械化技术验证工作规范化建设，明确验证的原则、内容、方法、程序、监管等要求，建立完善验证工作制度和程序机制，实现政务公开，强化推广人员责任，防范工作风险，增强公共服务产品供给能力，提高试验验证工作水平和推广效能，加快技术的推广应用。把主要农作物生产全程机械化技术推广作为主攻方向，按照《农业部关于开展主要农作物生产全程机械化推进行动的意见》要求，大力开展主要农作物生产机械化模式研究连选、验证示范，形成区域化、标准化、配套化的全程机械化技术体系，引领支撑主要农作物生产全程机械化。围绕"一控、两诚、三基本"的目标和要求，充分发挥试验示范工作的技术验证、集成、转化、优化等功能，大力开展节水灌溉、精准施肥、高效植保、畜禽粪便处理、地膜回收、秸秆综合利用等新技术、新装备、新成果试验示范，为实现绿色发展做出积极贡献。

三是强化安全监理。扩大农机安全监管覆盖面，在严格做好拖拉机和联合收割机安全监管的同时，加强对其他危及人身财产安全农业机械的实地检验和安全监管，排查事故隐患，消除监管死角。加强农机作业全过程的安全监管，深入开展"六个一"等安全宣传教育活动，提高驾驶操作人员安全生产意识和操作技能，深入田间地头，开展安全检查，维护作业秩序。全面落实安全生产责任制，按照"管行业必须管安全、管业务必须管安全"的要求，进一步完善推进责任落实的机制，明确监管部门、生产经营主体、驾驶操作人员的责任，增强经营主体的自我管控能力，推动人人责任在心、处处责任明确、事事有人负责，为农业机械化发展保驾护航。

四是强化服务支持。积极配合农业机械化主管部门落实好农机购置补贴等农业机械化扶持政策。加强调查研究，及时提出完善操作的建议。加强农机购置补贴数据的分析，及时掌握农民购机需求的变化动态，为主管部门加强宏观调控提供科学依据。积极协助和配合主管部门做好投诉受理、补贴产品经营违规行为调查、政策宣传、机具核实、信息收集等工作。强化廉洁自律意识，公开、公正、公平地为强农惠农富农政策的落实搞好服务。

五是强化自身建设。在推进事业单位分类改革中，坚持农业机械化技术推广机构的公益性质、农机安全监理机构的执法监督管理性质，加强协调，巩固机构，稳定人员。紧跟信息化技术的发展，推进"互联网＋农机推广""互联网＋农机监理"，综合运用互联网、大数据、移动终端等新技术、新手段，发挥好《中国农机推广网》《中国农机安全监理信息网》和《农机科技推广》杂志的作用，搭建平台，推进农机生产、销售、使用、推广、监管等的方便高效互联互通。采取多种形式开展人才培训，完善人员考核机制，增强队伍活力，提高科学推广、文明监理能力，造就爱岗敬业、奋发有为的农机推广和安全监理队伍。

农业机械化论坛

加快解决水稻种植机械化瓶颈制约的思考

白人朴

目前,推进主要农作物生产全程机械化的战略决策正在积极实施,加快解决薄弱环节生产机械化难题已成当务之急。遵循问题导向原则,破解难题必须找准突破的着力点,选择好解决问题的途径和方法。本文以水稻生产全程机械化的"瓶颈"制约水稻种植机械化难题为例,对解决问题的路径选择做一些探讨。

一、水稻机插秧和机直播应因地制宜、协调发展

目前水稻耕种收综合机械化水平已达76.7%,其中机耕水平已达98%,机收水平85%,机种植水平才40%,水稻机械种植明显是水稻生产全程机械化进程中的短板,也称为"瓶颈"制约。2004—2014年全国农业机械化统计年报资料显示,列入水稻机械种植统计的生产方式有三:水稻机插秧、机直播、机浅栽。在此期间,先后施行水稻机械种植的省份有28个(尚未开展的省份是山西、西藏,青海无水稻)。其中,先后施行水稻机直播的省份有28个,机插秧的27个,机浅栽的20个。2014年,施行水稻机插秧的省份26个,机直播的24个,机浅栽的12个。演变的情况是:全国水稻机插面积一直在增长,从2004年1 642.7万亩持续增加到2014年近1.7亿亩,2014年为2004年10倍多;全国水稻机直播从2004年的587.3万亩增加到2014年的806.3万亩,2014年为2004年的1.37倍。期间2011年全国水稻机直播面积曾达856万亩,占水稻种植面积1.9%;全国水稻机浅栽面积从2004年的471万亩逐步降到2014年的50.64万亩,施行机浅栽的省份最多时为2009年16个,2014年减少到12个。2004年水稻机浅栽面积位列全国第三的江苏省,现在机浅栽已退出农业生产的历史舞台。由此可见,经过多年实践选择,水稻机插秧和机直播已成为水稻机械种植的两种主要方式,应结合实际,因地制宜,积极推进,协调发展(表1～表4)。

表1 我国水稻机械种植发展情况(2004—2014)

指标 \ 年份	2004	2005	2006	2007	2008	2009	2010	2011	2012	2013	2014
稻谷面积/万亩	42591	43271	43407	43379	43862	44441	44810	45086	45206	45468*	45465
机械种植面积/万亩	2700.9	3090.9	3893.0	4797.8	6021.6	7425.2	9346.1	11832	14391.9	16415.3	17984.9*
种植机械化水平/%	6.34	7.14	8.97	11.06	13.73	16.71	20.86	26.24	31.84	36.10	39.56*
机插面积/万亩	1642.7	2029.8	2842.4	3762.6	4851.9	6242.3	8141.4	10750.1	13378.7	15394.4	16985.0*
占稻谷面积比重/%	3.86	4.69	6.55	8.67	11.06	14.05	18.17	23.84	29.60	33.86	37.36*
机播面积/万亩	587.3	608.6	653.0	711.5	754.7	780.0	670.7	856.1*	824.1	741.8	806.3
占稻谷面积比重/%	1.38	1.41	1.50	1.64	1.72	1.76	1.50	1.90*	1.82	1.63	1.77
机浅栽面积/万亩	471.0*	452.6	397.7	323.7	310.4	317.3	315.6	186.5	125.9	87.7	50.6
占稻谷面积比重/%	1.10*	1.04	0.92	0.75	0.71	0.71	0.70	0.41	0.28	0.19	0.11

续表

指标 \ 年份		2004	2005	2006	2007	2008	2009	2010	2011	2012	2013	2014
水稻插秧机	总量/万台	6.71	7.96	11.19	15.63	19.96	26.09	33.30	42.70	51.30	60.45	67.0*
	其中乘坐式/万台					9.01	10.56	13.35	17.73	19.41	21.11	22.88*
水稻直播机/万台		0.69	0.69	0.73	0.82	1.10	1.21	2.53	2.99	2.86	2.96	3.0*
水稻浅栽机/万台		1.79*	1.57	1.37	1.32	1.20	1.28	0.86	0.91	0.90	0.77	0.69

资料来源：根据中国统计年鉴，全国农业机械化统计年报资料整理。

注：* 为该指标峰值及年份。

表 2　水稻机插面积（2004—2014）　　单位：千公顷

地区 \ 年份	2004	2005	2006	2007	2008	2009	2010	2011	2012	2013	2014
全　国	1095.2	1353.2	1894.9	2508.4	3234.6	4161.5	5427.6	7166.7	8919.1	10262.9	11323.3*
黑龙江	834.7	970.8	1282.2	1482.9	1770.6	1988.6	2282.9	2892.7	3353.2	3699.1	3825.7*
江　苏	89.7	181.1	281.7	410.7	538.7	751.0	918.0	1144.6	1429.5	1660.9	1697.0*
吉　林	90.0	75.3	98.7	146.0	190.8	262.3	296.0	388.0	448.2	491.8	546.4*
安　徽	10.4	10.2	14.1	30.9	56.5	151.5	252.4	351.4	459.3	600.3	728.4*
辽　宁	9.4	15.6	32.8	85.0	97.0	148.1	201.2	279.0	348.4	479.3	491.9*
内蒙古	24.1	30.0	30.4	31.9	44.6	48.4	56.9	60.9	63.2	75.8	85.0*
山　东	7.4	16.2	1.9	3.8	8.5	10.6	12.7	15.5	19.3	44.4	46.0*
湖　南	6.2	4.0	4.2	10.1	29.9	44.8	87.6	203.8	393.5	648.1	822.5*
浙　江	5.0	1.5	3.2	14.5	36.3	78.9	128.3	151.0	161.3	177.7	181.5*
江　西	3.0	13.8	20.6	43.3	83.3	97.4	306.0	452.7	610.7*	317.1	444.8
宁　夏	4.4	5.6	9.7	11.1	13.8	13.3	24.5	22.4	23.9	26.5	26.9*
河　北	2.7	0.3	0.8	1.3	2.1	2.6	9.7	19.5	29.6	33.2	37.8*
新　疆	2.6	2.4	5.6	8.9	12.6	13.6	18.8	22.6	30.8	35.5	35.9*
湖　北	2.3	11.9	95.7	156.7	214.4	296.7	367.0	457.4	584.3	719.2	830.5*
河　南	1.0	5.1	1.2	2.0	3.5	11.9	52.1	90.4	131.1	156.5	171.3*
贵　州	1.5	5.4	2.4	27.8	23.1	24.3	24.6	28.5	32.9	34.7*	34.2
福　建	0.5	0.4	0.8	1.3	3.4	9.5	25.7	44.7	68.0	96.3	136.4*
重　庆	0.1	0	1.4	20.4	38.1	52.3	86.7	113.0	119.2	123.0	123.1*
广　西	0.03	0.03	0.2	2.1	19.7	63.0	132.3	208.4	262.4	366.2	463.5*
广　东	0	3.4	4.5	5.4	9.8	32.8	67.4	110.6	171.7	215.8	238.3*
海　南	0.02	0.1	0.1	0.2	1.9	2.6	6.0	7.1*	3.8	4.1	4.1
四　川	0	0	0.7	3.8	15.0	29.1	35.9	58.3	124.0	191.5	274.2*
云　南	0	0.1	0.01	0.1	0.4	1.1	1.5	4.8	9.3	19.0	25.7*
天　津	0.1	0.1	0.01	0.8	2.7	3.7	6.6	9.8	12.8	16.7*	16.1
上　海	0	0.1	2.2	7.5	14.2	21.4	25.7	25.1	25.9	28.0	30.1*
陕　西	0	0.01	0.2	0.1	3.6	2.2	2.3	3.7	3.1	2.2	4.1*
北　京	0.1	0	0.04	0.03	0.1*	0.04	0.08	0	0	0	0
甘　肃											

资料来源：全国农业机械化统计年报。

注：* 为该指标峰值及年份。

表 3　水稻机播面积（2004—2014）　　单位：千公顷

地区＼年份	2004	2005	2006	2007	2008	2009	2010	2011	2012	2013	2014
全　国	391.5	405.7	435.3	474.3	503.1	520.0	447.1	570.7*	549.4	494.4	537.6
江　苏	131.2	190.0	201.9	292.5	314.2*	290.0	153.0	243.5	182.4	147.6	129.4
安　徽	23.2	31.4	22.8	17.3	29.2	46.3	47.9	64.4	105.3	105.0	124.2*
湖　北	60.2	11.4	27.1	26.4	13.4	26.2	79.0	89.7	95.6*	81.4	90.8
湖　南	33.6	29.5	23.2	6.0	10.7	16.7	33.1	37.8	31.2	26.4	42.7*
上　海	22.6	24.9	30.3*	24.7	20.7	19.7	13.7	11.3	12.0	12.4	17.3
宁　夏	13.2	22.9	26.7	27.6	33.6	37.0	34.7	45.1*	42.6	43.8	43.8
新　疆	24.4	29.5	29.6*	25.1	19.1	17.2	13.5	13.5	13.4	13.2	16.0
江　西	1.8	2.6	4.1	5.6	7.5	9.4	9.4	9.8	12.2	11.7	22.0*
黑龙江	41.6*	41.3	28.4	24.9	26.5	27.4	32.0	19.3	4.9	0.6	0
内蒙古	8.7	0	10.3*	7.1	0.1	0.1	0.3	0.7	0.8	7.0	1.0
吉　林	6.5	6.6	7.1*	4.8	6.0	2.1	0	1.7	6.7	0	0
辽　宁	2.0	1.8	0.9	0	3.2	3.5	3.4	3.4	4.4	5.3*	4.3
河　南	7.4	1.9	4.3	0.4	0.7	2.0	2.0	3.3	7.5*	6.9	7.0
河　北	4.7	1.2	8.5	2.4	8.9	11.1	11.3	12.1	12.7*	8.3	8.8
浙　江	6.2	7.1	7.9	5.4	6.0	6.3	6.8	7.4	6.2	8.8	9.8*
广　东	2.3	0	0	0	0.02	0.4	2.0	1.4	2.7*	0.04	0.03
陕　西	0.9	2.3	1.3	2.8	1.8	2.7	3.5	3.6	4.3*	3.3	2.4
四　川	0	0	0	0	0.01	0	0	0	0	5.5	8.4*
山　东	0	0	0	0	0.7	1.0	0.8	1.7	1.8	4.2	6.9*
广　西	0.1	0.06	0.06	0.1	0.1	0.05	0.06	0.3	1.9*	1.6	0.6
海　南	0	0	0	0.01	0.03	0.03	0	0	0.3	0.6	1.2*
云　南	0	0	0.1	0	0	0	0	0.03	0.1	0.2*	0.1
甘　肃	0.3	0.8*	0.7	0.6	0.5	0.5	0.5	0.5	0.5	0.5	0.5
天　津	0.2	0.3	0.1	0.02	0	0	0	0	0	0.2	0.3*
北　京	0	0	0	0	0	0.05	0	0.02	0	0	0.1*
重　庆	0.4	0	0	0.7*	0	0	0	0	0	0	0
贵　州	0	0.1	0	0	0	0.3*	0.25	0	0	0	0
福　建	0	0	0	0.05	0.06	0	0	0	0	0	0.1*

资料来源：全国农业机械化统计年报。

注：* 为该指标峰值及年份。

表 4　水稻机浅栽面积（2004—2014）　　单位：千公顷

地区＼年份	2004	2005	2006	2007	2008	2009	2010	2011	2012	2013	2014
全　国	314.0*	301.7	265.1	215.8	206.9	211.5	210.4	124.3	83.9	58.5	33.8
四　川	183.7	197.0*	157.6	145.0	131.9	122.5	120.5	36.7	31.1	19.9	14.7
江　西	69.6*	54.0	50.9	46.8	24.2	36.1	40.0	43.0	18.9	17.0	5.0
江　苏	27.4*	25.9	18.8	11.6	3.3	2.4	0	0.1	1.1	1.0	0
吉　林	19.0*	6.1	10	0	2.7	4.6	2.7	5.7	5.3	1.3	0.8
辽　宁	4.5	7.2	16.0	18.0	23.3*	22.0	21.0	10.2	5.4	3.7	3.0

续表

地区 \ 年份	2004	2005	2006	2007	2008	2009	2010	2011	2012	2013	2014
浙　江	2.6	2.0	1.6	1.3	0.8	1.0	1.1	1.9	3.7	4.7*	3.8
湖　南	1.6	1.7	2.0	2.0	19.2	19.9	23.2	24.1*	15.0	7.4	2.7
安　徽	1.3	2.7*	2.4	1.0	0.1	0.03	0.3	0.5	0.6	0	2.1
陕　西	2.6	3.5	4.5	4.7*	0.7	2.1	1.4	1.0	1.7	1.7	0.6
重　庆	0.8*	0.2	0	0	0.2	0.2	0.2	0.2	0.2	0.2	0.2
福　建	0.4*	0.3	0.3	0.3	0	0	0	0	0	0	0
云　南	0.3*	0.1	0.01	0	0	0.01	0.01	0.01	0.16	0.15	0
广　西	0.2	0.13	0.1	0	0	0	0	0.6*	0.01	0.01	0
内蒙古	0	0	0	0	0	0.13	0.2*	0.01	0.12	0.02	0.15
广　东	0	0	0	0	0	0	0	0	0	0	0.6*
山　东	0	0	0	0	0	0	0	0	0	0	0.15*
贵　州	0	0.01	0	0	0	0.17*	0	0	0	0	0
河　南	0	0	0.94	1.20*	0	0.01	0.01	0	0	0	0
新　疆	0	1.0	0.11	2.1*	0.15	0.02	0	0.1	0.7	1.4	0
宁　夏	0	0	0	0.01	0.33*	0.27	0.04	0.06	0	0	0
黑龙江											
湖　北											
海　南											
上　海											
河　北											
天　津											
北　京											
甘　肃											

资料来源：全国农业机械化统计年报资料整理。

注：* 为该指标峰值及年份。

二、加大水稻机直播推进力度，应成为解决水稻机械种植难题的重要选择

由于我国各地自然条件、技术经济条件存在明显差异，在实践中形成的水稻种植方式两条主线已逐渐明显：有的地区适宜机插秧；有的地区适宜机直播。必须按照因地制宜、经济有效的原则，进行对比试验，择优进行示范推广。从目前运行的情况看，2014 年全国水稻机插面积 16 985 万亩，占稻谷面积 37.36%，机播面积才 806.3 万亩，仅占稻谷面积 1.77%，机直播还是发展中的短板。

目前，我国水稻种植机械化水平刚超过 40%，达 80%以上、10%以下的省份各 6 个，40%以上的省份 14 个，40%以下的省份 16 个。“十三五”规划提出到“十三五”末我国水稻种植机械化水平要达到 60%，即比目前提高 20 个百分点，年均增长 4 个百分点。可见需求迫切，任务艰巨，发展潜力和空间很大，选择余地也很大。新阶段加快解决水稻种植机械化难题的新思路应是，由主推机插秧转变为因地制宜推广机插秧或机直播，引领发展的着力点由一个变为两个，宜插则插，宜播直播，才能因地制宜经济有效地加快发展。

从这些年的发展实践看，东北地区水稻机插已形成绝对主导地位，机播已逐步退出历史舞台。2004 年黑龙江水稻机播面积 624 万亩，吉林水稻机播面积 97.5 万亩，2014 年两省水稻机播已为 0；2014 年辽宁、内蒙古水稻机播面积仅占稻谷面积 1%左右。

全国机播面积前 8 位的省份是：稻麦两熟区的江苏、安徽、湖北、上海（2014 年水稻机播面积占稻谷面积比重分别为 5.7%、5.6%、4.24%、17.54%）；西北地区的宁夏、新疆（2014 年水稻机播面积占稻谷面积比重分别为 56.13%、21.3%）；双季稻地区的湖南、江西（2014 年水稻机播面积占稻谷面积比重分别为 1.04%、0.66%）。

这 8 个省份水稻机直播已有一定基础，在实践检验中正不断发展，水稻直播机拥有量也位列全国前十位。宁夏、新疆、上海、江苏、安徽水稻机播面积占稻谷面积比重已在 5%以上，湖北为 4.24%，最高的宁夏已达 56.13%，高于该省水稻机插的 34.44%；湖南、江西水稻机播面积占稻谷面积的比重目前虽然只有 1%左右，但 2014 年该两省水稻机播面积均增至 2004 年以来的最高点，增长趋势还在继续。而且两省目前水稻种植机械化水平还比较低(2014 年湖南为 21.28%,江西为14.22%)(表 5～表 6),机插、机播发展潜力都很大,正竞相发展,所以,在水稻生产全程机械化推进行动中,可在这 8 个省市选点进行对比试验和模式探索,总结出适宜机插秧或机直播的自然条件,农机农艺结合的技术方案,机具配备方案及相应政策措施,因地制宜地择优示范推广。这样做,可促进农机工业绿色发展(例如促进水稻直播机、精量播种机、水稻播种施肥联合作业机的发展),可促进农机经营服务实体多彩发展,也有利于"十三五"农业机械化发展规划的科学实施和政策完善。

表 5 8 省市水稻机播、机插面积及水稻直播机、插秧机

指标	地区＼年份	2004	2005	2006	2007	2008	2009	2010	2011	2012	2013	2014
水稻机播面积/万亩	江苏	196.8	285.0	302.9	438.8	471.3*	435.0	229.5	365.3	273.6	221.4	194.1
	安徽	34.8	47.1	34.2	26.0	43.8	69.5	71.9	96.6	158.0	157.5	186.3*
	湖北	90.3	17.1	40.7	39.6	20.1	39.3	118.5	134.6	143.4*	122.1	136.2
	上海	33.9	37.4	45.5*	37.1	31.1	29.6	20.6	17.0	18.0	18.6	25.9
	宁夏	19.8	34.4	40.1	41.4	50.4	55.5	52.1	67.7*	63.9	65.7	65.7
	新疆	36.6	44.3	44.4*	37.7	28.7	25.8	20.3	20.3	20.1	19.8	24.0
	湖南	50.4	44.3	34.8	9.0	16.1	25.1	49.7	56.7	46.8	39.6	64.0*
	江西	2.7	3.9	6.2	8.4	11.3	14.1	14.1	14.7	18.3	17.6	33.0*
水稻直播机/万台	江苏	0.06	0.09	0.09	0.17	0.25	0.27	0.37	0.53	0.59*	0.55	0.54
	安徽	0.01	0.005	0.004	0.02	0.03	0.06	0.18	0.19	0.21	0.24	0.25*
	湖北		0.02	0.03	0.02	0.01	0.01	1.03	1.21	1.27	1.35	1.37*
	上海	0.08	0.08	0.084	0.09	0.09	0.09	0.10	0.11*	0.09	0.09	0.07
	宁夏	0.37	0.32	0.33	0.33	0.48	0.49	0.52	0.54	0.57	0.59	0.60*
	新疆						0.01*	0.01	0.01	0.01	0.01	0.01
	湖南		0.02	0.022		0.01	0.02	0.05	0.05	0.05	0.06	0.07*
	江西	0.02	0.03	0.01	0.01	0.02	0.02	0.02	0.04*	0.03	0.02	0.02
水稻机插面积/万亩	江苏	134.6	271.7	422.6	616.1	808.1	1126.5	1377.0	1716.9	2144.3	2491.4	2545.5*
	安徽	15.6	15.3	21.2	46.4	84.8	227.3	378.6	527.1	743.0	900.5	1092.6*
	湖北	3.5	17.9	143.6	235.1	321.6	445.1	550.5	686.1	876.5	1078.8	1245.8*
	上海		0.2	3.3	11.3	21.3	32.1	38.6	37.7	38.9	42.0	45.1*
	宁夏	6.6	8.4	14.6	16.7	20.7	20.0	36.8	33.6	35.9	39.8	40.4*
	新疆	3.9	3.6	8.4	13.4	18.9	20.4	28.2	33.9	46.2	53.3	53.9*
	湖南	9.3	6.0	6.3	15.2	44.9	67.2	131.4	305.7	590.3	972.2	1233.7*
	江西	4.5	20.7	30.9	65.0	125.0	146.1	459.0	679.1	916.1*	475.7	667.2
水稻插秧机/万台	江苏	0.76	1.42	2.36	3.38	4.34	5.32	6.53	8.09	9.89	12.15	13.92*
	安徽	0.03	0.06	0.10	0.19	0.38	0.84	1.13	1. 41	1.74	2.10	2.36*
	湖北	0.01	0.04	0.32	0.50	0.78	1.30	1.65	2.45	3.33	4.51	5.50*
	上海			0.007	0.02	0.05	0.08	0.11	0.13	0.14	0.16	0.17*
	宁夏	0.04	0.02	0.06	0.07	0.10	0.11	0.14	0.16	0.17	0.18*	0.17
	新疆	0.01	0.01	0.012	0.05	0.06	0.08	0.11	0.16	0.18	0.21	0.23*
	湖南		0.02	0.034	0.04	0.14	0.21	0.32	0.60	1.12	2.18	2.68*
	江西	0.02	0.021		0.08	0.16	0.32	0.78	1.17	1.55*	1.33	1.43

资料来源:全国农业机械化统计年报。

注:* 为该指标峰值及年份。

表6 2014年8省市水稻种植机械化情况

指标 \ 地区	江苏	安徽	湖北	上海	宁夏	新疆	湖南	江西
稻谷面积/万亩	3407.55	3325.95	3216.00	147.60	117.15	112.65	6181.05	5009.25
水稻机械种植面积/万亩	2755.56	1282.05	1397.85	70.98	108.00	77.88	1315.30	712.16
水稻种植机械化水平/%	80.87	38.55	43.47	48.09	92.19	69.13	21.28	14.22
全国排序	6	14	13	10	4	8	18	22
水稻机插面积/万亩	2545.53	1092.66	1245.77	45.09	40.35	53.88	1233.71	667.14
机插面积占稻谷面积比重/%	74.70	32.85	38.74	30.55	34.44	47.83	19.96	13.32
水稻插秧机/万台	13.92	2.36	5.50	0.17	0.17	0.23	2.68	1.43
全国排序	2	7	3	20	21	17	6	9
水稻机播面积/万亩	194.10	186.26	136.20	25.89	65.76	24.00	63.99	33.03
机播面积占稻谷面积比重/%	5.70	5.60	4.24	17.54	56.13	21.30	1.04	0.66
水稻直播机/万台	0.54	0.25	1.37	0.07	0.60	0.01	0.07	0.02
全国排序	3	4	1	5	2	10	6	9
水稻机浅栽面积/万亩	0	3.14	0	0	0	0	3.98	7.47
机浅栽面积占稻谷面积比重/%		0.10					0.06	0.15
水稻浅栽机/万台	0	0	0	0	0	0	0.01	0.04
全国排序							7	3

资料来源：根据2014全国农业机械化统计年报资料整理。

我国有4.5亿多亩水稻，可以设想，水稻机直播发挥成本低、绿色发展优势，机播面积突破1 000万亩（约占稻谷面积的2.2%）、2 000万亩（约占稻谷面积的4.4%）、3 000万亩（约占稻谷面积的6.6%），是有可能逐步实现的。那时，水稻直播机（或水稻播种施肥联合作业机）将由目前的3万多台发展到4万～10万多台。农机科研院所和农机制造企业的有识之士，应当看到这一潜在需求的发展态势，用创新发展、引领发展的新姿态，在新形势下做出新贡献，增添新动力和取得新效益。

（白人朴：中国农业大学教授；论文来源：《中国农机化学报》，2016年第12期）

中国农业机械化水平区域差异的测度及其空间格局

王盛安　张荣群　艾东　李问盈　孙玮健

农业机械化是指运用先进适用的农业机械装备农业，改善农业生产经营条件，不断提高农业的生产技术水平、经济效益和生态效益的过程，它是实现农业现代化的重要标志。随着工业化、城镇化的加快推进所带来的青壮年务农劳动力短缺，加上保障国家粮食安全和解决“三农”问题的需要，农业机械化发展的需求异常迫切。小农土地经营已经不能满足这些需求，而以大中型机械实行生产的土地规模经营方式，能够提高农业劳动生产率和生产收益，有助于发展以现代农机装备为基础的现代农业。

2015年中央一号文件《关于加大改革创新力度加快农业现代化建设的若干意见》中提出“加快农业现代化”。作为建设农业现代化的必然过程和不可逾越的阶段，农业机械化水平是衡量农业现代化发展水平的一个重要指标，也是实现农业可持续发展的重要保障。只有重视农业机械化的发展，才能实现中国农业可持续发展的战略目标，而大中型机械对促进土地规模经营、提高农业机械化水平具有显著影响。本文利用GINI系数因子分解的区域差异测度方法并结合GIS进行空间分析，在研究地区间差异性的同时对全国各地区的农业机械化水平进行分类研究，通过对地区差异性和发展水平不平衡性的研究，展现土地规模经营的益处，为全国农业机械化的发展决策提供支持，从而促进我国农业机械化的可持续发展。

一、数据来源及研究方法

1. 基于基尼系数的区域差异变化分析方法原理

本文基础数据是由历年《中国农业机械化年鉴》《全国农业机械化统计年报》整理得到2004—2013年31省市自治区的农业机械动力的统计数据。采用GINI系数和改进后的GINI系数分解法对10年间相关数据进行分析，探析农业机械化水平差异的发展变化，分析不同因子对农业机械化水平差异的贡献大小，同时进一步分析因子本身集中性变化和结构变化对农业机械化水平差距贡献变化的影响，从而分析不同因子对农业机械化发展的影响。

$$G=(u_1/u)G_1^*+\cdots+(u_k/u)G_k^*+\cdots+(u_n/u)G_n^* \quad (1)$$

式中：k——第k个机械类型因子；

u——机械类型因子的平均值；

u_k——来自于第k个机械类型因子的平均值；

G_k^*——第k个机械类型因子的虚拟基尼系数。

虚拟基尼系数是根据农业机械总动力和来自于k因子的动力进行单独排序，使有$y_1\leqslant y_2\leqslant\cdots\leqslant y_n$，然后通过如下公式计算得到。

$$G_j^*=\frac{2\sum_{i=1}^{n}(\overline{Y}_i^j-u_j)[F(\overline{Y}_j)-u_F]}{nu_j} \quad j=1,2,\cdots,n \quad (2)$$

式中：$\overline{Y}_i^j(i=1,2,\cdots,n)$——第$i$年的第$j$种因子总动力的重新排序，使$\overline{Y}_1^j<\overline{Y}_2^j<\cdots<\overline{Y}_n^j$；

$\overline{Y}_i(i=1,2,\cdots,n)$——第$i$年因子$\overline{Y}_i$由小到大的重新排序，使$\overline{Y}_i\leqslant\overline{Y}_2\leqslant\cdots\leqslant\overline{Y}_n$；

$F(\overline{Y}_i)$——排序后的i年中，大中型和小型拖拉机的机械动力的累计概率分布函数。

最后，第j种因子动力对农业机械化水平区域变化差异的贡献率

$$S_j^*=\left(\frac{u_j}{u}\right)\times\left(\frac{G_j^*}{G}\right) \quad (3)$$

由式(3)可知，k因子对农业机械化发展的贡献既取决于第k个因子占总动力的比重，也取决于第k个因子虚拟基尼系数占总基尼系数的比重，即第k个因子本身的相对集中度。由式(3)所代表的不同因子的贡献固然重要，但其对农业机械化水平差距贡献的变化则更为重要。因为某项因子对农业机械化水平差距的绝对贡献也许并不大，但也有可能是导致农业机械化水平差异变化的重要因子。因此，分析农业机械化水平差距变化中不同因子贡献的变化率比研究它的构成更有意义。

假设t和$t+1$代表时间，第k个机械类型因子的贡献变化为ΔS^k，第k个机械类型因子的机械动力占总动力的比重为u'_k，第k个机械类型因子的虚拟GINI系数占总GINI系数的比重为G_k，则第k个机械类型因子的贡献变化

$$\begin{aligned}\Delta S^k&=S_{t+1}-S_t=u'_{k(t+1)}\times G'_{k(t+1)}-u'_{kt}\times G'_{kt}\\&=(u'_{k(t+1)}+\Delta u'_k)\times(G'_{kt}+G'_k)-u'_{kt}\times G'_{kt}\\&=\Delta G'_k\times u'_{kt}+\Delta u'_k\times G'_{kt}+\Delta G'_k\times\Delta u'_k\end{aligned} \quad (4)$$

式(4)表明某因子对农业机械化水平差距贡献的变化可分解为三部分：

$\Delta G'_k\times u'_{kt}$——由某机械类型因子集中度变化从而引起的贡献变化(集中性效应)；

$\Delta u'_k\times G'_{kt}$——由某机械类型因子比重变化造成的贡献增加或降低(结构性效应)；

$\Delta G'_k\times\Delta u'_k$——由机械类型比重和本身集中度的共同作用造成的对农业机械化水平差距贡献的变化。

2. 全国农业机械化水平分级

空间分析采用1∶400万《中人民共和国行政区划图》制作中国省级行政区矢量图，利用Arc GIS10.0平台，采用分级统计图法，基于《中国农业机械化年鉴》《全国农业机械化统计年报》的数据，充分利用统计数据的地理空间特征，把统计信息与空间分布结合起来进行全国农业机械化水平分级，制作2007—2012年我国各地区农业机械化耕种收综合机械化水平专题图。

二、中国农业机械化水平区域差异的测度

1. 农业机械化水平变化态势

从表1可以看出：不同类型的机械动力总量虽然都迅速增加，但大中型拖拉机比重增加了27.41个百分点，由2004年的20.91%上升到2013年的48.32%；小型拖拉机的比重则逐年下降。根据中国农业机械化发展的实际情况，由于受小农经济和家庭联产承包责任制的影响，农机购买中小型机械多、大中型机械少，导致大中小型动力机械配置不合理，大中型机械动力的构成比例一直低于小型机械，制约了机械化水平提高的速度。

表1　2004—2013年中国大中型和小型拖拉机动力及构成

年份	拖拉机动力/兆千瓦			拖拉机动力构成/%	
	总动力	大中型	小型	大中型	小型
2004	176.343	36.866	139.477	20.91	79.09
2005	191.119	43.157	147.962	22.58	77.42
2006	201.985	51.545	150.441	25.52	74.48
2007	218.687	61.138	157.550	27.96	72.04
2008	248.355	81.865	166.477	32.96	67.03
2009	266.648	97.421	169.227	36.54	63.46
2010	284.454	111.670	172.784	39.26	60.74
2011	303.058	128.502	174.556	42.40	57.60
2012	319.038	144.364	174.674	45.25	54.75
2013	330.232	159.576	170.657	48.32	51.68

2. 区域差异因子解析

通过Matlab程序编译计算，获取2004—2013年期间不同因子对农业机械化水平差距贡献的变化(表2)。2004—2013年，大中型拖拉机动力的因子比重变化贡献均为正数，小型拖拉机动力的因子比重变化贡献均为负数，结合表2中二者的贡献结构变化——大中型拖拉机逐年上升、小型拖拉机逐年下降。大中型机械对农业机械化水平的区域差异的扩大作用较为显著，说明大中型机械对农业机械化水平的提高有极大的促进作用。农业机械化水平的提高与土地规模经营是相辅相成、相互促进的，大力提高农业机械化水平的紧要任务是适度提高土地的规模化经营，而充分发挥大型机械作用是促进土地规模经营的有利条件。

表 2　2004—2013 年大中型和小型拖拉机动力对农业机械化水平差距的贡献

年份	总贡献/%	农业机械化水平差异的贡献/%	
		大中型拖拉机动力	小型拖拉机动力
2004	100	19.98	80.02
2005	100	21.33	78.67
2006	100	24.05	75.95
2007	100	26.32	73.68
2008	100	30.37	69.63
2009	100	33.91	66.09
2010	100	36.59	63.41
2011	100	40.00	60.00
2012	100	42.53	57.47
2013	100	45.14	54.86

3.差异度分析

由图 1(a)可知，大中型拖拉机动力及构成比例的增长，与农业机械化水平的变化呈正相关。大中型拖拉机动力对区域差异扩大的贡献为正，主要是因为大中型拖拉机动力在拖拉机总动力的比重增加较快，远大于集中性效应的影响。2010 年后，大中型拖拉机的贡献有所下降，这是由于大中型拖拉机动力比重增加变化不大，而其集中性下降较快（集中度变化贡献为负数）、并且超过比重增加的影响，因而总体上使农业机械化水平的区域差异缩小。

从图 1(b)可以看出，2004—2013 年的 10 年间，小型拖拉机动力对区域差异扩大的贡献为负，这是因为一方面小型拖拉机在拖拉机总动力中的比重不断下降；另一方面比重变化贡献均为负数，对于缩小农业机械化水平区域差异起到了一定的积极作用。但由于小型拖拉机的集中性效应变化波动较大，由集中度贡献数值变化可知，其本身的区域差异在 2004—2008 年和 2009—2013 年呈增大趋势，扩大了区域差异。

一方面，财政部、农业部自 2004 年起共同启动实施了农机购置补贴政策，并辅以燃油补贴，由于中央财政投入力度的不断加大及补贴资金规模的连年大幅度增长，实施范围已经扩大到全国所有农牧县和农场。随着政府通过政策和补贴引导农民投资购买农业机械，尤其是一些先进的、大中型的农业机械，有助于缩小大中型机械本身的区域差异，进而推动农业机械化的发展和土地规模经营的扩大，对于缩小区域差距起到了一定的积极作用，表现为 2004—2013 年大型拖拉机的因子集中度变化贡献的 9 个计算结果中有 5 个负数，其余 4 个分别为 0.07%、0.14%、0.03%、0.39%，数值也很小。

另一方面，大中型机械的增长与农机跨区作业的发展密不可分，由于农机跨区作业实现了规模化，客观上要求农业机械向大型化的方向发展，随着跨区作业在农业生产的各个环节扩散，各种大中型农机将会迅速发展，从而带动农机装备水平的提升，进而可有效解决小规模经营与机械化作业之间的矛盾，有助于缓解由于农机装备的区域不平衡性而产生的农机作业水平的区域不平衡，降低了因子集中度变化的影响，实现了农机的合理流动、优化配置，在现有机械情况下，提高了农业机械化的水平，为我国农业机械化做出了巨大贡献。

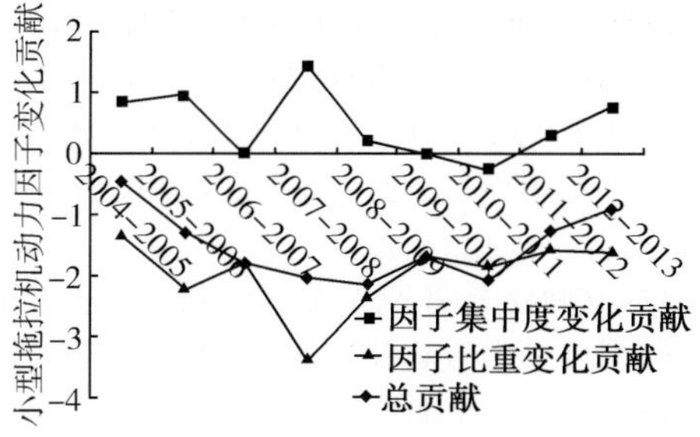

(a)大中型拖拉机贡献结构变化

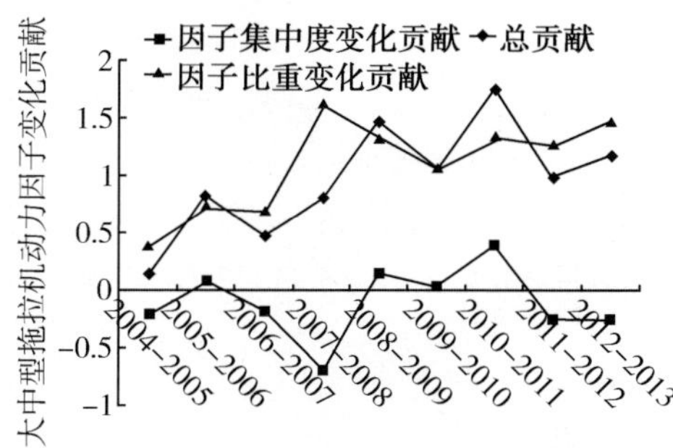

(b)小型拖拉机贡献结构变化

图 1　2004—2013 年大中型拖拉机和小型拖拉机的贡献结构变化

三、差异度空间格局

1.空间量化方法

不同时间段和不同地区的机械化水平和发展速度是不平衡的，各地农业机械化水平如表 3 所示。

表 3　各地农业机械化水平

地　区	农业机械化水平	地　区	农业机械化水平
北　京	70.49%	湖　北	45.81%
天　津	82.62%	湖　南	37.81%
河　北	69.34%	广　东	40.09%
山　西	58.40%	广　西	37.23%
内蒙古	73.12%	海　南	34.66%
辽　宁	69.45%	重　庆	33.05%
吉　林	69.63%	四　川	40.96%
黑龙江	88.99%	贵　州	16.74%
上　海	57.67%	云　南	41.38%
江　苏	67.12%	西　藏	56.11%
浙　江	57.11%	陕　西	57.04%
安　徽	64.63%	甘　肃	40.02%
福　建	33.46%	青　海	48.55%
山　西	49.11%	宁　夏	60.98%
山　东	78.30%	新　疆	81.06%
河　南	73.49%		

关于农业机械化水平的研究虽然对一些绝对的统计数据进行了系统的整理和描述，但是无法明显表现各地区的差异。为了能够比较客观、全面地描述农业机械化水平的发展状况及区域分布，必须要充分利用统计数据的地理空间特征，把统计信息与空间分布结合起来，将统计数据进行空间定位，建立一种新的集成分类的概念，以提高空间认知的效果。

统计数据空间化是将构成表格的数据集转换成地图图形，即统计数据可视化的基础。本文的统计数据空间化是从地图可视化的角度，利用地理信息系统特别是地图制图学的知识，建立以省级行政区划单元为核心的分级统计专题图，由于该图汇集了统计数据的图形感受、空间定位和空间关系，实现了统计数据的可视化，进而发现统计现象的区域分布特征等规律性知识。

2. 空间格局分析

按照统计数据分级处理的一般原则，在有序样本分类模型和综合评分法得到的农业机械化水平区域划分的基础上，参考农业部《农业机械化水平评价方法》和杨敏丽等对我国农业机械化发展阶段的界定，利用年鉴资料，将全国农业机械化水平划分为 5 类区域，如图 2 所示。

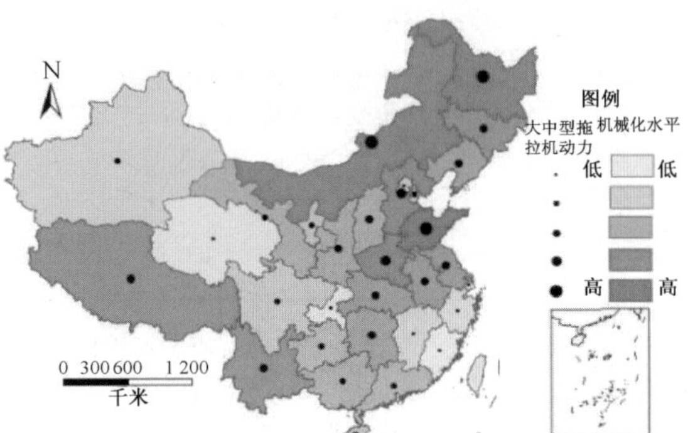

2007 年各省区农业机械化水平分级统计图

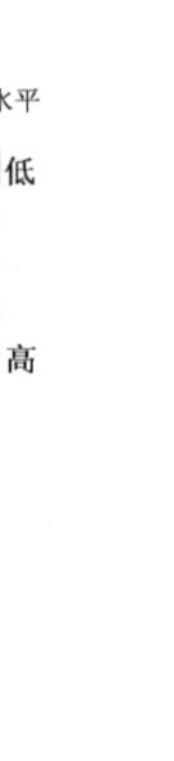

2008 年各省区农业机械化水平分级统计图

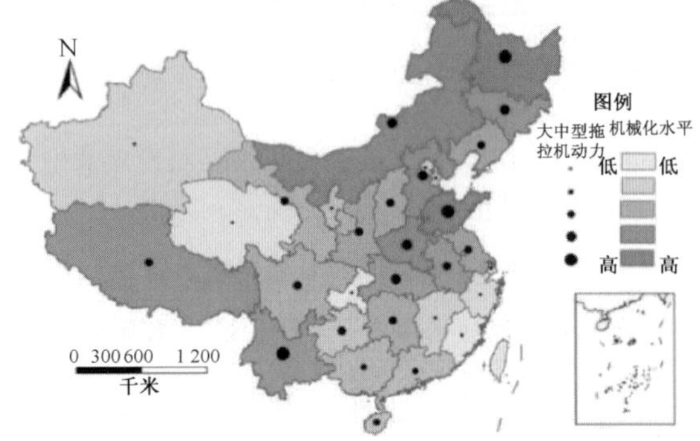

2009 年各省区农业机械化水平分级统计图

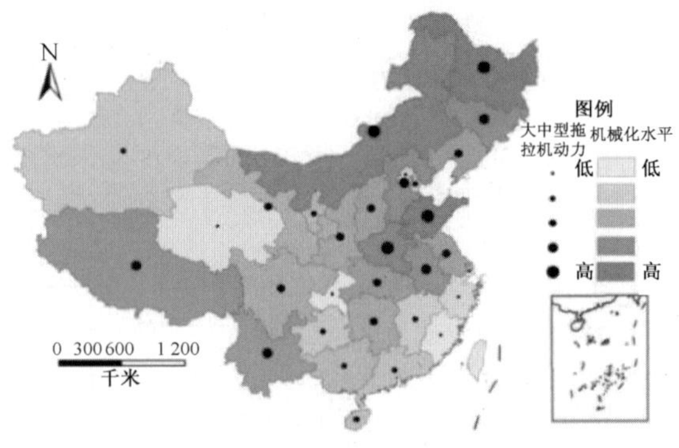

2010 年各省区农业机械化水平分级统计图

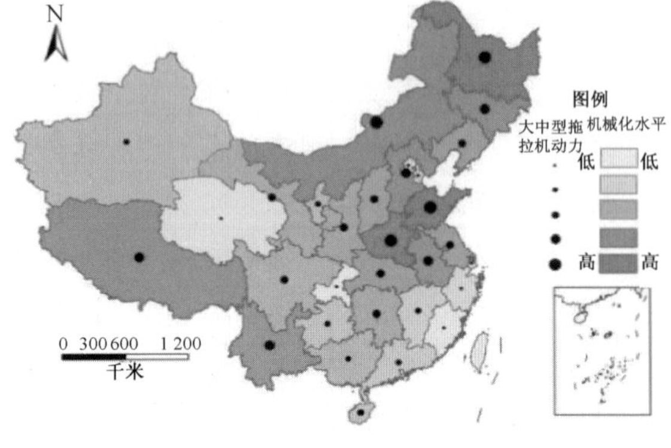

2011 年各省区农业机械化水平分级统计图

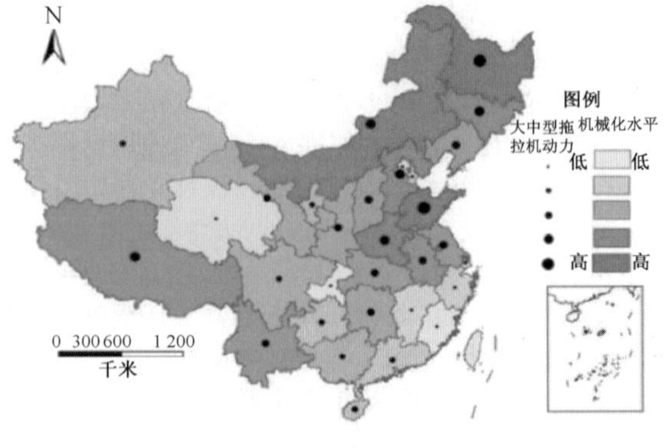

2012 年各省区农业机械化水平分级统计图

图 2 我国各地区农业机械化水平与大中型拖拉机总动力分级示意图（不包括台湾省）

黑龙江、新疆两地由于耕地资源丰富，加上土地规模经营的效果，农业机械化水平已经超过 80%，分别为 88.99%、81.06%，处于高级阶段的成熟发展期，机械化作业在农业生产中已经处于绝对主导地位。

北京、天津、内蒙古、山东、河南等地得益于地势平坦、土地肥沃等利于大中型机械发展和土地规模经营的自然条件，农业机械化水平已经超过 70%，处于高级阶段。主要农作物的生产过程已经实现了机械化，总体上生产方式已经完成了从传统作业模式向现代农业转变。

甘肃、青海、湖北、江西、广东、四川、云南 7 个省的农业机械化作业水平为55%～70%，农业机械化水平处于从中级阶段向高级阶段过渡的发展阶段，大多数农作物的生产过程中使用农业机械，机械作业开始处于主导地位。

吉林、辽宁、河北、山西、陕西、宁夏、西藏、江苏、上海、安徽、浙江11个省(区)市农业机械化水平为40%～55%，处于中级阶段。江苏、上海、浙江等地的工业比较发达，凭借农民人均年收入、农民文化水平较高的优势，农业机械化发展具有良好的财政支持和农业机械专业化人才队伍建设。

重庆、贵州、湖南、广西、福建、海南6省(区)市是全国农业机械化水平比较低的地区，农业机械化水平不足40%，其中贵州不足20%，农业机械化水平处于初级阶段，农业机械在某些农业生产环节得到应用，但传统的农业生产方式，如人畜力作业等仍然居于主导地位。这些省区高原和丘陵地区的面积比重较大，受自然条件约束，是我国农业机械化发展难度最大、水平比较落后的地区。

综上所述，我国正处于从中级阶段向高级阶段发展的过渡时期，发展不均衡性的总体规律：北方农业机械化水平高于南方，东中部农业机械化水平高于西部，农户所在省份对农业机械化水平有显著影响，便于使用大中型机械和实现土地规模经营的地区，农业机械化水平比较高。

四、政策启示

2014年我国农业机械化水平已达61%，耕种收综合机械化水平处于从大于60%向大于70%进军的关键时期，即由中级阶段向高级阶段跨越发展。全国“十三五”规划的编制已经启动，“十三五”对我国农业机械化发展来说仍然是大有可为的重要战略机遇期。上述研究，为有效制定提升农业机械化发展水平、缩小农业机械化区域发展差距的政策提供了科学依据。

(1)农业机械化水平受自然环境的影响较大，具有不同自然环境的省份农业机械化水平差距明显。为推进农业机械化，对于条件已成熟的地区可以通过制定行之有效的政策加快土地流转、通过土地整理平整土地，加强田间地头公路的建设，大力提高土地经营规模，创造大中型机械作业的条件，促进农业机械化发展。

(2)继续加大对农民购买大中型机械的补贴和税收减免力度，并做好维修等服务建设，通过补贴、政策、服务等帮助农民树立“大农业机械化”的意识，在适当的时机引导农民购买大中型机械，提高大中型机械的比重，从而逐步提升农业机械化水平，同时还要加强对农民的技术培训。

(3)农机跨区作业可以降低农机装备因子集中度对机械化水平变化的影响。跨区作业的发展离不开相关省、市(区)各级政府部门的联合和合作，政府相关部门可以建立协调机制来实现农机跨区作业管理与服务的优化。

(作者单位：中国农业大学；论文来源：《中国农机化学报》，2016年第8期)

主要农作物生产全程机械化水平评价研究

陈巧敏　李斯华　王利民　凌小燕

我国自2007年颁布《农业机械化水平评价　第1部分：种植业》(NY/T　1408.1—2007)以来，农业部于2011年8月启动了新评价指标体系的研究，包括畜牧业机械化评价指标体系、林果业机械化水平评价指标体系、渔业机械化水平评价指标体系、设施农业机械化水平评价指标体系及农产品初加工机械化水平评价指标体系，基本涉及了《中华人民共和国农业机械化促进法》所界定的“农业生产”是指从事种植业、林业、畜牧业和渔业等产业的生产。可以看出：我国农业机械化已不单单是种植业机械化，而是包含种植业、林果业、畜牧业、渔业、设施农业和农产品初加工等产业的全面机械化。至2012年年底，我国全面农业机械化水平评价指标体系基本构建。

2015年8月11日，农业部印发了《关于开展主要农作物生产全程机械化推进行动的意见》(以下简称《意见》)，在全国部署开展主要农作物生产全程机械化推进行动。《意见》聚焦9大作物、6个环节，明确了开展全程机械化推进行动的主要内容，即水稻、玉米、小麦、马铃薯、棉花、油菜、花生、大豆、甘蔗9大作物，在耕整地、种植、收获、植保、烘干、秸秆处理6个主要环节，分作物、分区域推进农业生产全程机械化。

由此可以看出，我国农业机械化水平评价指标体系面临着新的发展。为此，结合中国农业科学院科技创新工程资助项目《我国农业机械化全程全面评价指标体系研究》前期研究基础，研究我国现有种植业农业机械化水平评价指标体系，根据《关于开展主要农作物生产全程机械化推进行动的意见》，结合2004年以来我国9大作物6个生产环节的机械化作业数据，设置我国主要农作物全程机械化水平评价指标，为我国农业机械化全程全面评价指标体系的构建奠定基础。

一、我国现有种植业农业机械化水平评价指标

表1为我国现有种植业农业机械化水平评价指标。该评价指标评价范围种植业是指谷物、豆类、薯类、棉花、油料、糖料、麻类、烟叶、蔬菜、药材、瓜类和其他农作物的种植，以及茶园、桑园、果园的生产经营。

表1　我国现有种植业农业机械化水平评价指标

指标体系	一级指标	二级指标
种植业农业机械化水平评价	耕种收综合机械化水平/%	耕整地机械化程度/%
		播栽机械化程度/%
		收获机械化程度/%
		农业劳均农机原值/(元·人$^{-1}$)
	农业机械化综合保障能力/%	单位播种面积农机动力/(千瓦·公顷$^{-1}$)
		受专业培训的农机人员比重/%
		农业劳动生产率/(元·人$^{-1}$)
	农业机械化综合效益/%	农业劳均播种面积/(公顷·人$^{-1}$)
		农机原值利润率/%
		农业劳动力占全社会从业人员比重/%

可以看出:因其评价对象的广泛性、数据的可获得性和农业机械化发展的阶段性要求,该评价指标只从耕种收 3 个环节来计算耕整地机械化程度、播栽机械化程度和收获机械化程度,没有计算包括植保、烘干、秸秆处理等 6 个(甚至 7 个,灌溉数据现有统计年报已做统计)主要生产环节全程机械化水平。同时,该评价指标只从种植业总机械作业面积来分别计算耕整地机械化程度、播栽机械化程度和收获机械化程度,从而得出种植业主要农田耕种收综合机械化水平,同样因评价范围的广泛性、数据的可获得性和农业机械化发展的阶段性要求,没有考虑各作物的均衡性发展,以更科学地反映主要农作物各单项作物生产全程械化水平。

但是,从其计算方法和现有数据的可获得性来看,目前该评价指标可以反映 2008 年以来水稻、玉米、小麦、马铃薯、棉花、油菜、花生、大豆 8 大农作物各自耕种收机械化水平。

二、主要农作物全程机械化水平评价指标设置

主要农作物全程机械化水平评价指标在评价范围上相比种植业农业机械化水平评价指标具有明确指向性,因此,在全国主要农作物生产全程机械化水平和各单项作物生产全程机械化水平两方面的评价指标设置就具有了可行性,弥补了种植业农业机械化水平评价指标的不足。为体现全国主要农作物全程与各单项作物全程机械化水平两方面指标,需要确定体现全程机械化水平中各生产环节的权重及体现各作物生产机械化水平均衡发展的 9 大作物的权重。

1. 六个生产环节权重确定

由《中国农业机械化年鉴》统计数据,得出 2004－2014 年我国主要农田机械作业水平和 6 个生产环节机械作业情况的原始数据如表 2 所示。因各组数据的量纲不一,对原始数据进行归一化处理后数据如表 3 所示。考虑主要农作物全程机械化水平评价指标与现有主要农田耕种收综合机械化水平的衔接性,以现有主要农田耕种收综合机械化水平归一量为拟设置评价指标主要农作物全程机械化水平归一量

$$Y = \sum X_i n_i$$

式中:Y——主要农作物全程机械化水平归一量;

X_i——各生产环节数据归一量,$i=1\sim6$;

n_i——各生产环节权重,$i=1\sim6$。

将归一化数据(见表 3)代入公式,方程组规划求解,可得 n_i 的一组最优解 0.19,0.18,0.18,0.19,0.13,0.13,即为六个生产环节在全程机械化水平中的权重;可调整机械耕、种、收、植保、粮食烘干、秸秆处理六个生产环节权重分别为 0.2,0.2,0.2,0.2,0.1,0.1。

表 2 六个生产环节机械作业情况

年份	主要农田耕种收综合机械化水平/%	机耕面积/千公顷	机播面积/千公顷	机收面积/千公顷	机械植保面积/千公顷	机械烘干粮食数量/万吨	机械化秸秆还田面积/千公顷
2004	34.32	63 593.13	44 282.04	30 450.34	46 216.27	39 967.12	1 359.97
2005	35.93	65 217.29	47 049.50	34 141.16	45 793.69	41 320.11	1 248.37
2006	39.29	67 596.35	50 238.83	38 529.82	47 366.24	44 241.11	2 194.66
2007	42.47	71 715.35	52 781.31	42 223.61	48 887.92	46 308.51	2 057.84
2008	45.85	91 152.60	58 974.26	47 484.04	46 602.79	50 435.85	1 930.00
2009	49.13	95 719.27	65 093.08	53 408.65	47 820.36	53 237.01	2 354.25
2010	52.28	100 603.91	69 160.92	59 846.69	49 358.13	57 364.21	2 721.18
2011	54.82	106 880.87	72 916.97	66 006.41	51 808.09	59 713.43	5 755.25
2012	57.17	110 284.83	76 794.16	71 168.88	52 295.52	62 637.16	7 215.90
2013	59.48	113 757.83	80 309.56	77 416.01	53 164.17	64 098.85	7 529.30
2014	61.60	117 417.69	83 956.34	83 269.97	53 686.78	65 655.46	8 935.72

表 3 六个生产环节机械作业情况归一化处理

主要农田耕种收综合机械化水平量	机耕量	机播量	机收量	机械植保量	机械烘干粮食量	机械化秸秆还田量
0.00	0.00	0.00	0.00	0.00	0.01	0.00
0.06	0.03	0.07	0.07	0.05	0.00	0.04
0.18	0.07	0.15	0.15	0.17	0.12	0.10
0.30	0.15	0.21	0.22	0.25	0.11	0.14
0.42	0.51	0.37	0.32	0.41	0.09	0.18
0.54	0.60	0.52	0.43	0.52	0.14	0.26
0.66	0.69	0.63	0.56	0.68	0.19	0.41

续表

主要农田耕种收综合机械化水平量	机耕量	机播量	机收量	机械植保量	机械烘干粮食量	机械化秸秆还田量
0.75	0.80	0.72	0.67	0.77	0.59	0.54
0.84	0.87	0.82	0.77	0.88	0.78	0.67
0.92	0.93	0.91	0.89	0.94	0.82	0.75
1.00	1.00	1.00	1.00	1.00	1.00	1.00

2. 九大作物权重确定

(1)由机械化作业面积参考九大作物权重。由《中国农业机械化年鉴》主要农作物耕、种、收机械化作业总面积数据(表4)及八大作物各自耕、种、收机械化作业面积数据(因数据量较多,本文未列出原始数据,因八大作物的有关数据从2008年起开始统计,甘蔗数据为空缺),可计算出我国2008—2014年我国八大作物及其他主要农田作物耕种收机械作业总面积如表5所示。

表4 主要农作物机械化作业面积 单位:千公顷

年份	机耕面积	机播面积	机收面积
2008	91 152.60	58 974.26	47 484.04
2009	95 719.27	65 093.08	53 408.65
2010	100 603.91	69 160.92	59 846.69
2011	106 880.87	72 916.97	66 006.41
2012	110 284.83	76 794.16	71 168.88
2013	113 757.83	80 309.56	77 416.01
2014	117 417.69	83 956.34	83 269.97

表5 八大作物及其他作物耕种收机械作业面积 单位:千公顷

年份	小麦	水稻	玉米	大豆	油菜	马铃薯	花生	棉花	其他作物
2008	59 885.26	38 449.53	38 950.03	16 467.89	4 066.71	2 677.49	4 303.01	6 946.2	25 864.78
2009	63 414.75	41 885.78	46 721.39	18 804.62	4 686.57	3 271.02	4 515.23	6 627.05	24 294.59
2010	64 125.74	45 594.71	53 356.37	18 228.47	5 087.37	3 755.72	4 849.95	6 789.95	27 823.24
2011	64 758.24	48 577.45	59 894.74	15 811.65	5 458.04	4 626.06	5 323.45	7 189.1	34 165.52
2012	64 889.44	51 035.21	67 611.3	13 021.92	6 756.19	4 938.37	5 821.53	7 443.47	36 730.44
2013	64 399.43	53 574.18	73 864.08	12 191.05	7 533.95	5 346.03	6 322.07	7 376.63	40 875.98
2014	65 069.92	55 231.94	77 855.3	12 757.06	8 518.73	5 609.5	6 261.3	8 912.37	44 427.88
平均	63 791.83	47 764.11	59 750.46	15 326.09	6 015.37	4 317.74	5 342.36	7 326.40	33 454.63

据广西2014/2015年榨季"双高"基地统计的甘蔗机械化中耕培土、种植与收获总面积为34 670公顷,可将其他作物耕种收面积视为甘蔗机械化耕种收作业面积。由表5可计算出八大作物及甘蔗在总机械化作业面积中的权重分别为0.26,0.20,0.25,0.06,0.02,0.02,0.02,0.03,0.14。因表5数据是基于我国现有主要农作物耕种收综合机械化作业面积计算的,故可用于九大作物全程机械化水平中的权重参考。

(2)由耕种收综合机械化水平确定九大作物权重。表6为我国八大作物耕种收综合机械化水平数据,因2008年前没有此组数据,2014年数据空缺,只采用2008—2013年数据来计算各作物的耕种收综合机械化水平在总的主要农作物耕种收综合机械化水平中的权重。设八大作物耕种收综合机械化水平为A_i,各作物权重为B_i,主要农作物耕种收综合机械化水平为Y,则$Y=A_i \cdot B_i$。由表6数据联立方程组进行非线性GRG规划求解可得B_i的一组最优解为0.156 5,0.189 9,0.072 0,0.116 8,0.138 5,0.090 9,0.105 1,0.145 4;取整并考虑甘蔗机械化作业面积,小麦、水稻、玉米、大豆、油菜、马铃薯、花生、棉花、甘蔗各单项作物生产全程机械化水平权重分别为0.15,0.15,0.10,0.10,0.10,0.10,0.10,0.10,0.10。

表 6 八大作物耕种收综合机械化水平

单位:%

年份	主要农作物耕种收综合机械化水平	小麦	水稻	玉米	大豆	油菜	马铃薯	花生	棉花
		耕种收综合机械化水平	耕种收综合机械化水平	耕种收综合机械化水平	耕种收综合机械化水平	耕种收综合机械化水平	耕种收综合机械化水平	耕种收综合机械化水平	耕种收综合机械化水平
2008	45.85	86.54	51.15	51.78	60.85	23.00	20.90	35.80	43.12
2009	49.13	89.37	55.33	60.24	68.68	23.83	23.23	36.34	47.83
2010	52.28	91.26	60.51	65.94	73.18	26.08	26.59	38.45	51.03
2011	54.82	92.62	65.07	71.56	69.81	29.05	32.25	42.96	53.88
2012	57.17	93.21	68.82	74.95	63.20	35.44	34.20	46.06	59.59
2013	59.48	93.71	73.14	79.76	62.93	39.18	37.34	50.49	61.06

(3)单项作物生产环节及权重计算方法。以上从全国整体角度来计算了九大作物、六个生产环节的权重;但作为单项作物来说,各自所涉及的生产环节不尽相同。表 7 为九大作物在六个生产环节中可能涉及的环节。当评价马铃薯、棉花、花生和甘蔗这四个单项作物生产全程机械化水平时,应按照各自所涉及的生产环节在各自全程机械化水平中的比重来确定各生产环节的权重,方法同全国主要农作物六个生产环节的权重确定方法相同。

表 7 九大作物在六个生产环节中涉及的环节

评价作物	评价生产环节
水稻	耕整地、种植、收获、植保、烘干、秸秆处理
玉米	耕整地、种植、收获、植保、烘干、秸秆处理
小麦	耕整地、种植、收获、植保、烘干、秸秆处理
马铃薯	耕整地、种植、收获、植保
棉花	耕整地、种植、收获、植保、秸秆处理
油菜	耕整地、种植、收获、植保、烘干、秸秆处理
花生	耕整地、种植、收获、植保、烘干
大豆	耕整地、种植、收获、植保、烘干、秸秆处理
甘蔗	耕整地、种植、收获、植保、秸秆处理

3. 主要农作物生产全程机械化水平评价指标

主要农作物生产全程机械化水平评价指标拟设置两个一级指标,分别为全国主要农作物生产全程机械化水平和单项作物生产全程机械化水平。全国主要农作物生产全程机械化水平指标里包含六个生产环节的机械化程度六个二级指标。单项作物生产全程机械化水平指标包含九大作物各自生产全程机械化水平九个二级指标。因九大作物各生产环节有所不同,因此计算单项作物生产全程机械化水平指标时,马铃薯、棉花、花生和甘蔗所涉及的生产环节权重,需要参照全国主要农作物六个生产环节权重的计算方法调整各自生产环节权重,其他五个作物各生产环节权重同全国主要农作物 6 个生产环节的权重。表 8 为拟设置的我国主要农作物全程机械化水平评价指标。

表 8 全国主要农作物全程机械化水平评价指标

指标体系	一级指标	二级指标	权重
主要农作物生产全程机械化水平评价	全国主要农作物生产全程机械化水平/%	耕整地机械化程度/%	0.2
		播栽机械化程度/%	0.2
		收获机械化程度/%	0.2
		植保机械化程度/%	0.2
		粮食烘干机械化程度/%	0.1
		秸秆处理机械化程度/%	0.1
	单项作物生产全程机械化水平/%	小麦生产全程机械化水平/%	0.15
		水稻生产全程机械化水平/%	0.15
		玉米生产全程机械化水平/%	0.10
		大豆生产全程机械化水平/%	0.10
		油菜生产全程机械化水平/%	0.10
		马铃薯生产全程机械化水平/%	0.10
		花生生产全程机械化水平/%	0.10
		棉花生产全程机械化水平/%	0.10
		甘蔗生产全程机械化水平/%	0.10

三、农业机械化水平评价指标体系建立设想

1. 扩展评价对象

目前,我国农业机械化水平评价指标体系已覆盖种植业、林果业、畜牧业、渔业、设施农业和农产品初加工六个产业,全局的全面性评价指标体系初步构建。但是,各产业涉及的评价对象机械化作业情况和水平,因为指标设置时所采用的总体机械作业情况的计算方法,并不能在评价结果中真正体现各产业内的全面机械化水平。

因此,在现有各产业评价指标的基础上,需要调整扩展评价对象,并根据各产业发展的不同阶段与要求,设置各产业内评价对象的动态性权重。另外,除机械化作业水平外,需要增加装备结构层次水平、管理服务水平、综合保障能力及效益水平等指标,体现农业机械化发展由量向质的转变要求。

2.延伸评价环节

同主要农作物全程全面评价指标，各产业的评价指标还应考虑机械化作业环节的全程性要求，需要在六个产业内全面机械化要求的基础上确定评价对象，再设置各评价对象的主要生产环节，确定各自主要生产环节的权重，从而满足农业机械化发展的全程性要求，提升农业机械化发展的整体水平。

四、结束语

从生产环节和作物种类两方面，结合与现有耕种收综合机械化水平的衔接性，研究设置了我国主要农作物生产全程机械化水平评价指标，并对我国农业机械化水平评价指标体系进行了设想。本文设置的指标对促进提高我国农业机械化水平评价指标的广泛性与可行性有现实意义，可推动我国主要农作物生产全程机械化水平，推动机械化在薄弱环节和薄弱作物上的应用水平，进一步促进我国主要农作物整体机械化水平质的提高。

（第一作者：陈巧敏，农业部南京农业机械化研究所所长）

基于京津冀一体化的设施农业发展思考

李中华　张学军　吴政文　丁小明　杜立英　陈松云

一、京津冀设施农业发展概况

设施农业作为都市现代农业的重要内容，在农业政策的扶持引导下，京津冀地区设施农业发展规模不断扩大，有效保障了该地区“菜篮子”产品的供需，促进了该地区都市现代农业的建设和发展。

1.北京市设施农业发展概况

目前，北京市设施农业已形成了一批规模化、专业化、管理水平较高，经济效益显著的生产基地，为丰富首都“菜篮子”做出重要贡献。北京市设施农业近年来的发展情况见表1，从中可知，北京设施农业面积（仅包括连栋温室、日光温室、塑料大棚三项，下同），已经从2008年的13.54千公顷发展到2013年24.31千公顷，增长了近80%。其中，2013年连栋温室0.71千公顷，比2008年下降40.88%；日光温室15.85千公顷，比2008年增加150%；塑料大棚7.75千公顷，比2008年增加28.82%。设施类型主要以日光温室和塑料大棚为主，占设施总面积的97.07%；连栋温室由于投入高、技术要求高、经营风险大，所占比例逐年下降。同时，北京设施农业发展的区域化趋势非常显著，大兴、顺义、通州3个区的设施农业面积占到北京市设施总面积的75%左右。从设施的应用来看，现代化智能连栋温室及设施装备较先进的日光温室，多用于种植高附加值的蔬菜、食用菌、瓜果、中药材和花卉苗木、工厂化育秧育苗等，其中少量温室用于现代农业休闲观光的重要载体。多数日光温室、塑料大棚生产畅销的蔬菜和瓜果。2013年，北京市设施农业生产实现年收入52亿多元，吸纳农户就业11万余人。

表1　2008—2013年北京设施农业发展规模　单位：千公顷

年份	设施农业	连栋温室	日光温室	塑料大棚
2008	13.53	1.21	6.31	6.01
2009	16.48	1.06	6.78	8.64
2010	18.49	1.03	9.27	8.19
2011	19.04	1.01	9.95	8.08
2012	19.68	0.84	10.29	8.55
2013	24.31	0.71	15.85	7.75

2.天津市设施农业发展概况

截至2013年，天津市设施农业面积累计已达到34.7千公顷，其中，连栋温室1.38千公顷，日光温室17.8千公顷，塑料大棚15.3千公顷，并建成20个现代农业产业园区，成为天津发展都市型现代农业的典范和标志。设施类型主要以日光温室和塑料大棚为主，约占设施总面积的96%。从区域分布来看，主要以武清区、西青区和静海县3个地区设施农业居多，占设施总面积的70.75%，除塘沽区外，其他地区均有分布。从设施的应用来看，主要以黄瓜、番茄、辣椒、叶菜等设施蔬菜种植为主，目前天津蔬菜自给率已达90%。设施花卉种植以天津滨海国际花卉科技园区为代表，园区占地面积226.67公顷，总投资22.59亿元，年产花卉种苗约3 900万株、高档盆花约2 400万株、草花约3 000万株。目前，天津市设施农业生产呈现出一年四季多茬次、多品种、多形式相结合的生产格局，设施农业特别是日光温室生产已经成为农民增产增收的重要途径，设施种植业年产值达到60亿元以上，直接带动农民就业20多万人。

3.河北省设施农业发展概况

截至2013年，河北省设施种植面积为207.8千公顷。其中：连栋温室0.4千公顷，日光温室77.3千公顷，塑料大棚128千公顷。设施类型主要以日光温室和塑料大棚为主，约占设施总面积的98%。从设施的应用来看，主要为设施蔬菜种植为主，其次为花卉、水果种植。全省蔬菜总产值约占种植业总产值的42%，居种植业之首。从区域分布来看，沧州市设施农业面积最大，为135.1千公顷，约占总面积的65%；其次为衡水、廊坊、唐山3个地区，约占总面积的19%；6.7千公顷以上的设施大县有60多个，形成以永年、定州、青县、永清、乐亭、围场各具特色的六大设施蔬菜产区。2013年，河北省总产设施农产品1 600万吨，产值310亿元，从业人员100多万人。

2013年，京津冀地区设施农业产业发展情况汇总（表2），从表2中可知，京津冀地区人均蔬菜占有量约780千克，其中人均设施蔬菜占有量约250千克；而2013年我国蔬菜面积超过20 000千公顷，产量超过7亿吨，人均占有量约500千克，其中，设施蔬菜面积3 862千公顷，产量达到2.6亿吨，人均占有量185千克。京津冀地区人均蔬菜占有量和设施蔬菜占有量均超过全国平均水平。但是，分地区看，北京市人均蔬菜生产量约135千克、其中设施蔬菜约90千克,天津市人均蔬菜生产量约330千克、其中设施蔬菜约224千克,河北省人均蔬菜生产量约1 056千克、其中设施蔬菜约304千克,由此可见北京、天津两市的蔬菜生产仍然不能满足本地需求。

表2 2013年京津冀地区设施农业发展情况汇总

地区	耕地面积/千公顷	蔬菜播种面积/千公顷	设施农业面积/千公顷	常住人口/万人	蔬菜总产量/万吨	人均蔬菜占有量/(千克·人$^{-1}$)	设施蔬菜总产量/万吨	人均设施蔬菜占有量/(千克·人$^{-1}$)	设施蔬菜产值/亿元
北京	231.7	42.7	24.3	2 069.3	279.9	135.26	185.95	89.86	74.1
天津	441.1	59.3	34.7	1 354.58	447.7	330.51	303.68	224.19	106.9
河北	6 317.3	802	207.8	7 287.51	7 695.1	1 055.93	2 213.43	303.73	1 469.4
京津冀地区	6 990.1	904	266.8	10 711.39	8 422.7	786.33	2 703.06	252.35	1 650.4

除满足市民"菜篮子"需要外,京津冀地区的设施农业在科技示范、观光休闲、农事体验等多样化发展中取得了显著成效。其中,最为典型的就是建设一批以设施农业技术综合应用为核心的集生产、示范、展示、采摘、休闲、观光、科普等多功能于一体的各类都市农业园区,涌现出了北京特菜基地、小汤山现代农业科技示范园、北京农业嘉年华、天津滨海生态农业科技园区等一批国内知名的现代农业园区。2013年,北京市农业观光园个数1 299个,实际经营的民俗旅游户数8 530户,农业观光园和民俗旅游户总收入为37.6亿元,比2012年增长4.5%;接待旅游人数3 750.9万人次,增长3.2%。在京津冀地区,设施农业的发展不仅满足了众多居民的日常生活需求,还在更高层次上满足了众多居民的休闲观光需要。

二、京津冀设施农业发展存在的问题

1.设施农业规模化经营仍然较低

近几年,京津冀地区设施农业规模不断扩大,但其规模化生产经营仍相对较低。受大量的个体种植大户和农户产业化、组织化和标准化程度低,资金限制,土地流转及宏观引导等各种因素影响,设施农业发展还没有实现规模化经营,设施农业生产规模小、布局分散的现象还比较普遍,不能从小农生产走向家庭农场的规模化生产,直接影响反季节蔬菜供应量和农民收入的增加。未来我国设施农业生产主要以适度规模以上的职业农民经营的家庭农场等新型农业为主体。

2.设施农业品种、结构不尽合理

京津冀地区设施农业蔬菜种植品种普遍化,品种布局不清晰,制约其特色优势品种形成和发展。此外,温室设施结构不合理,农机农艺融合不全面。京津冀地区的温室建设,特别是日光温室建设,虽然参考了山东、辽宁等地较为成功的日光温室类型,也结合当地条件进行了一定适应性的改进,但温室结构仍较多的考虑屋面采光、体型设计、结构参数和一些保温蓄热构造设计等农艺生产方面的要求,没有考虑各项作业机具的进出及便于作业等农机问题,导致设施装备无法进入,不能进行机械作业,影响农民的劳动量减轻和收入增加,制约设施农业装备的推广应用。

3.设施农业多元化发展仍显滞后

截至2013年年底,京津冀地区设施农业类型主要以日光温室、连栋温室和塑料大棚为主,占该地区设施农业总面积的74%左右,其中,连栋温室2.5千公顷,占该地区设施农业总面积的0.93%;日光温室44.3千公顷,占该地区设施农业总面积的16.61%;塑料大棚151.06千公顷,占该地区设施农业总面积的56.62%。其中日光温室和塑料大棚主要用于从事设施农业生产,而数量较少的连栋温室用于观光休闲、采摘体验、育种育苗、技术展示等。从设施农业产业化发展来看,京津冀地区特别是京津两地虽然涌现了一些设施农业观光休闲基地、育种育苗基地、设施农业先进技术示范展示基地,但是数量较少,辐射示范带动作用不足,影响设施农业多元化发展产业,设施农业产业化发展相对单一,制约设施农业高新技术推广应用和农民收入增加。

4.设施农业产业效益仍然偏低

京津冀地区设施农业千家万户小生产的现象普遍存在。由于生产农户比较分散,规模化、组织化程度低,难以吸引商家主动收购产品,更难以形成品牌产品,阻碍了市场的开拓。目前京津冀部分地区设施农产品,主要以地头市场为主,销路很窄,加之蔬菜价格近年来波动很大,菜价太低,设施农业产业效益不理想,大大影响了农民增收。此外,与设施农业生产特别是蔬菜生产密切相关的加工、储藏和流通等环节附属设施设备相对滞后。设施农产品如菜、花、果是鲜活农产品,难以常温贮存保鲜,没有配套的冷藏车和冷库等,缩短了销售半径,产品采收后只能在地头买卖,价格大打折扣,影响设施农业产业效益的提升。

三、发展重点和优势区域

1.主攻方向

在京津冀一体化发展大趋势下,该地区设施农业发展应围绕打造"高产、高效、高质"的设施农业产业目标,加快设施农业的升级换挡。一是应进一步扩大设施农业生产规模,增加设施农业在耕地面积中的比重,以便增加农业用地效率、减少农业灌溉用水量。二是应进一步升级改造设施农业装备,重点提升设施农业的机械化、智能化水平,适当提高日光温室和连栋温室比重,以便增加设施农业的生产效率、降低设施农业的劳动强度。三是应进一步优化设施农业的种植品种,突出区域特色,形成规模效应,加快优良品种更新换代,以便提升设施农业的品牌知名度、增加设施农产品的市场竞争力。四是应进一步推动设施农业多元化发展,加快提高设施种苗、设施花卉、设施农业科技创新、设施休闲农业等相关产业的规模和水平,以便挖掘设施农业潜力、提升设施农业层次。

2.发展重点

应按照推动京津冀设施农业差异发展、协同发展、高效发展的思路，确定不同地区各自发展的重点，实现本地区设施农业的高效、优质和可持续发展。北京重点发展设施农业科技创新、设施种苗、设施休闲农业基地，积极发展高档特色设施蔬菜（含食用菌、水果）、设施花卉基地；天津重点发展设施农业科技创新、设施花卉、设施休闲农业基地，积极发展中高档设施蔬菜（含食用菌、水果）基地；河北重点发展中高档设施种苗、设施蔬菜（含食用菌、水果）、设施花卉基地，适度发展设施休闲农业基地。

3.优势区域

应按照推动设施农业向优势区域集中布局的思路，进一步调整优化京津冀地区设施农业产业发展布局，重点打造"五市、十二县"设施农业优势区。五市：河北的沧州、衡水、廊坊、唐山、保定等设施农业产业优势市，重点发展设施蔬菜、瓜果的生产种植设施农业，积极发展设施农业科技展示、观光休闲类设施农业，在保证自给的同时，做好京津及周边区域的"菜篮子"供给，使河北成为京津的"大菜园"和"后花园"。十二县：北京的大兴、顺义、通州，天津的武清区、西青区、静海县，河北的永年、定州、青县、永清、乐亭、围场等为设施农业产业优势区县。北京大兴重点发展以种植生产、观光休闲为主的设施农业，顺义重点发展科技展示、观光休闲为主设施农业，通州重点发展种苗地基建设。天津武清区、西青区、静海县重点发展以花卉生产、观光休闲为主的设施农业。河北永年、定州、青县、永清、乐亭、围场等设施农业产业优势区县重点发展设施蔬菜生产。

4.主推技术品种

设施农业工程技术：非耕地设施农业成套技术，轻简设施农业装备技术，设施农业物联网技术，城市花园中心，设施农业休闲利用技术。

设施农业栽培技术：小型温室开沟起垄耕整地装备技术、叶菜类播种（直播机）机械技术、智能化育苗装备技术。

设施农业栽培品种：以生菜、油麦菜、油菜、甘蓝、芹菜等为代表的叶菜，以辣椒、番茄、黄瓜、茄子、豇豆、豌豆为代表的果菜，以杏鲍菇、香菇、鸡腿菇为代表的菌类，及以西瓜、草莓、甜瓜为主的瓜果类。

四、对策和措施

1.加大设施农业扶持政策力度

（1）加大产中和产后环节的扶持力度。设施农业产业涉及生物、环境、工程等多学科、产前、产中、产后等多部门，需形成有效的部门联动与整合，可提高扶持政策的实效。近年来各级政府主要对设施建造和设施装备给予一定的补贴，但设施建成投入运营后，种子、肥料、农药、覆盖材料等运行成本远比大田作物和露地蔬菜高；产后的加工、保鲜贮藏等设施设备一次性投入较大，配套性不高，建议适当加大对"产中"乃至"产后"的扶持力度。

（2）研究老旧园艺设施的更新补贴政策。一些发展设施农业较早的区域，有一定面积的老旧园艺设施，使用年限较长，存在安全隐患，急需维修或更新。而这些地区的设施农业生产已占到从业农民收入的80%或更多，建议研究制定对老旧园艺设施限期修缮、更新的补贴政策，避免和消除安全隐患，确保从业者的生产积极性。

2.强化设施农业技术推广服务

（1）加大新建设施农业园区技术推广的力度。近年来，京津冀设施农业发展规模较大，速度较快，设施农业从业人员迅速增加，"不会种"或"种不好"是"粮改菜"农户一致反映的共同问题。建议成立由"市、区、镇、村"四级组成的完善的设施农业技术推广服务体系，尤其要重视新建设施农业园区的技术推广服务，加大对设施农业技术推广的投入和保障力度，提高从业者的收入和生产积极性。

（2）完善设施农业技术培训的系统性。加大设施农业技术培训力度，定期开展省、市、区、镇、村不同层次的设施农业专业技术培训，培训方式应多样化。既有系统讲授，提高从业者的理论水平，知其然更要知其所以然；也应有现场观摩、实际操作演示，加深印象。使不同层次的技术人员及设施农业从业者，把设施农业生产的技术真正学到手。

3.加大设施农业科技创新力度

（1）提升设施农业的装备水平。应在稳定设施蔬菜面积的基础上，进一步提升环控性能、优化建造工艺、提高土地利用率、提高机械化作业程度，提升设施建造及装备的现代化水平。加强设施农业农机农艺融合，在建造日光温室建造时，既应考虑农艺问题，也要考虑装备的进出问题。加强适于棚室作业的农机具研制、选型、配套，大力提高设施农业机械化水平。积极推广水肥一体化补给系统的应用。加强新型农机具的补贴力度，减轻劳动强度，吸引更多的劳动者，尤其是年青人乐于从事设施农业行业，使设施农业生产后继有人。

（2）增强设施生产的应急能力。研发推广适用于节能日光温室的光、温、湿、气、土等环境监测及调控装备，提高抵御灾害性天气的能力，减少生产损失，确保增产增效。京津两市尤其是北京市的农业科技资源集中，国家级科研单位、高端人才、先进科研装备条件云集，人才济济，具有独特的优势，可围绕国家科技战略和重大科研专项，组织开展设施农业的基础性、前沿性和应用性研究，依靠科技引领设施农业发展。

（3）加强冷链系统的配套建设。设施农产品尤其是蔬菜、瓜果，是鲜活农产品，能否有效保鲜直接影响产品的品质和价格高低，关乎从业者的经济效益。因此应大力加强冷链系统的建设，保证产品从地头到餐桌的新鲜度，使消费者满意、生产者增效。

4.提升设施农业产业组织化程度

增强设施农业产业组织化、规模化、品牌化，逐步解决"小生产"与"大市场"的矛盾，保证"菜篮子"的有效供应，实现生产过程专业化、机械化、自动化。例如，设施农业生产中的整地、作畦、种苗培育和移栽、水肥一体化管网铺设、病虫害防治、产品采后处理包装等环节，都可形成专业化的作业和生产组织。这不仅能减轻各个生产环节的劳动强度，提高生产效率、增产增收，同时还可以保证新品种、新技术、科技创新成果的引进和推广，提升京津冀地区设施农业现代化水平，并辐射带动周边区域设施农业水平提高。

（第一作者单位：农业部规划设计研究院；论文来源：《中国农机化学报》，2016年第1期）

推进土地规模化经营　促进蔬菜生产机械化
——以江苏省露地辣椒种植为例

崔思远　肖体琼　陈永生　曹光乔

在我国种植业构成中，蔬菜的地位正逐年上升。2013年全国蔬菜播种面积已逾2×10^8公顷，仅次于水稻、小麦和玉米这三类大宗粮食作物。然而，随着蔬菜产业规模的逐年扩大，蔬菜生产也遇到了瓶颈，用工难、用工贵这一问题正制约着蔬菜生产的进一步发展。尤其是近几年，蔬菜生产的人工成本大幅上升，至2014年人工成本已占蔬菜生产总成本的63%（全国成本调查网，2014）。蔬菜产业亟须提高机械化水平以降低作业成本。

关于发展蔬菜机械化的研究已有学者在进行，如康国光等对蔬菜机械化生产发展现状与对策的分析，梁松练等有对南方蔬菜生产机械化的特点与对策的研究；陈永生等对蔬菜发展面临的挑战和机械化装备技术现状的研究；周福君等对蔬菜生产机械化过程中的田间栽培作业机械化和蔬菜工程机械化的研究，一些学者关于蔬菜生产装备研发和技术需求预测等的研究，以及蔬菜生产经济效益等方面的研究。另外，关于土地规模化的相关研究也有不少，如吴良林等利用地形指标评价土地规模化整理的潜力，认为不同地形和土地资源格局条件下，区域土地规模化整理潜力之间差异显著。张小洁等关于土地规模化经营对农业碳排放的影响的研究，认为土壤规模化经营下的农机使用可以减少农业碳排放。王伟对河套地区土地规模化经营的研究认为，河套地区必须尽快实施土地规模化经营，通过土地规模化经营，才能摆脱现在农业发展的困境。王萍研究认为，现有家庭联产承包体制制约了农业机械化的发展，土地规模化经营与农业机械化可以彼此促进。可见，土地规模化经营是未来农业发展的趋势。然而，目前研究很少将土地规模化经营与蔬菜机械化生产的实际情况有机的结合起来。

农业机械化和土地规模化是相辅相成的关系。土地规模化是农业机械化的前提，农业机械化是土地规模化的动力。本文在调研的基础上，通过对蔬菜生产人工成本和机械化成本的计算，定量化分析土地规模化对蔬菜机械化生产的影响，并分析其他土地规模化对蔬菜生产机械化产生影响的途径，并尝试提出促进二者协同发展的建议。

一、研究方法

本文数据来源于大量问卷调研和实地调研，以及基于调研数据的计算。其中：

人工作业成本＝工资/作业效率

机械化作业成本＝工资/作业效率＋耗油量×燃油单价

式中：燃油单价按7元/L计算。

机具固定成本：主要包括保养费、维修费、折旧费等。一般情况下，机具在保质期内都由厂家免费维修，后期由机手负责维修，保养费主要包括机器清洁、液压油、黄油、齿轮油等费用，此两项支出占总固定成本比例较小，可忽略不计，所以机器年固定成本主要为年均折旧费。

年折旧费＝机具价格/机具寿命

式中：机具价格为常用机具的市场价格；机具寿命按5年计算。

盈利面积：当机械化作业成本减去人工作业成本后大于年均折旧费时的作业面积。

采用Excel 2007软件对试验数据进行分析。

二、蔬菜机械化生产的规模化效益

以江苏省露地辣椒种植为例，辣椒种植的人工作业成本和机械化作业成本如表1所示。

从表1可见，露地辣椒机械化作业的工资是人工作业的2倍，主要是因为机手的工资远远高于普通劳动力。但是机械化作业的效率大大超过人工作业，是人工作业的6～61倍。所以，当种植规模逐渐增大时，机械化作业的优势逐渐显现。

经过计算，露地辣椒各环节人工作业成本为：耕整地为3 125元/公顷；作畦为2 222元/公顷；移栽为1 818元/公顷；植保为1 538元/公顷；四个环节作业成本合计8 703元/公顷。各环节机械化作业成本：耕整地为565元/公顷；作畦为377元/公顷；移栽为709元/公顷；植保260元/公顷；四个环节作业成本合计1 911元/公顷。

表1　露地辣椒种植人工作业成本和机械化作业成本

作业环节	人工作业		机械化作业			
	作业效率/(公顷·天$^{-1}$)	工资/(元·天$^{-1}$)	作业效率/(公顷·天$^{-1}$)	油耗/(升·公顷$^{-1}$)	配套人工/人	工资/(元·天$^{-1}$)
耕整地	0.032	100	0.8	45	1	200
作　畦	0.045	100	1.2	30	1	200
移　栽	0.055	100	0.6	6	2	200
植　保	0.065	100	4.0	30	1	200

露地辣椒机械化种植固定成本及盈利面积见表2。

表2 露地辣椒机械化种植固定成本及盈利面积

环节	机具固定成本/元	年均折旧费/元	盈利面积/公顷
耕整地	32 000	6 400	2.50
作畦	8 000	1 600	0.87
移栽	20 000	4 000	3.61
植保	3 000	600	0.47
总计	63 000	12 600	1.86

由表2可以看出，四环节(耕整地＋作畦＋移栽＋植保)机具购置总成本约为6.3万元。以上机具假定使用寿命约为5年，折合年机具购置成本为12 600元。由此可计算出，当辣椒种植面积超过1.86公顷时，使用机械化作业即可达到节本增效的目的。如果只对作业某个环节配备机具，则当耕整地面积超过2.5公顷，作畦面积超过0.87公顷，移栽面积超过3.61公顷，植保面积超过0.47公顷时，机械化作业即可比人工作业节省成本。由于实际生产中使用到的蔬菜收获机具极少，蔬菜收获基本依赖于人工作业，故未将收获环节纳入本分析中。

由此可见，蔬菜机械化生产更适合于达到一定生产规模的经营者，并且生产规模越大，机械化生产节本增效的优势就越明显。

三、其他影响蔬菜机械化生产的因素

除了种植规模外，蔬菜生产经营模式、种植制度也是影响蔬菜机械化生产的不可忽略的因素。

江苏省常见的蔬菜生产经营模式包括：

(1)公司(种菜大户)＋基地：公司承包一定规模的土地，自己负责蔬菜种植与销售。

(2)公司(种菜大户)＋基地＋农户：公司承包一定规模的土地，其中一部分作为核心区自己种植，同时核心区也起到示范作用，其余部分由农户承包种植，公司负责技术指导、提供种苗和销售。

(3)农户＋服务组织：农户自在自己的地里种植，由服务组织负责提供技术指导、机械化作业服务和销售渠道等，常见的服务组织有合作社、基层政府等。

(4)农户独立生产：所有的环节均由农户独立进行，一般规模较小。

根据调研，在这4种模式中，前3种的机械化程度较高，其根本原因还是蔬菜生产的规模化程度较高，机械化生产具有明显的经济效益。而第4种由于规模较小，机械化作业的优势难以体现，并且机械购置成本较高，一般农户难以承受，其蔬菜种植基本依赖于人工。

我国蔬菜品种繁多，蔬菜种植制度也千差万别。一般南方地区一年种植2～3茬蔬菜，个别地方可能更多，而北方地区一般一年1～2茬。如果前后茬蔬菜各不相同，并且所种植的蔬菜品种趋于多而全，每个品种的种植面积相对较小，则机械化作业则难以展开。反之，如果一个基地的蔬菜比较简单，一个品种的种植规模比较可观，则机械化作业较易展开。

在以上因素中，虽然蔬菜生产经营模式和种植制度影响机械化生产的原因各不相同，但归根结底还是通过影响蔬菜的种植规模来影响机械化生产的。蔬菜生产经营模式影响的是单台机具的作业面积，种植制度影响的是单一品种蔬菜的种植规模。可见土地规模化对于蔬菜机械化生产有着非常重要的影响。

四、制约土地规模化经营的因素

1.产权问题

土地是农民赖以生存的根本。然而，随着近年来大量农村年轻劳动力的流失，留在农村从事农业生产的大部分是60岁以上的老人。随着时间的推移，这些老人也将慢慢的离世，届时从他们手里流转出去的土地将归谁所有？还能否回到其子女的手中？成为部分人不愿将土地流转出去的原因之一。另外，今年来农村土地抛荒严重，有些土地的主人远在他乡，难以抽出时间来办理流转手续，也造成了土地流转的困难。

2.收益分配

众所周知，农业生产的利润率较低，尽管蔬菜生产的利润率相对较高，但是在调研中我们发现，大量蔬菜生产企业难以盈利，甚至出现了亏损。流转土地必然需要向土地所有者支付一定的租金，租金过高势必会提高经营者的生产成本，租金过低又会降低土地所有者的流转意愿。如何合理的分配收益，使经营者和土地所有者实现双赢的局面，值得我们去深入探讨。

3.就业及保障

受到二三产业发展规模的限制，其可提供的就业机会有限，农村富余劳动力对农村土地的刚性就业需求制约了土地流转。另外，由于农村社会保障体系尚未完善，农业用地还承担了社会保障的角色，这也束缚了农业用地的流转。

五、促进土地规模化经营与蔬菜生产机械化的建议

1.蔬菜生产的标准化和专业化

首先，标准化是蔬菜规模化生产的前提，也是蔬菜机械化生产的必要条件。只有在诸如垄形、土地平整度、蔬菜种植行株距等要素符合机械化作业的要求时，蔬菜的机械化生产才能够顺利开展。当然，这种标准并不是绝对的，其目的是为了改变目前蔬菜种植杂乱无章的状态。建议相关部门针对不同蔬菜种类的农艺要求和不同地区土壤气候的情况，制定出系列化的种植规范，并引导农机生产企业对照不同系列的农艺参数进行机具适配，形成系列化的农机配备方案，最终实现蔬菜生产全程机械化。

其次，要促进蔬菜生产专业化。目前很多大型蔬菜生产基地都追求多而全的蔬菜种植格局，以满足市场多元化的需求和抵御市场风险。但是不同品种蔬菜生产的农艺要求差别较大，限制了机械化作业。因此建议根据地域特点在一个区域内进行专业化种植，即一个基地仅生产农艺要求比较接近的几种蔬菜，然后通过物流配送来满足市场的需求，形成“农机服务市场化、服务组织实体化、服务实体企业化、企业群体产业化”的农机社会化服务格局。

2.合理的经营模式

目前常见的规模化经营模式已在上一节中讨论过。其中，第一种“公司(种菜大户)＋基地”模式中，公司对生产的过程、产品质量和安全性等方面的控制力最强，但是由于是以劳务用工的形式雇工，特别是农忙时期所雇的临时工，其劳动积极性往往不高。第二种“公司(种菜大户)＋基地＋农户”模式中，公司并不直接参与农户承包土地的生产，对产品质量和安全性等方面的控制不如第一种好，但可通过其他方式弥补；并且由于农户是以承包经营的形式进行生产劳动的，其生产积极性要远远好于第一种。第三种“农户＋服务组织”模式中，由于服务组织不自已经营土地，而是以提高服务的方式获取报酬，其风险相对较小，同时农户的生产积极性也比较高，只是对生产过程、产品质量和安全性等的控制力较弱。所以选择合理的经营模式，对经营者来说非常重要。

3. 加强政策引导

如前所述，土地流转中存在的一些问题制约了农民流转土地的积极性，而政府需要针对农民所担忧的问题制定相应的解决办法，解决农民的后顾之忧，提高农民流转土地的积极性。同时要加强蔬菜生产专业合作社或服务组织的建设，让暂时没有能力购买机具的农民也能提前尝到机械化生产的便利之处。另外还有加快蔬菜标准园的建设，充分发挥标准园的示范作用，提高农民对蔬菜标准化种植的接受度，进而推动蔬菜生产机械化的发展。

（作者单位：农业部南京农业机械化研究所；论文来源：《中国农机化学报》，2016 年第 6 期）

我国甘蔗收获机械化推广应用现状与发展建议

赵莹

我国是世界上仅次于巴西、印度的第三大食糖生产国和消费国。糖料是我国四大重要农产品和三大经济作物之一，是关系国计民生的重要战略物质。我国食糖的主要原料是甘蔗，种植面积占糖料面积的 85％以上，蔗糖产量占食糖总产量的 90％以上。甘蔗生产涉及 4 000 多万蔗农和数十万产业工人的利益。长期以来，我国甘蔗生产机械化水平一直很低，特别是甘蔗机械化收获技术发展缓慢，甘蔗收获主要靠人工砍割，劳动强度大，作业成本高，生产效率低，是制约甘蔗生产全程机械化的瓶颈。随着城镇化进程的推进和我国农村劳动力向城市转移，砍蔗雇工难、费用高的问题日益显现，不但增加了甘蔗生产成本，挫伤了蔗农种蔗的积极性，还严重影响制糖企业的正常生产。发展甘蔗收获机械化已成为蔗农最期盼、制糖企业最渴望、政府最重视、社会最关注的焦点。近年来中央和地方政府对甘蔗机械化收获问题高度重视，科研院所和企业也加大了甘蔗收获机械的研发力度，生产出了甘蔗切段式联合收获机、整秆式联合收获机、分段收获机并在部分地区进行试验示范推广。但甘蔗收获机械化技术是一个复杂的系统工程，涉及到机具、品种、农机农艺结合问题，蔗农、农机服务公司、制糖企业之间的关系问题，以及土地整治问题，推广应用缓慢。因此，了解我国甘蔗收获机械化技术推广应用的现状，分析存在的问题并提出发展建议，对促进我国甘蔗收获机械化技术推广应用具有重要意义。

一、我国甘蔗种植、成本收益概况及机械化现状

1. 甘蔗种植概况

甘蔗种植在我国农业经济中占有重要地位，其产量和产值仅次于粮食、油料、棉花，居第四位。我国甘蔗多种植在旱坡地上和贫瘠的土地上，较少有其他作物能超过甘蔗的收益，我国甘蔗种植面积和产量一直呈现出稳中有升的趋势（表 1）。

表 1 中国甘蔗播种面积及产量

年份	单位面积产量千克/公顷	总产量/万吨	播种面积/千公顷										
			全国	广西	云南	广东	海南	贵州	江西	四川	湖南	浙江	福建
2004	65 199	8 984.9	1 378	723.70	280.5	151.30	69.90	18.60	18.60	28.80	21.30	18.10	15.90
2005	63 970	8 663.8	1 354	747.60	255.00	147.50	60.00	19.40	17.70	26.70	19.60	15.70	14.90
2006	70 450	9 709.2	1 378	838.40	287.20	165.90	66.50	17.90	15.10	26.40	20.01	14.60	15.40
2007	71 228	11 295.1	1 586	1 012.40	265.40	147.50	63.30	17.20	10.80	20.50	12.70	9.40	9.10
2008	71 210	12 415.2	1 743	1 090.07	309.70	149.67	78.59	17.63	14.00	23.03	14.35	13.94	10.70
2009	68 093	11 568.7	1 697	1 060.12	296.18	151.90	74.64	16.43	13.60	19.86	15.34	13.12	10.25
2010	65 700	11 078.9	1 686	1 069.28	295.12	154.86	60.05	13.70	13.56	19.49	15.32	12.04	9.85
2011	66 485	11 443.5	1 721	1 091.60	306.74	160.26	60.52	11.98	14.00	18.68	14.50	11.33	9.19
2012	68 600	12 311.4	1 795	1 128.00	331.50	165.40	62.40	21.80	13.80	14.80	14.50	11.00	9.30
2013	70 577	12 820.1	1 816	1 125.10	342.40	173.00	64.30	27.90	14.50	14.00	14.20	10.30	9.60
2014	71 352	12 561.1	1 760	1 081.50	339.70	168.50	61.50	27.80	14.30	13.70	13.40	10.10	8.60

资料来源：中国统计年鉴（2000—2014 年，历年），中国统计出版社。

2013年我国甘蔗种植面积和产量达到最高值，分别为1 816千公顷和12 820万吨。其种植区域分布于广西、云南、广东、海南、四川、湖南、江西、贵州、浙江、福建等16个省市区。随着我国东部沿海地区劳动力、土地成本的不断上升，甘蔗种植向西南优势区域集中，广西和云南成为我国最重要的甘蔗生产基地，甘蔗种植面积和产量均占全国甘蔗面积和产量的80%以上(表2)，集中了全国90%以上的榨糖企业。其中广西甘蔗种植面积、蔗糖总产量均占全国60%以上，有14个市112个县(市、区)的2 000多万农民种植甘蔗，农民种植甘蔗的收入每年超过330亿元，有50多个县(市、区)涉糖税收占到财政总收入的30%～70%，其中有33个县(市、区)农民收入、财政收入一半依赖蔗糖产业，产业工人10多万人，糖业关联40多个部门和产业。云南省有15个市(州)87个县(市、区)种植甘蔗，当地农民收入对蔗糖产业高度依赖。蔗糖产业已成为广西和云南重要的支柱产业和农民收入的重要渠道。

表2　甘蔗播种面积区域分布

地区	占比/%	地区	占比/%
广西	64.45	江西	0.81
云南	19.30	贵州	1.58
广东	9.57	浙江	0.57
海南	3.49	福建	0.49
四川	0.78	其他	1.19
湖南	0.76		

我国甘蔗种植区域地形复杂，60%属丘陵坡地，经营规模小而分散，地块窄小、无机耕道。广西、云南、广东、海南除农场集中规模种植外，大部分都在丘陵山区小规模分散经营，单户种植面积大多数都在0.67公顷以下，有的蔗区甚至户均种蔗面积不到0.33公顷，据调查，广西小于0.2公顷的占60.2%，0.2～0.67公顷的占25.7%，0.67～3.33公顷的占4.4%，单户种植面积在3.33公顷以上的约1.6万户，种植总面积约占全区甘蔗种植面积的9.7%左右，广西99%的蔗农为3.33公顷以下的小规模农户(表3)。

表3　2013年广西农户甘蔗种植情况

单户种植面积	种蔗农户数		种蔗总面积	
	数量/万户	比例/%	面积/千公顷	比例/%
总　计	181.6	100	1 087.33	100
3.33公顷以下	180.0	99.1	981.6	90.3
3.33公顷以上	1.6	0.9	105.73	9.7
13.33公顷以上	0.1	0.1	23.27	2.1
33.33公顷以上	0.02	0.01	11.33	1.0

数据来源：广西农业厅。

我国甘蔗种植品种主要是新台糖系列和各主产区培育的品种。广西甘蔗种植品种80%为新台糖系列，20%为桂糖系列和粤糖系列；云南甘蔗品种以新台糖系列和云蔗系列为主，其中抗旱品种占70%以上；广东甘蔗品种以粤糖系列为主。种植模式千差万别，种植行距大部分在800～1 000毫米。

2. 甘蔗种植成本收益概况

2014年我国甘蔗平均生产总成本为31 736.25元/公顷，是2006年的2.26倍。人工成本、物资与服务费用、土地成本分别增长了1.79倍、0.76倍、1.23倍(表4)，甘蔗种植净利润从2006年的5 992.20元/公顷下降到2013年的1 752.15元/公顷。成本利润率从42.74%下降到5.36%(表5)。

表4　甘蔗生产成本

年份	总成本/(元/公顷)	人工成本/(元/公顷)	土地成本/(元/公顷)	原料蔗收购价/(元·吨$^{-1}$)
2006	14 021.55	6 084.3	1 575.00	275
2007	15 697.50	7 007.55	1 783.95	275
2008	16 672.35	7 064.55	1 912.20	275
2009	17 530.50	7 697.70	2 089.95	358
2010	20 730.15	9 545.40	2 413.80	499
2011	24 398.10	11 762.55	2 668.65	502
2012	29 684.40	15 322.20	2 886.60	478
2013	32 666.55	17 301.75	3 362.55	442
2014	31 736.25	17 005.50	3 515.40	400

表5　2006—2014年我国甘蔗种植成本收益情况

年份	产值/(元·公顷$^{-1}$)	总成本/(元·公顷$^{-1}$)	净利润/(元·公顷$^{-1}$)	利润率/%
2006	20 013.75	14 021.55	5 992.2	42.74
2007	21 081.45	15 697.50	5 383.95	34.30
2008	19 609.65	16 672.35	2 937.3	17.62
2009	22 761.60	17 530.50	5 231.1	29.84
2010	32 518.20	20 730.15	11 788.05	56.86
2011	34 905.90	24 398.10	10 507.80	43.07
2012	35 773.65	29 684.40	6 089.25	20.51
2013	34 418.70	32 666.55	1 752.15	5.36
2014	29 485.65	31 736.25	−2 250.60	−7.09

数据来源：成本数据来自《全国农产品成本收益资料汇编》(2006—2015年)，原料蔗收购价来自广西农业厅。

从甘蔗成本的具体构成来看，人工成本在甘蔗生产成本中所占比重最大，人工成本在总成本中的比重从2006年的43.39%上升到2014年的53.58%，随着我国农村城镇化进程的加快和劳动力的减少，劳动力成本还有逐年上升的趋势。甘蔗生产过程中，收获作业用工量约占整个生产环节用工量的55%，在劳动力成本中收获环节占比最高。目前，我国甘蔗收获多由人工完成砍蔗、切梢、除根须、剥叶、捆扎集堆，劳动强度大，消耗时间长，生产成本高。近几年，随着农村青壮年普遍外出打工，导致甘蔗人工收割成本大幅提高，以广西调查结果为例，甘蔗主产区人工砍收甘蔗成本从 2006/2007 年榨季的40～50 元/吨上升到 2014/2015 年榨季的 120～150 元/吨，砍收成本提高了 2 倍。人工砍收费用占生产总成本的 27%～34%。人工砍收成本的上升直接推动了甘蔗种植成本的增加，蔗农种植效益下降，随着劳动力成本及生产资料价格的提高，甘蔗生产请工难、用工贵，生产成本高、比较效益低的问题日益突出，是制约我国甘蔗种植的主要因素。

3. 甘蔗生产机械化现状

甘蔗生产环节包括耕整地、种植、中耕施肥、灌溉、植保、收获、装运等工序。甘蔗生产中的整地、中耕培土、植保灌溉机械已基本满足生产要求，开沟、播种、施药、覆土等联合种植机械不断成熟；甘蔗收获机械大部分处于试验示范阶段，数量少，特别是联合收获机械性能和质量还不能满足甘蔗收获生产要求，目前甘蔗收获主要靠人工完成。统计数据表明，2013 年年底，全国甘蔗收获机械化水平不到 4%，广西、云南两个甘蔗种植大省的机收率仅为 4.3%和 0.3%。总体来讲，我国甘蔗生产机械化水平无论是同国内其他主要粮食作物比（图 1），还是同美国、巴西、澳大利亚等世界发达国家 80%以上的机械收获率相比，均处于较低水平。我国收获机械严重不足，据统计，2014/2015 榨季，广西的甘蔗联合收获机只有 119 台，广西甘蔗生产综合机械化水平为 50.46%，其中，机耕水平为 93.37%，机种水平为 32.64%，机收水平仅为 11.08%，而联合收获仅为0.27%（表 6）。

广西区农机推广站在 2011/2012—2014/2015 年榨季，在崇左、来宾、南宁等甘蔗示范区，进行的人工收获与联合收获作业效率和成本对比试验结果显示，在作业效率上，人工收割甘蔗生产效率为 0.1 吨/小时左右，使用切段式甘蔗收获机收割效率为 7.5 吨/小时（9～18）左右，是人工收割的 75 倍左右；使用整秆式甘蔗收获机收割效率为 4 吨/小时左右，是人工收割效率的 40 倍左右。在降低甘蔗生产成本上，甘蔗机械收获费用为 70～100 元/吨，人工砍收费用 120～150 元/吨，收获机作业成本比人工收获成本至少降低 50 元/吨，若按甘蔗平均产量为70.7 吨/公顷计算，蔗农每公顷甘蔗可增收 2 525 元以上，糖厂可降低成本 400 元/吨以上。由此可见，推进甘蔗机械化收获，是降低甘蔗生产成本，提高蔗农收入，确保蔗糖产业稳定持续发展的重要途径。

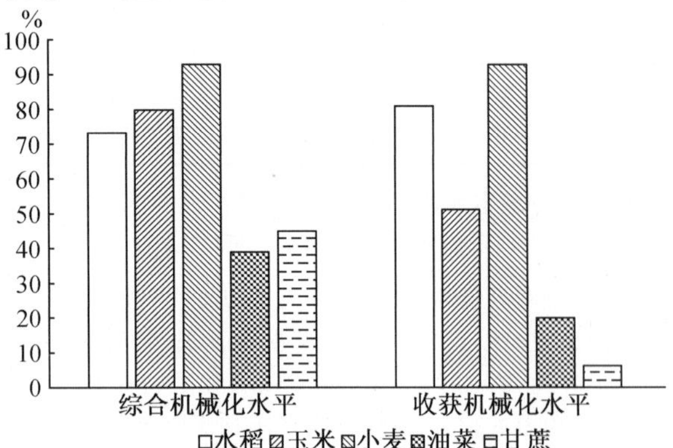

图 1　2014 年部分农作物农业机械化发展情况

表 6　2012—2014 年广西甘蔗机械化生产水平　单位：%

年份	综合机械化水平	机耕水平	机种水平	机收水平
2012	43.21	93.77	14.70	4.32
2013	46.92	93.77	27.07	4.32
2014	50.46	93.37	32.64	11.08

二、甘蔗收获机械研发及推广应用现状

按收获方式分甘蔗收获分为分段收获和联合收获两种形式。甘蔗分段收获机械包括割铺机、剥叶机，联合收获机械包括整杆式联合收获机和切段式联合收获机。

1. 甘蔗收获机研发现状

国外早在 19 世纪 80 年代就开始研制甘蔗收获机械，20 世纪 60 年代，澳大利亚、美国、巴西等甘蔗机械化发达国家就基本实现了甘蔗收获机械化。澳大利亚甘蔗收获系统通过 GPS 进行科学调度，可保证原料在 16 小时内加工完毕，收割和运输有序高效。目前，国外切段式联合收获主要有两种模式，一种是以美国、澳大利亚、巴西为代表的大型切段式联合收获模式，另一种是以日本和中国台湾为代表的中小型切段式联合收获模式。国外收获机械的发展趋势是高效、智能，而且人性化。国外甘蔗收获机主要有凯斯公司制造的 CASE4000/7000/8000 和迪尔公司生产的 CH330 等机型。目前，CASE7000 切段式甘蔗联合收获机是世界上最成熟的主流机型。

我国甘蔗收获机械的引进、开发、研制始于 20 世纪 60 年代，虽然生产了不少甘蔗收获机型，但目前大部分仍处于试验示范阶段。广西农业机械研究院早在 20 世纪 70 年代中期就研制出悬挂式甘蔗整秆收获机，曾有小批量出口，但在广西本地 40 年来一直没有进行生产应用。20 世纪 90 年代末以来，广东的广垦农机服务公司、广前公司、丰收公司、华海公司、大华公司和广西的农垦金光农场、北部湾总场以及新兴农场，陆续引进 8 台 CASE7000 切段式甘蔗联合收割机，南糖集团引进日本的 HC—50NN 型切段式甘蔗联合收割机进行试验示范。近年来，在国内甘蔗产业发展及国家扶持政策的带动下，我国农机科研院所及农机制造企业在消化吸收国外先进机型技术基础上，研发出一系列具有自主品牌的甘蔗收获机。

（1）分段式甘蔗收获机械。甘蔗分段式收获是由甘蔗割铺机与剥叶机配套使用，分别完成甘蔗割倒、剥叶作业。分段式甘蔗收获机械按功能分主要有甘蔗割铺机、甘蔗剥叶机、甘蔗装载机等。作业时割铺机将甘蔗割倒并横向铺放在地面上，人工将甘蔗收集成堆，在剥叶机上切除蔗尾、蔗稍并剥除蔗叶，然后由人工将甘蔗堆集打捆，装载机把成堆的甘蔗装入运输卡车。目前我国研制生产的甘蔗割铺机，主要有广西农机研究院和南宁五菱桂花车辆有限公司研制生产的 4GZ—9 型甘蔗割铺机，中国农业机械化科学研究院的 4Z—65 型甘蔗割铺机以及桂林高新区科丰机械有限责任公司生产的 4G—25 型斜挂手持式甘蔗割铺机等；研制生产的剥叶机比较多，主要有南宁五菱桂花车辆有限公司的 6BZ—5 型、来宾市农机推广站研制生产的 6BZ—1 型、柳州飞燕机械制造有限公司的 6BZ—5 型、柳州星鸣农机科技有限公司生产的 6BZ—4 型、广西大学的

4ZB—6A 甘蔗剥叶机；我国研制生产的装载机有广西南宁市农机化技术推广站的 5S—15 型、广西都安建设机械有限公司生产的 ZJG—10/16 型及 ZLQ—12 型自走式甘蔗装载机等。目前，甘蔗割铺机技术较为成熟，且机具体积小，能适应较小的地块作业。

(2)整秆式联合收获机械。整秆式联合收获机采用自行设计的专用行走底盘(有轮式和履带式两种)，作业时一次性完成分蔗、扶蔗、切稍、切割、输送、剥叶、蔗叶分离和收集(有的机型采用人工整理打捆)等作业工序。目前国内研制的整秆式甘蔗收割机主要机型有广西云马汉升机械制造股份有限公司研制的 4ZL—1 型和 HSSZ—1800/2600 型，广西农业机械研究院研制的 4GZ—120 型、浙江三佳公司生产的 SJ—1400 型、河南省坤达农业机械设备有限公司研制生产的 4GZD—75 型履带式、柳州翔越农业机械股份有限公司研制的翔越 4ZL—1A 型(第五代样机)、湖北国拓重工科技有限责任公司研制的国拓 4GL—1—Z92A、贵港市美泰农机有限公司生产的恒丰 LHFJ—4ZL、温岭宏顺机械有限公司的 1300 等机型。配套动力 88.2～95.55 千瓦，适应行距 1 000 毫米以上。适用于甘蔗无成片倒伏情况下收割。

(3)切段式联合收获机械。作业模式采用专用轮式行走底盘、全液压驱动和操控系统，能一次性完成分蔗、扶蔗、切稍、砍切、输送、剥叶除杂、切段(30～40 毫米)、清选除杂、升运装车等作业工序，需要配套一辆接料车随机接甘蔗段。目前，国内研制的大型切段式甘蔗联合收获机有柳州汉升 4GQ—350、广西农业机械研究院研制的 4GZQ—180/260 型、贵州中首信 4GQ—260S 型、贵州益众 4GQ—YZ360 型等，配套动力为 191～265 千瓦，适应行距 1 300～1 400 毫米及宽窄行。国内研制的中小型切段式甘蔗联合收获机有国产洛阳辰汉 4GQ—130、中联重机 AS60、广州科利亚农业机械有限公司研制生产的科利亚 4GZ—56/91/200(配套动力为 88.2 千瓦)等机型。270 配套动力为 88.2～147 千瓦，适应行距 1 000～1 200 毫米。

这些机型有的处于开发试验阶段，有的在广西甘蔗生产中进行了试验示范，少部分机型进入推广阶段，为甘蔗生产实现收获机械化奠定了基础。主要机型技术经济指标见表 7。

表 7　我国主要示范推广的甘蔗收割机技术经济指标

名称及型号		动力/千瓦	生产率/(吨·小时$^{-1}$)	宿根破头率/%	切割高度合格率/%	含杂率/%	总损失率/%	适应行距/米	收集方式
切段式联合收割机	CASE4000	125	30	≤10	≥95	≤5	≤8	1.1～1.5	收集
	CASE7000	243	50	≤10	≥94	≤8	≤5.5	≥1.4	收集
	CH330	149	15	≤20	≥95	≤8	≤8	≥1.2	收集
	4GZQ—260	191	20	≤20	≥94	≤8	≤7	≥1.2	收集
	4ZL—1	148	≥25	≤20	≥95	≤8	≤5	≥1.2	收集
	4GZ—56 科	57	≥10	≤18	≥90	≤10	≤7	≥1.2	收集
	4LZ—56/91	57	≥10	≤18/15	≥90	≤7	≤7	≥1.0	收集
整秆式联收割机	4ZL—1	130	≥10	≤15	≥95	≤8	≤6	≥1.1	堆放
	4GZD—75	75	≥10	≤20	≥90	≤3	≤3	≥0.9	堆放
	HSSZ—1800		10～15	≤15	≥95	≤8	≤5	≥1.2	堆放
	4GZ—56								
	SJ—1400	66.2	≥25	≤20	≥90	≤4	≤4	≥0.9	堆放
分段式割铺机	4GZ—9	14.7	7～10	≤20	>90	—	—	≥0.8～1.2	铺放
	4GZ—1000	37～48	12	≤18	≥90	1.5～4.1	≤3.2		
	4G—25 型	1.3		≤10		—	—	≥0.7	铺放
剥叶机	4ZB—6A 广西大学	8.8	2			1.5	5		
	6Z—9 广西研	8.8	2				3		

2. 甘蔗收获机械化技术推广应用现状

近年来，党中央国务院和甘蔗主产区各级党委政府高度重视甘蔗机械化收获问题，2012 年的中央一号文件中就明确提出，要支持优势产区加强棉花、油料、糖料生产基地建设，并对甘蔗机械化生产提出要求；农业部出台了甘蔗生产机械化技术指导意见，实施了甘蔗全程机械化生产技术示范基地项目；2015 年国家发展改革委、农业部制定了《糖料蔗主区生产发展规划(2015—2020 年)》，国家从 2015—2020 年，每年安排 7 亿元，连续安排 6 年共 42 亿，支持广西、云南“高产高糖”糖料蔗基地建设，糖料蔗生产基地建设范围共涉及广西区 14 个市

112 个县(市、区)33.33 万公顷,云南省 15 个市(州)87 个县(市、区)13.33 万公顷。通过示范区的带动,使蔗区全程机械化水平逐步提高,其中收获环节机械化水平由 2013 年的不足 4%提高到 2020 年的 16%。广西从 2010/2011 年榨季开始,在南宁、崇左、来宾、防城港 4 个市和柳州、百色、河池、钦州、北海、贵港等市建立了省级万亩、市级千亩"甘蔗生产全程机械化示范区",广西区政府及农机部门组织相关企业对甘蔗整秆式联合收获、切段式联合收获、分段式收获等机械化收获模式进行示范推广应用。广西壮族自治区农机化技术推广总站在示范基地开展了联合收获与人工砍收和相关农机农艺融合的对比试验。经过几年的示范推广,有力地促进了广西甘蔗生产机械化的发展,截至 2013/2014 年榨季,广西甘蔗机械化收获水平已达到 11.08%。但由于受到种植模式、糖厂生产等各种因素的影响,甘蔗机械化收获水平提高缓慢。目前,我国研制的中小型分段式收获机械在部分丘陵山区有一定应用,切段式联合收获机和整秆式联合收获机大多正处于研制及试验示范推广阶段,国外引进的切段式甘蔗收获机在农垦系统和示范基地逐步示范推广应用,从推广应用的结果看,国内机型总体技术水平远低于国外同类机型。

(1)分段式收获机推广应用情况。日本因土地小规模经营,较广泛采用割铺、剥叶、装车分段作业的方式,1 台割铺机配套 5 台剥叶机和 1 台装载机,24 人辅助工作(分拣、捆、搬运),生产率可达 7.5 吨/小时。我国甘蔗区分段式收获模式有两种,一是广西五菱桂花农机制造公司开展的甘蔗分段式作业模式试验研究,4GZ—9 型甘蔗割铺机配套 2～4 台 6BZ—5/1 型甘蔗剥叶机、1 台收集车、1 台装载车,主要在广西的来宾市及崇左山区示范推广。这种技术推广模式主要是以农机合作社为服务主体开展专业作业服务。二是以桂林高新区科丰机械有限责任公司生产的 4G—9 型斜挂手持式甘蔗割铺机或人力手推式微型甘蔗割铺机,配套 1 台剥叶机、1 台装载机进行分段收获作业。这种经营模式主要以单家独户为主进行推广示范。从示范推广的情况看,分段式甘蔗收获机械较为成熟,机械收获作业指标基本符合农艺要求,这类机型结构简单、体积小、操作维护方便、价格低廉,可与农民现有的中小型轮式拖拉机或与手扶拖拉机配套使用,适合于地块小、经济不发达且劳动力充足的地区推广应用。从推广示范的效果看,甘蔗分段式收获与人工作业相比,劳动效率提高;与联合作业方式相比,需要辅助工较多。近几年,在国家农机购置补贴政策的拉动下,分段式甘蔗装载机械在生产中得到一定应用,但由于综合效率低、劳动强度大,推广应用的机具和收获面积不大。甘蔗割铺机与剥叶机性能和质量还需在试验示范中进一步改进、完善。

(2)整秆式甘蔗联合收获机示范推广应用情况。整秆式甘蔗联合收获机收割下来的甘蔗为整秆,便于进厂入榨前保留存放,适应我国甘蔗生产和制糖工艺现状。目前,在广西南宁、崇左、来宾、贵港等 7 个甘蔗主产区示范推广的国产整秆式甘蔗联合收获机,主要有汉升 4ZL—1 型、HSSZ—1800 型、三佳 SJ—1400、翔越 4ZL—1A 型、国拓 4GL—1—Z92A、恒丰 LHFJ—4ZL 等机型。配套 2 台自走轮式甘蔗收集车,1 台装载车,15 人(分拣、捆)工作,生产率可达 4～12 吨/小时。试验表明,整秆式甘蔗联合收获方式适应行距 1 200～1 400 毫米、蔗茎弯曲倒伏不严重、面积较大、地势平缓及田间杂草较少的旱地收获作业,不适应较高产量的甘蔗收获。整秆式联合收获机逐步走向成熟,作业指标基本满足农艺要求,用户基本接受,与切段式联合收获机相比,甘蔗整秆式联合收获机结构简单、价格低廉,适合地块较小、坡度较大的地快使用,但收割损失率高、含杂率较高、工作效率低、可靠性较差。从近年来在广西的推广应用情况看,整秆式联合收获机普遍存在因传动输送系统容易塞蔗叶、剥叶环节甘蔗容易折断、断尾装置设计不合理、连续作业不稳定等问题,生产企业应通过不断试验示范进行改进完善。目前,整秆式甘蔗联合收获机还处在示范推广阶段,推广应用面积不大。

(3)切段式联合收获机示范推广应用状况。切段式联合收获机在国外已广泛应用。近来年,我国甘蔗切段式联合收获机械机主要在农垦系统和广西甘蔗示范基地示范推广应用。一是中小型切段式甘蔗联合收获机的示范推广,主要以国外凯斯 A4000、迪尔 CH330 及国产辰汉 4GQ—130、中联重机 AS60、科利亚 4GZ—56 等机型为代表。2014/2015 年榨季,凯斯 A4000 单机日收获量最高已达 110 吨,约翰迪尔 CH330 最高 1 天已超过 120 吨,单机日收获量平均 85 吨。科利亚 4GZ—56 工作效率达到 5.2 吨/小时,3 台洛阳辰汉 4GQ—130 型切段式甘蔗联合收获机在扶绥县收割甘蔗127.07 公顷、9 130 吨。试验表明,1 台甘蔗联合收获机配套2～3 台台带自动卸载功能的收集网车跟随装载作业,配套 3～5 台公路运输网车,边收获边装车,在甘蔗地块离糖厂 30 千米范围内,收割效率最高。二是大型切段式甘蔗联合收获机的示范推广,主要以国外凯斯 7000、迪尔 3520 及国产柳州汉森 4GQ—350、广西农业机械研究院 4GZQ—260、贵州中首信 4GQ—260S、贵州益众 4GQ—YZ360 等机型为代表。一般配 2 台专用田间运输车,1 台装载机。广东的广垦农机服务公司、广前公司、丰收公司、华海公司、大华公司和广西农垦的金光农场、新兴农场、星星农场均采用 CASE7000 型切段式甘蔗联合收割机进行示范推广应用,1 台收获机配套 2 台田间专用运输网车,5 台公路运输网车,边收获边装车,每天可收获甘蔗 150～200 吨;广西农业机械研究院研制生产的 4GZQ—180/260 型大型切段式甘蔗联合收获机,配套 2 台专用田间运输网车,生产率可达 25～30 吨/小时,也在广西农垦的金光农场、新兴农场、星星农场和武鸣县进行了试验,目前该机仍在进行性能和可靠性试验。从示范应用效果看,切段式甘蔗联合收获机械总体技术较为成熟,生产效率高及自动化程度高、收获成本低,适应性强,能收获弯曲倒伏严重的甘蔗,甘蔗含杂率为 5%～7%,各项机械作业指标均符合农艺生产要求,在种植规模大的平整地块作业效果显著,收获生产能力达 20～50 吨/小时,用户基本接受,缺点是甘蔗需在 24 小时内运到制糖企业压榨,不适应当前制糖企业生产要求。目前,切段式联合甘蔗收获机应用示范已取得初步成效,在农垦蔗区和甘蔗示范基地已逐步得到推广应用。2014 年年底,广西推广甘蔗联合收获机 62 台,机械联合收获作业面积也从 2012 年的 1.09 千公顷增加到 2014 年的 2.84 千公顷。

三、甘蔗机械化收获发展存在的问题

从目前我国甘蔗收获机械化研究及推广应用现状来看,无论是国产机型还是进口机型,对于甘蔗生产规模、甘蔗品种、种植模式、交通运输、基础设施以及生产经营一体化有较高要求,制约了甘蔗收获设备的研发与应用。国产机型与国外相比还存在较大差距。

1. 甘蔗收获机械处于开发试验阶段，性能和可靠性还有待改进和提高

国外的甘蔗收获机械质量可靠，但机具价格高，零配件供应不及时，适用于丘陵山地机械化收获的机械少，国内自主研发的甘蔗收获机在技术水平、适应性、可靠性等方面与国际先进收获机械不平还有较大差距。从广西近几年甘蔗收获机械化试验示范及推广情况表明，国产甘蔗收获机性能不稳定，作业质量不理想，主要表现为田间运行操作不灵活、剥叶元件易磨损、根蔗破头率高、收获损失率大、含杂率高等。甘蔗割铺机割台没有仿型机构，适应性差、留茬高度不一致、破头率高，作业时甘蔗为行铺，层层覆盖，造成后续剥叶耗时多，需进一步研发改进。甘蔗切段式收割机收割方式与现有糖厂制糖工艺不配套，收割后的甘蔗必须在 24 小时内压榨，否则蔗段易变质和腐烂，影响制糖质量；整秆式甘蔗联合收获机机型庞大，地头转弯困难，适应性差，不能收获倒伏严重的甘蔗，损失和含杂高，难以满足生产要求，整秆式甘蔗联合收获机还处于生产应用试验、示范阶段，技术性能有待进一步改进、完善。由于甘蔗收获机田间试验工作量大，研发成本高，也进一步制约了设备研发和推广应用。

2. 农机农艺融合不紧密，需要进一步适应

甘蔗种植区自然条件和农民传统种植习惯不能适应甘蔗收获机械化作业的要求。我国甘蔗生产普遍存在种植品种、种植行距不适应机械化作业的问题，影响着甘蔗收获机械化发展的进程。

(1)品种的影响。我国甘蔗品种有二十多种，但主产区适宜旱地种植且抗倒伏能力强的甘蔗品种少，良种繁育体系薄弱。广西甘蔗主要以新台糖系列为主，品种比重高达 84%，长期种植，种性退化，存在抗寒性差、病虫害加剧、宿根年限缩短，抗倒伏能力不强等问题，我国沿海蔗区每年夏季受到台风影响，甘蔗倒伏率高达 30%～40%，严重影响了收获机的性能发挥和作业质量；甘蔗品种的脱叶性差，也导致机收后的含杂率较高。

(2)种植模式的影响。蔗农种植甘蔗的规模化低，蔗地不规则、坡地多、地块小，甘蔗种植行距多为 800～1 000 毫米，不适应甘蔗联合收获机 1 200～1 400 毫米的作业行距要求，小行距严重制约甘蔗联合收获机的推广应用。即便使用国外先进机型，对于种植行距小于 1 200 毫米和倒伏严重的，收获效率也大大降低。

(3)收获方式的影响。分段式收获所需作业程序和辅助工多，综合效率低，每台割铺机一般需配套 2～4 台剥叶机进行剥叶作业，每台剥叶机需配备 3～4 人，才能完成甘蔗的切稍、喂入、捡拾、打捆等作业程序，剥叶作业效率低，农户难以接受。甘蔗联合收获对甘蔗的标准化生产程度要求较高，从种植开始就要为机械化收获创造条件，如保证行距在 1 200～1 400 毫米，预留机收道。整秆式甘蔗联合收获方式符合国内制糖企业生产体系，但对倒伏严重的甘蔗适应性差、破头率高、切割损失率大、留茬和含杂高，收获的甘蔗由于车厢利用率低而不便于装运，难以满足生产要求。切断式联合收获与现有制糖企业压榨工艺和运营模式不配套，机械收获后的甘蔗要确保在 24 小时内开榨，否则容易造成甘蔗变质和糖分的损失，目前糖厂的运营模式却不能保证在 24 小时内开榨。

3. 甘蔗种植分散、种植规模小，影响甘蔗收获机械推广使用

甘蔗种植规模小，相关基础配套设施建设滞后，作业成本高。我国甘蔗 60%种植在丘陵坡地，生产经营规模小而分散，地块窄小、无机耕道。有的一片甘蔗地由几户种植，种植时间、品种、行距也不一致，且作物间相互穿插套种，不利于大中型机械化连续作业，严重影响了大中型收获机的作业效率和作业质量。而美国、巴西、澳大利亚等国家，1 台凯斯 7000 型切段式联合收获机一天工作 8～10 小时，可以收获约 350～500 吨甘蔗，而在我国只能收获约 150～200 吨，地头转弯占去一半时间，无效时间长，效率低、成本高。高效率的甘蔗生产机械化需要以适度规模和土地平整为基础，但土地整理难度大、投入高，如广西区每建设一亩高产蔗田的投入需要 5 000 元，阻碍了丘陵山区甘蔗生产机械化的进程。

4. 缺乏一体化的生产经营模式

甘蔗生产和加工是区域性、季节性、产业关联性和计划性较强的特殊产业，实现甘蔗机械化收获是一项系统工程，甘蔗收获机械化不仅需要成熟的机械和种植模式，而且需要砍运计划、运输方式以及压榨工艺配套。目前，甘蔗生产和加工这两个环节不能协调和适应，主要表现在：

(1)机收甘蔗与当前的制糖工艺不能互相适应，影响甘蔗机械收获发展。目前我国制糖企业一是原材料处理设备均采用平带输送，入料口只适应整条甘蔗的输送和喂入，不能满足切段式甘蔗进料需要。二是对含杂率要求较高。我国制糖企业原材料水洗处理系统落后，规定甘蔗的含杂率一般小于 3%，而机械化收获的甘蔗含杂率为 4%～7%，达不到现行制糖企业原料蔗质量标准要求。制糖企业对整秆收获的甘蔗扣杂率高，蔗农不能接受。而国外不少国家对含杂率没有具体要求，除杂作业工序则由制糖企业原料水洗除杂处理系统来完成。三是切段式甘蔗联合收获机收获效率高，收获的甘蔗需要在 24 小时内压榨，我国 80%的甘蔗从田间收获到开榨一般要贮存 4～5 天甚至十几天的时间，这种高效率的机械收获生产模式与现行制糖工艺不协调。

(2)我国甘蔗生产的砍运计划、运输条件、制糖环节的衔接水平满足不了高效率的机械化收获需求。一是高效率的机械收获与原料蔗的进厂砍运计划不协调，现阶段各蔗区均以电脑派运调度运输车辆、蔗农凭票安排甘蔗砍运收获时间，一般种植户的甘蔗在同一榨季需分 2～3 个时段进行收获进厂，每次只能收 0.13～0.2 公顷(10～12 吨)，这与高效率机械收获连续作业极不协调。二是运输问题是影响机收效率的重要因素。与切段式收获机配套的田间收集转运车严重缺乏，同时，机械化收获要求专用运输车辆，切段式机收运输车装载量为人工整杆式的 70%左右，车手积极性不高，进厂运输车明显不够。在近两年广西开展的省级万亩、市级千亩"甘蔗生产全程机械化示范区"推广活动表明，即使在生产规模、机具等客观上能够实现机械收获，但运输问题不解决，也会抑制机械化收获的发展。机收后甘蔗不能从地头及时运输到制糖企业，大大影响了收获机械的效率。如 1 台凯斯 7000 型甘蔗收获机，需配 3 台田间网车(拖拉机)，5 台公路运输网车；配备 2 名收获机手，3 名田间网车机手，3 名公路运输网车司机才能适宜高效率的机械收获。一般制糖企业只为每台收割机配套 2～3 台运输车，远达不到机械收割效率的要求。农机合作社(收获公司)为了一年中 3～4 个月的榨季购买多辆运输车辆不划算，而租用社会车

辆成本又太高。

(3)甘蔗收获社会化服务体系不健全,服务组织化程度低。据统计,截至2014年年底,广西现有甘蔗生产农机社会化服务组织87个、农机合作社85个、服务公司2个,这些服务组织大部分是拥有大功率拖拉机、联合种植机、中耕培土机,全区甘蔗联合收获机仅有62台。因为各种原因限制,机收效益不显著,而甘蔗收获机械价格高,一台切段式甘蔗联合收割机在200万元左右,配套的一台田间运输车的价格约为40万元,没有政府的支持,企业和个人都难以独立承担,阻碍了甘蔗机械化收获的发展步伐。

四、建议

甘蔗机械化收获是一个复杂的系统工程。要解决好机具、品种、土地、农机农艺结合问题,蔗农、农场、糖厂、糖业公司之间的关系问题,所以,各级政府的大力支持,农机、农业、农垦、制糖企业(糖厂)相互协调适应,是推进甘蔗收获机械化发展的关键。

1.设立专项发展基金,支持企业提高机具性能

建立专项发展基金,加大研发资金支持。重点支持甘蔗收获机械关键技术与装备的研究、试验、改进,做好试验示范工作,产学研推部门联合开展技术攻关,在引进、消化、吸收国外新机具和新技术的基础上,提高现有收获机具的性能和质量。应立足国内情况,研发出轻便、适用的收获机械。目前,甘蔗收获机械化技术攻关重点是:改进与中型轮式拖拉机配套的整秆收获机结构,开发由专用割铺机、剥叶机、小型提升装载机等组成的小型甘蔗收获机体系,发展大中型切段甘蔗联合收获机,重点是开发研究收获倒伏甘蔗的机械化技术。

加大对糖厂的财政扶持和保护力度。糖厂作为“第一生产车间”,是糖业建设的主体,是产业化的龙头,也是行业技术革新的领头羊。在发展甘蔗生产机械化的过程中,糖厂担负着甘蔗种植技术改进、生产设备及技术的完善、甘蔗生产机械的推广等方面重任,也承担着推进甘蔗机械化发展带来的压力。为此,建议设立发展甘蔗生产机械化专项资金,重点用于糖厂购置大型甘蔗生产机械的补贴。

2.建立试验示范基地,加强农机农艺融合

我国蔗区生产条件差异很大,地形复杂、地块面积小、经营方式多样。因地制宜选择适合机械化的甘蔗种植品种、种植方式和收获方式。

(1)从品种优良化入手,培育适合机械化收获的优良品种。适宜机械化的甘蔗品种不仅具有丰产、高糖、抗逆性强、适应性广的特点,还特别要有宿根性强、抗倒伏、易脱叶、气生根少,生长均匀、整齐度高,分蘖成茎率高,不易折断,蔗糖分耐转化能力强特点。在大面积缓坡地种植地区,选用适应宽行距、宿根性好、蔗糖分耐转化能力强的品种;在丘陵坡地种植区域,采用适应宽行距、宿根性好、抗倒伏、易脱叶、不易折断等性状的品种;在山区坡耕地种植区域,采用宿根性好、抗倒伏、易脱叶、不易折断等性状的品种。

(2)从种植标准化入手,逐步改变甘蔗种植模式。主要解决种植行距、培土高度等作业标准,甘蔗种植模式逐步向宽行、深行沟、高培土的种植方式改进。同时提高中耕、植保、田间管理水平,以提高机械化收获作业质量。一是在大面积缓坡地种植区域,适宜种植行距为1 200～1 400毫米,二是在丘陵缓坡地种植区域,适宜种植行距为900～1 200毫米,三是在山区坡耕地种植区域,适宜种植行距为800～1 000毫米,并采用相应的栽培和施肥技术,保证每亩种芽量达到当地农艺要求,提高甘蔗产量。

(3)因地制宜选择甘蔗收获模式。农业部《甘蔗生产机械化技术指导意见》指出,应根据不同的自然条件和经营方式,采用不同的机械化生产模式和技术路线。一是在地块较大的丘陵缓坡地及大规模种植的大型农场,采用大型联合收获模式,甘蔗联合收获机的选择以国外220.5千瓦大型分段式联合收获机,或采用国产183.75千瓦大型切段式或整秆式收获机为主,以58.5～110.25千瓦级中型收获机为辅,一次性完成甘蔗收获、剥叶、切段(或留整秆)、输送等作业。二是在丘陵坡地,采用中型联合收获模式,选择58.5～110.25千瓦中型切段式或整秆式甘蔗联合收获机,一次性完成甘蔗收获、剥叶、切段(或留整秆)、输送等作业。三是在山区蔗区,采用分段式小型收获模式。采用14.7～36.75千瓦割铺机或2.2～3.7千瓦以下微型割铺机砍倒甘蔗,剥叶机或人工剥叶,小型装载或人工收集装车。目前,根据我国甘蔗生产地块小、坡度大、连片生产规模小等特点,收获机械应以小型为主,大型为辅。

3.做好规划,实行规模化种植

做好规划,整合土地资源,为甘蔗生产机械化提供良好的作业条件。在部分农场和甘蔗较为集中的地区,蔗地适当规划,进行连片种植,达到机械化生产高效益的目的。对小块、分散的土地,通过引导和组织蔗农进行合理的土地流转,集中起来实现规模经营;也可在蔗农自愿且不改变耕地权属的前提下,适当逐步调整种植地块和种植时间,进行连片生产作业、分户管理,进行适度规模经营、产业化种植管理;也可由制糖企业和蔗农组成新型的产业化规模经营合作生产组织,制糖企业统一租赁土地,蔗农带土地自愿入股,收取租金,并由合作组织统种、统收、统管,以适应机械化收获的要求,提高规划效益,以利于各生产环节机械化作业和先进实用技术的实施;搞好深耕深松,土地平整,清理地上的障碍物,并且保证土地坡度要小于8°,修建机耕道,为机械化高效作业提供最基本的条件。

4.建立一体化的经营生产模式

建立甘蔗收获机械化协调组织,由各级政府及有关部门、糖厂、机械制造厂、农民共同组成,实行研发、制造生产、推广、使用等统一协调,为各方相互合作与沟通提供平台。

(1)部门联动,协调解决发展甘蔗收获机械化的问题。甘蔗收获是一个系统工程,需要政府及相关部门协调解决。农业、农机、经委(糖办)、发改委、科技等部门协同解决甘蔗收获机械化问题。农机部门落实农机购置补贴、开展收获机试验示范;农业部门引导农民改变传统种植习惯,采用宽行(行距1 200～1 400毫米)种植,选育适合机收的甘蔗品种,推进土地流转,推行规模种植,为机械作业创造条件。发展和改革部门对蔗区进行整体规划,加大蔗区土地平整、机耕道路建设等基础设施改造的投入,逐步改善蔗区基础设施条件。科技部门要设立甘蔗机械研发专项资金,组织农机科研单位和相关企业进行技术攻关,推进甘蔗收获机械的研发。经委(糖办)协调制糖企业改造压榨设备,实行机收甘蔗优先入厂和合理的扣杂政策,为机械应用营造良好氛围。也可采用“双加双带”模式,制糖企业带动农民租地,种植企业带动农民就业。如南宁糖业、

广西凯利公司在武鸣县“双高”基地建设中，以糖蔗一体化为目标，由糖厂负责、当地政府配合流转土地，糖厂先垫付建设资金，交由技术实力强的凯利公司实施，公司与当地村民建立用工关系，签订用工协议。实现适度规模经营，更有利于申报财政项目、对接企业流转土地，综合效益最好。在适应机械收获的地区建立甘蔗机械收获示范片，示范片实行生产一体化：统一规划，统一种植规格，统一品种，统一种植时间，实现连片规模种植，连片机械化收获，通过示范片的示范引领作用，最终达到大规模机械收获的目标。

(2)制糖企业应改造制糖前处理技术与设备。对原料输送系统及压榨槽设备进行改造，引进国外的甘蔗原料水洗除杂处理设备与配套技术，增加水洗除杂设备等，以适应切段式甘蔗收获的需要，为甘蔗机械化联合收获创造良好条件。同时制定甘蔗机械收获作业标准和糖厂收购原料蔗含杂标准，降低以至取消对进厂原料蔗的含叶量要求。对进厂原料蔗的杂质要求给予适当放宽，含杂率可允许在15%范围内。

(3)推行计划收获，及时调运进厂。制糖企业或收获作业公司合理增加配置专门用于运输机械收割的原料蔗的车辆及相应的配套设备如装车设备，根据机械收获能力配备相应数量的专门运输车辆(自卸车)，对运输车进行改造，增加运输能力，按计划安排甘蔗进厂，保证切段式收获的甘蔗在24小时内进厂压榨，打通全程机械化最关键的一环。

(4)加强甘蔗生产机械化新型服务组织建设。构建甘蔗产业化龙头企业与农民利益的联结机制。加强“糖蔗一体化”试点，实行“公司+基地+农户”模式、“公司+合作社”模式、“公司+公司”或“公司+种植大户”模式。如由农垦系统组建机械化服务队、制糖企业组建机械化服务队，农机生产、销售企业成立农机服务公司或由农机专业合作社等提供甘蔗收获作业服务。也可以由制糖企业与农户结合形式，由制糖企业提供机具服务，实现统一种植统一收获。糖厂也可购进收获机械进行试验示范。实行甘蔗跨区收获作业，也可以借鉴农垦系统农场与制糖企业统分结合的形式，由制糖企业提供甘蔗品种、机具服务，由农场进行统种统管，为机械化收获创造良好条件。

在甘蔗收获机械化起步阶段，政府要抓好示范基地的建设，通过试验示范加强宣传工作，加大农机购置补贴力度，并对甘蔗收获作业进行补贴，协调蔗农、制糖企业的利益关系，促进甘蔗机械化收获的良性发展，从而提高我国蔗农的植蔗效益，促进我国甘蔗产业的可持续发展和国际竞争力的提高。

(赵莹，农业部农业机械化技术开发推广总站高级工程师；论文来源：《中国农机化学报》，2016年第9期)

我国粮食自给率波动分析与粮食安全的保障

郭修平

粮食安全是国家安全的基础，保障我国粮食安全是“三农问题”的重要课题之一。粮食自给率(即粮食产量占当年消费量的比重)作为衡量粮食安全水平的重要指标，一直受到国内外学者的广泛关注。我国首次提出粮食自给率的指标时间是在1996年官方公布的《中国的粮食问题》白皮书中：“立足国内资源，实现粮食基本自给，是中国解决粮食供需问题的基本方针。中国将努力促进国内粮食生产，在正常情况下，粮食自给率不低于95%，净进口量不超过国内消费量的5%”。随后，在《国家粮食安全中长期规划纲要(2008—2020年)》中又一次得到确认。

提高粮食自给率是实现粮食安全的必要条件。在全球商贸一体化的今天，中国粮食自给率出现波动下滑已是不争的事实。中国粮食供求处在紧平衡状态，宏观粮食自给率已经跌破90%。国家的粮食安全保障要从两个方面进行综合考虑：首先是看粮食自给率，它是由生产能力保障的；其二是看粮食进口量，它取决于进口能力，体现的是国家的贸易依存度。

一、我国粮食自给率现状分析

改革开放以来，我国粮食贸易规模不断扩大，尤其是2000年以来，我国粮食进口量逐年增大，形成了粮食产量不断增加，但自给率反而持续下滑的局面，如图1所示，2014年，我国粮食净进口量达到1亿万吨，自给率(包含豆类)从2002年的100%下滑到86%。

从世界范围来看，各个国家和地区的自给率水平相差悬殊，如表1所示，澳大利亚、法国等都超过150%，而日本、韩国等低于50%。

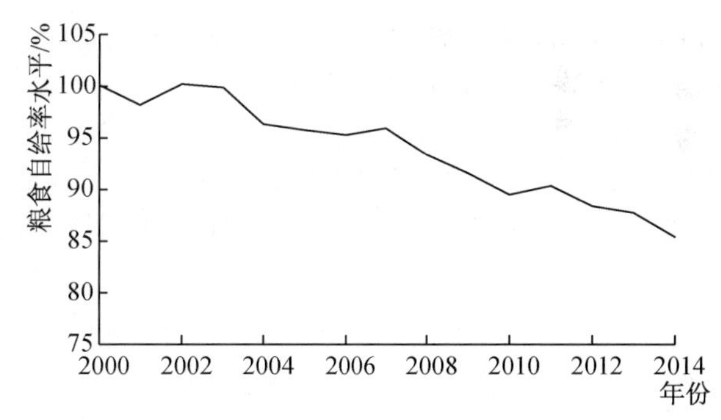

图1　我国粮食自给率变化

表1　各国自给率情况对比

自给率范围	代表国家或地区
大于150%	澳大利亚、阿根廷、法国
100%～150%	美国、加拿大、欧洲大部分区域
90%～100%	印度、俄罗斯、前苏联地区、巴西
70%～90%	中国、伊朗、乌克兰、印度尼西亚、非洲部分区域
50%～70%	墨西哥、哥伦比亚、智利、非洲部分区域
小于50%	日本、韩国、蒙古、冰岛利比亚、沙特阿拉伯等

导致不同国家自给率存在差异的原因有很多，比如美国和澳大利亚，农业发达、地广人稀，产量远远高于需求；法国，盛产小麦，品种优良，大部分出口；日本和韩国，工业化领先，但耕地资源不足；非洲地区，土地广阔，但气候特殊，农业落后。

可见，对自给率的理解不能仅仅考虑数字的大小，我们需要结合一个国家或地区的自然条件、工业化水平、市场运营状态等等实际情况来权衡合理的自给程度。中国幅员广阔，人口众多，影响自给率波动的因素十分复杂，我们应使用定量与定性相结合的方法研究粮食自给问题。

二、粮食自给率影响因素的实证分析

粮食自给率的计算公式：自给率＝粮食产量/粮食需求×100%，在不考虑粮食储备波动的前提下，粮食需求量可以体现为粮食产量＋粮食进口量－粮食出口量。因此，粮食自给率的波动主要取决于粮食产量、粮食进口量和粮食出口量的变化。本文将这三个变量作为反映粮食自给率的参考数列，进行灰色关联分析。

1. 研究方法说明

灰色关联分析法是一种用来计算指定系统中各要素之间的关联紧密程度的方法，通过比较要素变化几何曲线的相似度，实现量化的相关性表达，适合复杂要素条件下的动态历程分析。其分析步骤分为以下六个环节。

(1)选取反映系统行为特征的参考数列和影响系统行为的比较数列：参考数列和比较数列设定为

$$Y_t=[Y_i(1),Y_i(2)\cdots Y_i(n)],i=1,2,3\cdots s$$

$$X_t=[X_j(1),X_j(2)\cdots X_j(n)],j=1,2,3\cdots m$$

X 和 Y 是包含若干指标的指标体系，其中 Y 用来反映系统的行为特征，X 是影响 Y 的若干个因素集合。

(2)求系统行为的均值像序列，进行无量纲化处理。由于原始指标数据的量纲不同，首先需要对原始数据进行标准化处理，本文用中心标准化对原始数据进行处理。具体求法如下

$$Y_t{}'=(Y_t-\overline{Y}_t)/\sigma_i=[y_i'(1),y_i'(2),\cdots y_i'(n)]$$

$$X_t{}'=(X_t-\overline{X}_t)/\sigma_j=[x_j'(1),x_j'(2),\cdots x_j'(n)]$$

(3)计算系统行为的差序列。

$$\Delta_{ij}(k)=|y'_i(k)-x'_i(k)|$$

$$\Delta_i=\Delta_{ij}(1),\Delta_{ij}(2)\cdots\Delta_{ij}(n)$$

式中：$\Delta_{ij}(k)$——标准化后的系统行为参数与影响系统行为的参数差的绝对值，用来反映要素变化的偏离程度，值越大表示偏离程度越高。

(4)求两级最大差与最小差。

$$M=\max\{\Delta_{ij}(k)\},m=\min\{\Delta_{ij}(k)\}$$

(5)求要素的关联系数。

$$\gamma_{ij}(k)=\frac{m+pM}{\Delta_{ij}(k)+pM},p\in(0,1)$$

(6)计算比较序列和参考序列的关联度。

$$\gamma_{ij}=\frac{1}{n}\sum_{k=1}^{n}\gamma_{ij}(k)$$

γ_{ij} 值为关联系数，多组数值可以组成关联矩阵，该值越接近 1 说明因素之间的相关性越大，越接近 0，则相关性越小。根据以往学者的研究经验总结，当 $0.35<\gamma_{ij}\leqslant0.65$ 时，关联度为中等；当 $0.65<\gamma_{ij}\leqslant0.85$ 时，关联度为较强；当 $0.85<\gamma_{ij}\leqslant1$ 时，关联度为极强。

2. 比较数列指标选取

自给率的变化是由一系列复杂因素引起的，影响粮食产量、粮食进口量和粮食出口量的因素主要来源于三方面：①生产方面，涉及的指标遵循生产要素理论，包括粮食耕地面积、农业财政投入和务农人数，以及代表“生态成本”的废水污染指数、农药污染指数。②消费方面，选取人口总数、居民收入水平、粮食价格指数作为指标。③贸易方面，包括中国贸易开放度、中国粮食贸易竞争力、世界粮食贸易规模和人民币汇率指数。3 个参考数列和 12 个比较数列指标明细及分类情况如表 2 所示。

表 2　自给率灰色关联分析选取指标明细

指标分类		影响因素	变量设定
参考数列	自给率计算参数	粮食进口量	Y_1
		粮食出口量	Y_2
		粮食产量	Y_3
比较数列	生产方面	粮食耕种面积	X_1
		农业财政投入	X_2
		务农人数	X_3
		废水污染指数	X_4
		农药污染指数	X_5
	消费方面	人口总数	X_6
		居民收入水平	X_7
		粮食价格指数	X_8
	贸易方面	中国贸易开放度	X_9
		中国粮食贸易竞争力	X_{10}
		世界粮食贸易规模	X_{11}
		人民币汇率指数	X_{12}

数据来源于 1998—2014 年中国统计年鉴和中国海关网相关数据，其中废水污染指数(X_4)是国内废水排放总量与国内总用水量的比值；农药污染指数(X_5)是农药施用总量与粮食耕种面积的比值；中国贸易开放度(X_9)是我国贸易总额与生产总值的比值；世界粮食贸易规模(X_{11})由联合国 comtrade 数据库查得；贸易竞争力指数，即 TC(Trade Competitiveness)指数，TC＝(出口额－进口额)/(出口额＋进口额)。

3. 实证结果分析

根据灰色关联分析法的计算步骤，计算出 12 个指标因素与参考序数的关联度矩阵，按照关联度大小进行排序，关联度结果如表 3 所示。

表 3　自给率灰色关联分析结果

排序	Y_1	关联度	Y_2	关联度	Y_3	关联度
1	X_7	0.944	X_{10}	0.730	X_7	0.876
2	X_{11}	0.944	X_3	0.707	X_2	0.865
3	X_2	0.916	X_{12}	0.698	X_4	0.863
4	X_4	0.906	X_8	0.680	X_{11}	0.860
5	X_6	0.867	X_9	0.670	X_6	0.795
6	X_9	0.857	X_1	0.660	X_5	0.795
7	X_5	0.854	X_2	0.646	X_9	0.784
8	X_8	0.790	X_{11}	0.641	X_1	0.764
9	X_1	0.724	X_4	0.639	X_8	0.740
10	X_{10}	0.587	X_7	0.633	X_{10}	0.580
11	X_3	0.573	X_5	0.630	X_3	0.564
12	X_{12}	0.543	X_6	0.625	X_{12}	0.548

关联矩阵中最高值为 0.944，最低为 0.543，从整体上看，粮食生产、粮食消费和粮食贸易与自给率的三个指标关联度较高，协调性较好，各项经济指标都对自给率的变化发挥着重要的影响作用，具体如下。

(1)指标因素对粮食进口量的影响。影响粮食进口的主要原因是居民收入水平和世界粮食贸易规模，居民收入水平意味着我国居民生活水平的提高，有条件对粮食产品进行选择性的购买，尤其是对国外优质粮食商品进行采购，另外世界粮食贸易规模的扩大也给国内的消费提供了可能，尤其是粮食贸易企业，为追求经济效益能够进口更多的粮食。同时我们也发现，人民币汇率指数与粮食进口量的相关性偏小，说明我国进口粮食购买力的提高主要是因为收入基数，而不是汇率变动。粮食进口量越高，我国自给率就越低，从我国经济增长常态看，居民收入将不断提高，同时从全球一体化进程看，世界粮食贸易规模也会不断扩大，因此我国粮食进口量中长期内将继续保持增加趋势。

(2)指标因素对粮食出口量的影响。从数据结果来看，粮食贸易竞争力的下滑、务农人数的减少和人民币汇率的波动是导致我国粮食出口萎缩的主要原因。首先，我国农业仍然以粗放式耕种为主，粮食在质量方面较为落后，另外，我国农业生产成本近些年一直走高，加上近十年内人民币对美元汇率变高，促使我国农产品贸易成本增加，导致我国粮食商品在国际市场上难以立足。因此，我国农产品要想“走出去”，必须要在贸易竞争力上下工夫。

(3)指标因素对粮食产量的影响。居民收入水平、农业财政投入对粮食产量的影响最大，收入的提高一方面能让消费者购买更多的粮食刺激粮食生产；另一方面也能让生产者有能力改善种粮基础条件。农业财政投入代表了我国政府对农业发展的扶持力度，扶持力度越大我国粮食产量则越多。同时我们注意到，废水污染指数、农药污染指数与粮食产量的关联度都很高，这说明我国粮产的提高一直以牺牲环境资源作为代价。

三、我国粮食生产与粮食贸易存在的隐患

1. 农业生态资源损害严重

(1)我国耕地后备资源严重不足。随着近几十年内我国经济的高速发展，交通运输占地、住房建设占地、农用地转变等情况时有发生，耕地在面积数量上有很大的牺牲，2013 年年底，全国第二次土地调查公布我国耕地面积有 1.35×10^5 千公顷，但从调查的数据中看出，有 10%耕地位于极偏僻地区，或是自身坡度加大，或是受到严重污染，基本无法正常耕种。核算下来，适宜稳定利用的耕地面积约为 1.2×10^5 千公顷，同时能够实现开垦返耕的土地大多是地理偏僻、土质欠优。因此，我国耕地面积的使用已经接近极限。

(2)我国农业用水存在严重的浪费情况。与其他国家相比，我国农田灌溉用水效率极低，当前我国耕地灌溉水有效利用系数为 52%，而发达国家却可达到 70%以上。水资源作为一种自然要素，每年可利用的总量大体相同，随着城市用水、工业用水的不断加大，农业用水的份额不会有太大的上升可能，因此节约用水，提高效率才是我国农业用水的发展方向。

(3)化肥、农药使用过量。我国粮食产量虽然逐年增加，但在只求数量不求质量的粗放模式下，过量的化肥、农药已经对生态环境造成了严重破坏。2014 年，我国农药和化肥总使用量超过 6 100 万吨，从生态可持续性角度出发，我国应从政府层面遏制化肥农药的过量使用，挽救农业污染。

2. 粮食生产组织化程度低

分散、粗广的农业经营模式已经不再适应我国当前的发展要求，农业经营必须向集约化、专业化、组织化方向转变，要坚持家庭经营在农业中的基础性地位，推进家庭经营、集体经营、合作经营、企业经营等共同发展的农业经营方式创新。

我国农民专业合作社的发展总体处于初级阶段，规模小、层次低、活力弱是普遍存在的问题。截至 2013 年 6 月，我国依法登记的农民专业合作社达到 82.8 万家，实有成员达 6 540 多万户，只占农户总数的 25.2%，而且从事粮食生产的合作社大多分布在经济欠发达地区，合作形式大多停留在“土地入股，原粮生产”层面，技术层面、粮食深加工层面和金融服务层面都不健全。

3. 国内外粮食价格差异巨大

国内粮食价格高于国际价格，是导致我国粮食进口量迅速增加的主要原因，尤其是玉米和大豆市场，低廉价格已经成为国际粮商攻占中国市场的重要砝码。如图 2 所示，近十年，中国、美国玉米销售价格一直存在高低差，这种差价越大，代表着我国存储玉米的成本越高，也代表着我国玉米市场竞争力的下降。

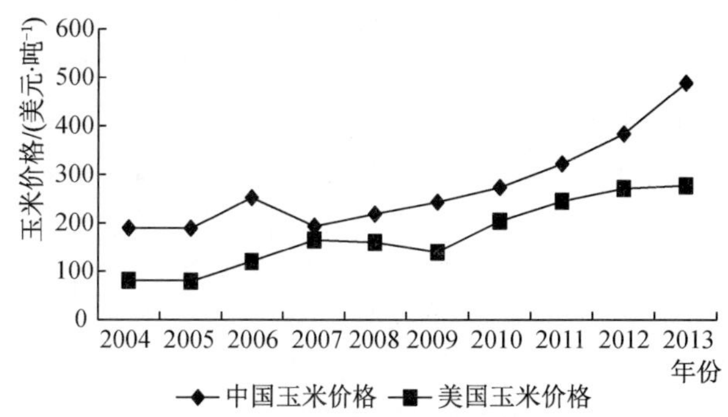

图 2　中国、美国玉米价格对比

我国大豆市场更是沦陷于价格便宜的“洋大豆”面前，如图 3 所示，我国大豆高出美国大豆近一倍价格。造成这种情况的原因一方面是由于国内大豆收购价格较高；另一方面也是因为

美国大豆为转基因大豆，在抗灾能力、单产能力上优于非转基因大豆，从而降低了美国大豆的种植成本。巨大的价格差异导致国产大豆的节节败退，豆制品、榨油行业不断被外资企业所蚕食，反观国产大豆，经济效益不断降低，农民种大豆的积极性深受打击，国内榨油企业很多被外资控股或参股，只有黑龙江的一些本土企业仍在坚守阵地。

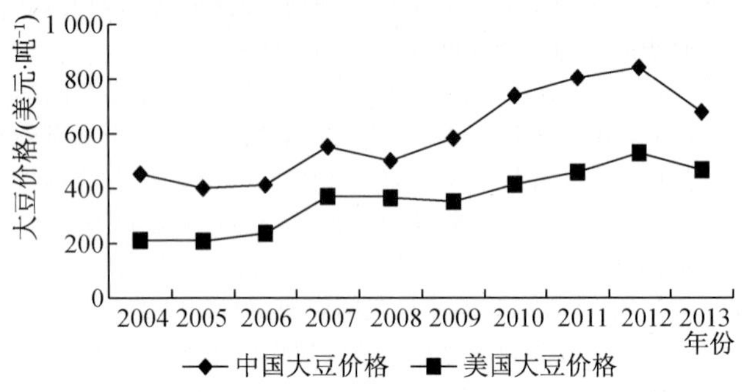

图3　中国、美国大豆价格对比

由大豆市场的逐步沦陷，到近几年玉米进口量的迅速增加，种种迹象告诉我们，国内外粮食价格的巨大差异，将对国内粮食产业造成严重的冲击，给国内的粮食安全带来隐患。当前，我国不仅是玉米和大豆，几乎所有种类的粮食价格都高于发达国家的粮价，如果中国在现有情况下完全开放粮食市场，“大豆危机”将很可能发生在各种粮食种类上，价格劣势已经成为我国粮食商品的硬伤。

4.粮食进口国别依存度高

从进口来源国上看，当前我国大豆和玉米的进口国别依赖度非常高，可替代性很低。如表4所示，美国、巴西、阿根廷在国际大豆市场上所占比重分别达到38%、36%、12%，三个国家已经多年占据国际大豆市场85%以上份额。

表4　大豆主要进口来源国占世界大豆贸易比重对比

年份	出口量	美国	巴西	阿根廷	其他
2005	出口量/万吨	2 565.79	2 243.51	996.21	732.69
	占比/%	39.20	34.30	15.20	11.20
2006	出口量/万吨	2 812.00	2 495.80	787.29	695.29
	占比/%	41.40	36.80	11.60	10.02
2007	出口量/万吨	2 984.02	2 373.38	1 184.25	900.59
	占比/%	40.10	31.90	15.90	12.10
2008	出口量/万吨	3 399.56	2 449.95	1 173.36	879.34
	占比/%	43.00	31.00	14.80	11.10
2009	出口量/万吨	4 050.57	2 858.27	429.171	816.229
	占比/%	49.70	35.10	5.30	10.00
2010	出口量/万吨	4 235.06	2 907.32	1 361.601	1 155.679
	占比/%	43.80	30.10	14.10	12.00
2011	出口量/万吨	3 431.05	3 298.56	1 082.003	1 290.537
	占比/%	37.70	36.20	11.90	14.20

我国大豆进口95%以上来源于美国、巴西和阿根廷，进口依赖程度极高，说明我国大豆进口的国别可替代性几乎没有，大豆需求缺口无法找到其他国家或区域解决，大豆的进口可供性完全被其他国家掌控。

国际玉米市场美国占据贸易近50%份额如表5所示。

表5　玉米主要进口来源国占世界玉米贸易比重对比

年份	出口量	美国	老挝	缅甸	泰国	其他地区
2004	出口量/万吨	4 874.12	3.47	25.48	95.13	3 270.14
	占比/%	58.90	0.00	0.30	1.20	39.60
2005	出口量/万吨	4 536.92	4.71	6.02	7.04	4 487.20
	占比/%	50.20	0.10	0.10	0.10	49.60
2006	出口量/万吨	5 788.41	12.70	6.43	30.63	3 704.05
	占比/%	60.70	0.10	0.10	0.30	39.0
2007	出口量/万吨	5 701.44	2.30	15.96	37.58	5 245.62
	占比/%	51.80	0.00	0.10	0.30	48.00
2008	出口量/万吨	5 409.44	12.67	14.58	67.29	4 709.42
	占比/%	53.00	0.10	0.10	0.70	46.00
2009	出口量/万吨	4 781.34	23.24	15.00	108.10	5 137.44
	占比/%	47.50	0.20	0.10	1.10	51.00
2010	出口量/万吨	5 090.63	22.55	3.11	47.58	5 620.74
	占比/%	47.20	0.20	0.00	0.40	52.10
2011	出口量/万吨	4 588.83	20.29	14.01	39.00	6 302.47
	占比/%	41.9	0.20	0.10	0.40	57.50

我国玉米进口几乎全部来自美国，而美国在国际玉米市场上同样占据主导位置，可替换性偏低，这说明我国的玉米进口受制于美国，对其依赖程度偏高，风险情况虽然没有大豆严重，但已足够引起我们重视。

四、稳定我国粮食自给率的政策建议

1.保护种粮基础资源，加强农业污染监管

耕地和水是粮食生产的基础性资源，为了提高我国综合产粮能力，必须要保护好这两种资源。政府应通过制定相关政策，以法律层面保障耕地和水资源的用途。在划分公益性用地和经营性用地时要严格执行《中华人民共和国农业法》《中华人民共和国水土保持法》《中华人民共和国土地管理法》的相关规定，要落实《基本农田保护条例》，限制农用地向工业用地转变，对违规者进行严厉的法律制裁。政府可出台有差异的税收政策和补贴政策，对农业耕地进行大力度的扶持，利用较高的补贴和奖励来刺激农民进行农业生产的积极性，同时对非农耕地加大税收力度，限制非农耕地的扩大。

当前，我国已执行水资源多重价格政策，对居民用水、农业用水、工业用水制定了不同的收费要求，各级财政部门要将政策真正的落实到位，才能有效地制约水浪费。另外，我国也可借鉴国外经验，将价格体系继续细分下去，按照季节差异、质量差异、工业用途差异完善水资源的收费体系，更科学地进行管理。

对已经暴露出的重要农业污染问题，我国要毫不犹豫的叫停或转型，比如水源保护区、基本农田保护区的工厂企业污染问题，还有超标排放污染大气的单位部门，都必须要严格处理。同时政府要对新申请的工业项目进行严格审核，对资源消耗不合理、能源浪费偏大的项目坚决否定。另外我国要加大对化肥工厂的监管，对化肥、农药生产严格把关，控制其毒性强弱，对毒性较大、高残留的不合格产品坚决收缴；还要引导农民合理的施肥，采用科学的剂量和浓度，既达到防虫防疫，又能最大程度的保护生态环境。

2. 加强农业经营组织化程度，培育农业发展经营主体

农业规模经营的目的是为了实现规模经济，规模的“尺度”要因地制宜，符合国情。土地规模经营发展的速度要与当地二三产业发展水平、农村劳动力转移程度相适应。按照种地与外出打工机会成本大致相当测算，目前我国北方种粮专业户的适度规模约为8公顷，南方约为4公顷。为此，我们要加快培育新型经营主体，根据新型经营主体的不同特性，加强分类指导，不断提升专业大户、家庭农场、农民合作社、龙头企业等新型经营主体的自身实力和发展活力。同时，我国也要做好对应的农业经营服务和支持工作，大力培育农业服务公司、企业或协会，能够为农业生产主体提供专业化服务，并在资金、技术方面对新型农业经营主体有政策性的倾斜。

3. 改善粮食收储政策，优化玉米“南进北出”格局

增加农民收入，提高种粮积极性的最直接方法就是拉大粮食售出价格与粮食种植成本的利润空间，但我国多年执行的保护价收购政策已产生较大的“负影响”，加大了粮食下游产业成本，粮食仓储压力和进口粮食冲击效应。“速效药”能解一时之痛，但要去病去根，需要寻求长久有效的调控体制，我国应根据当前的经济现状改善粮食收储政策，控制国内粮价的上浮，适度减少当前的收购规模，降低政府对粮食市场的干预，注重市场的调节机制，同时为了保障农民利益，我国要把精力转移到降低粮食生产成本上，加大生产补贴和生产扶持力度。

在玉米价格存在南北倒挂情况下，我国应进一步优化玉米“南进北出”格局，一方面要控制好“南进”的规模，在降低进口粮食冲击与满足国内粮食需求之间把握好平衡点；另一方面要提高“北出”的利润，在北方主产区发展粮食深加工企业，让企业能够就地取材，让产品就地出口，增加粮食产品附加值。

4. 培养多元贸易伙伴，强化粮食贸易竞争力

在国际粮食市场上，我国应在现有基础之上主动寻求更多的粮食贸易伙伴，与世界其他粮食主要出口国建立可持续、和谐的贸易关系。我国应建立起多区域、多渠道、多样化的进口格局，降低粮食贸易风险，减少大豆、玉米进口对美国的依赖。

政府应积极考察粮食进口来源国，避免进口区域过于集中，要善于利用主要粮食出口国之间的竞争和矛盾，在多方博弈中主动掌握粮食进口权，不断降低粮食进口成本，保障粮食安全。中国应与粮食主要来源国在敲定条件的基础上尽量延长合同期限，建立友好合作关系，减少贸易摩擦，降低贸易的不稳定，保障粮食贸易良性发展。

国际四大粮商是发达国家用于操控国际粮食市场的有效工具，目前我国只有国企中粮集团能够在国际上有一定发言权。我国应培养较有实力的粮商，在国际市场上占据一席之地。我国政府应根据当前国内外经济社会环境变化，对大型粮商给予政策性支持，在风险监督基础上，赋予大型粮商粮食进出口经营权，在国际市场上增加与四大粮食贸易公司抗衡的筹码。

（作者单位：吉林农业大学、吉林财经大学；论文来源：《中国农机化学报》，2016年第5期）

我国棉花总产量波动原因分析

陆江林　石磊　张玉同

棉花是世界上以利用其种子纤维的重要经济作物。我国也是棉花主产国之一，集中分布在黄河流域、长江流域和西北内陆等三大棉区。栽培学上又将之细分为：特早熟（辽河流域）、早熟（北疆）、次早熟（南疆）、中早熟（黄河流域）、中熟（长江流域）和晚熟（华南）6个生态区。21世纪以来，我国棉花生产出现较大波动，不同棉区生产能力发生了巨大变化，不仅影响到棉农经济收入和生产积极性，也影响到国民经济与社会事业发展。为此，本文依据权威数据，借助有关统计分析理论，对棉花总产产生波动的宏观因素进行精确定量分析，并在此基础上提出一些建议，以期促进我国棉花生产的稳健发展。

一、材料与方法

1. 数据资料

反映棉花生产状况的特征数据，主要有播种面积（千公顷）、单产（千克/公顷）和总产（10^4吨）。这些数据从国家统计局网站的数据查询平台上获取，其中2014年数据来自《国家统计局关于2014年棉花产量的公告》。由于科技进步与年度序列一致，故棉花生产科技进步的综合指标值用年度序列代替。

棉花价格指标采用的是中国棉花价格指数（China Cotton Index简称CC Index）的平均价格。为符合棉花自每年9月开始采收籽棉与销售特点，本文棉花价格在时间上采用棉花年度，即每年9月至翌年8月为一个棉花年度，其价格为12个月的平均值，每月数值选取每月20日或最靠近20日的一个数据代表。由于CC Index发布时间自1999年10月起，故1999年价格数据为1999年10月至2000年8月间平均值；而2014年价格数据为2014年9月至2015年1月间平均值。背景数据来源为中国棉花协会网的中国棉花价格指数（CC Index）的信息发布。

2. 分析方法

本文数据分析采用的数理统计方法，主要有回归分析、相关分析和通径系数分析等，其数学原理与计算方法参见有关文献。

二、数据与分析

1. 数据变化

从国家统计局公布的有关数据看（表1），21世纪以来的

15 年(2000—2014 年)间,我国棉花种植面积变化较大,变幅为 4 041~5 926 千公顷,年度平均种植面积为 4 966±618(变异系数,Coefficient of Variation,CV=12.45)千公顷;总产量变化更大,变幅为 442~762 万吨,年度平均总产量为 616.3±99.0(CV=16.07)万吨;单产变化最小,变幅在 1 093~1 460 千克/公顷,年度平均单产为 1 243.1±149.5(CV=12.03)千克/公顷。

从由中国棉花价格指数(CC Index)统计出来的棉花年度价格(见表 1)看,15 年来,我国棉花价格变化很大,变幅为8~25 元/千克,高低相差达两倍之多,年度平均棉价为15.15±4.16(CV=27.47)元/千克。对比 CV 可以看出,21 世纪以来,我国棉花价格波动明显比种植面积波动剧烈,使得棉农的收入极不稳定,在相当程度上挫伤了棉农植棉的积极性。

表 1 新世纪以来我国棉花生产统计数据

a 年度	b 面积/千公顷	c 单产/(千克·公顷$^{-1}$)	d 价格/(元·千克$^{-1}$)	e 时滞一年价格/(元·千克$^{-1}$)	f 总产/10^4 吨
2000	4 041	1 093	11.7	11.9	442
2001	4 810	1 107	8.7	11.7	532
2002	4 184	1 175	11.9	8.7	492
2003	5 111	951	16.1	11.9	486
2004	5 693	1 111	12.4	16.1	632
2005	5 061	1 129	14.1	12.4	571
2006	5 816	1 295	13.3	14.1	753
2007	5 926	1 286	13.7	13.3	762
2008	5 754	1 302	12.1	13.7	749
2009	4 949	1 289	15.7	12.1	638
2010	4 849	1 229	25.7	15.7	596
2011	5 038	1 310	19.1	25.7	660
2012	4 688	1 458	19.0	19.1	684
2013	4 349	1 451	18.6	19.0	631
2014	4 219	1 460	15.1	18.6	616

2.统计分析

(1)相关分析。根据表 1 的有关数据,算得因素指标数据间的简单相关系数汇于表 2。从表 2 中可以看出:随着科技进步或年度序列(a)的变化,棉花单产(c)、价格(d)和总产(f)都在显著或极显著地增加。棉花播种面积(b)的变化对棉花单产、价格基本没有影响,但对总产产生极显著影响。棉花单产的变化对总产有显著影响,但不如棉花播种面积影响大;单产与时滞一年棉花价格(e)的相关系数达到了显著水平,表明上一季棉花价格显著影响到本季棉花生产的人力、物力和技术投入,提升单产水平。时滞一年棉花价格(e)对棉花生产的影响要明显比棉花年度价格(d)大,显著影响棉花单产,较大影响总产,是值得研究与重视的一个重要指标。

表 2 表 1 数据分析的相关系数

r_{x-y}	a	b	c	d	e	f
a	1	−0.0545	0.8726**	0.6625**	0.7364**	0.5628*
b	−0.0545	1	−0.1148	−0.1308	−0.0155	0.6975**
c	0.8726**	−0.1148	1	0.3629	0.5934*	0.6281*
d	0.6625**	−0.1308	0.3629	1	0.5450*	0.1460
e	0.7364**	−0.0155	0.5934*	0.5450*	1	0.3947
f	0.5628*	0.6975**	0.6281*	0.1460	0.3947	1

注:显著性测验:* $r_{13,0.05}$=0.514;** $r_{13,0.01}$=0.641。

进一步分析发现:棉花种植面积(b)与年度(a)、棉花单产(c)、价格(d)间不存在相关,其相关系数分别为 $r_{a,b}$=−0.054 5、$r_{b,c}$=−0.114 8、$r_{b,d}$=−0.130 8。换言之,棉花种植面积没有随着年度变化而呈规律性变化,棉花种植面积既不影响棉花单产,也没有影响到棉花的价格。时滞一年棉花价格(e)与棉花种植面积(b)也不相关,两者相关系数为−0.015 5,说明时滞一年棉花价格(e)对棉花种植面积(b)没有刺激或拉动作用。

(2)线性分析。根据相关系数的显著性测验结果,可以建立下列线性关系式

$c=-57282.50+29.16a$

$d=-1222.03+0.62a$

$f=-24399.56+12.46a$

$f=61.31+0.11b$

$f=98.86+0.42c$

$c=931.05+20.89e$

上述诸式的回归系数表明:21 世纪以来,每增加 1 年,单产增加 29.16 千克/公顷;棉花价格增加 0.62 元/千克,棉花总产增加 12.46×10^4 吨;棉花播种面积每增加 1 千公顷,总产增加 1.1×10^3 吨;棉花单产增加 1 千克/ 公顷,总产增加 4.2×10^3 吨;本年度棉花价格对下一年棉花单产变化具有刺激或拉动作用,每千克棉花价格增加 1 元,可提高产量 20.89 千克/ 公顷。

(3)通径分析。棉花总产是由棉花种植面积和棉花单产的乘积所算得的,即棉花总产密切依赖棉花种植面积和棉花单产。同时,科技进步、时滞一年的棉花价格对棉花总产也产生一定的影响。为精确反映棉花播种面积、单产和科技进步、价格对棉花总产波动的贡献份额,现依据表 2 内的有关相关系数,联合作通径系数分析,所得结果罗列在表 3 之中。

表 3 表 1 数据分析的通径系数

$p_{x\to y\to f}$	$a\to f$	$b\to f$	$c\to f$	$e\to f$
$a\to$	−0.088283	−0.042742	0.693865	−0.000029
$b\to$	0.004813	0.784050	−0.091320	0.000001
$c\to$	−0.077033	−0.090041	0.795194	−0.000023
$e\to$	−0.065008	−0.012136	0.471876	−0.000039

表 3 表明,在 2000—2014 年,棉花总产的增加主要受棉花播种面积(b)、棉花单产(c)的直接作用,受年度(a,代替科技进步度指标)、时滞一年棉花价格(e)的间接作用,其余因素直接

或间接作用不明显，通径系数的绝对值均小于0.1。具体表现为：播种面积每增加一个标准单位，棉花总产增加0.784 050个标准单位；棉花单产每增加一个标准单位，棉花总产增加0.795 194个标准单位；年度每增加一个标准单位，以其代表的科技进步促使棉花单产提升而使棉花总产增加0.693 865个标准单位；时滞一年的棉花价格每增加一个标准单位，以其促进劳动及物化劳动的投入促使棉花单产提升而使棉花总产增加0.471 876个标准单位。经计算，a、b、c、e与f的标准单位的量值分别为4.47年、618.2千公顷、149.46千克/公顷、4.24元/千克和99.04万吨。

三、结论与建议

综上分析，棉花播种面积与棉花单产直接地决定棉花总产的波动。前者在短期内起决定作用，取决于农民种植意愿，此因素不稳定；后者作用取决于棉花育种与栽培技术提升、田间劳动投入、农用物资供应和自然环境条件优化等，是一个综合作用的结果，此因素较为稳定。科技进步（年）与棉花时滞一年价格对棉花总产波动的间接作用突出，主要是透过刺激生产者采取多项技术措施提升棉花的单产来实现的，而对棉花的种植面积变化没有明显的刺激或拉动作用。

要稳健提高我国棉花总产，必须多因素统筹兼顾，在确保棉花种植面积稳定并有所增长的前提下，通过技术进步和价格政策调节等措施，不断提高棉花单产。为此，提出促进我国棉花生产的“政策增面积，信息调动力，科技促单产”对策如下。

首先，要优先重视发挥财政补贴政策对棉花生产的调节作用，调动棉农种棉的积极性。棉花生产的政策性补贴，不仅影响棉花价格走势，还直接影响到棉花种植面积的增减，应该适时适势进行调整和优化，以扩大我国棉花生产的外延。

其次，要注重棉花生产价格信息等收集、整理和发布，为棉农做好信息服务工作。特别是棉花价格及其走势，对提高棉花生产内涵将起到不可代替的引导作用，应该加以重视。在条件许可的情况下，国家棉花生产主管部门应充分利用中国棉花价格指数（CC Index）等信息，建立国家棉花生产预警的信息发布制度。

第三，要下大力气实现棉花种植技术的全程机械化，提高植棉的科技进步水平。无论是扩大棉花种植面积，还是增加棉花单产，抑或提高棉花品质，实现棉花生产技术全程机械化都是提高其生产效率的必由之路。提升棉花生产机械化水平是一项系统工程，既需要国内机械设备企业的创新，也需要从棉花品种、栽培、管理到采收各个环节的机械化同步发展，更需要农业、农机、供销等部门相互配合以提供技术支撑。同时，政府要对采棉机等机械购置逐步加大财政资金补贴范围和额度。实现棉花生产全程机械化的关键是实现农机与农艺的紧密结合，特别是要探索和建立不同棉区的棉花标准化栽培模式，以适应棉花生产的全程机械化。例如，在新疆棉区，就是要通过建立高密度群体、塑造个体株型、化学调控生育进程与节水灌溉等技术，集成棉花机械化高产优质栽培技术模式，以解决当前棉花生产中遇到的采棉人工费用过高、原棉质量一致性差、棉田灌排系统不配套和盐碱地比例偏高等问题。

（作者单位：农业部南京农业机械化研究所；论文来源：《中国农机化学报》2016年第8期）

构建现代农业社会化服务体系框架和运行机制研究

姜岩　窦艳芬　裴育希

随着农业现代化、新型工业化、城乡一体化战略的协调推进，我国现代农业发展成就令人瞩目，农业生产经营的专业化、规模化、组织化和市场化水平进一步提升，促进了农村经济的持续发展，增进了农民的经济福祉，确保了国家的粮食安全和重要农产品供给。在我国农业经济发展步入新常态的背景下，农业发展形势不容乐观，土地经营细碎化、农业劳动力老龄化、低质化及农村空心化问题，新型农业经营主体在其成长过程中也面临着科技、资金、人才、信息的缺失等问题，成为农业现代化的瓶颈。为解决上述问题，特别是面对家庭经营规模较小的传统农户仍然长期存在的现状，如何通过提供专业化、标准化的生产与服务，把农户纳入到现代化农业产业体系之中，使分散的小农家庭生产经营实现规模效益；针对新型农业生产经营主体的发展壮大，如何提供科技支撑、农机服务、人才保障，完善各种政策环境等，党的十七届三中全会指出，要加快构建以公共服务机构为依托、合作经济组织为基础、龙头企业为骨干、其他社会力量为补充，公益性服务和经营性服务相结合、专项服务和综合服务相协调的新型农业社会化服务体系。党的十八大报告，及2013年、2014年、2015年中央一号文件也都从不同的视角强调建立完善的农业社会化服务体系。发达国家农业发展的实践已经证明，完善的农业社会化服务体系，是农业成功的重要保障，并为农业现代化和后现代化发展创造极为有利的条件。

近年来，我国农业社会化服务体系建设初见成效，以各级政府、科研院校为主体的公共服务组织，以农民合作组织为主体的准公益性服务组织，以龙头企业、农村专业服务公司为主体的经营性公司等相互配合，构成多元化服务主体，不断创新服务模式，拓展服务内容，在产前、产中、产后全产业链上满足农民生产发展的需求，改变传统农业发展的格局，促进农业的现代化进程及农村经济的可持续发展。在新形势下，为适应并引领农业经济发展的新常态，围绕农业社会化服务发展中亟须解决的问题，构建现代农业社会化服务的体系框架与运行机制则是一种战略选择。

一、现代农业社会化服务体系框架的构建

1.体系框架构建的思路

为促进现代农业的健康可持续发展，拓展现代农业的多种功能，提升其专业化、规模化、标准化、集约化、组织化、社会化的水平，应构建“多元化服务主体协同发展、服务模式多样化、服务内容全程化”的现代农业社会化服务体系框架，满足新型农业经营主体和小农户生产经营的多种需求，以实现农民收入的持续增长，加快推进农业现代化及城乡经济社会发展一体化的进程。

2.体系框架的构建

（1）多元化服务主体协同发展。多元化的现代农业社会化服务主体包括政府公共服务机构、科研院校、农民合作组织、龙头企业、专业服务公司及农村经纪人等。各服务主体应职责明晰，协作发展。

各级政府作为公共服务的主要提供者，首先应建立完善的农技推广、动植物疫病防控、农产品质量安全监测“三位一体”的公共服务平台，为农户进行有效的生产经营活动奠定坚实的基础；通过购买服务的方式，鼓励具有资质的经营性服务部门从事公益性农业服务；承担对其他服务主体进行监管的职责，以保障农业社会化服务的发展方向和效率。科研院校作为农业社会化科技服务的主体，承载着公益性服务职能和部分市场性服务职能，应加强科技创新及科技示范引导，提高服务农业的工作水平及能力；通过培养高质量的涉农产业人才、培育新型农民，全方位的为现代化农业提供智力支撑；与农业企业等结成科技创新联盟，通过在农业综合服务示范基地、农业产业园区等全方位开展农业技术推广，更好地满足农民对现代农业科技发展的需求。农民合作组织作为农民自己的组织，了解农民在生产经营过程中急需解决的困难和问题，其所提供的服务不但能够更好地满足农民的需求，并且具有互助性和半公益性。未来，农民合作组织应更加规范发展，努力覆盖所有的农户，力争为农户提供涉及农资供应、资金信贷、技术指导、生产运输、产品贮藏和加工销售等全产业链的服务，并与农民结成能够经受住市场考验的利益联合体，使农民真正成为受益者。同时将有更多的合作组织借力政府的多项支持政策，迈入区级合作社、市级合作社、全国农产品加工合作社示范社等行列。龙头企业作为农业产业化经营的组织者和主要供给者，按照一定的利益联结机制与农户达成合作并为其提供服务，辐射带动农户发展，是现代农业社会化服务体系的中坚力量；未来，龙头企业将进一步发挥促进生产要素优化配置及提升农业集约化、规模化、标准化水平等优势，通过与合作社的合作，及与农户结成“风险共担”“利益共享”的共同体，创新出更多的服务模式，力争在农民急需的信息、技术、打造品牌等服务环节大有作为，使农民分享到加工、流通环节的利益，在此过程中，龙头企业自身也将得到进一步的发展。专业服务公司作为市场化服务的主体，作为现代农业社会化服务体系的重要补充力量，应突出自身的优势和特色，在新技术引进、示范、推广、咨询和服务等方面发挥不可替代的作用；并通过加强实用技术培训，培养专业化服务人才，进一步提升服务水平效率。由于未来将有更多的社会资本进入农业专业服务领域，农业专业服务公司的作用将不断升级。农村经纪人作为在农村领域提供中介服务的主要力量，在农业发展中已显示出强大的生命力和优势，在科技咨询、市场开拓、品牌打造、信息需求等方面开展灵活多样的服务，成为农业社会化服务体系的重要补充，目前各省市的经纪人队伍不断壮大，未来将有更加广阔的发展空间。

多元化服务主体协同发展主要表现在其提供服务过程中，针对当前服务主体之间缺乏交流和合作，功能重叠现象较为严重现状，应明确其各自的职能和作用，使之相互配合，实现优势互补与叠加，满足农业产业链及农民对服务的需求。具体说来，政府公共服务机构在整个体系中处于主导地位，并对其他服务主体进行指导和监管，协调各服务主体间的关系。其他服务主体具有各自的比较优势，在提供服务中应形成相互促进、相互补充的关系。同时，在强化政府公益性机构的主体地位时，不应忽视科研院校、合作组织、农业企业等其他主体作用，应借鉴国外经验，充分发挥竞争机制和市场主体作用，调动各方积极性，使各服务主体通过探索，实现产前、产中、产后的科技、信息、质量安全、生产、加工、流通等各项服务的集成、整合，使农民成为真正的受益者。

（2）服务模式多样化。经过多年实践探索，在我国农业发展过程中，涌现出多种模式新颖、效果突出、农民满意的农业社会化服务模式，在此基础上依据各服务主体在体系中的角色和职能，对已有模式进行创新与完善。

政府主导的服务模式，主要包括：①综合服务模式，“区县综合服务中心＋农民”“乡镇综合服务中心＋农民”；②专项服务模式，“科技特派员＋农户”“科技推广站＋合作组织＋农户”；③政府购买服务模式，“政府＋社会组织”“政府＋公司（企业）”。各种模式突出公益性、综合性、专业性等特点。

科研院校主导的服务模式，主要包括：“科研院校＋政府＋农民”“科研院校＋园区＋农民”“科研院校＋合作社＋农民”等，各种模式突出公益性、准公益性、专业性、技术性等特点。

农民专业合作组织主导的服务模式，主要包括：“合作社＋农民”“合作社＋基地＋农民”“合作社＋市场＋农民”“合作社＋公司＋农户”等，各种模式突出准公益性、全面性等特点。

龙头企业主导的服务模式，主要包括“公司＋合作社＋农户”“公司＋政府机构＋农户”“公司＋村委会＋农户”等。各种模式突出经营性、专业性等特点。

农村专业服务公司及农村经纪人主导的服务模式，主要包括：“农村专业服务公司＋合作组织＋农民”“农村专业服务组织＋农民”“农村经纪人＋市场＋农民”等。各模式突出经营性、专业性等特点。

（3）服务内容全程化。由于农业产业的特质，导致农业产业链条较长，完善的农业社会化服务应覆盖整个产业链，提供包括农资供应、农机服务、技术推广、加工销售、电子商务、品牌宣传、仓储物流等综合配套服务；同时，从产前、产中、产后各个环节的农民收益情况来看，农民主要从产中环节获得收益，并且收益较少，需要创造更多、更高效益的产后环节，提高农民参与度。这就要求服务主体应延长农业产业链，使农业向二三产业延伸，使农民从产品的贮藏、加工、流通、销售环节中获取更多的利益。政府等公益性服务机构，应更加关注农产品的市场营销、现代农产品电子商务平台的构建及农产品品牌培育等工作，提高农产品的附加值；而龙头企业、合作组织等，应和农民结成利益联合体，加强农产品的加工、贮藏、保鲜、运输等环节的工作，使得农民获得更多的利润分成。

二、现代农业社会化服务体系运行机制的构建

随着农村经济社会的改革发展，现代农业化的进一步推进，农业社会化服务体系中不完善的运行机制暴露无遗，其根本问题是在农业社会化服务体系中存在着自上而下的决策机制，缺少农民需求表达机制，各服务主体中缺少激励机制等。

因此，在现代农业社会化服务框架体系建构同时，需要构建农业社会化服务体系的运行机制。

1. DIM方法的运用

DIM方法是决策分析方法的简称，是比较经济学的重要方法论。美国经济学家埃冈·纽伯格和威廉·达菲认为，决策过程包括决策权的分配(决策结构)、向决策者提供他们能够做出合理决策的信息(信息结构)、决策者借以实现其决策的机制(动力结构)三个部分。运用DIM方法构建现代农业社会化服务体系运行机制，能够符合农业社会化服务体系运行规律，更好地实现服务农民、农业的功能。

2. 基于DIM的现代农业社会化服务体系运行机制的构建

(1)现代农业社会化服务体系决策机制的构建。赫伯特·西蒙曾经提出"管理就是决策"，决策作为一种创造性的思维活动，其正确与否，不仅与决策主体的认知能力密切相关，而且受到决策程序和方法的影响。在现代农业社会化服务体系决策机制中，要重点关注决策主体、决策目标、决策方式等问题的设计与分析。

决策主体为农业社会化服务的主体。现代农业社会化服务主体的多元化，决定决策机制应是以分散决策机制为基础的层级型决策机制，各服务主体成为层级型决策主体，同时，这种决策机制下的最高决策者应为各级政府，拥有独立的决策权力，直接指挥层级决策者，即其他服务主体。在政府引导下，各层级决策者要充分发挥积极性和创造性，协助政府进行决策。这种决策机制可以避免单一决策者能力不足的弊端，又能很好发挥政府的顶层设计作用。

决策目标以满足农民的需求为出发点。农业社会化服务体系就是促进农业的发展，满足农民的需求。特别是随着现代农业发展，农业的多功能性将更加突出，农户的分化也将加速，农民对农业社会化服务的需求也将呈现多元化、多样化的趋势，这就需要农业社会化服务决策主体研究农民的需求，创造农民的需求，尤其是将满足农民的需求作为决策工作的目标。

决策方式要实现科学化与民主化。决策的科学化与民主化，有助于克服决策主体的有限理性，防止决策的随意性，加强决策的规范化建设。为实现决策的科学化与民主化，各级政府应成立由政府人员、专家、农民代表组成的公共服务决策委员会，遵循决策的程序，对农业社会化服务进行科学决策，这在许多国家的公共服务实践中得到证实。其他各服务主体在决策过程中，也要倾听与采纳政府人员、学者专家、农民代表的意见及建议，不断提高决策的透明度和规范性。

(2)现代农业社会化服务体系信息机制的构建。就目前的农业社会化服务而言，大多是各服务主体自上而下决策提供，决策主体更多考虑自身的利益，缺少农民的参与，造成农业社会化服务的供需脱节。农业社会化服务是为农民服务，农民需求能否得到满足、农民的利益是否得到保障，是衡量农业社会化服务及各服务主体成功与否的标准。因此，畅通农民需求表达机制，使各决策主体能够准确知道农民需要什么样的服务，是农业社会化服务提供过程中最为重要的环节。

建立自下而上的需求表达机制。在农业社会化服务体系运行过程中，各服务主体应加强与农民的沟通，及时收集、分析农民的需求，保证服务主体的所为恰是农民的所需。农民合作组织是农民自己的组织，能够了解和掌握农民的需求；龙头企业和专业服务公司迫于自身的生存和发展，其经营的各类社会化服务大多也是基于农民的需求和市场的需要。由于政府作为公益性社会化服务最重要、最基本的主体，事关诸多农业社会化服务的决策问题，亟须建立农民需求表达机制。如果按照农民的需求来提供服务，使一个村或一个区域范围内的多数人的需求意愿得以体现，必然会刺激农民需求的真实显露。因此，政府尤其要强化基层民主制度的建设，使农民的意见得到充分反映，并由全体村民或村民代表，对一些公益性的社会化服务进行表决，同时，各级政府也可采取定期组织与农民的座谈，入户走访、问卷调查等多种形式，了解农民的需求。

建立完善的信息管理与服务机制。信息管理与服务机制主要包括两个方面，一是各主体对农民需求表达的识别机制、对接机制和信息披露机制。在各个服务主体获得农民的各种需求后，要对这些需求进行识别，尤其是提供公益性服务的各级政府，要识别哪些需求是基本的，哪些需求是近期必须提供的服务等等，然后，各个服务主体要依据识别的结果来决策提供服务的内容。由于信息公开的程度和获取信息的途径直接影响农民参与的广度和深度，在政府提供的公益性农业社会化服务中，要促进行使决策权力过程中的信息公开和决策透明；其他服务主体需要向农民公开的信息也应定期披露，这样有利于实现服务需求和供给的对接，更好地优化资源的利用。二是要建立农业数据库。信息化是现代农业的重要内容，新品种、新技术、供求、价格等信息都是农民的需求热点，如何解决农民的信息盲区及信息不对称，使信息及时、有效地为农民服务意义重大而深远。基于大数据时代的特点，重点建设农业批发市场行情、科技成果、科技人才、农业资源、农业政策、综合信息等数据库，及时发布农民需求的信息资源。

(3)现代农业社会化服务体系动力机制的构建。为促进现代农业社会化服务体系更好地发挥作用，让各个服务主体的决策能够满足农民的需求，需要建立农业社会化服务体系的动力机制，主要包括激励机制和监督机制。

建立农业社会化服务体系的激励机制。现代农业社会化服务体系本身是一个复杂的系统，其运行效率在很大程度上取决系统内部的激励机制。激励机制主要包括两个层面：一是政府对各服务主体与农民，二是其他服务主体内部。从政府的视角，首先，各级政府应建立相关激励制度，鼓励参与农业社会化的服务主体挖掘自身潜力，提高服务意识和服务技能，并通过建立良好的服务环境，在税收、金融、财政支持等方面最大限度地拓宽发展空间；对于农业社会化服务的薄弱环节如科技推广等，应加强政策扶持力度；对于服务效果好、农民满意度高、带来经济效益显著的服务项目给予相应奖励。其次，农民虽然只是被服务的对象，但在接受服务的过程中也需要给予激励，如积极展开培训，培养家庭农场和示范大户，鼓励广大农民积极应用先进服务改善生产经营管理等；对于积极配合的农户给予补贴、优惠价格、提高贷款额度等多种形式的奖励。从各服务主体的视角，各主体需要建立完善的激励机制，吸引人才，留住人才；鼓励内部组织成员积极创新，提升服务的意识和服务的质量。

建立现代农业社会化服务体系的监督机制。在农业社会化服务体系中，服务监督机制是提升服务能力的动力源泉。首先，包括政府在内的农业社会化服务主体需要有自我内部监督，主要体现在建立监督制度，明确各相关部门的工作职责，增强组织成员对规章制度的执行力，加强对各服务事项的跟踪监督等。其次，各服务主体还要接受外部监督，政府需要接受其他主体、社会、农民的监督，其他主体要接受政府、社会、农民等监督；从监督内容来看，农业社会化服务体系的监督涉及面非常广，既包括对服务主体行为的监督，又包括对服务内容和服务过程的监督。最后，不仅要对服务主体进行监督，还要对服务对象进行监督。如果主体存在不正当服务经营、违反相关法律法规、影响他人等行为，应受到制裁；如果农民在接受服务的过程当中，存在有碍服务业务正常开展或触犯法规的行为也应受到处罚，所有这些行为都应接受监督。

三、结论

随着农业现代化进程的不断推进，现代农业社会化服务的作用愈加重要，未来发展也将任重道远。本文构建现代农业社会化服务体系框架，旨在使多样化的农业社会化服务主体协调发展，并通过服务模式的创新、服务内容的全程化，实现优势互补；构建农业社会化服务的决策机制、信息机制及动力机制，使农业社会化服务体系的运行更加顺畅，服务的质量和效率不断提升。

（作者单位：天津农学院；论文来源：《中国农机化学报》2016年第7期）

农机专业合作社技术效率研究

——以枣庄市为例

马腾飞　杨敏丽　徐占启

发展农机专业合作社是提高农民生产组织程度的有效途径，是增强农业综合生产能力的有效举措。在新常态下，合作社的发展由数量增长转为量质同步增长，应更加注重资源的合理配置，以提高自身生产效率和效益。

综述文献，前人对农机专业合作社的研究侧重于概念界定与内涵解释、国内外发展现状、组织机制、运行模式等方面，效率研究较少。技术效率是生产组织在既定的技术和环境下，在投入一定时，生产最大可能值，通过对合作社技术效率研究，可以对合作社运营情况进行综合评价，找出合作社最佳的资源配置，从而提高生产效率及效益，为相关部门引导合作社健康发展提供一定参考。

一、研究方法与数据来源

1. 研究方法

（1）文本聚类法。文本聚类（Text Clustering）主要是依据聚类假设提出，即同类的文档相似度较大，不同类的文档相似度较小。文本聚类的划分法是指给定一个有 N 个元组或者记录的数据集，分裂法将构造 K 个分组，每一个分组就代表一个聚类，$K<N$。而且这 K 个分组满足下列条件：①每一个分组至少包含一个数据记录；②每一个数据记录属于且仅属于一个分组；对于给定的 K，首先给出一个初始的分组方法，以后通过反复迭代的方法改变分组，使得每一次改进之后的分组方案都较前一次好，而所谓好的标准就是：同一分组中的记录越近越好，而不同分组中的记录越远越好。文本聚类的关键词法是在分类时主要依据关键词对文本进行分类的方法。农机专业合作社主要由农民自发形成的经济组织，在组建及运营时体现出较为明显的差异，本文通过采用文本聚类的划分法与关键词法，将问卷中的合作社特征描述进行聚类划分，使研究更具针对性。

（2）DEA（数据包络分析）法。DEA（Data Envelopment Analysis）方法是一种运用数学规划原理对决策单元相对效率值进行评价的常用方法，其原理主要是通过保持决策单元的出不变或者输入不变，把观测数据进行线性规划，得到生产可能性集的生产前沿面，并把各个单元投影到前沿面上，得到各个单元与前沿面的偏离程度，落在前沿面上的单元的效率值为1。农机专业合作社是一种合作经济组织，目标是取得最大的经济效益和社会效益，即期望以最少的投入取得最大的产出，运用DEA方法可以对合作社投入产出进行定量分析，评价合作社各项指标投入多少和比例是否合理，对合作社发展经营有重要指导意义。

本文采用DEA中的BBC模型对数据进行处理。BBC模型是基于规模报酬可变的测算方法，实质是把技术效率 TE 分解了两部分：一部分是规模效率 SE，反映产出要素与投入要素的比例是否合适、产出是否达到最佳水平，其值越高，表示其规模越接近最佳状态；另一部分是剔除规模效率后的纯技术效率（PTE），反映各投入要素是否被有效运用以达到投入最小或产出最大，其值越高，表示各投入要素的使用越有效率。技术效率是二者的乘积，即 $TE=SE\cdot PTE$。BBC模型原理：设有基于可变规模报酬设共有 n 个决策单元，每个单元有 m 种输入和 s 种输出，设 x_{ij} 是第 j 个决策单元对第 i 种类型输入的投入量，y_{rj} 是第 j 个决策单元对第 r 种类型输入的产出量，v_i 和 u_r 分别是输入输出的一种度量，h_j 是第 j 个决策单元的效率评价指数。在规模可变的情况下，$u_r=0$ 表示该生产单元处于最佳生产规模状态，规模报酬不变；当 $u_r>0$，表示该生产单元处于大于最佳生产规模状态，为规模报酬递减；当 $u_r<0$，表示该生产单元处于小于最佳生产规模状态，为规模报酬递增。关系式如下：

$$
\begin{cases}
\max h_j = \sum_{r=1}^{s} u_r y_{rj} - u_r \\
s.t. \sum_{i=1}^{m} v_i x_{ij} = 1 \\
\sum_{r=1}^{s} u_r y_{rj} - \sum_{i=1}^{m} v_i x_{ij} - u_r \leqslant 0 \\
u_r, v_i > 0,\ r = 1,2,\cdots s \\
i = 1,2,\cdots m,\ j = 1,2,\cdots n
\end{cases}
$$

DEA的Multi-Stage方法能够确定与无效率点尽可能相似的投入和产出组合的有效投影点，是对测算结果中各生产单元松弛变量处理的方法。在研究中可以分离出农机专业合作社实际投入产出与理想投入产出间的差量。

2. 指标选取

农机专业合作社是以为农户提供耕整地、播种、收获等机械化作业取得收入的经济组织。根据相关理论，本文选择合作社的生产投入变量为固定资金总额、劳动人数、基础建设用地面积、拖拉机及收获机数量；产出变量为合作社总收入和服务农户数量(表1)。

表1 投入产出变量指标体系

类型	变量指标	变量解释
投入指标	固定资产	固定资产是合作社固定资本总价值，是合作社最主要的资金投入
	劳动人数	合作社中从业人员数，劳动人数反映劳动力的投入、组织的管理及技术水平
	建设占地面积	合作社土地投入，反映了发展水平及组织程度
	拖拉机数量	反映了合作社耕地、播种等作业能力
	收获机数量	小麦收割机与玉米收获机之和，反映了收获作业能力
产出指标	总收入	包括合作社作业收入及维修等收入，反映了合作社的生产能力及经济效益
	服务农户数量	反映了合作社的作业量及社会效益

3. 数据来源

文中所用材料数据来自中国农业大学中国农业机械化发展研究中心2012—2014年枣庄市的实地调查，以及2014年枣庄市农机局对农机专业合作社发展现状调查，主要以调研问卷形式为主，调研问卷设计问题有：指标选取中的农机专业合作社5个投入变量和2个产出变量以及农机专业合作社组建、合作方式等问题。回收调研问卷213份，有效数188份，有效率88.26%。样本涵盖了枣庄市几乎所有工商注册经营的农机专业合作社。

二、结果与分析

本文将有效问卷中的数据归类整理，将固定资产、收入总额、合作社人数值通过SPSS 11.5处理，得出枣庄市农机专业合作社的均值、标准差、最小值和最大值。将产出投入指标值输入DEAP 2.1软件，选择DEA方法中的BBC模型，得出合作社技术效率以及所包含的纯技术效率、规模效率；最后通过文本聚类方法对合作社及其效率的分类统计。结果如下。

1. 枣庄市农机专业合作社规模分析

组织规模是一个影响组织结构和功能的内生关联性变量，合作社组织规模主要由固定资产、合作社总人数、作业收入体现，固定资产反映了合作社建设用地大小和农业机械多少程度，总人数是反映了合作社社员规模，作业收入反映了合作社农机社会化服务量，三个指标综合分析可以较好地反映合作社发展规模(表2)。

表2 枣庄市农机专业合作社规模

名称	均值	标准差	最小值	最大值
固定资产/万元	147.83	117.29	11	900
收入总额/万元	95.35	67.96	8	460
合作社人数	29.90	28.04	4	180

从表2中合作社资产来看，枣庄市农机专业合作社平均固定资产147.83万元，标准差117.29，说明样本离散度很小，即枣庄市农机专业合作社的固定资产较为集中，合作社平均人数29.9人，接近全国平均数26人，表明枣庄市农机专业合作社规模在全国范围内处于中等水平。究其原因，一是枣庄市社会经济发展比较均衡，农民购买能力相差不大，如2013年枣庄农民人均纯收入10 878元，调研区域各县(区)农民人均纯收入都在10 000左右。二是枣庄市人均土地少，土地规模小及连片率不大，限制了合作社规模的扩大。

2. 枣庄市农机专业合作社效率分析

枣庄市农机专业合作社的技术效率、纯技术效率及规模效率测算结果(表3)，在规模报酬不变条件下，枣庄市农机专业合作社平均技术效率为0.484，表明枣庄市农机专业合作社技术效率还处于较低水平，多数合作社利用现有资源的能力较差。在规模报酬可变条件下，将枣庄市农机专业合作社的技术效率分解为纯技术效率和规模效率，其值分别为0.572和0.848，由此可知枣庄市农机专业合作社技术效率较低主要是由于纯技术效率较低造成。从效率值的分布情况来看，有135个合作社的综合技术效率值介于在0～0.6，占总样本量的71.81%，大多数合作社的技术效率水平较低，只有少数合作社具有较高的技术效率。此外，多数合作社具有相对较高的规模效率，分析规模效率较高的原因，主要因为农机专业合作社存在规模经济，信息渠道多业务来源广，且可以进行跨区作业、一条龙作业及土地规模经营等运营模式，产生规模效益。

表3 枣庄市农机专业合作社效率评价结果

效率范围	综合技术效率		纯技术效率		规模效率	
	数量	比重/%	数量	比重/%	数量	比重/%
<0.2	8	4.26	3	1.60	0	0.00
0.2～0.3	37	19.68	17	9.04	1	0.53
0.3～0.4	38	20.21	33	17.55	0	0.00
0.4～0.5	28	14.89	27	14.36	3	1.60
0.5～0.6	32	17.02	37	19.68	9	4.79
0.6～0.7	9	4.79	19	10.11	26	13.83
0.7～0.8	13	6.91	14	7.45	26	13.83
0.8～0.9	8	4.26	9	4.79	27	14.36
0.9～1	3	1.60	8	4.26	80	42.55
1	12	6.38	21	11.17	16	8.51
总数	188	100	188	100	188	100
平均值	0.484		0.572		0.848	

表 4 是合作社在有效率生产假设下的投入产出差距测算结果。结果显示枣庄市农机专业合作社还没有充分发挥生产效率，有 214 万元的产值以及多服务 28 944 农户的空间，固定资产及收获机投入过剩，建设用地相对缺乏。从业人员冗余率达到 39.62%，表明合作社人员投入产出率是导致纯技术效率低重要原因。

表 4 基于 Multi-stage 方法的枣庄市农机专业合作社投入产出测算

项目	固定资产/万元	从业人员/人	拖拉机/台	收获机/台	建设用地面积/万米^2	年度收入/万元	服务农户数量/个
原始值	36 152	5 192	1 496	1 789	15.39	21 147	336 460
冗余值/产出不足值	11 518	2 057	596	686	1.61	214	28 944
目标值	24 634	3 135	900	1 103	13.78	21 361	365 404

农机专业合作社生产效率低产生的原因有多个方面。一是农机专业合作社具有农业产业弱质性特点，农业生产有季节性强、作业期短、受自然条件大，盈利能力弱；二是农机合作社发展还处于起步阶段，组织机制不完善、结构疏松，多数合作社运营标准与我国农民专业合作社章程等差距较大，在调研中发现合作社拥有财务室、维修点及机库棚的合作社分别占比约 95%、80%和 85%，此外其他部门设置相对较少，或者形同虚设，导致了管理水平较低，运行不规范。且限于合作社负责人及社员的自身素质，以维持现状的合作社居多，生产效率难以提高；三是农机合作社服务领域狭窄。调研发现合作社总收入主要来自田间作业，主要是为小麦、玉米、马铃薯等粮食作物提供机械化服务，对特色经济作物和林牧渔业服务的不多，相关的配件油料供应农机维修农机具存放等相关配套服务滞后，结果显示修理作业服务收入只有 578.4 万元，占总收入的 2.74%，运输及其他收入 756.5 万元，占总收入 3.58%；四是投入产出比失衡，随着相关政策的鼓励刺激，枣庄市机具保有量不断上升，而可种植的土地面积基本不变，导致年均作业面积有逐渐降低趋势，合作社生产效率难以提高，如枣庄市玉米收获机 2013 年均摊收获面积 32.04 公顷，比 2012 年少 3.72 公顷；五是合作社融资贷款、建设用地难。农村金融体系不完善，使得合作社难以融资贷款，但是具有高技术性能的大马力机械价格昂贵，加之现行补贴"全价购机"改变了农民只支付一部分资金购机的模式，从而影响高技术性能农业装备；土地审批困难，使合作社在车库房、维修车间、办公室等设施建设用地很难得到解决，使得生产要素投入比例失衡。此外，还有其他因素，如枣庄市的农机合作社一般都是围绕乡村而建，作业半径的不合理等使得受道路地理因素影响大，影响了农业机械作业效率。

对效率值为 1 的合作社研究(表 5)，效率值为 1 的合作社的中得出枣庄市有效率合作社固定资产分布在 50 万～300 万，虽合作社各个生产要素的投入有较大差异，却有着相近的比例，呈现出一定规律，如在剔除异常值后，以合作社年度收入 100 万元为基准对各组数据折合平均，得出合作社在有效率生产条件下，收入 100 万元所需要投入的固定资产为 140 万元左右，从业人员 25 人，服务农户数 3 500 左右，机械化作业面积 867 公顷。

表 5 效率值为 1 的农机专业合作社产出投入

序号	固定资产/万元	从业人员/人	标准化库房/米^2	年度收入/万元	服务农户数量/户	作业面积/公顷
1	50	14	130	45	2 600	466
2	54	16	150	50	2 000	497
3	75	16	180	63	2 800	575
4	75	17	210	60	1 670	561
5	80	16	184	55	2 000	474
6	90	20	280	70	3 000	550
7	120	22	250	80	2 600	622
8	162	30	380	92	3 000	701
9	200	35	200	150	3 800	1 273
10	230	30	200	126	3 800	908
11	300	36	300	160	4 600	1 342
12	300	50	560	200	4 300	1 479

3. 基于不同类型的合作社效率分析

根据作者对问卷中各理事长对合作社组织机制的描述，通过文本聚类的方法将枣庄市 188 个样本分别按照组建类型与合作方式进行分类整理结果见表 6。

表 6 基于组建类型及合作方式的农机专业合作社数量

类型	农业机械互助型	资本合作型	土地经营结合型	总数
乡村集体创办型	12	5	10	27
企业领办型	1	0	2	3
大户联合型	54	24	33	111
能人带动型	33	7	7	47
总数	100	36	52	188

(1)各类型农机专业合作社特征。从合作社形成角度看，枣庄市农机专业合作社的形成方式主要有集体创办型、能人带动型、农机大户联合型与企业带动型四种类型。

集体创办型。该类型合作社占到总样本总量的 14.36%，具体又分两种情况：一是由村集体或村干部出资购买农机具，由村干部担任合作社理事长，优先为本村村民提供农业机械化作业，二是由原来乡镇农机管理部门改造组建形成，具体为基层农机管理人员利用管理及人脉优势，将人才、技术、资源优势整合到一起，组织农机大户、农机手、种植大户建立农机专业合作社。这类合作社的特点是合作社创办者有强烈的责任心，合作社起点高，容易与政府部门接触且获得政府的扶持。

能人带动型。该类合作社占总样本量的 25%，主要由一名或数名能人牵头并出资及出物牵头，其余农机手、农户等自愿按股份制原则入社。这类合作社的特点是理事长有一定的技术与威信，并有良好的信息业务渠道，组织社员开展作业，容易得到社员的拥护。

农机大户联合型。该类农机合作社占样本总量的 59.04%，主要是由具有丰富的农机作业、市场经营、技术维修等经验的农机大户联合组成，大家按股出资、共同经营、利益共享、风险共担，按照章程运作，试图按股份制公司化管理、企业化运行。特点作业服务单一，利益联结紧密，运行规范。

企业带动型。该类合作社占样本总量的 1.6%，又分为两类：一类是以农业龙头企业牵头引领农机手成立，另一类是农机企业牵头吸引农机手组建，合作社特点是以龙头企业或农机企业为依托，具有技术、管理等优势，市场竞争力较强，经济效益好。

(2)从合作社要素集聚合作角度分析。要素合作的其实质是合作社在生产过程中投入的生产要素利益分配形式。对于农机社会化服务组织成员来讲，好的要素合作可以激发和挖掘成员个体创新潜力及积极向上发展的动力，促进了组织成员最大努力的生产，从而取得最大的利润分配。根据调查结果，枣庄市农机专业合作社合作机制主要有农业机械互助型、资本合作型、土地经营结合型三种。

农业机械互助型。枣庄市约 53.19%农机专业合作社属于农业机械互助型。农业机械互助型是在劳动生产中社员仅仅通过农业机械联合，合作社为社员提供作业信息、组织机手生产，机手按照收入缴纳一定服务费用，是农机专业合作社基本的合作方式，该合作联结较为松散，自身组织管理能力不强。

资本合作型。这类农机专业合作社约占枣庄市的 19.15%。资本合作是农户或机手通过资金、农机具、技术等生产要素为股份，自愿组织起来从事农机作业经营活动的一种经济联合形式。农机专业合作社资本合作型是在劳动生产中社员以劳动力及资产合作进行生产，即以带资、带机或者管理技术入社，这些资源统一由理事长及相关部门负责人调配运营，实行按劳分配和按股分配相结合的方式。

土地经营结合型。该种合作方式占合作社总量的 27.66%，合作社是在资本合作的基础上结合土地流转或者托管等土地经营结合式，不仅进行农机社会化服务作业，而且自身进行规模化种植生产，利益联结紧密。

(3)各类型农机专业合作社效率分析。表 7 是对 11 种类型的合作社效率分析，技术效率由高到低分别为能人带动型、集体创办型、农机大户联合型、企业带动型。从管理学角度分析，能人带动有明确的领导核心，一个有能力的领导可以较好地组织社内各要素进行有效率、有计划的生产，内部管理机制相对健全；从经济学角度分析，能人带动型和集体创办型投资目标性更强，有稳定的作业面积和农机农资销售等收入。另外，各类型中不同的合作方式技术效率也有差别，由高到低分别为土地经营结合、劳动资本合作、农业机械互助型，说明合作机制紧密促使管理技术与新技术使用水平的提高。在规模可变条件下对各合作社规模收益评价，结果显示合作社普遍属于规模效益递增，即增加相同比例生产要素投入可以使之更有效率生产，边际产出增多。

表 7 不同类型的农机专业合作社效率评价结果

类型		样本数	占比/%	技术效率	纯技术效率	规模效率	规模收益
能人带动型	农业机械互助型	33	17.55	0.505	0.566	0.899	递增
	资本合作型	7	3.72	0.525	0.851	0.892	递增/递减
	土地经营结合型	7	3.72	0.747	0.614	0.856	递增
	综合(均值)	47	25.00	0.592	0.677	0.882	—
农机大户联合型	农业机械互助型	54	28.72	0.395	0.530	0.872	递增
	资本合作型	24	12.77	0.467	0.594	0.868	递增/递减
	土地经营结合型	33	17.55	0.505	0.506	0.779	递增
	综合(均值)	111	59.04	0.456	0.543	0.840	—
集体创办型	农业机械互助型	12	6.38	0.375	0.535	0.751	递增
	资本合作型	5	2.66	0.636	0.758	0.836	递增
	土地经营结合型	10	5.32	0.640	0.721	0.869	递增
	综合(均值)	27	14.36	0.550	0.671	0.819	递增
企业带动型	农业机械互助型	1	0.53	0.267	0.315	0.849	递增
	土地经营结合型	2	1.06	0.340	0.594	0.902	递增
	综合(均值)	3	1.60	0.304	0.483	0.723	递增

三、结论与建议

第一，枣庄市多数农机专业合作社组织规模处于中等水平，生产技术效率值为 0.484，纯技术效率和规模效率分别为 0.572、0.848，生产技术效率较低主要由于纯技术效率低造成。为提高纯技术效率，相关管理部门应加强对农机专业合作社人员教育培训，支持农业大专院校和农业职业技术学校等开办相关专业和课程；建设网站网络培训，将视频课程挂到网站上，促进专家与社员之间的交流。重点对合作社理事长培训，促进合作社的管理水平，明确社内成员分工，形成专业化生产。为提高合作社规模效率，一是引导合作社拓展业务，如发展产后粮食的烘干及商品化，增加维修等配套服务；二是协调各部门为合作社规模的扩大提供方便，如高效率机具的购置、基础建设用地审批等。

第二，枣庄市农机专业合作社在有效率生产条件下，合作社年收入 100 万元大约所需要社会化服务面积 867 公顷左右，服务农户数量 3 500 户左右，投入农业机械化从业人员 25 人左右。假设在目前投入不变情况下实现有效率生产进行测算，枣庄市农机合作社还有至少 214 万元的产值以及服务 28 944 农户的空间；假设在目前产值不变的情况下实现有效率生产进行测算，枣庄市农机合作社固定资产及收获机投入过剩，建设用地相对缺乏。相关管理部门在扶持合作社发展时应引导合作社生产要素配置，使得合作社进行有效率生产。

第三，枣庄市不同类型农机专业合作社效率具有差异，从组建方式看，效率由高到低分别为能人带动型、集体创办型、农机大户联合型、企业带动型；从合作类型看，由高到低分别为土地经营结合型、资本合作型、农业机械互助型。此外，枣庄市农机专业合作社总体上呈现规模收益递增，即增加相同比例生产要素投入边际产出增加。相关管理部门要引导合作社合理扩大规模，增加土地流转、托管等运营机制，鼓励社员及农户带资带地入社，完善合作社组织机制。

（第一作者单位：中国农业大学；论文来源：《中国农机化学报》2016 年第 8 期）

我国农机合作组织的治理结构变迁特征分析

王祎娜　张萌　石研研

治理结构是关于对某一资产的所有权、决策权和收益权的说明，也可以认为是对某一社会中竞争和合作关系以及公司组织方式进行界定的一般性规则。治理结构对于农机合作组织至关重要，一方面是农机合作组织原则的体现；另一方面影响农机合作组织的长远发展，内部治理结构规定着专业合作组织内部不同要素之间的关系，具体体现为专业合作组织内部成员通过显性和隐性的合同对生产经营剩余索取权进行分配的机制和形式。农机合作社是一个新颖的农民合作领域和形式，建立现代企业组织的治理结构，对农民来说也是一个挑战，而很多农机专业合作社在起步阶段，组织结构、内部管理和运作机制不够规范，合作社的社员大会、理事会、监事会等必要的组织还不够健全，但对于农机合作组织的可持续发展，制度建设尤为重要。目前学术界专门以农机合作社的内部治理以及从整体上界定农机合作制度变迁的研究并不多，因此，针对改革开放以后特别是 2006 年《中华人民共和国农民专业合作社法》出台以来，探讨农机合作组织治理结构变迁发生怎样的变化，从中寻找发展特征、影响因素等将对于农机合作组织治理结构制度的发展具有重要意义。

一、调查方法及样本概况

本研究针对农机合作社的社员组成和治理结构方面进行了调查，所用数据来源于课题组 2014 年 6—10 月进行的调查问卷。根据农业机械化区域发展水平和经济发展差异等因素，合作社调研地点涵盖了安徽、福建和河南等共 11 个省份（表 1），然后根据当地农机主管部门提供的省级示范社名单，在下辖县市（区）依据判断抽样法抽取了 2～4 个合作社进行问卷调查。基于对国内外农机合作社制度变迁的发展研究现状，课题组制定了一份关于农机专业合作社制度变迁情况的调查问卷。问卷内容主要涉及合作社基本情况、合作社治理情况等内容。最终获得了 75 个农机合作社，120 人的有效调查问卷。合作社成立时间分布于 2006—2014 年，都是在 2006 年我国通过《中华人民共和国农民专业合作社法》之后成立的，其中 2008—2010 年 3 年成立的农机合作社占受调查总数的 61.4%。考虑到合作社成员在组织内的不同身份对组织的了解，我们兼顾了不同类型的受调查者，包括社长、理事长、理事会成员和普通社员，且调查对象集中在社长、理事长等决策以及执行者，社长和理事长构成了我们调查对象的 85.3%。问卷收集整理后，采用统计软件 SPSS 进行分析，对农机合作社的治理结构以及影响因素进行了初步探索。

表 1　农机合作社调查基本信息分布

信息状态		频率	百分比/%	有效百分比/%	累积百分比/%
地区	安徽	3	4.0	4.0	4.0
	福建	5	6.7	6.7	10.7
	河南	8	10.7	10.7	21.3
	黑龙江	10	13.3	13.3	34.7
	江苏	3	4.0	4.0	38.7
	山东	4	5.3	5.3	44.0
	山西	12	16.0	16.0	60.0
	陕西	13	17.3	17.3	77.3
	四川	10	13.3	13.3	90.7
	天津	2	2.7	2.7	93.3
	浙江	5	6.7	6.7	100.0
	合计	75	100.0	100.0	

续表

信息状态		频率	百分比/%	有效百分比/%	累积百分比/%
成立时间	2006	3	4.0	4.0	4.0
	2007	4	5.3	5.3	9.3
	2008	22	29.3	29.3	38.7
	2009	12	16.0	16.0	54.7
	2010	12	16.0	16.0	70.7
	2011	8	10.7	10.7	81.3
	2012	6	8.0	8.0	89.3
	2013	7	9.3	9.3	98.7
	2014	1	1.3	1.3	100.0
	合计	75	100.0	100.0	
填答者身份	社长	28	37.3	37.3	37.3
	理事长	36	48.0	48.0	85.3
	理事会成员	8	10.7	10.7	96.0
	普通社员	3	4.0	4.0	100.0
	合计	75	100.0	100.0	

二、合作社治理结构变迁特征及分析

1. 合作社入社户数不断增加

农机合作社的社员数量随着合作社的发展，入社户数和人数都具有显著增长(表 2)，同时合作社成员规模的差异也越来越大。相比较而言，合作社人数的增长要比社员户数的增长更加迅速，而且合作社所覆盖的人数的差异也变化更快。在合作社成立之初，不同合作社成员的数量相差悬殊，而且随着合作社的发展，合作社之间成员数量的差异被拉大。进一步的分析表明，合作社创立时期的入股行为，在合作社的扩张过程中，人数的增加并没有稀释更多股权结构。

表 2　农机合作社社员户数变量描述

社员户数变化	均值	标准差	极小值	极大值
创立之初社员户数(N=75)	34.87	77.894	2	480
目前合作社成员户数(N=73)	106.58	104.062	3	480
创立之初社员人数(N=75)	60.03	193.442	3	1 560
目前合作社成员人数(N=73)	217.52	350.325	3	1 560

通过比较合作社创立之初与目前社员户数发现(表 3)，在早期创立阶段，由 10 户以下发起成立的合作社占到受调查合作社总数的 65.8%，100 户以上的社员发起成立的合作社仅占 9.6%。而随着合作社的发展，由 10 户及以下社员组成的合作社比例下降到 6.8%，规模在 30 户以上的合作社已经上升到 80.8%。可见，合作社的规模会因多种因素的影响发生变化，而且除一家合作社的户数和人数下降外，其余合作社成员保持不变或者有不同程度的增长(73 家合作社中有 66 家社员户数实现了增长，增长量最大的一家机构为黑龙江成立于 2006 年的合作社，增加了 387 户)。在合作社成立之初，较少的户数更有利于合作，减少合作本身的交易成本。合作社成员户数的增长反映了合作社发展内在的合理性之外，也可以从另一个侧面表明目前的农机合作社的发展趋势符合当地农民的利益，并且发展状态良好。实现了社员户数增长的 66 个合作社，平均增长户数为 81.3 户。相比较，黑龙江省的社员户数增长显著高于其他省份，黑龙江省有增长的合作社有 7 家，平均增长 174 户，表现出了地域的差异，这可能与黑龙江省集约化农业生产的特点有关，而随着农机合作社服务社会化的发展，农机服务对象对农机合作社的治理结构产生了影响。

表 3　合作社创立之初与目前社员户数交叉表

合作社创立之初规模 / 合作社目前规模		合作社创立之初社员户数				合计
		≤10 户	11～30 户	31～100 户	≥100 户	
合作社目前社员户数	≤10 户	5	0	0	0	5
	11～30 户	9	0	0	0	9
	31～100 户	23	5	2	0	30
	≥100 户	11	5	6	7	29
合计		48	10	8	7	73

农机合作组织发展走在前列的省份中以江苏省为例，其创办形式和产权归属上具有多元性。2014 年全省农机合作社总数达到 5 006 个，入社成员 45.9 万人。据统计，全省由种粮、农机等大户牵头创办的合作社 2 453 个，占总数的 49%；村干部牵头创办的合作社 1 301 个，占总数的 26%；农机部门(农业服务中心等)牵头创办的合作社 951 个，占总数的 19%；其他主体办社数量为 301 个，占总数的 6%。农机、种粮等大户占创办主体总数的近一半，其创办的合作社具有较强的生命力，是合作社发展的主流方向。(数据来源:《江苏省 2014 年农机社会化服务和农机合作社工作总结》)总体来说，大户领办的合作社是目前农机合作组织创办的主要形式。

2. 合作社组织机构不断增加

股东大会、理事会、社员大会、监事会是农机合作组织的主要组织制度与组织结构，也是农机合作组织治理的结构载体。

调查表明，合作社在成立初期，机构设置往往并不健全，随着发展时间的增长，合作社的制度建设也会有所调整。少数机构经过几年的发展，除了建立基本的机构，还建立了其他组织架构。如果我们仅考察主要的几个机构：股东大会、理事会、社员大会、监事会，合作社创立之初设立的组织机构个数分布相对分散，即以上四个机构，在合作社创立之初，有9家只有其中一个，19个有其中的2个或者3个，而28个(37.3%)合作社在成立之初就具备了全部的组织机构。随着合作社的发展，到调查时多数合作社(66个，88.0%)已经具备了至少3个组织机构(表4)。

表4 合作社创立之初与目前设立的主要组织机构个数交叉表

		目前设立的组织机构个数				
		1个	2个	3个	4个	合计
合作社创立之初设立的组织机构个数	1个	1	3	3	2	9
	2个	0	4	11	4	19
	3个	0	1	13	5	19
	4个	0	0	2	26	28
合计		1	8	29	37	75

社员大会是合作社的最高权力机构，理事会是合作社的执行机构，监事会是合作社的监督机构。农机合作社成立之初，超过半数的合作社都建立了以上主要组织机构(表5)。成立机构的最大比例的是理事会占90.7%。76.0%的机构建立了社员大会，68.0%的机构成立了监事会，而股东大会有53.3%的机构成立。理事会在合作社成立初期承担合作社主要的事务，因此机构成立的比例最高。很显然，组织机构的设置与合作社成立之初的组织定位以及组织形态有关，例如合作社创立之初社员是否入股会从总体上影响股东大会的设立(表6，卡方检验 $P<0.05$)，可以看到，即便创立之初社员可以入股，仍然有相当比例的合作社内部并没有成立股东大会(65家允社员入股的合作社中，有27家未成立)。进一步研究表明，合作社创立之初社员的入股与否，还取决于创立之初合作社成员的人数，虽然没有显著性的作用，然而股东大会的设立与否表明合作社的组织治理结构内部设立什么样的机构是彼此相互影响的。

表5 合作社创立之初设立的组织机构频数分布

存在状态＼组织机构	股东大会	理事会	社员大会	监事会
无	35	7	18	24
有	40	68	57	51

表6 合作社创立之初社员是否入股与是否设立股东大会交叉表

		合作社创立之初社员是否入股		合计
		是	否	
合作社创立之初是否设立股东大会	否	27	7	34
	是	38	2	40
合计		65	9	74

与合作社创立之初比较，合作社的治理机构逐步健全或者完善，一个基本的体现就是组织机构的增加。总体而言，股东大会、理事会、社员大会以及监事会都有不同程度的提升。从表7中可以得到，股东大会在合作社的设立机构比例提升到68.0%，而理事会提高到96.0%，社员大会提高到82.7%，监事会提升到89.3%。监事会提升的比例最高，可见，作为合作社的独立监督机构越来越受到组织制度建设的重视。

表7 合作社目前设立的组织机构频数分布

	股东大会	理事会	社员大会	监事会
无	24	3	13	8
有	51	72	62	67

3.决策模式发生显著变化

重大事项的决策是体现治理结构最为关键的指标，在我们的调查中，询问农机合作组织的决策模式，选项包括理事长自己决定、理事会成员商量决定、社员大会投票决定、股东大会决定四种。调查结果显示(表8)，合作社创立之初，理事会成员商量决定是多数合作社的决策模式，社员大会投票决定紧随其后，而目前的合作社决策模式，仍然以社员大会投票决定和理事会成员商量决定为主。但不同的是，社员大会投票决定已经超越理事会成员商量决定。两者的交叉分析表明，合作社成立前后，重大事项的决策模式发生显著变化(Pearson卡方检验值为36.352，$df=6$，显著性水平 $P=0.000$)。而且，更为关键的是在合作社创办之初，有部分合作社的重大事项决策是由理事长自己决定($n=6$)，而在目前的合作社重大事项决策中，已经不存在理事长自己决定的情形。股东大会决定的模式数量有较小程度的增长，主要由于股份合作制农机合作组织的发展。

表8 合作社创立之初与目前重大事宜的决策方式交叉表

		合作社创立之初重大事宜的决策方式				合计
		理事长自己决定	理事会成员商量决定	社员大会投票决定	股东大会决定	
目前合作社重大事宜的决策方式	理事会成员商量决定	5	13	4	0	22
	社员大会投票决定	0	12	21	4	37
	股东大会决定	1	5	2	8	16
合计		6	30	27	12	75

从表9中可以看到，农机合作社创立之初一人一票的社员大会投票方式是主要的决策模式，随着合作社的发展，一人一票的投票方式比例有所下降，由最初的43家下降为38家。一股一票的投票方式比较稳定，而部分合作社，社员大会的投票方式转变为“一人一票基础上实行附加投票权”。一人一票基础上实行附加投票权，意指成员在享有“一人一票”的基本表决权之外，额外享有的投票权。该名词是我国2006年10月31日第十届全国过人民代表大会常务委员会第二十四次会议通过的《中华人民共和国农民专业合作社法》里所提出的。其中第十七条规定，净出资额或者与本社交易量（额）较大的成员按照章程规定，可以享有附加表决权。本社的附加表决权总票数，不得超过本社成员基本表决权总票数的20%。享有附加表决权的成员及其享有的附加表决权数，应当在每次成员大会召开时告知出席会议的成员。章程可以限制附加表决权行使的范围。该投票方式兼顾了合作社成员每个人的基本权利与合作社成员之间持股的差异。我们所调查的农机合作社多数创立于2006年之后，合作社的制度运作既需要具体的运行实践，也需要合作社成员对制度具有现实的体验。所以在早期的合作社社员大会投票方式中，一人一票是最基本的决策模式。一人一票基础上实行附加投票权逐步由纸面上得章程到具体的组织实践，弥合了政策文本与实践之间的“脱耦”/错位状态。即便是北美新型的农业合作组织，社员可以不等额持股，但也限制了社员的最高持股数量，以防止合作社被少数人控制。我国的农机合作组织是否会出现名实分离的机会主义实践值得持续关注。

表9　合作社创立之初与目前社员大会投票方式交叉表

		合作社创立之初社员大会投票方式			合计
		一人一票	一股一票	一人一票基础上实行附加投票权	
目前社员大会投票方式	一人一票	35	3	0	38
	一股一票	5	14	0	19
	一人一票基础上实行附加投票权	3	2	9	14
合　计		43	19	9	71

4.退社制度逐渐得到重视

自由退出机制是合作社的基本原则之一，退出权实施的制度前提是缔约双方的关系平等以及完整的产权保护制度。调查发现，农机合作社在创立之初批准成员的退出申请时，28家合作社的条件是“抵扣当年的盈余后退回股金”，还有3家表示“不退还加入时缴纳的股金”，31家表示“无明确规定”，余下的则选择了其他。超过半数的农机合作社在目前批准成员的退出申请时有明确的限制，41家合作社的条件是“抵扣当年的盈余后退回股金”，还有3家表示“不退还加入时交纳的股金”，还有19家表示“无明确规定”，余下的则选择了其他。可见，合作社成员退出合作社的条件并不严苛，可以说是退出自由的，退出当年的盈利予以扣除也符合组织原则。相较于创立初期，对合作社成员的退出作出明确规定的合作社数量上升，这可以表明，农机合作组织的治理制度在不断完善。虽然我们并不知道这些合作社成员退出的原因，我们也很难判断他们的退出对合作社的发展具有何种影响。但如果我们参照一般经济组织的离职行为，成员的退出并不只有负面的影响。

三、结论及政策建议

本文通过对75个农机合作社的问卷调查结果表明，与合作社创立之初比较，农机合作社的社员数量随着合作社的发展入社户数和人数都具有显著增长，组织机构包括股东大会、理事会、社员大会以及监事会都有不同程度的增加；合作社成立前后，重大事项的决策模式发生显著变化，在目前的合作社重大事项决策中已经不存在理事长自己决定的情形；合作社成员退出是自由的，相较于创立初期，合作社对成员退出作出了更加明确的规定。总体而言，合作社的治理结构逐步健全和完善。

在市场经济体制下，在一些适合大规模机械化耕作的区域，农机合作的需求更加紧迫。农机合作社往往产生在机械化程度较高、人地矛盾较为突出的平原地区，加之农村劳动力转移的影响，土地集中成为一个趋势。2005年3月1日起施行的《农村土地承包经营权流转管理办法》为农机合作组织的发展提供了新的契机。而一年后通过，2007年开始施行的《中华人民共和国农民专业合作社法》衔接了农机合作组织，因此在这几年我国农机合作组织出现快速的发展。农户流转土地的意愿并不高，不想流转出土地的原因包括非农就业的不稳定、土地收益上涨的预期等方面。很显然，这一时期的农机合作组织的发展还需要在流出农村尚未实现市民化的农民以及在农村但不从事农业生产的农民方面提供合适的制度与政策支持。

（作者单位：农业部南京农业机械化研究所；论文来源：《中国农机化学报》2016年第2期）

我国农机化电子政务发展现状及建议

何丽虹　于立坚

近十年，我国农业机械化电子政务得到了快速发展，农业机械化电子政务工作不仅是农业机械化管理工作的主要组成部分，同时也是引领创新农业机械化发展方式的重要途径，大大提高了我国农业机械化政务处理效率与能力，对我国农业农村经济和现代农业发展起到了十分重要的支撑作用。

一、我国农业机械化电子政务发展现状

随着我国农业机械化的快速发展，以及国家对电子政务工作日益重视，农业机械化电子政务发展经历了3个阶段。

1. 起步阶段(20世纪90年代初)

1992年，国务院在政府机关普及推广计算机的使用。随着计算机和网络技术在农业和农业机械化领域的逐步推进和应用，我国农业机械化电子政务进入起步阶段。主要有2个特征：

(1)农业机械化文档处理逐步电子化处理。农业机械化文档存档由纸质存档转变为纸质和电子文档并存，大大提高了办公效率和自动化办公水平。

(2)农业机械化统计数据逐步进入信息数字化阶段。90年代初，随着计算机的配备和应用，农业机械化统计数据的填报、汇总、存储与分析初步实现了电子化处理。

2. 全面建设阶段(1999—2004年)

1999年农业部农业机械化管理司开发运行中国农业机械化信息网，这标志着我国农业机械化电子政务发展进入政府推进、有序发展的全面建设阶段。主要有以下特征。

(1)农业机械化政府网站建设如火如荼。中国农业机械化信息网作为农业机械化政府行业网站领头羊，它的建设带动了各省的农业机械化政府网站建设。随后山西、山东2省相继建立开通自己的省级农业机械化信息网政府网站，开启了省级农业机械化门户网站建设的先河。2000年后，福建、陕西、河北、新疆、广东、江苏、吉林、浙江、辽宁等十多个省陆续建立了农业机械化政务信息网。

(2)农业机械化系统信息化软硬件建设投入加大。山东、江苏等省实现了计算机全部上网，河南、吉林、江苏、山东等省配备专门的人员负责运行维护网站，建立民用专用机房；新疆、江苏建立了农业机械化信息中心，从机构和人员编制上提供保障。

(3)开启了办公自动化(OA)工程建设步伐。江苏、山东、河南、宁波、青岛建立了各种纵向和横向的内部信息办公网络，进一步提高农业机械化办公自动化信息化水平。

3. 重点推进阶段(2005年至今)

随着“政府上网工程”及相关的一系列工程启动和我国迈入“网络社会”大条件下，我国农业机械化电子政务建设进入了重点推进阶段。

(1)农业机械化信息化建设得到进一步重视。2006年全国农机社会化服务体系会上提出“实施信息化带动战略，以信息化推动农机社会化服务产业化进程”。进一步加强中国农业机械化信息网和各省(自治区、直辖市)农业机械化信息网建设，构建农业机械化信息平台。农业部《全国农业机械化发展第十一个五年规划(2006—2010年)》和《全国农业机械化发展第十二个五年规划(2011—2015年)》要求要加强农业机械化信息服务和宣传工作。2010年农业部农业机械化管理司将“两化融合”作为农业机械化重点工作之一，加大了农业机械化与信息化融合研究和推广力度。

(2)加大了农业机械化应用系统建设力度和应用范围。自2005年农业部农业机械化管理司开发全国农业跨区服务直通车系统后，全国和地方的农业机械化应用系统建设如火如荼。各级农业机械化管理部门特别是省部级部门不断强化、丰富政务网功能，由过去单纯的政务信息单向发布转化为政务信息服务和具有交互能力的应用系统开发并进。目前农业机械化应用系统已涵盖农业机械化管理、安全监理、推广鉴定、信息公开等方面。江苏建立了农机信息化项目专项资金，“十二五”期间已累计投入1 900万元用于全省农机信息化建设。其他省也不同程度地启动了一些农业机械化建设项目，农业机械化信息化建设投入力度不断加大。

(3)农业机械化门户网站的服务内容更加丰富，功能不断增强，互动性得到很大提高，地市级农业机械化网站建设也取得进展。从农业部农业机械化管理司到地方农机管理部门纷纷完善门户网站，并积极发展网上信息公开、网上行政审批、网上办事服务等互动性功能，为提高政府行政效率、增强服务能力提供了有效手段。

二、农业机械化电子政务建设取得成效

近几年，农业机械化电子政务建设在在农业部和各省的重视下，稳步发展起来并取得一定成效。农业机械化信息服务已成为农业机械化管理部门一项重要职责，各级农业机械化部门紧紧围绕重点农业机械化工作做好行业基础数据库建设和应用系统建设，农业机械化信息网络平台不断拓展，应用范围不断扩大。农业机械化电子政务建设取得了阶段性成效，为农业机械化健康发展提供了重要保障。农业机械化电子政务的积极推进和部、省两级电子政务平台完善，为社会各界提供了全方位网络信息服务和交流平台，进一步提高了农业机械化工作的信息化和智能化水平，增强了农业机械化管理工作的开放性、透明度和效率，提高了农业机械化部门决策、管理和服务“三农”的能力与水平。具体表现在几个方面：

1. 网络建设具备一定规模

伴随着我国农业机械化事业的发展，农业机械化信息网络从农业机械化发展的需要出发，面向农业机械化生产第一线，边建设边服务，从零起步，快速发展。目前，农业机械化电子政务网络建设已初具规模，目前全国已建立27个省级和一大批地、县农业机械化信息网站，中国农机质量网、中国农机监理网、中国农机推广网三大行业网站已建立运行，农业机械化科研单位、大专院校、行业协会及企业等方面的信息网络建设也在快速推进。初步形成了以中国农业机械化信息网为核心龙头，以三大行业网站为支撑，以各省农业机械化信息网站为骨干的多方面、上下贯通、多层次网络纵横互联的农业机械化信息网络群。吉林省市、县农业机械化信息网站覆盖率达到了100%。江苏、宁波、山东、上海等积极推进电子政务建设，以“一站式”服务为目标，加快推进电子政务建设，实现网上政务公开、网上办公、网上监督三大功能。目前这些网站已成为农业机械化信息宣传的主要阵地和农业机械化管理的重要平台。网络建设的快速发展，在提高办公效率和工作质量、加快公文信息运转和服务领导决策等方面发挥了明显的作用。

2. 农业机械化应用平台不断拓展

“全国农机跨区作业服务直通车”的开通标志着农业机械化电子政务和信息化应用系统建设进入一个新的时期，此后全国农业机械化政务直报系统、国家支持推广的农业机械产品目录申报系统、农机购置补贴系统、农机安全事故报送系统等十多个全国性电子政务信息系统陆续上线运行，推进了农业机械化行业公文流转、质量投诉、购机补贴申报、目录申报、事故申报、业务查询等业务流程电子网络化。随着“金农工程”的开展，农机安全监管系统、农机鉴定监管系统相继投入使用。同时各地农业机械化管理部门根据本地需求开发有特色的服务

系统，江苏建设开发了“江苏平安农机通”并在全省推广应用，全省 13 个省辖市农机局、3 个直管县农机局，34 个县建设为农服务视讯系统；浙江、宁波、上海、江苏、山东等还开发农业机械化远程教育培训平台；吉林、广西、安徽、河南各省根据当地农业机械化发展的需要，开发了适合当地特色农业机械化应用系统。农业机械化电子政务的积极推进和部、省两级电子政务平台完善，为社会各界提供了全方位网络信息服务和交流平台，进一步提高了农业机械化工作的信息化和智能化水平，增强了农业机械化管理工作的开放性、透明度和效率，提高了农业机械化部门决策、管理和服务“三农”的能力与水平。

3. 农业机械化信息服务对象、领域拓展

目前，农业机械化信息服务对象已从“主要为农业机械化管理部门服务”向“为整个农业机械化系统服务转变”，服务对象不断扩大。随着农业机械化信息服务平台不断开发和完善，农民可以非常便捷地获得生产管理、科学技术、市场经营、政策法规等多种信息服务。在电子政务建设中，各级农业机械化部门十分重视政务信息资源的组织收集、加工整理、建库入库和维护管理工作，逐步建成了门类齐全、内容丰富、更新及时、查询方便的政府系统多媒体信息资源库，主要涵盖了政府公文、法律法规、统计信息、新闻动态、视频、专题资料、实用技术等几十类内容，为政府领导指导工作和科学决策提供了大量有重要参考价值的信息依据。同时农业机械化管理部门逐步加强了信息的收集汇总和分析预测，及时向社会及广大农民发布农业机械化发展水平、形势和政策动向等方面信息，做好信息引导，提高了农业机械化信息服务水平。

4. 农业机械化电子政务发展建设逐步规范

目前，各省在农业机械化电子政务建设上，更加制度化和规范化。从各省来看，新疆、浙江、江苏、辽宁等省市还设立了专门的信息科室。江苏、山东、福建、新疆、河南等省(区)每年有信息化专项经费，对信息化人员进行培训。农业机械化电子政务工作得到较大加强，发展环境日益完善。另外农业机械化信息宣传工作也逐步走向制度化、程序化和规范化。从农业部里来看，农业部农业机械化管理司制定了《农机化新闻信息发布制度》，实行信息报送定期通报制度，每年初发布年度农业机械化宣传要点。从省级来说，江苏、山东、宁夏等不少省(区)根据自己特点制定了相应的规范农业机械化信息发布的规定，建立了信息宣传工作奖励机制。

5. 农业机械化电子政务人才支撑系统建设取得一定进展

近几年，为健全信息服务网络，拓宽信息渠道，各地加大了信息员队伍建设力度。各省基本形成了一支由县、市农机局信息员为主的省级信息员队伍；中国农业机械化信息网初步形成了一支由省农机局和省推广站、鉴定站、监理站、部分农机科研院校和农机企业信息员组成的信息员队伍。为提高信息员素质，江苏、天津、山东、辽宁、吉林、湖北、浙江等省市每年对信息员进行培训，增强他们掌握信息、运用信息、分析市场的能力。信息员队伍建设取得较大进展。

6. 网络舆论监督功能进一步发挥

目前，各级农业机械化政务信息网在网上均开发了农机补贴产品在线投诉平台，可实现对补贴管理、补贴质量方面的问题在线投诉和在线答复。江苏、安徽、山东等省在省农业机械化网开设“在线交流”栏目，回复解答网友问题。“在线交流”良性互动的网络平台的运行和网络舆情的监测，进一步发挥了网络舆论监督功能。江苏省农机局行政权力网上公开透明运行系统建成了“一库四平台”，即静态权力库、管理平台、运行平台、电子监察平台、法制监督平台为一体的行政权力公开透明运行信息系统，其中运行平台涵盖局机关纳入网上公开透明运行的 35 项行政权力，全部实现网上办理省局行政权力网上公开运行。

三、存在的问题

1. 缺乏统一农业机械化信息化建设发展规划和指导

缺乏全国统一的农业机械化行业信息化发展规划，目前是各省各自为战进行有关业务信息化系统建设，而且各省业务信息化建设与部里的业务系统建设缺乏协同，导致部里有部里的平台，各省有各省相关的平台。由于建设标准不统一，平台之间信息无法共享，形成“信息孤岛”。

2. 农业机械化信息化建设投入不足

目前，从部到省没有专门持续稳定的农业机械化电子政务建设和运行资金，绝大多数省份都缺乏专项资金用于必要的工作经费和各应用系统后期维护升级，而且投资结构不合理，有前期建设经费没有后续维护经费。不少地区农业机械化电子政务基础设施建设滞后。绝大多数省份都缺乏农机行业信息化建设的专门机构和专职人员，现有人才队伍专业知识储备不足。

3. 农业机械化信息化管理水平不高

虽然全国各级农业机械化门户网站众多，但绝大多数只是作为信息发布平台，主要是为公众和企业提供有关农业机械化政策、新闻宣传、档案查询、行业信息服务等，农业机械化政务管理互动应用的平台较少，用户难以在网站上自助办理农业机械化相关业务，农业机械化信息化服务能力有待提高。各地农业机械化信息化发展不平衡，建设和管理水平参差不齐。

4. 农业机械化政务管理信息化系统多且数据共享性差

目前，全国性农业机械化业务应用系统有 10 多个系统，这些系统不是统一开发和维护，另外各省还以项目形式开发了本地化软件，这些系统相互之间基本是孤立的，并且安全等级、技术水平不一致。各业务应用系统的相对独立，不仅导致了数据无法共享，而且导致了大量的重复录入工作。另外对信息安全也造成很大威胁。

5. 新技术整合应用不够，移动化能力相对较差

目前，移动通信网络升级带来了新应用，定位技术、物联网、车联网技术发展迅速，信息化处理新技术也越来越多，而我们农业机械化电子政务平台或网站大部分只是基于计算机终端应用为基础，应用系统移动化能力相对较差，综合信息化技术应用水平较低，只有极少数开设微信、微博服务。

四、政策建议

1. 加强组织领导

农业机械化信息工作是农业机械化工作的重要组成部分，要将推进农业机械化电子政务作为贯彻落实党的“十八大”精神的重要举措，牢固树立信息化引领支撑现代农业发展的观念，加大农业机械化与信息化融合进程。成立全国农业机械化信息化领导小组，统筹协调农业机械化行业信息化工作，研究制定农业机械化电子政务发展战略和规划，推进信息化基础工作，为整合农业机械化电子政务资源、信息共享和业务协调协同铺平道路，以推动信息技术在农业机械化发展中的广泛应用，有效提高农业机械化电子政务水平。

2. 加大资金投入力度

建议农业部将农业机械化电子政务建设列为整个农业

信息化建设的总体规划之一，统筹安排，整体推进。各级农业机械化部门要争取地方部门支持，充分利用现有各类资金渠道开展农业机械化电子政务建设，逐步提高农业机械化电子政务投入比例，以确保信息收集加工、发布应用、信息化培训、信息服务平台建设和系统维护等必要的经费。逐步形成政府引导下的投资主体多元化、运行维护市场化，合力推进农业机械化电子政务发展的良好局面。

3.推进农业机械化信息化建设顶层设计和制度建设

建议农业部加强农业机械化信息化建设顶层设计和制度建设，建立统一的农业机械化信息化建设工作规范和相关技术标准，解决农业机械化信息化建设缺乏标准参考、缺乏规范遵循的局面。制定有关农业机械化政务公开的具体实施办法；建立全国统一的农业机械化综合信息平台，建设自上而下统一的农业机械化信息网络平台，促进资源共享和农业机械化电子政务的发展。制定科学的农业机械化信息采集与发布制度、信息共享规范与制度。

4.整合资源深化应用

要充分利用现有的农业机械化电子政务平台、基础数据库、社会信息化专业人才资源，推进农业机械化信息化建设和发展。以现有的农业机械化电子政务设施资源为基础，以创新农业机械化公共管理方式、提供公众服务水平为目标，以资源共享、业务协同和应急联动为重点，紧紧围绕农业机械化中心工作和社会公众的需求，整合资源，开展农业机械化电子政务一体化建设和应用，实现系统的结构统一、数据共享、流程整合及业务协同等目标，并且要实现数据资源的再利用，切实发挥农业机械化电子政务在推进政府管理创新和信息公开方面的作用。要整合现有农业机械化电子政务平台和网络，逐步统一到中国农业机械化信息网上来。加强信息化新技术整合应用水平，在全国性的平台开发的基础上，提升农业机械化电子政务信息分析处理能力和移动端建设，推进各农业部门数据共享。

5.实施电子政务人才战略

切实有效地组织开展农业机械化电子政务知识与技能培训，并建立一套有效的培训机制。研究制定全国农业机械化电子政务工作的考评办法。多种渠道壮大农业机械化信息化人才队伍和专家队伍。建立农业机械化信息化统一联盟，整合农业机械化信息化方面的资源、人才。

6.强化信息安全

全国农业机械化电子政务信息工程建设必须与安全保密措施有机结合。严格规范和落实信息系统等级保护制度，在系统建设前期加强农业机械化电子政务安全评估和安全等级分类，制定与安全等级相应的安全措施。

（第一作者单位：农业部农业机械试验鉴定总站；论文来源：《中国农机化学报》2016年第3期）

农业机械化政策法规及规章

【国务院关于印发《中国制造 2025》的通知(国发〔2015〕28 号)】 为打造具有国际竞争力的制造业,按照"四个全面"战略布局要求,实施制造强国战略,加强统筹规划和前瞻部署,力争通过三个十年的努力,到新中国成立一百年时,把我国建设成为引领世界制造业发展的制造强国。国务院于 2015 年 5 月 8 日印发《中国制造 2025》,请各级部门认真贯彻落实。

农业部部门规章及文件

【中华人民共和国农业部令(2015 年第 2 号)】 为进一步推进简政放权,充分发挥农机试验鉴定机构作用,农业部于 2015 年 7 月 15 日发文公布《农业部关于修订〈农业机械试验鉴定办法〉的决定》,自公布之日起施行。《农业机械试验鉴定办法》根据该决定作相应修改,重新公布。

【农业部关于开展主要农作物生产全程机械化推进行动的意见(农机发〔2015〕1 号)】 为提高我国农业综合生产能力和市场竞争力,加快推进农业现代化进程,农业部决定在全国开展主要农作物生产全程机械化推进行动。农业部于 2015 年 8 月 11 日发文就开展全程机械化推进行动提出意见,主要包括充分认识开展全程机械化推进行动的重要意义,总体思路、基本原则与发展目标,主要内容,重点工作和保障措施。

【中华人民共和国农业部公告(第 2282 号)】 为切实贯彻《农业部关于修订〈农业机械试验鉴定办法〉的决定》,方便企业,并使农机推广鉴定证书的有效期与相关制度相衔接,农业部于 2015 年 8 月 3 日发文:2015 年 7 月 15 日后仍有效的由省级以上农业机械化主管部门颁发的农机推广鉴定证书有效期,自签发之日起延至第 5 年的 12 月 31 日。

【农业部办公厅 财政部办公厅关于印发《2015—2017 年农业机械购置补贴实施指导意见》的通知(农办财〔2015〕6 号)】 为确保农业机械购置补贴政策公开、规范、廉洁实施,充分发挥农机购置补贴政策效益,加快农业机械化发展方式转变,推动粮棉油糖作物生产全程机械化,促进农业机械化又好又快发展和农业综合生产能力提高,农业部联合财政部于 2015 年 1 月 27 日发文,印发《2015—2017 年农业机械购置补贴实施指导意见》。此意见主要包括总体要求、实施范围及规模、补贴范围及标准、补贴对象确定和经销企业公布、补贴操作及资金兑付、工作措施、方案与总结报送。

【农业部办公厅关于切实做好当前农机推广鉴定工作的通知(农办机〔2015〕2 号)】 为适应当前农业机械化发展形势,推进农机鉴定制度改革,规范管理,加强监督,强化实施农业机械化惠农政策的技术支撑作用。农业部于 2015 年 1 月 19 日发文要求各级农业机械化主管部门要加快推进农机推广鉴定信息公开等工作,着力提升农机推广鉴定规范化水平。

【农业部办公厅关于做好 2015 年农机安全监理工作的通知(农办机〔2015〕3 号)】 为贯彻落实国务院安委会全体会议、全国安全生产电视电话会议有关精神和要求,切实加强农机安全生产监督管理,保障人民群众生命财产安全,农业部于 2015 年 1 月 26 日发文,要求各级农业机械化主管部门认真做好 2015 年农机安全监理工作。要高度重视农机安全生产,深入落实农机安全监理惠农政策,全面推进农机安全依法监理,进一步强化农机安全应急处置与事故预防,深入开展"平安农机"创建活动,广泛开展农机安全宣传培训工作。

【农业部办公厅关于 2014 年下半年各地农机购置补贴产品经营违规行为查处情况的通报(农办机〔2015〕4 号)】 按照《2014 年农业机械购置补贴实施指导意见》及其他相关文件要求,农业部于 2015 年 1 月 23 日发文,通报 2014 年下半年各地农机购置补贴产品经营违规行为查处情况。各级农业机械化主管部门要将农机购置补贴政策实施各项工作与防范、查处违法违规行为同步研究、同步部署、同步实施，以高度负责的精神做好举报投诉调查工作，加强与财政、工商、质量监督等部门的沟通协调，依法查处违法违规行为，全方位提高失信失范成本，坚持不懈地维护农机购置补贴政策的严肃性，维护公平公正、竞争有序的市场秩序。

【农业部办公厅关于做好2015年农机深松整地工作的通知（农办机〔2015〕6号）】 开展农机深松整地，是改善耕地质量，提高粮食综合生产能力，促进农业可持续发展的重要举措。为扎实做好2015年全年农机深松整地工作，农业部于2015年2月3日发文要求各级农业机械化主管部门提高责任意识，加强机具装备，开展作业补助，强化宣传检查，做好督办总结。

【农业部办公厅关于2014年农机事故情况的通报（农办机〔2015〕8号）】 按照《农业机械安全监督管理条例》和《农业机械事故处理办法》规定，农业部于2015年2月13日发文通报了2014年全国农机道路外事故情况、农机道路交通事故情况。各级部门要根据本地农机安全事故发生特点和规律，进一步加强事故预防工作力度，提高事故处理工作能力。要继续深入开展"平安农机"创建活动，组织好农机安全生产月、农机安全生产"打非治违"等活动，加强农机安全生产隐患排查和治理，努力提高农机上牌率、检验率、持证率"三率"水平，努力减少农机事故发生，确保农机安全生产形势持续稳定好转。

【农业部办公厅关于做好2015年农机化培训工作的通知（农办机〔2015〕9号）】 为深入贯彻2015年中央一号文件精神，落实农业机械化教育培训"十二五"规划，进一步加强农业机械化人才队伍建设，推动农业机械化科学发展，农业部于2015年2月26日发文要求各级农业机械化主管部门继续开展农业机械化教育培训大行动，加强农机管理人员培训，推进农机科技示范培训，努力打造新型职业农民。

【农业部办公厅关于2014年微耕机质量调查情况的通报（农办机〔2015〕10号）】 为深入了解微耕机质量安全状况，促使企业不断提升产品质量和安全水平，维护农民合法权益，依据《农业机械化促进法》《农业机械安全监督管理条例》和《农业机械质量调查办法》等有关规定，农业部部组织有关单位于2014年8月至12月对在用微耕机进行质量调查，并于2015年3月23日发文通报调查结果。各省（区、市）农业机械化主管部门和相关农机生产企业要按照《农业机械化促进法》《农业机械安全监督管理条例》和《农业机械质量调查办法》等相关法律法规和部门规章的规定，认真做好后续整改和处理工作。

【农业部办公厅关于切实加强粮食机械化收获作业质量的通知（农办机〔2015〕12号）】 为贯彻落实《中共中央办公厅国务院办公厅关于厉行节约反对食品浪费的意见》中"加强粮食生产等环节管理，有效减少损失浪费"的要求，切实减少机械化收获环节中的粮食抛洒损失，确保颗粒归仓，农业部于2015年4月27日发文要求各级农业机械化主管部门加强机手培训和作业管理，加强技术指导和生产调度，不断促进机具质量提升，努力增加粮食烘干设备数量。

【农业部办公厅关于2015年上半年各地农机购置补贴产品经营违规行为查处情况的通报（农办机〔2015〕16号）】 按照《2015—2017年农业机械购置补贴实施指导意见》及其他相关文件规定，农业部于2015年7月31日发文通报了2015年上半年各地农机购置补贴产品经营违规行为查处情况。各级农业机械化主管部门要将农机购置补贴政策实施各项工作与防范、查处违法违规行为同步研究、同步部署、同步实施，以高度负责的精神做好举报投诉调查工作，依法查处违法违规行为，全方位提高失信失范成本，坚持不懈地维护农机购置补贴政策的严肃性，维护公平公正、竞争有序的市场秩序。

【农业部办公厅关于进一步明确农机购置补贴相关事宜的通知（农办机〔2015〕17号）】 2015年1月印发的《2015—2017年农业机械购置补贴实施指导意见》，各地在实施过程中，陆续就具体问题进行咨询。农业部于2015年7月31日发文进一步明确农机购置补贴相关事宜，主要关于农机购置补贴产品资质、农机购置补贴产品归档信息管理、农机产销企业在归档相关工作中的责任义务三大块的内容。原有政策规定与该通知内容不符的，以该通知为准。

【农业部办公厅关于全面开展农机安全生产大检查深化"打非治违"和专项整治工作的通知（农办机〔2015〕18号）】 为认真贯彻8月16日全国安全生产电视电话会议精神，落实《国务院安委会关于全面开展安全生产大检查深化"打非治违"和专项整治工作的通知》（安委明电〔2015〕2号）精神，农业部于2015年8月17日发文，定于2015年8月至12月底，在全国范围内集中开展农机安全生产大检查，进一步深化农机"打非治违"和专项整治工作。请各地分别于2015年8月底和12月21日前，将安全检查整治方案和有关工作总结报农业部农业机械化管理司。

【农业部办公厅关于严禁非法改装联合收割机的通知（农办机〔2015〕24号）】 因一些地方反映出现非法改装联合收割机粮仓、加装自动卸粮机构等行为，造成安全隐患。联合收割机改装后，载荷增加，重心偏移，易导致整机侧翻和粮仓脱落；电路、燃油系统改造可能引发火灾自燃等问题。为加强联合收割机安全监管，农业部于2015年10月9日发文，严禁非法改装联合收割机。各级农业机械化管理部门要加强宣传教育，严格登记检验，注重源头治理，开展隐患排查，强化政策引导。

【农业部办公厅关于2015年农机推广鉴定监督检查情况的通报（农办机〔2015〕28号）】 为进一步规范农机推广鉴定工作，提升鉴定管理和业务水平，促进农业机械化发展，农业部农业机械化管理司会同农业部农业机械试验鉴定总站对农机推广鉴定工作进行监督检查。农业部于2015年11月2日发文通报2015年农机推广鉴定监督检查情况。各级农业机械化主管部门及农机鉴定机构要加强农机鉴定管理、业务规范化建设，全面梳理完善有关规章制度和业务流程，加大监督检查力度，推进依法鉴定有效实施。

地方性法规、规章及文件

【山西省农机局　山西省财政厅关于印发《2015年中央现代农业玉米丰产方机收秸秆还田项目实施方案》的通知（晋农机财字〔2015〕38号）】　为做好玉米丰产方机收秸秆还田项目的实施工作，山西省于2015年8月13日发文，制定《2015年中央现代农业玉米丰产方机收秸秆还田项目实施方案》，要求各地区、各部门结合实际，认真落实。此方案主要包含项目实施范围和任务、项目实施原则和补贴方式、项目的组织管理及职责、项目实施区域的规划、项目作业任务的落实、项目作业技术要求、项目作业面积的登记和汇总、项目检查验收、项目资金管理、项目实施进度、保障措施、项目绩效考核。

【江苏省农业保险工作领导小组办公室关于印发《江苏省农业机械综合保险条款费率（试行）》的通知（苏农险办发〔2015〕8号）】　为贯彻落实《省政府办公厅关于做好2015年全省农业保险工作的通知》（苏政办发〔2015〕51号）精神，按照“探索发展农机综合保险试点，丰富农业风险管理工具”要求，进一步推进农机保险政策实施，发挥农机保险在保障农民利益、促进农业生产中的作用，江苏省于2015年10月21日发文，印发《江苏省农业机械综合保险条款费率（试行）》，要求各地区、各部门充分认识开展农业机械综合保险的意义，正确把握农机综合保险的基本内涵，稳步推进农机综合保险实施。

【浙江省农业厅等3部门关于发布浙江省农业机械产品需求与科研导向目录（第一批）的公告（第8号）】　为进一步明确农机科研开发的方向和重点，提高农机科研开发的针对性和有效性，强化农机产品有效供给和超前储备，满足农业领域“机器换人”需求，浙江省于2015年5月11日发文，组织专家以应用需求为导向，按填补空白、拓展功能（提升性能）两个层次，编制《浙江省农业机械产品需求与科研导向目录》，首批提出56个研发产品，其中“填补空白”类29个，“拓展功能（提升性能）”类27个。

【安徽省农业委员会　安徽省财政厅　安徽省农业机械管理局关于印发《统筹项目资金加快推进水稻生产全程机械化实施方案》的通知（皖农机〔2015〕49号）】　为增强安徽省农业综合生产能力、构建新型农业经营体系、推进农业现代化、实现粮食绿色增产、增加农民收入，根据全国农业工作会议关于开展主要农作物全程机械化推进行动的要求，安徽省于2015年4月13日发文，就发展水稻生产全程机械化提出实施方案。此方案主要包含实施背景、目标任务、工作措施、编制规划、资金保障、责任分工。

【福建省农业厅　福建省财政厅关于对部分特色农业机械实行补贴的通知（闽农计〔2015〕171号）】　为推进福建省特色现代农业发展，根据《省政府办公厅关于支持三明市建设“中国稻种基地”六条措施的通知》（闽政办〔2015〕95号）精神和《省农业厅省财政厅关于印发2015—2017年福建省农业机械购置补贴实施意见的通知》（闽农计〔2015〕68号）的有关要求，福建省于2015年8月5日发文，要求各地区、各部门对部分适合福建省丘陵山区及优势特色经济作物、中央补贴机具种类范围外的农业机械实行农机购置补贴。

【江西省农业厅　江西省商务厅关于简化参与农机报废更新补贴工作回收企业认定程序的通知（赣农办字〔2015〕50号）】　为进一步简化程序，提高效率，更好的落实国家支农惠农政策，推进江西省农机报废更新补贴工作，江西省于2015年5月25日发文，要求对参与农机报废更新补贴工作回收企业的认定程序予以简化。

【山东省农业机械管理局　山东省财政厅关于申报2015年山东省农机装备研发创新计划攻关项目的通知（鲁农机计字〔2015〕24号）】　为进一步提高山东省农机装备技术水平，引领推动山东省农业机械化发展转型升级，着力加快全省农业机械化、农业现代化发展步伐，山东省于2015年10月13日发文，组织实施粮食生产重点机具装备技术攻关。此项目主要包含总体目标、攻关重点、申报要求。

【湖南省农业委员会　湖南省财政厅关于印发《2015年湖南省现代农机合作社建设项目实施方案》的通知（湘农联〔2015〕113号）】　为加快湖南省农业现代化进程，2014年湖南省人民政府印发了《关于实施两个“百千万”工程加快现代农业建设的意见》（湘政发〔2014〕5号），提出建设1 000个为水稻生产提供全程服务的现代农机合作社，为强化政策落实，湖南省于2015年6月8日发文，印发《2015年湖南省现代农机合作社建设项目实施方案》，请各地区，各部门遵照执行。此方案主要包含扶持原则、建设内容及补助标准、申报条件、申报及资金拨付程序、保障措施。

【广西壮族自治区人民政府办公厅关于加快推进我区水稻生产全程机械化的意见（桂政办发〔2015〕97号）】　为加快转变广西壮族自治区水稻生产方式，发挥农业机械化在提升水稻综合生产能力、保障粮食安全的作用，促进变自治区粮食产业持续稳定发展和农民增收，广西壮族自治区于2015年10月19日发文，对加快推进广西壮族自治区水稻生产全程机械化提出意见。此意见主要包含目的意义、总体要求、重点任务、主要措施。

【广西壮族自治区人民政府办公厅关于印发广西2016年优质高产高糖糖料蔗基地建设实施方案的通知（桂政办发〔2015〕106号）】　为贯彻落实《广西壮族自治区人民政府关于促进我区糖业可持续发展的意见》（桂政发〔2013〕36号）和《国家糖料蔗主产区生产发展规划（2015—2020年）》精神，加快推进广西壮族自治区500万亩优质高产高糖糖料蔗基地（以下简称“双高”基地）建设，广西壮族自治区于2015年11月13日发文，印发《广西2016年优质高产高糖糖料蔗基地建设实施方案》，请各地区、各部门结合实际，认真组织实施。此方案主要包含总体思路、工作目标、建设范围、建设任务、建设内容及要求、实施主体、责任主体和建设模式、资金筹措及财政补助、工作步骤、保障措施。

农业机械化工作

各地工作要览

北 京 市

【概况】 2015 年,北京市农机部门贯彻落实中央农村工作会议、全国农业工作会议、全国农业机械化工作会议和北京市农村工作会议精神,以跟进全市农业结构调整为出发点,转变农业机械化发展思路,落实农业部及北京市下达的重点任务和折子工程,完成各项任务目标。

【农机装备水平提高】 2015 年,北京市落实农机购置补贴资金共计 1.95 亿元,其中,中央补贴资金 1.17 亿元,市财政配套资金 0.78 亿元,完成购机总额 3.6 亿元,落实深松作业补贴 1 500 万元。共购置农业机械 3 345 台(套、组),简易保鲜储藏设备 3.08 万米^2,受益农户新增 5 000 余户。

【农业机械化水平提高】 2015 年,北京市玉米机收面积占可机收面积的比例达 93.2%,比 2014 年提高近 2 个百分点。全市主要农作物耕种收综合机械化水平达 87%以上,设施农业、畜牧业和渔业养殖机械化水平快速提升。

【农业机械化新技术示范推广能力增强】 2015 年,北京市农机部门围绕农业节水、保障农作物秸秆禁烧和促进综合利用、推进种养结合循环生态农业、促进设施农业和林果业农机农艺融合、发展高端精准智能农机装备等重点方向,试验示范先进农业机械化技术 40 余项,示范推广先进农机装备近 1 200 台(套),完成农机深松整地作业面积 20 千公顷。2015 年,北京市农机部门共完成农机产品推广鉴定、委托检验及农业机械化标准制修订 20 余项。

【农机社会化服务能力提升】 2015 年,部、市级农机合作社示范社规范化建设持续推进,北京市已建设两级农机合作社规范示范社 10 家。农机合作社在推动主要农作物全程机械化、创新业务发展模式、引领农业结构调整、发展适度规模经营等方面的作用和效果日益凸显。

【农作物秸秆禁烧任务阶段完成】 2015 年,根据环保部环境卫星监测结果,北京市未发现农作物秸秆焚烧火点,取得农作物秸秆禁烧工作阶段性胜利。

【农机安全生产形势稳定】 2015 年,北京市共发生国家等级公路以外一般农机事故 10 起,死亡 0 人,受伤 2 人,未突破农机安全生产年度控制考核指标。

【定方案】 2015 年,北京市农机部门联合北京市农村工作委员会、市园林绿化局、市环保局、市城管执法局、市财政局、市发展和改革委员会制定《综合施策杜绝农作物秸秆和园林绿化废弃物焚烧工作方案》,明确以"巩固成果、攻克难点、全面禁烧、综合利用"为总体工作思路,强调按照"调结构、转方式、全利用、严监管"的原则因地制宜,综合施策。从 2015 年起,全面实现农作物秸秆综合利用,全面杜绝农作物秸秆露天焚烧。

【建机制】 2015 年,北京市农机部门联合北京市农村工作委员会、市园林绿化局、市环保局、市城管执法局出台《农作物秸秆和园林绿化废弃物禁烧联合工作机制》,成立市级禁烧联合工作小组,建立健全禁烧联合执法监管机制、信息沟通机制和通报制度。全市 13 个郊区县都已明确区县、乡镇、村三级禁烧工作负责部门及负责人、联系人。

【强督查】 一是联合执法检查。从 2015 年 6 月开始,北京市级禁烧联合工作小组开始对各区县开展秸秆禁烧联合执法检查,与市环保局监察总队、市城管执法局执法总队共开展农作物秸秆禁烧联合检查执法周 3 周。二是开展禁烧专项督导检查。由农机部门牵头,成立由农机、粮经、能源生态等部门组成的五个农作物秸秆禁烧督导组,春耕、"三夏""三秋"期间联合各区县开展农作物秸秆禁烧专项督导检查 100 余次。

【促利用】 一是摸清北京市农作物秸秆综合利用机械需求情况,作为 2015 年农机购置补贴重点,实行全面敞开补贴。二是推进玉米青(黄)贮饲料化利用,联合北京市农村工作委员会向各区县下发《关于推进农作物秸秆饲料化利用的通知》,加快实现秸秆青(黄)贮饲料化利用,促进种养结合协同发展。三是督促各区县做好春耕和"三夏""三秋"生产农作物秸秆收集利用工作,要求各区县抓好机械配套作业服务,重点做好田间地头秸秆收集、粉碎还田、捡拾打捆作业,"三夏""三秋"期间通过小麦、玉米机收后秸秆粉碎还田、收集打捆制作饲料及有机肥等方式,实现秸秆的全面综合利用。

【多宣传】 2015 年,北京市农机部门开展农作物秸秆全面禁烧主题宣传,先后在中央电视台宣传报道 3 次,在北京电视台宣传报道 4 次,在《人民日报》《北京日报》《农民日报》《京郊日报》等媒体宣传报道 14 次。

【严考核】 2015 年,北京市农机部门制定《2015 年度北京市农作物秸秆全面禁烧工作考核奖惩办法》,成立市级农作物秸秆禁烧考核小组,对 13 个区县进行农作物秸秆禁烧和综合利用工作综合考核。市级安排 1 000 万元新农村建设奖励资金,对完成农作物秸秆禁烧与综合利用工作的区县,分三档分别给予 150 万元、80 万元和 30 万元的专项奖励。

【粮经作物全程机械化示范区设备配套】 2015 年,北京市农机部门按照《农业部关于开展主要农作物生产全程机械化推进行动的意见》要求,重点打造密云县"全国玉米生产全程机械化示范区"、房山区"马铃薯-胡萝卜粮菜轮作新型种植模式全程机械化示范区"、怀柔区"山区粮食作物生产全程机械化示范区"、密云县"山区经济作物(谷子、红薯)生产全程机械化示范区"。通过农机购置补贴为全程机械化示范区更新和新增拖拉机、自走式玉米收获机、青贮收获机、马铃薯播种机、马铃薯收获机、谷子收获机、秸秆粉碎机等机械近 40 台(套),确保耕整地、播种、植保、收获、烘干、秸秆处理等作业环节全部机械化作业。

【节水设备的配套和深松节水技术的推广】 2015 年,北京市农机部门落实《北京市农业机械化节水工作方案》,新建 20 处大田、设施农业、畜牧养殖、渔业养殖高效机械化节水示范点,新配套大田指针式喷灌、设施微灌、渔业水体净化处理循环利用等节水设备 20 台(套),实现示范点高效节水、节肥、节药目的。其中,密云县全国玉米生产全程机械化示范区在实现玉米生产全程机械化的基础上,突出以发展节水农业机械化为特色,项目区配备的指针式喷灌设备水资源利用率可达 90%以上。根据农业部办公厅《关于做好 2015 年农机深松整地工作的通知》要求,北京市承担 20 千公顷深松整地作业任务。制定并印发《北京市农机深松整地作业补贴工作实施方案》,按照每公顷 750 元的补贴标准对开展农机深松整地作业的农机服务组织进行补贴。

【生态农业机械设备配套】 2015 年,北京市农机部门为完成市委、市人民政府下达的全面杜绝农作物秸秆焚烧任务,采取多项措施促进农作物秸秆全面综合利用。其中一项措施就是对全市农作物秸秆综合利用机械需求情况进行全面摸底调研,并作为农机购置补贴重点,实行全面敞开补贴。2015 年共补贴秸秆粉碎还田机、秸秆捡拾打捆机、青贮收获机、骑乘式割草机等秸秆综合利用机具 82 台(套),扶持建设市级秸秆综合利用示范点 10 处,确保农作物秸秆用"疏"的方法实现肥料化、饲料化、能源化利用。落实《北京市生态农业建设行动方案》,开展老旧农机更新换代,北京市已淘汰在农机部门注册的低速货运汽车 1 587 台,更新老旧拖拉机 436 台。

【畜禽养殖场粪污和畜禽死体无害化处理】 2015 年,北京市农机部门在通州区、昌平区新建畜禽养殖场"污水+病死动物"无害化处理示范点 6 处,补贴污水处理设备、病死动物无害化处理设备 6 台(套),实现污染源"零排放"。

【仔种农业机械设备配套】 2015 年,北京市农机部门推进全市种牛、种猪、蛋种鸡等种业生产智能化、自动化,重点提升北京市畜牧种业的机械化水平。2015 年,全市新增种牛智能化饲养设备 1 套,种猪智能化饲养设备 3 套,种鸡智能化饲养、孵化设备 249 套。

【"菜篮子"生产农业机械设备配套】 2015 年,北京市农机部门继续加大设施农业设备补贴力度,重点提升温室、大棚生产机械化水平,减轻农民劳动强度,提高产品附加值,增加农民收入。2015 年,北京市新增卷帘机 2 000 台,田园管理机 400 台,25.725 千瓦大棚王拖拉机 50 台,果蔬保鲜库 3.08 万平方米。推进首农集团等奶牛养殖企业奶牛养殖饲喂机械化和奶产品采集机械化,新增补贴饲料搅拌车、贮奶罐和大功率拖拉机等设备 25 台(套),确保本市优质安全奶产品生产。

【定方案】 2015 年,北京市农机部门协调市财政局,组织市农机试验鉴定推广站、各区县农机主管部门、部分农机服务组织,先后召开 5 次研讨会,制定《北京市农机深松整地作业补贴工作实施方案》,确定目标任务、工作原则、作业要求、补贴对象、补贴程序等内容。

【严程序】 2015 年,北京市农机部门为规范工作程序,严格补贴资金的兑付,制定农机服务组织自愿申请、村委会确认、乡镇人民政府审核、区县农机管理部门批准、市级农机管理部门批复的 4 级管理模式。制定《北京市农机深松作业申请表》《农机深松作业合同》《农机深松整地作业验收单》《北京市农机深松补贴村级汇总确认表》《北京市农机深松补贴镇(乡)级汇总审核表》《北京市农机深松补贴区(县)级认可汇总表》6 个规范文本,确保北京市深松作业任务细化落实到乡镇、村、农户,补贴资金落实到作业主体。

【强督查】 2015 年,北京市农机管理部门不定期对各区县深松作业情况进行检查,及时督促各区县按时完成作业任务;市区两级推广部门对深松作业质量情况进行全面核查,监督各区县高质量完成深松作业;市区两级财政管理部门对补贴资金进行全面监管督查,确保规范安全。

【探索种养结合循环生态农业发展模式】 2015 年,北京市农机部门示范粪污资源化循环利用技术,推广动物尸体无害化处理机械化技术,集成推广五种农作物秸秆综合利用模式,推进农业废弃物全量化、资源化利用,促进种养结合、循环发展。

【集成示范推广精准智能农机装备技术】 2015 年,北京市农机部门在本市推广北斗导航系统 300 套，在农业部玉米生产全程机械化示范区集成示范深松作业质量自动监测、无人驾驶、无人植保、青贮收获机短距离生命探测预警、农用电动车等先进农业机械化技术近 10 项。

【攻关设施蔬菜生产农机薄弱环节，创新服务模式】 2015 年，北京市农机部门试验示范设施蔬菜生产用水量远程监控技术、日光温室增温、输液式灌溉系统等 8 项技术，围绕日光温室蔬菜生产，重点在房山区、平谷区等 9 个区县标准化园区推广省力化设备、环境因子自动测控技术、物理增产设备等 800 多台（套）。创新蔬菜生产社会化服务模式。在房山区依托蔬菜生产专业村和设施园区，创建一个蔬菜生产农机专业服务队，规范内部管理制度，配套 57 台（套）动力机具、移栽、省力化机械设备，服务面积达 66.67 公顷，实现蔬菜生产的机械化作业、社会化服务。

【创新行政审批和农机检验服务方式】 2015 年，北京市农机部门创新行政审批服务方式，开展流动服务大厅试点。在 5 个区县 32 个乡镇 95 个村，累计现场办理各项业务 1 176 件，为农民机手节省办事往返里程约 4.1 万千米。强化现有检测设备维护、升级改造，通过重要农时“送检下乡”确保为作业主体服务到位。

【规范农机事故处理程序，促进依法行政】 2015 年，北京市农机部门起草完成《北京市农业机械事故处理程序规定》《北京市农业机械事故现场勘查程序规范》《北京市农业机械事故现场痕迹物证的勘验技术规范》《北京市农业机械事故勘验照相规范》《北京市农机事故现场测绘技术规范》5 个农机事故处理工作规范。2015 年，北京市共组织执法活动 872 次，出动执法人员 4 165 人次。

【创新农机安全生产监管方式】 2015 年，北京市农机部门以农机服务组织为抓手，开展农机安全生产标准化建设试点。创新跨区作业安全监管模式，强化农机安全监管省际联合。组织召开“京津冀晋蒙”华北五省农机安全监管联动机制会议，构建“京津冀晋蒙”华北五省农机安全监管联动机制，推进农机跨区作业安全的高效管理和全程服务。

天 津 市

【概况】 2015 年，天津市农机部门贯彻关于大力发展现代都市型农业的决策部署，开展“三严三实”专题教育，以改革创新为动力，以提升发展质量效益为中心，以转方式调结构为主线，抓重点，完成全年目标任务。同时，农机试验鉴定和质量监管、农作物秸秆综合利用和设施蔬菜生产机械化发展调研、“十三五”农机发展规划编制、信息宣传等工作也都取得预期成效，促进农业机械化工作全面协调发展。

【农机作业水平稳步提升】 2015 年，天津市农机部门通过落实机具保养、信息发布、机具调度、油料供应等各项保障措施，组织开展农业生产全程机械化示范农场建设，带动全市农机作业水平的整体提升。投入 6.5 万台（套）农业机械服务春耕、“三夏”生产，完成机耕面积 186.48 千公顷、机播面积 178.5 千公顷、机收小麦 110 千公顷、机播夏玉米 100 千公顷。小麦机收率接近 100%，夏玉米机播率达 99%，水稻机插率超过 90%。“三秋”期间，天津市共投入各类农机具 4.15 万台，完成机收玉米195.53 千公顷、机播冬小麦 99.46 千公顷、机械耕整地 135.27 千公顷；2015 年，天津市投入水稻联合收割机 447 台，机收水稻 21.36 千公顷，机收率超过 90%。

【落实农机购置补贴政策】 2015 年，中央财政安排天津市农机购置补贴资金 1.04 亿元，市财政安排 1 950 万元。天津市农机部门完善“全价购机、县级结算、直补到卡”的操作流程，减少权力寻租可能。强化正风肃纪，推进市和区县信息公开。加大监督检查力度，开展廉政风险防控警示教育，完善绩效考核措施。2015 年，天津市已完成中央财政农机补贴资金总额的 95.8%，新增各类农业机械 8 237 台（套），使 4 326 个农户和组织从中受益。其中：新增大中型拖拉机 1 394 台，耕整地机械 1 551 台，种植施肥机械 335 台，田间管理机械 32 台，收获机械 1 330 台，收获后处理机械 135 台，排灌机械 33 台，畜牧水产养殖机械 1 649 台，设施农业设备 1 778 台。天津市农村工作委员会农业机械管理办公室再次被农业部评为 2015 年“强农惠农富农政策落实（农机购置补贴）延伸绩效管理优秀单位”。

【组织农机深松整地和激光平地作业】 2015 年，天津市农机部门承担农业部 66.67 千公顷农机深松作业任务，并安排 12 千公顷激光平地作业任务。争取中央农机购置补贴资金及市财政保护性耕作补贴专项资金 3 400 万元，将上述作业任务全部纳入财政补贴范围，涉及农户约 14.5 万户，使广大农民得到实惠。2015 年，天津市累计投入深松平地配套机械 500 台（套），组织实施农机深松作业 46.67 千公顷、激光平地作业 8.09千公顷。

【农田残膜回收利用补贴试点项目顺利实施】 2015 年，天津市建立废膜收贮运回收点 2 个，结合春季棉花播种前组织实施机械化残膜回收作业 0.8 千公顷，秋冬季棉花收获后实施完成机械化残膜回收作业 2.2 千公顷，2015 年实现无害化资源化利用农用废膜 200 吨。

【秸秆综合利用加速推进】 2015 年，天津市农机部门按照农村工作委员会的要求，围绕秸秆综合利用年度目标任务，对秸秆禁烧和综合利用进行专门部署，制定工作方案，明确职责分工，狠抓任务落实。要求各区县农机部门在着力抓好秸秆综合利用的同时，主动配合地方人民政府和有关部门，开展禁烧工作的督查、巡查。2015 年，天津市级督察组深入各区县 150 余人次。2015 年夏收，小麦秸秆综合利用率接近 99%，同比提高 10 个百分点，机械化打捆和原料化利用超过 1.33 千公顷，秸秆焚烧现象得到有效遏制。“三秋”至 2015 年年底，玉米秸秆已粉碎还田 180.36 千公顷、青黄贮 46.72 千公顷、收集利用 1.07 千公顷，综合利用率可达 95%，同比提高 12 个百分点。2015 年，天津市水稻、棉花秸秆综合利用工作正在稳步推进。

【加大秸秆燃料加工项目扶持力度】 2015 年，天津市农机部门在 2014 年对秸秆燃料加工项目进行扶持的基础上，加大扶持力度，6 个区县申报 13 个秸秆综合利用项目，经组织专家初审，已有 8 个项目进入最后论证阶段，这些项目实施后，可增加全市秸秆原料化、燃料化利用 15 万吨。

【示范推广农业机械化先进适用技术】 2015年，天津市组织各级农机部门科技人员开展科技下乡，引导广大农民应用农机新技术。全市共联系服务科技示范园区及企业20个，服务指导农民专业合作组织24个，培训农民5 000余人次，发放技术资料近2万份，促进55项农业机械化技术的推广应用。突出发挥科技项目载体作用，实施设施农业生产中亟须的精量施肥、农业物联网、绿色土壤消毒、畜禽健康养殖等各类科技项目近40项。强化技术培训指导，组织专家深入基层技术指导，举办多期培训班，提高关键技术的试验示范和推广应用水平。5个技术帮扶组专家深入29个帮扶困难村，围绕帮扶方案进行有针对性的指导。

【实施农业机械化教育培训】 2015年，天津市新增2所农业机械化学校成为“全国农机职业技能培训和鉴定示范基地”。完成农机实用技术普及性培训8 000余人次，农机职业技能鉴定合格人数达5 080人。农机4个工种的职业培训包项目有序推进，通过中期验收。配合天津市百万技能人才培训福利计划实施，与天津市职业技能鉴定指导中心签订鉴定任务协议书，承担相应职业技能鉴定任务。8所区县农业机械化学校也分别与市人力社保经办机构签订培训任务协议书，目前已开展16个班746人的培训任务。组织开展天津市第一届农机职业技能竞赛。

【提高农机安全监管水平】 2015年，天津市农机部门落实农机安全生产工作“党政同责、一岗双责”的责任要求，围绕全年农机安全生产目标任务，落实安全责任，创新工作举措，修订出台《天津市农机事故应急处理预案》，规范农机事故应急救援，举办农机事故应急预案演练活动。深化农机安全生产专项整治活动，采取领导带队、分片督查的方式，对各区县农机安全生产工作进行监督检查。截至10月底，天津市出动农机安全监理执法检查人员3 208人次，车辆1 045台次，检查农机合作社、设施园区582家，查出一般隐患619起，现场下发责令整改通知并进行跟踪整改，整改率达100%。

【狠抓为民服务措施】 2015年，天津市农机部门开展送检下乡、集中检审和免费监理。举办农机移动检测设备技能大赛。检验拖拉机1.44万台，同比增加963台；检验收割机5 312台，同比增加450台。完成农业机械牌证和驾驶证核发行政审批事项2 817项。2015年，天津市还与北京市、河北省、山西省和内蒙古自治区的农机主管部门签订农机安全监管协议，推进京津冀和华北地区之间的农机安全协作联动。截至10月底，天津市累计发生农机事故3起，受伤2人，死亡1人，均与2014年同期持平。

【强化能力建设，推进农机合作社扶持创建工作】 2015年，天津市农机部门组织各区县农机部门，对农机合作社建设发展情况及合作社扩大生产经营规模的意愿进行摸底调查，并对21个有意愿创建市级合作社和市级示范合作社的农机合作社进行逐一调研走访，对其基础条件、建设情况、经营管理等方面进行实地核查评估，为项目评审立项奠定基础。根据农机合作社现实需求，组织开展合作社负责人、技术管理人员培训班，加强合作社人才培育，提高其经营管理能力和操作水平。

河北省

【概况】 2015年，河北省农机部门贯彻全国和全省农业工作会议精神，按照厅党组的总体工作部署，对重点工作认真组织实施，抓好落实，农机工作稳步推进。

【农业生产机械化和组织化程度提高】 2015年，河北省农机装备总量增长，结构优化，全省农机总动力达11 056万千瓦，大中型拖拉机保有量达27.69万台，大中型拖拉机配套农机具达45.82万部，玉米收获机达5.44万台，小麦联合收获机达8.22万台。河北省农作物耕种收综合机械化水平达74.7%，玉米机收水平达75%，全省小麦和玉米主要粮食作物基本实现机械化作业。农机合作社发展到2 358个，服务农户数250余万户，已经承担全省粮食生产耕种收关键环节社会化服务的30%以上的农机作业量。

【农机补贴顺利开展】 2015年，河北省以加快推进粮棉油等主要农作物生产全程机械化为重点，农机购置补贴资金覆盖全省所有农牧业县(市、区)，共落实农机购置补贴资金12.37亿元，累计补贴各类农机具11.3万台(套)，其中：拖拉机2.8万台、耕整地机械3.6万台、谷物收获机械3 995台、播种机械1.1万台、玉米收获机8 923台、畜牧水产机械9 325台、设施农业设备1 077台，受益农户达91 205户。

【春耕季节农业机械化生产有序进行】 2015年，河北省充分发挥农业机械在春耕生产中的主力军作用，组织省、市、县的农机科技人员，搞好技术服务和开展农机春耕生产工作。春耕生产中，河北省共投入农机具87.5万台、抗旱机具40.8万台，完成机械浇(灌)地面积3 506.47千公顷、机械耕整地面积2 263.81千公顷、机播面积1 536.81千公顷。

【“三夏”季节农业机械化生产有序进行】 2015年，河北省“三夏”作业中，各级农业、农机部门抓住晴好天气，科学组织调度，应急保障有力，机收市场有序，机具投入充足，收获进度快，9万多台联合收割机用时15天机收小麦2 257千公顷，机收率达98.1%，机收小麦损失率低，秸秆还田率、玉米机播率均达90%。全省1 000多个农机合作社推行订单作业、承包作业、一条龙作业等服务模式，落实合同承包作业面积超过666.67千公顷。河北省开展“三夏”农机安全生产大检查，共出动监理人员780多人次、170多车次、组织活动152场，深入乡村一线送农机安全知识下乡，受益人数4.6万余人，“三夏”期间没有出现因农机具引发的火灾事故。

【“三秋”季节农业机械化生产有序进行】 2015年，河北省秋季作业的主要特点是：作业进度加快，玉米机收和青贮稳步推进，机具稳定性提高，机械化秸秆还田进度快、质量好，耕整地质量提高。河北省投入19.7万台播种机、82.2万台拖拉机、5.37万台玉米联合收割机，玉米机械化收获2 420.67千公顷，机收率75%。小麦机播达到2 383.33千公顷，实现机械化作业，大部分麦田在适播期内播完。

【推动农机深松全面开展】 2015年，河北省农机部门按照农业部和省人民政府有关农机深松工作安排部署，利用 3 亿元资金（省本级预算 2.5 亿元和中央农机购置补贴资金 5 000 万元），在 125 个项目县抓好责任落实，分解任务目标，制定考核制度，在春、夏、秋三季开展深松作业 933.33 千公顷，任务量同比增加 40%，其中春夏季深松作业 177.53 千公顷，有效减轻秋季深松作业压力，其余任务秋季完成。2015 年 10 月 10 日，全国秸秆综合利用和深松工作现场会在河北省召开，促进河北省深松工作的开展，2015 年 11 月 16 日，河北省按时完成深松 940.4 千公顷作业任务。

【推广保护性耕作节水压采项目】 2015 年，河北省在 5 个市 42 个县共完成保护性耕作节水项目任务 23.33 千公顷，形成一批整村整乡连片推进的典型。截至 11 月 13 日，河北省小麦保护性耕作节水项目已完成 23.31 千公顷，占任务数的 99.9%。

【注重改革，做好农机购置补贴政策实施工作】 一是 2015 年河北省要求各实施县要在指定范围内至少选择一个粮食生产关键环节急需的机具品目实行敞开补贴，有条件的县可以对补贴范围内全部品目敞开补贴。二是简化操作程序，由原来的两次公示改为购机后一次公示，敞开补贴的机具品目实现手续一次性办理，开展“一站式”服务。三是与各市签订《农机购置补贴实施工作责任书》，对相关企业和各市、县农机管理部门相关人员进行培训。四是明确职责，严格执行《关于处理好农机购置补贴相关问题的通知》，通过农机购置补贴软件系统设置，卡住关口，避免相关违规问题发生。

【开展农机报废更新试点工作】 2015 年，河北省农机部门对农机报废更新实施的范围、对象、条件、标准及工作流程等作出具体规定，省农业厅、财政厅、商业厅联合印发《关于做好农机报废更新补贴试点工作的通知》，对整体工作提出明确要求。

【发挥农业机械的主力军作用】 2015 年，河北省农业机械化管理局在组织领导方面，早谋划、早安排、早启动，抓住关键，突出重点，制定工作方案，强化工作措施和任务目标，做到一级抓一级，一级对一级负责。坚持农机农艺融合，加强与相关部门的紧密配合，通力协作，形成合力，及时协调解决农业机械化生产中的矛盾和问题。

【“三夏”“三秋”期间坚守岗位】 2015 年，河北省农机部门“三夏”“三秋”期间实行值班责任制，尤其在“三夏”期间，省、市、县农机部门实行 24 小时值班制，148 个市、县热线电话统一在河北省农业机械化信息网上向社会公开，第一时间处置突发事件。

【推进互联网在农机作业中的应用】 2015 年，河北省推进“全国农业机械化生产信息管理服务平台”应用力度，发展 3G 手机终端客户群，比 2014 年增加 5 000多个用户，每日及时把免费天气情况、收获进度发布给河北省 3 万多个农机手以及合作社、农机维修网点和下级农机部门。

【启动“三夏”汛期气象服务方案】 2015 年，河北省农机部门强化与省气象局、气象台的工作对接，河北省农业机械化管理局向气象部门提供生产进度信息，气象部门提供中期、短期和 3 小时短时临近天气预报，通过信息平台第一时间向机手发出预警，应对天气突变。

【提高“三夏”“三秋”机收作业的组织化程度】 2015 年，河北省 1 000 多个农机合作社，推行订单作业、承包作业、一条龙作业等服务模式，落实合同承包作业面积超过 666.67 千公顷。以新购农机的驾驶操作人员为重点，复训、新训相结合，组织开展技术培训工作，确保农机驾驶操作人员以良好的技术素质投入作业。

【强化农机安全生产】 2015 年，河北省农机部门在全省范围内开展农机安全生产大检查，共出动监理人员 780 多人次、170 多车次，组织活动 152 场，深入乡村一线送农机安全知识下乡，受益人数 4.6 万余人，“三夏”“三秋”期间没有出现因农机具引发的重大事故。

【推进农机规模化作业】 2015 年，河北省农机深松推广到春夏秋三季作业，在有条件的市县推广深松施肥播种一体机，确保夏玉米一播“苗全、苗均、苗壮”。推进机械化秸秆综合利用，推广小麦秸秆机械化粉碎覆盖还田、秸秆打捆等技术，河北省小麦秸秆机械直接还田率达 90%以上。

【提高深松作业补贴标准】 2015 年，河北省将农机深松整地工作列入省重点督查项目，实行县长负责制，将深松作业补贴标准由 375 元/公顷提高到 450 元/公顷，并为县级农机深松管理部门安排深松质检费用补贴 7.5 元/公顷。

【重点粮食生产区实现深松作业】 2015 年，河北省以粮食生产核心区为重点，推进夏玉米深松深厚层施肥免耕播种作业和麦田秋季深松整地作业，在张承等适宜地区广泛实施春播前深松整地作业，实现作业时间、地域、作物品种全覆盖。

【跟进作业进度】 2015 年，河北省执行作业进度日报制度，有针对性的加强工作措施，从 10 月 1 日起，各项目县每天下午 4 点前将作业进度报市，市汇总后报省，省统计后编发短信，分别报厅长和主管副厅长。

【农机深松项目专项监管】 2015 年，河北省农业厅成立 11 个农机深松项目专项督导组，截至 10 月底，河北省农业厅已对 35 个作业进度相对较慢的项目县进行督导检查，加快河北省深松作业进度。

【采取深松进度激励政策】 2015 年 10 月 27 日开始，河北省每周对项目县农机深松整地作业进度进行全省通报，并抄送项目县人民政府，鼓励先进，鞭策落后，促进河北省深松作业的快速推进。

【多措并举推动保护性耕作节水项目】 2015 年，河北省农机购置补贴对项目县市区的小麦免耕播种机、深松机等保护性耕作机械实行敞开补贴。2015 年，河北省新增小麦免耕播种机 400 多台，保障并加快项目的进展；保护性耕作和水肥一体化、深松等多项目捆绑实施，解决浇地难的问题；全省 300 多个技术服务小分队，到田间地头搞好服务，各地技术人员分片包村（合作社）、包机具、包地块，搞好技术服务并监督项目实施；项目县实行工作日记制度、并留有影像资料，每天汇报项目进度、机具作业、技术服务等情况；小麦保护性耕作节水技术项目优先安排在家庭农场、种粮大户、合作社等新型经营组织,机具作业效率提高、作业质量提升。

山西省

【概况】 2015年,山西省农机部门贯彻落实全国农业及农机工作会议精神,求真务实,开拓创新,各项农业机械化工作均取得成效,全省农业机械化呈现出健康、稳定、持续发展的良好态势。

【农机装备水平提高】 2015年,山西省农机总动力达3 350万千瓦,比2014年增加64万千瓦。其中,大中型拖拉机、玉米联合收割机分别比2014年增加1.6万台和2 600台,分别增幅13.4%和14.3%,保有量分别达13.5万台和2.1万台。畜牧、设施农业、林果及农产品加工机械均快速发展,山西省农机装备结构得到调整。

【农机作业水平稳步提升】 2015年,山西省农作物耕种收综合机械化水平达65%,比2014年提高1.5个百分点。

【农业机械化经营效益增加】 2015年,山西省农业机械化经营总收入将达140亿元,比2014年增加8.9亿元,增幅6.7%。其中,农机户经营纯收入达70亿元,比2014年增加2.8亿元,增幅4.2%。

【农机安全生产形势稳中向好】 截至2015年10月底,山西省发生2起农机安全生产事故,造成1人死亡2人重伤,直接经济损失5.35万元,低于省人民政府农机安全生产考核指标,农机安全生产形势保持稳定。

【率先实现农业机械化综合示范县乡村创建活动】 2015年,山西省投入2 500万元专项资金,扶持25个示范县开展创建活动。制定2015年率先实现农业机械化综合示范县建设项目申报指南和创建工作方案;组织开展农机普查,其中21个县已完成普查任务。2015年,山西省25个示范县农机总动力将达到1 000万千瓦,占全省农机总动力的30%;主要农作物耕种收综合机械化水平达77%,超出全省平均水平12个百分点。

【推进主要农作物全程机械化】 2015年,山西省建设玉米、马铃薯、高粱、莜麦、胡麻五大作物全程机械化示范点82个、农机新技术示范点109个,重点示范推广五大农作物耕、种、管、收等机械化生产主要环节急需机具和技术。2015年,山西省将新增玉米全程机械化生产机械7 000台,分别完成玉米机耕、机播、机收面积1 593.33千公顷、1 553.33千公顷、933.33千公顷;新增马铃薯全程作业机械900台,分别完成马铃薯机耕、机播、机收面积170千公顷、100千公顷、80千公顷;建设高粱、胡麻和莜麦全程机械化生产示范面积386.67公顷。

【实施农业机械化扶持政策】 2015年,中央财政安排山西省农机购置补贴资金4.92亿元,截至目前,山西省已使用4.69亿元,共补贴6万户农民购买农机具7.6万台(件),提前完成年初目标任务。山西省还投入各类农机作业补贴资金1.11亿元,分别实施玉米机收秸秆还田、农机深松整地、柠条机械平茬作业补贴面积173.33千公顷、66.67千公顷和8千公顷。

【开展农机购置补贴专项整治活动】 2015年,山西省出台农机购置补贴辅助管理系统管理规程(试行)、信息公开专栏建设规范、投诉举报处理等制度;改革补贴方式,实行"自主选择购机、补贴标准定额、县级审核结算、资金直补到卡"的办法;取消只有农民身份方可享受补贴的限制,扩大补贴范围;补贴实施方案由"一年一定"改为"三年一定",保持政策实施的连续性、稳定性;实行由补贴产品生产企业自主确定经销商、农民自主选择补贴产品和经销商的办法,全面公开补贴信息,设立农机补贴投诉举报平台,全方位接受社会监督。

【培育新型农业机械化经营主体】 2015年,山西省农机部门采取健全组织机构、增加资金投入、制定创建标准、建立表彰机制、开展农业机械化示范社场户创建活动、组织培训等措施,抓农机专业合作社培育发展和规范化建设以及新型职业农民(农机操作手)培育。2015年,山西省新发展农机专业合作社83个、农机大户300户;确定69个农机合作社、60个机械化家庭农场、126个示范大户作为扶持对象,从优先安排农机补贴资金、承担农机项目建设任务、管理技术培训等方面重点扶持发展。农机专业合作社承担山西省30%以上的农机作业任务,已成为现代农业生产主力军和土地流转的重要承载主体。山西省投入700万元,培育新型职业农民(农机操作手)7 000人;山西省农业机械化学校与6家企业合作,采取现代学徒制模式培养465名学生。

【组织农业机械化生产】 2015年春耕春播期间,山西省共投入各种农业机械46万台(件),完成机械化耕整地1 741.33千公顷,机械播种1 598.67千公顷,其中玉米机播1 192.67千公顷,马铃薯、豆类等杂粮机播406千公顷,生产进度较往年提前10天左右。"三夏"抢收抢种期间,山西省共投入各类农业机械40余万台,完成小麦机收面积660千公顷,机收率达97.7%;完成玉米、豆类机械复播面积418千公顷,机播率达94%。"三秋"作业期间,山西省投入各类农业机械40余万台,完成玉米机收面积933.33千公顷,马铃薯机收面积80千公顷,实施农机深松整地作业面积333.33千公顷,柠条机械化平茬作业面积8千公顷。农业机械承担和完成全省90%以上的农业生产任务。

【加大农业机械化新技术新机具推广力度】 2015年,山西省围绕农业产业结构调整和优势农产品布局,加大保护性耕作、秸秆综合利用、牧草收获加工、设施农业装备、杂粮生产加工、农产品初加工等农业机械化新技术新机具的科研开发和示范推广力度。

【强化农业机械化新技术新机具示范推广】 2015年,山西省新增保护性耕作实施面积34千公顷,累计实施面积达到1 092千公顷;推广秸秆机械化还田以及饲料化、基料化、燃料化等秸秆机械化综合利用技术,完成秸秆机械化还田面积1 333.33千公顷,转化利用185万吨;在山西省47个县实施农产品产后处理及初加工装备技术示范项目48个,扶持28个县升级改造农村油磨坊45个。举办第十届北方现代农业装备推广展示交易会、中国(山西)第二届农用无人机等高效植保装备演示会和第四届中国(山西)特色农产品交易博览会农机展。2015年,山西省共组织各类技术培训班

234次，举办农机新技术、新机具现场演示培训活动143次，培训农机推广人员和农机操作手3.2万人。

【强化农业机械化新技术新机具科研开发】 2015年，山西省抓农机科研开发，组织省内外丘陵山区农业机械化和电动农机发展情况调研，并提出加快推进发展的意见和建议；"设施农业工业化养殖应急供电装置研究"等4个项目被列为省科技攻关项目，其中"设施农业工业化养殖应急供电装置研究"和"柠条饲料加工技术及关键设备研究"项目已经通过省科技厅验收；"长城沿线坡耕地抗旱补水播种保苗综合技术配套装备研究"项目通过农业部验收，并获得1项发明专利和10项实用新型专利；组织微型电动拖拉机和谷子、蔬菜电动播种机等新能源农机新产品研发，已完成样机制作。

【狠抓农机安全生产】 2015年，山西省农机部门落实安全生产责任制，集中开展农机安全生产大检查、打非治违专项整治等活动，发送"一信三书"2万多份、《农机安全生产知识手册》5 000余份，排查整改各类隐患2 619项，纠正违章732起；加快推进农机安全监理业务审批权下放，其中太原等6市已下放到县；组织开展农机安全宣传月和咨询日活动，举办各类宣传活动226次、散发宣传资料16万份；开展"平安农机"创建活动，推荐柳林县为国家级示范县。山西省新注册登记拖拉机、联合收割机1.6万台，检验5.8万台，新训新考驾驶员5 483人。

【抽查农机质量】 2015年，山西省组织开展"3·15"农机质量维权宣传活动，共发放宣传资料19万份，接受群众咨询1.1万人次；联合工商、质监等部门开展农机市场打假专项治理行动，查处不合格农机产品及配件2 097件；组织开展玉米收获机质量调查。2015年，山西省共受理农机质量投诉案件28件，结案26件，为农民挽回经济损失760余万元。

【加强机关建设】 2015年，山西省农机部门开展学习讨论落实活动和"三严三实"专题教育。确定农机购置补贴、农机专业合作社、农机跨区作业等5个专项作为学习讨论落实活动整治内容，其中农机购置补贴突出问题被列为省30项重点整治项目之一。2015年10月21日，山西省委副书记楼阳生带领省专项整治检查验收组，对农机购置补贴专项整治工作进行检查验收，验收合格。

【开展"六权治本"工作】 2015年，山西省农机部门开展"六型机关"创建活动，打造廉洁、高效、勤政、务实的农机部门。开展"六权治本"工作。成立工作领导组及办公室，印发《山西省农机局推进"六权治本"工作方案》，编制并公开权力清单、权力运行流程图、责任清单、廉政风险防控图，梳理问责依据，完善相关制度。

【狠抓农业机械化新闻宣传】 2015年，山西省农机部门在国家和省级媒体刊发专题专栏文章200余篇；山西新闻联播报道农业机械化新闻17次；向《山西信息》和《晋政信息》报送农业机械化政务信息40多条；采集农机网站信息2 330条、发布1 662条；发布跨区作业手机短信6万多条。

【存在问题】 2015年，山西省丘陵山区农业机械化发展缓慢，农业机械化基础设施建设薄弱，农机监管能力有待加强，农业机械化公共服务能力建设滞后，农机科研开发和自主创新能力不强，农机手驾驶操作技能亟待提高，农业机械化经营主体急需壮大。

内蒙古自治区

【概况】 2015年，内蒙古自治区农业机械化工作围绕农业部总体部署和自治区农牧业厅发展战略，突出工作重点，创新工作方法，推动农业机械化事业向前发展。

【农机装备总量增加】 2015年，内蒙古自治区农机总动力达3 800万千瓦，同比增长4.6%。14.7千瓦以上的拖拉机保有量达70万台，同比增长4.5%，较"十一五"期末增长36.2%；联合收获机械保有量达2.95万台，同比增长18%，较"十一五"期末增长2.7倍。机械装备整体向大型化、高性能、联合作业的方向发展，装备结构优化，装备质量提高。

【机械化水平提高】 2015年，内蒙古自治区农作物机耕、机播、机收水平分别达94%、86.12%和58%，同比提高0.5个、0.5个和2.1个百分点。综合机械化水平达81%，同比提高1.2个百分点，较"十一五"期末提高12.7个百分点。主要作物玉米、马铃薯的机收水平达59%和70%，同比提高11.6个和6.1个百分点。

【加大农业机械化新技术应用】 2015年，内蒙古自治区实施保护性耕作面积达1 320千公顷，比2014年增加33.33千公顷；机械深松整地1 266.67千公顷；机械化精量播种、节水灌溉、秸秆还田等新技术推广面积扩大，分别达4 155.4千公顷、1 246.93千公顷和268.13千公顷。

【农机社会化服务比重提高】 2015年，内蒙古自治区农机专业合作社突破1 700个，较"十一五"期末增长2.7倍，入社社员超过3万户。以农机专业合作社和农机大户为主力的社会化服务占整个农机作业服务的比重超过30%，比2014年提高0.9个百分点。

【农机安全生产形势】 截至2015年9月，内蒙古自治区发生农机事故16起，受伤15人，死亡4人，造成经济损失10.57万元。完成拖拉机和联合收割机年检28.03万台，注册登记农机53 970台，新考驾驶员4.62万人。开展创建"平安农机"活动，推荐上报"平安农机"示范旗县(市)3个。

【落实农机购置补贴政策】 2015年，农业部安排内蒙古自治区中央财政农机购置补贴资金12.8亿元，同比增加0.9亿元；自治区财政安排牧民购机累加补贴资金7 480万元。为落实农机购置补贴政策，3月内蒙古自治区农机部门印发《内蒙古自治区2015—2017年农机购置补贴专项实施方案》，对农机购置补贴政策进行改革创新，全自治区实行"开放购机、持据申请、购补脱钩、简化办理"操作模式，通过缩小补贴范围和品目、加强信息公开、优化制度设计、创新补贴方式、强化纪律监督等手段，确保农机购置补贴政策有条不紊、安全有序地实施。通过调研，了解补贴政策改革后出现的新问题，发掘典型做法，为完善管理寻求思路。2015年，补贴机具约9.57万台，受益农牧户8.06万户。

【推进农牧业机械化生产】 2015年,内蒙古自治区农机部门制定生产方案和应急预案,组织农机技术人员,投入生产第一线指导农民生产作业。做好信息发布、机手培训、机具维修、后勤保障、应急调度等各项服务,加强作业市场调控引导,科学调度机具,搞好农机跨区作业服务,发挥农机主力军作用,指导和推进机械化生产。"三夏"期间,投入联合收割机6 000多台,完成机收小麦605.33千公顷。"三秋"期间,狠抓机械化跨区耕整地、玉米机收和马铃薯抢收工作,完成机收玉米2 694.95千公顷、机收马铃薯438.34千公顷。

【开展全程机械化推进行动】 2015年,内蒙古自治区农机部门落实农业部开展农牧业生产全程机械化推进行动,根据各盟市对本地区主要农作物和畜牧业生产全程机械化统计材料,制定《内蒙古自治区2015年农牧业生产全程机械化推进行动方案》,按照试点示范、以点带面、持续推进的要求,建立自治区、盟市、旗县三级试点,实行分级主抓、联动建设的工作机制。确立22个主要农作物和畜牧业生产全程机械化试点为自治区级主抓试点,并制定不同试点建设目标和重点内容。

【努力提升农机社会化服务】 2015年,内蒙古自治区农机部门继续开展农机专业合作社规范化建设,自治区安排建设20个规范化建设任务,采取树典型、立样板、教方法、指路子的办法,引导农机合作社向有序化、专业化、规范化方向发展,拉长农机服务产业链条,创新服务模式、壮大服务功能、拓宽服务领域、提高服务效益,推动农机社会化服务健康发展。

【制定农机深松整地工作方案】 2015年,内蒙古自治区农机部门按照农业部有关农机深松工作安排部署,制定《内蒙古自治区2015年农机深松整地工作实施方案》,将深松整地任务分解到各盟市,选择呼伦贝尔市莫力达瓦旗,开展秋季农机深松整地作业补助试点工作,安排中央财政农机购置补贴资金100万元;对各盟市农机深松整地作业进行调查,内蒙古自治区适宜开展深松整地作业面积4 294.67千公顷,约占总耕地面积49.6%,覆盖全自治区76个旗县和4个农牧场。

【解决农机深松整地工作难点】 2015年,内蒙古自治区农机部门解决深松作业补助试点面积和作业质量检测难、核定难的问题,5月初和8月初由内蒙古自治区农牧业厅副厅长王国林带队赴黑龙江省、山东省进行考察学习,通过实地走访、观看深松自动检测仪作业、座谈会交流等方式,了解两省在深松测量方面所采取的措施,为自治区开展深松作业补助提供思路。

【营造农机安全生产良好氛围】 2015年,内蒙古自治区农机部门按照农业部农业机械化管理司部署,对巴彦淖尔、赤峰、呼伦贝尔等地进行农机安全管理调研督查,了解各地农机年检制度执行、规范化管理、收费、安全生产责任制落实、农机监理业务工作进度等情况。各地组织农机安全生产大检查,强化农机安全生产宣传教育工作,普及农机安全知识,注重抓源头、抓宣传、查隐患、防事故,促进农机安全生产形势持续好转,防范和遏制农机重特大事故,保障农业安全生产。

【狠抓农机产品质量】 2015年,内蒙古自治区农机部门狠抓农机产品质量。一是强化农机质量监督管理,提升农机质量水平,印发《内蒙古自治区2015年农牧业机械质量监督管理工作方案》,部署本年度质量监督各项工作。二是规范农机市场秩序,开展农机产品打假查劣行动,受理投诉案件2起,取消洛阳市洛柴发动机有限公司两个型号自走式玉米收获机支持推广目录产品资格,维护农牧民的合法权益。三是提升内蒙古自治区农机维修服务能力,印发《内蒙古自治区2015年农机维修能力建设试点方案》,安排四个农机专业合作社开展维修能力建设试点。

【存在问题】 2015年,内蒙古自治区农业机械化工作还存在一些问题。一是部分地区还存在着对农业机械化发展的重要性认识深度不够,政策落实不到位等问题。二是低档次农牧机械比例大、科技含量不高、农机运用基础设施条件差的现象严重存在。三是虽然主要农作物生产方式整体进入机械作业为主的新阶段,但一些经济作业、特色作物机械化水平提高缓慢。四是畜牧饲养业机械化总体水平偏低。五是虽然农机合作社等新型社会化服务主体有较大发展,但整体组织化程度低,高技能人才少,农机使用效率和经营效益亟待提高。

辽宁省

【概况】 2015年,辽宁省农机部门在农业部的支持下,全省农业机械化系统干部职工贯彻省委、省人民政府关于"大力发展农业机械化,推进现代农业和新农村建设"的各项部署,精心组织,攻坚克难,奋力拼搏,扎实工作,完成农业部和省人民政府确定的主要目标和各项任务,完成"十二五"规划设定的各项指标。

【农机装备总量稳中有升】 2015年,辽宁省农机总动力2 800万千瓦,同比增长2.9%。装备结构和布局优化,玉米和水稻等重点作物关键环节机械大型化、复式化、配套化趋势明显,设施农业、特色产业和经济作物等农机装备发展提速。

【农机作业水平稳定提高】 2015年,辽宁省耕种收综合机械化水平达77.1%,同比提高2个百分点。薄弱环节机械化快速发展,水稻机械种植水平超过86%,巩固水稻全程机械化成果;玉米机收水平超过50%,同比提高8个百分点,近4年累计增幅近30个百分点。

【农业机械化技术推广面积扩大】 2015年,辽宁省完成保护性耕作133.33千公顷、机械深松489.8千公顷、机械插秧488.2千公顷、玉米机收1 135.33千公顷。保护性耕作应用面积累计突破533.33千公顷。阜新市深松整地88.87千公顷,实现阶段性新突破。

【农业机械化服务能力增强】 2015年,辽宁省农机合作社数量超过2 300个,同比增加1.9%。2015年农业机械化服务经营收入达120亿元,同比增长7%。农机作业服务领域由种植业向农林牧渔各业等纵深发展。

【农机安全形势稳定】 截至2015年11月底,辽宁省累计发生省级以上公路以外的农机事故8起,事故死亡人数占全年控制考核指标的8.7%(指标46人,实际 4 人)。全省未发生重特大农机安全生产事故。

【实施农业机械化扶持政策】 2015 年，辽宁省农机部门推进补贴操作方式创新完善，实行“先购后补”的操作方式。加强过程监管、强化信息公开、加强政策培训、延伸绩效考核、防控廉政风险、鼓励企业创新，制定《辽宁省农机新产品中央财政资金购置补贴试点工作方案》，开展农机新产品补贴试点。

【加大对农业补贴力度】 2015 年，辽宁省财政安排 1 000 万元作为市县补贴机具核查经费。2015 年中央财政安排辽宁农机购置补贴资金 7.3 亿元，其中，利用补贴资金近亿元在 13 个市(省管县)开展深松作业补贴。补贴实施工作总体启动早、措施实、进度快，效果显著。截至 11 月 20 日，辽宁省补贴实施 6.56 亿元，实施率达 82.9%；结算资金 3.19 亿元，结算率为 40.2%，补贴推广机具 5.8 万台(套)，受益农户 4.4 万户。强化督导检查，及时受理各类投诉，对 5 家违规违纪农机产销企业进行约谈并将企业违规情况报送农业部。

【组织农业机械化生产】 2015 年，辽宁省各级农机主管部门早准备、早部署、早动手，组织农机跨区作业，收集发布天气、供求、交通等信息，协调保障柴油供应、落实免费通行政策，促进作业机械的有序流动。突出素质，狠抓培训，全面开展农业机械化人才队伍建设。结合重要农时季节，组织开展多种形式的培训活动，累计培训农机管理、技术和实用人才 15 万人次。组织调度各类机具投入春耕、“三秋”以及抗旱等重点农时季节的机械化生产和农业抗灾救灾。

【提高重要农作物的农业机械化水平】 2015 年，辽宁省人民政府继续将巩固水稻全程机械化作为重点工作考核目标，实行绩效考核，加大工作力度，为推进水稻生产全程机械化奠定基础，推进水稻生产提质增效、换档升级。加大玉米收获机械化推进力度，实施补贴政策拉动、农机农艺互动、社会服务促动、梯度推进带动，玉米机收呈现出加速发展态势。

【推进农业机械化技术创新】 2015 年，辽宁省农机部门推进农机农艺技术融合，发挥农业机械化示范区引领辐射作用，重点推广机械深松、保护性耕作等农业机械化节本增收技术。2015 年，农业部下达深松整地作业任务 446.67 千公顷。辽宁省人民政府高度重视，副省长赵化明多次听取辽宁省农村经济委员会专题汇报，研究和落实具体推进措施。

【实施深松深翻作业补助】 2015 年，辽宁省实施深松深翻作业补助 340.87 千公顷，其中，旱田作业补助面积 287.53 千公顷，开展水田深翻作业试点示范作业补助面积 53.33 千公顷。为促进农业可持续发展，投入本级专项资金 4 000 万元，以辽宁省西北玉米耕作区为重点，以农机合作社、农业生产经营组织、农机大户、种粮大户和家庭农场为依托，以秸秆还田覆盖、免耕播种为主要技术内容，采取作业补助方式，集中连片，规模实施，示范实施面积 133.33 千公顷，干旱之年效果明显。

【加快发展农机服务组织】 2015 年，辽宁省推进农机社会化服务示范建设活动，引导规范内部管理、完善运行机制，培育一批规模大、机制活、服务好、能力强的农机服务组织。农机合作社发展方式由数量扩张向质量提升转变；组织模式由“带机入社”、劳动联合向土地与资本联合转变；经营范围由耕种收纯农田作业向农资供应，农产品收贮、加工一体化转变。农机合作社成为土地流转新主力，集成应用农业技术的新载体，建设现代农业的新主体，培育新型职业农民的新基地，提升农机服务社会化水平，推动土地集约经营。

【农机合作社发展壮大】 2015 年，辽宁省农机合作社达 2 300 个，新增 43 个。入社成员 3.5 万人，服务农户 105.5 万户，农机服务面积 1 833.33 千公顷。辽宁省 50 个“全国农机合作社示范社”继续发挥引领和示范带动作用。鞍山、铁岭、锦州、盘锦等市深入推进企社共建、银社对接、社社联合，实现多方共赢。

【加强农机安全生产】 2015 年，辽宁省农机监理系统扎实开展“平安农机”示范县、“为民服务创先争优”示范窗口创建活动，组织以打击无牌无证行驶、违规发放牌证等为主要内容的“打非治违”专项行动。推动各地落实农机免费检验，把农机安全监理与农机购置补贴政策有机结合，加强农机执法条件建设，拖拉机、联合收割机“三率”水平提高。

【严格监管补贴机具】 2015 年，辽宁省农机质量监督管理部门对享受省人民政府补贴的田园管理机、玉米收获机、粮食烘干机等产品开展补贴机具质量跟踪调查，督促农机企业提升产品质量。开展全省农机推广鉴定工作监督检查，促进依法鉴定、规范鉴定。2015 年共受理耕整地机械、种植施肥机械、粮油加工机械等 130 种型号农机产品的部省级推广鉴定。建立“辽宁省农机质量投诉交流群”，提高投诉案件处理实效。辽宁省农机质监部门共受理各类投诉案件 40 起，为农民挽回经济损失 50 余万元。推进农机标准化建设，完成《玉米脱粒机作业技术规程》等五项省级地方标准的制定工作。

【存在问题】 2015 年，辽宁省农业机械化科学发展存在以下问题。一是先进适用、技术成熟、安全可靠、节能环保、服务到位的农机装备有效供给不足，大型拖拉机农机、联合收获机和秸秆综合利用等机具补贴标准低；二是农机装备结构和布局不合理，丘陵山区、设施农业和经济作物环节机械化发展滞后，老旧农机报废更新慢；三是农机农艺融合不紧密，一些先进适用技术集成推广受到制约；四是农业机械化公共服务体系建设滞后，技术推广、教育培训、安全监管等农机公共服务能力不强；五是农业机械化基础设施建设滞后，机耕道路、机具库棚、粮食晾晒场地等基础设施条件依然较差；六是农机作业服务的组织化程度不高，农机专业合作社建设的规范性亟待加强，基层农机服务体系需要建立和完善；七是农机人才短缺成为制约农业机械化向高质量发展的“短板”，农机管理、推广、维修、运用等领域均缺少农业机械化发展的专业人才；八是农机科研创新投入少，基础性与原创性的农机产品开发能力薄弱，农机装备制造业发展落后。

吉林省

【概况】 2015 年，吉林省农机部门按照农业部农业机械化管理司的总体安排和部署，全省农机部门贯彻落实中央一号文件，围绕全省农业农村中心工作，突出发挥农业机械化在提高农业综合生产能力，粮食增产，农民增收以及新农村和现代农业建设中的重要作用，农业机械化事业展现全面快速发展的良好局面。

【农机装备水平快速提升，结构优化】 2015 年，吉林省农机总动力超过 3 000 万千瓦，比 2014 年提高 2.8%，拖拉机保有量达 117 万台，比 2014 年增长 3 万台。水稻插秧机、水稻收获机和玉米收获机保有量增长较快，分别达 4.97 万台、1.76 万台、3.5 万台。

【农机作业水平显著提高，关键环节实现突破】 2015 年，吉林省主要粮食作物耕种收综合机械化水平超过 80%，比 2014 年提高 2.2 个百分点。水稻机收和玉米机收分别达 80%、60%。

【农机社会化服务推进，经营规模扩大】 2015 年，吉林省各类农机合作组织、农机大户发展壮大，农机生产的组织化程度提高，农机大户和农机专业合作组织通过承包服务、订单作业等形式开展农业机械化生产，实现规模经营。农机维修、经销市场稳步运行，逐渐规范，服务质量提高。

【抓好四项农业机械化工作】 2015 年，吉林省农业机械化发展突出主攻方向，强化改革推动，发挥农机购置补贴政策的引领和导向作用，实施“五项新策、七项改革”和“三项调整”，推进吉林省农业机械化发展。

【五项新策】 2015 年，吉林省农机部门提出“五项新策”。一是将工作全局向实现粮食生产全程机械化战略目标聚焦，推进现代农业建设。二是满足广大农民和农业生产经营组织的购机需求，实施敞开普惠的补贴政策。三是稳定发展预期，实行连续稳定的补贴政策。四是促进农业生产经营方式转变，扶持农业新型生产经营主体创新发展。五是以问题为导向，加强廉政风险防控。

【七项改革】 2015 年，吉林省农机部门提出“七项改革”。一是补贴资金分配与计划脱钩，与市场挂钩。二是补贴产品与支持推广目录脱钩，与产品资质挂钩。三是补贴产品经销商确定与行政管理脱钩，与企业权责挂钩。四是实施补贴操作与经销商脱钩，与主管部门挂钩。五是购置补贴机具与申请排号脱钩，与据实购买挂钩。六是购置补贴机具与销售地域脱钩，与补贴对象利益挂钩。七是推进补贴购机纠纷处理与行政管理脱钩，与司法法治挂钩。

【三项调整】 2015 年，吉林省农机部门提出“三项调整”。一是将直接从事农业生产的企业纳入到补贴范围内。二是取消购机补贴对象购置补贴机具的数量限制，购机补贴对象可按需求自主购机，购买机具验收合格后即可享受补贴。三是将春季、秋季农业生产所需机械年度补贴截止时间延长，均延后至 2015 年 11 月 30 日。

【加大农机购置补贴】 截至 2015 年 11 月 19 日，吉林省已下拨农机购置补贴资金 14.785 亿元(其中，中央农机购置补贴资金 14.5 亿元，省级资金 0.285 亿元)，各县(市、区)已实施补贴资金 14.695 3 亿元，占已下拨资金总数的 99.39%。吉林省实施 14.695 3 亿元补贴资金，共补贴机具数量 61 016 台，受益用户 56 241 户。

【新型农业生产经营主体农机装备建设项目启动】 2015 年起，吉林省启动新型农业生产经营主体农机装备建设项目，项目坚持“统筹规划布局、以新型农业生产经营主体为基础、土地规模经营、高标准配置农机装备和强化多元化资金投入”等五个原则进行建设。2015 年开始，在吉林省 30 个产粮大县实施新型生产经营主体农业装备建设。优先在前郭县、榆树市、公主岭市、农安县等 10 个粮食生产全程机械化先行示范县和长吉产业创新发展示范区实施。2015—2017 年吉林省扶持建设新型农业生产经营主体，2015 年扶持建设 50 个。新型农业生产经营主体包括农民合作社、从事农机作业的农业生产经营组织、家庭农场、种粮大户。扶持建设资金采取中央财政补贴、省级财政补助、地方投入、信贷支持、融资租赁、新型农业生产经营主体自筹及社会资本投入等多元化形式。

【推广机械化保护性耕作技术】 2015 年，吉林省为推进耕作制度改革，加快全省黑土地保护、秸秆焚烧治理和农业可持续发展步伐，在全省启动实施以秸秆还田免耕播种为核心内容的保护性耕作技术作业补贴工作。2015 年，吉林省共完成补贴作业面积 82.67 千公顷(其中：机械化保护性耕作技术作业补贴面积 72 千公顷、省级粮食发展专项机械化保护性耕作技术推广 10.67 千公顷)，共使用补贴资金 3 655 万元(其中：机械化保护性耕作技术作业补贴 3 160 万元、省级粮食发展专项机械化保护性耕作技术推广 495 万元)，占全省玉米播种面积的 2.2%。

【开展农机全融租赁试点和农机具抵押贷款购机】 2015 年，吉林省为减轻农民购机资金压力，解决广大农民购机贷款难、贷款贵的问题，推进吉林省农业机械化发展，吉林省农业委员会与中国农业银行全资子公司“农银金融租赁公司”和吉林省农业银行，在吉林省开展农机金融租赁试点和农机具抵押贷款购机工作签订战略框架协议，与农银金融租赁公司确定在吉林省开展农机金融租赁业务并给予金融支持。

黑龙江省

【概况】 2015 年，黑龙江省各级农机部门贯彻全国、全省农业机械化工作会议精神，围绕创新发展方式、服务农业生产、促进农民增收的目标，求真务实，真抓实干，农业机械化工作保持健康的发展势头，为黑龙江省现代化大农业建设做出贡献。

【农业机械化装备总量增长】 2015 年，黑龙江省农机总动力达 4 560 万千瓦，同比增长 6.3%。农机装备结构优化，水稻和玉米两大粮食作物关键环节机械装备增加，新增水稻插秧机 15 000 台，水稻收获机 5 700 台，玉米联合收获机 3 000 台。

【农机作业水平提升】 2015 年，黑龙江省耕种收综合机械化程度达 92.9%，同比提高 0.6 个百分点，薄弱环节机械化水平提高，玉米机械化收获实现突破，机收程度达 77%，同比提高 5 个百分点。

【农机社会化服务能力增强】 2015 年，黑龙江省以提高经营管理能力为重点，推进农机合作社规范建设，提升农机合作社服务能力，2015 年评选规范社 56 个，黑龙江省规范社、示范社达 117 个。新建农机合作社 117 个，农机合作社达 1 224 个。新建农机合作社自主经营土地达 33.07 千公顷，入社农户达 8 845 户。

【农业机械化新技术推广应用步伐加快】 2015 年，黑龙江省推广保护性耕作技术 511.2 千公顷，比 2014 年增加 215.93 千公顷，增加 73.1%，重点推广大型圆捆和小型方捆设备，黑龙江省新增推广 120 台，从农机上缓解秸秆就地焚烧的难题。推广钵体育苗机械插秧面积达到 513.87 千公顷，比 2014 年增加近一倍。

【农机安全生产形势稳定】 2015 年，黑龙江省农机安全生产工作得到全面发展，有机户、农机驾驶操作人员的安全生产意识提高，农机挂牌率、驾驶人持证率分别达 73%、66%，农机事故发生率逐年下降，农机事故和死亡人数均在管控指标范围内。

【促进现代农机合作社规范化建设】 2015 年，黑龙江省以规范盈余分配和管理机制为重点，出台《黑龙江省现代农机合作社规范社示范社标准（试行）》。黑龙江省农机合作社普遍采取以土地为主盈余分配形式，正在向取消保底、利益共享、风险共担方向发展。在组建农机合作社工作中进行创新，改革农机合作社建设审批机制，在建设标准不降低的情况下，将合作社审批权下放到市级。目前，合作社农机装备采购权，农机合作社审批、装备采购和省补助资金全部下到市（地），缩短项目审批时间，减少审批环节，使采购的装备更符合当地农业生产的需求，调动市（地）一级工作积极性，提高工作效率。

【扩大农机合作社规模】 2015 年，黑龙江省已审批农机合作社 117 个，同时给予经营面积扩大的规范社补充农机装备，每社补充农机装备 200 万元，省财政给予 60%的补助。为提高农机合作社粮食烘干能力，对规范社建设粮食烘干设施给予定额补助，共投入省级补助资金 2 000 万元。提高农机合作社装备监管和调度能力，实施市、县农机管理调度指挥建设，在 4 个市本级和 20 个县建设农机调度指挥中心，省下拨市、县农机调度指挥中心补助资金 800 万元，全省已在 8 个市本级 40 个县建设农机调度指挥中心，安装 GPCS 终端 15 444 台，深耕测试仪 4 094 台。

【落实农机购置补贴政策】 2015 年，依据黑龙江省耕作特点，省农机部门结合农业机械化重点，确定补贴 7 大类 15 个小类 36 个品目的农机产品。为解决秸秆焚烧问题，对搂草机、免耕播种机等 11 个品目的产品实行“敞开补贴”，实现“有购有补”。

【防控农机购置补贴工作廉政风险】 2015 年，黑龙江省各地农机管理部门联合纪检监察部门对购机补贴的实施过程进行监督与管理，按照《黑龙江省农机购置补贴廉政风险防控机制建设实施方案》要求，建立健全补贴工作制度和风险防控机制，开展购机补贴全面自查和检查活动。同时，还在黑龙江省电视台等新闻媒体进行补贴政策宣讲和解读。各县也通过电视、网络等方式在县域范围内对补贴政策进行公开宣传。2015 年用于落实散户农机购置补贴政策资金 4.5 亿元，全年补贴购置农机装备 1.8 万台（套），其中拖拉机 9 600 台、联合收割机 4 300 台、水稻插秧机 2 400 台、其他农机装备 1 700 台。

【抓关键时节农业机械化生产】 截至 2015 年 11 月 16 日，黑龙江省完成秋整地 5 550.33 千公顷，其中，深松整地 2 906.98 千公顷；机械化收获 10 430 千公顷，累计出动 101 339 台收获机。春耕期间，黑龙江省共投入各类拖拉机 111.69 万台，投入农机具 88.3 万台（套），完成春整地 6 338.11 千公顷；完成机播面积 14 134.05 千公顷。

【重视农业机械生产作业】 2015 年，黑龙江省农机部门为做好农业机械生产工作，发挥农业机械在农业生产中的作用，印发《2015 年农机化春耕生产指导意见》和《关于做好农机化秋收秋整地工作的通知》。针对旱田地块玉米秸秆较多的特点，指导各地处理秸秆，争取机车早进地作业。推进冬夏两季农机检修工作，组织农机生产厂家技术人员，深入一线进行技术指导，督促机具检修，为全年农业生产提供装备保障。

【深松整地取得良好成绩】 2015 年，黑龙江省深松整地计划面积占全国总面积 22%，位居全国第一。黑龙江省农机部门为完成省深松整地任务，实施“一提高，二敞开”政策，即深松补贴在 2014 年每公顷 150 元的基础上，增加到每公顷 300 元，深松作业补贴和购买深松机具敞开补贴的优惠政策，确保深松整地工作的有序开展。在深松作业补助政策的带动下，全省农村达到补助标准的深松面积在 733.33 千公顷以上，是 2014 年的 3 倍。

【抓产业项目，农机装备制造业规模提高】 2015 年，黑龙江省围绕产业项目，加大招商引资力度，扩大产业规模，完善产业园区基础设施建设，提高产业信誉度，提升本地配套能力，加强对俄远东贸易往来。截至 9 月末，黑龙江省规模以上农机制造企业实现主营业务收入 90.77 亿元，同比增长 3.42%。2015 年新型农机装备制造产业新落地项目 7 项，计划总投资 6.98 亿元，已完成投资 3.3 亿元。全省 11 个投资亿元以上农机产业项目计划总投资 17.7 亿元，2015 年完成投资 2.95 亿元，已累计完成固定资产投资 13.8 亿元。

【与俄罗斯贸易势头良好】 2015 年，黑龙江省农机制造企业通过 2015 年中俄大项目推介会及中俄（佳木斯）农机产品展销洽谈会、第二届中俄博览会等交流平台，谋求合作，拓展俄远东地区农机市场，取得一定成效。2015 年包括凯斯纽荷兰、常发佳联、同江五谷丰等一批农机主机生产企业将产品销往俄罗斯远东地区，销售总额达 8 630 万元。

【抓教育培训，推进农业机械化人才队伍建设】 2015 年，黑龙江省农机部门为加强农机人才队伍建设，促进农业机械化科技创新与推广，推动农业机械化科学发展，提高黑龙江省农业机械化人才队伍整体素质和技术水平，下发《黑龙江省 2015 年农业机械化教育培训工作方案》，组织开展 2015 年农业机械化教育培训工作，2015 年，黑龙江省共培训各类农机人员 41 万人，其中培训农业机械化管理人员 2.3 万人，培训农业机械化技术人员 5.7 万人，培训农机操作人员 33 万人。

【抓示范推广，提高农业机械化新技术普及率】 2015年，黑龙江省农机推广部门在各地以区域优势和特色产业为切入点，依托农机作业合作社和现代化农业示范园区，将示范园区建设成为农业机械化新技术试验示范基地，有针对性地选择示范区建设内容和重点。在每个生产季节，召开多种形式的现场演示会、推进会和推介会，利用黑龙江省电视、报纸等媒体进行宣传，扩大农业机械化新技术的宣传面，应用黑龙江省农业机械化推广网平台，让农民通过网络及时了解国家的政策、方针、农机科技动态等。

【推进秸秆还田试验示范工作】 2015年，黑龙江省农机推广部门在兰西、肇州、青岗、泰来4个县10个现代农机合作社进行示范，主要从秸秆覆盖、秸秆翻埋、秸秆松耙等三方面处理方式进行验证，探索秸秆腐烂程度、腐烂数量和配套的耕作技术，经过一年跟踪测试记录分析汇总，制定玉米、水稻秸秆还田技术指导意见，下发各地指导农业机械化秸秆还田工作的开展。同时，还推广保护性耕作技术、秸秆捡拾打包技术、水稻钵育机插技术，推广示范面积实现跨越式增长，为示范推广奠定基础。

【抓质量监管，维护农民合法权益】 2015年，黑龙江省农机部门组织开展农机质量调查，制定实施细则，对全省12地区45个县市大中型轮式拖拉机和玉米收获机开展调查，此次调查共涉及24个生产企业、28种型号、278个大中型轮式拖拉机和玉米收获机，为全面掌握在黑龙江省销售的农机产品质量奠定基础。

【开展农机市场专项治理和农机“质量月”活动】 2015年，黑龙江省举办大型宣传活动32次，参加群众7 897人次；组织新闻发布会3次，发布专题新闻、信息59条；播放广播、电视专题节目27次，制作、发放宣传资料31 000份。各级农机主管部门与工商行政管理、质量监督部门出动执法检查人员6 500人次，执法车宣传车30台次，开展联合执法检查。共处理农机产品售后质量纠纷10余起，涉及价值总额约380万元，为用户挽回经济损失58万元。加强对获证企业监管，对黑龙江省43个企业的57个产品进行省级推广鉴定产品及证书使用情况监督检查。其中30个被检查企业的38个产品不符合推广鉴定要求予以撤证。维护广大农机用户的合法权益，打击不法经营行为，农机市场秩序好转。

【抓安全生产，农机安全形势好转】 2015年，黑龙江省加强农机安全生产源头管理，落实农机安全生产责任制。省、市、县三级农机监理机构、县级农机监理机构与乡镇人民政府之间，县级农机监理机构与部分有机户之间共签订责任状12 000份以上。以“六个一”为主要内容，加强与各类媒体合作，创新宣传教育方式，提升农机监理知名度和影响力，提高广大有机户、驾驶操作人员安全生产意识。黑龙江省共开展各类宣传教育活动5 000次以上，参与人员6万人次左右，印发宣传材料20万份以上。

【严把农业机械和驾驶操作人员准入关口】 2015年，黑龙江省农机部门严格把关农业机械和驾驶操作人员准入关口，促进农业机械安全技术状态和驾驶人操作技能提升。以重要节日、重要生产时段以及“安全生产月”“打非治违”“隐患排查治理”等专项治理活动为节点，多措并举消除农机事故隐患。

【深化警监联合模式】 经过几年实践，黑龙江省组建乡镇交警中队，警监联合抓农机安全管理被证明是行之有效的工作模式。截至2015年11月，全省四分之一以上市县共组建470多个乡镇交警中队，解决农村车辆和驾驶人源头管理不到位问题。同时，黑龙江省创新农机安全监管手段，组织开发农机监理移动执法终端，实现对农业机械及驾驶人员信息采集、数据查询、违法处罚登记等实时管理功能，提高农机行政执法效率。目前，该系统已经在34个县市推广应用。

上海市

【概况】 2015年，上海市各级农机管理部门贯彻党的“十八大”“十八届三中、四中、五中全会”精神以及中央农村工作会议、全国农业工作会议和农业机械化工作会议要求，围绕发展上海现代都市农业和整建制创建全国现代农业示范区工作目标，落实强农惠农政策，粮食作物全程机械化得到发展，主要农作物机械化水平达83%，同比2014年提高1.5%。农机安全监管强化，连续三年实现“零”死亡。出台支持农机库房建设和粮食烘干能力建设专项政策，农机服务能力提升。

【推进粮食全程机械化】 2015年，上海市农机部门按照“稳定机插秧、推广机直播”思路，发展水稻机械化插秧，加快推广水稻机械穴直播。举办水稻机直播现场观摩活动和技术研讨会，优化完善作业技术路线。开展机直播多点示范，推广松江区典型经验。

【加强机直播技术培训，提高作业技能水平】 2015年，上海市机械化种植率提高，水稻机械化种植面积达54.33千公顷，机械化种植率达55.4%，同比2014年提高7.4%；组织开展自走式高地隙喷杆式植保机械试验、示范和选型，形成相关技术规程，农民植保防治劳动强度减轻，新型植保机械作业效率提高，病虫防治效果增强。在郊区和农场共示范推广自走式高地隙喷杆式植保机械53台(套)，防治面积5.2千公顷。

【推进农作物秸秆综合利用】 2015年，上海市农机部门会同环保部门出台秸秆全面禁烧地方性法规，通过各种渠道加大宣传教育，落实禁烧职责，组织开展田间实地检查和直升机空中巡查，提高监管效果。加强政策扶持引导，加快新型还田机械配置，完善作业技术路线，强化机手操作技能培训和示范，提高还田质量。鼓励和支持农作物秸秆在能源化、饲料化、基料化等方面综合利用，秸秆综合化利用率达92%。

【加强农机服务保障能力建设】 2015年，上海市农机部门出台粮食烘干能力建设和农机库房建设专项扶持政策，组织区县编制粮食烘干能力规划和农机库房、维修点建设规划，粮食烘干3 000吨。

【推动都市现代农业创新发展】 2015年，上海市农机部门从日本、韩国、意大利等国家引进蔬菜作畦播种、移栽收割等蔬菜生产机械，利用引进技术装备开展研发创新和示范推广。组织有关科研院校和农机推广部门以主要绿叶菜关键技术突破为重点，推广机械化耕整地、起垄作畦、精量播种、移栽收割、水肥一体化等技术装备，制定相关技术作业规程，在郊区主要绿叶菜生产园艺场组织示范应用；加快农机智能化管理平台建设，利用农业物联网平台，采用北斗卫星导航技术，建立农机智能化管理系统，在上海市7个郊区县和光明农场300余台拖拉机和联合收割机上试点、示范，提高大中型农业机械使用效率，降低管理成本，提升监管广度和精度。

【加强农机安全生产监督管理】 2015年，上海市农机部门强化农机牌证管理，开展安全知识宣教，实施免费技术检验，农机安全监理“三率”（注册登记率、持证率、检验率）稳定在90%以上。落实安全生产责任，签订责任书，实现“横向到边、纵向到底”全覆盖，形成网格化管理。建立完善农机事故快速反应联动处置机制，举办田间作业机械突发事件处置应急演练活动，提高农机保险、人员急救、事故处理和机具维修等应急处置能力。配置农机安全技术检验检测装备和场地技能驾驶电子桩考仪，田间作业农机具保险保障幅度从15万元提高到50万元以上，农机交强险投保率达100%，综合保险率达92%，提高农机监理科技水平，化解事故风险。

【推进创建“平安农机”示范活动】 2015年，上海市创建3个示范镇、8个示范村、6个示范合作社和9个示范“机农结合互助点”。上海市道路外农机事故连续三年死亡人数为零，安全生产形势保持平稳。

【加强农业机械化服务能力建设】 2015年，上海市农机部门以规范化农机合作社建设为抓手，推广农机“一用就管”和重点农机具台账制度，提高农机合作社规范化管理和标准作业水平，鼓励发展先进农业装备和应用新型农业机械化技术。实施政策资金聚焦、倾斜，发展新型农机社会化服务模式，推广以松江区“粮食生产+农机作业”的“机农一体”家庭农场和机农互助点为代表的农机作业“小结合”、以嘉定区“大中型农机合作社+粮食生产+家庭农场农机作业”为代表的农机作业“大结合”，开展“订单作业”“复式作业”“一条龙”服务等农机生产作业；注重教学实训，规范培训程序，严把“入口关”和“出口关”，提高农机驾驶操作人员业务水平，增强农机人才支撑作用；举行“3·15农民维权暨放心农机下乡现场会”，调查督导补贴农机具质量，提高农机产品质量水平。

江苏省

【概况】 2015年，江苏省各级农机部门贯彻落实党的十八届三、五中全会和中央、省委农村工作会议精神，突出工作重点，细化任务分工，狠抓关键环节，各项农业机械化工作均按时序进度顺利推进。

【农机装备更新】 2015年，江苏省新增55.16千瓦以上拖拉机1.9万台，配套秸秆还田机2.8万套；新增插秧机8 356台，其中乘坐式4 795台，占比达57%；新增育秧流水线565台（套），保有量超过2 800台（套）；新增粮食烘干机2 976台，保有量超过8 000台；新增各类联合收割机1.94万台，保有量超过16.9万台，其中新增玉米收割机1 006台，保有量超过1.18万台。

【重点技术推广迈上新台阶】 2015年，江苏省水稻机插秧总面积达1 620千公顷，水稻机插率达75.7%。全省玉米机播面积243.33千公顷，机播率超过85%；玉米机收面积223.33千公顷，机收率达78%。秸秆机械化还田加速推进，江苏省夏季麦秸秆还田面积超2 053.33千公顷，还田率超过80%，秋季秸秆还田面积超过800千公顷，还田率达37%。

【农机社会化服务展现新活力】 2015年，江苏省农机合作社总数达5 408个，其中90%以上农机合作社由单纯开展社会化服务向承包经营土地拓展，农机服务主体和农业经营主体融合趋势明显。春耕备耕、“三夏”和“三秋”期间，江苏省农业机械化服务组织作业面积达70%以上，其中农机合作社开展秸秆机械化还田、水稻机插秧作业服务面积占秸秆机械化还田和机插秧面积的60%、70%左右。2015年，全省跨区作业总收入超过20亿元。

【农机教育培训取得新进展】 2015年，江苏省围绕实施农机“361人才计划”，组织开展市县农机局长、基层农机服务人员、农机科技人员等系列培训，加强农机管理、科技和技能人才三支队伍建设。2015年，全省共完成各类农机人才培训20万人次，农机职业技能鉴定3.2万人次，其中获证奖补2.6万人次。

【强化导向作用】 2015年，江苏省各级农机部门发挥农机购置补贴政策导向作用，重视农机购置补贴政策实施工作。江苏省实施中央和省级农机购置补贴资金17亿元，补贴各类机具13.49万台（套），受益农户达9.17万户。针对农机购置补贴政策在补贴对象、范围和流程等方面变化，各地通过多种形式、多种渠道，宣传购机补贴新政策，使政策家喻户晓。各级农机部门组织专题培训班，加强对购机补贴政策操作人员培训，省级培训操作人员达1 800多人次，实现乡镇人员全覆盖。

【提高农机购置补贴政策实施效果】 2015年，江苏省农机部门按照简化程序、方便农民要求，采取“品目管理、自主购机、乡镇受理、县级结算、直补到卡”的农机购置补贴操作办法，简化手续，减少审批环节，减轻农民往返负担。江苏省各级农机、财政部门配合，签订工作目标责任状，遵循“制约行政权力、顺应市场需求、强化社会监管”政策实施原则，监督管理，做到按制度办事，按程序操作。完善农机使用风险保障体系，开展农业机械综合保险工作试点，印发《江苏省农业机械综合保险条款费率（试行）》通知，扩大保险覆盖面，减轻农民负担和提高机手抗风险能力。

【强化关键措施】 2015年，江苏省各级农机部门围绕秸秆机械化还田和机插秧年度目标任务，落实政策，加大投入力度，加强部门配合，明确职责分工，强化技术培训，取得成效。江苏省部分地方人民政府出台配套扶持政策，加大对育插秧、还田作业环节补贴力度。

【提高秸秆机械化还田和水稻机插秧推广质量】 2015年，江苏省各级财政用于秸秆机械化还田及机插秧专项投入超过13.5亿元。江苏省各地按照要求，坚持早动员、早部署、早宣传、早培训，制定实施方案，完善技术路线，公布作业标准和核查督查方案。全省共组织开展各类技术培训近2 000期，召开现场演示会近600场次，发放宣传培训材料120多万份，观摩培训达21万人次。各地抓住机收、切碎(断)、匀抛、旋埋、机插(包括育秧)、灌水等关键技术环节，督促机手按照技术路线和作业标准开展作业。

【强化能力建设】 2015年，江苏省各地抓住土地规模化经营契机，培育农机服务组织和农机大户，在推行联耕联种、托管式等多种服务模式同时，引导服务主体流转土地开展规模经营，构建农机社会化服务新机制。江苏省各级农机部门加大资金投入，协调相关部门开展“联合担保”“大中型农机具抵押”、财政贴息贷款等形式信贷支持，扶持农机合作社场库和烘干间等基础设施建设，促进合作社运作。

【提高农机社会化服务水平】 2015年，江苏省级财政安排1 800万元、700万元分别用于扶持建设180个合作社机库和70个维修点。江苏省农业机械管理局制定出台《关于引导和鼓励农机合作社规范发展的意见》和《江苏省家庭农场合理配置农机具指导意见(试行)》，引导合作社加强制度和机制建设，引导家庭农场合理配置农机具，提高经济效益和服务水平。江苏省达到规范化建设的农机合作社达350家，合理配置农机具的家庭农场达200家。组织开展合作社负责人、机务管理和维修驾驶人培训，提高其经营管理能力和操作水平。

【提高农机安全监管水平】 2015年，江苏省农机部门贯彻落实“党政同责、一岗双责”责任要求，围绕全年农机安全生产目标任务，落实安全责任，创新工作举措，取得成效。

【深化专项整治】 2015年，江苏省组织开展“打非治违”专项行动、平安农机创建等系列活动，开展联合收割机非法改装粮仓、大中型拖拉机私拆乱改等违法活动专项检查，消除事故隐患。

【加强农机监理设备建设】 2015年，江苏省财政安排900万元农业执法专项资金，用于扶持17个县级农机监理所加强装备建设。

【组织开展送检下乡，改进监管方式】 2015年，江苏省注重便民服务，推行免费或部分免费服务，寓管理于服务之中，提高监理工作成效。全省各地农机部门开展各类便民服务惠及机手近10万人次。

【开展应急救援演练】 2015年，江苏省组织模拟农机事故应急处理演练活动，提高农机应急管理队伍对突发农机事故的反应和应急处置能力，确保农机安全生产，取得效果。

【加强宣传教育】 2015年，江苏省各级农机部门通过开展送安全知识下乡等系列宣传教育活动，提高农机操作人员和农民群众的安全意识，更新升级“平安农机通”功能模块，发挥安全教育、警示作用。截至11月底，全省农机安全生产形势平稳，共发生路外农机事故死亡26人，占省控指标42%，道路外未发生较大以上农机事故。在全省组织开展农机质量投诉监督“3·15”“送农机下乡”等系列活动，农机试验鉴定和质量监管、政策性保险、报废更新、油菜机收和高效设施农业机械化等工作取得成效，促进农业机械化工作发展。

浙 江 省

【概况】 2015年，浙江省围绕绿色农业强省建设，贯彻全国农业机械化工作会议精神，坚持“大农机”和改革创新理念不动摇，以加快推进农业领域“机器换人”为主线，以农机农艺融合、农业机械化与信息化融合为抓手，发挥政策和市场双重导向作用，推进农业机械化各项工作，保持农业机械化发展态势。

【争取浙江省人民政府出台促进意见】 2015年，浙江省农机部门起草形成《浙江省人民政府办公厅关于加快推进农业领域“机器换人”的意见(代拟稿)》，提出今后一段时期(以2020年为时间节点)农业领域“机器换人”的总体要求、目标任务、发展重点、主要措施等。目前《浙江省人民政府办公厅关于加快推进农业领域“机器换人”的意见》代拟稿已报送浙江省人民政府办公厅，正在征求各相关厅局意见。

【研究编制农业机械化发展规划】 2015年，浙江省农机部门围绕现代农业发展，结合农业机械化发展需求实际和趋势规律，着眼于突破薄弱环节、推动整体提升发展，开展调查研究和座谈讨论，广泛征求意见建议。组织起草《浙江省“十三五”农业机械化发展规划(2016—2020年)》(意见征求稿)，系统总结“十二五”农业机械化发展成效，分析面临的形势和要求，提出“十三五”农业机械化发展的目标、任务、重点和保障措施。

【组织编制三年行动计划】 2015年，浙江省农机部门围绕贯彻省人民政府意见和“十三五”农业机械化发展规划，研究制定《农业领域“机器换人”推进行动计划(2016—2018年)》，将农业领域“机器换人”各项工作整合成一项系统工程，提出四大目标(粮油生产机械化、主导产业机械化、农业生产设施化和农业机械化生态效益)、五大理念(大农机、高效生态、创新驱动、问题导向和依法治机)和六大举措(政策促进、科技促进、服务促进、管理促进、改革促进和队伍促进)。

【完善并落实农机购置补贴政策】 2015年，浙江省在贯彻中央农机购置补贴政策规定要求基础上，按照“大稳定、小调整”原则，对补贴政策作调整和完善，调整补贴范围，新增具有导向性产品，取消近年没有补贴或补贴较少产品；提高补贴额度，个人年度享受补贴额度从15万元提高到30万元；优化便农举措，允许村集体经济组织、农机合作社和家庭农场在年度补贴总额内为周边散户代办1 000元补贴以下机具。浙江省(宁波除外)已实施中央补贴资金30 536.2万元，省级补贴资金3 208.8万元，市县补贴资金3 722.3万元，受益农户4.5万户，新增各类农机装备81 420台(套)。

【开展新技术新装备示范推广】 2015年，浙江省农机部门推进农业机械化示范区建设，实施粮油及主导产业机械化示范工程，开展农业机械化示范农场建设举办水稻栽植技术培训班暨现场演示会、油菜生产农机农艺融合技术培训班暨现场观摩会、智慧农业装备技术培训班暨现场演示会，推广普及农业机械化新技术新装备。全省水稻耕种收综合机械化水平达73.5%，提高0.5个百分点，其中水稻机械栽植面积达203.73千公顷，增加4.67千公顷；油菜机收面积达17.8千公顷，增加1.33千公顷；新增粮食烘干机1 140台，批次粮食烘干能力达6.3万吨，稻麦机烘率达45%；设施栽培面积达230千公顷，增加16千公顷。

【培育壮大新型农机服务主体】 2015年，浙江省农机部门培育发展农机专业合作社及育秧、烘干、加工等区域性农机服务中心，推进示范性农机合作社和区域性农机服务中心建设，农机社会化服务能力提升。全省新建农机合作社80个、区域性农机服务中心150个，示范性农机合作社30个、示范性区域服务中心30个。

【组织农机生产作业】 2015年，浙江省农机部门抓好农机生产组织调度，制定发布农业机械化生产月历，发放《跨区作业证》3 700张，组织保养、检修各类农机具逾30万台(套)，联合中石化、中石油浙江分公司推行农机作业用油"三优一免"惠农便民服务措施，落实专项用油5万吨，确保春耕备耕、夏收夏种、秋收冬种机械化生产顺利进行。

【加强农机实用人才培养】 2015年，浙江省农机部门启动实施农业机械化高技能实用人才培养计划，采取进企业实地培训、远程视频教学等形式，举办农用无人机技术、水稻插秧机技术、粮食烘干技术等系列培训班，农机实用人才队伍发展壮大。2015年培训各类农机实用人才超过3万人次。

【推进农机与农艺融合】 2015年，浙江省农机部门会同农艺部门确定2015年度全省主推机具5类、主推技术9项，在全国制订《农用无人机安全作业操作规程(试行)》。推进农机农艺融合示范区建设，开展作物品种、栽培技术和机械装备集成配套试验示范。全年新建农机农艺融合示范点50个。

【建立农机产品科研导向机制】 2015年，浙江省农机部门致力于破解当前农业生产存在的"无机可用""有机难用"问题，满足农业领域"机器换人"需要，联合省科技厅、省经信委，以应用需求为导向，研究制定《浙江省农业机械产品需求与科研导向目录》，提出今后一段时期浙江省农机产品研发需求。首批共提出56个研发产品，其中"填补空白"类29个，"拓展功能(提升性能)"类27个。

【搭建农机科技协同创新平台】 2015年5月和11月，浙江省农机部门分别组织举办农机科技协同创新对接会和农业领域"机器换人"创新对接活动，浙江四方集团公司、星光农机股份有限公司、浙江富士特集团有限公司等农机生产企业与浙江大学、浙江工业大学、浙江省农业机械研究院等科研院校共签订农机科研成果转化合作项目17个。

【深化"平安农机"建设】 2015年，浙江省农机部门大力推进"平安农机"示范创建，共新建全国"平安农机"示范县3个、省级示范县2个、示范乡镇13个、示范合作社58个。

【强化安全隐患查治】 2015年，浙江省农机部门坚持农田作业机械监管与上道路拖拉机监管并重，依托公安驻农机警务联络室，开展农机事故隐患排查整治专项行动，消除安全隐患。全省共开展执法检查6 134次，检查各类农业机械2.4万台次，纠正违章行为22 524起；排查安全隐患14 254个，整改14 231个，整改率达99.8%。

【加大安全宣教力度】 2015年，浙江省农机部门推进"农机安全生产月"活动，宣传农机安全法律法规、安全操作规程等安全方面知识，提高农民机手安全意识和安全操作技能。安全月期间，全省共开展宣传活动365次，悬挂张贴标语、宣传画等2 204张，发送安全短信36万条，发放宣传资料7.7万余份，培训农民机手9 664人次。

【推进农机报废更新】 2015年，浙江省农机部门推进农业机械报废补贴工作，淘汰老旧、安全性能差的农业机械。已落实财政补贴资金1 471万元，报废拖拉机、联合收割机6 092台。2015年，浙江省共发生拖拉机道路交通事故207起，死亡63人，与2014年同期相比分别下降15.5%和23.2%，未发生较大以上拖拉机道路交通事故；发生道路外农机事故4起，死亡2人。

【规范开展农机推广鉴定】 2015年，浙江省农机部门贯彻农业部《农业机械试验鉴定办法》《农业机械推广鉴定实施办法》等规定要求，制定《2015年浙江省农业机械推广鉴定产品种类指南》，规范做好农机推广鉴定工作，严把农机产品质量关。完成22家企业57个产品的省级推广鉴定任务、3家企业5个产品部级推广鉴定任务以及66项委托检验任务，帮助28家企业109个农机产品到外省申请农机产品推广鉴定。

【组织农机产品质量调查】 2015年，浙江省农机部门采取实地查看、上门问卷等方式，组织开展2013—2014年享受财政补贴大中型拖拉机、联合收割机质量调查。浙江省分别回收大中型拖拉机、联合收割机用户有效调查问卷899份和814份。经分析，近年浙江省大中型拖拉机、联合收割机质量好，安全可靠性高，用户综合满意度分别达92.4%、89.6%，但售后服务和配件供应保障有待提高。

【开展农机质量月活动】 2015年3月15日至4月15日，浙江省省、市、县三级联动开展农机质量月活动，强化质量宣传和打假护农。活动期间，全省共组织现场咨询241次，接受咨询30 484人次，发放宣传资料37 825份，发送宣传短信13万条，悬挂(设置)横幅、展板等860条(幅)，培训相关人员6 053人次；开展执法检查196次，检查农机经销、维修网点1 014家，处理假冒伪劣农机产品6起。

安徽省

【农机装备优化】 2015年，安徽省农机总动力为6 580万千瓦，同比增长3.4%。大功率、复式作业机械增长加快，安徽省大中型拖拉机、联合收割机、水稻插秧机保有量分别为22万台、17.5万台、2.75万台，同比分别增长10.5%、9.6%和17%。主要农作物耕种收综合机械化水平达71.5%以上，同比提高1.9个百分点。

【社会化服务发展】 2015年，安徽省农机专业合作社数量达3 324家，增加474家。全年农业机械化经营服务总收入达550亿元，同比增长10%。

【安全生产形势稳定】 截至2015年10月底，安徽省共发生农机事故26起，死亡2人，伤12人，直接经济损失62.8万元，无重特大农机事故发生，农机安全生产形势平稳。

【发挥农机重要作用】 2015年，安徽省农机部门履行部门职能，做好信息发布、机手培训、机具维修、后勤保障、应急调度等各项服务，组织开展跨区作业，充分发挥农机主力军作用，推进农业机械化生产。

【组织重要农时农业机械化生产】 2015年"三夏"期间，安徽省农机部门启动小麦抢收应急预案，落实区域合作、南机北援、点对点帮扶，以及机具调度补贴等举措，每天绘制出即时抢收进度图、收割机动态分布图、小麦成熟情况分布图、当日降水预报图、昨日雨量实况图，准确掌握"雨情、麦情、机情"，实行挂图作战，科学指挥，精准调度。安徽省共投入联合收割机14万台，机收小麦2 800千公顷，机收率98.5%。"三秋"期间，结合实施粮食绿色增产攻关试点，狠抓机械化跨区耕整地和玉米跨区机播、水稻跨区机收。2015年机收水稻2 146.67千公顷，机收率94.7%；机播小麦2 568千公顷，机播率89.7%。

【创新实施农机购置补贴政策】 2015年，安徽省制定《安徽省2015—2017年农机购置补贴政策实施指导意见》，精简机具品目，突出补贴重点。科学分类归档，做到补贴精准。拓宽补贴对象，直接从事农业生产的个人和农业生产经营组织均可享受补贴。取消补贴产品同支持推广目录相挂钩的规定，降低补贴产品准入门槛。强化政策培训，举办市县购机补贴政策培训班。强化信息公开，在《安徽日报》《安徽日报农村版》宣传补贴政策，印发宣传手册等，推进农机购置补贴信息公开专栏建设。强化监督检查，组织6个省级督查组分片包市开展专项检查活动。强化绩效考核，完善考核机制，聘请安徽农业大学作为第三方开展政策落实绩效考核。强化实施调度，多次召开调度会议，加快实施进度。推动农机购置补贴规范、高效、廉洁实施。

【加大农机购置财政补贴】 2015年，安徽省实施中央财政农机购置补贴资金12.58亿元，补贴机具10.4万台(套)，拉动农民投入30.3亿元。其中，农机报废更新补贴资金374.6万元，共报废老旧农机492台。

【推广先进适用农业机械化技术】 2015年，安徽省下发《关于做好2015年农机化新技术推广工作的通知》，公布6大类14项农业机械化主推技术，出台《2015年安徽省水稻机械化育插秧技术推广工作指导意见》《统筹项目资金加快推进水稻生产全程机械化实施方案》和《2015年秸秆机械化还田工作方案》，举办全省春耕农业机械化生产技术培训、绿色增产模式农业机械化新技术培训、设施农业装备与技术培训等，召开全省秸秆还田及夏种机械演示会、油稻连作生产全程机械化现场会、稻麦连作及秸秆综合利用现场会，印发《2015年"三秋"农机化作业技术要点》等。将水稻育插秧机械、秸秆粉碎还田机械等纳入重点补贴机具，实行敞开补贴。

【推广农业机械化技术】 2015年，安徽省农机部门推广油菜机收、水稻育插秧、秸秆粉碎还田和山区特色农产品生产加工等农业机械化技术，促进农机农艺融合，加快关键环节机械化发展。全省新建育秧工厂501座，投入生产育秧工厂1 269座，水稻机插秧面积796千公顷，适宜机插田块机插率45.5%。全省机收玉米929.33千公顷，机收率75.1%，同比提高8.1个百分点。机收油菜194千公顷，较2014年增加44千公顷，机收率39.8%。全省秸秆机械化还田面积3 496.67千公顷，同比增加823.33千公顷，秸秆机械化还田率达46.9%。以安徽省人民政府名义召开山区农业机械化发展座谈会，推进山区农业机械化发展。

【推进农机深松整地作业补助试点】 2015年，安徽省农机部门组织开展农机深松整地作业调研，出台《安徽省2015年农机深松整地作业补助试点工作实施指导意见》，明确试点区域、作业模式和作业质量以及补助对象、补助标准和补助程序等，下达农机深松整地作业指导性计划。召开全省农机深松整地作业现场会，编印发放《农机深松作业指导手册》，部署农机深松整地作业试点工作。加强政策扶持，将大功率拖拉机、深松机等确定为重点补贴机具，把第二批中央财政购机补贴资金中的1.505亿元，专项用于农机深松整地作业补助，作业补助面积286.67千公顷。试点作业补贴资金不足部分，结合农业机械化发展产业项目实施，给予资金支持。

【探索信息化监管模式】 2015年，安徽省探索"互联网+"的农机深松整地作业信息化监管模式，建立全省统一农机作业质量监管平台系统，在各地深松整地作业机具上安装信息化监测设备3 487台，强化作业质量检测监管。安徽省共完成农机深松整地作业面积520.67千公顷，超额完成农业部下达安徽省农机深松整地试点500千公顷任务。

【加快发展农机社会化服务】 2015年，安徽省发展农机大户、合作社等各类合作服务组织，培育壮大市场主体。推进合作社示范社评选活动，新创建省级示范社95个，总数达387个。组织开展农机专业合作社发展情况调研，实施省级农机社会化服务项目。加强农机合作社理事长知识培训和工作交流。组织农机合作社从业人员参加中国农机手大赛中原省际联赛并取得联赛冠军。举办全省农机修理工知识培训暨全国农机修理工技能竞赛选拔赛，锻炼队伍，提升技能。

【推进农机生产信息化应用】 2015年，安徽省农机部门完善"农业机械化生产指挥调度与作业质量监控系统"，608家农机合作社加入系统平台，3 500多大型农机安装信息终端设备。继亳州、宿州之后，合肥、安庆、阜阳、淮南等市及多个县建成农业机械化生产指挥调度网络，加速实现市、县农机部门互联互通。

【开展教育培训和推广鉴定】 2015年，安徽省下发《2015年安徽省农机化教育培训大行动工作方案》，依托省农业机械化技术培训基地、"农业机械化发展讲师团"，以及各地农业机械化学校，采取举办培训班，召开现场会、观摩会、演示会等形式，开展面向广大农民、农机手、农机合作社从业人员的农业机械化技术教育培训。全省已培训农机从业人员近25万人。做好农机职业技能培训与鉴定工作，举办"中联重科杯"全国农业职业技能(农机修理工)竞赛安徽赛区选拔赛，提升新型职业农民(农机修理工)职业技能。组织实施省、部级推广鉴定任务，启动拖拉机推广鉴定，开展179个产品复评审申报，按规定发放推广鉴定证书。

【强化农机安全生产监督管理】 2015年，安徽省农机部门加强宣传教育，狠抓重点时节农机安全生产。开展农机“安全生产月”“安全生产江淮行”，以及农机安全知识培训、送农机安全知识下乡、事故警示教育周、安全生产宣传咨询日等活动，增强机手和群众安全生产意识。加强执法检查，组织开展全省农机安全生产“铸安”行动、农机安全生产大检查等一系列专项治理行动，深化“打非治违”和专项整治工作，强化监管执法，排查整改隐患，规范农机安全生产法治秩序。

【加强管理和执法队伍建设】 2015年，安徽省农机部门举办全省农机安全管理能力建设培训和农机行政执法人员资格认证培训，459人通过考试取得农机行政执法资格。加强示范创建，召开全省“平安农机”创建工作推进现场会，规范有序推进创建工作。安徽省新命名省级示范县2个，推荐国家级示范县5个。安徽省累计已创建“平安农机”示范县39个，其中国家级24个(不含2015年申报)。

【组织编制“十三五”规划】 2015年，安徽省农机部门组织开展规划编制调研活动，掌握全省农业机械化发展状况，结合实际拟定规划编制大纲，并成立“十三五”规划编制工作领导小组和规划编制办公室、规划编制专家组，多次召开规划编制工作座谈会和专家组会议，征求意见，科学研究论证。同时，组织力量，开展规划编写工作，目前规划初稿已经完成。根据规划，“十三五”期间，安徽省将实施农业机械化发展“赶追超”战略，力争到2020年实现“赶山东、追江苏、超河南”发展目标。

福 建 省

【概况】 2015年，福建省各级农机管理部门以提高农业机械化水平为中心，强化农机购置补贴，改革创新，狠抓工作落实，调整优化装备结构、主攻薄弱环节机械化、推广先进适用技术，开创农业机械化工作新局面。

【农机装备总量增加】 2015年，福建省农机装备数量增加，全省农机总动力达1 390万千瓦，全省农机拥有量达353.19万台(套)，其中：机动插秧机0.9万台、大中型拖拉机0.37万台、小型拖拉机9.8万台、拖拉机配套机具13.6万部、联合收割机0.85万台、粮食烘干机0.1万台。

【主要农作物农业机械化水平提高】 2015年，福建省主要农作物机耕、机插、机收面积分别达820千公顷、133.33千公顷和400千公顷，主要农作物耕种收综合机械化水平达43%，水稻耕种收机械化水平达55%。

【特色产业农业机械化发展】 2015年，福建省茶叶生产和初加工，食用菌生产，水产养殖实现机械化、设施化。果业机械化各个环节基本已有适用机械。适合福建省丘陵山区使用特色农业机械增加，其中：茶叶生产机械57.4万台、林果业机械3.2万台、果蔬加工机械1.2万台、简易保鲜贮藏设备1.2万台(套)、畜牧养殖机械5.4万台、渔业机械16.2万台、微耕机16.8万台、旋耕机10.9万台。

【农机安全生产形势稳定】 2015年，福建省农机事故四项指标三降一升，安全生产主要控制目标进展情况好。福建省发生在国家等级公路以外的农机事故7起，同比下降41.7%；死亡2人，同比下降33.3%；受伤4人，同比下降50.0%；经济损失8.14万元，同比上升127.4%，没有发生较大及以上农机事故。

【落实农机购置补贴政策】 2015年，福建省农机购置补贴中央资金2.7亿元，省级资金6 520万元，补贴机具为11大类29个小类56个品目9 984款农机产品，福建省已申请使用中央补贴资金1.56亿元，省级补贴资金0.38亿元，补贴购置农机具4.96万台(套)，受益农户3.24万户。

【完善农机购置补贴政策】 2015年，福建省依据《2015—2017年福建省农业机械购置补贴实施指导意见》一管三年，补贴范围、标准、操作程序等三年内保持不变。补贴对象为从事农业生产的个人和农业生产经营组织；补贴机具种类范围基本覆盖全省粮食生产和特色经济作物全程机械化所需的主要农业机械。补贴机具产品资质与支持推广目录脱钩；农机部门与经销企业审核脱钩。公开补贴资金结算时限；公开补贴程序、补贴产品信息、购机者购买信息、资金使用情况和投诉咨询方式等补贴信息。

【加强监管处理政策】 2015年，福建省农机部门加强对群众举报投诉处理；加强事后监管职责和处理力度。突出市场参与方的主体责任；突出重点抽查核实的机具范围；突出补贴对象享受同等补贴待遇，取消省级资金对特定对象的二次累加补贴，所有补贴对象实行统一累加补贴标准，杜绝借用身份证、挂靠等违规、违法问题。

【推进农机购置补贴政策落实】 2015年，福建省农机部门组织举办全省农机管理系统负责人培训班，对《2015—2017年福建省农业机械购置补贴实施指导意见》做解读，对2015年农机购置补贴工作做部署。印制2万份《致广大农业机械购置者一封信》，张贴发放至各乡镇及行政村、农机专业合作社、农机大户、补贴产品经销商，让购机者了解和掌握农机购置补贴政策和补贴机具种类范围、补贴标准、补贴程序等。

【强化农机购置补贴督导检查】 2015年6月，福建省组织督导组赴8个设区市16个县督促制定当地补贴方案并尽快启动购机补贴申请工作；实行划片分工负责制，相关人员实时监督各地资金使用情况，通过电话等形式开展督促和指导；实行资金使用情况进度通报和末位通报制度，通报三期各地农机购置补贴资金实施情况，针对福州、漳浦补贴工作进度滞后情况，向当地人民政府印发《关于推进农机购置补贴政策实施建议的函》。福建省农机部门设立市、县两级农机购置补贴政策延伸绩效管理考核指标，建立以结果为导向、以转变工作作风、提高工作质量和效率为目标的延伸绩效考核管理机制。

【惩处违规，加强事中事后监管】 2015年，福建省将事中事后监管作为2015年农机购置补贴重点工作。加大对农机购置补贴政策实施中涉嫌违法违规问题查处力度，严惩违规，共取消1家生产企业1款产品补贴资格和3家经销商经销资格，暂停7家生产企业产品补贴资格和4家经销企业经销资格。通过农机购置补贴管理辅助系统加强对补贴实施情况实时监测，针对个别品目机具申请销售情况异常和基层举报反映，分别向有关县(市、区)下发"加强实时监管的提醒函件"，加强对补贴产品跟踪、关注补贴产品使用情况。

【降低部分补贴农机准入条件】 2015年，福建省按照农机购置补贴市场化改革原则，对4个品目(农用航空器、种子烘干机、种子清选机、电烤笋烘干机)降低准入条件，申报归档企业需提供取得法律授权的检验机构出具的产品检验报告，不需再提供农业机械推广鉴定证书，共有13家企业25款产品成功归档到这4个品目中。

【推进重点农时农业机械化生产】 2015年，福建省各级农机管理部门贯彻执行中央和全省农业农村工作会议精神，在春耕、夏收夏种、秋收冬种等重点农时季节，加强对农业机械化生产组织领导，组织开展技术推广培训和农机具检修服务，做好农机具物资准备和引导调度，推进全省农业机械化生产有序进行。

【指导农业机械化生产】 2015年，福建省农机部门组织技术推广队伍现场演示推广水稻集中育秧、机插秧等先进适用农业机械化技术。组织农机维修技术人员深入乡村和农户，指导帮助机手对农机具状况进行检查、维修和保养，检修各类农机具11.81万台(套)，开展农资打假专项治理行动，净化农机市场，维护机手合法权益，确保农机具保质保量按时投入到农业机械化生产。福建省农机部门引导调度11.87万台农机具投入农业机械化生产，福建省共有317台联合收割机、插秧机外出跨区作业。

【提升农机服务组织实力】 2015年，福建省农机部门指导农机合作社实施全省农机专业合作社机库建设项目，加强机库及配套的维修间、配件库、烘干房等基础设施建设，解决福建省农机"住房难"问题，提升农机服务组织硬实力。指导农机服务组织按照《福建省农机合作社规范建设指南》开展规范化建设，在省级以上农机合作社示范社开展安全生产标准化建设，提升农机服务组织软实力。福建省农机部门引导农机服务组织开展跨区作业及代耕、代种、代植保、代收获、代烘干等全程机械化服务，2015年作业服务面积达176.67千公顷。

【关键环节所需农机具给予累加补贴】 2015年，福建省推广粮食生产关键环节所需农机具，对购置秧盘播种成套设备、种子处理设备、水稻插秧机、粮食烘干机等设备的，省级补贴资金给予不超过20%的累加补贴；对购置55.13千瓦以上轮式拖拉机、13.23千瓦以上自走式喷杆式喷雾机、30千瓦以上风送式喷雾机及马铃薯、花生、油菜种植和收获机械的，省级补贴资金给予不超过10%的累加补贴，已使用省级补贴资金3 295.8万元，购置相关农机具4 946台(套)，提升机械化育插秧、植保、烘干技术等农业机械化水平。

【推进主要农作物生产全程机械化】 2015年，福建省农机部门协助农业部门推进粮食产能区农业机械化，为农业部门在千公顷以上粮食产能区配套建设水稻工厂化机插育秧示范点及推广水稻生产机械化新技术提供支持，促进农机农艺融合，使产能区粮食生产实现全程机械化。浦城县做好部级主要农作物(水稻)生产全程机械化示范项目，项目示范区(连片1.33千公顷)机耕作业水平达100%，机插作业水平达95%，机收作业水平达100%，耕种收综合水平达98%，促进水稻育插秧机械化技术与耕整、植保、收获等机械化技术集成配套。

【发展特色产业农业机械化】 2015年，福建省推广适合丘陵山区特点的中小型、实用高效机具。对中央补贴机具种类范围内，适合福建省特色农业的农机全部纳入农机购置补贴范围，使用中央资金进行补贴。对中央补贴机具种类范围外，适合福建省特色农业的农机具，在调研基础上，使用省级财政资金对割灌机、油锯、挖坑机、山地果茶园轨道搬运机、山地田园作业(管理)机、乌龙茶做青机、食用菌生产机械(翻堆机、装袋机、混合机)、种子清选机、电烤笋烘干机、种子烘干机、农用航空器等11个品目90款农机产品进行补贴，已使用省级资金489.7万元，补贴特色农机具3 306台。

【推进杂交水稻制种全程机械化】 2015年，福建省农机部门组织专家前往建宁县、泰宁县开展杂交水稻制种全程机械化提升工程调研，与当地农机部门、农业局、农机专业合作社和种业公司座谈，了解和掌握当地制种农机具的使用与需求，对如何加快推进提升杂交稻种子生产全程机械化提出建议。

【出台相关扶持措施】 2015年，福建省出台相关扶持措施。一是补贴资金倾斜安排。省农机购置补贴资金向15个水稻制种基地县倾斜，保证基地县有足够资金补助购置水稻种子生产全程机械化相关农机具；二是相关农机具专门补贴，对未纳入中央补贴机具种类范围的种子专用远红外线干燥机、种子精选加工包装设备等机具由省级财政进行补贴。

【开展试验示范】 2015年，福建省农机部门与农业部农业机械化技术开发推广总站在南平市延平区塔前镇赤坑村开展病死动物无害化处理装备试验示范，开展装备先进性试验、适用性试验和安全性考核，收集、汇总、分析整理有关试验材料和数据，形成《福建省畜禽养殖场有机废弃物处理机试验报告》。

【加强农机安全源头管理】 2015年，福建省农机部门抓考试发证、注册上牌、安全检验三大源头。严格拖拉机培训准入管理，严格拖拉机注册登记、检验管理。把农机检验作为抓好农机安全生产的手段，从加强年检装备建设、宣传教育、送检下乡、加强检查等方面入手，实行通报制度，限期整改，促进年检工作开展。

【加强农机安全宣传教育】 2015年，福建省农机部门通过分发资料、悬挂横幅、张贴标语、主题宣传教育等多途径开展宣传教育，全省累计发放农机安全宣传材料118 847份，发送农机安全短信息46 868条，提高广大农民群众和农机手的安全生产意识与守法意识。

【加大农机安全综合整治力度】 2015年，福建省农机部门推进农机"打非治违"，加大隐患排查治理力度，把事故隐患消灭在萌芽状态，防止重特大农机事故的发生，全省共排查一般隐患3 134项，整改3 130项，整改率99.87%。

【开展"平安农机"创建活动】 2015年，福建省农机部门将"平安农机"创建活动与农机安全监理"为民服务创先争优"示范窗口创建活动有机融合，将示范窗口融入到"平安农机"示范县建设之中，把乡镇、村作为"平安农机"创建活动的工作重心,完善乡镇、村、组三级基层农机安全监管网络建设,推进基层农机安全监管体系的建立。

【以项目推动农机安全监理工作】 2015年,福建省省级财政投入200万元,培训农机驾驶操作人员5 000人。全省已完成7期培训,培训农机驾驶操作人员708人。同时省级财政投入1 580万元,为64个县购置安全检验、驾驶人考试、事故勘查、安全宣传、执法车辆等装备。南平、莆田采购的农机监理装备已进入试运行阶段。

江 西 省

【农机装备结构优化】 截至2015年11月16日,江西省共完成补贴资金6.82亿元(其中报废更新使用补贴资金512万元),已结算5.1亿元,完成补贴和结算比例分别为97.4%和73%;11月底完成全年7亿元补贴资金任务。江西省共补贴各类机具13.4万台(套)、受益农户12.8万户。大中型拖拉机、联合收割机、烘干机年补贴量分别达6 000台、13 000台、1 000台,且机具呈现大型化发展趋势,手扶拖拉机等小型耕作机具补贴数量下降,农机装备结构调整优化。

【农业机械化作业服务水平提升】 2015年,江西省共有127.6万台(套)耕、种、收、烘、排灌等机具投入生产。分别完成水稻机耕、机插、机收面积3 149.76千公顷、671.8千公顷、2 938.4千公顷,水稻机耕、机插、机收和机械烘干水平分别达94.3%、20.1%、88%和20%。2015年主要农作物耕种收综合机械化水平达65%,水稻耕种收综合机械化水平达70%。江西省前三季度新增农机合作社92个、农机专业合作社878个;全省近3 000台联合收割机开展跨区作业,实现台均纯收入5万元;投入6 000万元,在20个县开展机插、机防和机械植保社会化服务试点;连续三年共计投入6 000万元,开展农机维修"以奖代补"项目建设,扶持建设农机维修服务中心359个、机维修流动服务站96个。

【农机安全生产形势稳定】 2015年,江西省加强农机安全生产管理,深化农机安全生产执法、专项治理和宣传教育行动为主题的农机安全生产"三项行动",遏制重特大事故发生。2015年,江西省共发生农机事故12起,同比增加6起;死亡5人,同比增加3人;受伤5人,同比增加1人;直接经济损失22.194万元,同比增加16.134万元。全省联合收割机拖拉机共注册55 040台,其中拖拉机42 182台、联合收割机12 858台,新机注册率达100%。开展农机报废更新补贴试点工作,全省报废农机回收企业认定工作已完成,共完成报废补贴资金501万元。江西省农业厅修订发布《江西省农机事故救援处置应急预案》,建立健全农机事故应急处置机制,全省农机安全生产形势稳定。

【农机招商引资取得成效】 2015年,江西省农业机械化管理局加大农机招商引资力度,采取"走出去,引进来"方式,推进新余南方农机产业园区建设。广东科利亚现代农业装备有限公司签约落户新余,计划分两期建设投入10亿元,生产水稻播种、种植机械,推广标准化育秧工厂;将与新余市及渝水区人民政府合作成立水稻生产全程机械化产业投资基金,投资4亿元,扶持渝水区30千公顷水稻全程机械化建设。星光农机股份有限公司在新余设立全资子公司,将开展机械制造、零部件加工及材料销售等业务。浙江玉马集团在新余市注册"江西金马农业科技有限公司",注册资金2 000万元,分三期投入4亿元,生产履带式旋耕机和烘干机。余江县、南昌市高新区粮食烘干机和无人植保飞机等产品已投产。

【农业机械化发展凝聚力增强】 2015年,江西省农机部门传递社会正能量,推进江西农业机械化事业适应新常态健康发展。组织举办"2015首届南方农机发展论坛""首届江西农机手大赛"和"全国农业职业技能竞赛农机修理工竞赛江西赛区选拔赛"等大型活动,探讨南方水田保护性耕作技术推广应用,为全社会关注农机手群体、展示农机手风采搭建新平台,为全省农业机械化向"全面、全程、高质、高效"发展注入新动力。

【加大农业机械化信息宣传力度】 2015年,江西省加大农业机械化信息宣传力度,《人民日报》《人民网》《江西日报》江西广播电视台等中央和省级新闻媒体集中宣传江西农业机械化,共计发布稿件50余篇;《南方农机》杂志重新定位南方区域性科研期刊,实现编委会成员重组升格、双月刊改为月刊、页码数由48页改为96页,并由中国工程院院士汪懋华担任编委会名誉主任。2015年9月,江西省人民政府将江西省农业机械研究所成建制划转江西省农业厅管理,整合农机管理、科研力量资源,农业机械化发展凝聚力增强。

【改革创新农机购置补贴政策】 2015年,江西省深化农机购置补贴操作模式改革,完善"自主购机、定额补贴、县级结算、直补到卡"操作方法。《江西省2015—2017年农业机械购置补贴实施方案》有效期三年,年度内可进行调整。改变往年"一年一个政策方案、年年政策靠坐等"局面,实现补贴政策延续性和常态化。

【扩大补贴对象,优化补贴品目】 2015年,江西省将直接从事种养殖业的农业企业、家庭农场、粮食收储企业以及直接从事农业生产的其他居民列为补贴对象。江西省农机购置补贴品目由2014年86个压缩为46个,提高补贴精准性;按照补贴资金规模与购机需求量匹配一致原则,对大中型拖拉机、插秧机、联合收割机、植保机械及烘干机敞开补贴。

【加快购机补贴实施进度】 2015年,江西省农机购置补贴资金必须由购机者到县级农机部门提出申请,先购机后申请,先申请先补贴,后申请后补贴,不申请不补贴,资金补完为止。2015年3月24日,江西省补贴工作启动后,各地加大政策宣传、加强技术推广、提供"一站式"服务,保护机手购机用机积极性,保障春耕生产顺利进行。

【强化补贴信息公开】 2015年,江西省农机部门优化农机购置补贴信息专栏建设,做到专人管理、实时更新、主动公开、完善功能,成为全国补贴信息公开4个最合格、2个推广全国学习经验的省份之一。

【规范标志标识和补贴档案】 2015年,江西省开展规范农机补贴产品标志标识和补贴资料档案工作,对农机补贴产品铭牌、合格证、机体钢印等形式和内容进行统一规范,成为全国推广学习经验,要求农机补贴产品型号、机具出厂编号、发动机出厂编号必须做到“四统一”。对江西省2013年以来的农机购置补贴档案按照管理性文件资料、补贴对象和机具信息、补贴资金管理、监督与投诉等四大类进行完善与整理。

【加强政策实施监督管理】 2015年，江西省组织各设区市开展2次交叉检查，加大对违规行为打击力度和投诉举报查处力度，省市县三级农机部门加强配合，对各类违反农机购置补贴政策的行为“零容忍”，2015年共处理违规生产企业18家，经销企业51家；加大对补贴额的日常监测力度，对补贴产品销售中出现补贴额偏高、以次充好等异常情形，停止办理补贴。

【开展农机报废更新和新产品补贴】 2015年3月19日，江西省农业厅、江西省财政厅、江西省商务厅联合印发《江西省2015年农机报废更新补贴试点工作实施方案》后，各地着手布置农机报废更新补贴工作，成立领导小组、制定工作方案、保障工作经费，简化报废企业确定程序。开展农机新产品补贴，严格按农业部拟定新产品标准，经全省上报筛选，拟定江西绿萌科技控股有限公司的果蔬采后处理设备纳入省新产品补贴。

【提升农业机械化作业水平】 2015年，江西省开展“百万农机闹春耕”。春耕生产期间，江西省抽调农机技术人员和维修服务中心技术人员，组成农机维修服务小分队100多个，开展送科技下乡服务活动，进村入户帮助和指导农民机手保养、检修各类农机具103.2万台次，投入春耕生产机具105.8万台(套)。加大机插技术推广，各地组织种粮大户、农机大户、农机合作社开展水稻机械化育插秧技术培训，共举办培训班117期、培训插秧机手1.3万余人，新增水稻机插秧示范点25个。

【提升农机社会化服务水平】 2015年，江西省培育新型服务组织，在20个县开展农业生产社会化服务试点，引导开展“菜单式”服务、“五统一”水稻全程托管服务。江西省按照“扩量、提质、增效”的要求，加强农机专业合社会示范社建设，截至2015年9月底，江西省新增农机合作社92个，农机专业合作社878个。全省共计免费发放《农机跨区作业证》3 136张。2015年5月中旬，泰和农机手组队到海南收割水稻；都阳、新建、高安、瑞吕等地机手到中原地区收割小麦，机手平均外出时间20余天，台均纯利润达3万元。开展农机维修“以奖代补”项目建设。安排2 000万元，共补助农机维修流动服务车96辆960万元，补助78个农机维修服务中心1 040万元。

【强化提升农机试验鉴定服务水平】 2015年，江西省农业机械化管理局在江西省农业机械化信息网上将有效期内的345个获证产品信息进行梳理更新、信息公开，对产品鉴定信息做到有备可查、接受监督。江西省农业机械化管理局组织专家对江西省农业机械鉴定站进行省级鉴定能力认定，对省农机产品检测一站、二站进行业务自查，确定其承担省级农业机械产品鉴定的鉴定范围，颁发鉴定能力认定证书。全省共召开3次技术委员会，完成28个农机产品的推广、定型鉴定任务。

【提高农机“三率”水平】 2015年，江西省各地把年检审工作现场搬到村镇，简化办事程序，提高办事效率，现场检测，当场发证。部分县会同公安交警、交通等部门联合上道路进行执法；有的县采取送检下乡、上门服务、乡村广播、发送短信等方式抓好检验工作。全省实行农机“一站式”服务，对牌证管理机具凭农机监理机构核发的行驶证给予办理购机补贴，驾驶证持证率65%，年检率75%。按规定开展拖拉机、联合收割机驾驶操作人员考试，确保培训与考试工作质量。

【规范农机监理业务管理】 2015年，江西省将农机监理业务下放到县级办理；在牌证制作方面，由省集中办理模式改为由各设区市与牌证生产企业直接订制和发放。各地共订制拖拉机联合收割机号牌58 316副、行驶证59 050张、驾驶证17 900张。对农机注册登记实行目录管理，建立《江西省农业机械登记品牌型号库》，使基层农机监理机构在办理业务时，有据可查。清理历年机车档案和驾驶人档案，提高档案管理水平。按“谁签字、谁负责”的原则，严把拖拉机、联合收割机注册登记关、检验关。部分地区开设行政服务窗口或办证大厅，改善服务质量，方便机手。

【提高农机安全生产水平】 2015年，江西省完善农机安全生产目标责任体系，签订农机安全生产责任书。各县农机监理机构与农机手签订安全生产责任书20万余份，做到“人人讲安全、人人有责任”。开展农机安全生产专项行动。举办农机安全生产和操作培训班120期，培训2.1万余人；印发农机安全生产科普知识宣传手册4.8万份，送农机安全文化下乡86场次，发送农机安全知识短信近109.8万条。推进农机牌证专项治理。查处拖拉机无牌行驶、无证驾驶等违法行为，共出动执法人员2 012人次、检查机车19 827台、补发牌证3 020台。

【开展“三严三实”专题教育】 2015年，江西省农机部门将开展“三严三实”专题教育与农业机械化工作结合，做好农业机械化工作的责任感和使命感，推进农业机械化公共服务的主动性和积极性。各地吸取农机系列腐败案件教训，梳理廉政风险点和权力运行图，推进农机补贴“一站式”服务，推进公开、透明、高效、廉洁的补贴政策实施氛围。加强农机党员干部思想政治教育、廉政风险教育和专业培训教育。

【开展行政权力和责任清单清理】 2015年，江西省农业机械化管理局对行政处罚、行政强制、行政确认、行政奖励和其他行政权力的年检、备案、审核转报、行政调解、行政监督检查、政策标准制定等权属种类逐条予以清理，省级保留14项行政权力，其他行政权力全部下放由市县属地管理。对省级保留的14项农机行政权力，配套制定行政责任清单。市、县级农机部门对省级下放和属地管理的农机行政权力、责任，进行清理规范和接收管理。

【加大农业机械化信息宣传力度】 2015年，江西省发布《全省农机化工作绩效考评方案》，明确江西农业机械化信息网信息发布数量考核机制，对全省实行降序排名得分，提高各地做好信息宣传的积极性。部分县实行信息采编奖励机制，形成“县局奖励写信息、人人都当信息员、全省赶超比信息”的良好氛围。

【加大农业机械化信息宣传方式】 2015年，江西省农机部门利用报纸、电视、广播和宣传栏、宣传单等传统方式，开辟信息网、微信平台、公众号等新型媒体，加大农业机械化信息宣传力度。江西农业机械化信息网点击率超过300万次，发布信息达3 500条、与2014年同比增长60%；2015年10月15日，在《农民日报》刊登“南方水田保护性耕作”新闻专版，人民日报、江西广播电视等集中报道江西农机手大赛、农机购置补贴、农业机械化发展等成效。江西农业信息网发布江西省农业机械化管理局信息60多条，其微信公众号多次专版、头条宣传农业机械化重大活动。打造《南方农机》学术交流新阵地。《南方农机》杂志改版升级取得成效，重新定位南方区域性科研学术期刊。

【存在问题】 2015年，江西省补贴资金实施进度和结算进度放缓，拉动机具补贴销售的潜力挖掘不够，违规操作和把关不严的行为依然存在；农机报废更新补贴实施启动滞后，农机装备结构优化升级的导向性措施有待强化；水稻栽插、烘干等薄弱环节机械化瓶颈存在，农机农艺技术融合有待加强；农机安全监理工作与其他省差距明显，安全生产隐患依然存在。

山东省

【概况】 2015年，山东省农机部门以“转变农业机械化发展方式、提升发展质量效益”为主线，主动适应新常态，改革创新，推进全省农业机械化保持良好发展态势。

【农机装备结构优化】 2015年，山东省农机总动力达1.34亿千瓦，同比增长2.3%。其中18.38千瓦以上大中型拖拉机达36.1万台，同比增长6.6%；大中型拖拉机配套农具达108.3万台，同比增长7.4%；联合收割机达26.9万台，同比增长5.2%；大型采棉机新增2台，达10台。深松机、粮食干燥机、花生联合收获机数量增加。

【农机作业水平提高】 2015年，山东省小麦机播率达99.2%，机收率达98.3%；玉米机播率达96.8%，机收面积达宜收面积84%；籽粒收获和粮食干燥机械得到推广，机械烘干玉米78万吨；完成机采棉面积2千公顷，同比增长78.6%。机械灌溉、植保、花生联合收获水平提高。

【农机科技创新加强】 2015年，山东省实施农业机械化装备研发创新计划项目，争取省财政专项经费6 600万元，支持研发项目59项，青贮机械、花生联合收获机、智能深松整地联合作业机等机具装备已下线和投入使用，农机装备研发初见成效。

【关键农时农业机械化生产顺利】 2015年，山东省下发通知安排部署春季、“三夏”“三秋”农业机械化工作，在全国“三夏”小麦跨区机收工作视频会议上发言。春季坚持周报，“三秋”实行日报，为机手提供信息服务90万次，引导机械科学有序流动。新补贴自走式小麦联合收获机6 810台、玉米联合收获机9 146台，培训机手60万人次，智能化、精准化农机装备和大型粮食干燥机械在“三夏”“三秋”期间得到应用，小麦、玉米机收质量提高。

【深松作业任务完成】 2015年，农业部下达山东省农机深松整地作业任务1 000千公顷(不含青岛)，已完成1 104.67千公顷，其中深松补助面积318千公顷。

【抓好作业任务落实】 2015年，山东省农机部门将深松作业任务分解下去，细化到县、乡，落实到村户、地块，落实责任、传导压力；先后3次召开全省农机深松整地作业现场会和培训班，对农机深松整地工作进行推进和调度。

【抓好补贴政策实施】 2015年，山东省农机部门从农机购置补贴资金中拿出2亿元，在66个县(区、市)开展深松作业补助试点，补助600元/公顷。发挥农机购置补贴政策导向作用，扶持发展大型拖拉机、深松机等机具，新增73.5千瓦以上拖拉机8 841台、深松机908台。抓好实施主体确认，各地在县农机深松整地领导小组的领导下，通过一定形式公开发布招标内容、条件、程序，组织建设规模大、作业能力强、社会信誉高的农机合作社等农业生产经营组织进行投标，由农机部门组织专家按照公平公正原则对投标者进行评审，择优确定深松作业主体。山东省近600家农机合作社承担农机深松整地作业任务。

【抓好作业质量监测与风险防控】 2015年，山东省农机部门在强化实地检测、电话核查、随机抽查等传统监管措施的同时，安装智能监测装备近1 000台，推进深松作业科技监测。山东省农机部门按照“三签字、三公示、两抽检”的要求，严把作业合同签订关、面积确定关、质量核查关、补贴资金兑现关，确保干部安全、资金安全。

【围绕保护性耕作技术推广】 2015年，山东省开展黄淮海一年两作区、盐渍区保护性耕作技术集成与示范，全省实施保护性耕作面积1 466.67千公顷左右，据全省17个市112个县294个点对比实测，保护性耕作小麦平均亩产增幅达8.9%。山东省保护性耕作小麦总计增产9亿千克。

【围绕缓控释肥“种肥同播”机械化技术推广】 2015年，山东省在全省8个项目市县开展对比试验，进行技术熟化和集成，形成玉米缓控释肥“种肥同播”机械化技术规范，全省推广缓控释肥面积超过1 333.33千公顷。

【加快玉米全程机械化】 2015年，山东省示范推广玉米气力式精量播种、玉米籽粒直收、不落地烘干机械化技术，推广籽粒直接联合收获机近100台。

【推进花生、棉花生产全程机械化】 2015年，山东省农机部门与山东省农业厅联合起草并印发全省花生播种技术意见，做好省财政支农“花生全程机械化生产技术推广”项目技术指导和组织实施工作。全国“三秋”农业机械化技术示范培训班暨花生生产机械化培训班在山东省举行。结合国家行业计划“华北棉区棉花全程机械化关键技术及其农艺技术研究与示范”和山东省农业机械化示范工程“机采棉种植模式示范”项目实施，建设试验示范基地20公顷，开展播种和收获田间对比试验，示范推广摘锭式和统收式采棉机，形成黄河流域特别是山东棉区棉花机械化生产技术规范。山东省广饶、无棣承担的棉花生产全程机械化示范项目通过农业部验收。

【大蒜机播试验示范取得新进展】 2015年，山东省结合省农业重大应用技术创新课题“大蒜机械化种植技术与装备研究”，开展大蒜机械化精量播种试验，示范推广大蒜精量播种机和分段收获机械化技术，大蒜收获机械化水平提高。

【农机合作社建设规范提升】 2015年，山东省对农机合作社发展情况进行专题调研，了解全省农机合作社发展现状，找出存在问题，提出农机合作社发展方向和思路，形成调研报告呈报山东省委、山东省人民政府相关部门。与山东省财政厅联合实施农机规模化作业推进工程项目，投入资金600万元，对全省55个农机合作社进行奖励扶持。山东省农业厅等11部门联合开展省级示范社评比活动，82家农机合作社被评为农民合作社省级示范社。培训农机合作社理事长200人次。

【农机合作社建设快速发展】 2015年，山东省省农机合作社已发展7 000家，同比增加近1 500家，合作社社员13万户，完成作业面积5 333.33千公顷，占全省农机作业量的40%。开展土地托管服务、土地流转规模化经营农机合作社1 500个，面积达466.67千公顷，占全省土地流转规模经营面积三分之一，其中流转土地666.67千公顷以上或全托管土地666.67公顷以上农机合作社400个。农机合作社总收入达60亿元。2015年11月17日，全国农机合作社建设现场会在山东省召开，山东省农业机械管理局在会上作典型发言。

【落实农机购置补贴资金】 2015年，国家共分配山东省农机购置补贴资金17.14亿元(不含青岛市)，比2014年增加1.04亿元。全省补贴资金实施比例为98.4%，结算比例近70%。共补贴大中型拖拉机22 513台，其中73.5千瓦以上拖拉机10 556台，补贴小麦联合收获机9 719台、玉米联合收获机9 148台、粮食烘干机311台、深松机5 763台。山东省制定印发《2015—2017年农机购置补贴工作指导意见》，突出补贴重点，补贴品目由2014年117个品目，减少到2015年78个。

【加强农机购置补贴监管】 2015年，山东省配合国家审计署驻济南办事处，对山东省农机购置补贴进行审计，按照审计组要求组织开展查纠工作，对2个生产企业进行约谈告诫，向6个生产企业发出告诫书限期整改，取消12个经销商的补贴产品经销资格。8月，停止微滴灌设备补贴，9月，下调8个拖拉机分档补贴额度，对农业部农业机械化管理司暂停51个补贴产品进行封停和处理。针对个别地区大量超前预售补贴产品情况，进行检查和制止。

【落实农机报废更新补贴】 2015年，山东省出台指导意见，召开新增14个试点县工作座谈会。各试点县严格操作程序，规范回收拆解，设立农机回收企业25个，加快试点工作进度。31个试点县共完成农机报废更新补贴资金1.55亿元，其中报废资金0.2亿元，更新资金1.35亿元；报废拖拉机16 756台、联合收割机1 242台；更新拖拉机16 120台、联合收割机1 898台，受益农户17 647户。

【实施基层农机推广体系建设项目】 2015年，山东省争取省财政专项资金800万元，在40个县实施基层农机推广体系建设项目。

【加强农业机械化教育培训体系建设】 2015年，山东省物价局出台新一轮农机培训收费标准，收费期限比上一轮延长2年，达5年最长收费时限。组织对6所农机社会化办学机构资格进行认定评审，并颁发驾驶培训许可证。对农机校教师资格进行考试考核，换发和新发教学人员准教证843个。争取省财政专项经费240万元，补助培训新型职业农机手8 000人次。

【加强农机试验鉴定能力建设】 2015年，山东省完成200千牛牵引负荷车项目验收鉴定、294千瓦PTO试验台安装、植保试验室调试、激光粒度仪附属配套工作台设计及招标采购工作，农机试验鉴定能力再上新台阶。受理申请省级推广鉴定188项，接收部级鉴定任务79项。受理农机投诉案件33起，处理23起，涉案金额138万多元，挽回经济损失88万多元。完成农业部安排山东省的大中型拖拉机、自走式玉米收获机产品质量调查任务。

【加强农机维修和职业技能鉴定能力】 2015年，山东省制定《山东省区域性农机维修中心建设标准》，创建区域农机维修服务中心130个。开展职业技能鉴定，组织培训鉴定10 000余人，其中8 700余人取得职业资格证书。探索农机职业技能开发新途径，首次与山东省人力资源和社会保障厅、山东省总工会联合举办全省农机职业技能竞赛，举办全省雷沃杯“金扳手”农机维修技能竞赛活动。在2015五征·中国农机手大赛中，山东省农业机械管理局获最佳组织奖，临沂市蒙阴县亿霖农机专业合作社副理事长邹剑获第一名和“中国机王”称号。

【农机安全监理服务能力建设】 2015年，山东省农机部门与山东科大集团联合研制便携式农机快速制动距离检测仪，完成“移动式检测设备适应性试验示范与改进”项目验收工作，开展农机安全监理信息管理系统软件升级工作调研，加强农机监理规范化建设示范县的农机监理装备建设，组织编写山东省《业务管理规范手册》和《行政处罚规范手册》，举办全省农机安全生产月启动仪式、农机安全生产咨询日和农机安全监理服务进社区活动。

【加强农机信息化服务能力】 2015年，山东省农机部门与山东联通公司、中石油和中石化山东分公司联合举办“农机通”暨“农机优惠加油卡”启动活动，加快“农机通”推广。开展山东省农业机械化信息平台建设调研，向山东省发展和改革委员会申报农业机械化生产指挥调度平台建设项目，提高农机生产管理与服务信息化水平。

【存在问题】 2015年，山东省农业机械化发展中存在不少问题。区域、作物、行业间农业机械化发展不平衡，平原地区农业机械化水平高，丘陵山区农业机械化水平低，粮食作物机械化水平高，经济作物机械化水平低，养殖业、林果业、农产品加工业机械发展滞后；农业机械化发展不可持续问题突出，农机研发创新亟待加强，农机服务组织化程度不高，农机库棚、粮食干燥场地等基础设施和农机生产管理服务信息化平台建设滞后；农业机械化发展支撑脆弱，法规、政策体系和农业机械化公共服务体系建设有待加强。

河南省

【概况】 2015年，河南省农机部门按照“稳粮增收、提质增效、创新驱动”总要求,落实完善政策、培育发展主体、建设人才队伍、强化公共服务,调整优化装备结构布局、主攻薄弱环节机械化、推广先进适用技术,加快推进农业全程、全面、高质、高效机械化,提升农机装备水平、作业水平、科技水平、服务水平和安全水平,完成年度各项工作任务。

【农机装备增效优化】 2015年,河南省大中型农业机械保持快速增长态势,农机装备结构优化。全省农机固定资产总值达876亿元,较2014年增加50亿元;农机总动力达1.2亿千瓦,增加500万千瓦;大中型拖拉机发展到40.1万台,增加2.3万台;收获机械达24.3万台,增加2.2万台,其中玉米联合收获机达6.4万台,增长17%。

【农机作业水平提高】 2015年,河南省主要农作物耕种收综合机械化水平达77.5%,比2014年提高1.2个百分点。机耕整地做到应耕尽耕,机耕面积达5 666.67多千公顷,其中深耕3 704.67千公顷,深松整地1 038千公顷。小麦机播、机收水平均稳定在95%以上;玉米机播率89%,机收水平达73%,比2014年提高4个百分点;机收水稻546.67千公顷,水稻机收率达88%;农业机械化生产方式主导地位增强。

【薄弱环节机械化取得新突破】 2015年,河南省共完成水稻机械化育插秧面积185.46千公顷,比2014年增加17.93千公顷。关键、薄弱环节机具发展取得发展。全省烘干机械保有量达536台,其中2015年新增259台。秸秆压捆机1 256台,秸秆还田机7 790台,农用航空器达485架。

【农机管理工作加强】 2015年,河南省农机管理、农机培训、农机产品质量鉴定、安全监理、新技术推广、农机购置补贴、农机作业组织等各项工作进展顺利。农机安全生产形势稳定好转,万台拖拉机死亡率控制在0.175以内,未发生一起死亡3人以上的较大农机事故。河南省做好农机产品质量鉴定、质量监督检查和投诉受理工作,完成农机推广鉴定近120余项,组织开展农机质量投诉监督"3·15"、送农机下乡、农机打假、补贴产品质量检查、农机放心消费创建等一系列活动,全省农机市场经营环境改善,农机用户合法权益得到保护。

【实施农机购置补贴政策】 2015年,中央和省财政共安排河南省农机购置补贴资金达17.74亿元,其中中央资金16.64亿元,省级资金1.1亿元。按照农业部统一部署,开展农民"自主购机、直补到卡(折)"资金结算方式,方便农民购机。河南省共补贴农机具142 334台(套),其中大中型拖拉机22 986台,手扶拖拉机2 897台,谷物收获机11 372台,玉米收获机9 429台,秸秆压捆机1 256台,秸秆还田机7 790台,粮食烘干机259台,其他农机具86 345台(套),受益农户91 174户,带动农民投入39亿元。省级财政安排1.1亿元对特定农业机械购置实行奖补政策,发挥快速推广新机具作用,促进高效植保机械、粮食干燥机械、打捆机械等特定农业机械的发展,推进关键、薄弱环节机械突破。

【组织重要农时农业机械化生产】 2015年初,河南省共检修各类机械132万多台,完成耕整耕地593.33千公顷,其中深松整地84千公顷,春播面积333.33多千公顷,机械化植保2 000多千公顷次;组织机械50万台,完成抗旱面积1 400千公顷次。全省共组织各种农业机械410多万台投入"三夏""三秋"生产,共完成小麦机收面积5 446.67千公顷,小麦机收率达98.7%。完成玉米机播2 986.67千公顷,玉米机播率89%。小麦秸秆粉碎还田、秸秆打捆收集、玉米铁茬灭茬播种等综合机械化技术大面积应用。

【主攻玉米收获机械化】 2015年,河南省按照年度部署,采取示范带动、扶持推动、点面互动的措施,力求玉米收获机械化取得新突破。采取补贴资金向玉米收获机械倾斜等措施,加快玉米收获机械发展。新增玉米收获机械9 429台,保有量达6.5万台。完成机收玉米2 454.67千公顷,比2014年增加190千公顷,玉米机收率达73%。

【推进农机专业合作社建设】 2015年,河南省从引导农机合作社开展机制创新、示范培训、政策扶持、开拓市场和管理方式创新入手,促进巩固提升,上档升级。发挥省财政500万元扶持资金引导作用,促进农机合作社健康发展。抓好农机合作社示范社建设,促进其与全省高标准粮田建设有效融合,发挥好关键作用。如焦作市现有农机合作社均承担高标准粮田建设任务。在小麦机收、玉米机收、水稻机收、深松整地等重点作业环节,农机合作社承担和组织开展的跨区作业量均在80%左右。全省农机合作社达5 923个,比2014年增加355个,入社社员12.79万户,从业人员18.22万人,拥有农业机械38.2万台(套),服务农户493万户,经营土地面积1 206.67千公顷,作业服务面积5 292.67千公顷,合作社资产总额137.7亿元。

【开展农业机械化新机具、新技术推广】 2015年,河南省抓水稻机插推广,对水稻插秧机实行省级财政累加补贴,推动插秧机发展,新增插秧机1 086台,保有量达3 975台,增长37.6%。河南省共完成水稻机械化育插秧面积185.33千公顷,比2014年增加18千公顷。推进保护性耕作技术应用。监督8个保护性耕作工程建设项目县实施,重点监督全省20个保护性耕作示范县实施,发挥340万元示范推广资金作用,开展保护性耕作集成技术试验示范、技术效果监测和技术示范推广活动。全省保护性耕作实施面积达586.33千公顷,比2014年增加27千公顷。

【组织农机深松整地作业】 2015年,农业部下达河南省农机深松整地任务1 066.67千公顷,河南省农业机械管理局下达农机深松整地实施意见,并与财政厅制定补助试点工作方案,安排15%的农机购置补贴资金用于作业补助,补助标准由2014年225元/公顷提高到300~450元/公顷。"三秋"期间,各地以农机合作社为载体,组织深松作业,完成农机深松整地954千公顷,加上春耕期间完成84千公顷,共计1 038千公顷。

【做好公益性农机推广工作】 2015年,河南省农机部门在许昌市、商丘市、南阳市和驻马店市,实施"花生生产机械化技术集成与试验示范"和"花生联合收获技术装备提升与试验示范"项目。投入资金165万元,实施"水稻育插秧机械化技术示范推广"和"沿黄稻区小麦、水稻全程机械化技术集成研究"项目,在舞阳县实施“农用遥控飞行植保技术验证”项目。

【提高农业机械化公共服务能力】 2015年,河南省抓农机推广体系建设,实施基层农机推广体系改革与建设补助项目,全省补助资金共1 200万元,对全省108个县农机推广机构进行补助,建立试验示范基地面积1.67千公顷。落实河南省人民政府《关于加快基层农技推广体系建设的指导意见》,配合农业部门建设好700个以上区域或乡镇农技推广站。抓省级检测中心建设,提升农机检测鉴定能力。组织实施农机教育培训大行动,共培训各类农机人员44.96万人次,完成农机教育培训大行动目标任务,农业机械化人才队伍素质提升。

【加强农机管理工作】 2015年,河南省围绕农机安全监理“为民服务创先争优”示范窗口创建活动,加强农机安全生产法制机制、保障能力、监管队伍“三项建设”,提高农机安全管理工作水平,农机安全生产保持较好形势。规范开展农机试验鉴定、质量认证工作,加强农机产品质量、作业质量、维修质量和服务质量的监督管理,开展补贴机具质量保障督导,处理农机质量投诉,促进农机产品质量改进和服务水平提高,维护企业和消费者权益。

湖北省

【概况】 2015年,湖北省农机部门适应经济发展新常态,围绕建设现代农业、加快推进农业机械化,以农机作业水平提升工程为引领,以全面全程机械化示范试点为突破口,以改革创新为动力,以强化技术推广为抓手,以健全社会化服务体系为支撑,以完善安全监管为保障,真抓实干,大胆探索,完成年初确定的各项任务。

【农机装备结构优化】 2015年,湖北省通过购机补贴政策引导调优结构。全省利用购机补贴政策新购各类农机具30.3万台。全省农机总动力达4 447.9万千瓦,比2014年增加154.9万千瓦。拖拉机132.2万台,新增3.3万台,其中大中型拖拉机17.48万台、小型拖拉机114.7万台;联合收割机91 536台,新增10 126台;插秧机60 392台,新增5 410台。通过报废更新减存量,优增量。全省64个报废更新试点县市区已报废各类农机具4 889台。

【农机作业水平提升】 2015年,湖北省完成机耕面积5 360千公顷,机耕率近90%;机插水稻844.4千公顷(早稻122.2千公顷、中稻658.47千公顷、晚稻63.73千公顷),机插水平37.1%;机播油菜426.67千公顷,机播水平35.6%;机收水稻2 000.51千公顷(早稻395.05千公顷、中稻1 395.2千公顷、晚稻210.27千公顷),机收率达93.3%;机收小麦982千公顷、机收水平89.7%;机收油菜590.33千公顷,比2014年增加66千公顷,机收水平47.23%。水稻、油菜机械化水平位居全国前列,玉米、大豆、马铃薯、花生、棉花、蔬菜、柑橘和茶叶等农作物生产机械化呈现推进之势,八种主要农作物综合机械化水平稳定超过65%,保障湖北省农业稳定发展。

【推进新技术培训和推广】 2015年,湖北省农机部门以农机新技术培训为重点,加大人才培训力度。共举办各类农机培训班537次,培训农机管理和技术人员5.3万人、农机操作人员91万人次,为农业机械化新技术加快推广应用提供人才保障。湖北省农机部门以农机深松整地和秸秆机械化还田及综合利用为重点开展技术推广。全省已投入深松作业机具2.6万台(套),完成农机深松整地作业面积154.67千公顷;推广各类秸秆还田作业机械8 564台。全省农作物秸秆机械化还田作业面积超过50%,稻麦油三种农作物秸秆利用率同比提高3~10个百分点。

【农机社会化服务体系日趋成熟】 2015年,湖北省农机大户179万户,农机专业服务组织8 000多个,农机专业合作社2 300多家。农机专业合作社资产总额达36亿元,拥有各类机具13.6万台,新增大型拖拉机1 000多台。农机专业合作社创造条件,拓展服务领域,发展壮大,高标准创建示范社。已创建省级示范社183家,国家级示范社40个。全省农机维修网点达3 420个,从业人员9 364人,维修设备2.32万台(套),年经营收入达5.59亿元。

【农机安全生产形势平稳】 2015年,湖北省共发生农机事故493起,死亡11人,受伤52人,直接经济损失219.7万元,事故数目、死亡人数和直接经济损失同比保持平稳,受伤人数同比下降14.75%;湖北省核发拖拉机、联合收割机号牌3.45万副,拖拉机、联合收割机驾驶人考证3.8万人,拖拉机、联合收割机安全技术检验22.5万台;发展农机互助保险会员21 526名,筹集农机互助会费706.56万元,为农机互助保险会员提供风险保障资金7.06亿元。全省没有发生较大以上农机死亡事故,安全生产形势平稳。

【以购机补贴为引导,狠抓政策规范实施】 2015年,中央安排湖北省购机补贴资金11.388亿元,比2014年增加700万元。全省已使用补贴资金总额76.4%。推行“自主购机、定额补贴、县级结算、直补到卡”的结算操作方式,加大“一站式”服务推广力度,方便农民购机。将水稻插秧机、油菜直播机、粮食烘干机和秸秆综合利用等机具实行敞开补贴、优先补贴。一些高性能、高效率的机械得到推广与运用,大中型拖拉机、高速插秧机、半喂入联合收割机、油菜直播机等增长迅速,提升农机装备水平、改善装备结构。推行信息公开,加大对违规企业和产品查处力度,约谈12家农机生产企业负责人,取消4家农机生产企业和8款产品的补贴资格,下调28档产品的补贴额,完善购机补贴投诉举报制度,规范企业行为。

【以全面全程为目标,狠抓关键作物和关键环节】 2015年,湖北省选择16个县(市、区)探索适宜不同作物和区域特点的机械化技术路线和模式,各试点县市区按照试点要求,推动试点示范,取得成效。各级农机部门以农机“三个百万”活动为抓手,在春耕、“三夏”“双抢”“三秋”等重要农时季节,加强信息引导、科学调度机具、协调柴油供应,全省共组织500多万台(套)农业机械全力投入农业生产,抢种抢收,确保不误农时。湖北省农机部门分区域、分作物举办15次大型农业机械化技术现场观摩活动,推广农机深松整地作业、秸秆机械化综合利用技术,推进大豆、花生、马铃薯、茶叶、蔬菜、柑橘全程机械化和丘陵山区机械化,推进农机维修服务体系建设与职业技能鉴定工作开展。荆州、荆门、襄阳、潜江、黄冈等市加大投入，对秸秆粉碎还田机、机械还田作业和秸秆回收实行补贴，秸秆禁烧工作成效明显。

【以培育扶持为引导，狠抓新型主体规范建设】 2015年，湖北省加大农机新型经营主体培育力度，从省级农机公共服务能力与体系建设专项中拿出550万元，采取“公开招标立项”和“以奖代补”的形式，扶持20家农机合作社和10家农机维修网点建设；各地农机部门加强对农机新型经营主体的培育，提高其社会化服务能力，农机新型经营主体的经营效益、服务能力和服务质量增强；各地把加强农机维修服务能力建设作为主攻方向，动员部署，探讨多元投入机制，摸索适宜模式，打造“农机专家门诊”和“急救中心”，农机维修难问题得以缓解。

【以平安农机创建为主线，狠抓质量和安全监管】 2015年，湖北省开展获证农机产品的监督检查，对不合格的生产企业下达整改通知书，要求限期整改。规范农机产品推广鉴定程序，严把鉴定质量关，及时处理农机质量投诉。农机企业的自律性增强，农机产品整体质量提升。推进平安农机创建活动，加强农机监理人员培训，规范牌证制发流程，加强农机安全隐患排查，农机手安全意识增强，农机“三率”水平提升。

湖 南 省

【概况】 2015年湖南省实施农机购置补贴资金11亿元，农机总动力达5 900万千瓦；主要农作物综合机械化水平达44%，水稻耕种收综合机械化水平达68.4%，其中机插率23.97%。农机互助保险覆盖118个县市区；湖南省实现农机工业产值238亿元。

【农机购置补贴政策实施科学规范】 2015年，湖南省在总结新办法实施经验的基础上，围绕补贴对象、补贴产品范围、补贴标准、补贴办理、补贴参与主体责任、补贴政策信息和具体操作等六个方面，对购机补贴操作程序和运行机制进行完善，将补贴对象拓宽至直接从事农业生产的个人和农业生产经营组织，将补贴申请表录入和打印权限下放至经销商，取消监管成本高和难以监管的补贴机具品目，降低补贴产品补贴标准，推行购机、补贴、核机、办证、保险、贷款等“一站式”服务，明确职责，建立“谁办理、谁负责、谁核实、谁负责”的责任追究制度，实行对所有补贴参与主体的责任倒查和责任追究制度；健全省市县三级信息公开联动平台，将有关信息全部对外公开。湖南省2015年实施补贴资金11亿元，补贴机具25.76万台，受益农户和农机服务组织18.45万户。

【强化违规预防措施】 2015年，湖南省对生产经销企业、申请补贴人和农机管理部门及其工作人员进行警示教育和风险提示；完善农机购置补贴监督管理办法，重点督查和案件查处，共取消2家企业的产品补贴资格，取消5家经销商的补贴产品经销资格，给4家生产企业和161家经销商予以警告并责令限期整改，其中移送司法机关处理2起，确保补贴资金和干部廉政“两个安全”。

【水稻生产全程机械化水平提升】 2015年，湖南省人民政府专题召开全省水稻生产机械化推进会，安排部署湖南省水稻生产全程机械化工作。湖南省农业机械管理局紧扣水稻育插秧机械化重点，推进“主攻为机育秧、力推大户购机、层层办点示范”三项措施，分片区对县乡骨干技术指导人员、农机合作社负责人进行系统培训。同时，印发水稻育插秧机械化技术推广工作绩效考核管理办法，湖南省农业机械管理局领导班子成员分片负责督促，向70个重点县市区派驻机插秧技术指导员。2015年新推广插秧机6 200台，完成机插面积990千公顷，同比增加181千公顷；机插率达24.97%，同比增长3.31%。

【推广水稻植保等全程机械化生产技术】 2015年，湖南省农机部门依托农机专业合作社，通过召开超低空遥控飞行植保机科技成果鉴定会、水稻烘干和秸秆还田现场演示会等途径，推广水稻植保、烘干等全程机械化生产技术，湖南省烘干机保有量超4 500台，建成区域烘干中心400余个；湖南省拥有无人植保飞机近200架。2015年，湖南省农机总动力同比增加138万千瓦达到5 900万千瓦。机耕率达92.2%、机收率达81%，水稻耕种收综合机械化水平同比提高2.9个百分点达68.4%。

【经济作物及林果业生产机械化发展】 2015年，湖南省围绕大田作物全程机械化和主要农作物全面机械化目标，突出油菜生产全程机械化技术推广重点，以省人民政府名义专题召开全省油菜生产机械化推进会，各市州、县市区相应召开会议并抓实技术培训和现场演示，全省上下掀起油菜机播高潮。湖南省30个油菜示范区共建立132个油菜生产机械化技术示范推广试验示范点，完成机械直播187千公顷、机收339千公顷，全省油菜生产综合机械化水平达49%，较2014年增长近3个百分点。紧盯花生、蔬菜、棉花等经济作物和林果业，推广花生生产全程机械化技术，突破秸秆还田、山地果园收集输送等关键技术，经济作物和林果业机械化生产水平同比提高2个百分点以上。2015年，湖南省主要农作物综合机械化水平同比提高2个百分点，达44%。

【推进现代农机合作社建设】 2015年，湖南省把发展现代农机专业合作社作为农业机械化的重要组织形式和建设新型经营主体的主攻方向，一方面协调湖南省农业委员会、财政厅制定项目实施方案、安排项目建设资金；另一方面反复向省委人民政府领导汇报，争取湖南省人民政府实施农机“千社”工程。湖南省农业机械管理局及时配套下发组织申报通知，召开项目启动会，并深入市县开展调研指导工作；各市县逐级召开动员部署会议，争取市县财政扶持资金并进入预算安排。

【重点扶持农机合作社建设】 2015年，湖南省里和市县各安排7 920万元重点扶持农机合作社建设，抓好现代农机合作社建设项目县市区申报、市州资质初查和省级专家评审等各环节工作，确定528家重点扶持名单。2015年，湖南省经工商注册登记的农机合作社达2 500家，同比增加823个，增长49.6%，农机社会化服务能力增强。

【农机安全监理工作推进】 2015年，湖南省完善目标管理考核办法，健全安全生产责任体系，强化安全生产宣传教育，绷紧安全生产思想之弦。加强监理业务规范化管理，把好牌证核发关并逐步建立牌证业务监控长效机制，清理外挂拖拉机并重点对省内运行的异地上户拖拉机进行登记核实，推行农机驾驶人市州范围内异地考试。加强农机监理队伍建设，推动落实乡镇村农机监理人员配备，绝大多数县市明确村级农机安全员。加强农机监理装备能力建设，湖南省新配备农机监理执法车辆15台，推动建成驾驶考试标准化考场5个。

【开展“平安农机”和示范窗口两项创建工作】 2015年，湖南省创建“平安农机”县市区35个、“平安农机”示范县市区5个、农机监理示范窗口单位52个。开展“打非治违”和隐患排查治理，湖南省农机安全生产形势稳定向好。推进农机互助保险，截至10月底，湖南省118个县市区开展农机安全互助保险，覆盖面达96%；参保拖拉机、联合收割机4.83万余台，互保会费1 520万元，理赔事故830起，为机手构筑一道农机安全生产的风险防护墙。

【农机科教推广亮点频出】 2015年，湖南省农机部门加强拖拉机驾培机构监管，规范拖拉机驾驶培训行为，拖拉机驾驶培训能力加强。抓好农机技术培训，全年培训农民10.4万人次，其中新型职业农民培训0.8万人次。2015年7月，湖南省农业机械管理局与中联重机联合，创新采用省市县三级农机管理部门联动、政企社三方对接的“3＋3政企联合”模式，对湖南省农机合作社理事长及农机操作人员进行水稻全程机械使用与维修技能培训，10期共培训919人，提高农机人员素质。

【推进鉴定改革和农机产品质量调查工作】 2015年，湖南省加强对鉴定受理审查、推广鉴定证书发放、推广鉴定证书变更和证后监督等关键环节的管理，制定发布《2015年湖南省农业机械推广鉴定产品种类指南》，2015年完成省级推广鉴定25项，完成委托检验54项、生产许可证检测21项、市场抽查38项、定期检验11项。开展农机产品质量调查，完成农业部大中型拖拉机产品质量调查任务，同时对长沙、衡阳等6市销售使用的水稻插秧机产品质量进行调查，为提升农机产品质量和安全水平起到积极作用。

【开展农机标准化建设工作】 2015年，湖南省农机部门结合农机重点工作，开展标准化工作，共制订《秧盘播种流水线》《油茶种植机械化作业技术规程》《油菜机械化生产技术规程》《水果清洗打蜡分级机械》《轮胎式抓草机》等5个地方标准，促进湖南省农业发展所需新机具的示范推广。

【农机产业发展加速提质】 2015年，湖南省协调推动湖南农机产业园区项目用地交易，建成园区国际展示交易中心。启动实施《湖南省农业机械产业发展规划》，运用“引入高端企业、嫁接适用科技、整合上市融资、拓展国外市场、收编机电友军”五大战略措施，湖南省农机产业园和长沙、益阳、衡阳、汨罗、双峰的农机制造业规模变大。湖南省农机生产企业2015年共研制农机新产品28个，改进石灰播撒、耕地深耕翻、秸秆移除等先进机具性能，推进重金属污染耕地修复治理农机具研发，开展一季稻飞播试验，启动石灰颗粒成套设备、秸秆编织机、秸秆移除机研发项目。

【推进中俄“两江合作”潇湘农机产业园项目】 2015年，湖南省组织湘拖集团与俄罗斯鞑靼斯坦共和国AGRI CERVICES联合体成功签约。在组织企业参加国内、省内农机展销会的同时，加强农机对外交流与合作，推动湖南农机“走出去”，目前已与近40个国家建立联系，湖南农机在中亚、东南亚及非洲大陆多地推广使用。2015年，湖南省农机工业产值达238亿元，同比增加26亿元。

【“三严三实”专题教育深入开展】 2015年，湖南省农机部门开展书记讲党课、干部谈体会以及主题学习研讨等系列活动，“三严三实”专题教育得到推进。抓实党风廉政建设，加强干部队伍建设，通过开展“业绩献给党”系列主题活动、“守纪律、讲规矩”宣讲活动、“一进二访三联”活动、学习贯彻《中国共产党廉洁自律准则》《中国共产党纪律处分条例》专题培训研讨等，将干部职工的创新意识激发出来，把干部作风建设引向深入，巩固和加强系统干部职工工作作风。

【狠抓农机工作】 2015年，湖南省委、湖南省人民政府及各级领导对农机工作重视，社会各界对农机工作重要性的认识到位。省长杜家毫、省人民代表大会常务委员会副主任徐明华、省人民政府副省长戴道晋先后批示或视察农机工作，省委常委李薇薇、黄建国先后听取湖南农机工作汇报，湖南省人大常委会决定将省代表提出的《关于加快推进湖南农业机械化的建议》列入2015年度重点处理建议，徐明华副主任亲自率队到市县视察调研，湖南省直机关各单位推动出台《省人民政府关于推进农业机械化的意见》，农民日报、中国农机化导报、湖南日报、红网等中央及省级媒体先后50余次宣传报道湖南农机亮点工作，其中红网网络视频《小康路上》专题报道农机工作。

广东省

【概况】 2015年，广东省围绕走广东特色农业现代化道路，坚持稳中求进工作总基调，把握和分析省农业机械化管理工作面临的新形势和新任务。深化重大政策的调整优化，加快农机农艺的融合，加速特色农机应用推广，促进农机增量提质转型升级，加强农机安全监督管理，为农业生产提供优质的装备技术支撑。目前，广东省农机管理、科研推广和社会化服务体系完善，水稻生产全程机械化、岭南特色作物生产机械化、畜牧养殖机械化和农产品加工机械化水平提升，农机安全生产形势平稳良好。

【农业机械化工作成效】 截至2015年11月，广东省农机总动力已达2 653万千瓦，比2014年新增农机总动力21万千瓦，大中型拖拉机27 104台，比2014年增长4%；水稻插秧机10 499台，比2014年增长4.8%；联合收获机25 424台，比2014年增长6.5%。2015年底广东全年农作物耕种收综合机械化水平45%，水稻生产耕种收综合机械化水平67%，农机安全生产形势稳定良好。

【落实农机购置补贴政策】 2015年，广东省根据农业部农业机械化管理司的统一部署，完善农机购置补贴政策，研究制定并印发《广东省2015—2017年中央财政农机购置补贴实施方案》，农机购置补贴政策有较大的调整，实施时限一定三年，优化补贴办理程序，简化办理手续，明确责任主体，将补贴产品资质与国家和省级的支持推广目录脱钩，补贴办理程序与经销商脱钩，明确市、县两级农业

(农机)部门对违法违规的农机生产与经销企业的管理权,强化监管力度,政策实施更加便民利民。截至11月5日,中央下达给广东省的3亿元农机购置补贴资金已审批(含接受申请)11 012.90万元,发放指标确认书数36 612份,受益农机户31 812户,补贴机具58 150台。

【推进三项试点工作】 2015年,广东省选择病死畜禽无害化处理设备作为农机新产品补贴试点产品,经过调研和征求相关部门意见,已形成《广东省2015—2017年中央财政农机购置补贴实施方案》联合省财政厅报农业部农业机械化管理司审核;首次在广东开展农机深松作业补贴试点,改良土壤,增产增收。截至11月3日,已完成7千公顷农机深松整地作业任务,完成比列达59.02%;开展甘蔗生产全程机械化示范项目试点,探索甘蔗生产全程机械化的生产模式,引导相关主体参与甘蔗生产机械化的工作推动中。

【培育农机合作社】 2015年,广东省在设计农机专项时注重加强农机合作社建设,给予一定的资金扶持,2015年现代农业装备工程项目中约有60%的项目由农机合作社承担,从而有效增强农机合作社实力,提升服务能力;广东省建设5家区域性大型农机合作社,地市所遴选的承担单位的项目实施方案已全部通过省专家的评审,已进入实施阶段。组织农机合作社申报国家级、省级示范社,加强对其规范运作指导,提高发展质量,发挥其示范带头作用。引导农机合作社开展统一作业服务模式试点,建立多元参与的农机服务合作机制,促进全程机械化发展。广东省目前拥有农机合作社993家,其中省级农机合作社示范社60个,全国农机合作社示范社16个。

【加强项目管理】 2015年,广东省完成农业部水稻生产全程机械化示范县项目的实施和验收,获得优秀评级;加强现代农业装备工程项目和区域性农机社会化服务体系建设资金专项管理,完成2014年省级农业基础设施建设专项——现代农业装备工程项目84个项目合同书的签订工作,目前已全面实施;全省五家区域性大型农机合作社建设进入实质性阶段;组织2012年农业机械化发展专项和设施农业专项项目验收,完成37个省级项目验收;完成2015年省级财政专项资金自查。项目的实施,带动农业经营主体加大农业机械化的投入,提高经营主体的组织化程度。

【推进新技术新装备】 2015年,广东省围绕适用新技术新装备,利用农时,深入生产基地,举办多种类型的农业机械化推广演示活动:水稻生产全程机械化、甘蔗生产机械化、花生生产机械化、马铃薯生产机械化、病死畜牧无害化处理机械化、山地丘陵果实运输机械化、深松整地作业技术及机具演示等等。目前,传统机械装备应用加快,新技术新设备逐步进入应用领域,湛江市、英德市甘蔗生产机械化进入试点实用阶段;山地丘陵果园运输在丘陵山区投入几十条生产线;病死畜牧无害化处理设备正在一些大中型养殖企业中使用。

【加强监督检查】 2015年,广东省组织制定和公布2015年广东省农业机械推广鉴定工作指南,公开广东省农机推广鉴定证书有关信息,制定《广东省2015年度农机推广鉴定产品及证书使用情况监督检查实施方案》,组织开展对通过推广鉴定的企业和产品监督检查工作;制定《2015年广东省补贴机具质量跟踪调查工作实施方案》,组织和指导市、县开展农机质量调查和重点检查,督促农机生产企业、经销商落实"三包"责任;公开全省各市县(区)农机质量监督投诉站的详细地址及投诉电话。

【举办培训班】 2015年,广东省农机部门举办全省农机质量投诉处理暨跟踪调查工作培训班,通报2014年广东省农机质量投诉处理情况和有关农业机械质量跟踪调查情况,提高农机质量监督工作人员的公信力。加强农机质量监督人员培训,提升农机质量管理能力,促进农业机械化质量管理规范化。

【加强农机安全监理及能力建设】 2015年,广东省强化农机安全生产责任制的落实。与各地市农业局签订农机安全生产责任书;加强对基层农机安全生产隐患排查、农机"三率"、上道路拖拉机联合整治、农机安全生产宣传教育工作等情况进行检查督查;对英德、潮安等6个县(区)开展2015年农机安全生产重点区域攻坚整治工作,规范各地的牌证管理,督促建立健全农机安全监理机构;组织开展以"加强安全法治、保障安全生产"为主题的农机"安全生产月"活动,举办"2015年广东省农机安全生产、农机购置补贴政策暨丘陵山区农机技术推广宣传咨询活动;完成2015年全省"平安农机"示范县的复评工作,并向农业部上报推荐平远县等示范县(区)及示范标兵岗位名单;加强农机安全监管能力建设,为市、县农机安全监理机构配备11套农机事故处理设备,提升基层农机安全监理水平。

【加强农机队伍建设】 2015年,广东省组织开展农业机械化人才培训情况调查,及时印发《广东省农业机械化教育培训大行动2015年实施方案》,开展对农业机械化管理人员、技术推广人员和实用人才的培训。省级开设农业机械化管理、技术推广等人员培训班,共培训2 000多人。落实专项经费,突出做好区域性农机维修技能人才培养工作,在梅州市、江门市、惠州市举办农机维修技能人才和机务管理培训班,共培训农机维修技术人员200多人,示范带动区域性农机维修服务能力的提高。组织7家农机合作社示范社理事长赴山东参加全国农机合作社示范社理事长培训班,加强对农机合作社经理人的培训。指导广州市农业机械化技术推广站等3个全国农机职业技能培训和鉴定示范基地建设。

【加强组织宣传】 2015年,广东省策划第六届广东现代农业博览会综合馆农机展、第十四届广东种业博览会·现代农业装备展的参展筹备工作;宣传农业机械化信息化融合,加大宣传力度,及时做好广东省农业机械化重要信息报送工作,营造农业机械化发展良好气氛;做好跨区作业证的发放工作,组织、指导全省联合收割机、插秧机跨区作业;组织重要农时、重点作物(特色作物)、薄弱环节机械化生产;抓好农机防灾抗灾救灾工作。发挥农机在抢农时、争进度、保质量、抗灾夺丰收等方面重要作用。

【做好农业机械化统计工作】 2015年,广东省完成2014年度农业机械化统计年报和相关分析报告,指导做好2015年农业机械化生产信息及季度预测数据报送工作;通过互联网建立统计、信息交流平台，提高全省农机统计、信息宣传工作效率；在广东省东西北地区选定8个县(市、区)作为广东省农业厅农业机械化发展观测点，开展种植业、林果业、畜牧业、渔业、设施农业、农产品初加工采集数据和调研。

【落实农机购置补贴政策调整】 广东省完善农机购置补贴政策，从2015年起，延长《广东省2015—2017年中央财政农业机械购置补贴实施方案》的时限为三年，优化补贴办理程序，明确责任主体，简化补贴产品的资质，将补贴办理程序与经销商脱钩，更加便民利民。

【探索性开展三项试点工作】 2015年，广东省选择病死畜禽无害化处理设备作为农机新产品补贴试点产品；开展农机深松整地作业补贴试点，明确补助标准及资金使用办法；开展甘蔗生产全程机械化示范项目试点并探索其生产模式。

【建设区域性大型农机合作社】 2015年，广东省组织开展全省农机合作社发展情况调研，培育区域性的合作社龙头，加强对广东省东西北和珠三角培育5家区域性大型农机合作社的指导，引导带动农机合作社加强自身实力建设，提升服务现代农业的能力。开展"企社共建"维修点活动，组织广东省农业机械总公司、广东弘科农业机械研究开发有限公司分别与汕头市潮阳区顺杰农机种养专业合作社、陆丰市支农农机专业合作社、仁化霞丰农机农民专业合作社和鹤山市合兴农机专业合作社共建农机维修点。

【农机安全监理成效显著】 2015年，广东省农机违法事件减少，农机安全事故得到遏制，农机"三率"提高，全省农机(拖拉机和联合收割机)注册率为74.71%、检验率为55.27%、持证率为97.17%，全年无较大以上农机安全事故。

广西壮族自治区

【概况】 2015年，广西壮族自治区农机部门贯彻中央和自治区党委、人民政府关于加强"三农"工作、推进农业机械化发展的决策部署，适应新常态，创新方法，扎实工作，农业机械化持续较快发展，为稳定全自治区粮食产量、增加农民收入、减少贫困人口提供支撑，为广西壮族自治区经济社会持续稳定发展作出贡献。

【农机装备总量增加】 2015年，广西壮族自治区农机原值达300亿元，农机总动力3 800万千瓦，大中型拖拉机拥有量4.1万台，分别比2014年增长8.7%、5.2%和9.7%。联合收割机拥有量2.9万台，比2014年增长11.6%；水稻插秧机拥有量1.7万台，比2014年增长12.6%。大中型拖拉机、水稻联合收割机、插秧机分别增加3 688台、3 093台、1 515台。

【农机作业水平提升】 2015年，广西壮族自治区农业机械化水平稳步增长，全自治区农作物耕种收综合机械化水平达50%，比2014年提高4个百分点，其中：水稻70.5%、提高3.2个百分点，甘蔗55%，提高5.12个百分点。2015年，水稻机插、机收等薄弱环节机械化生产取得新进展，全自治区完成水稻机耕面积2 040千公顷、机插面积512千公顷、机收面积1 737千公顷，机耕、机插、机收水平分别比2014年提高1.42个、3.77个、4.92个百分点。

【农机社会化服务能力持续增强】 2015年，广西壮族自治区农机社会化服务组织1.1万个，从业人员5.3万人；农机户达225万户，从业人员294万人；农机专业合作社1 694个，入社成员1.9万人，入社机具达5万台(套)，合作社服务农户72万户，作业服务面积400千公顷，年度总收入7亿元。

【农机购置补贴工作稳步推进】 截至2015年11月5日，广西壮族自治区购买补贴机具16.73万台(套)，受益农户13.36万户，累计使用国家农机购置补贴资金4.4亿元、自治区补贴资金4 044万元，分别占国家、自治区补贴资金的90%，拉动购机农民投资约20亿元。从中央财政农机购置补贴资金统筹安排6 000万元，用于100千公顷深松整地作业补助。截至11月5日，全自治区共完成农机深松整地作业面积309千公顷，占全年任务的92%；已验收作业补助面积27千公顷，相应作业补助资金1 881万元。

【农机安全生产形势持续稳定】 截至2015年9月底，广西壮族自治区完成拖拉机年检155 964台，办理新机入户8 211台，新增驾驶人考试合格9 407人；发生农机事故2起，死亡1人，受伤1人，农机事故死亡人数控制在自治区人民政府下达的控制指标范围内。

【农机质量监督和技术培训取得新进展】 2015年，广西壮族自治区农机鉴定和监督管理体系建设成效明显，完成农机技术鉴定8项、省级推广鉴定13项、部级推广鉴定1项、可靠性试验14项、委托检验1项、定期监督检验1项；开展农业机械化新机具新技术培训工作，2015年培训农机手10万人次，开展市县农机局长、农机监理人员、农机推广和质量监督人员等系列培训班，参训人数超过5 000人次。

【规范实施农机购置补贴】 2015年，广西壮族自治区制定《广西壮族自治区2015—2017年农业机械购置补贴实施方案》，推行"自主购机、定额补贴、县级结算、直补到卡"补贴方式。在购机补贴实施过程中，采取加强风险防控、大力宣传新政、服务窗口前移、落实工作经费、加大督查力度、认真受理投诉等工作措施，扩大享受补贴对象范围，从事农业生产经营的个人或农业企业均能享受；提高甘蔗收获机的单机补贴额标准，由25万元/台提高到40万元/台；提高种养大户、农民合作社、家庭农场、育秧中心(工厂)、农业企业享受补贴的限额；开展农机深松整地作业补助试点工作，对甘蔗、香蕉等耕地的深松整地作业给予补助。一些高性能、高效率的机械得到推广与运用，大中型拖拉机、高速插秧机、甘蔗联合收割机等增长，优化装备结构，提升装备水平。

【推进水稻生产全程机械化示范项目建设】 2015年，广西壮族自治区推进水稻生产全程机械化示范项目建设。2015年广西壮族自治区人民政府办公厅印发《关于加快推进我区水稻生产全程机械化的意见》，各级农机部门与农业等有关部门密切配合，加强示范带动，推进水稻生产全程机械化示范点建设。2014—2015年，投入财政资金5 000万元，在水稻主产县区建成50个集工厂化育秧中心、烘干中心于一体的水稻生产全程机械化示范基地。核心试验区67千公顷，辐射面积超过333千公顷，拉动社会投资近3亿元。通过项目推动，2015年，广西壮族自治区水稻耕种收机械化水平快速提高，达70.5%。

【实施甘蔗机械化推进工程】 2015年，广西壮族自治区着力突破甘蔗机收，探索符合广西甘蔗生产全程机械化发展的有效途径，总结甘蔗高效生产全程机械化技术模式，制定甘蔗机械化作业标准，为加快推进“双高”基地建设提供技术支持。协助草拟《广西甘蔗生产全程机械化推进方案（2015—2020年）》，草拟《广西“双高”基地生产全程机械化实施方案（2015—2020年）》，向财政部、农业部申请甘蔗机械化深松整地、种植和收获补贴，为全程机械化提供政策支持。广西壮族自治区提出以全程机械化为龙头开展“双高”基地建设的要求，农业部实施融资租赁支持广西采购切段式甘蔗收获机试点项目，2014—2015年下达财政贷款贴息资金1 100万元，促进全自治区甘蔗生产机械化发展。2014/2015年榨季，“双高”基地新植蔗耕作和种植环节基本实现机械化，33千公顷“双高”基地机收率达7.8%。

【加大扶持力度】 2015年，广西壮族自治区做好农机合作社示范社及农民专业合作组织发展资金项目的申报、评审工作，把运行机制较为完善、管理较为规范、具备一定社会服务经营规模、辐射带动能力强、带动农民群众增收明显的一批农机专业合作社评定为示范社并作为项目资金重点扶持对象。

【促进合作社规范发展】 2015年，广西壮族自治区26个农机合作社获国家农民专业合作组织发展资金支持共420万元。加快培育一批组织健全、设施完善、功能齐全、运作规范、效益良好的农机专业合作社，组织开展全自治区农机专业合作社建设发展调研，为研究制定扶持政策提供参考依据。

【做好跟踪服务，加强人员培训】 2015年，广西壮族自治区研制开发广西农机社会化服务信息报送系统，录入农机合作社基本信息1 100余条。以组织实施农机合作社提升年活动为契机，加快服务载体建设，创新管理服务方式，强化主体培育，不断提高农机社会化服务水平。加强人员培训，提升农机合作社管理服务能力、维修保障能力和经营管理水平。

【提高农机安全水平】 2015年，广西壮族自治区全面落实安全生产责任制。全自治区各级人民政府逐级签订、人民政府与农机部门签订、农机部门逐级签订、农机部门与驾驶人签订农机安全生产责任状达17万多份。

【巩固深化“平安农机”创建】 2015年，广西壮族自治区通过自治区专家组评审推荐兴业县等8个县（市、区）为2015年全国“平安农机”示范县（市、区）。

【深入开展农机安全生产隐患排查】 2015年，广西壮族自治区重点整治和查处拖拉机违法载人、无牌无证行驶、无证驾驶等行为。

【加大宣传教育】 2015年，广西壮族自治区开展农机“安全生产月”系列活动，编印20万张《广西农机安全事故案例警示挂图》免费发放张贴，制作视频宣传短片向群众播放宣传，组织文艺团体到基层巡回演出等。

【创新执法手段】 2015年，广西壮族自治区桂林市率先启用农机安全监理业务及执法软件移动设备客户端，全面实现农机违法行为一站式查询，为农机监理人员现场执法提供记录，提升农机执法工作效能。

【提高农机鉴定质量水平】 2015年，广西壮族自治区强化质量体系建设。制定、修订中耕机等24个产品推广鉴定大纲、甘蔗种植机等29个产品技术鉴定大纲。完成自走履带式旋耕机等6个产品广西壮族自治区地方标准草案的制定。新增甘蔗种植机、甘蔗田间收集搬运机、自走式粉垄深耕深松机等9个新产品检测资质，为广西壮族自治区333.33千公顷“双高”甘蔗基地生产机械化提供保障。

【加强农机质量监管】 2015年，广西壮族自治区组织、指导各级农机质量投诉监督机构开展投诉监督体系建设，开展农机集中整治与专项检查，出动检查人员1 680人次，检查735家农机经营企业、30种（类）产品25 430台（套），总价值1.35亿元。受理农机投诉案件45起，结案44起，结案率为97.8%，为农民挽回直接经济损失25.1万元。

【农机教育培训呈常态化】 2015年，广西壮族自治区围绕水稻、甘蔗等主导产业，发挥各级农机学校的优势，开展校企合作，开展多种形式的实用农机技术培训班，培训农机操作人员10万人次，培训农机管理人员超5 000人次。

【提高农机为民服务水平】 2015年，广西壮族自治区按照立法程序和要求，修订《广西壮族自治区农业机械管理条例》，修改后的《广西壮族自治区农业机械化促进条例（草案审查稿）》已经自治区人民政府常务会审议通过。加大行政审批制度改革力度。实行行政审批职能、审批项目、审批人员“三集中”的“一站式”“一条龙”“一个窗口”对外的阳光服务。梳理行政权力，清理权力清单。开展非行政许可审批事项清理。开展政务公开、开展行政审批项目网上申报试点工作。做好依申请公开政府信息工作。

【提高农机依法行政水平】 2015年，广西壮族自治区按照自治区党委的统一部署，抓好党员干部的政治理论学习，开展“三严三实”专题教育，巩固党的群众路线教育实践活动成果、深化作风建设，强化法治思维，提高农机干部职工依法行政的能力和水平。

【农业机械化总体水平不高】 2015年，广西壮族自治区农业机械装备水平及利用率低，与全国平均水平相比大约相差14个百分点。关键生产环节机械化水平不高，水稻插秧及甘蔗收获机械化环节虽取得突破，分别为26%和1%，但前者比全国平均水平低近20个百分点，后者与国家的要求还有差距；谷物烘干、果品烘干等农产品初加工机械化水平低，制约综合机械化水平的提高。

【农业机械装备结构性矛盾突出】 2015年，广西壮族自治区适宜广西丘陵山区机械化生产的新型农业机械供给不足，低技术、低效率、高能耗的农业机械仍在大量使用；动力机具多、配套机具少、配套比不合理的问题仍然突出。主要表现为“三小一大”：大中型农业机械及配套机具、高效复式作业机械比例小；产前、产后作业机械比例小；种植、收获环节作业机械比例小；小型、老旧、高耗作业机械比例偏大，装备结构不合理，不能满足现代农业发展和节能减排需要。

【农机农艺结合不紧密】 2015年，广西壮族自治区农民传统种植养殖习惯差异大，主要粮食作物和经济作物品种培育、耕作制度、栽植方式多样化，实施机械化作业生产难度大。如水稻的品种和播种期不连片统一，影响机插秧、统防统治和机收作业效率；甘蔗仍以人工种植为主、机械化种植水平比较低，蔗农仍未走出以密栽多株保产量的窄行距种植误区，宽行距种植模式推行难度相当大，不适宜机械化中耕培土和收获等作业，甘蔗生产全程机械化需要各部门统一协调，单靠农机部门难以解决。

【存在问题】 2015年，广西壮族自治区农机购置补贴自治区配套资金严重不足，2015年缺口约3 000万元，致使农民等待观望，影响拉动中央补贴资金的使用。水稻机械化育插秧财政扶持力度不够，制约水稻生产全程机械化水平的快速提升。培育扶持农机合作社力度不够，多数农机合作社仍属松散型组织，规模小，经济实力不强，经营管理不规范，农机社会化服务质量和效益亟待提升。农机安全生产装备严重不足，县级农机安全监理没有配备执法用车，影响安全生产的有效监管和指导。

海南省

【概况】 2015年，海南省农业厅农业机械化管理处在农业部农业机械化管理司和海南省农业厅党组的领导下，围绕省农业厅2015年工作要点，以推进海南省现代农业建设为核心，明确工作思路，强化工作措施，创新工作方法，改善海南省农机装备结构，提高海南省农机作业水平。

【农业机械化发展概况】 2015年，海南省农机总动力达533.4万千瓦，比2014年增长3.1%；拖拉机拥有量达10.6万台，比2014年增长3.2%；农用排灌机械动力达117.89万千瓦，比2014年增长3.5%；耕种收综合机械化水平达42%，比2014年提高2个百分点；全省农业机械化经营总收入达36.21亿元，比2014年增长5.1%。海南省乡村农机从业人员人均农机经营收入达1.47万元，比2014年增长5%。农业机械化的发展，对推动农业经济发展、农民收入持续增长、保持农产品价格总体水平基本稳定等发挥作用。

【抓好农机购置补贴政策科学规范实施】 2015年，海南省农机购置补贴共投入中央财政资金7 900万元和省级财政资金2 000万元，2015年10月底，全省共签署购机补贴指标确认书1 943份，受益户1 688户，补贴机具4 790台，共使用中央补贴资金1 478.852万元，实施进度为18.7%，已完成结算262.601万元，结算进度为17.8%，省级财政补贴资金使用方案正在报批尚未实施。

【建立健全购机补贴各项管理制度】 2015年，海南省农业厅农业机械化管理处结合购机补贴工作中发现的问题，研究制定《关于印发农机购置补贴政策落实延伸绩效管理方案的通知》《关于规范农机购置补贴产品标志标识的通知》《关于2015年农机购置补贴产品归档工作的通知》《关于加强和规范农机购置补贴产品经营管理的通知》《海南省农机购置补贴县级信息公开专栏建设维护有关工作通知》、海南省农业机械购置补贴机具核实指导手册、购机补贴档案管理制度、补贴系统操作管理制度等各项规定和制度，建立和规范补贴产品审核进入机制、补贴产品规范管理机制、补贴产品规范经营管理机制、补贴信息公开机制和购机补贴工作绩效考评机制，明确补贴机具核验职责和要求，用制度规范购机补贴各项工作，加强和规范购机补贴各项管理。

【加强购机补贴培训和指导】 2015年，海南省购机补贴实施指导意见颁布以来，海南省农业厅农业机械化管理处先后组织2次全省范围农机购置补贴有关人员培训班，还邀请农业部农业机械化管理司、湖南省农业机械管理局有关人员对参加培训班人员进行多角度，全方位的政策走向分析、案例解读和业务知识培训。海南省农业厅农业机械化管理处开通QQ网上交流平台、公布业务咨询电话，接受来自基层和群众的业务咨询，进行说明和指导。

【引入专家和第三方监管力量】 2015年，海南省农业厅农业机械化管理处在全省各农业大专院校、科研单位、各级农机管理（鉴定推广、监理）机构、各农机企业，广泛征集42位长期从事农机工程（管理）技术的专业人才，成立海南省农业机械技术专家库。在2015年的补贴产品分类分档、补贴额测算、补贴产品归档审核等工作环节中，一方面利用专家力量科学指导补贴政策制定；另一方面引进第三方力量对申报补贴的产品进行价格审计，从源头上加大工作力度，严格依照程序，认真审核把好补贴产品入口关，为补贴政策科学规范制定和顺利实施提供保障。

【警戒企业和个人依法合规经营】 2015年，海南省根据群众举报和补贴系统监测，查处四川惠农机械有限责任公司、台州高利机械有限公司、台州市群欢农业设备开发有限公司、武汉市发尔奥机械有限公司、台州上华农科开发有限公司、台州天泉泵业有限公司、上海晨昌动力科技有限公司、江苏常发农业装备股份有限公司8家公司的18个产品。将上海晨昌动力科技有限公司、海南民声农业科技有限公司、昌江石碌富强农机商行列入购机补贴政策黑名单。对郴州市北湖区誉华能源科技有限公司、湖南盈峰光能机械有限公司、耒阳市普京科技发展有限公司、宁波江北喜达机械制造有限公司进行重点监控。

【加强补贴产品源头管理】 2015年，海南省对微灌设备（微喷、滴灌、渗灌）和灌溉首部（含灌溉水增压设备、过滤设备、水质软化设备、灌溉施肥一体化设备以及营养液消毒设备等）、13.23千瓦以下自走式喷杆喷雾机等3类产品暂停办理补贴，提请海南省农机鉴定推广站对该3类产品进行重新审核。

【加强农机购置补贴服务窗口建设】 2015年，海南省农机购置补贴“一站式”服务窗口建设，实行“六上墙、一动态显示、一举报箱”，即制度上墙，管理流程上墙，公示上墙，举报电话号码公布上墙，领导机构、监督机构上墙，补贴工作人员的名字、照片上墙，补贴资金动态显示，设立举报箱。2015年，海南省明确要求各市县购机补贴申请必须在窗口办理，补贴工作更加公开透明，有效杜绝代办补贴等违规行为。

【发挥农机购置补贴服务窗口作用】 2015年，海南省利用服务窗口和各级农业机械化信息网，及时完整公布农机购置补贴政策有关信息、补贴工作进展情况、补贴产品信息、举报查处情况、监督电话等信息，公开接受社会监督，让惠农政策在阳光下运行，杜绝腐败，2015 年以来，农业部农业机械化管理司对海南省农机购置补贴信息公开情况进行 2 次检查，海南省农业厅农业机械化管理处对各县级农机购置补贴信息公开情况进行 2 次检查。

【抓好农机安全生产】 2015 年，海南省为强化农机安全生产责任制，海南省农业厅与 18 个市县农机主管部门签订《农机安全生产责任书》，并发动市县农机部门与新车户主、年检机手及新农机驾驶人签订《安全责任书》2.97 万份。同时，由海南省农机监督管理所联系当地公安交警及安监部门开展联合执法整治行动 6 次，在市县之间的交界点，主要查处拖拉机违法载人、人货混载、超载超速、改装拼装、酒后驾驶、无年检、无牌无证行驶等违法违规行为，降低重大农机安全事故的发生，保障农机安全生产。积极开展创建“为民服务创先争优”示范窗口和“平安农机”示范县活动。

【加强农机安全监管】 2015 年，海南省农机部门与海南省安全生产监督管理局向农业部报送屯昌为海南省“平安农机示范县”。推进“科技兴安”项目。在 2014 年安装 6 个监控点（乐东、万宁、三亚、儋州、屯昌、临高）的基础上，2015 年在文昌、陵水、保亭、定安、白沙等地装置 14 个农村道路电子监控点，对过往拖拉机的安全生产情况进行监控。同时与海南省交警总队协调，建成农机监理农警联合执法系统，实现农警信息资源共享，方便机手通过系统邮件、短信、网站查询等方式获取农机安全监管信息。

【加强农机监理人员能力建设】 2015 年，海南省组织培训农机监理系统的考试员，检验员，事故处理员，信息员等相关人员达到 150 人次。截至 2015 年 10 月底，海南省共办理农机牌证 2 225 台，其中新办农机登记 45 台，办理机车车牌证转移登记 2 180 台，办理拖拉机联合收割机驾驶证 2 810 本，组织海南省 3 108 名驾驶人参加考试，合格办证 2 986 人，海南省 2015 年检拖拉机 29 771 台，占全年应检数 52 382 台的 56.8%，合格率 100%。2015 年，海南省无重特大安全事故发生，农机安全生产形势整体平稳有序。

【抓好农机社会化服务体系建设】 2015 年，海南省做好冬种瓜菜和早稻生产农机作业服务工作，通过科技下乡、科技入户等形式，组织广大技术人员，深入田间地头，指导广大农民应用农业机械化新技术，提升科技水平。加强跨区作业组织协调，拓展农机跨区作业的范围和领域，提高农业机械的作业效益和利用率，促进农民增收。组织和指导农民机手保养、调试和检修各类农机，把修理服务工作做到田间地头，确保关键农时农业生产顺利、安全进行。

【引进新型农机进行试验示范】 2015 年，海南省引进大型粉垄机、大型甘蔗联合收割机等新式农业机械装备进行试验示范，联合农技部门示范推广杂交水稻无人机辅助授粉、菠萝秸秆粉碎粉垄还田、无人机精准减量施药技术、牧草机械化种植等先进适用的农业机械化新技术、新装备，加强南繁育种水稻生产全程机械化技术示范基地、经济作物生产全程机械化示范基地、转变农业发展方式综合示范区建设，推广应用机械粉垄、深耕深松、化肥深施、高效植保、联合收获、加工贮藏等机械装备，提高先进适用新式农业机械装备应用水平。调查海南省农机合作社现状，协调赴外省进行考察调研，学习外省农机合作社等农机社会化服务组织建设经验。

【抓好农机项目化建设】 2015 年，海南省组织开展农业机械化发展规划调研和编制工作，完成海南省“十二五”农业机械化发展情况报告，编写海南省“十三五”现代农业发展规划草案农业机械化部分（修订稿）。2015 年海南省现代农业机械化促进工程项目资金 447 万元（其中南繁育种水稻生产全程机械化技术示范基地建设资金 50 万元、经济作物生产全程机械化示范基地建设资金 60 万元、省级农机推广鉴定能力和质量监管体系建设资金 90 万元、农机监理科技兴安工程和农机安全应急救援平台建设资金 200 万元）。按照海南省农业厅统一部署，海南省农机部门组织第三方会计师事务所，对 2012 年以来有关农业机械化项目实施情况进行检查验收。

【开展农机深耕深松整地作业工作】 2015 年，海南省农机部门制定海南省农机深耕深松整地工作实施方案，举办技术培训和业务考察交流活动，组织全省农机部门开展甘蔗、香蕉、菠萝等旱作农机深耕深松整地作业服务，启动三亚、陵水、琼海、定安、澄迈 5 个转变农业发展方式综合示范区建设，安排 50 万元扶持开展农机深耕深松和机械化粉垄作业服务。截至 2015 年 11 月底，完成全年 13 千公顷农机深耕深松整地作业任务。

【农机购置补贴实施进度偏慢】 2015 年，海南省中央补贴资金使用方案已印发各市县实行，但是在粮糖主要作物农机具保有量大，农民需求不大，而在一些小型微型及在山地使用的机具、新型农机具上农民有较大需求。但是部分需求机具不在农业部印发的补贴机具目录范围内，或者由于补贴额度偏小，被取消补贴的机具，2015 年中央补贴资金使用进度偏慢。海南省补资金使用方案由于 2015 年调整补贴方向，补贴畜牧机具和新增作业补贴。农机购置补贴资金集中补贴在运输型拖拉机和喷滴灌等机具上，2015 年，运输型拖拉机不再给上牌，喷滴灌机具停止补贴，导致 2015 年补贴资金使用缓慢。

【农机社会化服务体系建设薄弱】 2015 年，海南省农机合作社、农机示范试验推广、农机售后维修等服务能力明显不强，差距较大，不能适应农业机械化发展的需要。2015 年海南省无农机社会化服务体系建设财政资金，服务体系建设推动相对较慢。

【农机购置补贴资金使用分散】 2015 年，海南省约补贴农机具 8 万多台、10 万户农民，购机补贴资金使用比较分散，给资金使用监管工作带来压力。

【农机安全生产监管难度大】 2015 年，海南省暂停发放运输型拖拉机牌证后，道路上无牌无证、挂外省牌证的拖拉机呈现上升趋势，导致监管过程中出现管理盲区，使安全监管难度加大。

【农机驾驶员及教练培训工作出现盲区】 2015 年，海南省根据《中华人民共和国农业机械化促进法》和《农业机械安全监督管理条例》，加上行政审批权力下放，市县对农机方面的机构进行编制改革和调整，大部分市县农机学校被撤销，农机驾驶员和农机驾驶员教练培训工作转为市场化形式，但是市场化一时无法有效对驾驶员及教练进行培训，故该项工作出现盲区，培训工作普遍停滞不前。

重庆市

【概况】 2015年，重庆市农业机械化工作利用国家农机购置补贴等强农惠农政策，推广农机新机具、新技术，重庆市农业机械化水平有提高和突破，实现“十二五”圆满收官。

【农机购置补贴工作有序推进】 2015年，重庆市制定《重庆市2015—2017年农业机械购置补贴实施方案》，明确重庆市农机购置补贴总体要求、补贴范围与补贴标准、补贴对象确定和经销企业公布、补贴操作程序等，确定补贴机具种类范围为10大类31个小类66个品目。组织专家审议并发布《重庆市2015—2017年农机购置补贴机具补贴额一览表》，确定385个分档产品的补贴机具补贴额。2015年，发放指标确认书118 716份、受益户数达97 879户，申请购机128 191台(套)。加强农机购置补贴政策宣传，开通重庆市农机管理办公室官方微信平台，通过图片、文字、音视频等多种形式，定期发布政策解读、农机服务和惠农政策等服务信息，提高农机管理服务信息化水平。

【推进农机深松整地试点】 2015年，重庆市首次开展农机深松整地作业试点，结合重庆自然资源禀赋条件和农业生产实际情况，将农机深松整地作业分为标准化柑橘果园深松、其他果园深松、浅根作物及蔬菜联合深松、机械化土壤深松熟化4种作业模式。发挥重庆市农业科学院技术专家队伍和科技检测优势，开展旱地作物耕作效率、土壤持水量、土壤养分含量、土壤物理结构、根系分布特征、植株营养水平、产量品质分析等数据试验测试，为大面积开展农机深松作业提供客观、公正的技术支撑。截至2015年10月，重庆市完成深松整地作业面积3千公顷，投入深松作业机具77台。重庆市派出3个专项督导组深入有关区县，就深松作业任务推进及成效、深松机具落实、深松作业面积核实、补贴资金兑付及监管等深松整地作业情况开展专项督导推进，确保全市深松整地作业试点任务完成。

【深入开展设施农业示范】 2015年，重庆市在促进设施农业发展意见和启动11个试点项目的基础上，筹集资金700万元，实施设施农业示范基地建设14个，实现设施园艺、设施畜禽养殖、设施水产养殖等各领域和重点区县、重点环节的三个全覆盖，为“十三五”全面实施设施农业提升行动计划打下基础。

【加强新产品研发和试验鉴定】 2015年，重庆市加快研发制造适宜丘陵山区的农机新产品，提升重庆农机工业自主创新能力，提高农机新产品开发及试验鉴定公共服务能力。2015年受理重庆市推广鉴定52项，农业部推广鉴定43项，委托检验56项。在重庆农业机械化信息网上公示四批次41个获得农机推广鉴定证书的产品；发布历年来证书有效期内所有获证产品的相关信息。开展创新型生产奖补试点，近10家企业10余款产品得到财政奖补扶持。

【突破关键薄弱环节农业机械化水平】 2015年，重庆市围绕提升柑橘、榨菜、茶叶等“七大百亿级”产业链重点和关键、薄弱环节农业机械化水平，以重庆库区最大的特色产业——柑橘为突破口，在全国柑橘产区制定机械化柑橘果园建设技术规范，规范机械化作业或借助机械装备进行轻简高效作业的柑橘园的农业机械作业参数及选型等技术要求。在万州推进机械化柑橘示范果园建设，依托重庆市农业科学院果树研究所着手对幼龄标准果园进行机械化作业改造，推动特色产业的农机农艺融合。组织西南大学等科研力量，攻克榨菜机械化种植、收获等产业技术和效益瓶颈问题，榨菜收获机样机已研制成功。组织重庆市茶叶研究所等单位，围绕提升茶叶生产加工机械化水平，开展相关实地考察和调研，并就茶树机械化施肥、修剪等进行专家咨询论证，制定出新建机械化茶园生产加工技术规程。

【提高技能和作业水平】 2015年，重庆市农机管理办公室结合丘陵山区实际、组织编写《南方丘陵山区农业机械化工作应知应会365问》，该书由中国农业大学正式出版，作为重庆市农机部门干部职工学习教材。市级先后开展农机购置补贴管理培训班、农机推广机构负责人知识更新培训班、基层农机人员知识更新培训班、农机维修高技能人才培训班、农机安全管理培训班等近20期次，培训总人数达1 000余人次。通过培训，更新知识，拓宽视野，夯实基础，提升系统干部职工履职能力和人才技能水平。

【加强农业机械应用】 2015年，重庆市出台鼓励措施来推广机耕、机插、机收，共完成机耕作业面积1 967千公顷、机插秧作业面积124千公顷、水稻机收面积124千公顷，重庆市农业耕种收综合机械化水平超过41%。全市投入插秧机12 600台(新增插秧机301台)，基本满足机插秧作业需求；新增水稻收割机1 447台，总数达8 606台，满足水稻机械收割需求，机收比例达40.6%，提高水稻生产作业效率，为农民节本增收近11亿元。在水稻育秧环节，机械化催芽设备和机械化育秧播种流水线的保有量较2014年相比均有提升。

【规范农机安全监管业务】 2015年，重庆市完善巩固“横向到边、纵向到底、管理到岗、责任到人”的农机安全生产监管体系。重庆市落实农机安全法律法规，狠抓牌证核发、安全技术检验、驾驶技术人员考试工作。截至2015年9月，拖拉机在册数达25 037台，挂外籍拖拉机牌照机动车达8万余台；联合收割机在册数达到2 256台；拖拉机驾驶员达50 863人；联合收割机驾驶员达1 179人；备案登记管理农业机械达934 181台；农业驾驶操作员达429 525人。拖拉机、联合收割机“三率”水平保持全国前列。

【突出“平安农机”创建作用】 2015年，重庆市农机部门为确保创建工作取得实效，通过督促指导、交流学习、培训教育和以奖代补等手段，推动创建活动的深入开展。垫江县创建全国“平安农机”示范县，杨宏、肖宗全、张勇三名争创全国农机监理示范岗位标兵，已上报农业部；检查验收20个达到部颁标准的“平安农机”示范乡(镇)、150个示范村(居)。

【农机安全专项整治】 2015年，重庆市共发生一般农机事故1起，伤1人。农机安全生产一般隐患整治率达100%，重大隐患限期整治率达95%以上，隐患排查治理信息按期上报率达100%，拖拉机道路行驶和生产作业过程中违法违规行为减少，农机安全生产事故下降，重特大农机安全事故得到遏制。

【营造农机安全和谐氛围】 2015年，重庆市通过《重庆农业信息网》和《重庆农机安全监理信息网》等信息平台，借助广播、电视、报刊、杂志等新闻媒体向社会各界广泛宣传安全生产法律、法规及有关政策。重庆市共印发宣传资料10万份，制作宣传展板900多块，制作平安农机专题光盘到村宣传，悬挂宣传条幅2 000多条，书写永久性宣传标语6 000余条，出动宣传车辆1 200多次，培训驾驶操作员10 000余人(次)，接受农机安全生产知识咨询10万人次。

四 川 省

【概况】 2015年，四川省各级农业(农机)部门围绕现代农业发展，以立足大农业，发展大农机，服务新农村为根本目标，以转方式、调结构、抓创新、促发展为工作重点，探索符合省情的农业机械化发展模式，完善扶持政策、培育发展主体、推广先进技术、强化基础建设，提高农机装备水平、作业水平、管理水平和服务水平，推动四川省农业机械化“全面、全程、高质、高效”发展。

【农机装备水平得到新发展】 截至2015年10月底，四川省实施中央农机购置补贴资金3.82亿元，补贴各类机具28.44万台，受益农户24.04万户。四川省农机总动力达4 290万千瓦，比2014年增长3.14%。薄弱环节农业机械增长加快，新增水稻插秧机228台、油菜直播机5台、粮食烘干设备324台(套)。

【农业机械化发展水平实现新跨越】 2015年，四川省完成机耕430千公顷、机播(插)800千公顷、机收2 067千公顷，分别同比增长3.84%、13.10%和7.24%。农机薄弱环节加快突破，完成油菜机收187千公顷、机播130千公顷，分别比2014年增加31.61%、37.34%。水稻机插秧333.33千公顷，比2014年增长14.3%。粮食机械化烘干量达35万吨，比2014年增加10.86%。四川省主要农作物耕种收综合机械化水平达53%。

【农机合作社发展创造新活力】 2015年，四川省农机合作社数量达1 104个，比2014年增加140个。合作社有各类农机具6万台(套)，比2014年增长5%，大中型拖拉机配比率达到1∶2。2015年作业面积623千公顷，服务农户174.8万户。52%的合作社流转土地进行经营，流转土地面积达76千公顷，比2014年增长19%。合作社完成的水稻机插秧作业量占四川省农机作业量的17%、机播油菜占15%、机械烘干粮食数量占61%，已成为省农机薄弱环节加快突破的重要推动力量。

【农机基础设施建设取得新成就】 2015年，四川省以“农业机械化推进示范项目”为依托，整合各类涉农项目和资金，推进农机提灌站和农业机械化生产道路建设。2015年，四川省新建道路3.2万千米，现代农业园区农业机械化生产道路通达率达85%。全省修复提灌机械8.56万台次/88.15万千瓦，改造提灌站2 788座/7.58万千瓦；新建提灌站1 046座/2.96万千瓦。新增提水控灌设备2.37万台/14.2万千瓦，新增提水控灌面积26千公顷。

【农机产品质量得到提升】 2015年，四川省开展农机质量投诉监管工作，接到投诉4例，受理4例、结案2例。启动证后监督检查工作，对省内29家农机生产企业及其生产的58个产品进行监督检查。完成推广鉴定产品47项。完成各类农机工种(级别)职业技能鉴定1 520人。

【农机“三率”水平提高】 2015年，四川省拖拉机、联合收割机上牌率、年检率、驾驶人持证率稳步提高，农机事故总体稳定可控。截至2015年10月底，全省农机农田事故8起、死亡2人、受伤2人、经济损失6.88万元，未发生较大以上农机事故，控制在省人民政府目标考核范围内，全省农机安全形势持续稳定。

【规范实施农机购置补贴政策】 2015年，四川省《2015—2017年农机购置补贴实施指导意见》坚持简政放权，便民利民。补贴机具种类范围基本上做到“应补尽补、敞开补贴”。实行“自主购机、定额补贴、县(乡)结算、直补到卡(户)”补贴方式，补贴程序由以前的“先申请、后购机”改为“先购机、后申请”。补贴对象扩展到直接从事农业生产的个人和农业生产经营组织。明确各级农机主管部门的工作职责和企业、经销商的主体责任。强化绩效管理工作，将考核方式与日常管理、随机抽查、专项督导等相结合。补贴额度监管，下调稻麦脱粒机、玉米脱粒机、碾米机、饲料粉碎机、抗旱机泵5个品目10个档次的补贴额。加大违规产销企业的处罚力度，暂停2家违规企业产品补贴资格，并按照农业部要求开展暂停补贴资格产品的调查核实工作。

【培育新型农机社会化服务主体】 2015年，四川省引导农机合作社开展粮食生产适度规模经营，向“两主体、四中心”发展，建立育秧中心、农机中心、烘干中心和培训中心，提供全面、全程农业机械化服务。各类农业农机项目向农机合作社倾斜，与农机科研院所开展技术合作，实践、示范、推广农业生产新模式、新技术、新品种。2015年，四川省合作社承担农业农机项目约800个，各级财政扶持资金约1.5亿元。开展省级示范社创建行动，做到“省有示范、市有典型、县有样板”，促进农机合作社规范化建设。四川省已评选两批共163家省级示范社。针对农机合作社理事长、农机手开展管理、操作、生产技术培训，全省全年培训20 000余人次。

【推进主要农作物生产全程机械化】 2015年，四川省围绕粮、油等主要作物、主要区域，以水稻机插、油菜机播机收、粮食烘干为重点，突破薄弱环节农业机械化生产；以水稻、小麦、油菜为重点，推进全程机械化生产。在东坡区、广汉市、苍溪县开展水稻生产全程机械化示范、油菜生产机械化技术示范及保护性耕作技术创新与集成示范建设，总结出农业机械化技术路线和生产模式。组织现场会、“三下乡”“宣传周”等活动，推广农机新机具、新技术和新模式。推进农业机械化核心示范区、农机农艺融合示范基地建设，2015年新建农业机械化核心示范区100个，新建农机农艺融合万亩示范区20个。

【改善农机基础设施条件】 2015年，四川省争取省级财政9 500万元农业机械化推进示范建设项目资金，开展农业机械化生产道路和提灌站建设，改善农机基础设施条件。四川省农机部门搞好农机作业生产道路规划布局，重点在全程农业机械化核心示范区、现代农业产业园区内建设农业机械化生产道路网络体系，整合各类项目资金，加快新建、改建和硬化步伐，完成农业机械化生产道路建设3.2万千米。坚持"蓄、引、提"并重，加快机电灌溉设施更新改造、新建步伐，完善经营管理机制，推进管护制度多样化；四川省农机部门推广提灌先进技术，推动行业技术进步；推进太阳能光伏提灌设施建设；科学稳步推进四川省机电灌溉信息管理系统的完善与推广运用；保障达1 333千公顷以上机电灌溉面积和常年35亿立方米提水能力。

【改进农业机械化质量监督管理】 2015年，四川省农机部门加强推广鉴定工作。以农机质量投诉和问题反映为导向，开展投诉监督、证后监管和质量调查工作，对获得农业机械推广鉴定证书的企业及产品进行检查，强化农机产品质量监管。四川省农机部门加强农机职业技能培训和鉴定示范基地能力建设，督促各示范基地规范管理、强化师资队伍建设、完善设施设备，提升鉴定能力。

【保障农机安全形势持续稳定】 2015年，四川省落实《四川省农业机械安全监督管理条例》，简政放权，将拖拉机驾驶培训资格认定许可权限由省下放至市州，将农机检验、考核、牌证办理审批权限由市下放至县。制订并下发《四川省安全生产"党政同责"暂行规定》落实工作方案，全方位、多层次签定农机安全责任书，做到省、市、县、乡、村"五级五覆盖"，农机安全生产主体责任"五落实五到位"。狠抓"存量运输型拖拉机"监管，严控新增，推动运输型拖拉机上线检测，拖拉机"上牌率""检验率"、驾驶人"持证率"稳步提高。推进农机安全"打非治违"专项整治，完成运输型拖拉机不超载超限承诺书和安全生产责任书签订工作。

【道路交通综合整治】 2015年，四川省农机部门参与全省道路交通综合整治，开展拖拉机涉牌涉证、非法改拼装、超载超限、违法载人等违法行为专项整治。抓好四川省道路交通信息共享平台的建立和运用，全省累计导入拖拉机及驾驶人数据信息60余万条，实现农机和公安信息共享、互联互通。

【开展"平安农机"创建】 2015年，四川省创建全国示范县22个，省级示范县16个，省级示范乡镇366个；全国"岗位标兵"25个、省级"岗位标兵"49个。

【加快四川现代农机产业园建设】 2015年6月10日，农业部正式发文，授予四川现代农机产业园区全国唯一的"中国农业机械化创新示范园区"牌子。四川省经济和信息化委员会授牌园区为省级特色示范园区。园区已有吉峰农机、一拖川龙、奥凯川龙、俊马密封制品等14个项目签约入驻，计划用地82公顷，计划总投资32.2亿元，已完成投资9.1亿元。甘肃奥凯公司与川龙公司正式签订合资协议，注册成立四川奥凯川龙农产品干燥设备制造有限公司，已经正式签约入驻园区，提升四川省种业机械研发、制造和应用水平，填补种机企业多项空白。

贵州省

【概况】 2015年，贵州省农业机械化工作以促进农业增效、农民增收、农村发展为核心，以农业产业结构调整和现代高效农业示范园区为主抓手，主攻主要粮经作物薄弱环节、关键环节机械化技术，探索丘陵山区农业机械化发展机制和模式，提高农机管理水平、装备水平、作业水平，推动全省农业机械化快速健康发展。

【实施农机购置补贴政策】 2015年，贵州省农机购置补贴采取"自主购机、定额补贴、县级结算、直补到卡"实施方式，首次实行先购后补。补贴对象为从事农业生产的个人和农业生产经营组织，农业企业纳入补贴对象范围。贵州省获得农业部、财政部中央农机购置补贴资金3.1亿元，资金全部下达至各实施县。2015年6月11日，贵州省启动2015—2017年农机购置补贴工作，同时停止实施2014年补贴政策。截至10月13日，全省共实施中央农机购置补贴资金15 540.2万元（其中，使用2015年补贴资金3 497万元），县级补贴资金463.2万元，补贴各类农机具88 046台（套），受益农户81 132户。通过实施购机补贴，贵州省农机总动力达2 520万千瓦，新增各类农机具15万台（套）。

【制定跨年度补贴政策】 2015年，贵州省农机部门制定《贵州省2015—2017年农机购置补贴实施方案》，方案明确跨年度实施补贴政策，确定连续三年"自主购机、定额补贴、县级结算、直补到卡"的补贴政策实施方式、补贴产品及其经销商。

【创新实施方式，便民高效】 2015年，贵州省农业委员会制定《贵州省2015—2017年农机购置补贴实施方案》扩大补贴对象的范围，凡是从事农业生产的个人和农业生产经营组织均可购机享受补贴，农业企业可享受补贴；提出"先购后补"，补贴对象购机发票向县级农业机械化主管部门申请补贴，简化补贴办理流程；取消农机补贴产品生产企业授权经销商销售区域的限制，经销商可面向全省的农民销售农机补贴产品；缩小农业部下发的农机产品补贴范围，总价不高、大多数农民有能力购买的、未能直接服务农业生产田间作业的、在贵州省连续几年几乎无人购买的和严格意义上不属于农业机械的（温室大棚）等产品不再纳入中央资金补贴范围；由农机补贴产品生产企业自行公布经销商，农业机械化主管部门不再集中公布经销商名单。

【加强组织准备，保障补贴顺利实施】 2015年，贵州省农机部门举办全省农机购置补贴管理软件系统操作人员培训班；召开全省农机购置补贴工作会议，传达全国农机购置补贴工作会议精神，强调农机购置补贴工作的重要性和工作纪律的严肃性；分批次发布农机购置补贴产品信息；下达农机补贴工作经费500万元至各市县用于宣传农机购置补贴政策、公示补贴对象、核实购机情况、整理补贴资料、建立信息档案等方面的支出，保证农机购置补贴工作开展。

【强化信息公开，确保透明公正】 2015年，贵州省农机部门在贵州农业信息网上建立省级农机购置补贴信息公开专栏，公开补贴实施方案、补贴额一览表和补贴产品信息表、补贴实施简报、资金使用进度、各级补贴政策实施咨询投诉电话和补贴专栏网址等信息，大多数市(州)、县级农业机械化主管部门按照贵州省农业委员会要求建立农机购置补贴信息公开专栏。确保补贴信息更加公开透明，促使补贴政策更加公正实施。

【组织重点农时农业机械化生产】 2015年，贵州省农机部门安排部署春耕、“三夏”“三秋”农机生产和跨区作业服务，切实做好督促指导、信息引导。贵州省完成机播71.33千公顷、机耕1 341.63千公顷、机收289.25千公顷，发放跨区作业证580份。秋冬种结束时完成年度农机生产目标任务。贵州省主要农作物耕种收综合机械化水平达25%。

【组织农机抗灾救灾】 2015年5—6月，贵州省遭遇大范围的强降雨过程，多地受灾严重。贵州省组织、要求各级农机部门切实加强领导，开展汛期指导服务，提前对农机防汛抗灾责任制、应急措施、机具设备等准备情况进行检查，确保各项工作落实到位。做好农机生产作业信息统计报送，促进农机作业有序开展。

【抓好农业机械化项目工作】 2015年，贵州省农机部门做好省级农民农机合作组织发展资金项目工作。组织制定《2015年省级农民农机合作组织发展资金项目申报指南》，共计219个项目，涉及资金5 150万元，其中：农机专业合作社建设93个、农业机械化技术试验示范50个、农机抗旱应急服务队建设76个。贵州省农机部门成立农民农机合作组织发展资金项目领导小组，加强项目管理。

【实施水稻全程机械化示范基地建设项目】 2015年，贵州省农机部门为落实贵州省农业委员会与中国工程院院士、华南农业大学“南方农业机械化与装备关键技术教育部重点实验室”教授罗锡文团队签订为期5年的水稻全程机械化技术应用开发合作协议，在2014年实施的基础上，2015年新增三个县实施，在西秀、平坝、碧江、惠水、独山、遵义、湄潭等县区实施水稻全程机械化示范基地建设项目，引进水稻旱穴直播机具及配套其他机具试验示范，出台《2015年贵州省水稻全程机械化示范基地建设方案》指导各县项目工作。

【做好项目审核、督促检查等工作】 2015年，贵州省农机部门要求示范县做好试验示范数据记录，组织专家指导关键农时、关键环节注意事项，出台4—5月水稻直播田间管理建议。各示范区相继进行测产，示范田产量达到7 500千克/公顷，好的示范点产量接近11 550千克/公顷，推进农业机械在贵州省薏苡产业中应用，适应现代农业发展需要。贵州省农机部门邀请华南农业大学农机专家团队支持研发水稻薏苡机械。2015年1月，机关党委书记徐成高与华南农业大学达成合作意向。2015年4月，徐成高书记与华南农业大学专家、省农作物技术推广总站和农机管理处等到兴仁县检查、调研项目，促进项目实施。确定《2015年贵州省薏苡机械化示范基地建设方案》，与华南农业大学签订技术服务合同。

【提升科技支撑与服务能力】 2015年，贵州省山地农机研究所实施的《贵州省油菜产业技术体系贵阳试验站的建设》项目引进改进两种型号的多台全喂入式小型油菜脱粒机和一台全喂入式油菜联合收获机。《小型山地玉米播种机研制》《贵州省丘陵山区烟草移栽机的研制》等项目准备相关验收资料；《贵州丘陵山地小型稻麦联合收割机研制》项目，完成二代样机加工改进，邀请贵州省机电产品质量监督检测院的专家对样机进行检测和技术鉴定；《贵州省推进农机社会化服务问题研究》项目，通过多种调研形式获得贵州省农机社会化服务组织的基本情况信息，归纳分析后形成《贵州省农机社会化服务组织基本情况调查表》，编写《贵州省推进农机社会化服务问题研究》综合报告、《我国农机社会化服务的现状及发展简介》《贵州省农机社会化服务组织典型案例》；《贵州省山地农业机械研究工程技术研究中心建设》项目完成“计算机视觉播种器试验平台”的优化设计和改进研制工作，完成“山地小苗高速移栽机”的设计和样机试制工作，三个成果转化项目按进度实施，建立示范基地2个，示范面积13.33公顷，辐射带动面积133.33公顷，培训农机手10人，专业技术人员50人，农民1 000人；参加“十二五”“863”计划项目《种苗高速栽插与精密播种技术研究》等工作；省农机技术推广站与毕节市农机研究所合作实施马铃薯生产机械化项目，与贵州省茶叶研究所联合完成3TG—5.5DQ型、1WG4.0型、SRS1.8型三种型号“茶园除草机”的研究试制工作。

【强化农机安全管理】 截至2015年9月30日，贵州省拖拉机等农机具拥有量6.78万台(套)，拖拉机驾驶员146 720人、联合收割机驾驶员257人。全省未发生农机安全生产事故。

【落实农机安全生产目标责任书】 2015年，贵州省农机部门采取“横向到边、纵向到底”，层层签订的方式，使贵州省各基层农机监理机构与农机安全联组、农机安全联组与参加联组学习的拖拉机驾驶人员100%签订安全生产责任书。强化各级农机监理机构的服务管理职责和农机生产、作业人员的安全意识。

【深入开展“平安农机”创建活动】 2015年，荔波县作为贵州省2015年度全国“平安农机”示范县(区、市)创建工作候选县，上报农业部、国家安全生产监督管理总局。

【严把农机关】 2015年，贵州省严把拖拉机、联合收割机登记入户、检验关和拖拉机、联合收割机驾驶员考试、办证、审验关。各地、县农机安全监理所等在2015年度拖拉机及驾驶人检审验中，部分使用拖拉机检测线(流动检测设备)检测，提高拖拉机年度检验率。没有发现未经培训或给不符合办证条件的人员办理驾驶证。

【组织开展“安全生产月”活动】 2015年，贵州省农机部门举办全省农机安全大型宣传活动。各级农机监理机构围绕“安全生产年”工作的各项重点任务，开展以“加强安全法治保障安全生产”为主题的“安全生产月”活动。通过发放和宣传有关法律法规和安全生产知识，增强广大农民群众的安全生产观念，营造良好的安全生产氛围。2015年“安全宣传月”活动期间，贵州省共出动宣传车辆1 680余台次，宣传人员2 476人次，发放安全宣传资料320 000余份，张贴标语2 080余条，播放录像、录音800场次，发送安全短信50 000余条，接受教育人员400 000余人。

【农业机械化教育培训】 2015年，贵州省拖拉机驾驶培训按照《关于加强贵州省拖拉机驾驶培训学校管理的通知》，将贵州省拖拉机驾驶培训学校培训资格许可审批由贵州省农业委员会下放至各市（州）农机行政主管部门，由各市（州）农机行政主管部门依法负责本行政区域内拖拉机驾驶培训行政审批、监督管理等工作。农机从业人员综合培训通过《贵州省2015年农机化教育培训方案》统一部署，要求各地充分利用阳光工程农机培训和重点农业机械化技术推广等政策途径，加强农业机械化管理人才、科技人才和实用人才三支队伍培训。以农业机械化主管部门、农机培训学校、农业机械化技术推广、监理机构为主体，整合教育培训资源，优化教育培训队伍，提高教育培训质量。争取各级财政支持，调动农机生产企业等开展农机培训工作的积极性，加大农机培训力度。

【农机安全监理人员培训】 2015年，贵州省农机安全监理总站举办全省农机监理新进人员业务暨执法能力培训班，对全省各市、县农机监理机构新进人员共116人进行培训，经考试合格，参训人员取得农机监理员上岗资格证。贵州省农机安全监理总站举办两次全省拖拉机联合收割机驾驶人考试主考员业务培训班，共123人参加业务培训，经考试合格，参训人员全部取得农机监理员主考官资格。

【加强队伍建设】 2015年，贵州省山地农业机械研究所重视人才建设工作，委托中国农业机械化科学研究院北京现代农装科技股份有限公司举办"现代农业机械化研究培训"，培训10人次。组织贵州省山地农业机械研究所科技人员参加科技部组织的关于举办"国家'十三五'科技规划研究编制解读暨新科技体系中科研项目申报、科技经费管理及审计验收专题战略研讨班"的培训。

云 南 省

【概况】 2015年，云南省农机部门学习贯彻落实习近平总书记在云南考察工作时的重要讲话精神和有关农业农村工作会议精神，围绕2015年初确定的目标任务和工作重点，创新举措，扎实推进，全省农业机械化保持良好态势，为云南高原特色农业现代化发展作出贡献。

【农业机械化水平持续提升】 2015年，云南省农机总动力达3 270万千瓦，比2014年增长50万千瓦，高原特色农业机械化快速发展，农机装备水平提升，装备结构优化；农机作业面积达5 933.33千公顷次，超任务数66.67千公顷；耕种收综合机械化水平达47%，同比提高1个百分点，保持平稳增长；培育农机专业合作社57个，合作组织数量超过360个；主要农作物薄弱环节生产机械化稳步推进，农机深松整地作业133.33千公顷以上。

【购机补贴扎实有效】 2015年，中央财政下达云南省农机购置补贴资金4.2亿元，2014年结转869.52万元，共计42 869.52万元。全省采取"全价购机"补贴政策，简化程序，完善制度，强化过程监督和延伸绩效管理。截至2015年11月27日，云南省完成中央财政购机补贴资金3.78亿元，实施进度82.97%，共结算补贴资金0.90亿元，结算进度20%，补贴各类机具23.7万台（套）。

【创新推进技术推广】 2015年，云南省农机部门把农机购置补贴政策与农机推广工作结合起来，在全省64个重点示范县推进作业补贴任务37.33千公顷；强化措施，推进鲁甸县保护性耕作、沾益县马铃薯机械、隆阳区水稻全程机械化三个农业部示范项目实施；组织召开农机深松作业生产机械化现场会；推进"一园""两区""三基地"建设，推进全省水稻、玉米、马铃薯、小麦等主要农作物生产全程机械化。

【规范开展质量监督】 2015年，云南省农机部门审定通过24个省级鉴定大纲，对39个农业机械产品的省级鉴定能力进行认定，恢复省级农业机械推广鉴定业务；规范开展农机推广鉴定工作，发放省级农机推广鉴定证；审定通过331个产品进入省级支持推广农业机械产品目录，核实公告有效省级农机推广鉴定产品；完成农机职业技能鉴定720人次，开展农机质量监督、质量投诉处理和维修网点规范化管理。

【推进素质建设】 2015年，云南省农机部门举办培训班10期，培训900余人，突出农业农机管理及专业技术干部、新型职业农民、购机补贴相关人员、农机合作社成员等对象。完成农业机械化教育培训大行动10万人次的农业机械化管理、科技和实用人才培训任务。依法规范拖拉机驾驶培训许可和教学人员资格管理，换发教学人员资格证书200个，推进农机培训机构规范化建设。

【安全形势平稳】 2015年，云南省停止《云南省运输型拖拉机行业管理规范（暂行）》；建立拖拉机（联合收割机）注册登记品牌型号数据库，规范拖拉机注册登记管理；分解2015年农机安全生产控制指标，层层签订安全生产责任书；开展平安农机示范县创建活动；落实省级分片包干督查工作责任；开展农机安全生产大检查大排查和"打非治违"专项行动。安全生产指标控制在国家、云南省安全生产委员会下达指标范围内，全省农机安全生产形势平稳。

【抓好农业机械化管理服务工作】 2015年，云南省农机部门制定下发2015年农业机械化工作要点，召开全省农业机械化工作培训会，与州市农业局签订工作责任书。联合筹备全省春耕生产暨水利建设工作现场会议，围绕春耕、"双抢"等重要农时和关键环节，开展农业机械化生产信息统计并上传到全国信息管理系统平台，做好技术指导、信息发布等有关组织服务工作，推进重要农时机械化生产、跨区作业和防汛抗旱。做好农业机械化统计和信息宣传工作。规范开展省级财政农业机械化技术推广项目和农机专业合作组织扶持项目申报和评审，下达并组织实施，为农机购置补贴、农机深松作业试点补贴开展提供经费保障，推进重要环节农机技术推广示范和农机专业合作组织发展。

【抓农机购置补贴】 2015年，云南省农机部门在总结工作经验基础上，研究制定云南省2015年农机购置补贴实施方案，根据各地补贴资金需求测报情况，将补贴资金下达州市，通过会议进行安排部署，与州市签订补贴工作责任书，根据农业部工作要求组织做好补贴额一览表编制和补贴产品归档工作，开通补贴信息管理系统并组织生产企业、经销商进行网络注册，对生产企业进行业务培训，推进全省农机购置补贴工作。向农业部和省人民政府申请，将昭通市昭阳区、鲁甸县、巧家县、永善县和曲靖市会泽县纳入3年期享受中央财政50%的特殊县补贴政策。云南省农机部门确定操作方式、补贴标准和重点示范县作业面积，强化培训、指导并监督实施。

【推进“一园”“两区”“三基地”创建工作】 2015年，云南省农机部门推进“一园”“两区”“三基地”创建工作，沾益县0.67千公顷马铃薯实现全程机械化，德宏州完成机插秧4.74千公顷，版纳州完成机插3.33千公顷；在师宗县、易门县、盈江县创建玉米、小麦、马铃薯生产全程机械推广示范基地，师宗县完成玉米机播1.4千公顷，易门县完成小麦机械播种0.8千公顷，盈江县马铃薯生产机械化作业5.07千公顷。

【抓农机技术推广】 2015年，云南省根据农业部文件和深松整地作业规划要求，研究草拟深松整地工作实施方案，组织举办两期现场培训班，推进全省农机深松作业补贴试点工作。开展2015年农机购置补贴机具补贴额一览表编制和补贴产品信息归档，为农机购置补贴工作顺利开展创造条件。组织举办两期农机推广人员培训班，推进农业机械化技术推广人员知识竞赛工作。围绕烤烟、甘蔗、果蔬、花卉、油菜、茶叶等特色经济作物，开展特色、小型农机具和深松整地、秸秆还田、节水灌溉等农业机械化技术推广应用。

【抓农机安全监理】 2015年，云南省农机部门停止《云南省运输型拖拉机行业管理规范(暂行)》，规范拖拉机(联合收割机)行业登记管理。落实农机安全生产“一岗双责”责任制，签订安全生产责任书。按照法定程序和相关标准，开展拖拉机注册登记、驾驶证发放、年度检验等工作，严把拖拉机登记、考试、发证和检验关，确保农机挂牌率、持证率、检验率持续提高。开展农机安全生产宣传教育和专项整治行动，强化微耕机安全管理。推进“三项行动”“三项建设”活动，开展安全执法、宣传教育、隐患排查等工作，强化档案和痕迹管理，预防和遏制农机事故。开展“平安农机”示范县和农机安全监理示范岗位创建活动，推荐6个单位和8名同志申报农机安全监理示范岗位标兵。

【抓农机教育培训】 2015年，云南省农机部门举办拖拉机联合收割机教学人员培训班2期，培训170人，换发拖拉机教学人员资格证书200个，做好拖拉机驾驶培训的资格管理和监督检查工作。举办农业机械化教育培训及农机购置补贴业务培训班，培训农机购置补贴管理人员、工作人员和生产企业负责人。承担农村劳动力培训项目，联合举办农机操作手培训班3期，举办新型职业农民培训班1期，培训农机专业合作社社长及骨干成员80人。与红河州、昭通市、楚雄州联合举办培训班3期，推进省州市联合办学新模式。

【推进农业机械化学校规范化建设】 2015年，云南省农机部门组织开展农业机械化教育培训大行动，做好全省农机培训工作的指导、监督、咨询和服务工作，推进全省农业机械化学校规范化建设，完成全省10万人次的农业机械化管理、科技和实用人才培训任务。

【抓农机质量鉴定】 2015年，云南省农机部门组织专家对起垄机等24个省级鉴定大纲和云南省农业机械鉴定站39个农机产品的鉴定能力进行认定并公告，争取农业部恢复省农机鉴定站的鉴定工作。组织对企业生产的旋耕机、手扶拖拉机、简易保鲜组合式冷库、微耕机等产品进行推广鉴定。云南省农机部门联合开展“3·15”农机质量宣传活动，发放宣传资料并进行安全生产检查。组织完成农机职业技能鉴定2期720人次，组织17人参加农业部组织的考评员培训。根据申报指南、评审工作规范要求，组织对农机生产企业申报的产品进行专家综审，共有331个产品评选进入《2015—2017年云南省支持推广的农业机械产品目录》。

【农业机械化发展问题】 2015年，云南省高原特色、小型农业机械研发和推广工作滞后，农机装备存在耕作机械多、特色机械少；小型机具多、大中型机具少；常规机械多、高性能机具少。全省农业机械化发展不平衡、不协调和持续发展问题突出，综合水平处于全国落后状态，与高原特色农业现代化发展要求不相适应。机耕道路、机具停放场库棚等基础设施建设滞后。农机专业合作组织发展滞后，社会化服务水平不高。

【购机补贴政策需完善】 2015年，云南省补贴机具与高原特色农业发展结合不紧密，薄弱环节、重点机具的补贴标准偏低，需加大深松作业补贴工作力度；补贴政策需完善，操作程序上需优化，补贴产品分档及补贴额测算未做到科学合理，补贴产品停止和补贴额调整频繁，缺少规范的监督、调整、处理应急机制，影响基层农机购置补贴工作的顺利开展。对企业和经销商的违法违规行为没有得到监督和制裁。

【农机公共服务能力不强】 2015年，云南省农业厅农业机械化管理处编制仅5人，工作多、人员少、任务重；省级农机鉴定能力需加强；农机技术推广项目资金支持力度不够，示范区和示范基地建设滞后；拖拉机道路交通安全管理委托执法和运输型拖拉机注册登记两项业务被停止，农机安全监理工作政策不稳、手段不足、出路困难；微型耕整机等小型机具数量多，农机安全生产管理形势严峻；云南省农业机械化干部学校机构不稳，农机培训工作职能职责弱化，农机人才队伍建设急需加强。

西藏自治区

【概况】 2015年，西藏自治区各级农机部门贯彻党的十八届三中、四中、五中全会和中央第六次西藏工作座谈会精神，以“转方式、促改革、提效率”为主题，推动措施落实，全自治区农业机械化保持健康、平稳、较快发展。

【农业机械化发展投入保持增长】 2015年，中央和西藏自治区财政对西藏自治区农业机械化发展的投入达3.21亿元，其中中央财政投入2.105亿元，西藏自治区财政投入1.105亿元，较2014年增加3 500万元，增长12.3%，中央与自治区财政投入比达1∶0.53。

【农机装备总量和作业水平提升】 2015年，西藏自治区农机总动力达621.8万千瓦，较2014年增加51万千瓦，增长8.9%；各类拖拉机拥有量25.2万台，较2014年增加2.2万台，增长9.6%；配套的耕、播、收机具19.3万台，较2014年增加2.5万台，增长14.9%；联合收割机5 570台，较2014年增加119台，增长2.2%。2015年西藏自治区机械化耕播收面积共392千公顷,农田三项作业综合机械化水平达57.8%。

【社会化服务能力优化】 截至2015年6月中旬,西藏自治区已建成并运转较为规范的农机合作社总数达到59家,参与户数1 534户,合作组织固定资产总额8 235万元,自有土地面积13.73千公顷,年服务作业面积达34.13千公顷,2015年开展社会化服务纯收入达371万元。农机社会化服务主体在组建和经营模式上已初步适应本地社会经济条件和农牧业发展基础,经营效益和服务水平正逐年提升。

【农机安全生产形势总体平稳】 2015年,西藏自治区农机部门联合公安机关交通管理部门开展农机牌证化管理试点工作,全年举办农机安全生产培训30多期,培训农牧民群众2 400余人,发牌发证1 000余套。2015年西藏自治区未发生道路内外农机安全生产事故,未出现因使用农机引发的人员伤亡事故,全年农机安全生产总体保持平稳的态势。

【改革购机补贴政策】 2015年,西藏自治区农机部门开展购机补贴政策改革,围绕"政策提效"这一主题,在资金使用和项目管理、机具归档和补贴额确定、补贴标准和兑付方式、审批程序和监管措施等方面对政策规定做调整、优化和细化,突出简政放权、强化放管结合,使政策手段更加合理。

【推动农业机械化强农惠农政策落实】 2015年,西藏自治区农机部门规范补贴产品归档工作,修订、印发《西藏自治区农机购置补贴机具分类分档及补贴额测算工作暂行办法》,完善差别定额补贴规定,分三批共归档1 242家企业的7 857个农机产品,实现补贴产品与支持推广目录脱钩;放开补贴市场,放宽补贴对象条件限制,推进补贴产品供需双方市场化对接,2015年在辅助管理系统中注册的经销商达36家,数量较2014年增长80%,合理竞争提升市场活力,西藏自治区农机市场正加快成熟,将补贴范围缩小至41个品目204个档次,比2014年减少18个品目63个档次,西藏自治区财政提供6 400多万元,对13个地方品目开展补贴,满足对小区域适用性较强机具品目的申购需求。

【加大重点品目扶持力度】 2015年,西藏自治区对7个重点品目试行敞开补贴,自治区投入4 600多万元对中央品目实行累加补贴,比例达5%~15%;对社会化服务组织购机给予特殊优惠扶持,开展自主购机试点,农机合作社可直接向县级农业机械化主管部门提出申请,不必再经乡镇审批。

【推广农机购置补贴辅助管理系统】 2015年,西藏自治区农机部门争取购机补贴工作经费20万元、辅助系统升级维护专项经费18.8万元,用于保障辅助系统顺畅运行。突出主体责任,区、地、县逐级签订《农机购置补贴工作责任状》,涉及人员签订《购机补贴廉政风险防控承诺书》,合理设置职能分工和权力范围,确保补贴各项责任落实到人、各类权力得到有效制约。

【完善规章制度】 2015年,西藏自治区农机部门印发《西藏自治区农业机械购置补贴政策管理制度汇编》,推动绩效考核覆盖所有县区,确保补贴资金分配与绩效考核结果挂钩。适时印发《全区农机购置补贴政策实施督导检查的通知》,对资金分配量较大、政策落实有困难的地、县开展专项督导和定向培训,将督导培训覆盖到全自治区所有地市。

【推进粮食生产全程机械化和农机社会化服务工作】 2015年,西藏自治区农机部门围绕青稞、小麦、马铃薯三大作物,以全自治区35个粮食主产县粮食生产薄弱环节、农机装备能力和社会化服务能力建设为主攻方面,推进粮食生产全程机械化工作。2015年初印发《关于加快推进粮食生产全程机械化工作的通知》,派人员前往拉萨、日喀则等典型区域督导,结合"两攻坚、一行动",抓住关键农时和重点措施,提升农机组织管理能力和应用水平。

【调整政策导向】 2015年,西藏自治区农机部门集中力量解决动力机械数量过剩、配套机具配置不科学、中大型机械应用效率不高的问题,限制落后动力机械的补贴数量,对部分粮食生产用机械实行敞开补贴,在作业条件优越的区域推广高效农田植保机械,确保区域服务能力突出的农机合作社配备一台自走式喷杆喷雾机,支持他们开展病虫害机械化统防统治工作。

【开展技术推广工作】 2015年,西藏自治区农机部门为农机手和农机维修技术人员创造培训机会,2015年整合示范培训经费70多万元,新建全程机械化示范区1个、示范片7个,新增马铃薯全程机械化示范面积近0.67千公顷,结合"阳光工程",先后在各地举办10多期定向培训班,培训农牧民群众4 000多人/次;组织农机技术人员深入田间地头加强技术服务,指导开展重要农时机械化生产,完善农机农艺协调制度,努力提升农业机械化在科学兴粮进程中的贡献率。

【推动农机社会化服务能力提升】 2015年,西藏自治区农机部门开展农机合作社发展情况调研,了解全自治区农业机械化合作组织主要模式和基本特点,针对薄弱领域完善优惠政策,优化扶持手段,理清发展思路和重点任务。各地本着"扶优扶强"的发展原则,扶持建设直接从事粮食生产的农业机械化生产经营组织,在购机补贴政策中给予合作组织50%比例优惠,单独测算补贴额,采取自主购机、先购后补的办法,从快从简办理补贴手续;推动土地确权登记工作,鼓励和引导群众采取各种形式开展土地托管、流转和高标准农田建设,努力为合作社争取开展多种经营免征营业税和设施用地按农用地管理,争取财政等部门支持,扩大高标准农田整理改良、农田水利建设、农业技术推广、示范区域作业服务等涉农项目由合作社承担的规模,提升他们的经营效益。

【开展"十二五"情况评估和"十三五"规划预研】 2015年,西藏自治区农机部门围绕《西藏自治区"十二五"时期农牧业发展规划》中涉及农业机械化工作的目标任务,开展农机"十二五"规划评估总结工作,梳理各类工作开展情况和各项目标完成情况。分析发展形势,理清问题和困难,形成《全区农机化工作"十二五"规划实施情况评估总结》,明确"四个立足"的发展思路。西藏自治区农机部门组织人员完成《全区农业机械化发展"十三五"规划编写建议》编制工作,提出在"十三五"期间全区农业机械化工作继续主动作为、持之以恒地推进深化改革。解放发展约束、增强发展活力,加快转变发展方式，力争在较短时间内完成农业机械化发展由初级阶段向中级阶段的全面、平稳过渡，针对发展需求，提出实施购机补贴、深松整地补贴、粮油作物生产全程机械化创建三个重大专项。

【抓农业机械化安全生产工作】 2015年，西藏自治区农机部门贯彻全自治区安全生产工作电视电话会议精神，以及自治区人民政府、自治区安全生产委员会关于西藏自治区农牧业安全生产工作的总体部署，印发《区农牧厅关于切实加强2015年农机安全生产工作的通知》《区农牧厅关于切实做好大庆期间农机安全生产排查治理和信访突出问题排查化解工作的紧急通知》，就2015年和各敏感时段农机安全生产工作进行安排部署；与公安交警部门沟通协调，配合他们做好相关工作，开展农机安全生产隐患排查、专项整治，联合开展拖拉机注册登记试点工作，形成《关于解决扩大农用拖拉机办证注册登记试点工作专项经费的函》，提交财政，利用农业机械化实用技术培训等各类培训机会，开展涉及农机安全操作规程、道路交通安全知识等内容的培训活动，提升群众安全生产技能，增强安全生产意识；派员参加日喀则抗震救灾工作，协助有关部门调查核实灾情，维护灾区的安全稳定。

【推动购机补贴政策改革压力大】 2015年，西藏自治区确定购机补贴政策深化改革"三年窗口期"，补贴资金规模大、改革任务重。工作标准的提升和资金使用规定的改变客观上要求基层部门要重新规划政策实施路线，纠正以往政策落实过程中存在的不良习惯。但是，一些地方和经销商对辅助管理系统应用和其他改革措施还存有明显的抵触情绪，导致一些地、县资金落实缓慢、措施推动不力。2015年中央财政购机补贴资金需跨年实施。另外，自选品目取消后，资金配套压力加大，2015年自治区财政投入较2014年有大幅度增长，但除去用于对中央资金补贴品目开展累加补贴的资金后，对区域适用性较强的自治区品目补贴资金仍只能占到总资金量的20%，相应品目不具备实行敞开补贴、应补尽补的资金条件，市场反映比较强烈。

【农机社会化服务主体经营效益不稳定】 2015年，西藏自治区各类农用物资价格又有一定幅度上涨，农机产品及配件价格持续攀升，给农机使用者特别是承担规模化服务的中大型合作组织带来压力，社会化服务主体在购置农机和从事作业、服务时的成本不断增加，加之"十二五"时期全自治区除购机补贴政策外，未能有效落实其他相应配套政策，政府对社会化服务主体开展基础建设、教育培训、示范推广等方面的扶持力度无法满足发展需求，各类投资难以形成稳定渠道，客观上制约他们经营效益提升。

【农机安全生产监管形势不乐观】 2015年，西藏自治区农机操作技能培训、驾驶人员考试和自走农机的牌证化管理等难以得到机构和编制支撑，全自治区特别是基层农机安全监理能力不足，导致无论哪个部门肩负农机安全监管职责，都无法系统地组织起正常的监理工作，农业机械化主管部门所承担的各类宣传、教育工作受资金限制也只能在部分地区零星开展，农机安全监管工作在覆盖面和纵深上均存在问题，随着农机保有量增长，全自治区农机安全生产各项工作面临挑战。

陕西省

【概况】 2015年，陕西省农机总动力达2 600万千瓦，同比增长2%；主要农作物耕种收综合机械化水平达61%，同比增长1.2个百分点；农机经营总收入达116亿元，同比增长4亿元；装备结构向大功率、多功能、高性能方向发展，拥有大中型拖拉机10.27万台，同比增长1.1%。

【创新农机购置补贴机制】 2015年，中央财政下达陕西省农机补资金7.3亿元，同比增加4 000万元。陕西省农业机械管理局联合陕西省财政厅，推行"全价购机、定额补贴、县级结算、直补到卡"模式，推进补贴机制创新，加强实施监管，补贴工作实施顺利。

【简化程序】 2015年，陕西省农机部门实行补贴产品与支持推广目录、操作过程与经销企业"双脱钩"，变"先申请后购买"为"先购买后补贴"，变经销企业由农机部门审批备案管理为生产企业设立推荐备案，变逐台核实为抽查核实，简化工作程序，提高工作效率。

【分类补贴】 2015年，陕西省农机部门对部分急需的重点机具实行最高补贴、敞开补贴，对趋于饱和的普通机具、一般机具适度调低补贴标准，提高分类分档和最高限额测定的科学性、合理性，实现精准补贴。

【优化服务和公开信息】 2015年，陕西省农机部门推行"一厅式"办公、延伸服务到村组、联合金融机构发放小额担保贷款，打通服务群众"最后一公里"。陕西省农机部门通过网络、电视、报纸等渠道，宣传政策，公开信息80余条，接受社会监督。

【强化监管和严格考核】 2015年，陕西省农机部门承办全国农机补政策实施监管与违规处理座谈会，加大违规违纪问题查处力度，净化政策实施环境，确保干部安全和资金安全。陕西省农机部门组织开展阶段性督查和季度自评自查，实现延伸绩效考核常态化。资金实施比例已过70%，结算比例25%，补贴各类机具22万台(套)，受益农户达17万户。

【粮食生产机械化水平提升】 2015年，陕西省地膜覆盖、节水灌溉、深松整地、稻油机械化种收等四大重点技术示范推广步伐加快，粮食生产急需机械数量增长，增产潜力释放，为保障粮食安全发挥重要作用。汉中市水稻机直播技术完善，产量实现新突破，平均产量达12 000千克/公顷。

【农业全程机械化模式创建进展良好】 2015年，陕西省围绕现代农业发展，结合现代农业示范园区、高产创建、测土配方施肥、保护性耕作和秸秆机械化综合利用实施，整合项目资金，发挥规模效应，基本形成可在同类地域推广的10大类23个产业的全程机械化技术模式、装备配套模式和生产经营模式。

【突破薄弱环节机械化瓶颈】 2015年，陕西省加强五大农机新机具试验基地建设，举办(承办)部省新机具、新技术演示(展示)会，引进、试验、示范、推广先进适用新机具200余台。宝鸡市研制具有国内先进水平机电一体化的蔬菜移栽机。

【全国农业机械化示范区建设进展顺利】 2015年，陕西省围绕"粮、果、畜、菜"农业四大主导产业，以实现全程机械化为目标，全国农业机械化示范市咸阳市投入1.53亿元，引进、试验、示范和推广新型高端农机，带动社会投入3.3亿元，群众购买农机2.86万台。咸阳市建设全程机械化示范园13个，115个农机专业合作组织作业能力达533.33千公顷。

【深松整地任务顺利完成】 2015年，陕西省人民政府先后召开3次会议研究部署深松整地工作，陕西省农业厅在秋播期间召开全省农机深松工作推进会，明确目标任务，细化工作举措，夯实各级责任。各级农机部门采取累加补贴、扶持合作社、公开招标等方式，增加机具数量，提高作业组织化程度，2015年新增大功率拖拉机1 911台，深松机械557台，作业能力提升。试验示范深松整地作业面积6.67千公顷，创新工作方法，在4个县（区）试行“整县推进”，调动各方积极性。通过网络、电视、报纸等渠道，宣传政策及深松整地改善耕地质量、促进增产增收作用，加快作业补助兑付进度。建立健全工作机制和责任追究制度，按照程序操作，查处违纪违规行为，确保项目廉洁规范实施。陕西省完成深松整地面积300千公顷。

【保护性耕作技术推广步伐加快】 2015年，陕西省农机部门按照规范制定方案，宣传保护性耕作技术的抗旱保墒、增产增收效果，强化技术人员培训，验收保护性耕作示范工程项目，建立符合当地的保护性耕作模式，示范推广带动作用明显。全年培训技术管理人员1.7万人次，新增机具1 600多台、示范面积20.67千公顷。

【秸秆综合机械化利用面积增加】 2015年，陕西省农机部门按照“综合统筹，板块推进，持续发展，整体提升”的思路，引进玉米茎穗兼收、防缠绕小麦播种机械等机具，推广捡拾打捆、粉碎还田、饲草加工和秸秆编织等7项技术，秸秆机械化综合利用面积达2 000千公顷，同比增加213.33千公顷；综合利用率达80%，同比增长6个百分点，禁烧区和重点区农作物秸秆机械化综合利用率达96%。西安市农作物秸秆综合利用率达97%，其中机械化秸秆综合利用面积占总利用面积的94%，在项目重点区和禁烧区秸秆机械化综合利用率达98%以上。

【百库工程建设有条不紊】 2015年，陕西省农机部门安排9 815万元实施果蔬百库工程，推行业主负责制、定额补贴制、全程监控制、市级负责制，调动市、县和合作社的积极性，保障工程建设推进。2015年验收百库工程项目36个，新增贮藏能力15万吨，农产品贮藏能力提升。

【重要农时机械化生产有序进行】 2015年，陕西省农机部门组织“春耕”“三夏”“三秋”等重要农时机械化生产，机耕1 900千公顷，机播（机插）1 788.67千公顷，机收1 953.33千公顷。针对“三夏”和“三秋”收种矛盾尖锐的情况，提早备战。督促各地提早做好机具检修、物料储备等工作，确保农业机械化生产推进。

【加强协作、服务、督导与宣传】 2015年，陕西省农机部门加强与交通、石油、气象等部门的联合协作，免费向机手发放《跨区作业证》2.1万张、《跨区机收服务手册》1.6万册，实行农机用油“两优一送”政策，及时发送气象信息，形成齐心合力抓生产的良好氛围。陕西省农机部门设立跨区作业服务站，开通热线电话，受理机手群众咨询和协调解决作业纠纷300多次。强化信息服务、技术服务、供需衔接服务和农机维修服务，提高农机作业效率。陕西省农机部门成立督导组深入一线督查，解决突出问题，推进生产有序运行。陕西省农机部门通过网络、电视、报纸等方式，发布农业机械化生产信息100多条。

【完善农机试验鉴定制度】 2015年，陕西省结合陕西省现代农业发展需求，制定《陕西省农业机械推广鉴定工作规程（试行）》和《推广鉴定有效期内农机产品相关参数变更审查规定》，规范推广鉴定工作程序，夯实责任，增强制度规定的协调性、实效性。

【推广鉴定工作逐步规范】 2015年，陕西省农机部门制定《山茱萸剥皮机鉴定技术规范》等省级鉴定技术规范2个、《铧式犁》等省级农业机械推广鉴定大纲4个，制定陕西省农机产品检验收费标准。2015年共受理推广鉴定申请39个，委托检验申请3个。

【加强农机质量投诉监督力度】 2015年，陕西省统一省、市、县三级农机投诉机构名称并统一挂牌，理顺陕西省农机质量投诉监督体系；开展“3·15农机维权宣传活动”，重要农时季节深入田间地头、农机大户、专业合作社和企业，重点对650余台大中型拖拉机、玉米联合收获机、小麦联合收割机进行质量跟踪调查，督促农机生产企业、经销商落实“三包”责任，提高农机企业产品质量安全意识和服务意识。公布农机质量投诉监督电话，安排专人24小时值班，受理和处理重大农机质量投诉96起，挽回经济损失150余万元，维护农民群众的合法权益。

【农机安全生产形势好转】 截至2015年10月31日，陕西省发生农机事故172起，同比下降60%；农机事故控制在陕西省安全生产委员会下达的控制目标内。死亡12人，与2014年同期持平；直接经济损失84.8万元，同比下降35%，未发生一次死亡3人以上事故，农机安全生产形势好转。安康市2015年农机安全事故零死亡。

【落实农机安全免费管理政策】 2015年，陕西省投入840万元，落实发放牌证免费、安全检验免费和考试培训免费政策，调动农民群众的积极性。

【警监联合执法效果显著】 2015年，陕西省36个县（区）建立联合执法长效机制，农机、公安部门联合上路检查，开展联合执法385次，检查农机及驾驶操作人员5.1万台/人次，纠正违法违规行为7 216起，强化县乡道路农机交通安全监管力度。

【农机互保服务水平提升】 截至2015年10月底，陕西省90个县区发展安全互助会员3.81万名，筹集会费1 209万元，互保事故结案1 495起，事故补偿支出528.6万元，受到广大机手的好评。

【安全生产知识宣传有力】 2015年，陕西省农机部门结合“农机安全生产月”和平安农机“六个一”活动，开展农机安全宣传活动486次，受益人数12万人次，提高全社会对农机安全生产的关注度。

【“平安农机”示范创建与推进报废更新】 2015年，陕西省农机部门开展“铁拳执法行动”、全省农机安全大检查等专项治理活动，排查农机安全隐患4 832个，整改4 828个，整改率为99%。2015年，陕西省创建全国“平安农机”示范县25个，省级8个；全国农机安全监理“为民服务创先争优”示范窗口单位8个、岗位示范标兵26个。陕西省农机部门联合财政、商务部制定《农机报废更新补贴试点操作办法》，采取多种方式大力宣传，召开现场会大力推进。陕西省共确定报废回收企业11家，设立回收点22个，报废更新拖拉机、联合收割机30台。

【农机新型经营主体培育力度加大】 2015年，陕西省农机部门按照“扩量、提质、增效”思路，投资450万元，扶持新建农机合作社120多个，总量近1 000个，改善合作社基础设施，提升服务能力。陕西省农机部门深入开展农业机械化教育培训大行动，全年举办培训2 100多期，培训农机从业人员13.8万人次。邀请国内10多家知名农机制造企业与陕西省10多个优秀合作社洽谈共建示范农场，为企社合作发展提供样板。举办第二届中国农机手大赛西北区分赛和陕西省首届农机手大赛，为农业机械化发展培养一批既懂农机操作、又懂农艺技术、更懂生产经营的优秀人才。

【农机工业发展迅速】 2015年，陕西省举办第三届中国农机工业高端论坛，引进山东常林等一批国内知名农机企业到陕西落地开花，建设中国西部现代农机装备制造物流产业园，填补陕西高端农机制造空白，共同打造陕西农机工业的升级版。

【社会化服务形式多样】 2015年，陕西省农机部门鼓励种粮大户、农机大户和农机合作社开展土地全程托管或主要生产环节托管，实现统一耕作和规模化生产。强化农机修理技能培训，新建区域性农机维修中心10个，提升农机维修能力。陕西省农机维修厂(点)资质许可率位居全国第七位。

【农机行业自身能力加强】 一是党风廉政建设扎实有效。2015年，陕西省农机部门各地市局各处(室、站)签订党风廉政建设责任书。二是依法行政工作顺利推进。陕西省农机部门及时自查总结“六五”普法工作。落实依法行政，加大执法力度，加强执法监督，规范执法行为。拖拉机驾驶培训机构资质许可和农机安全监督检查两项行政职能得到陕西省人民政府工作部门权力清单确认。三是机关正规化建设不断加强。陕西省农机部门坚持民主集中制，提高领导班子科学决策水平。加强法律法规学习，开展非农机专业干部、农业机械化信息宣传等专项培训，完善规章制度，加强考核督办，改进工作作风，推进改革。

【农机信息化网络体系日趋完善】 2015年，陕西省农机部门打造省、市、县三级农业机械化信息网络，目前省级农业机械化信息网络平台1个，地市农业机械化信息网络平台7个，2015年共在各级新闻媒体及网络发布农业机械化新闻2 600余条，营造良好舆论氛围。陕西省农机部门创建省级“文明单位”，开展一系列文体娱乐活动，参加各类活动并取得优异成绩，增强系统的凝聚力、向心力、亲和力。完成调研报告10余篇，为科学决策提供依据。退休干部服务保障强化。扶贫工作精准有效。筹集资金23万元，陕西省农机部门结合当地实际，扶持畜牧养殖业发展，改善贫困户住房条件，帮助老百姓早日脱贫致富，树立农机行业的良好形象。

【农机工作存在的问题】 2015年，陕西省农机作业燃油补贴、省级农机购置补贴专项资金以及机耕道建设投入等政策措施还未落到实处；农机工业基础薄弱，农机制造、新产品研发、新技术推广支持力度有待加强，一些增产增效、节能环保的适用技术普及速度不快，适宜陕西省优势特色主导产业生产的关键环节和丘陵山区机具研发、生产、推广不足；农机农艺融合度不高，新型经营主体培育缓慢，农机应用及公共服务基础设施建设比较滞后等。

甘肃省

【概况】 2015年，甘肃省各级农机部门贯彻中央和省委一号文件精神，围绕全省农业工作总体部署，求真务实，真抓实干，完成各项重点工作。

【农机装备总量增长】 2015年，甘肃省农机总值达223.63亿元，同比增长13%；农机总动力达2 640万千瓦，同比增长3.7%；拖拉机达75万台，同比增长1%；联合收割机达8 386台，同比增长19.8%；玉米收获机达3 734台，同比增长56%；配套农机具达160万台(套)，同比增长4.24%。

【农业机械化作业水平提高】 2015年，甘肃省主要农作物综合机械化水平达47.6%，同比增长2.01个百分点。机耕、机播、机收面积分别达2 494.67千公顷、1 548.67千公顷、985.33千公顷，同比分别增长2.4%、1%、2.3%。其中，玉米机耕、机播面积分别达670.67千公顷、362.33千公顷，同比分别增长3%、4%；马铃薯机耕、机播面积分别达357.93千公顷、146.23千公顷，同比分别增长3%、4%。

【农机社会化服务能力持续增强】 2015年，甘肃省农机经营服务总收入达105亿元，同比增长3.35%；纯收入达39.7亿元，同比增长3.93%。农机服务组织达2 532个，同比增长7.97%；农机专业合作社达774个，同比增长30.1%。

【农机购置补贴力度加大】 2015年，中央安排甘肃省农机购置补贴资金5.3亿元，同比增长6%；甘肃省财政安排资金4 500万元，同比增长28.6%。调整优化省级资金投向结构，由单一累加补贴调整为粮食生产关键环节和保护性耕作技术机具累加补贴、农机合作社购置大型机具累加补贴、农业机械化抓点示范和现代农业示范创建活动建设经费、重点产业和特色产业机具补贴试点等，推动各项农业机械化工作。

【农机购置补贴取得新成效】 2015年，甘肃省农机部门推行“自主购机、定额补贴、县级结算、直补到卡”，确保政策科学、规范、高效、廉洁实施。共补贴购置各类农业机械13.72万台，受益农户9.46万户，拉动农民投资10.03亿元。

【推进农机购置补贴政策】 2015年3月10日，甘肃省农业机械管理局召开全省农机购置补贴暨农业机械化工作会议专题安排部署补贴工作，解读政策创新与实施要点。各级农机管理部门制定实施方案，签订农机购置补贴工作责任书，将政策落实、信息公开、廉政风险防控等纳入考核范围，开展延伸到县级的绩效管理。甘肃省农业机械管理局在甘肃日报刊登补贴资金使用方案,在全省范围印发政策解读、工作手册、补贴额一览表等材料,各级农机部门也采取多种措施推进信息公开工作。

【加强人员培训,打击违法违规行为】 2015年,甘肃省农业机械管理局举办全省补贴管理与软件培训班,培训市县两级管理部门和生产经销企业的操作人员600多人。甘肃省农业机械管理局动态监管补贴产品市场价格,下调旋耕机、割晒机等3个档位机具补贴额。7—8月,甘肃省农牧厅派出5个督查组,在全省范围开展农机购置补贴政策落实专项督查并做通报。甘肃省农机部门暂停4家企业有关产品补贴资格并约谈部分企业,取消1家企业的有关产品补贴资格,恢复2家公司补贴资格,调整6种机具的补贴额。

【农田机械化生产取得新成效】 2015年,甘肃省农机部门推进重要农时季节农业机械化生产。一是抓春耕生产,组织投入农业机械158.29万台(件),完成农作物机播1 012.84千公顷、机耕1 259.29千公顷、机械覆膜615.23千公顷、机械镇压592.04千公顷、机械深施化肥541.84千公顷。二是抓"三夏"生产,从加强组织领导、信息技术服务和安全保障等方面提早部署,发放联合收割机跨区作业证3 362份,省内完成小麦机收面积398.09千公顷,小麦机收比例达50.61%。甘肃省农机部门组织3 000多台联合收割机出省跨区机收小麦153.33多千公顷,作业服务收入1 100多万元。三是抓秋冬季生产,组织投入农业机械71.66万台,完成机耕1 275.37千公顷、机械深松438.9千公顷、机播冬小麦317.75千公顷、机收马铃薯121.33千公顷、机收玉米199.31千公顷。

【加大农业机械化技术推广力度】 2015年,甘肃省累计示范推广先进适用农业机械9.87万台,示范推广面积达1 420千公顷。一是推广机械起垄覆膜、精量播种、机械植保、秸秆综合利用等农业机械化新技术新机具,其中,完成机械全垄覆膜750千公顷、精量播种566.67千公顷、机械化秸秆还田69.33千公顷。二是组织实施保护性耕作项目,实施面积336千公顷。其中,农业部项目4个,面积2.8千公顷;国家发展和改革委员会项目25个,面积50.67千公顷。甘肃省督查15个项目,其中4个项目通过省农牧厅组织的省级竣工验收。三是联合甘肃省财政厅下达2015年农业机械化科技示范推广及体系建设项目经费335万元,组织实施省级农业机械化科技示范项目17个。

【加强省级农业机械化科技示范推广项目管理】 2015年,甘肃省制定印发省级农业机械化科技示范推广项目管理办法。2015年11月召开2014年全省农业机械化科技示范推广及体系建设项目验收总结会。

【推进丘陵山区农业机械化发展】 2015年,甘肃省农业机械管理局组织人员赴省内有关农机企业及陕西、四川两省调研考察后,印发《关于着力推进丘陵山区农业机械化发展的意见》。开展农业机械化技术宣传培训。甘肃省农机部门举办各类现场演示及培训会687场次,发放宣传资料30.2万份,培训各类农业机械化人员21.6万人次。

【农机安全生产稳中向好】 2015年,甘肃省共发生农机事故19起,受伤16人,死亡3人,直接经济损失3.87万元,没有发生较大以上农机事故,农机安全生产形势稳定。一是落实农机安全生产责任制。召开全省农机安全监理工作会议,印发农机安全生产工作要点,省市县乡层层签订农机安全生产目标管理责任书。二是开展农机安全生产检查。组织农机安全生产百日攻坚行动、农机安全生产大检查、"打非治违"专项行动和安全生产督查等活动,共检查农机30.87万台次,查处违章人数0.95万人次,下发整改通知书3 736份。

【开展"平安农机"创建活动】 2015年,甘肃省评定6个省级"平安农机"县(区)、119个省级"平安农机"乡(镇)和38名农机安全监理"为民服务创先争优"示范岗位标兵。开展农机安全宣传教育。印发宣传材料88.96万份,张贴标语5 921条,制作宣传栏及图板1 951个,新闻媒体宣传1 244次。做好农机年度检审验和牌证管理工作。检验农机33.05万台,检验率89.42%;新注册登记农机3.37万台,新增驾驶人2.42万人;发放号牌3.67万副、行驶证5.07万本、驾驶证4.58万本、登记证书2.11万本、检验合格证28.07万张。

【农机质量监督和鉴定工作加强】 一是开展农业机械产品推广鉴定,2015年,甘肃省农机部门完成推广鉴定113个(其中,省级86个、部级27个),核发省级农业机械推广鉴定证书47个。二是开展农机定型鉴定,完成26家企业的69个产品的定型鉴定。三是开展农机市场监督检验,抽查60家农机配件经销企业的农机配件108批次,合格率94.4%;抽查13家微耕机经销企业的微耕机产品13批次,合格率61.5%。四是受理农机产品质量投诉。共受理投诉案件8起,协调解决7起,为农民挽回经济损失48.5万元。五是公布农机推广鉴定产品信息。整理公布2011—2014年的1 039个农机推广鉴定获证产品信息,并及时公布2015年农机推广鉴定获证产品检测信息。六是开展农机职业技能鉴定。举办农机职业技能鉴定10期,颁发农机职业技能鉴定证书516个。

【推进农机农艺融合】 2015年,甘肃省农牧厅成立推进工作领导小组,印发2015年度工作要点、分工作组方案、抓点示范方案和推进行动实施意见。

【加强示范点推进工作】 2015年,甘肃省在全省范围分区域建立玉米、马铃薯、中药材、棉花、设施农业、牧草生产、畜牧养殖等示范点45个,安排资金130万元,完成示范面积4.67千公顷。其中,省级示范点7个,每点安排专项资金10万元;建立农机社会化服务组织规范化建设、服务功能拓展、引领提质增效示范点3个,安排专项资金60万元。

【开展主要农作物生产全程机械化研讨会】 2015年8月,甘肃省召开全省主要农作物生产全程机械化现场观摩暨技术研讨会,集中观摩榆中、安定、广河3县(区)示范点并举行研讨。9月下旬,在甘肃省人民政府召开的全省农业机械化现场推进会上演示8大类55种机具作业和展示300余种农业机械。

【推进农田残膜机械化捡拾】 2015年,甘肃省争取农业部公益性行业(农业)科研专项资金96万元,研制推广残膜捡拾机械和打包机械。11月,举办全省农田废旧地膜机械化回收现场演示会。

【农机深松整地和报废更新试点工作进展顺利】 2015年,农业部首次将甘肃省列为两项试点省份。一是甘肃省农牧厅联合甘肃省财政厅、甘肃省商务厅分别下发《农机深松整地试点方案》《农机报废更新补贴试点方案》。二是分解落实作业任务533.33千公顷,其中补贴面积333.33千公顷,从中央第2批农机购置补贴资金中安排7 500万元(补贴225元/公顷)。从省级农机购置补贴资金中安排810万元工作经费(每县区8万元),推动深松整地、报废更新等工作顺利开展。三是健全工作机制,市县分别成立人民政府牵头的领导机构,制定作业模式及标准,签订作业合同组织开展深松整地作业。四是开展示范引领,7月,在平凉市崆峒区召开全省农机深松整地作业技术现场演示暨培训会;在平凉、兰州、武威3市分别建立3个试验示范点,开展生产模式、机具配套和作业规范研究;各县区分别以现场演示、集中连片示范点等方式推进工作。

【抓机具保障】 2015年,甘肃省农机部门安排专项资金对深松机等6个机具品目给予10%的累加补贴,优先满足农民购买大功率拖拉机、深松机等机具。抓督导落实,2015年10—11月,甘肃省农业机械管理局派6个督导组对13个市州54个县区和13个农垦农场进行逐县逐场督查。全省共组织投入1.98万台深松作业机具,完成农机深松整地作业面积835千公顷。选择在皋兰县、甘谷县等16个县区开展农机报废更新补贴试点工作,报废更新机具185台,兑付补贴资金47.6万元。

【完成农业机械调查工作】 一是根据甘肃省人民政府分管领导指示,甘肃省农牧厅印发全省农机调查方案和农机典型调查实施方案。二是在854个行政村(农场)抽样调查10大类34小类76个品目的农业机械。选取6县(区)典型调查小麦、玉米、马铃薯种收环节农业机械。三是甘肃省农业机械管理局安排专项经费30万元,举办全省农机调查培训班培训调查指导员160多人,各市县及农垦农场共举办培训班160多期培训4 230多人。四是印发农机调查员证4 000个、农机调查工作手册1.5万份、调查表22万份。五是完成甘肃省农业机械调查分析报告和小麦、玉米、马铃薯种收环节农业机械典型调查报告及5个区域农业机械典型调查报告。

【农机专业合作社建设有新举措】 一是落实甘肃省人民政府《甘肃省农机专业合作社建设方案(2015—2020年)》,抢抓"十百千万"工程机遇,甘肃省农业机械管理局下达财政专项扶持农机专业合作社指标150个,落实省财政专项资金1 100万元,用于累加补贴农机专业合作社购置大型农机。二是甘肃省农牧厅开展农机社会化服务组织规范化建设与功能拓展创建活动,在陇中旱作农业区、河西灌溉农业区、大型国营农场(如兰州榆中荣盛源、张掖甘州盛兴、甘肃黄羊河农场)作为规范化建设、服务功能拓展、引领提质增效的示范点,各落实专项资金20万元。三是甘肃省农机专业合作社发展快速,已达774个,比2014年增加179个。150个农机专业合作社享受累加补贴购置的大型动力机械已落实到位。

【召开全省农业机械化现场推进工作会议】 2015年,在甘肃省农牧厅领导下,甘肃省农业机械管理局做好全省农业机械化现场推进工作会议的各项筹备工作。9月22日,甘肃省人民政府在酒泉市召开全省农业机械化现场推进会,总结发展成就和经验,研究部署工作任务。副省长杨子兴、农业部农业机械化管理司副司长胡乐鸣出席并做讲话,15个省直部门负责人和14个市(州)分管农业的副市(州)长、农机局长参加。会议达到交流工作、凝聚共识、增强信心的目的,将对农业机械化发展起到重要推动作用。

【存在问题】 2015年,甘肃省农业机械化发展态势良好,但也存在一些问题。一是农机公共服务能力不足的问题日益突出。基础设施建设落后,人员结构老化,专业技术人才缺乏,农机作业社会化组织化水平低,农机公共服务能力与农业机械化发展要求不适应的问题越来越突出。二是拖拉机、联合收割机管理难度加大。随着甘政发〔2015〕53号文件的实行,农用三轮车、摩托车免费办理牌证,而拖拉机、联合收割机牌证仍实行收费政策,拖拉机、联合收割机管理难度加大。三是存在农机装备结构失衡的问题。动力机械多、配套农具少;小型机具多、大中型机具少;低档次机具多,高性能机具少,适合甘肃省特色产业和立地条件的机具研发不足。

青海省

【概况】 2015年,在青海省农牧厅党委的领导下,在农业部有关司局的支持下,青海省农牧机械管理局制定工作目标,组织实施,各项工作取得效果。

【农业机械化工作成效】 2015年,青海省农机总动力达445万千瓦;各型拖拉机27.5万台,配套农机具27.5万台,动力机械与机具的配套比达1∶1,达到"十二五"规划发展目标;青海省耕种收综合机械化水平达54%,超过"十二五"规划发展目标6个百分点。2015年,中央下达青海省农业机械购置补贴资金8 700万元,省财政配套资金700万元。补贴农业机械共11大类33个小类107个品目。2015年在青海省实行"自主购机、定额补贴、县级结算、直补到卡"的兑付方式。已使用资金6 061.98万元,受益户数9 327户,购置补贴各类农机具15 357台。

【制定农业机械购置补贴工作方案】 2015年,青海省农牧厅与青海省财政厅联合制定《青海省2015年农业机械购置补贴政策资金使用方案》,对补贴实施范围及对象、补贴规模及机具种类、补贴标准及结算方式等作具体要求。

【做好补贴产品选型工作】 2015年4月,青海省农牧厅财务处、农牧机械管理局和青海省农牧机械推广站以及部分县的有关专家对青海省支持推广的农业机械产品进行审定,剔除不符合申报要求和推广鉴定证过期的产品,确定《青海省支持推广的农业机械产品目录(2014—2016年度)》(2015年修订)。

【加强培训工作】 2015年,青海省农机部门对县(市)农机管理部门、财政部门、各农机生产销售企业的农业机械购置补贴管理系统操作人员进行培训,在培训中讲解农业机械购置补贴系统中的工作流程和具体操作步骤。

【强化廉政风险防范机制】 2015年，青海省宣传补贴惠农政策，强调工作人员要严格遵守“三个严禁”“八个不得”“四个严禁收费”等工作纪律。要求严明纪律，杜绝违规，阳光操作，提高效率，规范运行。8月，青海省农牧机械管理局、青海省农牧机械推广站和青海省农牧机械监理站组成三个检查组，对全省16个县（市）的农机购置补贴工作进行督导检查，每县电话抽查补贴农户10户以上，入户调查3户以上，做到见人见机见票。

【农业机械化生产】 2015年春耕期间，青海省各级农机部门加强领导，组织干部职工到田间地头组织指导农机生产作业，检修各类农机具12.8万台。各地举办油菜全程机械化作业、农机深松整地、马铃薯全程机械化等多场观摩会。青海省已完成机耕面积313.33千公顷，机播面积280千公顷，机收面积213.33千公顷。

【农机安全生产】 2015年，青海省财政下拨90万元专项资金开展的“平安农机”创建项目，已在全省6个地区的1市，28个乡镇，90个村组织实施。截至9月底，青海省共发生非道路农机事故7起，死亡5人，受伤2人，直接经济损失3.08万元。

【抓农机安全生产责任制落实】 2015年，青海省农牧机械监理站制定《青海省2015年农机安全目标责任书》和《青海省2015年农机监理目标管理考核办法》，细化农机安全生产责任目标及考核内容、程序和工作要求，与全省各市、州农机监理站（所）签订全省农机安全生产目标责任书。

【强化农机安全检查和指导】 2015年，青海省农机部门根据青海省农牧厅下发的《关于加强今冬明春农机安全生产工作的通知》精神，青海省农牧厅办公室、青海省农牧机械管理局、青海省农牧机械监理站相关人员组成检查督导组，于2015年1月5日至4月15日对西宁市、海东市、海南藏族自治州、黄南藏族自治州、海西蒙古族藏族自治州5州辖区的16个县（区、市）的春季农机安全生产和农机安全生产责任制落实情况进行督促检查。

【加强农机安全指导】 2015年，青海省各地农机部门对今冬明春农机安全生产工作进行安排部署，均成立今冬明春农机安全生产领导小组，落实农机安全生产责任制，制定相应的安全生产措施及农机事故应急处理预案，各市（州）、县、乡、村、驾驶员逐级签订农机安全生产责任书，农机安全生产管理责任得到落实。各地根据当地的农机安全生产特点，组织农机监理人员下乡入村，深入田间地头农业春耕生产第一线，开展农机具的维修、保养和安全生产隐患排查工作，确保春耕农业机械化安全生产有序开展。

【加强农机安全宣传教育】 2015年，青海省制定面向社会、面向农村、面向广大农牧民群众的宣传教育计划，利用报刊、广播电视、发放宣传画和宣传教材等方式，加大农机安全相关法律法规的宣传。组织开展“安全生产宣传月”活动。

【保护性耕作技术稳步推进】 一是农业部保护性耕作项目。2015年，农业部部门预算项目从其他省份调剂安排一个保护性耕作项目给青海省，在青海省互助县实施。投入中央资金50万元，任务666.67公顷。二是省级保护性耕作项目。青海省共投入资金255万元，任务面积26.67千公顷。分别安排在乌兰县、海晏县、湟中县、大通县等11个地区实施。现已完成保护性耕作面积30.67千公顷。

【机械化深松整地技术推广】 2015年，农业部下达青海省农机深松整地任务53.33千公顷时，正值青海省春耕生产季节，青海省农牧厅及时会同青海省财政厅分解深松任务，并将省财政全年配套资金700万元全部用于购置深松机具，在中央资金补贴额基础上同额度累加补贴。3月4日，青海省农牧厅召开项目实施县动员大会，进行部署，采取先作业后补助的方式，赶在春播之前在全省适宜春季深松整地的地区及时开展工作。截至11月底，完成深松整地作业53.4千公顷。深松深度均达到25厘米以上，作业地块“细、实、平”，达到深松作业质量标准。深松整地后的地块，青稞、小麦增产25千克左右，油菜增产20千克左右。同时，根据农业部农业机械化管理司的要求，对全省深松整地作业情况开展调查研究，并将《青海省2015年农机深松整地情况调查报告》上报农业部。

【玉米全膜机械覆膜技术推广】 2015年，青海省财政下达资金600万元，在民和县实施玉米全膜机械覆膜技术项目。建设规模13.33千公顷，主要开展机械覆膜和秸秆机械化收获。项目实施后，玉米可实现增产8%，按照13.33千公顷计，每公顷增产1 200千克，共增产1 600万千克（市场价约为2元/千克），计3 200万元。同时，雨水利用率提高，全膜双垄沟播玉米栽培机械化技术比传统耕作更有利于保土、保水、防止水土流失、秋雨春用。

【完成小型马铃薯生产全程机械化技术集成】 2015年，青海省农机部门在2014年采用小型马铃薯生产全程机械化技术集成的基础上，重点研究马铃薯平作、垄作和起垄铺膜三种模式下的全程机械化技术。研制开发和引进更为适用可靠的种植、中耕扶垄、灭秧、收获及残膜捡拾回收机械。

【加快牧草机械化生产基地建设步伐】 2015年，青海省以河卡牧机站为载体，建设省级牧草生产机械化试验示范基地，充分利用牧机站的农机具和技术优势，结合河卡羊场、河卡种草大户的土地优势，开展牧草机械化生产试验示范，确定适用于青海牧草生物特性和生态畜牧业发展要求的牧草生产机械化技术集成与配套机具。形成农机技术与农机大户和农机社会化服务组织为主体的牧草机械化生产的区域草产品生产供应体系，推动青海省生态畜牧业及草产业健康可持续发展。

【开展调查研究工作】 2015年，青海省农牧机械管理局根据农业部和青海省农牧厅的要求，组织青海省农牧机械推广站、青海省农牧机械监理站对青海省农业机械化发展和农机监理工作重点进行调研，完成《青海省农机化发展报告》《青海省农业机械年检制度专题调研报告》《青海省农机合作社发展情况调研报告》《青海省开展“平安农机”创建活动调研报告》《青海省2014年农机事故调研报告》《青海省农机深松整地调研报告》等6篇调研报告，并上报农业部。

【制定青海省“十三五”农业机械化发展规划】 根据青海省农牧厅的安排部署，2014年12月3日成立由主管厅长为主要负责人的《青海省"十三五"农业机械化发展规划》编写小组。经过近3个月的调研,撰写《青海省农机化发展报告》,在此基础上组织相关人员起草编制《青海省"十三五"农业机械化发展规划》(征求意见稿)。2015年4月,召开2次征求意见会。5月5日,将修改的《青海省"十三五"农业机械化发展规划》(征求意见稿)送至农业部农业机械化管理司、农业部农业机械化技术开发推广总站(农业部农机监理总站)、农业部农业机械试验鉴定总站和中国农业大学工程学院的有关专家征求意见。5月26日,在主管厅长的主持下,编写人员对《青海省"十三五"农业机械化发展规划》进行整理和修改,形成《青海省"十三五"农业机械化发展规划》(送审稿),提交评审委员会进行评审。6月4日,经过评审委员会评审,同意《青海省"十三五"农业机械化发展规划》通过评审。

【存在问题】 2015年,青海省农机工作还有一些不足。一是农业机械化结构不合理,动力机械较多、配套机具少,配套比低。小型机具多、大中型机具少,低档次机具多、高性能机具少。大中型、高性能、节能环保、安全可靠的装备与技术供给不足。二是农机服务组织化程度不高,农机合作社数量少、规模小、服务覆盖面不广。三是农业机械化公共服务体系建设薄弱。四是农业机械化基础设施建设滞后。五是农业机械化技术人才队伍建设滞后。

宁夏回族自治区

【概况】 2015年,宁夏回族自治区各级农机部门贯彻落实中央和自治区关于加快农业机械化发展的各项决策部署,围绕农业、农村经济和农业机械化发展目标,抢抓机遇,开拓创新,务实苦干,完成各项工作任务,为实现农业增效、农民增收、农村繁荣和农业现代化打下基础。

【农机装备水平提高】 2015年,宁夏回族自治区农机总动力达810万千瓦,比2014年增加1.25%;农用拖拉机拥有量达24万台,比2014年增加4.3%;各种配套农机具达33万台(套),比2014年增加3.1%;马铃薯种植与收获机械、玉米种植与收获机械、畜牧机械、渔业机械以及设施农业机械增加,农机装备结构优化,布局合理。

【农业机械化作业水平提升】 2015年,宁夏回族自治区主要农作物耕种收综合机械化水平达69%,比2014年提高2个百分点。灌区小麦、水稻生产基本实现机械化,水稻机械化种植水平超过90%,其中机械插秧水平达30%,机械收获水平达95%;马铃薯机械化种植、收获水平达45%,比2014年提高2个百分点;玉米机械化收获水平达55%,比2014年提高5个百分点。

【农机作业服务组织发展壮大】 2015年,宁夏回族自治区农机专业服务组织达275家,其中通过验收的农机作业服务组织数量达62家,各类农机专业服务组织年作业服务面积达400千公顷,农机专业服务组织已成为宁夏回族自治区农业生产的主体力量。

【农机示范园区建设成效显著】 2015年,宁夏回族自治区围绕自治区特色优势产业发展,建设水稻、玉米、马铃薯全程机械化和设施园艺、优质牧草、硒砂瓜、葡萄、畜牧养殖、渔业机械化示范园区40个,促进农机农艺融合和农业机械化新技术组装配套。

【农机安全生产形势趋好】 2015年,宁夏回族自治区推行农机免费管理,农机挂牌率、年检率及驾驶人持证率提高。宁夏回族自治区共创建国家级平安农机示范县12个,创建自治区级平安农机示范县12个,其中新增1个,全年无重特大农机事故发生,农机安全生产形势平稳。

【落实农机购置补贴政策】 2015年,宁夏回族自治区落实农机购置补贴资金2.41亿元,其中:中央农机购置补贴资金2.3亿元,宁夏回族自治区农机补贴资金1 100万元。在中央农机补贴资金中安排1 025万元用于农机深松整地作业补贴,补贴农机深松作业面积27.33千公顷。2015年,宁夏回族自治区已实施农机购置补贴资金1.94亿元,占下达资金的70.8%,补贴机具2.7万台,购机总额达到7亿元,带动农民投资5.06亿元,受益农户1.84万户。

【推进操作方式创新制定方案】 2015年,宁夏回族自治区推行"自主购机、县级结算、定额补贴、直补到卡"运行模式,资金结算由省级变为县级,补贴方式由"厂商结算"变为"直补到卡",使补贴责任更加明确,补贴资金更加安全,补贴工作更加高效。全自治区加大对马铃薯种植和收获、枸杞植保、玉米和蔬菜移栽、牧草收获等机械设备以及农机作业服务公司扶持力度,发挥购机补贴政策引导、激励作用,优化农机装备结构。

【强化责任规范制度】 2015年,宁夏回族自治区农机部门组织召开全自治区农机购置补贴管理暨勤政警示教育工作会,与各市、县(区)农机部门签订农机购置补贴责任书,供货企业签订"农机购置补贴产品生产经销企业承诺书",细化任务,明确责任,做到目标到岗、责任到人。宁夏回族自治区农机部门落实购机补贴廉政风险防范、绩效延伸考核等工作制度,就购机补贴初审、协议、验货、监管、验收、考核等关键环节细化措施,完善办法,使农机购置补贴工作制度化、规范化、程序化,确保补贴政策高效、规范、廉洁实施。

【建设示范园区】 一是宁夏回族自治区围绕特色优势产业发展,搭建开放的示范园区平台,推进作物品种、栽培技术和机械装备集成配套。2015年,宁夏回族自治区共建设农业机械化示范园区40个,示范园区面积4.9千公顷。二是建立农机农艺协作机制,整合粮食创高产、畜禽标准化规模养殖示范场、适水产业池塘标准化养殖基地、测土配方施肥、病虫害统防统治等各类财政项目,形成合力推动园区建设,促进农机农艺融合配套技术推广应用,园区内机械化生产水平达100%。三是开展麦后玉米和蔬菜育苗机械化移栽,水稻精量穴直播、烘干储藏、残膜回收等农业机械化新技术、新机具试验示范,促进农业机械化推广工作。

【强化农机安全监督管理】 一是宁夏回族自治区深化农机免费管理,落实农机安全生产责任制,严把农机登记关、检验关和农机手的培训考试关、审核关,享受购机补贴的拖拉机、联合收割机及驾驶人100%纳入牌证管理。二是落实安全责任,与各市、县(区)签订安全生产责任书。同时县(区)还分别与乡(镇)、村农机作业服务组织、农机安全联组签订责任书2 800多份。三是开展“平安农机”创建和农机安全专项整治活动，落实安全联组管理制度，建立农机安全联组2 560个。全自治区农机入户率、检验率和驾驶员持证率分别达92%、64%和95%。四是开展农机监理岗位技能大比武活动，举办全自治区区农机监理岗位练兵及技能竞赛活动，锻炼队伍，提高素质。

【扶持农机作业服务组织建设】 2015年，宁夏回族自治区农机部门按照“建设标准化、管理规范化、经营企业化、作业规模化”的建设目标，培育、扶持农机作业服务组织。全自治区农机专业服务组织数量达275个，其中：新建农机作业服务组织14个。

【抓发展，重扶持】 一是争取宁夏回族自治区财政对农机作业服务公司建设的支持，落实资金400万元用于新建农机作业服务组织库棚建设及维修设备补贴，每个补助30万元，实行验收后以奖代补。二是对每个新建农机作业服务公司建设地点、内容进行确认和批复，确保每个新建农机作业服务公司都能建成发挥效益。三是加大新建农机作业服务公司扶持力度，对于自治区批复建设的农机作业服务公司购机，在国家补贴基础上，自治区再累加20%。四是引导农机作业公司参与土地流转、土地托管，推行“一条龙”作业和订单作业服务，支持引导农机作业公司从机耕、机收作业服务向育秧、插种、机耕、植保、机收、烘干等生产全程机械化服务拓展。五是开展作业公司年度考核和“评星定级”，促进农机作业服务组织规范化运行。

【开展覆膜保墒旱作节水农业及残膜回收工作】 2015年，宁夏回族自治区农机部门共落实覆膜保墒旱作节水农业及残膜回收资金8 000万元，其中残膜回收补助资金1 400万元。全自治区共扶持建立残膜加工企业24个，残膜回收网点194个，组建机械回收服务队65个，购置使用残膜回收机械1 260余台，回收残膜面积163.33千公顷，回收残膜1.7万吨。一是强化源头治理。宁夏回族自治区全部使用厚度为0.01～0.012毫米的地膜，并加强农膜经销市场的监督管理。二是强化县(区)人民政府主体责任。按照“属地管理、分级负责”的原则，开展目标量化考核管理，做到指标量化到部门，任务落实到乡镇，推动覆膜及残膜回收工作落实到位。

【加大残膜回收机械示范推广力度】 2015年，宁夏回族自治区农机部门研发、引进性能稳定，回收效果好的残膜回收机械，并将定型的覆膜及残膜回收机械在国家补贴的基础上，自治区再累加20%。自治区和各市、县都将农用残膜污染专项整治工作纳入人民政府效能目标考核，建立科学的工作考核评价制度，严格督查考核，做到覆膜与残膜回收工作同计划、同部署，实现残膜回收利用工作常态化，督导检查经常化，考核验收规范化。

【狠抓机械化农业生产】 2015年，宁夏回族自治区农机部门抓好春耕、“三夏”“三秋”等重点农时季节机械化农业生产，确保农业增效、农民增收。春播、“三夏”“三秋”期间，全自治区投入农田作业的农业机械达15万台，共有3 000多台农业机械参加跨区作业。各级农机部门先后举办小麦春播、水稻穴播、玉米和蔬菜移栽、马铃薯机种和机收、玉米机收、牧草收获等40余场次现场演示会，推动农业机械化新技术、新机具示范推广。

【存在问题】 2015年，宁夏回族自治区农业机械化工作仍存在一些问题。一是发展总体水平不高。二是农机装备存量结构不优。三是农机作业领域不宽。四是山川发展不平衡。五是农机服务组织普遍还存在着建设规模小、机械种类不全、配套程度不高、技术力量薄弱、管理不规范、服务形式单一等问题，不能满足规模化生产的需要。

新疆维吾尔自治区

【概况】 2015年，新疆维吾尔自治区农机总动力达1 900万千瓦，同比增长3.9%；其中拖拉机67.8万台，拖拉机配套农具133.9万台(套)，同比分别增长1.6%、4.8%。全自治区主要农作物综合机械化水平达84%，同比增长0.5%；农林牧渔综合机械化水平达65%，同比增长1.1%。新疆维吾尔自治区拖拉机联合收割机上牌率95.5%、检验率90.7%、持证率92.3%。共发生农机事故46起，死亡11人、受伤36人，直接经济损失24.56万元，同比农机事故下降24.5%、死亡人数下降47.6%、受伤人数下降14.2%。

【工作重点落实到“转方式、调结构”上】 2015年，新疆维吾尔自治区在农机工作会议上，提出以改革为动力，以科技为引领，以法治为保障，推进农业机械化“转方式、调结构”，确定27项农业机械化工作重点。以《2015年地州市农机化主要业务工作评价标准》《局机关目标管理考核指标》为抓手，分工协作、狠抓落实。推进简政放权，做好行政权力清单和责任清单编制工作。《新疆维吾尔自治区农业机械管理条例》立法后评估报告送审稿和修订稿草案报送新疆维吾尔自治区人民政府办公厅。

【抓好机械化生产工作】 2015年，新疆维吾尔自治区投入各类农机具102.26万台，培训农机技术、操作人员52.22万人，完成机耕、机播、机收、机械深耕作业、机械深施化肥作业、机械化秸秆还田作业、机械植保作业面积分别为2 743.33千公顷、2 877.33千公顷、2 224.37千公顷、1 923.51千公顷、1 473.53千公顷、1 024.68千公顷、2 213.98千公顷。

【抓重点，促增收】 2015年，新疆维吾尔自治区按照自治区“一千万亩小麦”“一千万亩玉米”高产创建机械化方案，加快精少量播种等高产高效机械化技术模式的示范推广和小麦“井”字形播种试验示范，小麦机收水平达95%，同比提高3%，玉米机收水平达64%，同比提高2%；围绕“一千万亩棉花”高产创建机械化方案，加快棉花生产全程机械化步伐，全自治区机采棉作业面积242.56千公顷，同比增长27.4%，机收水平达15%，全程综合机械化水平达73.9%；林果业机械化水平达45%；畜牧养殖机械化水平达35%；推广设施农业生产节水灌溉、温室加热机械化技术，设施农业机械化水平达40%。新疆维吾尔自治区农机促进农民人均增收50.7元以上，其中伊犁哈萨克自治州实现农机促进农民人均增收126元。

【扶持发展节水灌溉设备应用】 2015年，新疆维吾尔自治区新增机械化节水灌溉面积609.03千公顷，支持农牧民购置灌溉用过滤器、潜水泵、微灌设备(微喷、滴灌、渗灌)3 220台(套),投入农机购置补贴资金611.51万元,受益户442户。

【推广残膜回收、秸秆回收综合利用技术】 2015年,新疆维吾尔自治区农机部门依托残膜回收技术示范推广项目,在玛纳斯县、莎车县、昌吉高新农业科技园区等地建设机械化残膜回收示范基地40千公顷,引导支持企业、科研院所研制新型残膜回收机,开展机械化残膜回收试验、示范、推广。2015年,新疆维吾尔自治区农机部门加大对秸秆回收利用装备的扶持力度,农牧民购置秸秆粉碎还田机1 421台,投入农机购置补贴资金244.08万元,受益户1 409户。

【举办“2015新疆农业机械博览会”】 2015年8月13—15日,新疆维吾尔自治区在昌吉中亚农机物流港举办“2015新疆农业机械博览会”。来自全球11个国家和地区的300余家企业参展,展出面积达3万米^2。

【农机购置补贴政策取得新成效】 2015年,新疆维吾尔自治区实行“自主购机、定额补贴、县级结算、直补到卡(农民)”的方式,农机购置补贴实施以县乡为主的操作方式。全自治区各地落实农机购置补贴工作“三到位”“把好五道关”的要求,结合实际,分重点、分阶段选择部分农业生产急需的机械化生产薄弱环节机具品目在区域内敞开补贴,满足农民申购需求。实行农机购置补贴工作责任制,将农机购置补贴延伸绩效考核标准列入地州市农业机械化主要业务工作评价体系。2015年,新疆维吾尔自治区实施农机购置补贴资金共12.63亿元,受益户(合作组织)达7万户,购置机具达10万台(套)。

【推进深松作业补助工作】 2015年,新疆维吾尔自治区制定《自治区农机深松作业补助实施指导意见(试行)》《自治区农机深松作业补助基本操作程序(试行)》和《自治区农机深松作业技术规范》,按照450元/公顷的标准实施深松作业补助,对粮、棉高产创建示范区和区域化种植、规模化经营程度高的区域优先实施。新疆维吾尔自治区安装300余套深松作业实时监控设备,完成深松作业608千公顷。

【推进南疆建设项目】 2015年,新疆维吾尔自治区农机部门根据《2015年南疆五地州杏热风烘干房及冷藏库项目实施方案》要求,推荐22家具备《农业机械推广鉴定证书》的20家热风烘干房和冷藏库的企业,为新建3 000座杏热风烘干房,1 000座50吨组装式冷藏库配置8 100万元农机购置补贴专项资金支持。

【科技创新推动农业机械化迈上新台阶】 2015年,新疆维吾尔自治区发布自治区六大产业15项重点领域关键环节的农业机械化主推技术和64项地州市推荐农业机械化主推技术及机具。新疆维吾尔自治区农机部门利用财政扶持农业机械化发展专项资金90万元,确定5个农机科研开发项目。全自治区狠抓12个自治区农业机械化示范区的质量和效益,以标准化为抓手,配套集成农业机械化技术及装备,开展棉花全程、玉米收获、饲草料生产加工机械化及特色农作物收获机械化技术试验示范和推广。阿勒泰地区共完成农机标准化作业面积210.67千公顷,占总播种面积的91.3%。

【人才队伍建设】 2015年,新疆维吾尔自治区培训各类农机人才48万人次,其中农机管理人员1万人次,技术人员4万人次,农机实用人才43万人次。新疆维吾尔自治区农牧业机械管理局2015年培训各类农机人员1 155人次,编写出版《棉花机械化技术》《养羊机械化技术》等8本农机科普“最后一公里”系列丛书。

【农机公共服务能力提升】 2015年,新疆维吾尔自治区5 000万元农业机械化财政专项的80.2%均投入到基层农机部门,其中:农机公共服务体系建设投入2 341万元,用于基层67个农业机械化技术机构、56个农机监理机构、36个农业机械化培训学校服务能力提升和农业机械化质量及购置补贴监管能力提升;农业机械化新技术新机具研发投入234万元;投入995万元建设57个现代农业机械化技术推广示范区;投入430万元,用于全自治区39个新建农机合作社场库棚建设。新疆维吾尔自治区农机部门完成农机综合信息服务平台项目建设的验收工作,农机协同办公、农业机械化主要业务评价及考核、项目管理、鉴定管理、培训管理、统计直报、业务信息管理、数据整合等8个信息系统运转顺畅。

【培育新型农机经营主体】 2015年,新疆维吾尔自治区在工商行政管理部门登记注册的农机专业合作社达543个、同比增长23%,社员1.65万人,机械总量3万台(套),其中大中型拖拉机8 345台,配套农具1.6万台(套),联合收获机械1 536台,资产总值达31.25亿元。2015年,13个合作社被命名为全国农机示范社,新疆维吾尔自治区农机部门共对519个农机合作社进行补贴,补贴资金达8 000万元,购置机具达1.6万台。通过“以奖代补”“先建后补”等方式,投入农机专业合作社近400万元,用于机库棚、场地、路面硬化等基础设施完善。

【开展农机安全宣传活动】 2015年,新疆维吾尔自治区落实农机安全生产责任制,签订农机安全目标责任书。开展农机安全生产大检查,深化“打非治违”和专项整治工作,出动农机执法人员7 000余人次,累计检查拖拉机和联合收割机64万台次,查处纠正各类农机违法行为7万余起。全自治区农机部门制定《2015年自治区农机安全知识“三进”活动实施方案》,自治区印制图文并茂、维汉两种语言的农机安全生产宣传手册23万册、挂图2万张、折页16万张,发放到新疆维吾尔自治区各地区。各地举办形式多样、内容丰富的农机安全宣传教育活动。

【加强农机购置补贴监督】 2015年,新疆维吾尔自治区受理来信来访举报农机购置补贴违法违规经营案件5起,收到举报信3封,接待来访购机户50余人次,查处3家企业存在农机购置补贴违法违规经营,为农民群众挽回直接损失110.8万元,累计挽回损失190.02万元。

【加强农机维修和作业质量监督】 2015年,新疆维吾尔自治区二级以上农机维修中心数量达80个,其中一级综合农机维修中心6个,基本实现平均每个县(市)拥有一个二级以上农机维修中心。受理涉及农机维修质量投诉案件36起,涉案金额50余万元。受理调解涉及作业质量的投诉纠纷案件20余起,为农民挽回经济损失6万余元。

【开展农机打假专项活动】 2015年,新疆维吾尔自治区农机部门开展农机打假利剑专项活动,依法严厉打击制售假冒伪劣农机产品等违法行为,共开展专项治理行动80余次,出动执法人员300余人次。制定《新疆维吾尔自治区农业机械试验鉴定自治区级鉴定能力认定实施细则(试行)》,提升农机检验、鉴定工作的质量和水平。

【促进"五型机关"建设】 2015年,新疆维吾尔自治区以抓党建统筹协调推进党风廉政等机关建设各项工作,把"三严三实"落实到具体工作中,做到有规矩、讲规矩、守规矩。2015年新制修订《自治区农机局党组民主生活会制度》等六项制度,印制《自治区农机局机关工作制度汇编》、党支部规范化建设《制度汇编》和《工作手册》。做到日常廉政教育常抓不懈,重点时间及时发放"廉洁自律告知书"和"廉洁自律提醒书"。

【推进"访民情惠民生聚民心"活动】 2015年,新疆维吾尔自治区农机部门自筹及协调引进资金投入达1 000多万元,修订新农村建设规划,示范推广先进农业机械化技术,帮助发展壮大村集体经济,引导村年轻人创业就业,设立维稳奖励和扶困救助基金,努力塑造农机部门为民务实清廉的良好形象。

【存在问题】 2015年,新疆维吾尔自治区农业机械化发展存在一些问题。一是农机行业均衡发展的问题日益突出,不同农作物的机械化水平差距较大,不同产业之间机械化水平也不均衡。二是全程作业环节中的机械化技术瓶颈突出。耕整地和播种机械化水平超过98%,收获环节刚过50%,而畜牧养殖、特色林果、农产品初加工等关键环节的机械化需求越来越多,形成新的农业机械化技术瓶颈制约。三是农机存量结构布局不合理的问题依然存在。四是农业机械化基础设施及配套建设滞后。五是农机农艺技术相互融合发展的协同机制尚未建全。六是农机行业对金融工具普遍认识不足。

大 连 市

【概况】 2015年,大连市农机部门落实农机购置补贴政策,推广主要粮食作物生产重点环节机械和技术应用,强化农机安全生产,农业机械化保持良好的发展态势。

【农业机械保有量增长】 2015年,大连市农机总动力达389万千瓦,比2014年增长2.9%。新增农业机械7 000台(套),农机总值达30亿元,比2014年增长3.4%。

【农机作业目标任务完成】 2015年,大连市完成机械耕整地256千公顷,机耕率达96%;机播203.33千公顷,机播率达76.3%;机收120千公顷,机收率达45%,大连市农业生产综合机械化水平达74.8%。

【农机安全生产形势稳定】 2015年,大连市涉及农机生产事故下降,全市未发生重特大农机事故,各项指标低于控制指标。

【农机质量监管实现新突破】 2015年,大连市农机质量监管体系完善,农机质量投诉监管工作步入正轨,农机维修服务指导工作取得成效。

【加强组织领导,落实工作责任】 2015年,大连市农机部门召开全市农业机械化政策培训暨警示教育会。会议解读农业机械化惠农政策,进行农机购置补贴工作警示教育,签订2015年农业机械化工作责任书。召开全市农机安全监理工作会议,传达全市安全生产工作会议精神,与各区市县监理所签订农机安全生产责任状。

【调研和视察工作】 2015年,大连市制定下发《关于做好大连市人大调研视察农业机械化促进法和促进条例贯彻实施情况的紧急通知》,指导各区市县开展迎接调研和视察准备工作。2015年3月16日和19日,大连市农机部门陪同大连市人大农村经济委员会到普兰店和金州新区调研。4月29日,陪同大连市人民代表大会常务委员会视察金州新区和普兰店市8个农业机械化项目。大连市副市长卢林作关于市贯彻落实《中华人民共和国农业机械化促进法》情况报告。

【实施农机购置补贴政策】 2015年,大连市制定《大连市2015—2017年农机购置补贴实施方案》,落实农机购置补贴政策,确保惠农政策落到实处。围绕广泛宣传、完善制度、突出重点和强化监管,落实农机购置补贴政策。大连市农机部门采取多种形式,宣传购机补贴政策,编印发放资料5万余份。

【建立规章制度】 2015年,大连市制定《大连市农机购置补贴工作责任制度》《农机购置补贴信息公开制度》《农机购置补贴信访投诉制度》和《农机购置补贴机具核实规范》。

【确保补贴重点】 2015年,大连市农机部门对使用保护性耕作和农机深松整地机械给予累加补贴,促进两项先进实用技术的应用,满足农机合作组织购买机具需要。

【强化监管措施】 2015年,大连市制定《大连市农机购置补贴延伸绩效考核办法》,加强农机购置补贴监管,规范工作流程。大连市农村经济委员会成立农机购置补贴工作督导检查组,开展两次督导检查工作,将督导检查工作进行通报,督促各区市县实施好农机购置补贴政策。

【实施农机深松整地和保护性耕作项目】 2015年,大连市农机部门出台《大连市2015年农机深松整地作业试点实施方案》和《大连市2015年保护性耕作作业试点实施方案》,对农机户和农机合作组织实施农机深松整地和保护性耕作项目实行作业定额补贴和机具购置累加补贴。作业补贴标准600元/公顷。其中,实施对象作业补助570元/公顷;间接费用补助30元/公顷,用于县级农机部门组织力量进行作业质量检查、面积测定、建立项目档案、绩效考评等费用。农机购置累加补贴标准为国家农机购置补贴的三分之一。大连市共实施农机深松整地8.57千公顷,补助资金574.4万元。实施保护性耕作3.06千公顷,资金230万元。

【开展农机安全生产和质量监管工作】 2015年,大连市农机部门组织开展春耕农机具检修调试工作,全市共检修农业机械3.9万台。加强农机维修网点和农机零配件供应市场的监管,保障农机检修质量。印发《关于做好农机安全生产和春耕备耕工作的通知》,指导各区市县加强春季农机安全监管,促进农机安全生产，开展春耕备耕工作。举办水稻直播技术培训研讨会，进行试验示范。制定下发《关于印发大连市农机安全生产百日专项治理行动实施方案的通知》，开展农机安全生产百日专项治理行动。开展督导检查工作，共检查农机单位236家，排查事故隐患111处，已全部整改。

宁波市

【概况】 2015年，宁波市农机部门推动农业机械化机制创新、科技创新、服务创新和监管创新，实施农业机械化推进工程。宁波市农机装备结构优化、农机作业水平提高、农机服务组织蓬勃发展、农业机械化转型升级加快推进、政策扶持监管体系完善、农机生产安全形势稳定向好、人才队伍建设卓有成效。

【粮食生产全程机械化水平提升】 2015年，宁波市农机部门抓水稻机插和粮食烘干机械化推广，加强规模化、工厂化育秧中心建设和配套农艺技术研究，制定机械化育秧技术规范，扩大基质育秧试验示范等手段，突破育秧瓶颈，带动机插推广。2015年，宁波市完成稻麦机栽植面积54.67千公顷，水稻机栽植面积51.67千公顷，其中水稻机插面积48.33千公顷，水稻机插面积占浙江省面积的30%，水稻机栽植率63%，水稻耕种收综合机械化水平88.5%。宁波市季供秧能力33.33公顷以上规模化育秧点达743个，比2014年增加50多个，规模化育秧占78%以上；早稻商品化秧苗达30多万盘，较2014年增加近50%，散户育秧点减少，秧苗素质提高。

【推进水稻机械化发展】 2015年，宁波市农机部门开展水稻机械化穴直播技术的示范与推广，拓宽水稻机械化栽植种类与选择。开展水稻全程机械化整体推进创建，确定镇海区、奉化市为2015年整市(区)推进创建单位，余姚市阳明街道、象山县涂茨镇为整镇(街道)推进创建单位。抓好以合作社、粮食收储企业为重点的粮食烘干中心建设，新增烘干机92台，总数1 005台，新增批次烘干能力约1 000吨位，批次烘干能力约13 300吨位。

【提升发展农机专业合作组织】 2015年，宁波市农机部门新建合作社16家，总数398家，平均每个涉农乡镇3.3个。在2014年成立3家股份制农机作业服务公司基础上，2015年又成立4家。农机作业服务公司将土地、劳动力、资金、装备、技术、信息、人才等要素有效整合，推进农业生产主体法人化、服务社会化、生产标准化、产业市场化、经营规模化的现代农业经营体系建设，提高农机作业效率。例如，余姚田螺山农机作业服务公司平均单机服务面积68.47公顷，是原合作社时期单机作业量14.27公顷的4.8倍。实施农机服务组织提质工程，按照系统示范和市级示范要求对15家合作社开展提质工程建设，10家合作社进行合作社功能培育建设，建设区域性农机服务中心12家。

【强化服务与保障，抓重点农时农机服务工作】 2015年，宁波市农机部门与中石化、中石油宁波分公司联合推行农机作业用油优惠供应、优先加油、优质服务、免费办理的“三优一免”惠农便民服务，分别落实春耕、秋收冬种农用专项柴油2 200吨、2 500吨。抓农机惠农政策宣传、农机具及零配件供应保障、农机维修保养、新机具新技术培训、机力机具调度等工作，组织小分队开展维修等巡回服务。加大质量监管力度，部署开展“打假保农”行动和质量安全月活动。抓农机跨区作业，跨区作业面积达20千公顷以上，作业收入突破1 800万元。做好防台抗台工作，开展救灾和灾后自救工作。

【加大特色产业机械化推广】 2015年，宁波市农机部门将无人旋翼植保飞机、树木(花草)修剪机、水稻穴直播机和58.8千瓦以上半喂入联合收割机、捡拾压捆机、喷杆式喷雾机等新型农机列入试验示范与推广目录，加快新型高性能、特色农机推广。已拥有植保飞机25架，象山成立无人植保飞机作业公司。实现蔬菜生产主要环节作业机械化，加快林特、花卉产业的耕作、节水灌溉、病虫害防治以及茶叶采摘、修剪和名优茶加工制作等作业机械推广应用，提高经济作物机械化水平。新增采茶机6台、茶树修剪机83台及茶叶炒干机、揉捻机、杀青机等加工机械119台。

【推进水产和畜禽养殖机械设施发展】 2015年，宁波市加大水产和畜禽养殖机械设施配置力度，提高水产养殖工厂化育苗、翻耕、清淤、投饵、增氧、净化水质等机械设施应用率，提升规模化养殖场饲料加工、自动饲喂、降温设施、畜禽排泄物无害化处理等机械设施水平。新增畜牧水产养殖铡草机18台、增氧机3 926台。抓油菜生产机械化，全市油菜收割机100余台，收割油菜面积2.13千公顷以上。

【开展设施农业建设】 2015年，宁波市农机部门根据省、市2015—2017年农机购置补贴实施意见精神，经与宁波市财政税务局协商同意，2014年结转中央购机补贴资金用于设施大棚及玻璃温室补贴。加强设施农业补贴简政放权，由乡镇农机站负责对申报材料进行审查，将审查结果及相关材料报县级农机部门，县级农机部门会同财政部门对项目进行实地勘察并核实申报材料，经公示无异议后确定项目。设施农业生产企业及产品按浙江省农业机械管理局公布的2015—2017年农机购置补贴设施大棚及玻璃温室生产企业及其产品执行。2015年实施设施农业建设项目82个，建设设施大棚近100万米^2，涉及中央补贴资金2 100多万元。

【完善农机购置补贴政策】 2015年，中央下发宁波市购机补贴资金8 000万元。截至2015年11月9日，宁波市已实施购机补贴资金5 558万元，其中中央资金5 135万元，市级资金423万元，补贴机具8 000多台(套)。2015年，宁波市农机部门完善购机补贴政策。政策发布由每年一次改为每三年一次。补贴对象拓宽，农机作业服务公司等农业生产经营主体首次被纳为补贴对象。取消补贴产品购买区域限制，补贴对象可以自主选择经销商购机，也可通过企业直销等方式购机，补贴操作程序简化。开展农机新产品补贴试点，将质量可靠、技术先进的新产品纳入中央补贴资金范围。

【抓农机作业补贴政策实施监管】 2015年，宁波市农机部门抓农机作业补贴政策实施监管，明确“补贴对象申请、镇村审查、县级结算”的补贴方式，规定操作程序和“三公示”“三检查”“四签字”“四把关”具体要求，拨2 500万市级补贴资金。各地农机部门健全相关规章制度，公布投诉举报电话，完善作业补贴公示制度，建立黑名单和监督名单制度，落实电话抽查制度，确保作业补贴政策落实。

【加快"智慧农机"建设】 2015年，宁波市农机部门完成WEBGIS农机综合地理信息系统验收，建成集网络视频感知系统、GPS农机定位系统、WEBGIS农机综合地理信息系统、设施农业物联网智能化控制、数字精准农业于一体的智慧农机综合信息管理平台。联合开展无人驾驶插秧机、拖拉机研制攻关，前期样机已研制成功。加大"智慧农机"项目建设力度，研究对设施农业的温、湿、光、肥、水、药等智能化控制，加快将"3S"、物联网、太阳能等先进技术引入农业机械化领域的示范与应用。

【拓展农机科技项目建设】 2015年，宁波市农机部门对鄞州区创建的全国水稻生产全程机械化示范项目总结审查，验收材料已上报农业部。实施农机科技推广项目6个，市级财政补贴70万元。抓紧宁波市农机技术推广中心迁建项目实施，完成投资约3 000万元，已完成外墙装饰施工量80%。

【农机安全生产形势好转】 2015年1—10月，宁波市发生农机交通责任事故死亡7人，占浙江省农业厅全年考核控制指标的17.5%；发生拖拉机农田作业死亡事故1起，死亡1人，占浙江省农业厅全年考核指标的25%；发生涉及宁波市拖拉机有责事故死亡8人，占宁波市人民政府全年考核控制指标的22.9%。

【推进安全生产长效机制建设】 2015年，宁波市、县两级农机部门分别将农机安全监管主体责任、考核指标落实到县、乡两级人民政府，签订责任书，将农机安全责任落实到乡镇、村、合作社及机手，在乡镇一级做到农机安全生产责任制全覆盖。制定《宁波市农机安全生产工作约谈规定》，规范和强化对农机安全生产监督管理。开展全员农机安全培训工程，2015年已轮训农机人员14 655名。

【推进农机监理惠农服务】 2015年，宁波市农机部门开展"农机安全技术检验规范年"活动，对安全技术检验作规范。举办检验员培训班，对50多名农机检验人员进行培训。推进农机政策性保险工作，补贴办理农田作业拖拉机交强险、联合收割机第三者责任险5 504台。实施拖拉机报废补偿政策，办理拖拉机报废回收900台，拨付市级资金365万元。

【开展平安农机创建和安全生产月活动】 2015年，宁波市农机部门落实平安农机创建，开展创建单位的选点、初审工作，严格把关。落实北仑区创建全国平安农机示范区，鄞州横溪镇创建省级示范镇及10家示范合作社的创建计划。北仑区创建工作通过核查，进入省级推荐、全国公示阶段。开展"安全生产月"工作，以安全生产咨询日为载体，开展宣教活动。指导各地开展农机安全生产事故应急预案演练活动。

【加强专项整治和日常监管】 2015年，宁波市农机部门开展农机安全生产大排查大整治专项行动，加大对重点地区、场所、环节的安全监管力度，在春节、春耕备耕、清明、"双夏"、秋收冬种等时期开展农机安全检查。完善公安驻农机警务室考核制度，推进警务室规范化建设，完善警农联合执法机制。2015年宁波市、县两级公安驻农机警务室开展联合执法检查1 147次，现场检查各类上道路拖拉机8 528台，纠正违法行为2 836台。推进外省籍拖拉机驾驶人属地管理，新办理备案登记456台，驾驶员265名，对信息进行核实，开展专项整治工作。

【开展农业机械化教育培训大行动】 2015年，宁波市农机部门围绕农业机械化管理人员、科技人员和作业服务人员三支人才队伍建设，开展农业机械化教育培训大行动。全市培训各类农业机械化管理、技术、服务人员17 179人次，其中农机管理人员1 018人次，农机技术人员1 112人次，农机作业服务人员15 049人次。

【推进高素质农机干部队伍建设】 2015年，宁波市农机部门推进机构改革相关工作。加强机关作风建设，做好"三严三实"教育实践活动有关工作。加强党风廉政建设。

青岛市

【概况】 2015年，青岛市农机总动力达835万千瓦，主要农作物生产机械化综合水平达90%，完成2015年暨"十二五"规划各项目标任务。

【确保自主购机】 2015年，青岛市农机部门改革、完善"自主购机、带机核实、定额补贴、县级结算、直补到卡"购机补贴办法，改"先申请指标后购机"为"先购机后申请补贴"，确保农民自主购机权，经销商围绕产品质量和价格开展市场竞争，压缩寻租空间，降低农机部门廉政风险。

【持续扩大普惠】 2015年，青岛市农机部门把80%以上补贴资金用于补贴重点机具。对农民急需的深松机、免耕播种机、花生收获机、薯类收获机和粮食烘干机等8个品目实行敞开补贴，实现应补尽补。通过"争取资金、调整补贴范围和补贴额、协调信贷支持"等办法，调控补贴资金供需平衡，确保改革平稳过渡、扩大政策普惠面。

【强化带机核实】 2015年，青岛市农机部门创新便民服务机制，推行"一站式"、分区域巡回、分类别核实和预约审核等服务，统筹安排人员、场地和设备。青岛市共落实购机补贴资金1.42亿元，补贴各类机具7 430台(套)，受益农户5 460多户。

【规范报废更新工作】 2015年，青岛市农机部门推进农业部农机报废更新试点，把好市场准入关、报废监管关、工作衔接关和资金拨付关，2015年完成农机报废510多台，优化农机装备结构，促进农机行业节能减排。

【启动深松整地3年攻坚计划】 2015年，青岛市农机部门与财政部门开展联合调研，把农机深松整地纳入"三农"工作决策。建立由青岛市副市长黄龙华任召集人的联席会议制度，争取青岛市人民政府下发深松整地工作文件，计划用3年，对全市400千公顷适宜耕地深松一遍。2015年新增适合农机作业的88.26千瓦以上的大拖拉机870多台、深松机600多台，完成深松整地面积73.33千公顷。

【实施普惠性作业补助】 2015年，青岛市农机部门安排财政性资金3 000多万元，安排作业补助375元/公顷、质检费

15元/公顷。黄岛区、即墨市争取地方财政资金，累加作业补贴75元/公顷，对深松机实行600～900元不等的县级累加补贴；胶州市争取财政资金250万元，完成深松整地、保护性耕作一体化面积6.67千公顷。通过公开招标、竞争性谈判、单一来源采购等多种方式，选择社员数量多、机具装备强、作业质量好、管理规范化的300多个农机服务组织作为实施主体，约占全市农机合作社总数70%。

【推进农机深松整地试点】 2015年，青岛市召开春季、秋季农机深松整地现场会和推进会，建立深松整地示范区，联合青岛农业大学开展对比试验和粮食高产攻关，致力打造深松整地技术模式集成创新的引领区；粮食高产创建深度融合的先行区；推动现代农业可持续发展的示范区。经实地测产，深松小麦比传统耕作增加46.9千克，增产幅度达8.86%。

【创新检测监管机制】 2015年，青岛市农机部门组建240多人的质检员队伍，引进深松作业监测装备520多台，引进会计师事务所进行第三方监测，实行具有青岛特色的"人机结合、以人为主+第三方"的监管机制，提高监管效率和精确性，实现机械化与信息化、互联网技术的融合。

【拓宽科技推广渠道】 2015年，青岛市建立十大农业机械化新机具、新技术发布制度，引进意大利精量播种机、深松机、德国翻转犁、秸秆青贮机等国际高端品牌机具和残膜回收机等先进装备，推广粮食烘干、秸秆青贮、航空植保和玉米缓控释肥"种肥同播"等增产增效型技术。组织协办中国国际农业机械展览会，承办全国"三秋"农机生产全程机械化成套解决方案演示会和专家论坛，来自20多个国家和地区的1 800多家企业参展。

【加强试验示范推广】 2015年，青岛市农机部门建成玉米、花生生产机械化2个部级和马铃薯、胡萝卜等12个市级集成创新与试验示范基地，促进农机农艺、良种良法、生产生态协调发展。"三夏""三秋"期间，共组织38.5万台农业机械作业，抓"双晚"(玉米适期晚收、小麦适期晚播)机械化技术推广，抢墒、造墒播种，完成267.33千公顷小麦、265千公顷玉米机械化收种任务。实施"百万亩保护性耕作工程"，向整村整镇和高产高效精细化管理方向发展，比传统耕作增产9.8%，节本增效超过1 500多元/公顷，推动低碳循环发展，引领黄淮海地区保护性耕作发展方向。

【推动工作重心转移】 2015年，青岛市农机部门在粮食生产机械化基础上，推动工作重心向经济作物机械化转移，主要经济作物生产机械化水平达66%。其中，以推广花生联合收获为重点，花生机收率达75%。

【加强实用技术培训】 2015年，青岛市农机部门把培训体系向镇村、合作社和示范区延伸，联合科研院校、企业、农机合作社建成市级农机教练员中心和农机实训基地12处。通过选拔行业首席专家、编辑出版《农机实用技术读本》和网络培训等方式，完成新型职业农民培训5 300多人。在山东省农机职业技能比赛中，青岛市获得团体总分第二名。

【加强农机综合服务保障】 2015年，青岛市农机部门出台加快农机合作社发展文件，实施敞开补贴政策，扶持购买大型复合式农业机械，提高农机装备水平。新建农机"安居工程"19处、实用技术培训基地11个、区域性农机维修中心和职业技能鉴定基地10个，带动青岛市农机存放、维修和培训条件改善。安排承担保护性耕作、深松整地和玉米生产机械化等项目资金。

【推进农机合作社规范管理】 2015年，青岛市建立农机合作社联社。全市农机合作社发展到409个，承担全市70%以上的大田农机作业量。其中，国家级示范社14家、省级示范社15家。

【完善基层农机监理体系】 2015年，青岛市农机部门推动"重心下移、服务前置"，推动农机监理服务体系向社区和镇村延伸，新建社区农机监理中心和服务窗口23个，向综合性农机服务站方向发展。山东省农机监理进社区现场会在青岛市召开，推广青岛市做法。增加农业机械化公共服务供给，对农机挂牌、办证、培训和粘贴反光贴实行免费管理，每年减轻农民负担2 000多万元。

【落实农机安全制度】 2015年，青岛市农机部门发挥移动式检测线、桩考仪、无纸化考试和事故处理等现代化农机监理装备作用，严把农机驾驶员考试关、年检关和职业技能鉴定关。

【加强农机安全监管】 2015年，青岛市农机部门依法行政，实行农机安全网格化管理，加强农机安全监督，共检查农机维修点、合作社等210多家，排查安全隐患290多处，检查各类农业机械及驾驶操作人员1 780多台(人)次，查处无牌无证驾驶等违法、违章行为310多起。青岛市农机挂牌率、年检率和驾驶员持证率分别达76.2%、90%和63.8%。

厦门市

【概况】 2015年，厦门市农机部门贯彻中央十八大、党的十八届三中、四中全会和全国、全省农业机械化工作会议精神，加强农业基础设施建设，落实国家农机购置补贴项目，推广农业新机具，强化农机监理与平安农机建设，开展农机道路交通安全综合整治与农机"打非治违"专项整治，推进各项农业机械化工作。

【农业机械化工作成效】 2015年，厦门市农业生产以蔬菜种植为主，全市农作物总播种面积26.42千公顷，其中：蔬菜与瓜果类播种面积15.7千公顷，占59.42%。2015年通过实施国家农机购置补贴项目，加大对农田机械、农田灌溉等农机装备的资金投入，提升都市农业现代化水平，农业机械化水平提升。2015年全市农机总动力42万千瓦，其中：农用大中型拖拉机335台，比2014年增长31.89%；耕整机(微耕机)3 838台，比2014年增长13.75%；动力喷雾机892台，比2014年增长12.06%。2015年完成机耕面积8千公顷，机收面积1.07千公顷，耕种收综合机械化水平33.5%，比2014年提高3个百分点。

【加强现代农业基础设施建设】 2015年，厦门市财政资金补助农业基础设施建设项目3批17个，总投资5 774.86万元，建设规模139.02公顷，其中钢管温室大棚184 346.32米^2，智能化温室大棚5 440米^2，节水喷灌约22.53公顷，机耕路约6 493米，提高厦门市现代农业装备水平，促进智慧型都市农业方向发展。扶持如“厦门百利种苗有限公司名优种苗繁育中心”等农业项目，建设集成水肥一体化、工厂化生产等先进技术的现代化温室大棚和智能化植物工厂设施，发展高附加值的食用菌、中药材、高档果蔬、优良种苗和名贵花卉等特色园艺作物的智能化设施栽培和工厂化生产。

【推进农机购置补贴工作】 2015 年，厦门市农机购置补贴资金总额 450 万元（其中中央补贴资金 300 万元，市级配套累加补贴资金 150 万元），厦门市采取“全价购机、定额补贴、区级结算、直补到卡”的方式实施。截至 2015 年 11 月 15 日，厦门市已完成农机购置补贴实施工作。全市受益农户 917 户，机具数量 1 343台，带动农户投入 747 万元，全市广大农户申请购置的机具种类涉及 6 个大类 9 个小类 14 个品目。其中：轮式拖拉机 81 台、手扶拖拉机 50 台、微耕机 459 台、旋耕机 72 台、耕整机 5 台、田园管理机 101 台、中耕机 80 台、半喂入联合收割机 1 台、自走履带式谷物联合收割机 2 台、采茶机 1 台、动力喷雾机 96 台、薯类收获机 13 台、潜水泵 85 台、增氧机 297 台。

【强化农机安全监管工作】 2015 年，厦门市农业（农机）部门加强农机安全生产监管，落实安全生产责任，开展农机安全生产“打非治违”专项行动，农机安全生产标准化建设提升工程三年行动。厦门市无发生一起农机事故，农业机械事故死亡人数 0 人，农机安全生产形势平稳。全市上道路行驶的拖拉机“三率”水平为上牌率 100%、持证率 100%、年检率 84.5%。

【开展安全发展示范城市平安农机创建工作】 2015 年，厦门市农机部门根据《厦门人民政府办公厅关于创建全国安全发展示范城市的通知》的精神和要求，平安农机创建工作纳入厦门市安全发展示范城市的一项内容，厦门市农机部门推进全市平安农机创建工作，“平安农机区县”创建达标率超过 80%。厦门市农业局印发《厦门市安全发展示范城市平安农机创建工作的实施方案》，要求全市四个农业区推进创建“平安农机”活动，在厦门市翔安区、同安区已获得全国平安农机示范区的基础上，集美区和海沧区创建全国平安农机示范区。2015 年 9 月，福建省农业厅、福建省安全生产监督管理局“平安农机”考评组对厦门市集美区、海沧区创建全国“平安农机”示范区工作考评，综合考评分别获得 98 分和 93.5 分。

【推进农机安全创新管理工作】 2015 年，厦门市落实《厦门市农业局关于下达厦门市拖拉机驾驶人员培训补贴试点实施方案的通知》和《厦门市拖拉机报废补贴办法》。

【开展有机无证拖拉机驾驶人培训补贴】 2015 年，厦门市有机无证拖拉机驾驶人培训补贴金额：K 证 600 元、G 证 1 400 元，2013 年至今，厦门市已有 326 名机手获得补贴并取得驾驶证（其中：K 证 59 人、G 证 267 人），补贴总额 40.86 万元。

【出台拖拉机报废补贴政策】 2015 年，厦门市农机部门与财政部门联合出台拖拉机报废补贴政策，按照报废拖拉机类别的不同，补贴标准为 800～5 000 元。此做法获得福建省农业厅的肯定，并在福建省农业机械化工作会上予以表扬，福州、宁德、泉州、龙岩等设区市、县也学习厦门市做法开展报废补贴。

【落实农机安全生产责任】 2015 年，厦门市农业局下发《关于下达 2015 年农机安全生产目标责任的通知》，将农机安全目标责任分解落实到各区，确保厦门市农业机械事故死亡人数不突破省、市下达的 1 人控制目标，不发生较大事故。各区农机部门结合年检审、注册登记、考核发证、购机补贴等工作，与拖拉机驾驶员签订《农机安全生产责任书》885 份，增强机手安全生产意识，提高安全生产责任感和自觉性。争取农机安全的资金投入，安排农机业务专项经费 22 万元，用于保障农机安全、农机道路交通安全综合整治、农机购置补贴实施等工作。

【强化农机安全综合整治】 2015 年，厦门市农业局印发《厦门市农机道路交通安全综合整治“三年行动”2015 年工作意见》《全面开展农机安全生产大检查深化“打非治违”和专项整治工作实施方案的通知》。厦门市农机部门落实市人民政府有关加强道路交通安全综合整治工作的部署要求，完成“三年行动”各项目标任务。全市农机部门共开展农机执法、宣传 67 次，出动执法人员 252 人次，检查拖拉机 774 台，查处拖拉机违法行为 82 台次，其中：超载超速 3 起，逾期年检 78 台。

【开展农机安全宣传教育】 2015 年，厦门市、区农机部门利用各种宣传媒介，采取适合农村特点形式，加强对拖拉机驾驶人安全宣传教育工作。组织参加“科技三下乡”、农机“安全生产月”宣传咨询日、“党员到村居、服务进万家”等现场咨询活动。全市出动宣传车 8 车次，发放农机安全宣传材料及“致农业机械驾驶（操作）员朋友的一封信”10 192 份，发送短信 7 387 条，在镇、村刷写、张贴固定标语 300 条，在“厦门三农网”“厦门农业与科研网（厦门市农机监理所网站）”及省、市有关安全生产互联网上发送农机安全和工作动态信息 28 条。

【开展农机事故应急救援演练】 2015 年 6 月 25 日，厦门市农业局联合集美区农林水利局、安全生产监督管理局、交警大队举办 2015 年厦门市农机事故应急救援演练。市、区农机部门按照《厦门市农机事故应急处理预案》的规定和要求开展应急救援和事故处理工作。集美区交警大队交管科派人对接到事故报案、实施伤员救护、现场秩序维持、勘查现场、绘制现场图等事故处理程序各个环节进行指导示范。

【强化拖拉机及驾驶人的日常监管】 2015 年，厦门市农业机械监理所印发《关于做好 2015 年度拖拉机、联合收割机检验及其驾驶证审验工作的通知》，要求各区农机监理部门加强对拖拉机及其驾驶人的安全管理，做好拖拉机检验及其驾驶证审验工作。市、区农机部门推广粘贴农机安全反光贴，厦门市农业机械监理所购置农机安全反光贴 15 000 片，分发到各区，免费为年检拖拉机发放反光警示膜，消除拖拉机夜间行车安全隐患。做好拖拉机驾驶培训行政审批事项承接工作，厦门市农业局制定《厦门市拖拉机驾驶培训管理规定》，下发各区农业（农机）部门执行。2015 年 3 月 18 日，厦门市农机部门向厦门市同安大宏汽车驾训有限公司颁发拖拉机驾驶培训许可证。2015年1—10月，厦门市年检拖拉机843台，注册登记47台；拖拉机驾驶员考试60人，换发拖拉机驾驶证105本。

【开展农机安全标准化建设】 2015年，厦门市各区农机部门结合开展的农机安全综合整治、农机“打非治违”等工作，确保参与作业的拖拉机处于安全状态。2015年1—10月，厦门市农机部门排查治理隐患单位686个，排查一般隐患82项，其中已整改82项，整改率100%。根据《福建省农业厅办公室关于印发福建省开展农机安全生产标准化建设提升工程三年行动实施方案的通知》的精神，农机行业的各级拖拉机驾驶培训机构列入标准化建设提升工程。2015年11月13日，厦门市农业局组织市农机行业企业安全生产标准化评审小组按照“福建省拖拉机驾驶培训机构安全生产标准化考评指标”，对拖拉机驾驶培训机构进行安全生产标准化评审。

【制定补贴资金使用实施意见】 2015年，厦门市农机部门根据农业部办公厅、财政部办公厅《关于印发〈2015—2017年农业机械购置补贴实施指导意见〉的通知》精神，结合厦门市实际，厦门市农业局与厦门市财政局联合制定《2015—2017年厦门市农业机械购置补贴资金使用实施方案》，经厦门市法制局进行规范性文件备案审查后，下发各区农业(农机)部门执行。

【编制农机购置补贴机具品目】 2015年，厦门市农机部门根据农业部2015年“压缩中央财政资金补贴机具种类范围”改革思路，厦门市按照大稳定、小调整原则，对部分品目做调整，补贴机具种类范围有所缩减，由2014年12大类30个小类58个品目调整为11大类28个小类52个品目。根据农业部办公厅《关于印发〈2015—2017年全国通用类农业机械中央财政资金最高补贴额一览表〉的通知》《福建省农业厅关于公布福建省2015—2017年农机购置补贴机具补贴额一览表的通告》，厦门市农业局制定《厦门市2015年农机购置补贴机具补贴额一览表》，并对外公布执行。

【加强农机购置补贴廉政风险防控】 2015年6月17日，厦门市农机部门召开全市农机购置补贴实施工作部署会和农机购置补贴廉政风险警示教育会，厦门市纪委驻厦门市农业局纪检组组长在会上就农机购置补贴廉政风险防控作讲话。厦门市农业局印发《关于开展2015年农机购置补贴政策实施督导检查的通知》，2015年11月1—20日，厦门市纪委驻厦门市农业局监察室、厦门市农业局、厦门市财政局、厦门市农业机械监理所相关人员组成的农机购置补贴督导检查组，对2015年厦门市农机购置补贴政策实施项目区进行督导检查。

【存在问题】 2015年，厦门市的农业机械化发展存在以下问题。一是拖拉机非法载人现象未能杜绝。农村地区和城乡结合部的建筑工地周边道路上仍有发现，存在安全隐患。二是新增农机安全监管亟待加强。随着轮式拖拉机和微耕机保有量的快速增长，一部分新购机农民未经过安全技术培训，田间作业时不注意操作规程和安全防护，引发农机安全事故。三是农机购置补贴资金不足。连续几年实施农机购置补贴，激发农民购买和使用先进适用农业机械的积极性，农民对农机装备的需求呈增长态势，全市农机购置补贴资金缺口较大。

新疆生产建设兵团

【概况】 2015年，新疆生产建设兵团农机行业在农业部支持和新疆生产建设兵团党委领导下，以科学发展观为统领，以提高新疆生产建设兵团农业综合机械化水平为重点，发挥农机在农业生产过程作用，完成全年各项工作任务。

【农机装备总量增长，结构优化】 2015年，新疆生产建设兵团农机总动力达500万千瓦，同比增长2.6%。大中型拖拉机和配套农具保有量同比分别增长2%和2.4%。农机装备结构优化，更新大中型拖拉机2 500台，畜牧、园艺机械数量分别新增500台、1 000台。新疆生产建设兵团73.5千瓦以上的拖拉机已达0.95万余台，采棉机1 850台，联合收割机1 480台，农用飞机32架。

【机械化作业水平提高】 2015年，新疆生产建设兵团机耕面积1 230千公顷，机播面积1 320千公顷，机收面积1 010千公顷，机耕、机播、机收水平分别达100%、99.8%、77%，种植业综合机械化水平达93.1%，比2014年增加近0.1个百分点。飞机作业面积274 000千公顷。2015年机械作业达32 000千公顷。

【农机购置补贴政策实施规范高效】 2015年，新疆生产建设兵团享受国家农机购置补贴资金3.9亿元，实施购置农业机械1.2万台(架)，其中，拖拉机2 500余台，收获机械1 250余台，配套农具和其他机械0.8万余台(架/套)。近0.9万户职工和农机服务组织受益，带动购机资金4亿元以上。筹划、组织，按程序和步骤实施购机补贴政策，促进兵团农机装备更新换代，提高大农业生产能力和效率。

【棉花收获工程取得进展】 2015年，新疆生产建设兵团种植机采棉模式面积600千公顷，采棉机保有和使用量1 850台，完成机采面积400千公顷以上(不含复采面积)，机采面积占植棉65%以上。协调组织部分采棉机进行跨区机械采收棉花作业面积达100多千公顷。机械化采棉所需清杂设备配套220条生产线，满足400千公顷棉花清杂任务。各主要植棉师兵师机采公司运行情况良好。

【农业机械化新技术推广】 2015年，新疆生产建设兵团农机部门大面积推广秸秆还田600千公顷、残膜回收400千公顷、土壤深松266.67千公顷和机械植保600千公顷。机械移栽、高架精量喷雾、土壤深翻、葡萄埋藤和保护性耕作、节能降耗等农业机械化新技术得到示范应用。各种经济作物机械化收获有进展，马铃薯、甜菜、打瓜、油菜、辣椒、番茄等作物联合收获机械1 000余台，实现机械化作业。2015年，畜牧园艺业机械化生产进展快，推广牧草收割机、饲草料打捆机、储奶罐、挤奶器等畜牧机械新增500台(套)，推进畜牧业规模化生产。新增葡萄埋藤机、挖坑机、微耕机、弥雾机等园艺机械1 000台。卫星导航技术发展迅速，新购置导航仪700台。

【农机社会化服务发展】 2015年，新疆生产建设兵团农机部门与兵团发展改革委员会共同印发《2015年兵团20个团场标准化农机专业服务公司或合作社建设方案》，投资6 100万元在新疆生产建设兵团建设20个标准化农机专业服务公司或合作社。新疆生产建设兵团各师团农机专业化服务组织发展迅速，全兵团成立农机专业服务公司或合作社70余家。机采棉花266.67多千公顷，占机采总面积70%以上。2015年，新疆生产建设兵团用于农业机械化基地及棚库建设投入约4 000万元，已开工建设10个团场级农业机械化服务基地。

【农机安全形势稳定】 2015年，新疆生产建设兵团农机部门强化农机动态监管和源头管理。严格拖拉机驾驶培训资格准入、规范注册发证、检审验等业务流程。开展"文明监理、优质服务"示范窗口和提高"三率"创建活动，进行多次巡回检查督导。农机各项事故指标均在行业控制指标范围内。

【明确发展思路，制定全年工作重点】 2015年，新疆生产建设兵团农机部门根据新疆生产建设兵团农业机械化管理局2015年工作要点及兵团六届十四次全委(扩大)会议精神制定《2015年兵团农机化重点工作》，明确工作方向、重点及主要内容，统一发展思路，激发工作热情。

【提升农机作业水平】 2015年，新疆生产建设兵团农机部门选择条件好、示范带动作用强的12个团场开展创建达标工作。组织专家到创建团场对相关人员进行培训，指导相关技术资料准备工作。2015年，12个创建团场通过农业部农垦局专家组验收。通过达标创建活动提高达标团场的农业机械化管理水平，提高团场农机库区建设水平和农机新型服务组织管理水平。

【组织关键农时机械化生产】 2015年，新疆生产建设兵团农机部门协调关键农时跨区机耕、机种、机收作业。小麦、水稻、玉米、甜菜、番茄、棉花等作物跨区机收的规模扩大，已达253.33多千公顷。

【提升机采棉花质量工作】 2015年，新疆生产建设兵团农机部门机采棉工作围绕提高棉花品质，抓好以棉花脱落叶剂喷施机具改制和喷施作业质量工作，严格控制喷洒时温度要求、严格喷洒时吐絮要求，适时作业；抓好棉花机械采收工作，严格作业车速不大于3千米/小时，严格采净率不高于93%；抓好棉花交售环节"车车检"工作；抓好轧花厂籽棉货场分类堆放质量管控工作，提高棉花一致性水平；抓好轧花厂以长度为重要考核指标轧花质量管控工作，依据籽棉分类情况，因花配车，合理调整轧花环节工艺参数，确保最大限度减少棉纤维损伤，提高28毫米以上纤维长度的棉花占比。

【落实农机购置补贴工作】 2015年，新疆生产建设兵团农机部门落实国家农机购置补贴资金3.9亿元，拉动资金4亿元以上，共有0.9万名职工(或直接从事农机作业的农业生产经营组织)受益。新疆生产建设兵团农机部门与财务等有关部门沟通，加快有关方案措施制定，确保政策落实及早开展。召开农机购置补贴警示教育培训班，邀请兵团检察院对各级农机主管部门开展警示教育。通过各种宣传形式让购机户了解购置补贴政策。加大监督检查力度，安排专人对2014—2015年农机购置补贴执行情况进行电话抽查，组织检查组赴基层进行多次监督检查，确保农机购置补贴工作的健康、平稳运行。

【发展农机社会化服务体系建设】 2015年，新疆生产建设兵团推进兵团20个团场标准化农机专业服务公司或合作社建设。兵师已组建收获公司10家，拥有采棉机1 290台，采收面积达300千公顷，占总采收面积68%。配合新疆生产建设兵团发展和改革委员会加快农机标准化服务区建设。通过调研，掌握师团农机棚库区建设现状，争取政策支持。"十二五"期间，新疆生产建设兵团利用中央投资建设农机标准化库区64个，总投资4.1亿元，其中中央投资2.8亿元，自筹1.3亿元。

【组织开展兵团"农业机械化示范推广基地"评价工作】 2015年，新疆生产建设兵团拟定《兵团"农业机械化推广基地"评价指标体系(建议稿)》，召开专题座谈会进行专题论证。2015年5月14日，新疆生产建设兵团副司令员孔星隆召集相关部门对建议稿进行审议，按照会议要求与新疆农业大学、新疆农垦科学院等单位组成评价组，对共青团农场、105团、10团、12团进行试评价工作并形成汇报材料。根据评价情况，对《兵团"农业机械化推广基地"评价指标体系(建议稿)》进行修订，并上报新疆生产建设兵团审议。

【做好农业机械化统计工作】 2015年，新疆生产建设兵团农机部门加强农机统计工作。上报兵团农业机械化信息资料：农机统计年报、季度预测报，农业机械化生产信息。7月召开农机统计培训班，对各师农机统计人员进行培训。按照农业部农业机械化管理司要求，制定兵团农业机械化生产信息报送制度。

【做好农业行业安全生产工作】 2015年，新疆生产建设兵团制定并下发《关于印发〈兵团农业局2015年农业行业安全生产目标责任分解〉的通知》。在春耕、"三夏""三秋"等农业生产大忙季节及农业安全生产事故高发期，下发通知，对草原森林防火、农机作业安全、农资使用安全、气象保障等方面工作进行安排部署，要求各相关单位开展消除各类事故隐患治理活动，遏制重特大事故发生，确保农业安全生产。组织开展两次安全生产专项检查，对南北疆12个师27个团场重点行业、重点场所进行检查指导。开展宣传培训，印制和发放安全手册6万册；举办知识竞赛16场，参与人数2 000人；粘贴标语、横幅、展板、宣传专栏等近1 000个，组织安全培训180余期，培训人员达1.2万人。

【存在问题】 2015年，新疆生产建设兵团农业机械化工作还存在问题。行政管理和服务体系弱化，集约化管理的优势难以发挥；农机装备结构有待调整，配套基础设施建设特别是公共服务体系建设需加强；农机企业缺乏宏观调控管理机制；农业机械化维修及服务体系发展亟待加强等。

黑龙江省农垦总局

【概况】 2015年，黑龙江省农垦总局农业机械化管理局落实党的十八大、十八届三中、四中全会、中央农村工作会议、全省农业农村工作会议和总局党委(扩大)会议精神，稳粮增收调结构，提质增效转方式，夯实基础提产能，创新驱动谋发展，农业机械化工作实现平稳快速发展。

【优化农机装备结构】 2015年，黑龙江省垦区加大农机装备更新力度，优化农机装备结构，加快农机新技术新机械推广步伐，农业机械化得到平稳快速发展。黑龙江省垦区共完成农机更新投入 20 亿元，新增各种农机设备 3 万台（套）。其中大中型拖拉机 5 858 台、水稻插秧机 3 547 台、谷物联合收割机 3 351 台、免耕精量播种机 168 台、水田搅浆整地机 2 035 台、玉米灭茬机 288 台、拖拉机自动导航设备 252 套，其他农机设备 14 500 台（套）。

【完善农机补贴政策】 2015 年，国家共拨付黑龙江省垦区农机补贴资金 5.8 亿元（其中农机购置补贴资金 48 780 万元，新型农机具购置补贴资金 9 220 万元），黑龙江省农垦总局农业机械化管理局制定《黑龙江省农垦总局 2015—2017 年农机购置补贴实施方案》《黑龙江省农垦总局 2015 年新型农业机械购置补贴实施方案》，实施“自主购机、定额补贴、农场结算、直补到卡”方式，11 月末完成全年补贴工作。黑龙江省农垦总局农业机械化管理局已安排 2 次检查和调研，针对问题进行纠正和整改。

【推广应用农业机械化新技术】 2015 年，黑龙江省垦区农机部门围绕粮食生产，推广大功率深松技术、免耕精量播种技术、四轮乘坐式水稻插秧机技术、大型智能化浸种催芽技术、玉米秸秆处理等十几项农机新技术和新机械，其中共推广应用水稻高速插秧机 3 547 台、水田搅浆整地机 2 035 台、玉米大豆精量播种 168 台、拖拉机自动导航设备 252 套、大型智能化水稻浸种催芽设备 37 套。2015 年，黑龙江省垦区农机部门围绕马铃薯生产全程机械化在尖山农场和克山农场进行马铃薯大垄双行播种、马铃薯起高垄培土、马铃薯收获土薯分离等关键技术试验示范。按农业部实现“三减”（减农药、减化肥、减除草剂）要求，在建三江管理局对水稻侧深施肥装置进行改装示范，取得初步成效。

【科技创新水平提升】 2015 年，黑龙江省垦区农业部门按照农业部要求组织讨论、学习并贯彻落实“主要农作物生产全程机械化推进行动”意见，将该行动纳入黑龙江省农垦农业机械化发展“十三五”规划，组织落实。

【开展标准化农场创建】 2015 年，黑龙江省垦区参与全国农垦农机标准化示范农场创建工作的农场达 21 个。各创建单位重视创建工作，成立创建工作领导小组，落实责任，对全场创建活动进行安排和部署。提高农机技术标准化水平，以农机服务中心为载体，实现农机装备设施展示、示范、技术培训功能，严格农机管理，利用 GPS 导航自动驾驶基站、3S 车辆管理系统、3G 可视语音监控系统，对机车进行全作物、全过程、全天候作业监控；加强农机具标准化建设，在设备管理上，坚持农机管理“六统一”管理措施，对机具技术状态分阶段验收。

【提升农业机械化管理水平】 2015 年，黑龙江省垦区按《全国农垦农机标准化示范农场创建活动实施方案》要求，开展全国农垦农机标准化示范农场创建活动。2015 年，黑龙江省垦区共投入 2.2 亿余元用于农机基础设施建设，扩建、新建“农机管理服务中心”。新建设的农机管理服务中心多数具备现代农机数字管理系统和指挥调度平台。

【农机专业合作社发展良好】 2015 年，黑龙江省垦区现有农机专业合作社 262 个，资产总额 17.68 亿元，其中农业机械原值 15.06 亿元。农机专业合作社数量增加，促进农场增效、职工增收。黑龙江农垦农机专业合作社入社成员 5 480 人，服务农户 42 430 户，合作社经营土地 148.47 千公顷，作业服务面积 634.47千公顷，机具数量 11 557 台（套），合作社年度总收入 5.1 亿元。

【规范化水平提高】 2015 年，黑龙江省垦区共申报补贴机具 1 756 台（套），补贴资金 1.26 亿元。黑龙江垦区农机专业合作社定期举办农机技术培训班，聘请专家和技术人员人来农场讲课，培训专业技术人员、修理工及驾驶操作人员。

【制定合作社章程】 2015 年，黑龙江省垦区农机专业合作社制定合作社章程，明确规章制度。合作社的规章制度包括成员大会制度、理事会工作制度、监事会工作制度、成员管理联系制度、资产财务管理制度、经营服务管理制度、成员盈余分配制度、档案管理制度、培训教育制度等。

【加快航空建设与管理】 2015 年，按黑龙江省农垦总局党委提出的“全力推进肇东航空站建设，提高航化作业对两大平原的覆盖能力”要求，北大荒通用航空公司肇东机场建设项目得到推进。肇东机场建设项目总投资 2.4 亿元，二期工程（包括航油储备库、二号机库、机场内道路、跑道灯光及照明系统、场内绿化等配套设施）正在建设中。

【航化作业能力提升】 2015 年，黑龙江省垦区农机部门取消航化作业“准入证”办理，来垦区作业的飞机在民航东北管理局备案后报黑龙江省农垦总局农业机械化管理局登记，共有 15 家通航公司的 99 架飞机做登记，满足垦区航化作业需求。黑龙江省垦区农机部门创新管理机制，提出整合各通航公司力量设想，采用股份制改造、成立联合体或人民政府采购招标的方式，让多家通航公司共同参与到垦区航化作业中。2015 年 6—8 月，黑龙江省垦区各管理局和农场抓住作物化控最佳时期，利用农用飞机高速、高效作业优势，喷药预防病虫害，完成航化作业面积 1 521.47 千公顷。加强航化作业安全管理和作业相关人员安全教育，签订《航化作业安全责任状》，由专人负责航化作业安全。

【农机跨区作业推进】 2015 年，黑龙江农垦各管理局、农场农机部门强化管理，加大服务力度。黑龙江垦区完成跨区作业面积 2 012.05 千公顷，其中：耕整地 776.85 千公顷，播种 343.48 千公顷，收获 541.99 千公顷，其他作业 349.73 千公顷，出动机械 1.44 万台次，作业地区包括内蒙古、吉林、辽宁、江苏等省（区）以及黑龙江省内部分市、县，2015 年完成跨区作业直接收益 4.25 亿元，跨区作业收益占黑龙江农垦农机旱田作业收益 12%。

【跨区作业范围广】 2015 年，黑龙江垦区开展农机跨区作业服务地区主要集中在内蒙古、吉林、辽宁等省（区）。其中，黑龙江农垦在内蒙古自治区进行跨区作业的机车为 1 181 台，进行小麦、大麦割晒、拾禾收获及整地作业，油菜收获作业。在吉林省内进行跨区作业的机车为 78 台，辽宁作业机车为 48 台，从事玉米收获下棒、水稻收获作业。另有少部分机车在浙江、江苏、河北、山东等地区进行跨区作业服务。黑龙江省内进行跨区作业生产的市、县主要集中在齐齐哈尔市、黑河市、富锦市、嘉荫县等地区，作业方式主要为联合整地、大机械精密播种、大功率中耕植保、玉米直收等。

【农机制造能力提升】 2015 年，黑龙江垦区两个省级农机产业园区（松花江园区和宾西产业园）主要农机制造企业完成销售收入 4.7 亿元，园区建设投产运行良好。红兴隆机械有限公司异地新建工程等项目进展顺利。黑龙江垦区共有雷沃北大荒公司、红兴隆机械制造有限公司、北大荒众荣公司、牡丹江兴凯湖机械有限公司被列入统计局规模以上企业名录。其中，松花江园区有 41 家工业企业登记在册，松花江园区完成产值 3.1 亿元，增加值 1.1 亿元，利润 0.3 亿元，实现销售收入 3.3 亿元，实现固定资产投入 150 多万元；北大荒宾西产业园区一期项目投资已全部完成，实现固定资产投入 6 500 万元，实现销售收入 7 150 万元，比 2014 年增加 821 万元，实现销售利润 77 万元。

【加强农机安全监督管理】 2015 年，黑龙江垦区农机部门落实“安全第一，预防为主，综合治理”的安全方针，取得效果。黑龙江垦区全年未发生农机死亡事故。

【落实安全生产责任制】 2015 年，黑龙江省垦区农机部门落实农机安全生产责任和工作目标，签订安全生产责任状，基层单位与农机驾驶操作人员签订春、秋季农机作业“十不准”保证书，形成多层次齐抓共管的农机安全生产局面。

【宣传农机安全知识到基层】 2015 年，黑龙江省垦区利用多种形式，开展送农机安全知识到基层活动，制作和发放宣传资料，引导农机手学习机械检查、故障排除和事故救助等方面的安全操作知识，提高其安全意识和操作技能。

【开展警示教育活动】 2015 年，黑龙江省垦区开展安全生产事故警示教育活动，组织管理人员和农机手参观交流，剖析典型事故，强化安全意识。在建三江管理局开展农机事故应急救援演练，邀请黑龙江省农业机械安全监理总站及各市（县）、农垦各管理局代表进行观摩。

【组织农机安全生产大检查】 2015 年，黑龙江省垦区按照“全覆盖、零容忍、严执法、重实效”要求，排查安全隐患，开展警监合作联合执法，对道路运输的拖拉机进行排查，查处无牌行驶、无证驾驶、未贴反光贴及安全设施不全等各类违法行为。

【保障农用飞机航化作业安全】 2015 年，黑龙江农垦总局对进入黑龙江农垦开展航化作业的通航企业实施备案管理，加强参与作业人员的安全教育，严格作业安全操作规程，组织开展航化作业专项检查。

【推进安全监理内业规范化建设】 2015 年，黑龙江农垦总局组织农机监理员、考试员和事故处理员的培训及换发证件工作，印发《内业监理员操作指南》，加强农机安全监理从业规范化。

【应对农机安全监理新问题】 2015 年，黑龙江农垦总局按有关规定取消拖拉机年检业务和收费，对小微企业实行免费监理。组织监理机构及经费情况专项调研，将农机安全监理经费纳入财务预算。协调完成公安交警授权委托黑龙江农垦农机监理机构在黑龙江农垦道路对拖拉机实施安全管理，成立“警监中队”，探索警监联合执法的新机制。

【规范农机推广鉴定工作】 2015 年，黑龙江省农垦总局农业机械化管理局加强对推广鉴定工作的组织管理和领导监督。按照《黑龙江省农业机械推广鉴定管理办法》，制定《垦区农机推广鉴定审查重点》，严格审查农垦鉴定站报送的鉴定报告和有关材料，发放《推广鉴定证书》，共受理推广鉴定项目 29 项，发放推广鉴定证书 27 张。将证书发放记录和鉴定产品检测信息在指定网站上进行公告，并对 2011—2014 年在有效期内的黑龙江省农垦区农业机械推广鉴定证书信息进行整理和公告。监督黑龙江农垦农业机械试验鉴定站开展鉴定工作，联系申报企业对鉴定站工作情况进行反馈，定期组织对鉴定站的监督检查。在农业部新修订的《农业机械试验鉴定办法》发布后，将《推广鉴定证书》发放权限移交黑龙江农垦农业机械试验鉴定站并向社会公告，对有效期内证书信息变更、补发换发等工作一并移交，指导鉴定站规范鉴定材料审查和证书发放工作，明确对鉴定站鉴定业务监督检查的相关事项。

【存在问题】 2015 年，黑龙江省农垦存在的问题和不足：一是农业机械化发展不均衡，管理局之间、农场（分公司）之间在机械化程度和管理水平上差距大，个别农场标准化作业水平低，标准化创建工作需加强；二是农机更新任务繁重，面临种植结构调整，玉米种植大面积缩减，农机装备结构需调整和优化；三是农机专业技术人员配备不足，年龄结构大，农机队伍整体素质亟待提高，农机队伍需注入新鲜血液；四是农机基础设施建设资金不足，财政投入力度不够，需国家财政支持。

广东省农垦

【概况】 2015 年，广东省农垦总局实施农机购置补贴政策，促进农业生产设施化、机械化、信息化发展，提高农业物质技术装备水平，推进现代农业发展，提高产业竞争力。

【农业机械化工作推进】 2015 年，广东省垦区出台《农业机械化管理规定》《关于加快甘蔗全程机械化发展的指导意见》《关于推进甘蔗种植经营模式转变的若干意见》等规章制度。在湛江农垦国家现代农业示范区广东省广前糖业发展有限公司、国家级农业龙头企业丰收糖业发展有限公司、广东省华海糖业发展有限公司分别建立 3 个千公顷甘蔗全程机械化应用推广示范基地。广东省丰收糖业发展有限公司是首批全国农业机械化示范区，广东省广前糖业发展有限公司、广东省丰收糖业发展有限公司、广东省华海糖业发展有限公司、广东广垦农机服务有限公司 4 个单位被确定全国农垦农机标准化示范农场。

【农机装备总量增加结构优化】 2015 年，广东省垦区农业机械总动力达 39 万千瓦，比 2014 年增长 6.15%。

【农业生产综合机械化水平提高】 2015 年，广东省垦区农业生产综合机械化水平达 70%。农业机械化贯穿垦区农业生产各个领域，在开荒作业、农田基本建设、热带作物生产、植物保护、产品加工、运输乃至社区建设中发挥作用。

【农业机械化新技术推广取得进展】 2015年，广东省垦区在发展农业机械化过程中，坚持农机农艺与生态建设相结合，促进农业新技术的推广。广东省农垦拥有各类微灌、喷灌作物面积6千公顷，完成水利工程及节水灌溉面积23.33千公顷；改造水产生态养殖面积1.33千公顷。在甘蔗生产中采用良种良法、测土配方施肥、全程机械化生产、节水灌溉、生物防治虫害等先进技术，按照统一整地播种、统一肥水管理、统一技术培训、统一病虫防治、统一机械收获的“五统一”技术路线。

【农机作业服务组织实现多样化】 2015年，广东省垦区探索适合广东省农垦农业机械化发展路子，取得成效。如湛江农垦出台《湛江农垦农业机械化管理暂行规定》，实行农垦局、广垦农机公司、农场三级农机管理体制，授权广垦农机公司负责垦区国有农机资源、土地耕作资源、农资和农产品运输资源的经营管理业务，在龙头企业带动下实现农场、专业公司和职工共赢。一些农场结合产业实际发展职工参股或合作经营的农机服务公司，形成专业公司、股份公司、合作经营组织、农机大户等多样化农机经营服务体制。

【发展农机作业信息化】 2015年，广东省垦区开展精准农业技术探索和实践，在土地管理、林木生长、病虫害预测预报及防治、测土配方施肥、节水灌溉、农产品质量追溯、农机作业和管理、工厂化养殖等方面广泛采用信息装备和技术。如广东省垦区建立以3S(遥感技术、地理信息系统和全球定位系统)技术为支撑的国有农场土地管理系统，精确测算和监控土地资源。丰收菠萝罐头、名富番石榴和红阳桃、华海茶叶等无公害农产品质量追溯系统建立，燕塘乳业从奶源基地建设到乳品加工和销售的全程信息化管控，提升广东省农垦农产品食品质量水平。

【农机购置补贴项目实施】 2015年，广东省垦区实施农机购置补贴3 000万元，补贴机具3 426台，受益农户478户。广东省垦区编制农机购置补贴实施方案，成立项目领导小组，加强项目组织、协调、指导和监督管理。制定《广东垦区农机购置补贴资金管理办法》，按照国家有关规定，对专项补贴的实施范围、对象、标准和种类，补贴资金的申报、下达补贴与发放程序、专项的管理与监督等进行规范。

【新型农机具研发成果显著】 2015年，广东省垦区加大高地隙大功率拖拉机、大型甘蔗种植机、大型喷药机等农机设备攻关和开发力度。如广东广垦机械有限公司与中国农业机械化科学研究院合作，对进口价格40多万元整秆甘蔗种植机进行技术攻关，自主研制开发出同类型的大型甘蔗种植机，生产成本15万多元，产品性能、作业效率优于进口机型。广东广垦机械有限公司针对甘蔗装卸劳动强度大情况，研制开发甘蔗装载机和自动卸展台。

【优化农机装备结构】 2015年，广东省垦区一方面适应农业生产结构调整和农艺措施要求，实行分类指导，重点突破，研制改装农机新机型，优化农机具结构；另一方面按照农机作业特点，对土地规划、农田水利设施、良种选育、种植管理技术到产品收获加工等进行改进完善，提高农机作业效率和质量。

【建设高标准管理制度和高素质农机队伍】 2015年，广东省农垦总局开展甘蔗机械化生产标准化研究工作，初步制定《甘蔗机械化种植技术规程》《甘蔗种植机操作规程》等各种技术标准10多个，实现农艺栽培技术标准化；作业质量指标科学化；作业规程程序化；农机管理规范化。广东省垦区引进和培养现代农业装备建设的专门技术人才和管理人才1 400多名，加大对现有农机技术人员的培训。

【引领现代农业机械化发展】 2015年，广东省垦区通过创建示范区，树立先进典型等方法，引领和示范带动农业机械化发展。丰收糖业公司作为全国唯一的甘蔗机械化生产试验基地，2015年开展种植、植保、收获等环节机械化生产标准研究制定工作，使甘蔗机械化生产技术从单项到集成、从单机作业到联合作业，实现耕种管收全程机械化。广东省垦区发展万头现代化养猪场，人均饲养量达400头以上。湛江农垦畜牧公司获第一届全国养猪行业百强优秀企业。

【研制开发先进适用农机具及新技术】 2015年，广东省垦区针对垦区土地、品种、农艺等生产实际，对一些进口关键农业机械设备进行攻关和开发，研制适合垦区使用的新型替代机具和配套机具，降低农机购置成本，拓宽农机应用范围，加快先进农业机械的普及推广。

【实现农业产业低碳循环化】 2015年，广东省垦区围绕建设资源节约型、环境友好型社会总体目标，推进先进农业技术装备应用，打造“低投入、高产出，低消耗、少排放，能循环、高效率”低碳循环农业体系，推动上下游产业充分结合，延伸产业链，提升农业综合经济效益，取得生态和社会效益。2015年，广东省垦区糖业、橡胶、剑麻、菠萝和畜牧业等产业循环农业发展已初具规模，实现以工补农、以农带畜、以畜促农、以农畜发展推进工业生产低碳循环化发展。

【创新农机经营管理体制】 2015年，广东省垦区按照“谁投入谁受益”原则，在国有农场投入经营为主体的同时，引导和鼓励职工及社会资本投入，做到国有企业、股份制、合作制多种形式并存，形成农机服务市场化，服务组织实体化，实体经营企业化。

【存在问题】 2015年，广东省垦区农业机械化取得发展，但与经济发展总体要求存在差距，如农业机械化发展不平衡，个别垦区普及面不广，机械拥有率不高；能适应橡胶、剑麻、水果等主要作物种植、抚管、收获等生产环节要求作业机较少；与甘蔗全程机械化生产配套作业机具不多，不能满足扩大机械作业范围，实现全程机械化的需要；农机科研及生产力量弱；职工农机使用和管理知识不足，农机宣传培训工作须加强。

试验鉴定与标准化

农业部农业机械试验鉴定总站（中国农机产品质量认证中心）

【概况】 2015年，农业部农业机械试验鉴定总站围绕农业农村经济发展目标和全国农业机械化中心工作任务，顺应改革、解放思想、积极应对，改进方法、突出重点、狠抓落实，依法推进农机试验鉴定，强化农机质量监督，深化农机维修管理服务工作，提升农业机械化信息宣传服务质量，推进职业技能开发指导、标准化建设、农机产品认证指导等各项业务发展，加强基层党组织建设和党风廉政建设，夯实基础、提升能力，规范管理、转变作风，各项工作取得成效，实现全年绩效管理目标。

【依法推进农机试验鉴定工作】 2015年，农业部农业机械试验鉴定总站协助农业部农业机械化管理司推进农机试验鉴定制度改革，通过实地调研、座谈交流、网上征求意见、专题研讨会等形式，对《农业机械试验鉴定办法》《农业机械推广鉴定实施办法》等5个农业部规章进行前期调研和论证，提出修改意见建议，助推《农业机械试验鉴定办法》（2015年第2号农业部令）颁布实施；起草完成《农业机械推广鉴定实施办法（修订送审稿）》，推进改革。

【农机推广鉴定工作取得新进展】 2015年，农业部农业机械试验鉴定总站印发《关于部级推广鉴定受理和信息变更有关审查规定的通知》和《关于涉及农用柴油机排放标准升级的部级推广鉴定信息变更的通知》，修订部级推广鉴定证书有效期内信息变更作业指导书，规范推广鉴定受理审查、信息变更程序及证书管理。做好推广鉴定项目统筹安排及协调管理，制定发布《部级推广鉴定任务分配办法》，明确任务分配原则和要求。

【加强受理审查工作】 2015年，农业部农业机械试验鉴定总站受理审查工作坚持多级审核，严格把关，共接收部级鉴定申请2 018项，经审查受理1 630项，不受理348项，剩余项目正在审查过程中，实施中信息变更503项（含项目中止283项）；审查受理证书有效期内信息变更申请515项。严格依法规范开展鉴定，共承担部级推广鉴定项目188个，其中完成94个项目，中止38个项目。发布3期通报，公布通过部级推广鉴定的产品323个、换证产品159个、撤证产品7个。加强证书管理，公布有效期内获证产品5 151个和撤证产品部级农业机械推广鉴定证书信息44个；发布4期通报，公布通过部级推广鉴定的产品2 402个、换证产品528个、撤证产品27个，按照由农机鉴定机构发证要求，对2 930个产品进行补（换）发和颁发证书。

【推进农业机械推广鉴定工作】 2015年，农业部农业机械试验鉴定总站开发建设农业机械推广鉴定信息管理系统，提高公共服务能力。配合农业部农业机械化管理司开展全国农机推广鉴定工作监督检查和部级推广鉴定有效期内的监督检查，促进鉴定规范化建设。举办第六期部级推广鉴定审查员培训班，强化资质保持和人员管理。组织设计开发20T拖拉机牵引负荷车，提升检测鉴定能力。加强试验室管理体系建设，通过实验室认可监督评审。

【强化质量监督保障作用】 2015年，农业部农业机械试验鉴定总站组织编制《2014年全国农业机械化质量报告》。组织开展大中型拖拉机、微耕机和玉米收获机质量调查。实施2015年农业投入品质量监管项目，组织对圆盘耙、起垄机、风送式喷雾机、烟雾机开展质量安全调查，利用调研结果，组织编制《农业机械安全警示标识图解挂图》，引导农机手正确操作农业机械。与内蒙古蒙牛乳业（集团）股份有限公司签订战略合作协议，开展在用挤奶机质量监测。

【开展农机质量投诉工作】 2015年，农业部农业机械试验鉴定总站举办全国农机质量投诉工作培训班，协助山东、宁夏、广西等省（区）对200余名地县级农机质量投诉监督工作人员进行培训。做好农机质量投诉受理工作，共接收农民咨询100余人次，共收到农机用户对各类农机产品的质量投诉16件（其中集体投诉2件），受理7件，为农民挽回经济损失38.7万元。组织开展《生鲜乳运输罐车质量管理暂行规范》质量安全监管项目，规范生鲜乳运输罐车质量管理，保障生鲜乳的质量安全。受农业部农业机械化管理司委托，对部分补贴产品质量相关问题进行调查研究。

【做好国家支持推广目录管理和补贴产品归档工作】 2015年，农业部农业机械试验鉴定总站完成《2015—2017年国家支持推广目录》公示稿编制工作，共有1 491家企业11 299个产品列入目录。按照农业部农业机械化管理司要求，组织开展目录补贴产品归档申报工作，分别召开归档专家会议，在公示基础上，共归档产品14 429个。对22家企业被举报产品归档信息进行核实。

【做好农机产品认证指导工作】 2015年，农业部农业机械试验鉴定总站推进认证中心企业化运行，组织起草企业化运行过渡方案、劳动管理制度等规范性文件。优化内部管理，制定《认证人员执业信用管理办法》《认证核心审核员管理办法》，修订《人员能力评价准则》《审核员/检查员注册管理办法》及管理记录表格式等，规范人员管理。推行认证企业分类管理。组织召开强制性产品认证TC18技术专家组会议和中心公正性委员会会议。开展2014年度内部审核和管理评审。通过中国认证认可中心组织“三合一”评审。经评定，2015年认证中心风险评级为最好等级A级。组织实施完成各类认证项目521项，新发农机强制性产品认证证书112张，暂停认证证书75张，撤销和注销认证证书104张。

【提升农业机械化信息宣传服务质量】 2015年，农业部农业机械试验鉴定总站配合农业部农业机械化管理司，制定发布中国农业机械化信息网2015年度宣传重点、春耕春播和“三夏”等5个宣传重点，组织全国信息员在重点时段掀起农业机械化宣传高潮。做好中国农业机械化信息网日常管理工作，坚持节假日值班制度，围绕农机购置补贴政策、“三夏”机收、主要农作物生产全程机械化、农机社会化服务体系建设等农业机械化重点工作，编发信息49 414条，组织策划现场采访，撰写深度网评。信息网保持在农业部系统行业网站中点击量稳居榜首地位，日均点击量达204万次，峰值达508.6万次；月均点击量4 266万次。

【优化网站栏目及布局】 2015年，农业部农业机械试验鉴定总站建立《农业机械化舆情信息监测平台》，开展专业性安全渗透测试和漏洞扫描，确保安全可靠运行。做好农业部购机补贴信息公开专栏、农业机械化政务信息直报系统升级开发、农业机械化生产信息直报系统升级维护和管理，保障各项信息化服务工作落实到位。

【加强数据共享】 2015年，农业部农业机械试验鉴定总站进行信息网与部分业务系统的整合加强数据共享。创办“中国农机化”微信公众号，推进农业机械化政务信息公开。农业部农业机械试验鉴定总站实施《全国农机作业信息动态监测和服务平台建设》和全国农业机械化政务信息直报系统优化并通过验收，做好《全国农机作业信息动态监测和服务平台建设》《农机化与信息化融合》等项目研究。协助编印《2014年全国农机化统计年报》《农机化统计简明工作手册》、农业机械化系统大事记和工作总结等资料汇编。优化农业机械化质量网栏目设置和布局，审发信息4 212条。创新策划选题，做好《农机质量与监督》月刊发行工作，编印“3·15”专刊《2015农机用户购机指南》，提高办刊质量。

【推进农业机械化标准化】 2015年，农业部农业机械试验鉴定总站组织召开全国农机标委会农业机械化分会四届二次年会，审议通过《农业机械化标准审定工作规则》，对做好“十三五”农业机械化标准体系和建设规划进行研讨。研究提出《农业机械化标准体系建设规划(2016—2020)》(审议稿)，组织2016年农业机械化标准制修订项目申报工作。加强标准制修订过程管理，定期对项目承担单位进行检查，保证标准项目进度和质量。组织对7项农业行业标准进行审定，其中《微耕机安全操作规程》等4项标准通过审定；对165项农业行业标准进行复审，建议继续有效标准54项，修订91项，废止20项。全年发布农业行业标准22项。

【组织开展课题研究】 2015年，农业部农业机械试验鉴定总站组织开展《我国农机和渔船节能减排潜力评估与技术路径》和《玉米生产农机农艺融合关键标准研究》等行业课题研究。做好总站自立课题申报立项并组织实施，开展机械化粪污处理模式和畜禽尸体无害化处理设备行业调查研究，做好项目储备。开展2015年度中国机械工业科学技术奖申报工作。1项成果获得2014—2015年度中华农业科技奖科普成果奖。受农业部农业机械化管理司委托，起草完成《小麦机械化收获减损技术指导意见》，以办公厅名义在农业信息网正式发布。

【做好农机维修管理和农机合作社服务工作】 2015年，农业部农业机械试验鉴定总站开展农机维修管理能力、报废农机回收机制调研，组织召开专家研讨会，拟定行业标准《农业机械生产企业维修服务能力评价规范》和《报废农业机械回收拆解技术规范》。完成拖拉机喷油泵喷油器校准前后田间作业节能比对试验。在维修行业内探索加强农机维修质量标准宣贯。开展农机合作社示范社发展情况调研，组织召开全国农机合作社规范化建设研讨会，起草全国农机合作社规范化建设指南，指导农机合作社规范化建设。向全国1 022家农机合作社示范社赠阅全年《农机质量与监督》杂志。完成农机专业服务组织分会工作，组织举办农机合作社理事长培训班和农机维修技术交流研讨会。

【推进职业技能开发工作】 2015年，农业部农业机械试验鉴定总站按照农业机械化管理司要求，开展新型农业机械化人才培养调研和《拖拉机驾驶培训管理办法及培训大纲》修订研究。首次组织举办农机维修技能师资培训班和设施机械装备安全操作师资培训班，培养师资187人。组织举办3期农机职业技能鉴定考评员培训班，培养基层考评员810人。开发《设施种植装备操作工》《玉米收获机操作工》培训教材，编写《农业机械操作人员》《农业机械维修人员》等新型职业农民培训规范，更新14套农机修理工、拖拉机驾驶员试题，夯实职业技能开发技术基础。制发职业技能鉴定证书5.3万个。全程参与全国农业职业技能大赛筹备，负责农机修理工竞赛现场技术工作。在农业机械化信息网开设专栏发布农机实物、模型、模板、挂图、教学软件等5大类97件教具名单，向全国193家农机职业技能培训和鉴定示范基地印发拖拉机教学挂图和经典教学视频，丰富基地教学手段。

【做好外事外经服务工作】 2015年，农业部农业机械试验鉴定总站按要求严格规范办理因公出国(境)团组外事手续，共组织出国(境)团组8个，接待来访团组4个。组织召开总站出国(境)团组总结交流会，扩大成果共享。参与农机检测技术国际交流，研究提出《总站(CAMTC)参与OECD活动总结及展望》，派员参加拖拉机协定OECD年会和第18届工程师会议，加快中国农机鉴定检测技术国际化。

【推动亚太农机检测网建设】 2015年，农业部农业机械试验鉴定总站推荐2名专家成为亚太农机检测网络(ANTAM)技术工作组(TWG)成员，开展亚太农机检测网农机检测标准和规则研究。承办亚太农机检测技术人员培训班，12个国家近50位代表参加培训，促进亚太区域内农机检测技术交流与合作。

【加强系统服务工作】 2015年，农业部农业机械试验鉴定总站组织召开全国农业机械试验鉴定站长会暨农业机械化质量工作座谈会，总结交流2014年工作成效和经验，提出做好农机试验鉴定和质量监管工作新要求。组织开展农机鉴定系统情况调查，形成专项报告，为全国农机购置补贴机具种类范围梳理和农机试验鉴定改革工作提供参考。协助对15个省(区、市)的农机推广鉴定工作开展监督检查。根据新政策，启动部级农机试验鉴定大纲修订工作。组织对部级农机产品测试检验收费标准进行清理和核算，提出调整意见。组织11个检测单位参加自走式青贮收获机动态环境噪声检测能力比对,18个单位参加微耕机定置环境噪声、驾驶员操作位置处噪声检测能力比对,促进各实验室能力建设。

【完善全国农机试验鉴定能力建设规划】 2015年,农业部农业机械试验鉴定总站起草2015年中央预算内农业基本建设投资计划,推动部级农机试验鉴定能力优化布局。加强试验示范基地和试验示范区运行模式调查研究,探索鉴定新模式。开展畜牧机械、玉米收获机械、农用拖拉机和柴油机推广鉴定技术培训,提高部级推广鉴定一致性,提升行业鉴定水平。

【强化提升政务管理】 2015年,农业部农业机械试验鉴定总站开展总站2014年度绩效管理自评和内设机构绩效管理考评工作,并将考评结果应用于绩效工资发放。制定总站2015年绩效计划任务书、指标体系和创新项目。修订发布《绩效管理实施办法》,开展内设处室绩效管理,举行绩效计划任务书签字仪式,下达管理指标。坚持目标导向,以核心指标为主要抓手,推动全年工作落实;开展年中和年终绩效评估,做好过程管理。结合审计和日常管理中的常见问题,规范公文办理和内部请示件管理。转变工作作风,开展重大问题专题调研,集中力量解决涉及行业和总站发展的8个突出问题。

【强化监督检查】 2015年,农业部农业机械试验鉴定总站落实中央八项规定,规范会议管理和培训班管理,提高会议质量和培训班效果。对差旅费、基建项目管理、后勤服务等有关制定进行修订,举办制度宣贯会,强化制度执行力。开展政务信息宣传,编印《农机试验鉴定信息》6期。开展全员信息安全与保密培训,做好保密管理。调研并启动办公自动化系统(OA系统)建设。

【推进人事人才工作】 2015年,农业部农业机械试验鉴定总站加强分类改革研究,争取有关部门支持。做好《事业单位人事管理条例》等有关新政策的宣传学习。组织制定《总站人事管理办法》,做好第五轮内设机构改革和岗位聘用各项准备工作。对21名正处级和正高级岗位人员档案进行专项审核。做好工资结构调整、养老保险经办准备和职工住房物业、采暖补贴核算工作。组织开展第五届中华农业英才奖、中国青年科技奖、百千万人才工程、创新人才推进计划等4个奖项及专家候选人推荐工作,招录人员3名,对13名人员进行专业技术岗位聘任。规范因私出国(境)审批流程,对因私出国(境)证件进行清理统计。开展退(离)休领导干部社团兼职清理规范、"吃空饷"问题自查自纠和中介服务事项调查摸底。组织处级以上干部完成个人事项报告,进行汇总分析和抽查核实。

【制定培训计划】 2015年,农业部农业机械试验鉴定总站制定《2016—2020年职工教育培训规划》和2015年职工培训计划,组织干部职工积极参加农业部专题培训和网络课堂,选派10人参加能力建设培训,选派3人参加农业部百乡万户调查,提高业务能力和综合素质。

【规范财务管理】 2015年,农业部农业机械试验鉴定总站完善财务会计事项办理操作指南,修订《总站差旅费管理办法》,利用局域网宣贯最新财经政策,提高资金使用安全性和规范性。加强预算科学化管理,细化分解年度部门预算,突出预算执行过程管理,推动预算执行进度;组织编制2016—2018年财政资金支出规划和2016年部门预算。严格审核把关,控制"三公经费"支出。加强对站属企业财务监管,促进企业财务规范有效运行。接受农业部农业检测、检验、检疫费专项审计和国家审计署驻农业部审计组有关2015年预算执行情况跟踪审计,对有关问题进行整改。

【推进基本建设工作】 2015年,农业部农业机械试验鉴定总站组织实施《总站20T牵引试验负荷车及奶业机械试验鉴定设备购置》和拖拉机实验室基础设施更新改造项目,通过阶段验收,提升总站试验鉴定能力。对科研业务楼进行局部改造,改善院区环境及工作条件。开展2016—2018年修缮购置项目可行性研究。委托专业机构对总站2014年所承担的修缮购置项目进行专项审计。开展总站试验室迁扩建项目选址调研。组织编制总站"十三五"基建发展规划。

【做好后勤服务保障工作】 2015年,农业部农业机械试验鉴定总站开展"安全生产月"系列活动,组织签订安全责任书,观看《生产安全事故典型案例》警示教育片,提高全员安全防范意识。组织做好节假日期间值班值守工作。做好安全基础设施年检和维保工作,确保设施正常运行。加强公务用车管理,压缩车辆运行费用。开展固定资产核查和产权登记工作。组织职工年度体检,举办医疗健康讲座,保障职工身体健康。做好人防工程设施管理、节能减排组织管理等工作。采取措施,加强农丰大厦安全、餐饮、网络等服务,为在农丰大厦办公的单位做好基础服务保障。

【强化党员干部思想理论武装】 2015年,农业部农业机械试验鉴定总站搭建各类学习平台,结合当前形势及农业部要求,组织5次中心组学习,学习习近平总书记系列重要讲话、党的十八届四中和五中全会精神、中央经济工作会议、中央农村工作会议、全国农业工作会议精神等。农业部农业机械试验鉴定总站领导发挥带头作用,撰写学习论文和调研报告,鼓励干部职工参加农业部中青年干部学习论坛和每月讲坛。

【注重学习思想教育】 2015年,农业部农业机械试验鉴定总站开展"我的青春我的书"青年荐书活动,为党员干部购买《习近平谈治国理政》《第四批全国干部学习培训教材》《优秀领导干部先进事迹选编》、中国共产党第十八届中央委员会第五次全体会议学习书籍等,印发《关于学习贯彻〈中国共产党廉洁自律准则〉和〈中国共产党纪律处分条例〉的意见》,营造良好学习氛围。组织参观爱国主义教育基地、观看主旋律影片等,推进核心价值观教育。不定期组织青年干部、妇女干部交流会,了解职工思想动向,解决思想上苗头性问题和实际困难。

【落实党风廉政建设"两个责任"】 2015年,农业部农业机械试验鉴定总站组织召开2015年党风廉政建设工作会暨落实"两个责任"专题培训班,签订党风廉政建设责任书和廉洁自律承诺书,接受农业部落实"两个责任"专项检查。调整党支部设置,将11个支部调整为14个,每个支部增设纪检委员,举办党务干部培训班,落实"两个责任",强化党务工作力量。

【强化廉政提醒和监督】 2015年,农业部农业机械试验鉴定总站对站内各部门主要负责人进行廉政集体约谈,强化节前廉政提醒和监督。印发《关于进一步加强作风纪律工作的通知》,对全体干部职工提高纪律意识、责任意识提出具体要求。以常态化教育与专题教育相结合、正面引导与警示教育相结合,宣传先进典型,举办2次廉政专题辅导报告,组织参观反腐倡廉警示教育基地,不定期通报农业部系统违法违纪案例,增强干部职工抵御腐朽思想侵蚀的能力。定期向农业部党组和直属机关党委、纪委报告廉政建设情况。

【开展"三严三实"专题教育】 2015年,农业部农业机械试验鉴定总站启动"三严三实"专题教育,制定实施方案,站长、党委书记刘敏同志以"践行'三严三实',弘扬优良作风"为题作专题党课报告;其他领导分别以严以修身、严以用权、严以律己为主题,作专题报告。结合纪念中国人民抗日战争暨世界反法西斯战争胜利70周年,组织参观中国人民抗战纪念馆等系列活动,引导党员干部铭记历史、鉴往知来。开展"情懒散木推"专项治理,严格考勤,推进作风改进。各党支部按方案要求,分别召开组织生活会,开展专题学习研讨,增强践行"三严三实"的自觉性。

【推进总站文化建设】 2015年,农业部农业机械试验鉴定总站修订《总站创建"文明先进处室"活动实施办法》,开展2013—2015年度文明先进处室评选活动,评选5个文明先进处室予以表彰。总结2013—2015年总站文明单位创建情况。组织"清风正气传家远"家庭助廉行动,2篇作品获得中央国家机关妇工委表彰,推动廉政文化建设。支持工青妇和各党支部开展各具特色的主题实践活动,组织健步走、乒乓球赛、瑜伽锻炼等文体活动,丰富干部职工文化生活。组织老干部参观北京APEC会址,成立摄影俱乐部,推荐参加老年大学和农业部离退休干部局活动站等活动。

技术推广与安全监理

农业部农业机械化技术开发推广总站(农业部农机监理总站)

【概况】 2015年,农业部农业机械化技术开发推广总站围绕农业机械化工作重点,带领全国农业机械化技术推广和安全监理系统,各项工作取得成效。

【推进农业生产全程全面机械化】 2015年,农业部农业机械化技术开发推广总站坚持试验示范先行,强化创新驱动,紧扣主要农作物生产全程机械化重点工作,拓宽农业机械化技术推广领域,促进先进适用农业机械化技术普及应用。

【强化模式研究】 2015年,农业部农业机械化技术开发推广总站验收2014年主要农作物全程机械化生产模式研究项目,探索适宜不同地区机械化生产工艺路线、技术要点、机具配套方案和操作规程,优化不同地区水稻、玉米、油菜生产全程机械化模式,编制生产规范,为各地开展主要农作物生产全程机械化技术试验示范指明切入点。在湖南长沙召开"主要农作物生产全程机械化技术培训班",培训技术骨干,部署2015年主要农作物生产全程机械化示范项目,提高项目实施质量。

【注重宣传演示】 2015年,农业部农业机械化技术开发推广总站举办以主要农作物生产全程机械化为主题的"农机发展论坛",明确主要农作物生产全程机械化技术推广工作方法、挑战、机遇;举办"三秋"生产全程机械化技术演示活动和主要农作物生产全程机械化技术解决方案展示活动,安排63台(套)机具、35个作业机组,按照"一条龙"连续作业模式开展接力演示,展示11套"玉米—小麦"和马铃薯生产全程机械化解决方案。

【加强培训指导,提高项目带动作用】 2015年,农业部农业机械化技术开发推广总站在湖南长沙举办"主要农作物生产全程机械化技术培训班",以形成工艺路线、技术模式、机具装备、操作规程、项目实施管理为主要内容,对主要农作物生产全程机械化示范项目县的技术骨干进行培训,提高有关单位技术集成创新能力;在各项目单位普及主要农作物生产全程机械化示范项目管理信息系统,强化项目实施过程管理;在关键农时季节,组织专家到项目点进行督导检查、技术指导,促使各地按项目要求推进、落实工作。在北京组织评审2016年农业技术试验示范(农机)项目申报书,以评代训,提高项目设计质量。

【加快突破油料作物生产机械化薄弱环节】 2015年,农业部农业机械化技术开发推广总站在山东等地建立3个花生机械化技术推广试验示范点,验证完善《春播花生播种机械化技术规范》《花生机械化播种试验方法》《春播花生联合收获机械化技术规范》和《花生机械收获试验方法》等技术规范。

【开展丘陵山区农业机械化新技术试验示范】 2015年,农业部农业机械化技术开发推广总站在北京建立示范区,研究果园生产机械化技术模式和配套机械化技术与操作管理规范,促进丘陵山区林果业资源开发和机械化发展。在浙江建立示范区,研究茶树修剪、病虫害防治、茶叶采摘和初加工等茶叶生产全程机械化技术模式,推动茶叶生产机械化、标准化。

【开展农业机械化技术推广应用】 2015年,农业部农业机械化技术开发推广总站总结交流2014年保护性耕作技术示范项目实施经验,组织专家赴2015年保护性耕作项目示范点开展技术指导、检查考评,培训各省相关技术骨干,根据各地实施情况完善技术要点和实施规范。组织2016年保护性耕作项目申报、评审,提高项目设计质量,促进项目实施质量提高。

【在农业面源污染治理方面发挥机械化技术优势】 2015年,农业部农业机械化技术开发推广总站在甘肃、宁夏、新疆建立残膜回收机械化技术示范点,在江苏、河南、广东、新疆开展遥控飞行植保技术示范点，并在中国农机推广网开辟技术宣传栏，推动残膜回收机械化技术和遥控飞行植保技术普及应用，促进绿色发展。

【创新工作机制】 2015年，农业部农业机械化技术开发推广总站加强与协会等团体合作，农业部农业机械化技术开发推广总站联合中国农业机械流通协会、中国农业机械化协会、中国农业机械工业协会、中国农业技术推广协会、中国农业机械学会，举办主要农作物生产全程机械化发展论坛，组织"三秋"生产全程机械化技术演示，组织展示主要农作物生产全程机械化技术解决方案，推进主要农作物生产全程机械化技术推广工作。

【加强与农机企业合作】 2015年，农业部农业机械化技术开发推广总站推动建立"推广机构＋企业＋合作社"推广工作机制，建立一批"机械化生产示范农场"，开展试验示范、宣传培训、展示演示、技术咨询等工作，实现农机推广机构、企业、农机合作社等新型农业生产经营主体的资源整合。

【强化农机农艺融合】 2015年，农业部农业机械化技术开发推广总站召开油菜、水稻生产机械化专家组会议，组织农机、农艺、植保、育种多个学科专家共同研讨，突破油菜机械化栽植和收获、水稻机插秧等技术难题。

【强化试验验证方法研究】 2015年，农业部农业机械化技术开发推广总站组织甘肃、宁夏、新疆、江苏、河南、广东等省(区)农机推广机构，开展残膜机械化回收和遥控飞行植保技术试验示范，验证完善《农业机械化技术验证工作办法》。联合全国农业技术推广服务中心、中国农业科学院油料所等单位在江苏、安徽、湖北、湖南等地开展油菜收获损失检测，测定油菜人工收获、机械分段收获和机械联合收获等收获方式损失率，在北京召开油菜生产机械化技术研讨会，证明机械化联合收获是油菜收获的发展方向。

【推动信息资源整合】 2015年，农业部农业机械化技术开发推广总站实现《农机科技推广》杂志和中国农机推广网资源整合，促进农机推广系统信息共享。根据农机合作组织等新型农业生产经营主体需求，调整《农机科技推广》杂志内容结构，新开辟《新型主体》《新视界》《特别关注》等栏目，报道农业机械化新技术发展动态，介绍符合新型农业生产经营主体需求新技术、新机具、新装备。根据新型农业生产经营主体需求，在中国农机推广网转载《农机科技推广》杂志部分内容，推进信息资源整合，扩大技术宣传效果。

【加强培训】 2015年，农业部农业机械化技术开发推广总站采取多种多样方式推动推广人员知识更新。举办农机推广骨干人才培训班、"三秋"农业机械化技术培训班、全国农机推广信息化建设培训班等多项培训，累计培训全国农机推广骨干千余人次。组织全国农业机械化技术推广人员知识竞赛活动，全国近万名农业机械化技术推广人员以不同方式参与选拔、初赛、决赛，在全国掀起学习农业机械化技术推广知识技能热潮。

【提高人员队伍素质】 2015年，农业部农业机械化技术开发推广总站发行《农业机械化技术推广人员读本》近万册，提高农机推广人员培训规范化水平和培训质量。推荐的16名农机推广技术骨干被评为2015年度神内基金农技(农机)推广奖优秀推广人员，推荐的18名农机大户、农机专业合作组织被评为2015年度神内基金农技(农机)推广奖优秀农户。

【提高农机推广机构活力】 2015年，农业部农业机械化技术开发推广总站组织起草"基层农机推广岗位责任制度"，明确各级农机推广机构首席农业机械化技术推广专家、县级和乡级农业机械化技术推广人员任职资格、岗位职责，标量工作指化等内容。组织起草《农机推广人员考评办法》，推动各级农机推广机构规范推广人员考评程序、内容和方法，调动农机推广人员工作积极性，提高农业机械化技术推广机构工作活力。

【加强机构建设标准研制】 2015年，农业部农业机械化技术开发推广总站围绕完善《基层农技推广机构基础设施建设标准》，多次召开专题会议、组织调查研究，5次修改2014年编制初稿，形成报送稿，已由农业部科技教育司报上级有关部委审核。

【加强法规研究，优化监理环境】 2015年，农业部农业机械化技术开发推广总站协助农业部农业机械化管理司赴吉林省和黑龙江省调研两省农机年检情况，对农机检验工作提出改革意见和建议。承担农业部农业机械化管理司《农机安全法规建设研究》课题，归纳分析现行农机安全法规现状和取得成效，梳理现行法规中不适应经济发展现状和基层农机监理工作问题，提出加强农机安全监管法规体系意见和建议。2015年10月，农业部农业机械化技术开发推广总站在重庆召开农机安全法规建设研讨会并征求对课题初稿意见。12月初，组织专家对课题报告进行审定，专家一致认为：《农机安全法规建设研究》课题立项紧贴实际，对促进农机安全生产依法监管有重要现实意义。

【加大宣贯力度，提升安全意识】 2015年，农业部农业机械化技术开发推广总站在北京举办"全国农机安全监理法治建设培训班"，对全国农业机械化发展形势与农机监理法治建设、农业依法行政形势与任务等内容进行讲解，提高农机监理人员依法行政能力和水平。组织编印《农机安全监理法规文件汇编》和《农机安全标准汇编》，并免费发放到各省级机构。农业部农业机械化技术开发推广总站领导带队参加河南、湖北和辽宁省组织安全咨询日活动，检查、指导当地农机安全生产情况。设计印制微耕机安全操作挂图20万份，免费发放到农民机手手中。指导地方开展"创建平安农机，促进新农村建设"活动，协助农业部农业机械化管理司做好全国"平安农机"示范县和示范岗位标兵申报材料审查工作，完成示范县牌匾和示范岗位标兵证书的制作与发放工作。

【加强安全督导检查】 2015年，国务院安全生产委员会下达农业机械行业控制考核指标数为945个，农业部农业机械化技术开发推广总站指导地方做好指标的分解工作。加强工作指导和检查，掌握各地控制考核指标落实情况和指标进展情况，定期分析和通报农机安全生产形势及控制考核指标落实情况。带队赴辽宁、内蒙古、宁夏、云南四省(区)开展农机安全生产“打非治违”和专项整治情况督导检查。

【严控农机安全生产】 2015 年，农业部农业机械化技术开发推广总站落实安全生产责任制和农机安全监理惠农政策，打击农业机械无牌行驶、无证驾驶、未检验作业等行为，排查事故隐患，提高拖拉机、联合收割机上牌率、检验率、持证率“三率”水平。

【强化农机牌证监督管理】 2015 年，农业部农业机械化技术开发推广总站开展农机牌证产品质量和服务水平评议，完成农机牌证产品生产供应情况和牌证产品订制情况统计汇总上报工作。举办农机安全监理装备建设和监督管理培训班，专题讲解《拖拉机联合收割机牌证制发监督管理办法》，详细讲解拖拉机联合收割机牌证相关报表填报要求及相关标准，取得效果。设计 2015 年度检验合格标志样式，组织各省级农机监理机构进行订制，严格按照《拖拉机登记规定》和《拖拉机登记工作规范》予以核发，并定期监管各地检验合格标志订制、核发情况。制定《2015 年联合收割机插秧机跨区作业证印制企业评选办法》，按要求完成跨区作业证印刷采购项目。

【提升农机安全检测装备水平】 2015 年，农业部农业机械化技术开发推广总站推进“农机具移动式安全检测装备项目”实施，指导 115 个项目建设县做好项目收尾工作，完成项目总结，形成项目实施资料汇编；开展农机安全监理装备需求和技术水平现状调研，将基层农机安全监理机构需求建议整理汇总，与农机安全监理装备生产企业进行沟通后，修改完善移动式安全检测装备、移动式农机驾驶人考试装备、农机事故勘察装备等在使用中存在的不足；参与各地方对检测人员操作技能的培训工作，提高检测装备的使用效率，保证项目建设在农机监理装备建设和安全检验工作中真正发挥作用。

【规范事故处理，提升应急能力】 2015 年 4 月 16—18 日，农业部农业机械化技术开发推广总站在陕西省西安市举办农机安全监理业务统计培训班，对各省级事故报送人员进行更新知识，提升能力培训。近年来，全国农机事故报送分析工作规范，严格遵守事故月报上报时间，报表报送质量有提高。严格执行 24 小时安全生产值班制度，做好较大以上农机事故报告工作。协助农业部农业机械化管理司在湖南成功举办 2015 年农机事故应急处置演练，并参加辽宁、黑龙江和河北等省的农机事故应急演练活动。

【加强调查研究】 2015 年，农业部农业机械化技术开发推广总站利用农机购置补贴辅助管理系统积累数据，开展数据分析工作，形成多份报告，为农机购置补贴政策的科学、规范、精准实施提供“大数据”支撑。围绕优化农机购置补贴政策顶层设计，深入基层调研，起草 2016 年农业机械购置补贴可行性研究报告，参与编制《2015—2017 年农业机械购置补贴实施指导意见》，明确补贴区域布局、实施重点、补贴内容与规模、组织实施方式等。

【为优化补贴品目和额度提供技术支撑】 2015 年，农业部农业机械化技术开发推广总站总结农机购置补贴政策实施 10 多年来实施经验，以优化补贴产品结构、引导农民合理选择农机为导向，完成全国通用类农机购置补贴机具分类分档和补贴额测算工作，形成《2015—2017 年全国通用类农业机械最高补贴额测算完善情况表(建议)(83 个品目)》《2015—2017 年全国通用类农业机械中央财政资金最高补贴额一览表(代拟稿)》关于全国通用类农业机械分类分档调整及中央财政资金最高补贴额补充完善情况的报告》。

【推动农机购置补贴管理手段优化】 2015 年，农业部农业机械化技术开发推广总站根据农机购置补贴政策改革要求，组织软件开发公司开发 2015 版全国农机购置补贴辅助管理系统“先购后补”“购前公示”和“购后公示”等 3 套标准版辅助管理系统。根据软件开发、应用情况，向主管部门提出完善功能建议。

【加强农机购置补贴政策实施培训指导和咨询服务】 2015 年，农业部农业机械化技术开发推广总站编印两期农机购置补贴政策汇编和 2015 年农机购置补贴管理软件系统操作手册，组织开展全国农机购置补贴管理软件系统培训、农机购置补贴辅助管理系统运行维护培训、农机购置补贴政策落实延伸绩效管理考核培训以及农机购置补贴政策宣传培训，共培训全国省级以上农机购置补贴政策实施单位的技术和管理骨干近 200 人次。指导各地做好农机购置补贴有关政务公开工作，解答农民和企业的政策咨询，指导农民合理享受农机购置补贴政策，指导企业申报补贴产品，维护农民和企业合法权益。

【参与农机购置补贴政策实施情况督导检查工作】 2015 年，农业部农业机械化技术开发推广总站做好农机购置补贴投诉受理，开展投诉及举报案件的查证核实工作，2015 年以来，接听农机购置补贴政策投诉电话 500 多次，赴湖南、湖北等地协助查办有关案件，推动政策更加公正、公平实施。赴新疆维吾尔自治区、新疆生产建设兵团、青海等地，开展农机购置补贴政策实施专项监督检查。深入天津、甘肃、云南等地实地考察，确认省级自评报告真实性和准确性，反馈专家组初审、复审和实地考核发现问题，听取省里意见。

【加强政治理论学习，坚定正确政治方向】 2015 年，农业部农业机械化技术开发推广总站组织 4 次理论中心组专题学习研讨，落实党支部学习制度，学习《中国共产党章程》《习近平总书记系列重要讲话读本》《习近平谈治国理政》等著作和文件精神。落实“三严三实”活动有关要求，制定“三严三实”专题教育工作方案，农业部农业机械化技术开发推广总站领导讲授专题党课，副处级以上干部撰写学习心得。

【完善廉政风险防控体系】 2015 年，农业部农业机械化技术开发推广总站总结近几年廉政风险防控工作中存在薄弱点，修订完善《农业部农机推广(监理)总站廉政风险防控手册(修订)》。完善、签订廉政风险责任书，明确党风廉政建设责任分工、“两个责任”和“一岗双责”要求。落实党员领导干部重大事项报告制度。

【巩固群众路线教育实践活动整改成果】 2015 年，农业部农业机械化技术开发推广总站主要负责同志 2 次与各部门负责人谈话，要求时刻做到警钟长鸣，强化反腐倡廉意识，筑牢拒腐防变思想防线。配合纪检、监察和审计部门工作，根据意见建议，查找原因，制定针对性整改措施，严堵廉政风险漏洞。

【加强业务学习】 2015年，农业部农业机械化技术开发推广总站通过多处室协同合作、指导青年干部深入基层调研、组织全站业务交流学习等活动，分享学习成果、提升业务技能，营造学习氛围。结合理论中心组学习，组织副处级以上干部深入学习贯彻中央一号文件、农业部一号文件、《中共中央关于制定国民经济和社会发展第十三个五年规划的建议》、习近平总书记关于《中共中央关于制定国民经济和社会发展第十三个五年规划的建议》的说明等文件精神，把握工作重点，提高业务谋划和落实能力。落实不撰写出差报告不报销差旅费制度，通过鼓励干部撰写出差报告、调研报告，提高思考、学习、总结能力，提升业务水平。推广支部每月组织一次专题业务学习，加强处室工作交流，营造比学习、比成果的浓厚气氛。

【加强干部培养】 2015年，农业部农业机械化技术开发推广总站参加农业部组织的各类实践和调研活动，2015年先后有3名青年干部参加农业部“接地气，察民情”活动，1名同志到西藏对口开展技术援藏工作。推动青年干部培养工作制度化，开展2015年青年干部跨处室工作试点，制定《2015年总站青年干部参与推广一处项目工作试点方案》，共有6名青年干部参加跨处室业务合作。加强与兄弟部门交流合作，组织农业部农业机械化技术开发推广总站青年干部到农业部农业机械化研究所等单位交流学习。

【开展合作交流】 2015年，农业部农业机械化技术开发推广总站组织召开全国农机推广和监理站长会，贯彻党的十八届五中全会精神，总结“十二五”中国农业机械化技术推广和安全监理工作成绩，明确“十三五”工作思路、目标和重点任务，凝聚共识、统一认识、明确目标、增强信心。注重国际交流，开阔视野、促进工作，先后派6人次参加3个团组出国（境）考察德国、英国、中国台湾地区等国家和地区农机展览、农业机械化发展。

农业机械化科研

农业部南京农业机械化研究所

【概况】 2015年是农业部南京农业机械化研究所“新常态·新发展”年。在农业部的关怀下，在中国农业科学院的正确领导下，农业部南京农业机械化研究所坚持以习近平总书记系列讲话精神为指导，全面深化改革，深入贯彻党的十八届三中、四中、五中全会、中央农村工作会议和全国农业工作会议精神，在全所干部职工的共同努力下，围绕建成农机科研强所为目标，启动实施科技创新工程，突出体制机制创新，调整优化科研力量，全面提升农业科技创新能力和效率，重大科研成果不断涌现，各项事业全面发展，圆满地完成了各项工作任务。

围绕创新工程试点，推动科技创新各项工作开展

【项目管理稳中有为】 2015年，农业部南京农业机械化研究所共组织申报各类纵向项目63项，部委项目立项27项，省级项目立项15项，新增纵向立项经费3 466万元，其中留所可支配经费1 157.09万元，2015年，农业部南京农业机械化研究所纵向实际到账经费5 608万元，留所经费4 766万元。全所共承担各类纵向项目165项，其中本所主持的项目有68项；68个项目中，各部委项目33项，省市项目35项。“十二五”期间共承担各类纵向科研项目390余项，相比“十一五”提升了30%。其中，在承担国家级别的重大项目的基础性研究方面有较大突破，国家自然科学基金项目10项，国家科技支撑计划项目8项，公益性行业专项项目12项，“948”项目7项，与“十一五”相比，国家自然科学基金增幅达9倍，高层次项目比例进一步提升。

创制研发的半喂入花生联合收获机在2015年得到了进一步优化提升和广泛应用，已成为我国花生机械化收获市场主体和主导产品。该成果获2015年国家技术发明二等奖。

【科技创新工程深入推进】 2015年，农业部南京农业机械化研究所大力推进科技创新工程实施，认真梳理第一批团队启动年科技创新能力建设、成果转化与综合影响等工作，完成创新工程启动年的综合评估材料的编写工作。召开“中国农业科学院创新工程综合调研情况通报会”，跟踪解各科研团队科研工作开展情况，促进科研团队出高水平科研成果。完成编制《中国农业科技创新工程年度任务书》，同时对机制创新与人才团队建设进一步优化，新增智能农机装备创新团队。2015年预算执行进度良好，其中创新工程经费实际执行进度为98.05%，比2014年提高14.62个百分点，超过预期目标。2015年完成创新科研团队51名成员调整和2名首席助理聘用工作以及备案报告工作，总结了研究所在创新工程三年试点期取得的成绩和存在的问题，深入梳理创新工程实施进展中人才团队建设、学科建设、科研创新、成果转化、经费投入和体制机制等创新思路，为“十三五”创新工程顺利实施，提高全所科研实力，拓宽研究领域奠定了基础。

【成果培育效果良好】 2015年，农业部南京农业机械化研究所潜心培育和规划资源，获得国家及省部级等各类奖项7项，其中国家发明二等奖1项、“油菜割晒机”“基于GPS导航的无人机施药作业自动控制系统及方法”两项发明专利获得了第十七届中国专利优秀奖，并成为南京市专利大户受到嘉奖。完成科技成果评价及项目验收结题18项，其中农业部科技成果鉴定1项，完成9项项目中期或年度检查。全年申请专利186项，已获专利授权129项，发表论文131篇，SCI、EI等收录43篇。

【科技平台建设稳步推进】 2015年，农业部南京农业机械化研究所组织申报国家油菜生产全程机械化集成中试基地建设项目，旨在以白马基地为依托，重点提升加工手段、工艺和机械装备中试能力；国家现代农业智能装备中心项目也在积极争取立项中；为构建农业机械装备数字化设计及协同仿真分析平台，完成农业机械装备协同仿真分析系统的方案论证；顺利开展农业部重点实验室建设项目的仪器设备设计方案所内论证和制造设计方案的咨询论证。

围绕全国农业机械化发展需求，积极构建成果转化和服务体系

【转化类项目取得突破】 2015年，农业部南京农业机械化研究所成果转化形势良好，完成科技部、农业部科技成果转化项目验收2个，2015年农业技术试验示范项目立项1项，实现财政推广立项3连贯。

【成果转化成绩斐然】 2015年，农业部南京农业机械化研究所与12家研究单位、行业主导企业及新兴产业龙头企业签署了战略合作协议，与常熟市人民政府共建了“常熟现代农业装备技术应用中心”。全年实现开发类收入1 681万元，其中技术与专利转让收入880万。

【成果展示推广力度加大】 2015年，农业部南京农业机械化研究所拓宽成果展示渠道和途径，不断加大成果展示推广力度。进一步与江苏农村科技服务超市紧密合作加大推广展示力度，提升本所行业知名度；农业部南京农业机械化研究所专家与企业新样机参加2015年“京、津、冀”小麦秸秆处理技术和机具现场演示会，配合国家“美丽天津”一号工程，进行全秸秆覆盖免耕播种联合作业，得到5家中央媒体的广泛报道，反映热烈。

【农机社会化服务深入发展】 2015年，以中国农业科学院绿色双增模式研究示范项目为统领，结合农业部南京农业机械化研究所“农机313工程”，全年共组织科技下乡5 708人，举办现场展示观摩会、技术培训咨活动78次，培训基层技术人员和农民1.8万人次，发放技术资料2.9万份，形成农业部主推技术5项，推广新技术31项，新产品24各，推广科技成果总面积23.67千公顷，新增社会与经济效益8 307万元。

国家植保机械和机械工业旋耕机机械检测中心行业服务能力不断提升，完成全年产品质量监督检验检测工作455批次和委托检验任务79批次，服务收入共计245万元。设计院新增合同额超过1 000万元，是建院30年来的第一次，业务领域进一步拓宽，设计、咨询成果全行业多项排名稳居前三。

大力开展农机培训社会化服务，完成2015年全国农机推广骨干人员培训班及上海合作组织成员国农业机械化支持政策与技术管理研修班，共计300余人的培训工作。新增中国农业工程学会农业航空分会和中国农机工业协会植保与清洗机械分会常务会长及秘书长单位均设在农业部南京农业机械化研究所，拓宽了为行业服务的渠道。

充分发挥积极性和主动性，合作交流取得实效

【国际合作与交流扎实推进】 2015年，农业部南京农业机械化研究所积极开展国际合作，与哈萨克斯坦、尼泊尔等相关机构达成合作意向。举办第七届精准农业与航空施药技术国际学术研讨会，给国内外农业航空科技工作者提供了良好的交流平台，也推动我国农业航空健康发展。积极组织科研人员参加中国农业工程学会农业航空分会年会及中国国际精准农业与高效利用高峰论坛，将国际合作与交流落到实处。

【学术交流氛围更加活跃】 2015年，农业部南京农业机械化研究所组织各类学术活动17次，承办机械化残膜回收现场会、精准农业航空技术论坛、茶园机械化生产技术成果示范演示会、第16届全国植保机械质量与发展年会等全国性重要学术会议。组织专家多次参加国内外重要学术研讨会，学术氛围日趋活跃。

强化人才团队建设，人才培养和引进取得实效

【青年人才培养与高层次人才引进两手齐抓】 2015年，农业部南京农业机械化研究所与中联重机签订“农机青年科技人员实践合作协议”，并在中联重机设立南京农业机械化研究所“青年科技人员实训基地”，组织16名新入职人员分两批赴中联重机开展为期四周的技能培训。

【人才队伍平台建设取得突破】 2015年，农业部南京农业机械化研究所为加强科研能力建设，培养优秀创新人才，推动科技创新工程深入推进，结合本所学科建设及人才队伍建设需要，发挥博士后制度在培养高层次创新型人才、推动科技创新中的独特作用，自2015年起依托中国农业科学院博士后流动站启动了博士后招收工作，根据院博士后管理规定，1人通过进站答辩会议并办理进站手续，成为本所第一位流动站博士后。完成了11个创新团队的人员配置，新增创新团队一个；制定新入职人员培训、培养计划及相应政策措施。2015年1人获得国务院政府特殊津贴专家荣誉称号，2人获得江苏省第四期“333工程”第二层次科研项目经费资助，1人获得江苏省有突出贡献中青年专家，1人参加江苏省第八批“科技镇长团”挂职，高层次人才队伍建设取得成效。

【研究生培养日渐完善】 2015年，农业部南京农业机械化研究所完成2015年全日制博硕士及农业推广硕士的日常工作及研究生学位评定工作；完成研究生会换届和2015年度所博硕研究生招生目录；编写《农机化工程技术讲座》课程教学大纲与教学计划，并以专题讲座形式组织授课，与西华大学签订联合培养研究生协议，继续加强与安徽农业大学、南京工程学院等高校联合培养研究生合作并完成所内导师遴选工作，组织申报国家博士后基金和江苏省博士后基金项目，招聘工作站博士后1名。

农机工业与流通

中国农业机械工业

【《中国制造 2025》农机装备领域发展研究工作】 根据国务院常务会议关于加快推进实施“中国制造 2025”，实现制造业升级的工作部署，根据工业和信息化部以及其他有关部门的要求，中国农业机械工业协会参与起草并提交“《中国制造 2025》——农业机械装备”“《中国制造 2025》农业机械装备路线图”；起草并完成“《中国制造 2025》规划系列解读之农业机械装备领域”，该解读已在工业和信息化部网站上发布。

【《农业机械高端装备创新工程实施方案》编制工作】 中国农业机械工业协会为做好农机高端装备创新工程实施方案的编制工作，协助工业和信息化部装备工业司组织召开“中国制造 2025——农业机械装备”工作推进及研讨会。并根据参加会议的多家单位相关建议及材料，完成《农业机械高端装备创新工程实施方案》。为下一步组织实施农机装备创新和产业化专项、重大工程，开发一批标志性、带动性强的重点产品和重点装备打下基础。

【《农机装备制造发展行动方案（2016—2020）》研究工作】 中国农业机械工业协会根据国务院领导的指示精神，协助工业和信息化部，通过对山东、江苏、安徽等省有关农机企业的调研，并按照《中国制造 2025》发展路线图和重点发展方向，与中国农业机械化科学研究院、中国一拖、福田雷沃等有关企业，起草完成《农机装备制造发展行动方案编制专题调研报告》和《农机装备制造发展行动方案（2016—2020）》（初稿）。根据工业和信息化部、农业部有关领导的批示精神，协调工业和信息化部装备工业司、农业部农业机械化管理司对《行动方案》进行了修改完善。

【农机工业发展规划（2016—2020 年）研究工作】 受工业和信息化部委托，并根据中国机械工业联合会的要求及部署，中国农业机械工业协会承担了农业机械行业“十三五”发展规划研究工作。在农机工业“十三五”发展规划编制专家的配合下，完成《农机工业发展规划（2016—2020 年）》研究报告和规划初稿，规划涉及《行业公共平台建设工程发展专项规划》《关键共性技术突破工程发展专项规划》《高端农业装备发展工程发展专项规划》《采用现代制造技术工程发展专项规划》四个专项规划的内容，初稿内容在规划研讨会上多方征求编制专家和行业内企业的意见已进行了修改与完善。目前还在更广泛地征求意见和建议。

【配合工信部工作，提交多项意见和建议】 ① 根据工业和信息化部装备工业司《关于请提供重大技术装备“走出去”有关材料》的要求，下发《关于提供重大技术装备“走出去”有关材料的通知》，并根据企业意见和建议提交《关于农机重大技术装备“走出去”有关材料》；② 提交关于“农机行业主要情况及装备工业司 2015 年工作重点”的建议；上报《十大领域及重点行业情况调查表（农机装备）》；提交《中国制造 2025 财经政策座谈会上报材料（农机工业）》；③ 根据工业和信息化部工作部署及中央关于科技创新的相关要求，下发《关于报送“十三五”国家重点研发计划优先启动专项建议的通知》，并根据企业上报材料整理《“十三五”国家重点研发计划优先启动专项推荐项目汇总表（农机装备）》并上报；④ 提交《首台（套）重大技术装备推广应用指导目录（新型、大马力农业装备）》，组织编写新型、大功率农业装备首台套保险政策宣传材料；⑤ 征集报送重大技术装备项目调整意见，提交“关于《鼓励进口技术和产品目录（2015 年版）》的修改意见及建议”。

【配合科技部国家重点研发计划的有关工作】 参与科技部国家重点研发计划重点专项实施方案《智能农机装备专项》的编写和讨论修改。

【配合中国机械工业联合会的有关工作】 ① 提交“关于《产业关键共性技术发展指南（2015）》农业机械装备关键共性技术的建议”，内容包括“方草捆捡拾打捆机打结器研究与制造技术”“大型轮式拖拉机用无级变速器（CVT）”“大型轮式拖拉机用电液提升器”。② 起草并提交

《农机工业"十三五"科技发展规划》；③ 起草并提交中机联关于"十二五"规划落实情况的调研报告。

【配合农业部，参与《中国农机化发展报告（2004—2014）》编写】 受农业部委托，由中国农业机械化协会组织的反映中国农机行业2004年以来发展变化的大型文献，时间跨度11年。中国农业机械工业协会参与了其中第三章"农机制造业的发展"和第四章"市场与流通"两个章节的编写。对中国农机制造业黄金10年在总量发展、结构调整、产品研发、技术进步、零部件配套体系、装备工艺、国际合作、市场体系等各领域进行了系统回顾和总结，对关系行业发展的重大现实问题与热点问题进行了透彻分析，集中反映了行业对中国农机制造业发展现状、问题与前景的普遍看法与不同观点。

【针对行业的热点问题，积极向有关部门反映企业诉求和呼声】 农机产品执行国家颁发非道路柴油机三阶段排放标准是2015年农机行业的一件大事，倍受企业关注。国三发动机切换，农机企业遇到特别大困难。为此中国农业机械工业协会通过调研，收集汇总企业意见，以书面形式向农业部农业机械化管理部门反映企业意见，并组织部分企业一起向农业机械化管理领导当面汇报国三升级准备情况和存在的问题；二是召开行业主流媒体交流座谈会，陈志会长主持会议，对某些媒体对农机行业国三切换的负面报道加以澄清，希望主流媒体对农机产品国三切换的积极态度和准备现状做实事求是报道，准确地反映农机企业在国三切换阶段面临的问题和困难；三是陈志会长亲自向环保部部长反映行业的意见，并向部长递交协会汇总的情况反映材料，促成环保部召集相关单位召开座谈会，听取各方面的意见，前不久环保部有关部门又组织人员就农机产品国三切换事情对农机企业进行调研、了解核实情况。

【参与国家项目的建议和评审】 ① 参与工业和信息化部"2015年产业振兴和技术改造专项"的建议和评审工作；② 参与工业和信息化部"2015年智能制造专项"的建议和评审工作；③ 参与工业和信息化部"2015年工业转型升级强基工程"的建议和评审工作；④ 参加国家财政部进口免税项目的评审工作。

【规范行业发展，继续承接行业管理基础性工作】 承担2015年度"拖拉机和联合收割（获）机准入公告管理"工作。修订《联合收割（获）机和拖拉机行业准入条件》《联合收割（获）机和拖拉机行业准入公告管理暂行办法》等文件，已修改文件《联合收割（获）机和拖拉机行业规范条件（2015年修订）》及《联合收割（获）机和拖拉机行业规范条件公告管理暂行办法（2015年修订）》已在工业和信息化部网站公示。目前"联合收割（获）机和拖拉机行业准入公告企业监督检查和第四批行业准入（行业规范）公告相关工作正在进行当中。

【制定发布《农机新产品鉴定管理办法》（农机协字〔2015〕33号）】 中国农业机械工业协会今后将加大工作力度开展农机新产品鉴定工作，为农机新产品设计定型、技术水平评价、批量生产、行业规范条件要求、生产销售、推广使用、获得奖励、享受国家有关扶持政策等提供依据。

【评选"2015中国农机零部件产品金奖、创新奖"】 2015年8月12日，2015中国农机零部件产品金奖、创新奖评选结果在苏州揭晓。评奖活动以"整零携手——智能制造——产业升级"为主题，采取主机企业推荐方式，来自20多家主机企业的专家参了与评选。评选活动采取主机企业推荐方式，来自20多家主机企业的专家参了与评选。本次评选也是全国农机零部件行业第二个年度参与这个奖项的角逐，两个年度共有82项产品获得金奖，38项产品获得创新奖，共120个产品获得殊荣。这是中国农机零部件行业的最高荣誉，受到全国农机零部件行业的广泛关注。通过"金奖、创新奖"两个平台的搭建，能够为零部件行业树立新的标杆，推动企业技术进步，提高企业创新意识，加快产品结构调整，为推进我国农机工业转型升级做出重要贡献。

【牵头主办"2015中国农机行业年度大奖评选活动"】 三家协会组织倡导，中国农业机械工业协会牵头开展了"2015年中国农机行业年度大奖评选活动"。评选活动不冠名、不收费、不接受赞助，充分保证活动的公正性、公益性和权威性，达到在农机行业中能起到交流、激励和引领作用。年度大奖共设"产品金奖、产品创新奖、技术进步奖、优秀新产品奖、零部件优质奖、市场表现力奖、效率优胜奖"七个奖项，评审流程分为初评、网上投票、专家评审、网上公示四个阶段，共评出奖项110个。10月26日，在2015中国国际农业机械展览会期间，举办了盛大的颁奖典礼。

【开展2015年度农机工业企业信用等级资质年审和复评工作】 开展对2010年、2011年、2013年、2014年初次授予信用等级的企业进行年审。对2009年和2012年初次授予信用等级的企业进行复评。

【组织2015中国机械工业科学技术进步奖（农机组）项目评审】 按照中国机械工业联合会的统一部署组织做好2015年度的项目评审工作。《中国机械工业科学技术进步奖》农机组评审会于8月27日在北京召开。来自科研院所、大专院校、企业、管理及相关单位的5位农机专家参加了评审会。2015年农机组收到申报项目14项。经专家初评后，推荐7个项目获奖。经机械奖终审会评定，农机专业组获一等奖2项，二等奖1项，三等奖4项。

【2015全国农业机械及零部件展览会】 4月17—19日，由中国农业机械工业协会牵头，三家协会共同在郑州以"展示成果，扩大交流，推动合作，促进发展"为主题，成功举办"2015全国农业机械及零部件展览会"，来自国内外的360多家企业报名参展，展览面积超过5万米^2。本届展会更加突出整机企业与零部件企业之间的交流，同期召开了农机零部（配）件产品推介与供需洽谈会，并针对行业热点问题，如全程机械化、粮食烘干、遥控飞行器等进行深入研讨，并举办第七届全国农机用户满意品牌颁奖典礼。

【以农机秋季国际展为平台开展多项活动】 作为10月26—28日在青岛举办的"2015中国国际农业机械展览会"的主办方之一，全程参与展会现场组、活动组工作。并在展会期间，与农机流通协会共同举办"2015年农机行业经济运行与市场分析报告会”。并围绕主要农作物生产全程机械化、机械化深松，与多家协会、学会等共同主办“2015 中国农机发展论坛”等。

【召开行业运行形势分析会】 2015 年第一季度后，拖拉机和收获机械生产企业反应产品销售情况与 2014 年同期相比，市场下滑趋势比较明显，企业普遍感受到市场下行的巨大压力，根据这种情况，中国农业机械工业协会于 5 月中旬在北京召开了有部分骨干企业的参加的农机行业形势分析会，会上对 2015 年农机市场出现的新特点、各地的购机补贴政策调整和变化对销售形势的影响，对农机行业全年的经济运行趋势进行了认真分析，大家一致认为目前农机工业已经进入结构调整和转型升级阶段，农机产品的市场量增开始减速的趋势已经到来，特别是前几年市场高速增长的稻麦联合收获机、玉米收获机等量大面广的产品，出现市场下降有其必然性，农机工业由高速增长向中高速增长将成为新常态，企业对 2015 年市场销售预期应该有所降低，应适时调整生产和销售计划。

【举办 2015 苏州 · 中国农机零部件行业峰会】 2015 年 8 月 10—12 日，在苏州召开了以“整零携手——智能制造——促产业升级”为主题的中国农机零部件行业峰会，陈志会长在大会上做了“《中国制造 2025》与农机工业发展”的主题报告。来自久保田、福田雷沃、约翰迪尔、德国哈威液压、旭隆机件 5 家企业的代表分别做了“如何与供应商携手共赢”“智能制造驱动产业升级”“打造面向全球农机制造的供应链”“我们是德国工业 4.0 样板工厂”“零部件组装企业的发展趋势”等专题报告。来自政府、农机主机企业、农机零部件企业、零部件销售企业、农机科研设计单位、金融投资机构及新闻媒体等单位的 600 多位嘉宾出席，业已成为农机零部件企业与主机企业交流的年度盛会和交流平台，受到行业的广泛关注和重视。

本届行业峰会组织和安排了主题报告会、专题研讨会、技术和产品推介会、供需对接会、企业考察等多项务实的活动，让农机主机企业、零部件企业充分交流和探讨升级之策。旨在不断推进行业的集成创新和制造升级，以关键核心零部件的技术突破为重点，提升产品技术和质量水平，从而全面增强农机行业的制造能力和竞争实力。

【召开 2015 年农机行业质量管理工作会】 2015 年 3 月 30—31 日，工业和信息化部装备工业司组织中国农业机械工业协会、国家农机具质量监督检验中心、国家拖拉机质量监督检验中心、山东省农业机械科学研究院有关领导和专家在河南省洛阳市组织召开 2015 年农机行业质量管理工作会。会议总结了 2012—2014 年联合收割(获)机和拖拉机行业准入管理工作，研讨了《农机新产品鉴定管理办法》，并就 2015 年度联合收割(获)机和拖拉机行业准入管理工作和《中国制造 2025》有关工作进行了布置。

【召开 2015 年农机工业技术改造工作会议暨“农机工业‘十三五’规划”研讨会】 会议于 2015 年 7 月 17—18 日在河北省石家庄市藁城区召开。工业和信息化“《中国制造 2025》——农业机械装备”工作推进及研讨会参会单位主管领导，农机工业“十三五”发展规划编制委员会专家，全国农机行业 100 余家企业和相关单位的 150 多位代表出席了会议。会议传达了李克强总理的重要讲话以及《中国制造 2025》文件精神，介绍 2015 年中央投资产业振兴和技术改造专项、智能制造专项、工业强基专项等有关方面的主要政策，介绍中央投资产业振兴和技术改造专项资金项目的申报程序及内容要求；并就《农业机械高端装备创新工程实施方案》(初稿)和《农机工业发展规划(2016—2020 年)》(初稿)的主要内容进行了深入讨论。

【拓展国际交流与合作】 中国农业机械工业协会努力为会员单位做好国际合作与信息交流的服务工作，通过与德国、意大利、法国、美国、英国、俄罗斯、日本、东盟等国家和地区的农机工业协会和国际组织及企业加强业务联系并建立良好合作关系，为会员企业寻求更多的合作机会，实现优势互补和形成合力，拓展国际交流渠道。一是开展“农机行业景气指数”调查工作。调查数据已纳入全球农机工业经济景气指数评价体系。参加国际数据和信息交流的互通机制，为分析我国农机行业现状和走势提供了数据支撑。二是组织赴德国考察团。应德国农机工业协会的邀请，中国农业机械工业协会组织的“中国农机工业考察团”，一行 40 余人，于 2015 年 11 月，赴德国进行农机工业考察，先后参观了德国汉诺威国际农业机械展览会，考察了当地生产泵、阀和液压件的制造工厂等。

【顺应发展，继续抓好协会自身建设】 一是从规范中国农业机械工业协会运作和管理着手，不断加强组织建设与管理工作。通过不断提升自身综合素质和工作能力，适应行业发展形势，更好地为政府、为行业、为广大会员做好服务，更好地为行业发展建言献策，积极推进行业自律建设。做好会员发展、会员管理工作，使协会成为与政府、与会员、与国外企业和团体沟通、联系和交流的桥梁。二是以分支机构为基础，以活动为载体，促进协会行业工作。4 月 16 日，在郑州召开 2015 年分支机构(省协会)工作会议。协会所属 16 个分支机构的会长(秘书长)、行业工作部，以及山东省、浙江省、内蒙古自治区三家省级协会的负责人共 30 人参加会议。

2015 年各分支机构按照协会的部署和要求，结合各自行业的特点和发展形势开展各种形式的活动。2015 年行业活动开展比较好的分支机构有：风能设备分会、农机零部件分会、收获及场上作业分会、拖拉机分会、节水排灌机械分会、农用运输车分会和企业管理委员会等。尤其是风能设备分会和农机零部件分会两个分会，能够紧密结合行业特点和企业需求开展相应的活动，取得良好效果。风能设备分会始终把服务政府和会员作为头等大事，始终保持与国家有关政府部门紧密联系，利用好国家产业政策，积极争取国家对行业更多的支持，抓住行业结构调整、转型升级阶段企业需求，开展行业调研、企业咨询和技术交流等行业活动，来增强企业信心和协会的凝聚力。零部件分会是成立比较晚的分支机构，但分会开展活动有自己的特点，行业活动开展的比较活跃。自 2012 年成立以来连续三年举办行业研讨会活动。由于活动内容能够紧密结合行业特点和企业需求，每次会议规模都比较大，参会人数都在 300 多人以上。2015 年在苏州召开的零部件峰会参会人数达到 600 多人。零部件分会开展的评选零部件龙头企业、零部件金奖和创新奖评选、在全国农机展会上设立零部件龙头企业展区等活动都得到会员单位的认可和大力支持，增强行业协会凝聚力和会员参加行业活动的积极性，对促进行业技术进步和产品发展起到积极促进作用。

（洪暹国）

中国农业机械流通

【概况】 2015 年中国农业机械流通协会深入学习贯彻党的十八大、十八届三中、四中全会精神和习近平总书记系列重要讲话精神，围绕农机流通发展，服务行业、服务会员等方面，开展了大量卓有成效的工作。

【“2015 中国国际农业机械展览会”胜利召开】 “2015 中国国际农业机械展览会”于 2015 年 10 月 26—28 日在山东省青岛市举行，由中国农业机械流通协会牵头与中国农业机械化协会、中国农业机械工业协会共同举办。继续贯彻举办区域性国际农业机械展会的方针，在国内农机企业广泛参与的基础上，加大引进欧美农业机械制造企业，扩大与亚太、非洲农机经销商、相关农机组织的联系和组织工作，并在会场与苏丹签订 4 700 万美元的农机贸易合同。

本次展会展览总面积 22 万米^2，其中室内 12 万米^2，室外 10 万米^2，展览总面积较 2014 年增加了 10%；展品涵盖了适合我国不同区域农业生产全过程所需的装备，涉及我国农业机械全部 14 大类产品及其配附件，以及农用航空器、农村能源设备、设施农业装备、数字化制造装备、加工维修设备、工具等；共有 1 967 家企业参展，较 2014 年增加了 21%。国外企业有来自美国、德国、法国、意大利、丹麦、挪威、日本、韩国、印度等国家的企业参展，国内知名农机企业悉数参展，主机参展企业中，国外企业占比超过 20%；到会观众约有 13 万人次，国内 31 个省（区、市）均有观众到会，以及来自亚洲、欧洲、非洲和美洲的农机行业组织、农机经销商和代理商到会参观。

2015 年“国际农机展”在以下几方面有所突破：一是首次设立深松机械专区、农业机械化解决方案专区。这一“专区”展示形式，更直接、直观地呈现给观众机具性能及解决方案；二是首次开设线上展会平台，将线下展会进行 360°全景拍摄呈现到线上，将线下 3 天展会向线上 365 天延伸；三是继全球农机一线品牌进入中国之后，国外二、三线农机制造企业纷纷进军中国市场，展会国际化程度继续提高；同时，主办方三家协会继续与法国、德国、意大利、日本、韩国等国的农机商协会加强合作，不断探索合作模式，致力于促进中外农机交流；四是新技术新产品全面亮相，国内外诸多顶级机械、机具集中亮相，提升了展会的技术和科技含量；五是观众质量进一步提升，本届展会特别邀请境外农机组织、农机进出口商、农机制造商、农机经销商等单位群体，国内产、供、销、学、研、推、管等各方观展团云集展会；六是展期配套活动的数量及质量进一步提高，举办了两个主题论坛，多场国内外团体及企业对接会议，以及诸多行业分析会议和现场演示等；七是进一步与国际专业大展接轨，继续设立国内、国外 VIP 接待区，有效提升了展会现场服务接待水平。通过信息化运用，使展会管理水平再上新台阶。

展会期间的活动，主要有中国农机发展论坛、2015 中国农机行业年度大奖颁奖盛典、农机行业经济运行与市场分析报告会、全球农机制造商联盟经济委员会会议、亚太区域农机协会理事会会议、全国农机合作组织发展论坛、农用航空发展研讨会等十余场大型会议及二十余场推介活动等。

【三协会联合开展“2015 中国农机行业年度大奖评选活动”】 中国农业机械流通协会与中国农业机械工业协会、中国农业机械化协会联合开展了“2015 中国农机行业年度大奖评选活动”。本次活动目的是为了进一步推进农机企业技术创新和管理水平提升，激励和引领农机行业的科技进步和持续发展，促进农机行业的产品结构优化和产业升级。经过三家协会协商确定，“年度大奖”采取不冠名、不收费、不接受赞助的方式进行，充分保证活动的公正性、公益性和权威性，使其在农机行业中能起到交流、激励和引领作用。

经过企业申报、初审、网上投票、千人专家（专业人士）团网上投票和现场专家评审，共评选出 110 个产品获得 7 项大奖，包括：产品金奖：30 个，产品创新奖 21 个，技术进步奖 16 个，优秀新产品奖 8 个，零部件优质奖 20 个，市场表现力奖 10 个，效率优胜奖 5 个。

【深入开展《农业机械流通管理办法》前期调研】 由于农机流通行业长期处于监管和政策缺位，企业在经营活动中存在诸多问题得不到解决，行业发展困难重重。因此，为规范农机流通秩序，加强行业管理，促进农机市场健康发展，维护农机生产企业、流通企业和使用者的合法权益，根据《中华人民共和国农业机械化促进法》《农业机械安全监督管理条例》《企业信息公示暂行条例》及国家其他有关法律、法规，商务部计划制定《农业机械流通管理办法》。《农业机械流通管理办法》已经列入商务部立法 B 计划，希望 2015 年年底能完成立法草案，争取 2016 年列入商务部立法 A 计划。参与了该《办法》的起草工作，该《办法》已完成《征求意见稿》，包括总则、备案、年度报告、产品可追溯、代理销售规范、服务落实、监督管理、法律责任、附则等内容。围绕《征求意见稿》，我们召开了座谈会、深入企业以及向部分会员单位发邮件等多种方式广泛征求意见，目前，已征集、反馈了部分意见和建议，形成《农业机械流通管理办法》（草案）准备上报。

【成功召开农机流通专题座谈会】 为积极应对当前形势，促进农机流通正常发展，4 月份，中国农业机械流通协会特别邀请部分农机流通企业领导在北京召开专题研讨会。会议主要议题是：互联网下的农机流通；电子商务对农机流通的影响；“去中间化”对流通的影响；合作社兴起对行业的喜与忧；农机流通企业如何转型；如何推行“整体解决方案”等。

与会领导围绕主要议题，并结合本企业做法谈了各自的看法。归结起来，主要观点有：合作社的兴起对经销商是利好；农机电子商务是一种发展趋势，要高度关注，要做好线上线下的结合，实体店要发挥作用必须具有销售网络及规模优势；完全"去中间化"提法有点过，农机流通企业的生存发展，关键要做好服务、建好渠道；面对新形势，流通企业将会由销售为主转变为服务为主，由销售服务商转变成服务销售商；整体解决方案可以有序推进，有条件的企业可以延伸现有服务内容，如农机融合农资等。

【有序推进行业信息化工作】 为积极响应李克强总理在政府工作报告中提出的"互联网+"战略，中国农业机械流通协会将行业信息化建设工作作为2015年的核心工作之一。为搞好此项工作，在行业内多次走访、调研、座谈，集中走访一批经销商和大市场，重点对于行业内的信息化水平和互联网应用项目做详细调研；主动邀请部分生产企业和经销商，特别邀请零部件生产企业和经销商进行座谈和调研，重点探讨农机流通企业在互联网时代的发展方向。在这项工作中，参与企业均表示对协会开展行业信息化工作的认可和重视。

【成功召开2015年全国农机流通信息工作会议暨协会六届四次常务理事会】 2015年7月，在内蒙古通辽市召开"2015年全国农机流通信息工作会议暨协会六届四次常务理事会"。会议回顾半年来协会在推动农机流通改革和管理方面所进行的卓有成效的工作，尤其在强化协会服务功能，延伸服务范围，丰富服务内容，提升服务质量方面所进行的探索和努力；阐述我国农机行业面临的新情况、新问题和新的机遇与挑战，加强行业研究，坚持创新驱动战略，尤其在商业和盈利模式创新上下工夫，不断提升产品创新能力，打造高端产品；会议分析2015年上半年农机市场走势和下半年农机市场趋势；会议要求各会员单位要不断提升服务能力和水平，适应新常态，攻坚克难，为中国农业机械化发展贡献更大力量。

【协会国际化工作大幅度突破】 一是继与法国农机协会、德国农业协会签署《战略合作协议》之后，中国农业机械流通协会加入全球农机制造商协会联盟，并成为其指导委员会（决策机构）的成员。二是成功申办"2015年联盟经济委员会会议"和"2017年联盟世界农机峰会"。2015国际农机展期间，有13个国家的农机协会代表前来出席经委会会议并观摩展会；2017年，"峰会"将汇集来自世界各地的农机制造商及协会代表、政府官员、学术界和农场主，通过这一全球平台，共同探讨问题、分享方案、进行可持续合作。三是与欧洲农机协会、欧洲农机经销商协会以及比利时、荷兰、印度、日本等农机协会开展了实质性合作。四是与联合国农业机械化可持续中心共同策划成立"亚太区域农机协会理事会"，中国农业机械流通协会被推举为首届轮值主席。为加强与成员国协会的信息交流，合作开发了官方网站。

【行业服务工作取得可喜成绩】 中国农业机械流通协会配合农业部农业机械化管理司及相关单位完成农业机械化"十三五"规划课题，撰写其中农机流通方面的内容；配合编撰《中国农业机械化发展报告（2004—2014）》，完成其中的第五章"农机市场与流通"部分；完成《农业机械流通术语》标准，现已向商务部报批。根据农机流通全过程，把常用术语分为基础术语、流通主体术语、销售作业术语、服务作业术语、作业指标术语、设施装备术语、专用术语六大类，共采集165个术语；基本完成"拖拉机终端用户调查"，围绕拖拉机及其配套动力开展拖拉机生产企业、经销商、终端用户以及管理部门和专家等方面的调查和访谈；4月，由中国农业机械流通协会主办，《农机市场》杂志社、北大荒建三江农机有限公司承办的春耕机具作业演示活动在黑龙江农垦建三江管局举办，并组织参观建三江农场和召开座谈会；编撰完成《中国农机市场发展报告（2014—2015）》；农机市场景气指数（AMI）试运行良好；继续开展行业信用等级评价工作，但企业参与的热度有些下降；编辑并向会员单位、终端用户、管理部门免费赠阅的《农机动态》月刊获得好评；建立"诚信经销商"和"农机大市场"两个微信群，便于联系和交流；《农机市场》杂志社与战略联盟单位沈阳农业大学工程学院组织学生社会调研活动，出动学生550人，回收问卷2 200份，并进行了统计分析，调研省份达25个，同时出版《中国好农机社会调研活动专刊》。组织多次行业调研，了解企业需求，交流信息。

（吴军旗）

农业机械化统计资料

全国农业机械化统计分析

全国农业机械化发展情况综合分析表

项　　目	计量单位	2015年	2014年	2015年比2014年增减	
				增减量	%
全国农作物耕种收综合机械化率	%	63.82	61.60	2.22	
机耕面积	千公顷	119876.36	117417.69	2458.67	2.09
机耕率	%	80.43	77.48	2.95	
机播面积	千公顷	86651.20	83956.34	2694.86	3.21
机播率	%	52.08	50.75	1.34	
机收面积	千公顷	87644.38	83269.97	4374.41	5.25
机收率	%	53.40	51.29	2.11	
小麦:耕种收综合机械化率	%	93.66	93.52	0.14	
机耕率	%	97.06	97.25	-0.19	
机播率	%	87.54	86.98	0.56	
机收率	%	95.23	95.08	0.15	
水稻:耕种收综合机械化率	%	78.12	76.48	1.64	
机耕率	%	98.94	98.05	0.89	
机械种植率	%	42.26	39.56	2.71	
机收率	%	86.21	84.63	1.57	
玉米:耕种收综合机械化率	%	81.21	77.66	3.55	
机耕率	%	89.92	87.92	2.00	
机播率	%	86.62	83.86	2.76	
机收率	%	64.18	57.78	6.40	
大豆:耕种收综合机械化率	%	65.85	65.38	0.47	
机耕率	%	72.15	69.95	2.19	
机播率	%	64.56	64.76	-0.19	
机收率	%	58.73	59.89	-1.16	
油菜:耕种收综合机械化率	%	46.85	43.11	3.74	
机耕率	%	78.56	74.19	4.37	
机播率	%	22.01	19.47	2.55	
机收率	%	29.39	25.32	4.07	

续表

项　　目	计量单位	2015 年	2014 年	2015 年比 2014 年增减	
				增减量	%
马铃薯:耕种收综合机械化率	%	39.96	37.78	2.18	
机耕率	%	62.66	59.54	3.12	
机播率	%	25.16	23.69	1.48	
机收率	%	24.50	22.85	1.64	
花生:耕种收综合机械化率	%	51.22	49.97	1.25	
机耕率	%	74.02	71.90	2.11	
机播率	%	41.87	40.73	1.15	
机收率	%	30.16	29.97	0.18	
棉花:耕种收综合机械化率	%	66.81	66.71	0.10	
机耕率	%	91.90	89.91	2.00	
机播率	%	81.35	86.54	-5.18	
机收率	%	18.81	15.96	2.85	

注:耕种收综合机械化率计算方法:按照机耕率、机播率、机收率分别为 0.4、0.3、0.3 的权重计算。

全国农业机械化发展指标

全国农机化系统机构及人员表

指标名称	代码	年末机构数(个)		年末人数(人)			
		2015 年	2014 年	合　计		其中:科技人员(教师)	
				2015 年	2014 年	2015 年	2014 年
一、农机化管理机构	1	32336	32407	101735	103671	52164	53020
1. 省级	2	32	32	741	735	133	124
2. 地级	3	343	343	4174	4246	1320	1318
3. 县级	4	2849	2853	32097	32897	14095	14521
4. 乡级	5	29112	29179	64723	65793	36616	37039
其中:单设机构	6	4790	4925	17626	18528	11402	11986
二、农机化教育、培训机构	7	1704	1736	17547	18161	11763	12129
1. 农机化大、中专	8	34	36	2714	2760	1884	1890
2. 农机化学校	9	1670	1700	14833	15401	9879	10239
三、农机化科研机构	10	75	77	2827	2949	1863	1963
1. 省级	11	24	24	1829	1850	1158	1209
2. 地级	12	51	53	998	1099	705	754
四、农机试验鉴定机构	13	61	63	1288	1343	903	957
1. 省级	14	30	31	1007	1050	718	718
2. 地级	15	31	32	281	293	185	186
五、农机化技术推广机构	16	2569	2570	21658	21913	13713	13822
1. 省级	17	35	35	746	761	527	544
2. 地级	18	286	286	3463	3509	2314	2329
3. 县级	19	2248	2249	17449	17643	10872	10949
六、农机安全监理机构	20	2867	2853	30656	31367	14716	15166
1. 省级	21	31	29	464	458	137	160
2. 地级	22	327	328	3007	3081	1289	1346
3. 县级	23	2509	2496	27185	27828	13290	13660

全国农机化服务组织及人员表

指标名称	代码	年末机构数(个)		年末人数(人)	
		2015年	2014年	2015年	2014年
一、农机化作业服务组织及农机户	1	*	*	*	*
1.农机化作业服务组织	2	182453	175124	1992980	1894761
(1)其中:拥有农机原值20万~50万元(含20万元)的	3	58043	56388	401296	378011
拥有农机原值50万元(含50万元)以上的	4	39173	34584	853848	790917
(2)其中:农机专业合作社	5	56525	49435	1382982	1292166
2.农机户	6	43369276	42910686	53722156	53321633
(1)其中:拥有农机原值20万~50万元(含20万元)的	7	527772	501452	909070	878321
拥有农机原值50万元(含50万元)以上的	8	79817	75500	175783	166555
(2)其中:农机化作业服务专业户	9	5228598	5250812	7367226	7398579
二、农机化中介服务组织	10	6959	6962	51847	54094
三、农机维修厂及维修点	11	183197	188824	437133	445610
其中:1.一级维修点	12	1315	1244	8897	8874
2.二级维修点	13	7335	7433	30139	29424
3.三级维修点	14	93993	96386	212408	216683
4.专项维修点	15	67416	69314	151186	153685
四、农机经销机构	16	*	*	*	*
1.农机经销企业	17	12336	11711	104122	101309
2.农机经销点	18	83267	83876	178839	179065
五、农机供油站(点)	19	16894	17625	47170	48736
六、拖拉机驾驶培训机构	20	1694	1702	18063	18592
七、乡村农机从业人员	21	*	*	54882138	54617927
1.其中:初中(含初中)以上文化程度	22	*	*	40534421	40465653
2.其中:高中(含高中)以上文化程度	23	*	*	11949905	12246748
3.其中:拖拉机驾驶从业人员	24	*	*	15989743	15960431
4.其中:联合收获机驾驶从业人员	25	*	*	1377453	1305240
5.其中:农用运输车驾驶从业人员	26	*	*	8850731	8891026
6.其中:农机维修人员	27	*	*	937471	958629

全国农业机械拥有量表

指标名称	代码	计量单位	2015年	2014年	2015年比2014年增减	
					增减量	%
一、农业机械总动力	1	万千瓦	111728.07	108056.58	3671.49	3.40
1.柴油发动机动力	2	万千瓦	89783.84	86717.03	3066.81	3.54
2.汽油发动机动力	3	万千瓦	3669.84	3477.98	191.86	5.52
3.电动机动力	4	万千瓦	18189.33	17748.82	440.51	2.48
4.其他机械动力	5	万千瓦	85.00	86.63	−1.63	−1.88
二、拖拉机及配套机械	6	*	*	*	*	*
(一)拖拉机	7	万台	2310.41	2297.72	12.69	0.55
	8	万千瓦	35870.67	34437.72	1432.95	4.16
1.大中型(14.7千瓦及以上)	9	万台	607.29	567.95	39.34	6.93
	10	万千瓦	19202.22	17529.27	1672.95	9.54
(1)其中:14.7～18.4千瓦(含14.7千瓦)	11	万台	240.12	237.03	3.09	1.30
	12	万千瓦	3918.97	3872.07	46.90	1.21
18.4～36.7千瓦(含18.4千瓦)	13	万台	188.15	169.62	18.53	10.92
	14	万千瓦	4990.74	4490.09	500.65	11.15
36.7～58.8千瓦(含36.7千瓦)	15	万台	100.64	93.51	7.13	7.62
	16	万千瓦	4688.39	4374.35	314.04	7.18
58.8千瓦及以上	17	万台	78.35	67.71	10.64	15.72
	18	万千瓦	5604.14	4792.81	811.33	16.93
(2)其中:轮式	19	万台	553.32	525.47	27.85	5.30
	20	万千瓦	17083.16	15730.23	1352.93	8.60
2.小型(2.2～14.7千瓦,含2.2千瓦)	21	万台	1703.04	1729.77	−26.73	−1.55
	22	万千瓦	16668.48	16908.45	−239.97	−1.42
其中:手扶式	23	万台	897.02	896.90	0.12	0.01
	24	万千瓦	7397.98	7422.44	−24.46	−0.33
(二)拖拉机配套农具	25	万部	4003.51	3943.29	60.22	1.53
1.大中型	26	万部	962.00	889.64	72.36	8.13
2.小型	27	万部	3041.52	3053.63	−12.11	−0.40
三、种植业机械	28	*	*	*	*	*
(一)耕整地机械	29	*	*	*	*	*
1.耕整机	30	万台(套)	897.57	865.43	32.14	3.71
	31	万千瓦	4407.14	4206.73	200.41	4.76
2.机耕船	32	万艘	18.57	18.15	0.42	2.31
	33	万千瓦	117.79	113.15	4.64	4.10
3.机引犁	34	万台	1303.26	1316.66	−13.40	−1.02
4.旋耕机	35	万台	608.68	584.63	24.05	4.11
5.深松机	36	万台	24.02	22.48	1.54	6.85
6.机引耙	37	万台	725.79	728.51	−2.72	−0.37
(二)种植施肥机械	38	*	*	*	*	*
1.播种机	39	万台	636.73	623.36	13.37	2.14
其中:免耕播种机	40	万台	93.00	86.81	6.19	7.13
精少量播种机	41	万台	395.20	386.66	8.54	2.21

续表

指标名称	代码	计量单位	2015年	2014年	2015年比2014年增减	
					增减量	%
2.水稻种植机械	42	*	*	*	*	*
(1)水稻直播机	43	万台	2.31	3.00	−0.69	−23.00
(2)水稻插秧机	44	万台	72.57	67.00	5.57	8.31
	45	万千瓦	337.48	303.36	34.12	11.25
其中:乘坐式	46	万台	24.24	22.88	1.36	5.94
	47	万千瓦	156.66	142.52	14.14	9.92
(3)水稻浅栽机	48	万台	0.68	0.69	−0.01	−1.45
	49	万千瓦	1.61	1.56	0.05	3.21
3.化肥深施机	50	万台	82.70	83.34	−0.64	−0.77
4.地膜覆盖机	51	万台	58.84	56.36	2.48	4.40
(三)农用排灌机械	52	*	*	*	*	*
1.排灌动力机械	53	万台	2315.81	2295.69	20.12	0.88
	54	万千瓦	14634.23	14488.88	145.35	1.00
其中:柴油机	55	万台	939.93	936.13	3.80	0.41
	56	万千瓦	6885.80	6848.90	36.90	0.54
电动机	57	万台	1302.96	1287.33	15.63	1.21
	58	万千瓦	7371.64	7269.73	101.91	1.40
2.农用水泵	59	万台	2249.18	2224.51	24.67	1.11
3.节水灌溉类机械	60	万套	222.85	210.72	12.13	5.76
(四)田间管理机械	61	*	*	*	*	*
1.机动喷雾(粉)机	62	万台	618.85	614.04	4.81	0.78
	63	万千瓦	1071.60	1078.63	−7.03	−0.65
2.茶叶修剪机	64	万台	38.20	36.22	1.98	5.47
	65	万千瓦	44.55	41.40	3.15	7.61
(五)收获机械	66	*	*	*	*	*
1.联合收获机	67	万台	173.90	158.42	15.48	9.77
	68	万千瓦	8632.01	7642.66	989.35	12.95
(1)稻麦联合收割机	69	万台	131.84	122.38	9.46	7.73
	70	万千瓦	6214.06	5670.68	543.38	9.58
其中:自走式	71	万台	114.71	106.63	8.08	7.58
其中:半喂入式	72	万台	11.75	11.25	0.50	4.49
	73	万千瓦	482.92	458.60	24.32	5.30
(2)玉米联合收获机	74	万台	42.07	36.04	6.03	16.74
	75	万千瓦	2417.93	1971.98	445.95	22.61
其中:自走式	76	万台	31.32	25.51	5.81	22.78
2.割晒机	77	万台	46.50	45.20	1.30	2.88
	78	万千瓦	82.09	75.27	6.82	9.06
3.其他收获机械	79	万台	161.56	152.57	8.99	5.89
	80	万千瓦	594.96	564.19	30.77	5.45
其中:大豆收获机	81	万台	1.96	2.03	−0.07	−3.45
	82	万千瓦	151.89	153.19	−1.30	−0.85
油菜籽收获机	83	万台	2.09	2.06	0.03	1.46
	84	万千瓦	98.78	98.03	0.75	0.77
马铃薯收获机	85	万台	5.96	5.53	0.43	7.78
	86	万千瓦	9.70	8.92	0.78	8.74

续表

指标名称	代码	计量单位	2015 年	2014 年	2015 年比 2014 年增减	
					增减量	%
甜菜收获机	87	万台	0.12	0.13	−0.01	−7.69
	88	万千瓦	2.14	2.06	0.08	3.88
花生收获机	89	万台	14.25	13.76	0.49	3.56
	90	万千瓦	7.54	5.77	1.77	30.68
棉花收获机	91	万台	0.37	0.32	0.05	15.69
	92	万千瓦	54.88	46.67	8.21	17.59
蔬菜收获机	93	万台	0.86	0.71	0.15	21.13
	94	万千瓦	3.22	2.66	0.56	21.05
茶叶采摘机	95	万台	11.48	10.19	1.29	12.66
	96	万千瓦	17.13	13.67	3.46	25.31
青饲料收获机	97	万台	4.09	3.69	0.40	10.84
	98	万千瓦	91.25	78.05	13.20	16.91
牧草收获机	99	万台	17.85	17.14	0.71	4.14
	100	万千瓦	33.87	30.94	2.93	9.47
秸秆粉碎还田机	101	万台	81.09	75.75	5.34	7.05
秸秆捡拾打捆机	102	万台	3.71	2.84	0.87	30.41
	103	万千瓦	19.80	16.27	3.53	21.70
玉米收获专用割台	104	万台	6.30	6.01	0.29	4.83
大豆收获专用割台	105	万台	1.89	1.88	0.01	0.53
油菜籽收获专用割台	106	万台	1.53	1.35	0.18	13.33
(六)收获后处理机械	107	*	*	*	*	*
1.机动脱粒机	108	万台	1061.80	1048.96	12.84	1.22
	109	万千瓦	2069.38	2020.73	48.65	2.41
2.谷物烘干机	110	万台	6.87	5.44	1.43	26.29
	111	万千瓦	91.50	62.28	29.22	46.92
3.种子加工机械	112	万台	3.87	3.07	0.80	26.06
	113	万千瓦	12.51	12.43	0.08	0.61
4.保鲜储藏设备	114	万台(套)	12.54	9.19	3.35	36.45
	115	万千瓦	110.12	94.92	15.20	16.01
(七)设施农业设备	116	*	*	*	*	*
1.水稻工厂化育秧设备	117	万套	1.68	1.50	0.18	12.00
2.温室	118	千公顷	2168.38	2079.70	88.68	4.26
其中:设施总面积	119	千公顷	2132.16	2058.37	73.79	3.59
连栋温室	120	千公顷	46.21	40.50	5.71	14.09
日光温室	121	千公顷	697.40	696.57	0.83	0.12
塑料大棚	122	千公顷	1388.55	1321.30	67.25	5.09
四、农产品初加工机械	123	*	*	*	*	*
(一)农产品初加工动力机械	124	万台	1527.69	1501.15	26.54	1.77
	125	万千瓦	8949.50	8888.23	61.27	0.69
其中:柴油机	126	万台	306.66	309.42	−2.76	−0.89
	127	万千瓦	2644.50	2662.72	−18.22	−0.68
电动机	128	万台	1202.57	1179.52	23.05	1.95
	129	万千瓦	6187.14	6119.05	68.09	1.11
(二)农产品初加工作业机械	130	万台(套)	1430.80	1397.74	33.06	2.37
其中:1.粮食加工机械	131	万台	1129.76	1105.38	24.38	2.21

续表

指标名称	代码	计量单位	2015年	2014年	2015年比2014年增减	
					增减量	%
2.油料加工机械	132	万台	79.59	78.55	1.04	1.32
3.棉花加工机械	133	万台	23.66	24.01	-0.35	-1.46
4.果蔬加工机械	134	万台(套)	16.71	14.39	2.32	16.12
5.茶叶加工机械	135	万台(套)	141.44	136.11	5.33	3.92
五、畜牧养殖机械	136	万台(套)	727.28	710.82	16.46	2.32
	137	万千瓦	2406.45	2340.25	66.20	2.83
其中:1.饲草料加工机械	138	万台(套)	611.17	609.25	1.92	0.32
	139	万千瓦	1926.32	1976.90	-50.58	-2.56
2.畜牧饲养机械	140	万台(套)	53.02	50.12	2.90	5.79
	141	万千瓦	191.07	177.14	13.93	7.86
3.畜产品采集加工机械	142	万台(套)	20.98	20.77	0.21	1.01
	143	万千瓦	74.72	73.56	1.16	1.58
其中:挤奶机	144	万台	10.86	10.85	0.01	0.09
	145	万千瓦	47.98	47.56	0.42	0.88
剪羊毛机	146	万台	6.35	6.37	-0.02	-0.31
	147	万千瓦	6.72	6.83	-0.11	-1.61
六、渔业机械	148	万台	416.34	402.99	13.35	3.31
	149	万千瓦	1815.89	1796.94	18.95	1.05
其中:1.增氧机	150	万台	289.60	278.04	11.56	4.16
	151	万千瓦	590.23	567.20	23.03	4.06
2.投饵机	152	万台	95.53	92.47	3.06	3.31
	153	万千瓦	105.49	103.43	2.06	1.99
七、林果业机械	154	万台	44.60	42.72	1.88	4.40
	155	万千瓦	152.58	148.28	4.30	2.90
其中:1.挖坑机	156	万台	5.81	5.51	0.30	5.44
	157	万千瓦	70.35	67.16	3.19	4.75
2.果树修剪机	158	万台	20.05	18.91	1.14	6.03
	159	万千瓦	39.38	37.51	1.87	4.99
八、运输机械	160	*	*	*	*	*
1.农用运输车	161	万台	1364.62	1377.70	-13.08	-0.95
	162	万千瓦	21494.21	21526.37	-32.16	-0.15
(1)三轮汽车	163	万台	1079.78	1087.38	-7.60	-0.70
	164	万千瓦	12438.93	12490.90	-51.97	-0.42
(2)低速载货汽车	165	万台	252.95	253.27	-0.32	-0.13
	166	万千瓦	8171.64	8164.20	7.44	0.09
2.手扶变型运输机	167	万台	73.23	78.33	-5.10	-6.51
	168	万千瓦	1486.47	1589.88	-103.41	-6.50
3.农用挂车	169	万台	778.42	775.28	3.14	0.41
九、农田基本建设机械	170	万台	48.07	46.31	1.76	3.80
	171	万千瓦	2670.07	2605.44	64.63	2.48
十、其他机械	172	*	*	*	*	*
其中:农用飞机	173	架	1051	461	590	127.98
十一、农业机械原值和净值	174	*	*	*	*	*
1.农业机械原值	175	亿元	9389.99	8787.46	602.53	6.86
2.农业机械净值	176	亿元	6780.66	6402.17	378.49	5.91

全国农机化作业情况表

指标名称	代码	计量单位	2015年	2014年	2015年比2014年增减	
					增减量	%
一、农机化作业总体情况	1	*	*	*	*	*
(一)机耕面积	2	千公顷	119876.36	117417.69	2458.67	2.09
(二)机播面积	3	千公顷	86651.20	83956.34	2694.86	3.21
(三)机电灌溉面积	4	千公顷	53231.29	53686.78	−455.49	−0.85
(四)机械植保面积	5	千公顷	67262.20	65655.46	1606.74	2.45
(五)机收面积	6	千公顷	87644.38	83269.97	4374.41	5.25
二、主要农作物农机化作业情况	7	*	*	*	*	*
(一)小麦	8	*	*	*	*	*
1.小麦机耕面积	9	千公顷	21963.41	21675.43	287.98	1.33
2.小麦机播面积	10	千公顷	21134.12	20936.30	197.82	0.94
3.小麦机收面积	11	千公顷	22681.41	22458.19	223.22	0.99
(二)水稻	12	*	*	*	*	*
1.水稻机耕面积	13	千公顷	29728.17	29521.69	206.47	0.70
2.水稻机械种植面积	14	千公顷	12770.37	11989.90	780.47	6.51
其中:水稻机播面积	15	千公顷	644.55	537.55	107.00	19.91
水稻机插面积	16	千公顷	11982.39	11323.29	659.10	5.82
水稻机浅栽面积	17	千公顷	48.00	33.76	14.24	42.17
3.水稻机收面积	18	千公顷	25698.34	25172.70	525.64	2.09
(三)玉米	19	*	*	*	*	*
1.玉米机耕面积	20	千公顷	27974.32	25673.44	2300.88	8.96
2.玉米机播面积	21	千公顷	33019.81	31131.94	1887.87	6.06
3.玉米机收面积	22	千公顷	24135.42	21049.92	3085.50	14.66
(四)大豆	23	*	*	*	*	*
1.大豆机耕面积	24	千公顷	4204.77	4357.09	−152.32	−3.50
2.大豆机播面积	25	千公顷	4200.38	4403.28	−202.90	−4.61
3.大豆机收面积	26	千公顷	3769.81	3996.69	−226.88	−5.68
(五)油菜	27	*	*	*	*	*
1.油菜机耕面积	28	千公顷	5302.35	5156.23	146.12	2.83
2.油菜机播面积	29	千公顷	1658.51	1477.03	181.48	12.29
3.油菜机收面积	30	千公顷	2184.90	1885.47	299.43	15.88
(六)马铃薯	31	*	*	*	*	*
1.马铃薯机耕面积	32	千公顷	3097.23	3039.55	57.68	1.90
2.马铃薯机播面积	33	千公顷	1388.59	1320.09	68.50	5.19
3.马铃薯机收面积	34	千公顷	1333.55	1249.86	83.69	6.70
(七)花生	35	*	*	*	*	*
1.花生机耕面积	36	千公顷	3060.41	3032.15	28.26	0.93
2.花生机播面积	37	千公顷	1932.72	1874.96	57.76	3.08
3.花生机收面积	38	千公顷	1373.34	1354.19	19.15	1.41
(八)棉花	39	*	*	*	*	*
1.棉花机耕面积	40	千公顷	3941.55	4597.37	−655.82	−14.27
2.棉花机播面积	41	千公顷	3088.70	3653.84	−565.14	−15.47

续表

指标名称	代码	计量单位	2015年	2014年	2015年比2014年增减	
					增减量	%
3.棉花机收面积	42	千公顷	704.62	661.16	43.46	6.57
三、单项农机化作业情况	43	*	*	*	*	*
1.机械深耕面积	44	千公顷	29025.24	29553.60	−528.36	−1.79
2.机械深松面积	45	千公顷	13536.85	10890.01	2646.85	24.31
3.机械化免耕播种面积	46	千公顷	14022.30	13420.97	601.33	4.48
其中:机械化免耕覆盖播种面积	47	千公顷	7409.36	7349.28	60.08	0.82
4.保护性耕作面积	48	千公顷	9337.98	8622.80	715.18	8.29
5.精少量播种面积	49	千公顷	42110.25	41389.15	721.10	1.74
6.机械深施化肥面积	50	千公顷	34670.56	34159.34	511.22	1.50
7.机械铺膜面积	51	千公顷	8989.99	9013.67	−23.68	−0.26
8.农田机械节水灌溉面积	52	千公顷	15706.62	15618.17	88.45	0.57
9.机械播种牧草面积	53	千公顷	1156.14	1170.80	−14.66	−1.25
10.机械收获牧草数量	54	万吨	5393.92	5135.59	258.33	5.03
11.机械化秸秆还田面积	55	千公顷	46065.42	43156.02	2909.40	6.74
12.秸秆捡拾打捆面积	56	千公顷	3873.64	2825.26	1048.39	37.11
13.机械化青贮秸秆数量	57	万吨	9176.22	8987.49	188.74	2.10
14.农机运输作业量	58	亿吨·千米	2566.79	2566.73	0.06	0
其中:农业运输作业量	59	亿吨·千米	1222.19	1130.19	91.99	8.14
15.农田基本建设作业量	60	万立方米	342987.51	345660.93	−2673.42	−0.77
16.农用飞机作业面积	61	千公顷	2190.72	2259.74	−69.01	−3.05
17.农机专业合作社作业服务面积	62	千公顷	43741.86	41928.93	1812.93	4.32
18.农机跨区作业面积	63	千公顷	25770.33	29721.19	−3950.86	−13.29
其中:跨区机耕面积	64	千公顷	5264.75	5939.09	−674.34	−11.35
跨区机播面积	65	千公顷	2575.27	2818.96	−243.69	−8.64
跨区机收面积	66	千公顷	16522.92	17675.56	−1152.63	−6.52
其中:跨区机收小麦	67	千公顷	7977.33	8376.26	−398.93	−4.76
跨区机收水稻	68	千公顷	4544.64	4884.47	−339.84	−6.96
跨区机收玉米	69	千公顷	3100.34	3171.85	−71.51	−2.25
四、农产品初加工机械化作业情况	70	*	*	*	*	*
1.实际脱出农产品总量	71	万吨	169446.73	167318.32	2128.41	1.27
其中:机械脱出农产品数量	72	万吨	74745.33	70314.24	4431.09	6.30
其中:机械脱粒粮食数量	73	万吨	52291.21	49174.90	3116.31	6.34
2.实际清选农产品总量	74	万吨	148084.28	149377.31	−1293.03	−0.87
其中:机械清选农产品数量	75	万吨	40876.97	38242.00	2634.97	6.89
3.实际保质农产品总量	76	万吨	146866.08	147043.19	−177.11	−0.12
其中:机械保质农产品数量	77	万吨	36251.50	33710.73	2540.77	7.54
其中:机械烘干粮食数量	78	万吨	10766.40	8935.72	1830.68	20.49
4.机械初加工农产品数量	79	万吨	69382.09	67107.15	2274.94	3.39
其中:加工粮食数量	80	万吨	51427.94	49771.00	1656.93	3.33
加工油料数量	81	万吨	5209.70	5394.82	−185.12	−3.43
加工棉花数量	82	万吨	1379.32	1528.10	−148.77	−9.74

续表

指标名称	代码	计量单位	2015 年	2014 年	2015 年比 2014 年增减	
					增减量	%
加工果蔬数量	83	万吨	5448.16	4516.56	931.60	20.63
加工茶叶数量	84	万吨	361.30	353.94	7.36	2.08
五、畜牧业机械化作业情况	85	*	*	*	*	*
1.收获的饲草秸秆总量	86	万吨	63867.07	64493.81	−626.74	−0.97
其中:机械收获饲草秸秆量	87	万吨	25755.27	24039.54	1715.73	7.14
2.饲草料加工总量	88	万吨	46133.18	49478.39	−3345.21	−6.76
其中:机械化饲草料加工数量	89	万吨	31339.38	32252.77	−913.40	−2.83
3.畜禽总数(折算为羊单位)	90	万个	353739.80	350194.39	3545.42	1.01
其中:机械饲喂的畜禽数量(折算为羊单位)	91	万个	44343.94	43473.68	870.26	2.00
机械清粪的畜禽数量(折算为羊单位)	92	万个	41552.86	41981.19	−428.33	−1.02
4.环控畜禽总数(折算为羊单位)	93	万个	85518.90	80795.71	4723.19	5.85
其中:机械环控的畜禽数量(折算为羊单位)	94	万个	38266.07	37087.68	1178.40	3.18
5.产奶家畜数量(折算为羊单位)	95	万个	10036.12	9802.03	234.09	2.39
其中:机械挤奶的家畜数量(折算为羊单位)	96	万个	4255.82	4622.22	−366.40	−7.93
6.产毛畜禽数量(折算为羊单位)	97	万个	24373.20	23113.80	1259.40	5.45
其中:机械剪毛的畜禽数量(折算为羊单位)	98	万个	2618.96	2314.34	304.62	13.16
7.蛋禽数量(折算为羊单位)	99	万个	27675.17	27597.40	77.77	0.28
其中:机械捡蛋的蛋禽数量(折算为羊单位)	100	万个	3290.01	3167.67	122.34	3.86
六、林果业机械化作业情况	101	*	*	*	*	*
1.林果业(果茶桑)种植面积	102	千公顷	17408.11	16849.14	558.97	3.32
其中:机械中耕面积	103	千公顷	5123.21	5141.20	−17.99	−0.35
机械施肥面积	104	千公顷	3231.10	3298.62	−67.52	−2.05
机械植保面积	105	千公顷	7883.47	8063.96	−180.48	−2.24
机械修剪面积	106	千公顷	1971.32	1918.81	52.50	2.74
2.林果业(果茶桑)采收产量	107	万吨	17558.77	17344.01	214.76	1.24
其中:机械采收产量	108	万吨	409.40	365.96	43.44	11.87
其中:机械田间转运产量	109	万吨	9522.61	9640.05	−117.44	−1.22
七、设施农业机械化作业情况	110	*	*	*	*	*
1.设施耕整地机械化面积	111	千公顷	1511.85	1444.13	67.72	4.69
2.设施种植机械化面积	112	千公顷	295.60	238.99	56.62	23.69
3.设施采运机械化面积	113	千公顷	151.43	119.59	31.84	26.62
4.设施灌溉施肥机械化面积	114	千公顷	1121.11	1008.03	113.08	11.22
5.设施环境调控机械化面积	115	千公顷	505.14	511.17	−6.03	−1.18

全国农机化管理服务与经营效益情况表

指标名称	代码	计量单位	2015年	2014年	2015年比2014年增减	
					增减量	%
一、农机化培训	1	人次	7622754	7706913	−84159	−1.09
其中:培训农机管理人员	2	人次	196194	193867	2327	1.20
培训农机技术人员	3	人次	886849	881392	5457	0.62
培训农机监理人员	4	人次	82037	80897	1140	1.41
培训农机操作人员	5	人次	6261088	6283225	−22137	−0.35
二、农机维修	6	*	*	*	*	*
1.维修拖拉机	7	万台次	1926.15	1912.72	13.43	0.70
2.维修联合收获机	8	万台次	171.19	162.22	8.97	5.53
3.维修水稻插秧机	9	万台次	38.39	36.13	2.26	6.26
4.维修运输机械	10	万台次	1261.51	1275.31	−13.80	−1.08
5.维修其他农机具	11	万台次	3038.91	2972.76	66.15	2.23
三、农机鉴定	12	*	*	*	*	*
推广鉴定当年发证数量	13	件	3186.00	4832.00	−1646.00	−34.06
四、农机监理装备	14	*	*	*	*	*
1.监理车辆	15	辆	3873.00	4032.00	−159.00	−3.94
2.安全检测设备	16	套	2182.00	2024.00	158.00	7.81
其中:拖拉机检测设备	17	套	2027.00	1893.00	134.00	7.08
五、农机化投入情况	18	*	*	*	*	*
农机化总投入	19	万元	9811450.35	10086912.17	−275461.82	−2.73
1.一般行政事业支出	20	万元	664947.68	605851.49	59096.19	9.75
2.基本建设	21	万元	305450.04	302734.05	2715.99	0.90
3.科研	22	万元	10166.72	11315.59	−1148.87	−10.15
4.推广培训	23	万元	176109.20	150133.44	25975.76	17.30
5.农业机械购置	24	万元	8348243.66	8686334.15	−338090.49	−3.89
6.其他	25	万元	306533.06	330543.46	−24010.40	−7.26
六、经营效益情况	26	*	*	*	*	*
1.总收入	27	万元	55219768.99	53600643.26	1619125.73	3.02
2.成本与费用	28	万元	33697998.00	32539520.92	1158477.08	3.56
3.利润总额	29	万元	21521770.99	21061122.34	460648.65	2.19

全国农业生产燃油消耗情况表

指标名称	代码	计量单位	2015 年	2014 年	2015 年比 2014 年增减	
					增减量	%
农业生产燃油消耗	1	万吨	3724.35	3708.52	15.83	0.43
其中：(1)柴油	2	万吨	3370.89	3337.61	33.29	1.00
(2)用于农机抗灾救灾	3	万吨	116.38	126.57	−10.19	−8.05
1.农田作业	4	万吨	1424.28	1392.52	31.76	2.28
(1)机耕	5	万吨	623.40	609.26	14.14	2.32
(2)机播	6	万吨	217.75	213.01	4.74	2.23
(3)机收	7	万吨	386.51	373.20	13.31	3.57
(4)植保	8	万吨	84.26	84.97	−0.71	−0.83
(5)其他	9	万吨	112.38	112.08	0.30	0.27
2.农田排灌	10	万吨	195.24	198.26	−3.02	−1.52
3.农田基本建设	11	万吨	234.03	234.79	−0.76	−0.32
4.畜牧业生产	12	万吨	86.07	87.25	−1.18	−1.36
5.农产品初加工	13	万吨	222.45	220.61	1.84	0.83
6.农业运输	14	万吨	1415.91	1430.42	−14.51	−1.01
7.其他	15	万吨	146.43	144.67	1.76	1.22

各地区农业机械化发展指标

各地区农机化系统机构及人员表

地区	一、农机化管理机构			1. 省级			2. 地级		
	年末机构数（个）	年末人数（人）		年末机构数（个）	年末人数（人）		年末机构数（个）	年末人数（人）	
		合计	其中：科技人员（教师）		合计	其中：科技人员（教师）		合计	其中：科技人员（教师）
合计	32336	101735	52164	32	741	133	343	4174	1320
北京	196	474	110	1	6	5			
天津	154	789	138	1	39	0	0	0	0
河北	1791	4249	1807	1	9	0	10	75	39
山西	1327	4708	2521	1	51	0	11	390	212
内蒙古	762	2179	1224	1	6	0	12	122	42
辽宁	1159	2907	1397	1	8	0	14	118	22
吉林	696	5678	4365	1	20	16	9	85	62
黑龙江	702	3219	2225	1	18	12	14	198	78
上海	106	271	172	1	7	3	0	0	0
江苏	1215	4317	1996	1	72	0	13	161	21
浙江	1246	2574	2241	1	32	25	11	152	95
安徽	1242	3385	2141	1	48	0	16	159	44
福建	1087	2201	863	1	12		8	86	
江西	1515	3281	1522	1	4	4	11	106	51
山东	1871	8898	4571	1	36	0	17	378	117
河南	1580	5970	1776	1	40	0	18	386	90
湖北	910	3016	1796	1	25	1	17	190	79
湖南	2143	7943	2757	1	48	0	14	267	29
广东	1124	3109	701	1	9	0	21	80	25
广西	1207	3592	2239	1	40	25	13	172	54
海南	165	423	153	1	5	0	2	13	5
重庆	935	2172	1196	1	22	3	0	0	0
四川	3339	6504	3363	1	41	0	21	219	44
贵州	1170	2947	1406	1	7	0	10	70	17
云南	1350	3629	2572	1	7	2	16	75	10
西藏	8	96	0	1	4	0	7	16	0
陕西	852	2867	880	1	41	25	10	186	63
甘肃	1145	3206	880	1	34	0	11	197	42
青海	153	469	358	1	4	4	7	44	23
宁夏	180	525	391	1	5	5	2	3	2
新疆	834	5740	4140	1	38	0	15	198	27
新疆兵团	172	397	263	1	3	3	13	28	27

续表

地区	3. 县级			4. 乡级			其中:单设机构		
	年末机构数(个)	年末人数(人)		年末机构数(个)	年末人数(人)		年末机构数(个)	年末人数(人)	
		合计	其中:科技人员(教师)		合计	其中:科技人员(教师)		合计	其中:科技人员(教师)
合计	2849	32097	14095	29112	64723	36616	4790	17626	11402
北京	13	167	59	182	301	46			
天津	12	227	60	141	523	78	36	131	28
河北	181	1416	703	1599	2749	1065	105	229	81
山西	115	2309	1231	1200	1958	1078	615	874	532
内蒙古	104	901	460	645	1150	722	35	99	59
辽宁	98	773	252	1046	2008	1123	141	371	267
吉林	66	710	576	620	4863	3711	334	2668	2171
黑龙江	94	1413	950	593	1590	1185	141	289	270
上海	9	79	53	96	185	116	18	22	15
江苏	100	824	328	1101	3260	1647	146	1140	466
浙江	85	817	548	1149	1573	1573	160	221	221
安徽	98	754	296	1127	2424	1801	224	766	581
福建	80	674	45	998	1429	818	30	75	68
江西	100	1052	403	1403	2119	1064	72	107	62
山东	150	3286	1518	1703	5198	2936	610	2000	1065
河南	169	3126	1086	1392	2418	600	60	209	27
湖北	96	1059	626	796	1742	1090	222	514	365
湖南	144	2663	878	1984	4965	1850	389	1345	601
广东	116	863	249	986	2157	427	216	601	105
广西	85	1049	320	1108	2331	1840	178	1554	1218
海南	22	190	91	140	215	57	0	0	0
重庆	38	246	124	896	1904	1069	35	46	38
四川	178	1610	699	3139	4634	2620	170	538	286
贵州	92	753	316	1067	2117	1073	87	157	78
云南	128	762	433	1205	2785	2127	115	341	292
西藏	0	76	0	0	0	0	0	0	0
陕西	93	1269	548	748	1371	244	57	143	12
甘肃	84	1264	247	1049	1711	591	86	144	30
青海	41	295	227	104	126	104	0	1	0
宁夏	19	311	222	158	206	162	0	0	0
新疆	95	829	333	723	4675	3780	504	3032	2456
新疆兵团	144	330	214	14	36	19	4	9	8

续表

地区	二、农机化教育、培训机构			1. 农机化大、中专			2. 农机化学校		
	年末机构数（个）	年末人数（人）		年末机构数（个）	年末人数（人）		年末机构数（个）	年末人数（人）	
		合计	其中：科技人员（教师）		合计	其中：科技人员（教师）		合计	其中：科技人员（教师）
合计	1704	17547	11763	34	2714	1884	1670	14833	9879
北京	9	261	95				9	261	95
天津	11	124	63	0	0	0	11	124	63
河北	117	821	493	2	23	14	115	798	479
山西	59	592	443	2	221	171	57	371	272
内蒙古	45	241	185	0	0	0	45	241	185
辽宁	50	728	495	2	73	71	48	655	424
吉林	38	1259	1019	2	340	273	36	919	746
黑龙江	61	1267	897	3	630	400	58	637	497
上海	0	0	0	0	0	0	0	0	0
江苏	53	363	253	1	3	3	52	360	250
浙江	29	129	78	0	0	0	29	129	78
安徽	64	737	570	3	226	154	61	511	416
福建	14	105	64	1	47	32	13	58	32
江西	45	269	131	1	6	2	44	263	129
山东	128	968	758	2	17	15	126	951	743
河南	126	1748	949	1	17	12	125	1731	937
湖北	57	738	472	0	0	0	57	738	472
湖南	104	792	484	1	12	6	103	780	478
广东	52	373	189	0	0	0	52	373	189
广西	84	919	665	2	147	97	82	772	568
海南	15	96	53	1	5	4	14	91	49
重庆	18	262	137	3	185	106	15	77	31
四川	92	499	326	2	34	19	90	465	307
贵州	27	619	410	2	409	291	25	210	119
云南	118	1012	715	1	127	94	117	885	621
西藏	0	0	0	0	0	0	0	0	0
陕西	86	1265	813	1	188	116	85	1077	697
甘肃	80	545	302	0	0	0	80	545	302
青海	23	155	122	0	0	0	23	155	122
宁夏	7	58	52	0	0	0	7	58	52
新疆	83	550	480	1	4	4	82	546	476
新疆兵团	9	52	50				9	52	50

续表

地 区	三、农机化科研机构			1. 省级			2. 地级		
	年 末 机构数 （个）	年末人数（人）		年 末 机构数 （个）	年末人数（人）		年 末 机构数 （个）	年末人数（人）	
		合计	其中： 科技人员 （教师）		合计	其中： 科技人员 （教师）		合计	其中： 科技人员 （教师）
合 计	75	2827	1863	24	1829	1158	51	998	705
北 京									
天 津	1	32	21	1	32	21	0	0	0
河 北	1	20	20	1	20	20	0	0	0
山 西	11	258	206	1	103	82	10	155	124
内蒙古	4	48	19	1	0	0	3	48	19
辽 宁	4	143	48	1	77	0	3	66	48
吉 林	4	249	193	1	75	55	3	174	138
黑龙江	8	813	521	6	784	501	2	29	20
上 海	1	124	36	1	124	36	0	0	0
江 苏	0	0	0	0	0	0	0	0	0
浙 江	1	51	37	1	51	37	0	0	0
安 徽	2	48	45	0	0	0	2	48	45
福 建									
江 西	1	60	15	1	60	15	0	0	0
山 东	4	95	61	0	0	0	4	95	61
河 南	1	1	1	0	0	0	1	1	1
湖 北	3	110	92	1	68	58	2	42	34
湖 南	5	154	93	0	0	0	5	154	93
广 东	3	149	122	1	138	114	2	11	8
广 西	0	0	0	0	0	0	0	0	0
海 南	0	0	0	0	0	0	0	0	0
重 庆	3	57	44	2	40	32	1	17	12
四 川	7	166	112	1	115	69	6	51	43
贵 州	2	72	64	1	46	40	1	26	24
云 南	3	82	57	1	58	44	2	24	13
西 藏	0	0	0	0	0	0	0	0	0
陕 西	1	28	3	0	0	0	1	28	3
甘 肃	2	27	17	0	0	0	2	27	17
青 海	0	0	0	0	0	0	0	0	0
宁 夏	1	10	7	1	10	7	0	0	0
新 疆	0	0	0	0	0	0	0	0	0
新疆兵团	2	30	29	1	28	27	1	2	2

续表

地区	四、农机试验鉴定机构			1. 省级			2. 地级		
	年末机构数（个）	年末人数（人）		年末机构数（个）	年末人数（人）		年末机构数（个）	年末人数（人）	
		合计	其中：科技人员（教师）		合计	其中：科技人员（教师）		合计	其中：科技人员（教师）
合计	61	1288	903	30	1007	718	31	281	185
北京	1	8	8	1	8	8			
天津	1	37	28	1	37	28	0	0	0
河北	1	28	27	1	28	27	0	0	0
山西	12	116	83	1	51	37	11	65	46
内蒙古	1	63	0	1	63	0	0	0	0
辽宁	11	191	91	1	64	0	10	127	91
吉林	1	75	55	1	75	55	0	0	0
黑龙江	2	122	91	2	122	91	0	0	0
上海	0	0	0	0	0	0	0	0	0
江苏	5	81	65	1	46	35	4	35	30
浙江	1	6	6	1	6	6	0	0	0
安徽	1	39	36	1	39	36	0	0	0
福建									
江西	1	6	6	1	6	6	0	0	0
山东	1	33	27	1	33	27	0	0	0
河南	4	38	28	1	26	19	3	12	9
湖北	2	22	15	1	22	15	1	0	0
湖南	2	63	36	1	30	30	1	33	6
广东	1	33	27	1	33	27	0	0	0
广西	1	32	32	1	32	32	0	0	0
海南	1	8	6	1	8	6	0	0	0
重庆	1	44	35	1	44	35	0	0	0
四川	1	58	52	1	58	52	0	0	0
贵州	1	26	22	1	26	22	0	0	0
云南	1	12	8	1	12	8	0	0	0
西藏	0	0	0	0	0	0	0	0	0
陕西	2	27	14	1	18	11	1	9	3
甘肃	1	42	32	1	42	32	0	0	0
青海	1	6	5	1	6	5	0	0	0
宁夏	1	35	35	1	35	35	0	0	0
新疆	1	36	32	1	36	32	0	0	0
新疆兵团	1	1	1	1	1	1			

续表

地区	五、农机化技术推广机构			1. 省级			2. 地级		
	年末机构数（个）	年末人数（人）		年末机构数（个）	年末人数（人）		年末机构数（个）	年末人数（人）	
		合计	其中：科技人员（教师）		合计	其中：科技人员（教师）		合计	其中：科技人员（教师）
合计	2569	21658	13713	35	746	527	286	3463	2314
北京	13	267	131	1	48	38			
天津	10	89	65	1	29	18	0	0	0
河北	167	1198	704	2	23	23	11	216	163
山西	121	915	658	1	36	27	11	111	86
内蒙古	94	892	617	1	87	55	11	201	133
辽宁	77	959	616	1	23	0	14	227	154
吉林	58	1092	890	1	18	14	6	159	126
黑龙江	83	622	509	1	38	28	13	75	61
上海	9	91	79	1	32	24	0	0	0
江苏	90	951	651	2	38	22	13	218	160
浙江	38	176	147	1	3	3	6	49	42
安徽	83	754	559	1	20	13	7	62	37
福建	11	76	27	1	26				
江西	93	342	205	1	5	5	11	44	23
山东	147	1012	723	1	25	24	17	112	86
河南	162	1958	880	1	12	10	18	259	157
湖北	103	767	561	0	0	0	16	186	137
湖南	132	1621	774	3	34	34	11	163	59
广东	109	597	266	1	15	10	19	143	48
广西	100	928	621	1	28	28	12	197	133
海南	14	70	33	1	12	4	0	0	0
重庆	39	190	123	1	23	18	0	0	0
四川	151	799	532	1	7	6	13	109	81
贵州	84	360	213	1	22	16	6	38	19
云南	132	961	690	1	22	13	16	186	136
西藏	2	6	4	1	2	2	1	4	2
陕西	107	1468	629	1	15	9	11	176	70
甘肃	83	691	295	1	34	21	9	146	87
青海	38	273	237	1	15	13	5	36	30
宁夏	23	322	295	1	35	35	3	21	21
新疆	93	987	762	1	12	8	13	291	229
新疆兵团	103	224	217	1	7	6	13	34	34

续表

地区	3. 县级			六、农机安全监理机构			1. 省级		
	年末机构数（个）	年末人数（人）		年末机构数（个）	年末人数（人）		年末机构数（个）	年末人数（人）	
		合计	其中：科技人员（教师）		合计	其中：科技人员（教师）		合计	其中：科技人员（教师）
合计	2248	17449	10872	2867	30656	14716	31	464	137
北京	12	219	93	13	134	33	1	24	
天津	9	60	47	12	148	90	1	8	0
河北	154	959	518	174	1847	851	1	14	14
山西	109	768	545	124	1074	689	1	8	0
内蒙古	82	604	429	107	1235	593	1	9	0
辽宁	62	709	462	98	875	495	1	8	0
吉林	51	915	750	66	1205	1002	1	21	16
黑龙江	69	509	420	94	1743	1233	1	17	17
上海	8	59	55	10	50	42	1	12	9
江苏	75	695	469	98	924	486	1	24	0
浙江	31	124	102	73	411	298	1	3	3
安徽	75	672	509	102	1294	782	1	22	7
福建	10	50	27	54	206	8	1	11	
江西	81	293	177	104	525	243	1	11	11
山东	129	875	613	147	1820	1188	1	22	0
河南	143	1687	713	167	4021	1128	1	12	0
湖北	87	581	424	106	1142	582	1	25	0
湖南	118	1424	681	135	1453	589	1	8	0
广东	89	439	208	121	751	246	1	3	0
广西	87	703	460	101	1079	627	1	19	13
海南	13	58	29	28	204	62	1	30	0
重庆	38	167	105	39	223	99	1	19	8
四川	137	683	445	193	1056	396	1	14	7
贵州	77	300	178	97	502	258	1	10	7
云南	115	753	541	145	1347	740	1	16	0
西藏	0	0	0	0	0	0	0	0	0
陕西	95	1277	550	114	2012	720	1	11	7
甘肃	73	511	187	98	1156	305	1	24	0
青海	32	222	194	45	358	256	1	30	0
宁夏	19	266	239	24	255	215	1	14	14
新疆	79	684	525	99	1398	330	1	10	0
新疆兵团	89	183	177	79	208	130	1	5	4

续表

地区	2. 地级			3. 县级		
	年末机构数（个）	年末人数（人）		年末机构数（个）	年末人数（人）	
		合计	其中：科技人员（教师）		合计	其中：科技人员（教师）
合计	327	3007	1289	2509	27185	13290
北京				12	110	33
天津	0	0	0	11	140	90
河北	11	194	127	162	1639	710
山西	11	105	77	112	961	612
内蒙古	12	198	96	94	1028	497
辽宁	14	114	41	83	753	454
吉林	9	125	110	56	1059	876
黑龙江	14	89	57	79	1637	1159
上海	0	0	0	9	38	33
江苏	12	104	53	85	796	433
浙江	8	37	31	64	371	264
安徽	16	102	54	85	1170	721
福建	8	34		45	161	8
江西	11	60	23	92	454	209
山东	17	123	73	129	1675	1115
河南	18	236	61	148	3773	1067
湖北	17	199	112	88	918	470
湖南	14	67	29	120	1378	560
广东	20	131	32	100	617	214
广西	13	158	56	87	902	558
海南	2	21	10	25	153	52
重庆	0	0	0	38	204	91
四川	19	124	26	173	918	363
贵州	9	53	27	87	439	224
云南	16	193	20	128	1138	720
西藏	0	0	0	0	0	0
陕西	10	92	23	103	1909	690
甘肃	10	127	31	87	1005	274
青海	6	63	37	38	265	219
宁夏	4	31	25	19	210	176
新疆	13	169	18	85	1219	312
新疆兵团	13	58	40	65	145	86

各地区农机化服务组织及人员表

地区	一、农机化作业服务组织及农机户 1. 农机化作业服务组织		(1)其中:拥有农机原值20万～50万元(含20万元)的		拥有农机原值50万元(含50万元)以上的		(2)其中:农机专业合作社		2. 农机户	
	年末机构数(个)	年末人数(人)	年末机构数(个)	年末人数(人)	年末机构数(个)	年末人数(人)	年末机构数(个)	年末人数(人)	年末机构数(个)	年末人数(人)
合计	182453	1992980	58043	401296	39173	853848	56525	1382982	43369276	53722156
北京	414	2984	159	822	177	1365	166	1091	25998	28974
天津	687	6650	31	151	141	5536	149	5592	48455	75899
河北	6007	63328	2520	19055	1089	18782	2259	43439	3555799	4802326
山西	4965	26986	1444	8244	735	6166	2387	20586	892119	1090390
内蒙古	2683	33832	1001	8036	1516	23956	1879	27372	1260626	1755774
辽宁	2865	49120	765	6046	1576	28778	2581	41696	611641	746611
吉林	7109	51333	3687	21374	3418	29864	4511	39237	1086064	1267346
黑龙江	26111	98589	16081	45407	3539	29595	2034	20930	1129588	1476363
上海	350	2486	52	104	117	487	149	1432	5096	6787
江苏	10552	589553	3362	86912	5544	347155	7544	521224	1172974	1453083
浙江	3632	31253	1074	6581	959	15396	1407	22384	734404	835653
安徽	7846	88404	2343	14315	2497	41289	3448	59866	3270796	3746585
福建	1381	18454	520	4807	496	9510	501	15980	640813	711576
江西	11060	66834	1124	7962	653	10903	898	17598	970271	1329373
山东	20776	169616	6138	36077	4331	59672	6700	109778	5083169	6000887
河南	12361	122192	4968	24168	4790	68335	6122	96314	5451682	6508403
湖北	8137	114320	3066	24631	1327	33075	2167	72136	1823871	2348732
湖南	14361	93717	2043	16104	1956	34251	2399	39143	2158392	2918807
广东	2288	25773	895	7672	441	7803	1023	20146	1086034	1328652
广西	2843	34190	1257	12027	491	6166	1788	19817	2299098	3037293
海南	229	1373	97	590	41	256	152	966	246968	272572
重庆	5990	99476	331	11302	131	23798	805	72373	1015514	1340547
四川	18231	76363	1988	13355	682	14791	1223	35661	2221515	2631832
贵州	2651	32310	306	5369	110	2316	585	7845	1247196	1544398
云南	934	12087	197	1478	163	4266	447	9831	1682936	1792945
西藏	59	1485	33	627	26	858	41	1066	179996	755983
陕西	2547	27017	786	6389	394	7089	968	20161	1062591	1182891
甘肃	2778	23038	1107	4858	619	10702	954	13957	1281619	1410746
青海	579	3615	76	710	324	817	176	2700	206274	226144
宁夏	386	6665	144	2181	177	2423	281	4235	274781	401611
新疆	743	16094	175	3079	307	6261	651	14843	618587	658740
新疆兵团	898	3843	273	863	406	2187	130	3583	24409	34233

续表

地 区	(1)其中:拥有农机原值20万~50万元(含20万元)的		拥有农机原值50万元(含50万元)以上的		(2)其中:农机化作业服务专业户		二、农机化中介服务组织		三、农机维修厂及维修点	
	年末机构数(个)	年末人数(人)	年末机构数(个)	年末人数(人)	年末机构数(个)	年末人数(人)	年末机构数(个)	年末人数(人)	年末机构数(个)	年末人数(人)
合 计	527772	909070	79817	175783	5228598	7367226	6959	51847	183197	437133
北 京	635	1016	227	542	1460	2572	1	65	279	740
天 津	868	1402	148	579	13251	18366	0	0	473	1004
河 北	33101	68758	3953	8813	342357	506679	330	1166	16116	33684
山 西	10381	21352	930	2673	90668	117373	115	1002	7250	17011
内蒙古	16895	28538	3300	8883	94099	140283	259	1034	7206	14211
辽 宁	11094	24231	1778	5943	76660	113716	139	3406	4825	10812
吉 林	13419	28233	4640	12441	10143	32019	37	236	7612	18086
黑龙江	148440	220421	20510	37185	159287	233033	95	301	7300	21482
上 海	630	1067	205	480	3494	4069	0	0	84	165
江 苏	60659	100686	8523	16573	244533	345635	526	7714	4034	12020
浙 江	14530	18692	4352	9541	162360	179815	52	206	3386	5848
安 徽	18421	38162	2143	6147	417858	570926	406	5587	10006	22607
福 建	1804	3318	175	630	124845	148407	33	96	3236	6997
江 西	7223	13435	764	1938	360532	546050	482	1236	10228	30745
山 东	38525	76889	7469	16447	686531	958935	1133	11161	7034	22792
河 南	25983	53308	2531	6581	271154	430587	1389	6070	22189	43929
湖 北	11495	29549	1857	6446	263669	537202	145	516	5636	19260
湖 南	10865	24963	1484	4831	209114	355364	297	1172	5263	14370
广 东	6866	12116	737	2906	166219	220410	14	365	8405	21662
广 西	9127	20709	552	1895	94107	209342	180	977	4153	10017
海 南	1777	2656	193	359	54298	59177	5	10	1119	3117
重 庆	1267	3562	47	209	179803	211810	402	1720	3430	9566
四 川	28802	34863	703	1904	254504	324420	178	999	10260	26618
贵 州	303	757	22	103	200150	249272	26	65	5562	14969
云 南	1808	2638	429	677	81409	95323	146	2784	11286	24671
西 藏	19	152	5	31	8	72	0	0	157	519
陕 西	4105	12146	653	1896	299593	324939	116	529	4914	9137
甘 肃	9125	13343	1290	2627	201886	229308	203	506	6088	10263
青 海	1465	2427	572	837	7272	9292	3	12	1140	1736
宁 夏	2462	3727	1020	2079	44074	57142	170	465	1879	3904
新 疆	27230	35231	4957	8601	102487	120639	75	2381	2318	4371
新疆兵团	8448	10723	3648	4986	10773	15049	2	66	329	820

续表

地区	其中：1. 一级维修点		2. 二级维修点		3. 三级维修点		4. 专项维修点		四、农机经销机构 1. 农机经销企业	
	年末机构数（个）	年末人数（人）	年末机构数（个）	年末人数（人）	年末机构数（个）	年末人数（人）	年末机构数（个）	年末人数（人）	年末机构数（个）	年末人数（人）
合计	1315	8897	7335	30139	93993	212408	67416	151186	12336	104122
北京	4	53	8	38	247	625	20	24	2	35
天津	0	0	28	93	416	877	29	34	12	210
河北	14	114	382	1419	11529	23725	3819	7757	556	6123
山西	44	458	435	1665	3427	7444	3132	6937	232	3869
内蒙古	13	76	470	1233	5431	10276	1213	2535	869	3823
辽宁	51	117	87	394	3407	7682	1218	2382	284	2596
吉林	0	0	14	74	6090	13899	1508	4113	429	2931
黑龙江	89	1703	347	2191	3276	9467	3525	8000	390	7602
上海	1	7	5	27	29	53	26	46	7	31
江苏	33	325	292	1689	2197	6655	960	1803	688	5008
浙江	8	41	40	125	2269	3983	893	1434	215	849
安徽	25	381	250	1464	5618	12249	3031	6122	805	6105
福建			41	124	822	1882	212	444	305	1981
江西	61	540	489	2619	4102	11417	5015	14366	544	3089
山东	75	722	705	3631	5160	14770	877	2400	931	11056
河南	107	513	579	1888	10356	18829	9818	19128	726	7157
湖北	70	480	247	1065	2116	5861	2475	7954	539	3534
湖南	98	655	461	1952	2225	6080	1849	4283	831	13385
广东	6	101	51	241	457	1005	6333	16306	438	2521
广西	11	24	127	479	3233	7299	768	2199	362	1780
海南	0	0	2	9	199	541	912	2508	85	229
重庆	14	241	171	1173	1881	5345	1278	2723	287	3240
四川	60	640	537	2605	3186	9007	5390	10964	610	3368
贵州	14	60	118	424	2990	9131	2433	5301	259	1677
云南	149	465	468	1179	4344	8827	5529	12186	315	2446
西藏	133	399	20	80	4	40	0	0	39	315
陕西	20	182	236	616	3454	6031	882	1763	358	2583
甘肃	157	300	485	865	2966	4998	1985	3178	367	2078
青海	31	76	88	143	283	406	495	733	22	196
宁夏	2	5	20	99	436	765	1183	2436	63	618
新疆	7	64	104	392	1809	3173	359	671	756	3642
新疆兵团	18	155	28	143	34	66	249	456	10	45

续表

地区	2. 农机经销点		五、农机供油站(点)		六、拖拉机驾驶培训机构		七、乡村农机从业人员	1. 其中:初中(含初中)以上文化程度
	年末机构数(个)	年末人数(人)	年末机构数(个)	年末人数(人)	年末机构数(个)	年末人数(人)	年末人数(人)	年末人数(人)
合计	83267	178839	16894	47170	1694	18063	54882138	40534421
北京	93	212	21	160	8	123	43290	30449
天津	147	397	9	83	6	46	95754	65461
河北	5631	13458	1005	4011	89	615	4745458	3456490
山西	1873	4374	856	2799	68	464	983410	882588
内蒙古	3955	7478	222	654	71	429	1931704	1214881
辽宁	2031	4486	238	1007	42	628	985550	775903
吉林	2946	7296	364	1086	24	490	1294748	971069
黑龙江	4960	11561	685	2545	78	607	1912243	1376436
上海	48	84	16	24	10	71	14970	9301
江苏	2908	6776	653	1507	59	459	1526506	1144356
浙江	600	931	207	509	22	136	733613	492526
安徽	4541	9070	194	624	77	554	3971313	3363810
福建	732	1407	126	324	23	198	742521	552820
江西	1923	5261	13	47	59	402	1311832	827781
山东	6603	14639	3542	9311	102	926	6714285	5308687
河南	10528	20400	3667	7456	115	1463	6575818	5552592
湖北	3116	8151	854	2303	82	822	2443360	1353373
湖南	3934	9332	943	2744	99	1045	2908122	2302906
广东	2240	6191	259	843	36	330	1132737	763177
广西	2379	4764	35	137	82	760	3140643	2043606
海南	293	764	98	399	11	75	249000	184165
重庆	2491	4803	134	411	22	167	1143941	808875
四川	7361	14614	533	1387	80	444	2835182	1970314
贵州	2313	4664	1	4	49	403	1218204	826922
云南	3162	6047	309	1021	120	963	1850156	1230394
西藏	142	386	92	350	0	0	218259	42171
陕西	2267	4957	908	3200	71	1000	1189724	953147
甘肃	2061	3300	339	725	64	3542	1471208	946225
青海	256	474	115	345	20	153	305248	200688
宁夏	418	640	258	566	13	58	442517	262333
新疆	1207	1748	96	319	78	566	698306	579217
新疆兵团	108	174	102	269	14	124	52516	41758

续表

地　区	2. 其中：高中(含高中)以上文化程度	3. 其中：拖拉机驾驶从业人员	4. 其中：联合收获机驾驶从业人员	5. 其中：农用运输车驾驶从业人员	6. 其中：农机维修人员
	年末人数(人)	年末人数(人)	年末人数(人)	年末人数(人)	年末人数(人)
合　计	11949905	15989743	1377453	8850731	937471
北　京	7698	10761	1444	20210	1197
天　津	14240	12539	2953	58272	4589
河　北	1023494	930518	104430	1324109	69306
山　西	216609	294424	24357	459401	29910
内蒙古	392198	789533	26832	358313	30448
辽　宁	108875	396883	18157	381688	18476
吉　林	271869	605715	46236	150517	19455
黑龙江	733976	1268799	84084	125050	35316
上　海	1032	8712	3006	0	709
江　苏	411568	421139	111042	146098	37351
浙　江	138917	199354	17146	77091	8838
安　徽	462192	1420568	152917	536086	36143
福　建	162402	140469	7273	55476	9889
江　西	232560	334828	69485	193479	55563
山　东	1378770	1309897	123606	1446088	139052
河　南	1921720	2676820	204456	1360642	89204
湖　北	736978	1006263	112916	207608	32022
湖　南	680284	302111	88545	191887	41079
广　东	280978	290462	25608	117024	34198
广　西	616867	710040	43652	122839	36916
海　南	73548	75541	4834	32774	3477
重　庆	485613	41238	4569	63411	25561
四　川	548403	238404	26679	144099	49737
贵　州	122215	159646	879	90529	28123
云　南	206698	559743	5570	124854	28035
西　藏	8835	180230	1890	19248	3294
陕　西	280534	206480	33171	384752	23164
甘　肃	247689	464683	8378	475706	20853
青　海	58099	168443	1858	18348	4464
宁　夏	73955	143975	7489	133272	5963
新　疆	31220	573638	9425	28314	13075
新疆兵团	19869	47887	4566	3546	2064

各地区农业机械拥有量表

地区	一、农业机械总动力	1. 柴油发动机动力	2. 汽油发动机动力	3. 电动机动力	4. 其他机械动力	二、拖拉机及配套机械 (一)拖拉机		1. 大中型(14.7千瓦及以上)		(1)其中：14.7～18.4千瓦(含14.7千瓦)	
	万千瓦	万千瓦	万千瓦	万千瓦	万千瓦	万台	万千瓦	万台	万千瓦	万台	万千瓦
合　　计	111728.07	89783.84	3669.84	18189.33	85.00	2310.41	35870.67	607.29	19202.22	240.12	3918.97
北　　京	186.05	91.68	16.33	78.04	0	0.84	29.46	0.70	27.68	0.05	0.76
天　　津	546.92	366.54	42.93	137.35	0.10	1.79	73.64	1.50	70.25	0.22	3.85
河　　北	11102.81	8760.15	146.03	2196.63	0	163.70	2651.30	27.43	1165.55	6.07	100.35
山　　西	3351.65	2871.04	70.61	410	0	48.86	808.33	13.07	475.86	3.60	59.26
内 蒙 古	3805.11	3450.76	18.22	330.79	5.33	110.59	2169.21	72.38	1722.38	42.28	684.09
辽　　宁	2813.86	2256.31	85.21	469.06	3.27	57.16	981.60	23.15	655.26	10.04	163.74
吉　　林	3152.54	2898.65	26.71	227.18	0	116.81	1957.67	52.16	1334.37	23.11	366.51
黑 龙 江	5442.29	5115.15	118.11	209.03	0	157.10	3336.26	96.80	2680.66	50.43	841.06
上　　海	119.01	70.37	10.76	37.88	0	1.05	36.07	0.75	33.44	0.03	0.55
江　　苏	4825.49	3564.42	211.52	1046.93	2.62	98.62	1673.55	16.76	862.74	1.68	28.42
浙　　江	2360.73	1584.99	134.82	639.52	1.40	13.13	166.19	1.26	56.15	0.08	1.29
安　　徽	6580.99	5677.78	157.67	745.38	0.15	236.68	2759.35	22.01	999.06	3.66	61.05
福　　建	1384.13	961.36	123.77	298.67	0.32	10.20	123.01	0.39	17.00	0.02	0.40
江　　西	2260.82	1763.88	100.94	395.12	0.88	35.16	461.05	1.96	85.11	0.13	2.19
山　　东	13353.02	11358.27	257.69	1737.05	0.01	244.45	3615.39	53.52	2021.93	17.29	288.65
河　　南	11710.08	10405.41	71.71	1232.96	0	379.85	5344.14	40.23	1639.38	14.42	231.31
湖　　北	4468.12	3184.69	154.77	1119.23	9.43	130.65	1466.50	16.84	633.24	2.31	39.22
湖　　南	5894.06	4488.49	343.44	1031.82	30.30	37.24	664.17	12.88	406.47	4.43	72.83
广　　东	2696.79	1840.92	211.23	637.76	6.88	35.83	402.26	2.87	109.48	0.82	13.50
广　　西	3803.18	3017.14	202.86	580.77	2.41	52.84	671.50	4.24	198.86	0.60	9.77
海　　南	511.59	417.80	25.15	62.69	5.95	10.14	146.43	4.37	98.03	3.54	60.18
重　　庆	1299.73	618.74	233.23	447.02	0.74	1.26	22.98	0.41	12.57	0.18	2.90
四　　川	4404.55	2929.67	317.65	1154.43	2.79	23.68	446.92	13.22	331.40	5.84	96.32
贵　　州	2575.15	1800.13	106.59	668.11	0.32	14.21	228.90	4.28	107.07	2.19	36.15
云　　南	3333.04	2428.24	142.13	762.38	0.29	68.94	1132.54	31.76	749.74	12.66	208.27
西　　藏	619.69	438.64	139.16	36.41	5.47	25.18	401.01	10.77	228.03	3.83	64.72
陕　　西	2667.27	1994.88	104.14	567.64	0.62	32.93	596.60	11.11	387.99	2.56	42.90
甘　　肃	2684.95	2182.11	38.98	462.94	0.92	77.36	1033.81	16.03	400.76	8.39	126.01
青　　海	453.87	389.80	23.52	38.18	2.37	27.55	295.91	1.69	41.90	1.07	16.65
宁　　夏	831.26	705.22	7.29	118.67	0.08	21.44	333.40	5.32	150.63	2.52	40.89
新　　疆	1983.84	1757.87	21.28	203.20	1.49	67.10	1553.33	41.98	1239.50	15.29	243.61
新疆兵团	505.48	392.74	5.39	106.49	0.86	8.07	288.19	5.45	259.73	0.78	11.57

续表

地区	18.4～36.7千瓦(含18.4千瓦)		36.7～58.8千瓦(含36.7千瓦)		58.8千瓦及以上		(2)其中:轮式		2.小型(2.2～14.7千瓦,含2.2千瓦)		其中:手扶式		(二)拖拉机配套农具	1.大中型
	万台	万千瓦	万台	万千瓦	万台	万千瓦	万台	万千瓦	万台	万千瓦	万台	万千瓦	万部	万部
合计	188.15	4990.74	100.64	4688.39	78.35	5604.14	553.32	17083.16	1703.04	16668.48	897.02	7397.98	4003.51	962.00
北京	0.31	7.35	0.26	12.52	0.08	7.05	0.69	27.25	0.14	1.78	0.01	0.08	1.23	1.04
天津	0.43	12.62	0.44	21.97	0.41	31.81	1.44	65.97	0.28	3.39	0.08	0.66	4.71	3.19
河北	8.15	236.75	5.17	257.26	8.04	571.20	23.51	989.36	136.26	1485.75	19.22	158.62	230.17	49.78
山西	4.18	114.80	2.74	127.93	2.55	173.87	11.47	424.08	35.79	332.47	23.44	193.78	76.80	25.69
内蒙古	22.25	583.32	4.08	187.19	3.76	267.78	67.28	1566.43	38.21	446.83	1.07	10.66	203.38	116.74
辽宁	7.68	199.50	3.39	153.39	2.04	138.64	19.83	528.32	34.01	326.34	22.78	200.24	81.49	30.55
吉林	18.41	452.69	7.93	323.87	2.71	191.29	48.24	1227.64	64.64	623.30	22.93	202.25	276.20	85.88
黑龙江	27.97	720.46	11.18	503.77	7.22	615.37	95.31	2516.22	60.30	655.60	11.21	106.99	251.30	138.32
上海	0.10	3.27	0.55	24.69	0.06	4.92	0.75	33.38	0.30	2.63	0.30	2.61	2.27	2.05
江苏	2.05	59.13	6.42	316.75	6.61	458.44	15.56	801.51	81.86	810.81	73.23	727.26	170.84	30.25
浙江	0.28	9.22	0.77	36.58	0.14	9.05	1.13	51.43	11.86	110.05	11.28	104.46	15.70	1.99
安徽	4.19	121.32	7.34	358.53	6.82	458.16	21.72	979.57	214.67	1760.29	152.46	1078.14	554.70	51.51
福建	0.09	2.75	0.18	8.01	0.09	5.84	0.36	15.99	9.82	106.01	9.65	103.91	13.86	0.51
江西	0.45	13.77	1.02	46.63	0.35	22.53	1.55	65.77	33.20	375.94	30.52	338.08	36.18	2.76
山东	13.68	405.89	11.68	575.06	10.86	752.33	46.67	1674.06	190.93	1593.45	118.14	809.18	427.96	103.30
河南	5.39	159.98	7.82	388.40	12.59	859.69	37.79	1498.58	339.62	3704.77	112.29	913.02	756.20	94.83
湖北	5.47	143.50	7.30	338.39	1.76	112.13	15.70	582.10	113.81	833.26	102.11	734.83	259.57	37.13
湖南	4.33	124.30	3.39	156.95	0.73	52.39	9.43	272.82	24.36	257.70	7.31	69.25	17.22	5.60
广东	0.52	13.92	0.85	37.10	0.68	44.96	2.00	82.63	32.96	292.78	29.88	253.29	42.11	4.45
广西	1.29	42.56	1.23	59.30	1.12	87.22	3.79	169.60	48.60	472.64	36.83	329.47	75.70	6.53
海南	0.32	10.05	0.32	16.22	0.18	11.59	2.49	61.11	5.78	48.40	1.64	12.34	7.02	1.82
重庆	0.12	3.75	0.09	3.66	0.03	2.26	0.39	11.79	0.84	10.42	0.24	2.91	0.69	0.32
四川	5.47	140.08	1.42	64.44	0.49	30.56	10.36	263.47	10.45	115.52	3.65	36.49	16.71	6.02
贵州	1.42	34.88	0.50	24.08	0.17	11.96	4.28	107.06	9.92	121.84	0.75	8.05	4.72	1.71
云南	16.40	395.36	1.65	73.16	1.06	72.96	28.05	657.92	37.18	382.80	24.11	233.91	41.61	6.16
西藏	6.56	145.01	0.37	17.48	0.01	0.83	10.68	225.16	14.40	172.98	7.24	74.49	19.26	8.56
陕西	4.38	121.15	2.64	119.80	1.54	104.15	9.94	346.01	21.81	208.61	11.63	104.24	49.80	19.93
甘肃	5.15	133.41	1.45	53.75	1.06	87.59	14.85	337.69	61.32	633.05	30.28	273.01	163.60	35.64
青海	0.35	9.76	0.11	5.14	0.15	10.35	0.81	26.92	25.86	254.00	23.83	228.31	28.73	1.43
宁夏	1.67	46.76	0.69	32.48	0.44	30.49	5.12	142.07	16.12	182.78	8.81	86.53	32.10	9.00
新疆	17.46	481.59	6.10	271.00	3.13	243.31	36.73	1072.94	25.12	313.83	0.10	0.92	131.39	71.22
新疆兵团	1.63	41.84	1.56	72.89	1.47	133.42	5.40	258.31	2.62	28.46	0	0	10.29	8.09

续表

地区	2. 小型	三、种植业机械 (一)耕整地机械 1. 耕整机		2. 机耕船		3. 机引犁	4. 旋耕机	5. 深松机	6. 机引耙	(二)种植施肥机械 1. 播种机	其中：免耕播种机	精少量播种机
	万部	万台(套)	万千瓦	万艘	万千瓦	万台	万台	万台	万台	万台	万台	万台
合　　计	3041.52	897.57	4407.14	18.57	117.79	1303.26	608.68	24.02	725.79	636.73	93.00	395.20
北　　京	0.19	1.78	8.25	0	0	0.12	0.36	0.03	0.09	0.45	0.25	0.19
天　　津	1.52	1.91	8.55	0	0	0.53	1.88	0.09	0.08	1.57	0.83	0.40
河　　北	180.39	5.24	26.30	0	0	50.91	29.12	2.99	6.57	53.28	19.73	23.93
山　　西	51.10	8.61	39.36	0	0	22.64	17.02	0.97	4.82	15.11	2.55	6.84
内 蒙 古	86.64	2.38	6.71	0	0	60.55	8.66	1.76	14.44	59.76	9.51	42.95
辽　　宁	50.94	7.36	33.42	0	0	11.92	10.24	0.66	2.69	21.20	1.88	14.87
吉　　林	190.32	0.52	2.85	0	0	62.78	26.44	3.92	24.44	54.27	2.07	50.33
黑 龙 江	112.99	4.00	27.16	0	0	49.31	22.02	3.22	12.68	65.74	0.47	61.58
上　　海	0.23	0	0	0	0	0.64	0.77	0	0.35	0.03	0	0.01
江　　苏	140.59	2.54	18.81	0	0.01	20.11	91.76	0.37	2.53	30.30	13.68	12.64
浙　　江	13.71	7.36	37.93	0.37	3.83	2.40	10.44	0.29	1.73	0.05	0.01	0.02
安　　徽	503.19	14.93	74.66	0.01	0.13	181.44	68.67	1.31	148.23	46.22	2.59	35.15
福　　建	13.35	19.04	92.18	0.02	0.15	1.28	10.85	0	0.34	0.02	0	0
江　　西	33.42	30.54	132.05	0.38	2.93	4.26	28.70	0.18	4.10	0.08	0.03	0.05
山　　东	324.67	27.10	133.33	0	0.08	144.17	33.16	3.18	71.90	72.52	14.88	33.35
河　　南	661.37	2.70	12.42	0	0	320.51	26.33	1.43	214.62	136.07	15.83	80.76
湖　　北	222.44	45.29	242.97	4.57	44.31	83.43	66.17	0.13	58.57	5.72	0.57	3.38
湖　　南	11.62	181.33	717.39	12.82	64.19	95.00	16.35	0.71	75.50	0.18	0.09	0.08
广　　东	37.66	33.08	156.83	0.27	1.17	7.54	18.88	0.12	6.30	0.01	0	0
广　　西	69.16	63.38	276.93	0.04	0.23	26.18	17.54	0.04	21.64	0	0	0
海　　南	5.20	8.44	28.70	0.06	0.46	2.37	1.61	0.08	1.62	0.05	0	0
重　　庆	0.37	71.24	276.66	0	0	0.05	0.48	0	0.04	0.06	0	0.05
四　　川	10.70	135.67	713.12	0.03	0.30	7.60	18.71	0	2.73	2.00	0.15	1.04
贵　　州	3.01	79.05	467.40	0	0	2.26	3.43	0.05	1.40	0.04	0	0.01
云　　南	35.44	89.75	549.70	0	0	14.84	21.99	0.58	7.67	0.32	0.01	0.09
西　　藏	10.70	0.84	5.47	0	0	7.18	0.36	0	1.82	3.06	0.01	0.09
陕　　西	29.86	20.20	116.99	0	0	14.66	18.72	0.20	0.24	12.89	5.17	4.50
甘　　肃	127.96	27.88	173.33	0	0	50.07	22.85	1.22	25.37	23.15	1.72	11.58
青　　海	27.30	1.34	9.14	0	0	16.11	6.93	0.08	1.13	6.61	0.28	1.15
宁　　夏	23.11	2.01	7.70	0	0	15.78	2.59	0.09	3.65	8.83	0.18	0.67
新　　疆	60.17	1.72	9.32	0	0	25.96	5.16	0.22	7.71	15.39	0.46	8.43
新疆兵团	2.20	0.34	1.51	0	0	0.66	0.49	0.10	0.79	1.75	0.05	1.06

续表

地区	2.水稻种植机械 (1)水稻直播机	(2)水稻插秧机		其中:乘坐式		(3)水稻浅栽机		3.化肥深施机	4.地膜覆盖机	(三)农用排灌机械 1.排灌动力机械	
	万台	万台	万千瓦	万台	万千瓦	万台	万千瓦	万台	万台	万台	万千瓦
合　计	2.31	72.57	337.48	24.24	156.66	0.68	1.61	82.70	58.84	2315.81	14634.23
北　京	0	0	0	0	0	0	0	0.25	0.01	3.94	45.57
天　津	0	0.07	0.65	0.05	0.52	0	0	0.01	0.32	10.20	114.33
河　北	0	0.16	1.42	0.07	0.61	0	0.01	6.24	4.61	249.97	2145.78
山　西	0	0	0	0	0	0	0	2.46	3.00	17.30	212.14
内蒙古	0	0.64	4.59	0.04	0.31	0	0	3.62	5.08	40.09	396.26
辽　宁	0.01	3.55	16.87	1.06	7.03	0.06	0.27	1.09	0.74	105.97	361.43
吉　林	0	5.19	26.71	0.88	6.48	0.02	0.10	23.80	1.03	46.43	307.64
黑龙江	0	26.25	130.56	16.40	84.47	0	0	1.74	1.31	39.30	385.24
上　海	0.09	0.19	2.18	0.19	2.18	0	0	0	0	1.36	24.88
江　苏	0.52	14.67	62.98	2.63	29.23	0	0.02	0.46	0.11	61.33	693.46
浙　江	0.03	1.13	8.83	0.78	7.20	0	0.02	0.31	0	95.34	286.82
安　徽	0.26	2.75	11.11	0.48	4.50	0	0	8.71	0.99	161.76	702.11
福　建	0	0.96	3.37	0.10	0.81	0	0	0	0.03	19.65	120.30
江　西	0.03	1.46	4.95	0.07	0.86	0.03	0.11	0.39	0	62.50	406.94
山　东	0	0.15	0.77	0.03	0.21	0	0	3.11	13.44	311.56	2388.06
河　南	0	0.40	2.44	0.11	1.09	0	0	11.28	1.78	168.61	1194.69
湖　北	0.58	6.02	19.48	0.31	2.70	0	0	2.32	0.44	104.60	749.75
湖　南	0.14	3.17	17.36	0.45	3.84	0.01	0.04	1.97	0.23	249.84	1074.26
广　东	0	1.06	5.64	0.21	1.78	0	0	0.26	0	88.30	479.41
广　西	0	1.75	5.72	0.07	0.48	0.03	0.03	0.11	0.26	87.98	398.11
海　南	0	0.10	0.36	0.01	0.07	0.02	0.06	0.12	0	20.37	110.25
重　庆	0	1.24	3.42	0.01	0.02	0.01	0.02	0	0.01	100.96	310.26
四　川	0	0.81	3.75	0.13	1.25	0.49	0.89	0.70	0.24	102.66	571.18
贵　州	0	0.19	0.62	0.01	0.10	0	0	0.01	0.05	55.08	244.16
云　南	0	0.21	1.13	0.03	0.27	0	0.01	0.03	0.05	41.70	227.41
西　藏	0	0	0	0	0	0	0	0	0.02	0.86	7.96
陕　西	0.01	0.02	0.16	0.01	0.05	0.01	0.03	0.85	1.57	39.35	241.98
甘　肃	0	0	0	0	0	0	0	6.68	11.76	16.89	170.09
青　海	0	0	0	0	0	0	0	1.17	0.07	0.29	10.18
宁　夏	0.63	0.17	0.63	0.06	0.26	0	0	0.63	1.01	3.15	27.44
新　疆	0.01	0.19	1.40	0.01	0.10	0	0	3.38	10.23	5.84	137.05
新疆兵团		0.07	0.38	0.04	0.24	0	0	1.00	0.45	2.63	89.09

续表

地区	其中:柴油机		电动机		2.农用水泵	3.节水灌溉类机械	(四)田间管理机械		2.茶叶修剪机		(五)收获机械	
							1.机动喷雾(粉)机				1.联合收获机	
	万台	万千瓦	万台	万千瓦	万台	万套	万台	万千瓦	万台	万千瓦	万台	万千瓦
合计	939.93	6885.80	1302.96	7371.64	2249.18	222.85	618.85	1071.60	38.20	44.55	173.90	8632.01
北京	0.26	1.88	3.69	43.69	3.32	1.03	1.99	1.41	0	0	0.15	12.80
天津	3.79	31.90	6.35	81.51	8.52	0.27	0.96	2.50	0	0	0.58	42.41
河北	94.27	847.61	154.46	1293.87	169.73	5.69	50.50	87.70	0	0	13.77	812.63
山西	2.68	37.11	14.61	174.87	15.34	1.57	4.21	10.90	0	0	3.44	206.28
内蒙古	21.80	231.77	18.29	164.49	39.09	7.17	7.69	18.22	0	0	3.01	191.99
辽宁	22.59	173.48	80.38	179.48	121.52	13.33	9.83	18.95	0	0	2.45	144.60
吉林	26.57	205.37	19.86	102.27	59.59	4.03	1.34	2.68	0	0	6.32	312.56
黑龙江	24.95	256.41	14.35	128.81	49.36	4.16	10.49	29.95	0	0	11.87	874.81
上海	0	0.02	1.36	24.86	1.36	0.77	2.26	5.18	0	0	0.27	13.93
江苏	17.89	183.95	42.54	505.10	65.92	7.41	67.04	95.78	0.94	1.26	15.91	789.38
浙江	8.47	41.61	83.07	234.55	84.94	2.92	20.70	38.36	4.99	5.06	1.78	69.60
安徽	39.13	294.89	118.99	396.88	179.06	20.64	47.07	58.23	7.84	6.75	17.42	899.92
福建	10.16	67.28	7.13	41.00	19.74	2.13	43.57	70.46	7.06	6.78	0.82	31.26
江西	35.24	233.63	24.10	164.54	44.67	13.22	14.83	32.15	0.33	0.70	6.56	256.64
山东	180.70	1501.41	126.21	861.54	296.44	52.30	50.91	110.68	0.42	0.74	26.93	1118.49
河南	54.10	526.74	113.36	664.19	223.34	21.56	29.53	55.49	1.33	1.32	24.15	1312.06
湖北	26.44	243.85	73.73	494.65	110.13	12.08	73.02	87.26	8.17	11.27	8.87	401.41
湖南	133.32	653.66	112.25	394.66	233.43	2.76	39.78	58.52	0.45	0.94	11.37	395.98
广东	45.19	260.17	36.98	206.04	80.16	13.50	25.50	50.67	0.48	0.94	2.56	72.09
广西	52.74	271.79	30.61	111.77	89.97	13.19	13.51	32.80	0.24	0.27	3.04	96.69
海南	15.62	82.50	4.58	26.62	14.61	0.92	8.56	17.85	0.10	0.15	0.42	10.68
重庆	14.06	69.95	77.27	125.15	101.34	0.16	7.41	9.02	0.22	0.18	0.83	15.88
四川	52.90	320.75	39.83	227.57	91.29	2.47	35.13	61.59	2.95	3.51	2.94	84.94
贵州	23.68	135.58	27.23	65.85	56.22	2.29	4.89	7.88	0.65	1.47	0.23	6.26
云南	22.46	115.46	14.72	95.34	32.05	2.77	13.34	25.31	1.38	2.18	0.72	24.60
西藏	0.76	7.04	0.10	0.92	0.54	0	0.83	4.01	0		0.55	26.31
陕西	5.72	48.00	33.34	183.53	33.26	4.41	18.99	44.81	0.56	0.88	4.11	216.46
甘肃	2.61	18.45	13.63	147.05	12.76	1.87	4.81	14.30	0.09	0.15	0.81	48.77
青海	0.05	0.87	0.23	8.17	0.20	0.12	0.51	1.26	0	0	0.23	13.57
宁夏	0.48	4.17	2.67	23.23	3.85	0.76	0.41	1.60	0	0	0.82	43.74
新疆	0.90	12.14	4.81	116.71	5.61	5.96	8.24	14.18	0	0	0.80	70.62
新疆兵团	0.40	6.36	2.23	82.73	1.82	1.39	1.00	1.90	0	0	0.17	14.65

续表

地区	(1)稻麦联合收割机		其中：自走式	其中：半喂入式		(2)玉米联合收获机		其中：自走式	2. 割晒机		3. 其他收获机械	
	万台	万千瓦	万台	万台	万千瓦	万台	万千瓦	万台	万台	万千瓦	万台	万千瓦
合计	131.84	6214.06	114.71	11.75	482.92	42.07	2417.93	31.32	46.50	82.09	161.56	594.96
北京	0.07	5.58	0.07	0	0	0.09	7.22	0.08	0	0	0.14	3.05
天津	0.32	19.75	0.29	0.03	1.63	0.27	22.67	0.26	0.02	0.13	0.47	2.14
河北	8.48	479.31	7.65	0.07	2.80	5.29	333.32	4.59	3.04	1.12	13.79	20.03
山西	1.34	75.08	1.16	0	0	2.10	131.20	1.79	1.05	0	4.24	5.21
内蒙古	0.65	47.73	0.58	0.02	1.18	2.36	144.26	1.70	3.02	6.04	15.70	37.91
辽宁	0.66	28.23	0.51	0.41	17.19	1.79	116.37	1.42	0.40	3.50	3.52	5.42
吉林	1.99	88.12	1.82	0.79	34.57	4.34	224.44	3.25	0.27	0.90	1.61	9.96
黑龙江	8.33	531.38	7.52	0.81	41.76	3.54	343.43	2.76	1.78	15.58	10.54	172.98
上海	0.27	13.93	0.27	0.18	8.01	0	0	0	0	0	0.07	0.57
江苏	14.74	726.61	13.06	3.21	127.96	1.17	62.77	1.03	0.05	0.20	17.63	35.09
浙江	1.78	69.60	1.57	0.39	16.15	0	0	0	0.04	0.07	1.25	5.92
安徽	15.60	779.12	14.66	1.21	49.76	1.81	120.80	1.74	4.08	0	7.11	17.56
福建	0.82	31.26	0.81	0.15	5.96	0	0	0	0.08	0.12	4.05	5.60
江西	6.56	256.64	6.15	0.24	10	0	0	0	0.02	0.07	0.81	5.58
山东	16.59	709.86	11.72	0.26	10.58	10.35	408.63	5.89	4.81	3.73	20.78	28.91
河南	17.66	968.42	15.72	0.71	33.91	6.49	343.64	5.11	5.80	12.95	27.06	17.67
湖北	8.68	392.33	7.08	0.86	36.75	0.20	9.08	0.12	2.14	6.72	7.52	49.17
湖南	11.37	395.79	10.24	0.37	14.45	0	0.18	0	0.28	0.46	1.63	8.70
广东	2.56	72.09	2.26	0.50	17.20	0	0	0	0.16	0.38	1.31	2.37
广西	3.03	96.65	2.66	0.65	20.76	0	0.04	0	7.19	11.64	0.57	3.06
海南	0.42	10.68	0.28	0.01	0.44	0	0	0	0.55	1.31	0.25	1.67
重庆	0.83	15.88	0.82	0.22	6.88	0	0	0	0.33	1.11	0.63	1.43
四川	2.93	84.50	2.60	0.34	11.41	0.01	0.43	0	2.17	3.18	2.12	13.14
贵州	0.22	6.16	0.18	0.08	2.51	0	0.10	0	0.24	0.79	1.80	4.12
云南	0.71	23.97	0.51	0.11	4.46	0.01	0.63	0.01	0.16	0.48	0.19	2.11
西藏	0.53	26.31	0.43	0	0.19	0.02	0	0	2.50	0	0.61	1.22
陕西	2.78	138.14	2.41	0.06	2.45	1.33	78.33	0.88	0.18	0.60	3.56	5.43
甘肃	0.50	27.49	0.39	0.01	1.26	0.31	21.27	0.22	2.39	3.78	3.35	25.54
青海	0.22	13.46	0.16	0	0.03	0	0.11	0	0.54	2.80	0.43	5.81
宁夏	0.51	24.02	0.47	0.03	1.62	0.31	19.72	0.23	0.16	0.44	1.27	3.35
新疆	0.56	45.41	0.53	0.02	0.76	0.24	25.21	0.21	3.05	3.99	6.27	50.64
新疆兵团	0.13	10.56	0.13	0.01	0.29	0.04	4.08	0.03	0	0	1.28	43.60

续表

地区	其中:大豆收获机		油菜籽收获机		马铃薯收获机		甜菜收获机		花生收获机		棉花收获机	
	万台	万千瓦	万台	万千瓦	万台	万千瓦	万台	万千瓦	万台	万千瓦	万台	万千瓦
合计	1.96	151.89	2.09	98.78	5.96	9.70	0.12	2.14	14.25	7.54	0.37	54.88
北京					0	0.03	0	0	0	0.02	0	0
天津	0	0	0	0	0	0	0	0	0	0	0	0
河北	0	0	0	0	0.21	0.21	0.01	0.07	0.31	1.03	0.02	0.06
山西	0.01	0	0	0	0.74	0	0.02	0	0	0	0	0
内蒙古	0.28	19.11	0.04	2.45	1.38	0.23	0.05	0.10	0	0	0	0.03
辽宁	0.03	0.44	0	0	0.07	0.15	0	0.01	2.86	0.01	0	0
吉林	0.10	3.61	0	0	0.03	0	0	0	0.27	0	0	0
黑龙江	1.52	127.38	0	0	0.15	1.84	0.01	0.43	0.01	0	0	0
上海	0	0	0	0.10	0	0	0	0	0	0	0	0
江苏	0	0	0.41	19.97	0	0.01	0	0	0.03	0.42	0	0
浙江	0	0.01	0.08	3.59	0	0	0	0	0	0	0	0
安徽	0.01	0.65	0.25	11.14	0	0	0	0	0.17	0.20	0	0
福建	0	0	0	0.24	0.02	0.13	0	0	0	0	0	0
江西	0	0.01	0.10	3.43	0	0	0	0	0.27	0.92	0	0
山东	0.01	0.11	0	0.06	1.83	2.85	0	0	3.89	2.05	0	0.17
河南	0	0.23	0.12	6.30	0.08	0.41	0	0	6.30	1.39	0	0
湖北	0	0.23	0.65	32.45	0.01	0.35	0	0.01	0.14	1.37	0	0
湖南	0	0.06	0.13	5.18	0	0.08	0	0.04	0	0.02	0.06	0.18
广东	0	0	0	0	0.02	0.22	0	0	0	0.04	0	0
广西	0	0	0	0	0	0	0	0	0	0	0	0
海南	0	0	0	0	0	0	0	0	0	0	0	0
重庆	0	0	0	0.04	0	0.04	0	0	0	0	0	0
四川	0	0.02	0.19	8.58	0.01	0.16	0	0	0	0	0	0
贵州	0	0	0	0.17	0.04	0.55	0	0	0	0	0	0
云南	0	0	0.01	0.25	0.04	0.43	0	0	0	0	0	0
西藏	0	0	0	0	0.02	0	0	0	0	0	0	0
陕西	0	0	0.01	0.46	0.24	0.51	0	0	0	0.01	0	0
甘肃	0	0.01	0.01	0.42	0.53	0.76	0	0	0	0	0	0.14
青海	0	0	0.07	3.22	0.13	0.45	0	0	0	0	0	0
宁夏	0	0	0	0	0.32	0.06	0	0	0	0	0	0
新疆	0	0	0.01	0.49	0.07	0.09	0.02	0.81	0	0.05	0.11	14.27
新疆兵团	0	0.02	0.01	0.24	0.02	0.14	0.01	0.67	0	0.01	0.18	40.03

续表

地区	蔬菜收获机		茶叶采摘机		青饲料收获机		牧草收获机		秸秆粉碎还田机	秸秆捡拾打捆机	
	万台	万千瓦	万台	万千瓦	万台	万千瓦	万台	万千瓦	万台	万台	万千瓦
合　　计	0.86	3.22	11.48	17.13	4.09	91.25	17.85	33.87	81.09	3.71	19.80
北　　京	0		0	0	0.01	2.98	0	0	0.11	0.01	0
天　　津	0	0	0	0	0.03	2.04	0	0.06	0.42	0	0.04
河　　北	0.01	0	0	0	0.51	16.48	0.15	0.44	11.88	0.14	1.05
山　　西	0	0	0	0	0.19	3.09	0.32	1.77	2.65	0.05	0.02
内 蒙 古	0.07	0	0	0	0.47	11.89	10.51	3.01	1.51	0.93	0.08
辽　　宁	0.01	0.09	0	0	0.04	0.79	0.07	0.52	0.27	0.11	1.73
吉　　林	0	0	0	0	0.03	1.32	0.16	3.42	0.22	0.11	1.45
黑 龙 江	0	0.01	0	0	0.26	19.40	0.23	1.16	5.39	0.16	1.67
上　　海	0	0.01	0	0	0	0.45	0	0	0.05	0.01	0
江　　苏	0.28	0.37	0.11	0.31	0.16	3.17	0.07	2.04	15.49	0.35	6.30
浙　　江	0	0.04	0.77	1.34	0.06	0.26	0.10	0.49	0.13	0.02	0.18
安　　徽	0	0	0.70	0.72	0.18	1.56	0	0	4.78	0.38	1.21
福　　建	0	0	3.84	4.79	0.01	0.04	0.01	0.02	0	0	0
江　　西	0	0	0.19	0.38	0.01	0.03	0.02	0.10	0.15	0	0.03
山　　东	0.47	2.13	0.07	0.18	0.41	4.70	0.03	0.14	11.11	0.13	0.39
河　　南	0	0	0.16	0.31	0.11	3.80	0.03	0.14	17.40	0.36	1.09
湖　　北	0	0.03	3.09	5.62	0.85	1.75	0.09	0.66	1.49	0.06	0.98
湖　　南	0	0.07	0.83	1.32	0.03	0.18	0.02	0.51	0.03	0	0
广　　东	0	0	0.16	0.27	0.04	0.05	0.01	0.02	0.62	0	0
广　　西	0	0	0.12	0.16	0	0	0	0	0.43	0	0
海　　南	0	0	0	0	0	0	0	0	0	0	0
重　　庆	0	0	0.02	0.05	0	0	0	0.07	0.03	0	0.01
四　　川	0	0	0.49	0.78	0	0.07	0.10	0.29	1.17	0.03	0.04
贵　　州	0	0	0.82	0.69	0.32	1.31	0.32	0.59	0.14	0	0.06
云　　南	0	0	0.05	0.12	0	0	0	0.01	0.01	0	0.03
西　　藏	0	0	0	0	0	0	0.42	0	0	0	0.05
陕　　西	0	0	0.06	0.09	0.03	2.29	0.37	0.93	2.41	0.08	0.54
甘　　肃	0.01	0.05	0	0	0.21	4.94	2.02	13.46	0.31	0.15	1.48
青　　海	0	0	0	0	0.02	0.97	0.12	0.64	0.01	0.04	0.13
宁　　夏	0	0	0	0	0.01	1.25	0.84	1.62	0.04	0.04	0.37
新　　疆	0.01	0.32	0	0	0.09	5.27	1.77	1.57	2.21	0.50	0.87
新疆兵团	0	0.10	0	0	0.01	1.17	0.07	0.19	0.63	0.05	0

续表

地区	玉米收获专用割台	大豆收获专用割台	油菜籽收获专用割台	(六)收获后处理机械 1.机动脱粒机		2.谷物烘干机		3.种子加工机械		4.保鲜储藏设备		(七)设施农业设备 1.水稻工厂化育秧设备	2.温室	其中:设施总面积	连栋温室
	万台	万台	万台	万台	万千瓦	万台	万千瓦	万台	万千瓦	万台(套)	万千瓦	万套	千公顷	千公顷	千公顷
合计	6.30	1.89	1.53	1061.80	2069.38	6.87	91.50	3.87	12.51	12.54	110.12	1.68	2168.38	2132.16	46.21
北京	0			0.39	2.48	0	0.02	0		0.28	4.43	0	19.83	19.83	0.88
天津	0.02	0	0	2.03	3.47	0	0.10	0	0	0.03	0.36	0	38.22	38.22	1.32
河北	0.29	0	0	19.82	13.67	0.03	0.18	0.13	0.52	0.11	1.16	0.01	207.58	207.48	0.40
山西	0.16	0.01	0	9.14	0	0.04	0	0.04	0	0.11	0.85	0	61.55	61.55	0.32
内蒙古	0.14	0.18	0.11	11.31	1.36	0.06	1.73	0.71	0.38	0.01	0.27	0	72.95	72.89	3.71
辽宁	0.01	0.02	0	14.75	58.98	0.13	5.29	0.01	0.15	0.60	13.02	0.14	405.47	389.27	0.63
吉林	0.01	0.68	0	15.73	28.86	0.13	0.36	0.19	0.71	0	0	0.07	19.01	19.00	0.19
黑龙江	1.64	0.90	0	17.41	62.16	0.23	6.74	0.62	1.19	0.01	0.08	0.11	24.83	24.83	1.40
上海	0	0	0	0.06	0.39	0.08	0.83	0	0.03	0.27	1.55	0.05	5.66	5.66	0.18
江苏	0.29	0	0.08	10.50	32.21	1.12	18.19	0.08	0.88	1.26	13.86	0.30	332.34	330.71	17.85
浙江	0.02	0.01	0.06	50.47	85.94	0.62	5.95	0.01	0.05	0.58	11.63	0.20	47.63	47.63	2.77
安徽	0.30	0.01	0.28	34.24	39.55	0.65	5.19	0.10	0.32	0.37	3.37	0.17	49.18	49.18	2.87
福建	0	0	0	10.84	26.29	0.10	1.00	0.02	0.15	1.22	5.68	0.02	8.29	8.29	0.26
江西	0	0	0.03	29.24	73.12	0.24	4.31	0.05	0.23	0.08	0.43	0.04	3.44	3.19	0.08
山东	0.94	0.01	0	39.53	52.02	0.12	2.60	0.18	0.45	0.63	8.24	0	296.80	285.79	4.42
河南	1.77	0.01	0.04	54.59	37.93	0.13	1.74	0.13	0.19	0.43	0.98	0.02	75.9	75.14	0.29
湖北	0.18	0.05	0.56	35.21	75.97	0.24	7.21	0.06	0.33	1.84	5.64	0.22	97.95	97.95	3.23
湖南	0	0	0.29	127.86	309.33	0.52	5.90	0.08	0.22	1.58	1.25	0.17	10.12	9.91	0.12
广东	0	0	0	53.56	115.09	0.22	2.56	0	0	0.51	3.17	0.02	14.63	13.74	1.84
广西	0	0	0	95.15	216.79	0.14	0.88	0	0	0.18	1.51	0.02	0.40	0.40	0
海南	0	0	0	4.46	10.05	0.02	0.13	0.24	0.18	0.23	0.73	0.01	2.23	2.21	0.01
重庆	0	0	0	74.95	9.75	0.28	4.87	0.05	0.05	0.22	1.77	0.02	44.31	44.30	0.01
四川	0.01	0	0.02	172.83	330.32	0.15	1.28	0.01	0.07	0.23	2.93	0.01	89.46	85.80	1.93
贵州	0	0	0	52.46	101.25	0.45	2.37	0	0.01	0.05	0.55	0	0.59	0.59	0.04
云南	0	0	0	40.22	126.98	0.25	1.15	0.02	0.10	0.22	4.34	0	27.40	26.61	0.20
西藏	0	0	0	6.13	27.59	0	0	0.02	0.10	0	0	0	1.13	1.13	0
陕西	0.27	0	0	41.85	95.26	0.32	0.89	0.06	0.40	0.72	10.48	0	66.81	66.26	0.11
甘肃	0.06	0	0.01	25.52	83.40	0.12	0.84	0.78	3.23	0.18	7.54	0	58.12	58.05	0.08
青海	0	0	0.04	3.64	31.80	0	0	0.12	0.16	0	0.06	0	7.10	7.10	0.89
宁夏	0.01	0	0	2.18	5.97	0.14	0.89	0.03	0.43	0.01	0.03	0.08	43.91	43.91	0.03
新疆	0.14	0	0	5.60	10.37	0.33	8.24	0.08	1.83	0.56	4.02	0	30.26	30.26	0.14
新疆兵团	0.04	0.01	0.01	0.13	1.03	0.01	0.06	0.05	0.15	0.02	0.19	0	5.30	5.30	0.02

续表

地区	日光温室	塑料大棚	四、农产品初加工机械 (一)农产品初加工动力机械		其中: 柴油机		电动机		(二)农产品初加工作业机械	其中: 1.粮食加工机械	2.油料加工机械	3.棉花加工机械
	千公顷	千公顷	万台	万千瓦	万台	万千瓦	万台	万千瓦	万台(套)	万台	万台	万台
合计	697.40	1388.55	1527.69	8949.50	306.66	2644.50	1202.57	6187.14	1430.80	1129.76	79.59	23.66
北京	11.32	7.62	0.53	4.57	0	0	0.53	4.57	0.53	0.40	0.02	
天津	18.64	18.26	2.29	7.77	1.13	1.28	1.16	6.49	0.64	0.54	0.06	0.04
河北	80.87	126.22	98.37	905.42	11.41	132.21	86.84	772.42	48.52	36.67	7.85	3.39
山西	34.73	26.5	23.89	201.54	2.02	24.10	21.77	177.13	18.41	15.24	2.21	0.44
内蒙古	39.9	29.29	10.86	99.77	3.07	32.96	7.79	66.81	6.90	6.16	0.60	0
辽宁	246.17	142.47	21.73	135.26	1.71	25.49	18.28	108.41	15.86	15.02	0.67	0.01
吉林	5.19	13.63	16.21	153.39	4.17	43.83	12.04	109.56	13.24	12.24	0.99	0
黑龙江	1.11	22.32	13.63	147.65	5.72	68.16	7.91	79.49	6.21	5.32	0.88	0
上海	0	5.48	0.28	2.69	0.01	0.05	0.27	2.42	0.28	0.25	0.01	0
江苏	23.91	288.94	26.31	270.73	5.52	57.99	20.41	208.53	23.66	17.83	2.72	1.13
浙江	0.02	44.83	19.66	131.45	4.18	40.03	14.77	90.64	50.63	12.21	0.87	0.44
安徽	5.58	40.72	54.04	363.82	13.02	128.45	39.01	233.26	56.83	24.24	4.78	2.28
福建	0.01	8.01	71.15	224.25	4.01	32.55	65.97	190.04	69.64	11.46	1.45	
江西	0.03	3.08	32.81	310.45	15.73	156.52	16.71	151.06	28.59	20.11	3.59	1.54
山东	109.46	171.91	101.12	915.72	36.57	351.70	63.23	550.34	51.34	37.54	6.59	2.95
河南	21.49	53.37	85.57	611.00	16.28	154.84	68.98	452.71	57.59	35.83	9.35	4.48
湖北	3.31	91.40	94.38	467.10	13.17	113.54	80.04	350.72	95.14	72.45	4.70	1.55
湖南	0.05	9.75	146.10	752.73	51.88	365.31	93.65	386.56	140.59	126.09	6.80	3.16
广东	0.18	11.73	29.70	246.82	8.15	75.08	20.95	160.85	24.72	18.21	3.09	0.01
广西	0.01	0.39	96.41	519.46	29.23	238.57	65.33	275.75	99.92	91.05	3.47	0.18
海南	0.02	2.19	2.87	29.95	1.52	16.06	1.34	13.85	2.24	1.98	0.10	0
重庆	0	44.29	102.22	359.29	13.11	96.06	85.53	210.52	119.13	107.40	1.86	0.05
四川	2.94	80.92	159.93	664.30	37.28	246.16	122.20	412.21	199.93	184.53	6.80	0.50
贵州	0	0.54	164.46	551.23	10.57	90.38	153.89	460.84	164.81	159.39	3.07	0.47
云南	0.22	26.19	86.35	440.09	10.22	78.86	75.72	358.11	86.42	80.57	1.00	0.01
西藏	0.26	0.87	1.39	5.71	0.14	0.58	1.25	5.13	1.41	1.19	0.22	0
陕西	15.97	50.19	41.20	206.94	5.22	54.56	34.68	148.97	26.22	21.00	1.64	0.40
甘肃	23.22	34.75	15.37	121.27	1.05	10.35	14.24	110.23	14.32	10.92	2.55	0.21
青海	3.10	3.11	1.32	10.31	0.02	0.18	1.19	9.69	1.51	0.63	0.47	0
宁夏	30.67	13.21	2.39	25.23	0.02	0.31	2.37	24.92	2.14	1.61	0.51	0
新疆	15.65	14.47	3.60	41.46	0.45	6.22	3.06	34.91	3.31	1.65	0.65	0.39
新疆兵团	3.36	1.92	1.55	22.13	0.08	2.12	1.46	20	0.12	0.03	0.02	0.03

续表

地区	4.果蔬加工机械	5.茶叶加工机械	五、畜牧养殖机械		其中：饲草料加工机械		畜牧饲养机械		畜产品采集加工机械		其中：挤奶机	
	万台(套)	万台(套)	万台(套)	万千瓦	万台(套)	万千瓦	万台(套)	万千瓦	万台(套)	万千瓦	万台	万千瓦
合计	16.71	141.44	727.28	2406.45	611.17	1926.32	53.02	191.07	20.98	74.72	10.86	47.98
北京	0.05		1.65	12.16	0.76	5.47	0.57	3.28	0.32	3.41	0.19	2.88
天津	0	0	0.73	5.97	0.63	5.44	0.03	0.17	0.07	0.34	0.04	0.33
河北	0.25	0	15.38	102.86	9.36	64.50	3.22	25.64	2.62	11.78	1.71	7.71
山西	0.50	0	9.14	44.72	7.36	36.51	0.73	4.24	0.92	2.86	0.73	2.29
内蒙古	0.01	0	26.18	144.30	23.47	136.13	0.70	3.23	2.02	4.65	1.39	4.01
辽宁	0.07	0	20.17	82.36	17.05	67.79	2.50	9.97	0.43	2.34	0.26	1.72
吉林	0.01	0	16.70	93.34	10.71	71.45	1.15	9.17	4.84	12.73	0.18	7.93
黑龙江	0	0	11.66	117.79	6.10	23.14	1.54	3.87	1.86	4.68	1.78	4.21
上海	0.02	0	0.18	2.05	0.11	1.13	0.02	0.32	0.05	0.61	0.03	0.36
江苏	0.58	0.97	16.82	100.47	13.55	82.93	1.78	9.63	0.76	3.83	0.46	1.59
浙江	0.52	36.59	5.12	24.86	2.82	14.69	1.77	3.15	0.07	0.17	0.06	0.14
安徽	0.21	23.84	7.92	48.32	6.27	39.85	1.29	6.90	0.03	0.08	0.03	0.07
福建	1.08	47.29	6.00	36.45	3.72	26.43	1.96	8.50	0.07	0.71	0.03	0.44
江西	0.62	0.84	4.79	37.80	3.44	27.67	0.67	4.52	0.13	1.17	0.01	0.06
山东	2.21	0.80	22.58	130.67	19.00	104.57	1.66	8.34	1.17	5.22	0.80	2.69
河南	0.38	4.63	23.53	86.43	18.71	67.30	3.29	7.71	0.69	3.61	0.54	2.33
湖北	1.20	9.15	47.81	101.03	35.00	75.07	10.86	20.37	0.50	1.15	0.03	0.15
湖南	0.83	2.53	25.65	107.51	20.81	91.95	1.88	6.92	0.12	0.93	0.04	0.15
广东	1.03	1.59	15.15	87.47	9.07	59.57	5.32	15.05	0.18	1.54	0.06	0.34
广西	4.59	0.62	35.45	79.64	34.18	74.57	1.23	4.78	0.04	0.29	0.02	0.02
海南	0.03	0.11	1.16	6.60	0.70	5.10	0.40	1.29	0.06	0.19	0.03	0.08
重庆	0.28	0.36	62.20	77.01	52.41	68.96	0.57	1.48	0.13	0.33	0.08	0.24
四川	0.68	4.87	71.46	151.83	66.68	139.39	2.02	5.80	1.04	1.45	0.41	0.73
贵州	0.03	1.84	44.31	128.99	38.55	106.10	3.20	5.95	0.07	0.27	0.06	0.23
云南	0.30	3.46	139.46	211.54	124.04	187.43	0.87	4.28	0.15	0.71	0.14	0.59
西藏	0	0	1.38	2.66	0.97	1.83	0	0	0.41	0.83	0.15	0.34
陕西	0.62	1.87	35.27	134.38	32.13	125.18	1.48	3.86	0.57	2.09	0.52	1.96
甘肃	0.11	0.08	31.33	138.37	28.33	124.20	1.31	6.60	0.61	2.09	0.39	1.36
青海	0.02	0	1.72	15.39	1.38	12.20	0.08	0.62	0.21	0.55	0.05	0.21
宁夏	0	0	16.60	66.64	15.56	61.36	0.72	3.65	0.31	1.48	0.28	0.94
新疆	0.46	0	9.18	24.28	7.92	17.32	0.17	1.36	0.39	1.83	0.27	1.51
新疆兵团	0.02	0	0.60	2.56	0.38	1.09	0.03	0.42	0.14	0.80	0.09	0.37

续表

地区	剪羊毛机		六、渔业机械		其中:增氧机		投饵机		七、林果业机械		其中:挖坑机	
	万台	万千瓦	万台	万千瓦	万台	万千瓦	万台	万千瓦	万台	万千瓦	万台	万千瓦
合计	6.35	6.72	416.34	1815.89	289.60	590.23	95.53	105.49	44.60	152.58	5.81	70.35
北京			1.27	3.97	0.96	3.12	0.29	0.52	0.45	1.31	0.01	0.06
天津	0.03	0.01	6.27	14.04	4.56	13.15	1.69	0.76	0.03	0.69	0.03	0.68
河北	0.05	0.05	6.64	58.66	3.87	13.81	1.93	4.52	0.36	3.68	0.24	3.09
山西	0.06	0.12	0.26	0.73	0.19	0.53	0.06	0.20	0.58	3.74	0.35	3.15
内蒙古	0.60	0.55	0.29	1.51	0.15	0.62	0.13	0.60	0.27	1.55	0.24	1.55
辽宁	0.10	0.07	7.44	20.26	5.54	14.94	1.86	2.42	0.71	4.11	0.12	3.16
吉林	4.66	4.66	0.80	2.59	0.32	1.16	0.41	0.71	0.07	1.08	0.06	1.07
黑龙江	0	0.01	0.46	1.90	0.26	1.06	0.17	0.27	0.14	1.92	0.11	1.62
上海	0	0	3.37	23.61	3.07	7.27	0.18	0.12	0.10	0.17	0	0.01
江苏	0	0	96.28	201.47	53.84	117.88	38.94	33.82	2.25	8.32	0.16	3.02
浙江	0	0.01	27.56	452.69	24.38	46.43	1.37	1.14	3.50	8.94	0.03	0.24
安徽	0	0	7.41	25.66	4.04	8.65	2.30	0.91	3.50	8.87	0.06	0.67
福建	0	0	20.26	231.85	12.37	21.62	1.26	1.73	3.19	11.20	0.58	4.61
江西	0	0.01	5.71	21.17	2.68	9.65	2.17	4.75	0.87	8.72	0.41	6.57
山东	0.09	0.08	13.81	231.55	4.84	11.41	2.07	2.62	1.39	8.06	0.80	6.59
河南	0.01	0.01	4.06	17.11	2.24	10.27	1.46	2.50	0.34	3.33	0.18	2.11
湖北	0	0	44.63	81.81	27.28	60.09	17.09	19.76	11.53	25.24	0.17	5.06
湖南	0	0	14.91	39.92	9.19	22.18	4.21	5.02	1.15	11.69	0.32	9.36
广东	0	0	103.54	282.40	88.77	154.47	9.58	13.69	1.98	11.74	0.65	6.41
广西	0	0	9.11	16.90	8.69	16.34	0.43	0.56	0.73	2.77	0.12	1.82
海南	0.03	0.10	7.85	18.64	6.90	9.10	0.73	0.55	0.12	1.91	0.04	1.64
重庆	0	0	7.40	14.90	5.37	9.38	1.13	1.38	0.73	2.12	0.15	0.66
四川	0.30	0.18	21.58	35.93	16.67	26.16	4.40	3.45	1.08	3.55	0.11	1.11
贵州	0	0	0.16	0.92	0.08	0.16	0.02	0.05	0.53	4.47	0.21	2.25
云南	0	0	2.28	8.01	1.66	6.48	0.42	1.29	0.46	1.84	0.01	0.63
西藏	0.01	0.02	0	0	0	0	0	0	0	0	0	0
陕西	0.04	0.06	1.42	3.61	0.89	2.34	0.51	0.97	2.55	6.46	0.29	2.55
甘肃	0.16	0.30	0.15	0.64	0.08	0.34	0.07	0.25	0.10	0.29	0.04	0.17
青海	0.07	0.12	0.02	0.06	0	0.03	0	0.02	0.01	0	0.01	0
宁夏	0	0.01	0.67	1.36	0.35	0.88	0.32	0.48	2.25	2.83	0.06	0.30
新疆	0.11	0.15	0.68	1.68	0.33	0.63	0.31	0.40	3.49	1.36	0.21	0.19
新疆兵团	0.03	0.20	0.05	0.34	0.03	0.08	0.02	0.03	0.14	0.62	0.04	0

续表

地区	果树修剪机		八、运输机械 1. 农用运输车		(1)三轮汽车		(2)低速载货汽车		2. 手扶变型运输机	
	万台	万千瓦	万台	万千瓦	万台	万千瓦	万台	万千瓦	万台	万千瓦
合计	20.05	39.38	1364.62	21494.21	1079.78	12438.93	252.95	8171.64	73.23	1486.47
北京	0.07	0.18	2.09	25.95	1.44	16.08	0.65	9.87	0.04	0.45
天津	0	0	10.58	144.33	8.59	91.29	1.95	52.57	0	0
河北	0.07	0.42	269.41	3784.66	235.47	2644.79	32.68	1124.41	0.11	1.53
山西	0.23	0.58	98.47	1649.65	81.92	920.83	15.72	670.45	0	0
内蒙古	0	0	40.45	666.48	34.18	503.81	6.26	162.67	0	0
辽宁	0.14	0.20	48.73	771.94	40.20	523.09	5.89	190.24	0.47	7.13
吉林	0.01	0.02	15.15	262.42	8.01	92.40	7.14	167.66	0.26	3.85
黑龙江	0.03	0.30	16.49	232.35	11.44	139.91	4.27	91.93	0	0
上海	0.05	0.06	0	0	0	0	0	0	0	0
江苏	1.51	3.57	18.65	341.78	10	119.70	7.46	182.05	4.48	89.50
浙江	0.56	0.64	7.69	184.50	3.08	24.37	3.41	132.22	2.88	44.25
安徽	0.24	0.45	66.35	828.59	57.01	557.29	9.26	267.12	15.93	462.35
福建	1.11	2.66	3.90	125.12	0.39	4.19	3.02	106.16	6.50	144.05
江西	0.43	1.75	11.40	271.86	2.97	40.92	7.96	221.11	4.66	93.78
山东	0.43	0.65	283.77	3644.86	242.82	2635.50	33.00	932.55	0.92	19.00
河南	0.09	0.52	217.15	2797.01	196.01	2295.19	19.88	479.25	0.12	2.01
湖北	7.77	15.48	23.45	507.33	11.50	158.57	10.39	328.05	0.37	4.03
湖南	0.28	0.79	22.48	719.69	5.80	82.83	14.31	518.54	4.91	81.01
广东	0.84	2.89	12.53	398.40	3.00	37.62	7.73	294.25	2.49	40.10
广西	0.59	0.96	5.20	142.29	1.12	16.26	4.08	126.03	21.33	342.21
海南	0.08	0.14	2.84	47.06	1.49	17.92	1.32	26.81	0.02	0.15
重庆	0.08	0.09	4.61	171.68	0.36	6.33	2.96	115.29	2.83	55.28
四川	0.48	0.95	12.47	421.71	3.14	47.48	8.81	352.27	3.17	71.08
贵州	0.15	0.87	18.68	708.23	3.98	58.41	14.70	649.82	1.14	14.95
云南	0.29	0.57	10.36	437.42	0.90	20.04	6.64	270	0.33	4.70
西藏	0	0	3.09	135.16	0.18	4.57	2.90	130.58	0.18	1.41
陕西	1.98	3.05	50.03	749.21	42.32	545.67	7.43	201.16	0.01	0.14
甘肃	0.04	0.11	64.57	885.56	55.77	610.76	6.96	169.80	0.07	3.45
青海	0	0	3.05	57.63	1.21	16.62	0.72	24.28	0.01	0.06
宁夏	0.59	0.91	16.19	284.47	13.68	182.51	2.46	101.80	0	0
新疆	1.91	0.57	3.12	64.93	1.58	20.64	1.54	44.09	0	0
新疆兵团	0	0	1.67	31.94	0.22	3.34	1.45	28.61	0	0

续表

地区	3. 农用挂车	九、农田基本建设机械		十、其他机械	十一、农业机械原值和净值	2. 农业机械净值
				其中:农用飞机	1. 农业机械原值	
	万台	万台	万千瓦	架	亿元	亿元
合　　计	778.42	48.07	2670.07	1051	9389.99	6780.66
北　　京	0.32	0.07	6.41	0	24.09	16.28
天　　津	0.17	0.37	27.77	3	44.02	32.48
河　　北	72.77	3.55	354.91	71	639.37	448.69
山　　西	6.76	2.07	162.76	7	270.68	199.60
内 蒙 古	51.19	0.93	48.82	1	444.74	321.38
辽　　宁	20.82	1.37	71.59	12	278.88	211.66
吉　　林	37.71	0.32	16.19	0	345.79	246.55
黑 龙 江	40.13	0.44	29.77	95	749.27	585.74
上　　海	0.09	0	0	0	34.44	18.50
江　　苏	11.04	8.53	185.98	24	548.70	376.19
浙　　江	0.31	2.76	236.12	18	268.43	172.80
安　　徽	95.97	1.48	73.36	12	605.47	409.00
福　　建	1.99	1.09	85.27	0	130.87	85.88
江　　西	0.34	1.80	104.30	13	201.55	142.78
山　　东	121.60	4.33	289.97	45	884.07	677.68
河　　南	113.43	2.24	118.97	488	871.10	645.34
湖　　北	75.43	2.68	121.23	60	413.10	291.84
湖　　南	1.00	1.95	124.23	108	350.58	260.16
广　　东	12.78	1.92	89.87	8	204.74	135.70
广　　西	0.81	1.41	94.63	0	300.84	207.27
海　　南	0.63	0.14	8.83	0	44.38	33.34
重　　庆	0.04	0.53	31.51	17	109.15	87.16
四　　川	6.10	1.75	98.72	11	321.94	224.96
贵　　州	2.53	1.10	36.61	4	138.24	98.10
云　　南	3.65	0.75	45.66	2	230.38	171.60
西　　藏	16.39	0.01	0.82	0	60.95	37.51
陕　　西	3.50	1.53	91.31	5	233.20	163.70
甘　　肃	17.06	0.84	37.73	1	223.85	150.49
青　　海	16.37	0.09	5.09	0	26.34	17.61
宁　　夏	7.34	0.45	29.25	0	88.64	59.59
新　　疆	38.91	0.60	39.84	13	250.24	209.54
新疆兵团	1.24	0.97	2.55	33	51.95	41.54

各地区农机化作业情况表

地区	一、农机化作业总体情况 (一)机耕面积	(二)机播面积	(三)机电灌溉面积	(四)机械植保面积	(五)机收面积	二、主要农作物农机化作业情况 (一)小麦 1. 小麦机耕面积	2. 小麦机播面积	3. 小麦机收面积
	千公顷	千公顷	千公顷	千公顷	千公顷	千公顷	千公顷	千公顷
合计	119876.36	86651.20	53231.29	67262.20	87644.38	21963.41	21134.12	22681.41
北京	12.55	94.23	75.44	91.87	80.98	1.12	17.80	20.14
天津	372.09	407.86	265.80	209.01	376.96	105.78	110.13	119.27
河北	5475.26	6624.64	5332.64	3848.51	5192.38	2397.23	2430.44	2408.52
山西	2737.03	2646.58	1003.97	885.63	1824.81	535.87	556.23	547.92
内蒙古	6490.70	7220.20	2007.30	3121.58	5086.50	442.24	631.57	621.37
辽宁	3887.40	3419.22	834.80	1507.05	2099.89	3.06	2.90	1.69
吉林	5071.94	5158.50	1062.40	2922.27	3298.96	1.20	1.20	1.00
黑龙江	14375.29	14202.08	3577.78	10127.43	12931.10	74.07	72.50	66.75
上海	339.71	65.99	186.49	324.56	157.72	55.70	8.47	55.70
江苏	6066.15	4576.06	3581.23	5649.06	5142.77	2398.34	2148.19	2427.46
浙江	1431.29	233.70	1040.80	923.42	869.75	107.16	9.65	117.04
安徽	7525.50	5003.90	3808.92	4697.56	6440.64	2395.80	2183.71	2398.42
福建	1071.79	135.50	365.75	721.69	398.73	0	0	0
江西	4206.07	955.95	1344.77	743.41	3651.32	10.15	2.41	8.25
山东	6050.35	8767.61	6122.30	4662.63	7283.14	2345.28	3695.32	3711.51
河南	9103.94	10399.16	5870.10	5569.87	9789.48	5042.62	5251.19	5352.69
湖北	6004.05	2306.56	3274.12	4850.88	4233.67	1085.08	518.14	1025.18
湖南	6102.26	1244.75	2519.42	2017.23	4010.64	21.26	4.24	28.56
广东	3741.81	264.76	1733.03	1444.61	1654.72	0.65	0	0
广西	4656.53	718.28	778.05	250.70	2111.64	2.30	0	1.35
海南	528.93	6.14	234.96	206.14	265.82	0	0	0
重庆	2168.28	128.20	452.13	430.34	356.64	68.11	0	5.64
四川	4855.07	858.61	1682.26	2990.23	2185.98	996.76	313.00	643.84
贵州	1716.01	63.76	462.63	229.61	309.50	90.79	4.52	10.82
云南	2781.26	141.41	1103.09	1648.09	440.84	400.59	45.44	118.93
西藏	153.40	129.07	8.40	22.79	109.51	106.14	101.51	95.80
陕西	2882.88	2029.62	939.78	1750.07	1821.77	983.11	910.39	914.75
甘肃	2582.15	1617.79	581.70	759.83	1096.38	790.31	563.58	513.44
青海	380.57	295.85	30.46	146.60	224.67	128.52	107.67	84.10
宁夏	918.49	711.25	126.12	220.04	579.60	118.19	111.83	98.28
新疆	4931.01	4870.67	1863.23	3246.25	2575.02	1106.04	1157.59	1108.49
新疆兵团	1256.60	1353.30	961.42	1043.24	1042.85	149.94	174.50	174.50

续表

地区	(二)水稻 1. 水稻机耕面积	2. 水稻机械种植面积	其中: 水稻机播面积	水稻机插面积	水稻机浅栽面积	3. 水稻机收面积	(三)玉米 1. 玉米机耕面积	2. 玉米机播面积	3. 玉米机收面积
	千公顷	千公顷	千公顷	千公顷	千公顷	千公顷	千公顷	千公顷	千公顷
合　　计	29728.17	12770.37	644.55	11982.39	48.00	25698.34	27974.32	33019.81	24135.42
北　　京	0.14	0.11	0.11	0	0	0.10	8.08	73.78	59.30
天　　津	23.79	21.27	0.27	21.00	0	22.67	178.02	233.35	218.69
河　　北	78.38	50.32	8.88	41.40	0	58.40	1038.55	3009.94	2277.44
山　　西	0.39	0	0	0	0	0.22	1552.05	1592.18	1000.46
内 蒙 古	96.01	96.71	1.07	95.51	0.13	92.41	3422.80	4015.78	2609.21
辽　　宁	553.03	498.66	1.94	483.87	0	478.36	2555.87	2441.82	1267.72
吉　　林	790.91	596.46	0	595.46	1.00	651.90	3674.37	4054.26	2368.42
黑 龙 江	3811.26	3821.94	0	3819.21	0	3765.91	7493.87	7481.37	6192.58
上　　海	97.15	52.55	20.76	31.79	0	97.14	0	0	0
江　　苏	2204.80	1875.08	153.18	1714.97	0	2197.86	398.87	320.17	303.18
浙　　江	782.45	208.13	13.34	184.95	2.44	683.60	17.18	0.06	0.04
安　　徽	2208.90	949.00	171.49	775.32	2.19	2099.80	527.04	791.62	640.16
福　　建	707.74	133.83	0.08	133.47	0	376.09	7.01	0	0
江　　西	3307.67	728.63	15.76	704.06	8.62	3196.12	26.51	1.15	3.89
山　　东	113.68	59.67	8.41	47.45	0	97.46	167.25	3054.62	2612.85
河　　南	586.18	190.92	7.29	183.23	0	544.98	645.97	3056.12	2496.16
湖　　北	2168.50	1010.77	107.85	891.53	0	2127.60	534.21	181.63	200.81
湖　　南	4267.21	1008.79	34.51	950.86	3.39	3375.76	89.57	13.02	12.53
广　　东	1833.74	257.63	0.03	253.54	0.56	1552.09	128.94	0	0.29
广　　西	1969.49	503.86	0.68	495.96	0.18	1706.89	419.75	0	7.19
海　　南	250.53	2.94	0.80	2.14	0	243.44	6.68	0	0
重　　庆	658.30	124.77	0	124.60	0.17	317.73	105.33	0.05	0
四　　川	1743.05	363.60	16.57	306.49	28.23	1303.91	867.19	23.88	11.39
贵　　州	605.57	35.60	0.06	35.55	0	223.79	277.83	1.68	2.46
云　　南	597.80	35.66	0.12	34.98	0.01	256.28	827.69	18.86	9.25
西　　藏	0	0	0	0	0	0	4.17	2.92	2.73
陕　　西	108.70	10.91	2.80	6.00	1.08	72.80	849.00	843.94	620.53
甘　　肃	3.00	0.56	0.24	0.21	0	1.70	728.64	404.32	247.15
青　　海	0	0	0	0	0	0	26.39	16.75	2.29
宁　　夏	91.59	86.55	66.08	15.77	0	88.62	289.70	269.97	197.91
新　　疆	50.97	28.21	2.06	26.00	0	47.47	998.65	1003.97	658.19
新疆兵团	17.24	17.24	10.17	7.07	0	17.24	107.14	112.60	112.60

续表

地区	(四)大豆 1. 大豆机耕面积	2. 大豆机播面积	3. 大豆机收面积	(五)油菜 1. 油菜机耕面积	2. 油菜机播面积	3. 油菜机收面积	(六)马铃薯 1. 马铃薯机耕面积	2. 马铃薯机播面积	3. 马铃薯机收面积
	千公顷	千公顷	千公顷	千公顷	千公顷	千公顷	千公顷	千公顷	千公顷
合　　计	4204.77	4200.38	3769.81	5302.35	1658.51	2184.90	3097.23	1388.59	1333.55
北　　京	1.12	1.62	1.12	0.10	0.10	0	0.22	0.02	0.02
天　　津	6.45	6.34	5.36	0	0	0	0	0	0
河　　北	69.50	63.17	15.92	21.52	12.33	2.37	175.36	113.77	103.08
山　　西	64.67	48.16	20.59	3.53	2.13	0	173.40	116.55	112.82
内 蒙 古	310.68	466.75	421.80	112.55	229.75	222.13	570.65	500.52	452.36
辽　　宁	64.77	50.73	20.95	0.67	0.67	0	47.86	18.13	26.11
吉　　林	179.07	151.23	102.73	0	0	0	40.37	16.72	18.41
黑 龙 江	2335.83	2347.61	2293.45	0	0	0	144.06	130.25	119.75
上　　海	0	0	0	4.56	0.65	0.89	0	0	0
江　　苏	122.89	49.57	35.66	234.38	63.03	70.75	16.87	0	0.32
浙　　江	25.89	0.68	0.78	70.30	3.16	16.58	9.99	0.01	0.07
安　　徽	322.49	555.54	519.84	459.23	141.53	219.33	5.94	0	0
福　　建	3.47	0	0	7.08		4.38	33.68	0.05	4.36
江　　西	85.62	4.05	9.14	428.53	142.44	232.68	12.82	0.69	1.67
山　　东	70.31	75.17	28.80	7.64	6.25	3.79	113.85	75.82	81.68
河　　南	99.83	256.41	203.85	268.26	109.23	98.92	29.02	1.10	5.18
湖　　北	97.21	32.10	38.26	1054.18	417.95	627.09	186.01	13.48	14.97
湖　　南	36.41	0.31	1.71	895.03	125.43	292.89	11.29	0.14	0.71
广　　东	27.64	0	0	6.34	0	0	40.30	1.84	4.01
广　　西	47.25	0	0	0	0	0	67.52	0	0
海　　南	0	0	0	0	0	0	0.18	0	0
重　　庆	42.70	0.12	0.10	175.94	1.66	1.79	162.49	0.12	0.10
四　　川	19.38	0.02	0.73	777.22	131.71	207.40	153.70	1.86	3.20
贵　　州	8.98	0	0	184.43	4.01	3.00	103.84	3.35	5.95
云　　南	39.86	0.31	0	171.26	4.44	10.16	163.45	7.96	10.82
西　　藏	1.70	0.79	0	18.81	9.99	1.12	10.82	6.90	3.68
陕　　西	44.29	17.51	4.41	115.52	16.92	12.28	214.21	63.21	76.74
甘　　肃	21.15	24.25	6.04	160.99	103.88	46.90	378.84	162.06	136.19
青　　海	5.76	1.85	0	106.87	94.27	73.47	33.99	10.13	10.45
宁　　夏	5.53	2.26	0.12	0	0	0	169.52	122.31	121.61
新　　疆	38.26	37.77	32.39	14.96	19.88	19.88	22.90	17.52	15.21
新疆兵团	6.06	6.06	6.06	2.45	17.10	17.10	4.08	4.08	4.08

续表

地区	(七)花生			(八)棉花			三、单项农机化作业情况		
	1.花生机耕面积	2.花生机播面积	3.花生机收面积	1.棉花机耕面积	2.棉花机播面积	3.棉花机收面积	1.机械深耕面积	2.机械深松面积	3.机械化免耕播种面积
	千公顷	千公顷	千公顷	千公顷	千公顷	千公顷	千公顷	千公顷	千公顷
合计	3060.41	1932.72	1373.34	3941.55	3088.70	704.62	29025.24	13536.85	14022.30
北京	1.68	0.80	0.20	0.09	0	0	0.97	20.52	86.40
天津	0.27	0.14	0.20	23.41	22.75	0	34.16	64.39	84.12
河北	293.04	209.96	99.92	422.59	396.36	0	927.60	940.40	2333.58
山西	2.63	0.16	0.06	19.03	12.68	0	907.16	348.03	228.28
内蒙古	6.60	5.93	2.20	1.27	1.27	0.60	2780.21	1264.55	1301.81
辽宁	267.83	242.64	228.87	0	0	0	482.35	585.73	158.53
吉林	104.30	90.90	70.60	0	0	0	1308.95	806.67	560.01
黑龙江	4.23	3.69	1.56	0	0	0	4729.37	4047.98	318.44
上海	0	0	0	0	0	0	48.04	0	1.09
江苏	75.10	23.32	12.03	81.89	7.80	0.10	549.33	105.75	149.87
浙江	3.85	0	0	4.42	0	0	111.02	0	3.26
安徽	162.48	79.25	38.01	189.01	0	0	872.56	523.27	933.96
福建	44.45	0	0.01	0	0	0	128.96	0.03	0
江西	134.14	9.88	16.59	16.56	0.02	0.75	382.28	8.94	51.19
山东	662.78	599.84	533.08	435.27	304.52	2.12	2072.79	1098.38	3782.14
河南	643.41	615.02	350.57	96.39	19.33	0	3288.42	1121.18	3007.98
湖北	134.16	40.63	15.27	205.57	8.85	1.64	861.25	141.54	89.62
湖南	20.15	0.75	0.25	119.31	3.23	1.99	937.83	57.18	14.47
广东	209.61	0.02	1.05	0	0	0	526.82	33.72	0
广西	163.36	0	0	0	0	0	458.91	333.33	41.81
海南	23.95	0.12	0	0	0	0	108.84	13.98	0.48
重庆	17.86	0	0	0	0	0	36.32	6.82	0
四川	40.75	0.37	0.03	0.10	0	0	49.20	2.74	18.43
贵州	6.12	0	0	0	0	0	64.94	0	0.10
云南	23.47	0.12	0	0	0	0	774.04	134.89	5.11
西藏	0	0	0	0	0	0	79.05	6.75	0
陕西	10.88	6.70	0.65	32.79	19.52	0.08	654.31	273.55	484.86
甘肃	0	0	0	32.10	31.48	0.61	1176.02	564.91	98.07
青海	0	0	0	0	0	0	172.38	87.62	28.66
宁夏	0	0	0	0	0	0	473.47	67.18	42.54
新疆	2.32	1.49	1.20	1633.75	1632.89	263.40	2771.09	606.33	100.76
新疆兵团	0.99	0.99	0.99	628.00	628.00	433.33	1256.60	270.49	96.73

续表

地　区	其中:机械化免耕覆盖播种面积	4. 保护性耕作面积	5. 精少量播种面积	6. 机械深施化肥面积	7. 机械铺膜面积	8. 农田机械节水灌溉面积	9. 机械播种牧草面积	10. 机械收获牧草数量
	千公顷	千公顷	千公顷	千公顷	千公顷	千公顷	千公顷	万吨
合　计	7409.36	9337.98	42110.25	34670.56	8989.99	15706.62	1156.14	5393.92
北　京	18.19	69.40	28.74	12.58	0.40	46.67	0	0.11
天　津	46.14	67.41	198.82	204.54	31.80	29.01	1.43	4.34
河　北	1427.90	290.19	2451.13	2223.46	674.45	760.67	23.73	163.89
山　西	131.92	679.12	1204.62	1968.80	575.30	258.74	60.37	199.93
内蒙古	727.24	1301.81	4319.26	4081.38	1250.40	1543.89	205.79	1392.45
辽　宁	99.09	475.23	2233.23	2276.61	88.73	219.80	0.16	148.99
吉　林	251.91	551.38	3940.82	3609.40	231.44	1062.40	132.10	813.24
黑龙江	180.22	2990	10999.36	7933.20	251.20	1832.66	259.58	136.35
上　海	1.09	0	20.76	46.26	0	186.49	0	0
江　苏	193.66	104.42	984.81	323.23	27.86	460.31	1.40	80.19
浙　江	3.26	0	1.62	87.31	1.92	138.48	0.66	1.57
安　徽	215.88	105.82	2038.54	1313.03	104.93	1256.03	38.45	319.07
福　建	0	0	0.05	27.15	1.86	61.70	0	0.20
江　西	7.73	5.96	1.80	219.26	0.09	132.67	0	59.02
山　东	2705.13	1196.69	3545.13	1457.93	847.40	1848.29	22.45	4.66
河　南	905.96	491.94	4973.56	2510.83	169.79	1156.06	57.57	113.19
湖　北	71.93	72.42	354.09	203.49	31.82	444.88	6.01	18.76
湖　南	9.51	37.05	8.85	162.07	6.78	416.70	0	0.03
广　东	0	0.05	0	13.63	2.36	266.67	0	0
广　西	0	0	0	533.85	68.14	180.36	0	0.93
海　南	0.32	0	0	4.47	0	34.52	0	0
重　庆	0	26.90	1.19	18.99	1.16	31.53	0	0.05
四　川	11.33	24.79	109.73	45.96	5.20	147.53	1.56	13.35
贵　州	0.44	0.30	0.93	74.26	11.37	28.93	0.30	4.61
云　南	0.32	1.49	9.81	45.63	14.92	145.25	0	0.51
西　藏	0	0	0	0	0.83	1.34	0	0
陕　西	249.34	404.11	583.10	524.15	145.54	219.92	12.45	16.36
甘　肃	50.57	140.97	493.68	1147.28	903.11	191.68	71.97	201.10
青　海	11.52	50.88	52.61	111.79	21.80	12.32	25.07	13.64
宁　夏	18.30	39.50	139.89	213.58	154.84	53.11	57.10	272.54
新　疆	55.59	113.42	2713.37	2531.43	2580.95	1762.16	140.27	925.32
新疆兵团	14.87	96.73	700.75	745.01	783.60	775.85	37.72	489.52

续表

地区	11.机械化秸秆还田面积	12.秸秆捡拾打捆面积	13.机械化青贮秸秆数量	14.农机运输作业量	其中:农业运输作业量	15.农田基本建设作业量	16.农用飞机作业面积	17.农业专业合作社作业服务面积	18.农机跨区作业面积
	千公顷	千公顷	万吨	亿吨·千米	亿吨·千米	万立方米	千公顷	千公顷	千公顷
合计	46065.42	3873.64	9176.22	2566.79	1222.19	342987.51	2190.72	43741.86	25770.33
北京	68.84	7.53	43.53418	1.08	0.75	61.78	0	110.36	30.90
天津	287.56	15.17	101.55	4.74	2.74	3011.49	0	489.29	101.08
河北	3738.87	36.35	916.93	144.73	88.29	4071.49	40.78	847.94	2082.51
山西	1552.19	25.97	241.63	105.18	52.56	17775.79	3.06	1159.45	205.00
内蒙古	1865.95	570.82	2311.14	32.84	26.63	14103.69	15.67	1413.45	574.28
辽宁	485.08	31.65	157.24	80.13	50.66	8590.84	26.87	1246.99	333.65
吉林	1680.40	340.25	590	48.73	38.65	9884.00	0	941.39	754.80
黑龙江	6735.29	434.67	965.96	9.27	7.66	9125.60	1521.46	4234.13	2797.15
上海	135.57	5.37	11.53	0.44	0.06	0	0	338.05	11.42
江苏	3536.35	225.45	86.09	74.39	23.76	25984.32	48.07	12971.69	2228.25
浙江	341.96	14.78	34.96	42.39	22.40	64975.45	0.03	345.27	284.67
安徽	4350.91	441.16	168.08	166.96	50.82	43857.18	24.01	2408.14	3906.26
福建	175.74	2.36	18.47	29.35	14.85	6059.46	4.00	123.42	25.81
江西	1422.08	11.45	0.17	195.34	122.69	15033.59	3.42	299.78	253.72
山东	6204.30	110.82	770.32	525.53	60.96	32595.15	82.99	4868.42	3534.58
河南	5967.14	275.49	360.99	200.30	114.98	7768.35	39.62	4575.60	2914.33
湖北	1530.94	147.78	147.25	74.57	53.10	15286.29	52.22	1792.52	1115.79
湖南	520.35	11.80	4.84	145.71	105.09	20042.80	7.63	1058.75	540.01
广东	498.44	0	3.32	46.82	24.75	9072.77	0.80	412.77	273.43
广西	850.75	5.60	0	83.20	42.08	747.62	0	324.59	325.91
海南	83.71	0	0	16.24	8.41	246.80	0	6.58	49.14
重庆	101.54	0	4.59	33.90	21.97	4529.20	0.33	438.09	74.50
四川	376.94	8.21	29.76	137.30	65.09	6517.02	1.28	685.21	436.41
贵州	72.68	0.40	27.80	40.93	25.50	2707.70	0.30	107.46	36.90
云南	92.29	0	107.93	108.62	67.18	16081.90	0.10	266.79	106.07
西藏	0	0	0	8.45	2.96	414.93	0	31.42	0
陕西	976.08	39.56	365.33	68.26	42.39	2036.39	34.10	729.28	800.50
甘肃	176.50	191.98	502.83	93.53	52.14	23.00	0	368.81	724.30
青海	26.75	19.41	4.80	3.46	2.31	74.96	0	42.68	35.01
宁夏	136.49	62.87	109.88	19.02	13.42	129.57	0.05	266.14	127.39
新疆	1231.36	689.44	1051.56	23.72	16.24	488.69	41.80	782.78	797.39
新疆兵团	842.37	147.30	81.29	1.63	1.10	1689.70	242.14	54.61	289.20

续表

地　区	其中:跨区机耕面积	跨区机播面积	跨区机收面积	其中:跨区机收小麦	跨区机收水稻	跨区机收玉米	四、农产品初加工机械化作业情况 1. 实际脱出农产品总量	其中:机械脱出农产品数量
	千公顷	千公顷	千公顷	千公顷	千公顷	千公顷	万吨	万吨
合　计	5264.75	2575.27	16522.92	7977.33	4544.64	3100.34	169446.73	74745.33
北　京	2.87	4.05	23.99	2.87		21.12	393.60	88.84
天　津	17.19	5.62	63.05	16.21	8.95	28.87	484.93	216.59
河　北	464.49	268.26	1246.72	915.37	5.98	260.61	11998.13	3659.24
山　西	52.77	38.10	113.69	64.11	0	42.03	3364.30	1764.31
内蒙古	107.87	49.60	387.43	71.16	14.73	232.29	6129.40	4021.28
辽　宁	52.57	28.64	243.65	0.84	136.77	91.49	4366.17	2200.55
吉　林	185.30	124.00	422.40	0	204.30	210.30	6488.88	4331.00
黑龙江	894.75	396.24	1148.61	0	320.33	584.53	9179.11	6020.54
上　海	0.98	0	10.44	3.56	6.88	0	576.28	176.56
江　苏	289.42	132.97	1546.61	779.69	688.13	34.02	6959.57	4566.60
浙　江	32.24	5.64	198.92	63.35	130.92	0	4084.64	1477.02
安　徽	668.59	274.25	2924.85	1591.53	1110.65	217.52	5293.00	2845.84
福　建	4.05	4.31	15.99	0	15.04	0	2367.17	804.96
江　西	23.98	8.28	216.05	0	156.88	0.10	3845.46	2341.08
山　东	663.93	476.65	2220.14	1498.08	13.49	627.51	15348.01	7891.28
河　南	454.18	288.49	2045.18	1506.10	142.36	350.08	13977.44	7064.07
湖　北	303.41	50.46	742.02	277.62	397.56	9.79	8532.76	3744.92
湖　南	116.92	8.78	385.56	17.97	308.14	0.01	8465.15	3147.10
广　东	26.49	6.55	238.61	0	237.46	0	9071.53	2378.68
广　西	37.65	8.99	279.27	1.35	275.97	1.94	12606.43	3844.96
海　南	16.43	0.81	27.90	0	23.65	0	1377.16	0
重　庆	6.06	0	68.09	5.11	55.58	0	3425.79	1158.84
四　川	97.76	29.11	292.18	82.12	202.75	1.27	7567.43	2358.79
贵　州	15.60	0.45	20.58	0.65	19.93	0	2014.47	653.88
云　南	58.89	0.21	40.20	9.65	18.59	1.29	6083.08	1972.50
西　藏	0	0	0	0	0	0	139.37	45.02
陕　西	142.53	116.62	475.95	350.04	20.36	102.36	4904.35	1358.17
甘　肃	196.17	52.11	466.47	339.19	0	90.81	3731.48	1621.20
青　海	11.37	7.06	16.57	8.26	0	0.06	169.01	131.83
宁　夏	38.83	4.70	81.32	20.12	18.58	42.62	981.48	329.79
新　疆	193.48	130.17	442.19	265.68	6.19	122.60	3827.46	1875.61
新疆兵团	87.99	54.12	118.30	86.70	4.48	27.11	1693.70	654.27

续表

地区	其中：机械脱粒粮食数量	2. 实际清选农产品总量	其中：机械清选农产品数量	3. 实际保质农产品总量	其中：机械保质农产品数量	其中：机械烘干粮食数量	4. 机械初加工农产品数量	其中：加工粮食数量
	万吨	万吨	万吨	万吨	万吨	万吨	万吨	万吨
合计	52291.21	148084.28	40876.97	146866.08	36251.50	10766.40	69382.09	51427.94
北京	52.25	488.49	109.19	488.49	98.88	3.39	296.90	59.07
天津	187.37	457.93	105.32	477.26	109.97	16.74	153.97	139.16
河北	2816.23	6416.56	887.21	5216.62	705.77	24.90	2564.38	2103.34
山西	1106.01	3076.06	769.60	2928.64	856.28	3.91	2006.23	1052.12
内蒙古	2960.79	4591.70	1553.26	3515.79	1317.54	722.12	1406.80	1176.71
辽宁	1747.56	3727.66	1024.20	3679.26	1003.30	506.25	1722.78	1241.59
吉林	3589.43	5763.35	2808.83	5402.94	1872.77	1208.84	8933.82	6891.69
黑龙江	6094.74	8133.95	4473.23	8615.24	4274.26	2773.25	4009.62	2991.90
上海	112.08	559.27	128.42	578.86	254.86	25.39	66.31	60.36
江苏	3355.06	6658.50	3332.32	6316.21	2077.69	995.54	3543.05	2641.40
浙江	749.30	4168.15	1093.31	4168.15	1221.69	267.65	1043.19	821.96
安徽	2131.02	4406.45	1274.06	4223.49	1063.19	665.99	3587.76	3053.96
福建	461.83	2882.17	800.24	2793.83	643.44	33.76	1434.03	620.12
江西	1811.37	3452.11	1288.69	4018.91	1345.38	514.04	2681.92	2172.31
山东	4642.54	13165.59	2972.09	13353.13	3531.53	382.71	5664.26	3920.15
河南	5217.02	13814.30	4767.74	12982.35	3406.10	113.13	4991.86	3920.41
湖北	2726.71	8532.76	3080.79	8532.76	2551.73	880.93	3294.66	2420.57
湖南	2811.08	8465.15	1035.67	8465.15	1235.92	290.78	3893.00	2836.35
广东	1053.70	7873.86	1670.85	7873.86	1310.25	301.88	5242.43	3502.01
广西	1060.84	11373.13	1342.03	11373.13	1700.28	9.73	1106.38	1057.31
海南	108.32	1377.16	0	1377.16	0	0.43	137.18	132.19
重庆	627.63	3445.89	623.13	3449.57	546.23	6.75	1323.95	1023.22
四川	1968.68	2716.81	458.11	4695.83	864.71	56.54	3276.74	2716.93
贵州	463.60	1579.02	238.37	1567.60	153.59	7.46	796.42	725.09
云南	648.19	6045.86	1082.12	6029.72	842.39	9.48	1710.48	1486.79
西藏	43.81	16.29	0.18	29.26	7.61	0.01	13.80	8.33
陕西	693.42	4904.35	789.83	4904.35	903.87	65.10	1125.60	768.01
甘肃	1237.20	3412.94	641.09	3731.48	432.03	125.07	787.57	608.54
青海	53.91	100.64	36.33	61.38	2.31	1.01	64.63	42.23
宁夏	288.39	748.86	182.65	686.58	78.79	45.22	189.10	170.26
新疆	1201.49	3962.85	1307.95	3894.75	1002.58	538.68	1497.40	794.22
新疆兵团	269.65	1766.46	1000.18	1434.34	836.57	169.70	815.88	269.65

续表

地　区	加工油料数量	加工棉花数量	加工果蔬数量	加工茶叶数量	五、畜牧业机械化作业情况 1. 收获的饲草秸秆总量	其中：机械收获饲草秸秆量	2. 饲草料加工总量	其中：机械化饲草料加工数量
	万吨	万吨	万吨	万吨	万吨	万吨	万吨	万吨
合　计	5209.70	1379.32	5448.16	361.30	63867.07	25755.27	46133.18	31339.38
北　京	0.29	0	42.32	0	81.31	78.93	203.46	196.60
天　津	1.19	1.95	0	0	203.50	176.64	212.71	206.30
河　北	252.00	117.46	48.81	0	3277.65	1423.88	2348.06	1756.61
山　西	29.44	2.88	838.92	0	1388.34	468.32	1150.89	863.07
内蒙古	200.88	0.50	22.80	0	5711.01	3994.99	5298.50	4924.37
辽　宁	63.31	0.07	24.39	0	1846.54	615.64	1384.37	979.81
吉　林	112.08	0.25	1010.72	2.50	2992.87	1169.47	2513.14	2150.56
黑龙江	821.29	0	0.04	0	5230.73	3645.21	4150.16	2946.62
上　海	0.03	0	2.42	0	46.41	38.47	79.35	66.53
江　苏	162.59	12.80	291.12	2.30	1584.98	1254.86	2375.35	2022.09
浙　江	45.99	3.46	107.75	32.32	3.60	1.57	110.68	63.35
安　徽	281.95	50.78	51.14	28.70	1583.69	950.66	1282.84	654.63
福　建	15.67	0	447.67	125.29	85.15	26.93	853.58	485.10
江　西	225.87	37.70	104.66	1.91	322.31	224.75	6.51	2.43
山　东	458.31	126.72	795.50	2.28	4683.37	2980.03	3605.73	2282.92
河　南	531.58	159.42	50.92	4.05	3986.93	1697.76	2919.85	1641.84
湖　北	271.16	75.00	240.57	29.56	6840.76	1260.72	3761.76	1169.80
湖　南	349.36	88.33	111.93	36.72	926.58	138.95	826.73	374.48
广　东	445.24	0	438.62	22.03	721.74	219.89	611.22	470.32
广　西	34.78	0.66	10.99	2.63	273.59	85.07	355.72	113.83
海　南	3.93	0	0	0	15.31	0.56	3.48	2.87
重　庆	45.40	0	160.29	2.44	3642.43	192.77	1662.48	1286.20
四　川	365.29	2.09	111.33	31.20	4933.31	570.57	1566.49	431.26
贵　州	65.46	0.49	1.94	1.58	1596.45	79.26	437.77	98.96
云　南	75.26	0	8.59	31.04	2868.50	317.19	1852.55	1292.58
西　藏	4.36	0	0	0				
陕　西	55.21	2.45	247.87	4.18	1819.68	537.75	1131.29	750.50
甘　肃	101.46	4.43	12.02	0.07	2400	627.00	1510	964.25
青　海	20.20	0	0.89	0	342.63	16.07	455.83	415.63
宁　夏	18.55				820.26	506.95	812.40	492.77
新　疆	132.26	326.89	119.46	0.50	3138.97	1964.86	2201.63	1802.50
新疆兵团	19.32	365.00	144.48	0	498.48	489.52	448.68	430.60

续表

地　区	3. 畜禽总数（折算为羊单位）	其中：机械饲喂的畜禽数量（折算为羊单位）	机械清粪的畜禽数量（折算为羊单位）	4. 环控畜禽总数（折算为羊单位）	其中：机械环控的畜禽数量（折算为羊单位）	5. 产奶家畜数量（折算为羊单位）	其中：机械挤奶的家畜数量（折算为羊单位）	6. 产毛畜禽数量（折算为羊单位）
	万个	万个	万个	万个	万个	万个	万个	万个
合　计	353739.80	44343.94	41552.86	85518.90	38266.07	10036.12	4255.82	24373.20
北　京	881.04	157.87	177.18	172.65	157.40	56.98	46.93	0
天　津	1570.67	151.35	239.88	647.07	529.18	62.19	61.43	21.46
河　北	19384.71	1947.82	1471.25	1950.46	1107.99	963.88	689.61	1027.09
山　西	6386.17	556.91	718.15	880.03	335.92	134.18	106.38	1954.97
内蒙古	16274.23	1426.66	837.83	733.21	245.24	1639.31	706.61	5657.10
辽　宁	27443.70	3939.80	3589.83	6620.03	3711.37	310.06	200.24	1236.52
吉　林	12740.72	1744.46	2333.92	4386.89	1622.91	192.93	140.35	1084.28
黑龙江	6621.44	1335.95	923.17	2951.73	702.20	579.54	426.76	1600.20
上　海	480.25	221.66	187.57	181.29	157.78	35.27	35.19	0.20
江　苏	19123.48	4259.96	4939.92	8349.00	5035.90	96.53	90.33	260.33
浙　江	1709.50	226.17	174.88	1028.78	661.61	24.55	23.11	123.54
安　徽	14333.69	2430.80	1702.80	2323.80	1330.77	68.09	52.57	25.36
福　建	8316.98	1601.86	1023.56	3278.50	1958.29	19.88	14.46	0.16
江　西	10671.92	742.55	2458.62	9268.94	4962.95	20.18	15.77	0.53
山　东	22266.51	4288.04	3427.25	6245.41	3357.97	699.88	391.36	957.63
河　南	30487.42	3426.44	2577.09	5471.61	3085.02	509.50	223.64	549.99
湖　北	25566.95	4183.93	4295.11	11840.72	3286.63	32.96	13.87	3.58
湖　南	12079.91	1063.42	803.92	968.77	357.93	5.86	1.57	33.32
广　东	12919.42	2208.48	1516.11	1399.66	786.65	32.95	15.87	0.74
广　西	11060	271.89	530.91	418.72	12.46	6.89	0	15.63
海　南	1780.55	8.42	8.05	1780.55	7.10	0.45	0.37	0
重　庆	9752.01	586.84	486.63	1095.10	469.18	18.51	7.27	19.85
四　川	25713.26	1503.98	1878.52	5268.69	1038.64	685.97	47.35	829.09
贵　州	8396.10	213.64	146.60	15.58	6.42	17.11	6.98	20.86
云　南	10940.08	516.06	447.82	450.98	145.99	105.73	20.74	158.49
西　藏								
陕　西	6635.59	680.23	431.33	815.99	293.48	329.10	182.98	667.84
甘　肃	6499.52	345.75	281.32	650.20	260	420.94	56.00	674.19
青　海	3311.66	31.47	40.85	93.63	6.08	175.74	3.82	2839.72
宁　夏	2582.17	356.32	137.50	391.49	154.26	240.93	128.00	1068.23
新　疆	16692.86	3300.36	3127.30	5146.86	2119.50	2428.03	443.58	3141.22
新疆兵团	1117.30	614.86	637.99	692.54	359.27	122.00	102.70	401.10

续表

地区	其中：机械剪毛的畜禽数量(折算为羊单位)	7. 蛋禽数量(折算为羊单位)	其中：机械捡蛋的蛋禽数量(折算为羊单位)	六、林果业机械化作业情况 1. 林果业(果茶桑)种植面积	其中：机械中耕面积	机械施肥面积	机械植保面积	机械修剪面积
	万个	万个	万个	千公顷	千公顷	千公顷	千公顷	千公顷
合　计	2618.96	27675.17	3290.01	17408.11	5123.21	3231.10	7883.47	1971.32
北　京	0	58.49	11.72	78.45	37.14	10.59	49.44	2.92
天　津	6.08	61.85	7.18	43.54	14.46	9.21	23.56	0
河　北	90.38	1931.14	322.28	1184.27	316.16	187.82	501.73	16.36
山　西	262.50	328.61	51.73	360.03	186.81	130.12	166.54	59.30
内蒙古	495.56	569.08	79.58	148.72	66.20	46.17	45.06	0.34
辽　宁	113.57	1767.56	226.18	611.22	168.74	92.00	323.07	5.97
吉　林	333.40	850.38	68.59	83.70	29.35	18.05	37.60	0.63
黑龙江	215.36	315.07	37.85	79.15	18.22	29.72	54.43	8.86
上　海	0	33.26	8.70	20.65	16.20	11.69	19.87	5.46
江　苏	44.16	2263.72	381.45	302.86	239.55	137.24	280.26	82.46
浙　江	10.25	192.34	11.77	571.64	84.95	71.80	218.08	159.83
安　徽	3.06	2189.73	314.63	404.28	104.17	47.89	245.62	98.04
福　建	0.01	228.33	2.99	747.46	149.27	95.11	333.67	143.97
江　西	0	546.86	62.50	633.96	195.82	76.08	322.09	43.42
山　东	96.44	3271.21	589.14	637.94	280.87	189.29	298.40	38.60
河　南	2.90	3865.12	376.66	571.83	162.66	97.85	236.70	57.43
湖　北	0.14	1529.34	196.03	737.52	319.00	337.69	417.78	228.57
湖　南	0	1100.98	97.61	618.35	137.01	64.06	226.89	67.64
广　东	0.10	178.66	18.22	1200.28	223.00	141.31	578.84	85.14
广　西	0	1134.00	5.59	1155.60	56.97	46.22	87.36	150.88
海　南	0	26.49	5.59	163.50	10.60	6.67	23.85	3.27
重　庆	0.60	607.92	57.02	491.69	119.08	57.25	208.15	29.67
四　川	7.89	2181.25	119.67	1139.77	220.84	55.01	482.06	138.87
贵　州	0.08	295.65	1.70	723.13	63.13	9.10	125.63	32.59
云　南	2.65	743.17	14.09	934.50	262.81	24.31	387.17	58.66
西　藏								
陕　西	74.12	478.96	29.87	1792.15	536.50	262.35	795.57	205.07
甘　肃	75.98	180.81	19.97	475.00	161.00	214.00	215.00	23.40
青　海	2.02	116.27	0	16.99	5.60	5.60	3.80	0
宁　夏	24.46	92.05	2.49	107.88	75.25	25.16	54.30	6.30
新　疆	695.03	510.45	155.39	1154.67	655.27	526.35	920.66	206.73
新疆兵团	62.24	26.40	13.82	217.37	206.58	205.40	200.30	10.95

续表

地　区	2.林果业(果茶桑)采收产量	其中:机械采收产量	其中:机械田间转运产量	七、设施农业机械化作业情况 1.设施耕整地机械化面积	2.设施种植机械化面积	3.设施采运机械化面积	4.设施灌溉施肥机械化面积	5.设施环境调控机械化面积
	万吨	万吨	万吨	千公顷	千公顷	千公顷	千公顷	千公顷
合　计	17558.77	409.40	9522.61	1511.85	295.60	151.43	1121.11	505.14
北　京	75.73	0	74.29	18.09	0.03	0	10.86	5.59
天　津	33.19	0	31.75	25.37	0.22	0.36	23.98	7.17
河　北	1019.63	25.38	616.41	167.02	42.65	8.69	105.90	61.36
山　西	678.18	1.15	398.42	38.97	12.65	0.02	28.12	16.69
内蒙古	20.02	0.46	13.35	41.49	10.23	0.52	38.19	19.16
辽　宁	663.58	4.35	319.16	226.10	25.02	9.28	190.03	50.52
吉　林	61.05	0.02	35.11	11.26	1.21	0.46	11.99	6.34
黑龙江	74.95	0.61	44.67	10.30	5.25	1.06	12.61	9.41
上　海	43.28	0.06	18.25	5.61	0.27	0.31	3.84	0.38
江　苏	397.86	8.77	277.44	272.58	86.11	62.52	228.42	118.67
浙　江	505.33	39.72	345.30	37.42	2.91	2.01	21.76	3.77
安　徽	471.32	38.45	361.46	26.11	3.02	4.39	19.67	3.76
福　建	693.98	64.64	410.52	4.57	1.13	0.86	7.27	0.71
江　西	480.90	2.45	52.87	2.79	0.23	0.50	1.44	0.48
山　东	1651.83	22.14	994.29	231.50	38.45	20.24	163.82	91.32
河　南	898.89	8.59	390.09	63.07	19.75	4.69	46.43	13.13
湖　北	643.92	19.15	359.44	62.16	11.05	4.87	38.67	14.36
湖　南	599.59	20.43	328.00	5.04	1.05	0.69	5.82	2.28
广　东	1775.14	39.86	731.94	11.25	1.29	1.95	8.91	2.35
广　西	1566.50	6.75	1063.65	0.22	0.01	0.02	0.23	0.08
海　南	296.77	0.61	29.02	1.33	0.24	0.08	0.88	0.26
重　庆	562.96	1.26	162.41	28.61	4.39	1.44	19.44	9.33
四　川	879.75	41.12	350.38	68.19	14.10	17.84	36.43	2.76
贵　州	105.82	9.85	25.48	0.29	0.05	0	0.20	0.04
云　南	589.94	7.33	312.95	16.55	2.16	1.41	10.69	4.79
西　藏								
陕　西	1265.45	31.26	841.43	48.04	5.41	3.48	29.30	17.04
甘　肃	463.11	10.49	236.20	27.70	3.16	0.98	17.42	14.83
青　海	3.00	0	3.00	4.76	1.58	0.36	2.90	0.15
宁　夏	107.05	1.43	74.90	31.88	0.42	0.14	14.51	11.63
新　疆	579.08	0.04	507.96	20.82	1.34	2.23	16.48	13.66
新疆兵团	350.95	3.04	112.50	2.77	0.22	0.05	4.93	3.10

各地区农业机械化管理服务与经济效益情况表

地　区	一、农机化培训	其中：培训农机管理人员	培训农机技术人员	培训农机监理人员	培训农机操作人员	二、农机维修 1. 维修拖拉机	2. 维修联合收获机
	人次	人次	人次	人次	人次	万台次	万台次
合　计	7622754	196194	886849	82037	6261088	1926.15	171.19
北　京	45966	1908	3628	1448	38982	0.89	0.08
天　津	13791	696	3138	745	8772	3.28	0.61
河　北	587330	11541	82531	4743	485781	147.14	15.53
山　西	155949	8495	31195	3126	103023	35.81	4.17
内蒙古	181692	3203	32876	1792	143791	77.05	2.13
辽　宁	220328	9268	30803	3267	172042	33.23	1.53
吉　林	219092	4944	13774	3684	196690	75.34	2.96
黑龙江	510741	24500	62302	5885	413455	60.62	5.64
上　海	11991	492	1042	25	5875	0.42	0.17
江　苏	318965	11487	25812	6121	273646	82.47	15.02
浙　江	98812	5197	13428	1595	76840	63.86	3.38
安　徽	340154	5750	44445	2415	287404	215.12	24.16
福　建	15706	890	1873	153	12790	35.79	1.37
江　西	120869	4020	18908	2249	94617	33.42	6.58
山　东	680285	16575	127749	5429	503057	204.06	25.60
河　南	608008	12996	66737	5954	516927	258.42	20.87
湖　北	555038	9527	65452	3049	451108	60.18	7.00
湖　南	197101	6554	31851	1470	155735	64.79	16.02
广　东	56159	3007	13937	1959	35071	39.72	2.40
广　西	68173	4131	11026	1229	51787	82.65	1.64
海　南	26188	1098	1146	311	22742	16.81	0.69
重　庆	174876	3601	12659	1497	152322	2.92	0.66
四　川	314432	11695	42904	3800	246321	34.12	3.54
贵　州	340314	4911	28360	2450	303643	19.14	0.22
云　南	243362	2466	12670	2760	198922	92.33	0.79
西　藏	27093	0	0	0	27093	3.72	0.21
陕　西	197969	4955	38921	3591	145321	32.69	4.63
甘　肃	267904	3666	16315	1597	238356	58.58	1.90
青　海	40090	330	5580	241	33370	6.92	0.15
宁　夏	61757	782	9438	1469	50057	10.80	0.67
新　疆	855189	13253	33365	6229	757112	70.99	0.70
新疆兵团	67430	4256	2984	1754	58436	2.87	0.17

续表

地　区	3.维修水稻插秧机	4.维修运输机械	5.维修其他农机具	三、农机鉴定	四、农机监理装备	2.安全检测设备	其中：拖拉机检测设备	五、农机化投入情况
				推广鉴定证书当年发证数量	1.监理车辆			农机化总投入
	万台次	万台次	万台次	件	辆	套	套	万元
合　　计	38.39	1261.51	3038.91	3186	3873	2182	2027	9811450.35
北　　京	0	1.22	0.83	0	19	18	18	58653.51
天　　津	0.16	6.88	5.68	9	21	11	10	53011.78
河　　北	0.11	184.83	249.50	181	102	114	104	488042.99
山　　西	0	61.85	45.22	2	92	128	128	222458.26
内 蒙 古	0.54	17.45	113.33	35	142	74	63	498300.88
辽　　宁	1.53	30.92	35.11	65	83	38	36	293177.44
吉　　林	2.99	14.79	80.27	57	179	25	25	599967.40
黑 龙 江	11.58	6.53	64.07	198	399	55	53	661816.29
上　　海	0.11	0.21	0.47	10	2	8	2	56971.28
江　　苏	8.27	27.82	97.98	120	164	108	101	703461.01
浙　　江	1.17	56.25	75.59	97	47	161	156	195422.35
安　　徽	1.74	96.92	224.60	582	174	57	56	630624.51
福　　建	0.67	34.91	111.71	0	41	39	24	93690
江　　西	0.58	44.18	81.94	12	40	18	18	285031.57
山　　东	0.05	151.84	294.51	51	352	148	137	652861.41
河　　南	0.18	156.39	321.09	543	230	273	265	629038.80
湖　　北	2.66	20.31	104.69	64	158	131	107	487056.13
湖　　南	2.17	74.86	194.91	45	176	91	84	528700.23
广　　东	0.91	18.98	88.78	24	164	107	102	145849.69
广　　西	0.67	41.24	121.64	0	197	91	86	236196.28
海　　南	0.13	7.42	13.56	0	22	17	17	42132.57
重　　庆	0.65	10.98	71.94	128	34	14	13	115345.98
四　　川	0.85	42.42	233.07	73	91	70	65	494011.70
贵　　州	0.27	17.11	34.98	36	55	45	45	147372.60
云　　南	0.09	36.22	93.06	60	205	50	47	220233.09
西　　藏	0	0.19	3.24	0	0	0	0	91499.00
陕　　西	0.03	46.95	63.47	348	130	116	104	219571.06
甘　　肃	0	37.21	108.62	258	98	33	33	219578.32
青　　海	0	0.90	6.74	78	24	11	10	30776.83
宁　　夏	0.13	10.22	15.02	32	30	26	26	71810.14
新　　疆	0.11	2.82	78.39	78	377	91	78	517119.25
新疆兵团	0.04	0.69	4.90	0	25	14	14	121668.00

续表

地区	1.一般行政事业支出	2.基本建设	3.科研	4.推广培训	5.农业机械购置	6.其他	六、经营效益情况 1.总收入	2.成本与费用	3.利润总额
	万元	万元	万元	万元	万元	万元	万元	万元	万元
合计	664947.68	305450.04	10166.72	176109.20	8348243.66	306533.06	55219768.99	33697998.00	21521770.99
北京	8574.29	249.69	1.90	268.03	48509.03	1050.57	61757.00	42295.46	19461.54
天津	11455.81	2505.48	185.00	1977.32	36024.17	864.00	157498.80	86907.89	70590.91
河北	9947.74	2918.00	5.00	20317.30	451439.35	3415.60	2353117.05	1315620.91	1037496.14
山西	41066.99	60.50	20	17138.59	159367.28	4804.90	1334836.01	661726.30	673109.71
内蒙古	23659.57	1687.00	31.00	564.13	471770.58	588.60	1589573.00	973565.48	616007.52
辽宁	15269.81	4607.10	182.00	4143.74	267672.51	1302.28	1210680.39	721109.10	489571.29
吉林	24235.30	3350	0	10975.90	559971.20	1435.00	1751030.45	975350.71	775679.74
黑龙江	16009.32	18243.98	171.10	836.71	611758.06	14797.12	2571095.08	1566093.29	1005001.79
上海	5831.94	0	351.73	1241.47	32909.69	16636.45	31736.00	19210	12526.00
江苏	42550.42	28937.14	874.00	32326.34	565652.32	33120.79	2899100.41	1690019.32	1209081.09
浙江	18609.45	17382.28	209.36	8005.76	140435.24	10780.26	1578376.54	843846.54	734530
安徽	35688.65	4505.01	1.50	3067.38	580065.40	7296.57	5530494.15	2454969.94	3075524.21
福建	13692.00	1500	0	498.00	77873.00	127.00	995416.00	533950	461466.00
江西	11012.33	900.80	16.00	4006.54	263644.11	5451.80	1690256.72	996073.96	694182.76
山东	50660.21	5243.10	602.31	21073.33	574306.62	975.84	4958653.90	3084167.89	1874486.01
河南	46653.81	3326.36	120.88	3416.49	566227.96	9293.30	3027846.30	1837009.58	1190836.72
湖北	25497.96	12114.00	233.00	5176.27	433692.63	10342.27	2540577.16	1665677.50	874899.66
湖南	36373.68	7861.90	420.60	6818.67	457842.93	19382.45	5612363.23	3097193.51	2515169.72
广东	18218.55	2485.86	4050.79	2714.05	106118.91	12261.53	1554340.27	934529.81	619810.46
广西	39101.65	491.22	180.50	10812.50	169055.47	16554.94	3698272.90	3309797.20	388475.70
海南	4905.47	66.00	207.10	456.92	36093.23	403.85	372947.53	178610.93	194336.60
重庆	6244.87	3486.61	125.87	1971.95	98973.02	4543.66	970929.88	784848.79	186081.09
四川	31388.03	157546.59	632.20	3075.34	187068.14	114301.40	2426304.65	2005478.05	420826.60
贵州	5096.18	2822.74	65.00	424.73	138747.95	216.00	682188.70	430970.75	251217.95
云南	20950.87	966.56	19.50	3553.58	191138.29	3604.29	1286368.16	787300.31	499067.85
西藏	20	0	0	50	91429.00	0	18235.00	11914.00	6321.00
陕西	30585.38	7419.72	585.00	5092.46	172818.20	3070.30	1193842.74	722723.19	471119.55
甘肃	13256.44	1231.30	24.00	1838.91	199532.35	3695.32	1074512.07	666463.49	408048.58
青海	3432.79	108.00	0	227.70	24220.84	2787.50	83691.21	37987.39	45703.82
宁夏	2296.82	999.00	30	1746.00	63837.33	2900.99	308604.56	163117.65	145486.91
新疆	49804.35	1665.10	420.38	1967.09	462759.85	502.48	1259094.13	787069.06	472025.07
新疆兵团	2857.00	10769.00	401.00	326.00	107289.00	26.00	396029.00	312400	83629.00

各地区农业生产燃油消耗情况表

地区	农业生产燃油消耗	其中:(1)柴油	(2)用于农机抗灾救灾	1. 农田作业	(1)机耕	(2)机播	(3)机收
	万吨	万吨	万吨	万吨	万吨	万吨	万吨
合计	3724.35	3370.89	116.38	1424.28	623.40	217.75	386.51
北京	9.33	7.36	0	1.61	0.55	0.39	0.42
天津	16.47	15.50	0.18	7.05	2.21	1.30	1.79
河北	308.15	293.19	0.96	84.14	25.87	18.94	23.53
山西	89.25	82.69	0.36	27.52	8.16	5.68	7.58
内蒙古	130.15	126.74	4.08	59.75	21.60	13.28	15.11
辽宁	97.98	90.12	4.68	41.79	19.22	7.17	7.12
吉林	154.22	144.99	0	33.29	13.71	9.32	0.70
黑龙江	233.06	220.72	2.64	179.62	84.73	28.72	47.91
上海	3.26	2.88	0.01	2.12	1.23	0.08	0.59
江苏	156.46	143.75	3.51	71.37	25.69	9.76	26.18
浙江	117.98	106.08	1.73	23.96	12.38	0.89	6.88
安徽	161.34	152.15	3.66	88.95	40.39	10.54	31.82
福建	40.52	28.50	0.81	6.93	3.71	0.18	1.49
江西	105.83	93.46	2.60	29.00	14.35	0.82	11.33
山东	388.19	351.87	7.86	145.13	44.92	35.02	49.55
河南	369.23	334.70	15.24	137.44	50.44	22.62	41.60
湖北	146.90	129.20	8.18	76.19	37.82	6.11	23.82
湖南	190.50	162.30	23.09	76.93	34.20	5.75	24.87
广东	127.03	108.15	7.76	42.42	23.97	0.71	10.36
广西	141.52	139.11	2.37	36.19	25.65	2.00	7.45
海南	22.86	17.23	0.84	6.71	4.66	0.07	1.54
重庆	53.23	30.11	5.88	16.86	14.45	0.51	0.64
四川	139.10	123.88	6.43	39.10	21.53	2.06	10.33
贵州	44.36	39.51	0.81	6.70	4.02	0.48	1.49
云南	82.88	73.94	2.88	16.66	12.50	0.33	1.69
西藏	26.50	22.53	0	1.73	0.67	0.33	0.45
陕西	92.96	83.74	1.00	30.47	13.61	6.07	6.48
甘肃	133.17	119.43	6.75	44.88	20.02	8.68	7.14
青海	12.27	7.69	0.09	8.55	3.11	3.18	2.08
宁夏	22.79	22.05	0.05	9.44	5.11	1.64	2.16
新疆	75.34	66.92	1.30	46.63	20.41	11.02	7.35
新疆兵团	31.52	30.40	0.63	25.15	12.51	4.10	5.06

续表

地区	(4)植保	(5)其他	2.农田排灌	3.农田基本建设	4.畜牧业生产	5.农产品初加工	6.农业运输	7.其他
	万吨	万吨	万吨	万吨	万吨	万吨	万吨	万吨
合计	84.26	112.38	195.24	234.03	86.07	222.45	1415.91	146.43
北京	0.13	0.11	0.02	0.10	3.69	0.02	3.74	0.15
天津	0.43	1.32	1.04	3.17	0.37	0.71	3.56	0.57
河北	4.27	11.54	11.31	17.03	5.82	10.28	173.91	5.66
山西	2.71	3.39	1.65	6.59	1.01	2.79	41.92	7.77
内蒙古	2.46	7.29	4.68	6.54	11.58	5.21	34.58	7.81
辽宁	1.44	6.84	5.31	7.76	2.81	3.36	29.42	7.53
吉林	2.63	6.93	15.94	1.19	10.85	6.44	86.52	0
黑龙江	12.47	5.78	16.06	11.51	3.66	6.17	13.88	2.16
上海	0.14	0.08	0.07	0.19	0.07	0.06	0.52	0.23
江苏	4.76	4.97	10.91	15.71	2.58	10.29	41.58	4.03
浙江	1.91	1.90	3.26	11.86	0.79	5.31	64.80	8.00
安徽	3.39	2.81	15.06	5.82	1.71	8.38	38.89	2.53
福建	1.26	0.29	1.46	2.09	0.38	2.41	25.37	1.88
江西	0.93	1.57	5.36	5.31	0.86	7.41	54.65	3.25
山东	9.87	5.77	36.08	32.09	9.44	22.12	125.53	17.81
河南	7.51	15.27	12.37	31.12	5.21	18.17	153.27	11.64
湖北	4.64	3.80	6.05	14.61	1.89	7.03	34.85	6.27
湖南	6.07	6.08	14.16	12.17	4.68	23.30	54.97	4.32
广东	2.90	4.48	7.80	8.10	4.50	15.18	42.98	6.05
广西	0.75	0.35	0.33	2.82	3.26	32.95	49.50	16.46
海南	0.22	0.22	2.04	0.58	0.14	0.71	11.96	0.73
重庆	0.38	0.88	3.65	2.30	0.90	4.47	24.25	0.80
四川	3.58	1.60	8.23	6.65	1.09	11.17	70.52	2.34
贵州	0.39	0.32	1.83	3.31	1.05	1.95	28.64	0.88
云南	0.90	1.24	2.39	2.66	0.58	3.16	52.12	5.32
西藏	0.01	0.27	0.03	0.19	0.01	2.94	16.08	5.52
陕西	1.26	3.04	2.15	4.76	1.35	3.96	47.88	2.38
甘肃	1.49	7.55	3.15	8.20	2.96	3.74	58.69	11.56
青海	0.07	0.11	0.07	1.16	0.08	0.09	2.13	0.19
宁夏	0.18	0.36	0.11	3.57	0.25	0.24	8.87	0.30
新疆	3.39	4.46	1.61	3.75	1.83	1.96	18.25	1.31
新疆兵团	1.72	1.76	1.06	1.12	0.67	0.47	2.08	0.98

农机社团组织

中国农业机械化协会

【概况】 2015 年，中国农业机械化协会不断开拓进取、提升能力建设，认真谋划为会员服务、为行业服务的新思路，坚持以会员需求为导向、以促进农业机械化发展为宗旨的工作理念。一年来，在张桃林副部长、会长的领导下，在各位理事的大力支持和全体会员的积极配合下，较好的完成 2015 年工作。

【认真筹备换届工作】 中国农业机械化协会于 2010 年 2 月成立，2015 年第一届理事会任期届满，根据协会章程规定，2015 年应召开第二届会员代表大会进行理事会换届选举。

2015 年 2 月初，协会秘书处着手筹备换届事宜。4 月向协会会长张桃林副部长及农业部农业机械化管理司提交《协会第二届会员代表大会筹备方案(换届选举筹备工作方案)》。得到批示后，成立换届领导小组，多次召开办公会，商讨换届选举事宜，细化换届筹备工作方案，制作工作流程，并向全体会员发送了《关于申请协会第二届理事、常务理事会和副会长的通知》。截至 2015 年 12 月，共有 100 余名会员申请协会理事。

2015 年 6 月，由于国家开始试点"行业协会商会类社会组织与行政机关脱钩"，许多配套文件还未正式出台或发布，这使得协会在负责人选任、章程和会费管理办法修订、分支机构设立等方面存在许多不确定因素。据此，协会秘书处多次与农业部人事司机构编制处负责人沟通，就换届工作交换意见。农业部人事司机构编制处考虑到协会目前的处境和特殊性，积极与民政部民间组织管理局有关负责人协调，协会筹备工作取得进展，但由于社团组织下一步的管理规范化仍需要很多工作要做，因此影响协会第二届会员代表大会如期召开。为了便于为协会换届工作作充分准备，在征得张部长、会长的同意后，协会以通信的方式召开第一届五次理事会，商讨延期换届事宜，得到理事会一致同意，并将相关材料报部人事司审批和民政部备案。

【全力以赴做好社团评估工作】 社团评估是登记管理部门对社团内部建设、活动开展的组织程序、财务运营状况等方面的一个重要检验，是规范协会工作，提升协会自身建设能力，推动协会健康有序发展的手段之一。在协会领导的高度重视下，将协会近几年来所开展的各项活动、内部的规章制度、会计账簿以及承担部司项目的执行情况等相关材料分门别类整理齐全。2015 年 3 月，由民政部民间组织管理局登记处处长为组长、有关协会人员组成的 7 人评估组到协会进行现场审查。经过情况汇报、现场查看、抽阅材料、问题答疑等一系列考评环节，评估组专家认为：虽然协会成立时间短、人手少，但内部治理完善、财务状况运营良好、活动开展丰富多样，对协会给予高度评价，最终协会获得"3A"等级。

【协助办好两次展会，发挥自身优势作用】 每年的"春展"和"秋展"是中国农业机械化协会的重点工作之一，协会全体人员积极参与展会的选址、宣传、招展等工作，充分发挥自身优势，大力宣传展会作用，积极邀请省农机主管部门领导、专家学者、基层农机合作组织等到展会参观。会展期间，协会秘书处全体人员兵分两组，一组承担会展期间参会嘉宾的接待、往返展馆与酒店车辆的统筹安排等工作；另一组在展会现场，从场地规划到展会撤展，积极协调解决展商与展商、展商与展馆之间各种即时性要求，耐心解答观众的问题，扎实做好展会主体运营商规范操作的督导工作。在各方努力下，"春展"和"秋展"的效果明显提高，2015 年郑州展会参展企业达 360 余家，观众 2 万多人次，展会面积首超 4 万米^2；青岛展会参展企业达 1 900 余家，展览面积近 22 万米^2，中外观众超过 10 余万人次，国际化程度进一步提高。真正意义上成为亚洲第一、世界知名的展会。

【收集整理行业信息，筹备建立数据库】 为推动农机行业信息化发展，完善农机大数据建设，推进农机产业结构转型升级，促进中国农业机械化协会长远发展，协会秘书处开始农机行业数据库的筹备建立工作。通过有关单位提供和网络搜集的方式开展信息收集和整理，建好企业数据库和农机专业合作组织数据库，收集整理一千多家合作社和两千六百家农机企业信息。下一步将建立行业专家数据库、维修服务网点数据库等，并将以方便快捷查询为目标，更好的完善数据结构和内容。

【开展两岸交流合作，推动两岸设施农业共同发展】 为借鉴台湾设施农业发展经验，进一步加强两岸在设施农业方面的交流与合作，促进大陆地区设施农业发展，应台湾农机工业同业公会邀请，协会组团赴台开展了为期7天的设施农业考察交流活动。实地参观考察台湾农机工业同业公会、台湾大学生物产业机电工程学系、中兴大学生物产业机电工程学系、三升农机科技股份有限公司、金超耘科技股份有限公司、弘扬精密实业有限公司、台一休闲农场、雾峰农会等，深入了解台湾精致农业发展状况、设施农业装备的技术创新和推广应用情况，考察过程中与有关农业专家、企业家进行座谈交流，针对设施农业装备的开发、推广、应用服务、扶持政策等问题进行研讨，探讨合作研究机制，商讨设施农业研讨会工作事宜，并成功邀请到台湾大学方炜教授作为嘉宾出席北京7月份组织举办的"设施农业技术发展研讨会"并作主题报告。

【借鉴学习发达国家办展经验，了解国外先进技术和设备】 为了解发达国家的农机企业及农业机械展览的组织形式、筹展程序和方法，由中国农机流通协会、中国农业机械化协会、中国农机工业协会联合组织了赴美国考察团，参观考察2015年美国国际农业展览会，通过对展会的现场考察和访问，初步掌握美国农业机械展览会的形式和特点，以及先进的办展理念，为今后举办农机展览会提供借鉴。期间，拜访农机生产企业、农业研究中心等农机行业组织。通过沟通与交流，了解美国农业发展概况、特点及农牧业机械的先进技术和设备，以及农业机械化的发展阶段特点等。

【完成农业部农业机械化管理司委托项目工作】 一是完成《中国农业机械化发展报告》的编写出版。2004—2014年是农业机械化发展的黄金阶段，也是实施《中华人民共和国农业机械化促进法》的十年。为展示十年农业机械化事业发展所走过的历程和取得的辉煌成就，经农业部农业机械化管理司同意，由中国农业机械化协会牵头，组织十多位行业专家编写《中国农业机械化发展报告（2004—2014）》。经过四次编写组工作会议、两次编写委员会工作会议和全体编写专家的共同努力，从构建大纲、企业调研、收集资料到分章编写、讨论完善，历时近8个月，完成了《中国农业机械化发展报告（2004—2014）》，并于2015年年底正式出版发行。全书约19万字，共分八章，较为全面系统地总结梳理了2004年以来我国农业机械化发展所取得的巨大成就和基本经验，为农业机械化发展最快的十年留下了历史的足迹和忠实的记录。

二是承担《农用航空应用与管理情况研究》项目调研工作。2015年3—9月，农用航空分会设立三个调研小组，先后赴北京市周边、广东省、深圳市、河南省、湖北省、山东省、湖南省、江苏省、新疆维吾尔自治区等10多个省市、地区，走访十多家遥控飞行植保机生产企业，考察了其运营模式和生产、销售、售后维护、售后管理等情况；深入田间地头，询问用户对飞机植保的作业效果的评价，以及今后是否继续使用等，对无人机使用情况进行全面了解。在认真分析、全面总结的基础上，编写调研报告，为主管部门了解行业情况，提供第一手参考资料，为政府部门制定行业发展规划和相关的政策法规提供技术依据。

【加大对协会人员的培训和管理】 为适应行业发展，更好的服务会员，中国农业机械化协会秘书处加大对专职工作人员的培训和管理。为提高新闻采编和文件编写能力，派员参加农业机械化质量网和农业机械化信息网通信员培训班，目的是通过优秀通信稿和文章的编写学习，提高协会秘书处人员的信息捕捉和新闻采编水平，以求进一步提高协会信息网的建设和为会员服务的能力。按照农业部有关要求，派员参加会计人员再教育，认真学习财务方面的有关知识，让协会的财务运作更加规范化。积极参加民政部组织召开的有关社团建设、行业政策宣贯等方面的培训，力求更好地把握相关业务知识和政策法规，更好的服务行业、服务会员。多次召开党小组会议，切实加强"三严三实"、党风廉政教育，促使协会人员提高大局意识，促进协会工作的规范化开展。

【推动协会网站建设，及时发布行业信息】 中国农业机械化协会网站建立以来，在信息化网络专家的指导下，针对会员需求调整了网站内容结构和布局，丰富了农业机械化统计信息，完善了农业机械化新技术和农机新产品推介栏目，并基于农业种植区划和农业部发布的主要农作物高产高效栽培模式，丰富了农机农艺融合的引导内容，增强信息反馈功能，积极拓展网站信息来源渠道，充分利用协会自身资源优势，对农业部农业机械化管理司编发的《全国农业机械化统计资料》进行数据分析，用简单明了的图表来阐述行业状况，得到会员及行业的普遍关注。及时发布会员和行业信息，组织收集行业数据，使协会的门户网站逐步成提供技术装备选择比较的平台和企业会员新技术发布推介的窗口。

【积极发展会员并提供服务】 2015年，中国农业机械化协会通过多种途径不断扩大协会影响，加强协会宣传，充分发挥协会各分会的优势作用，积极开展行业性、专业性活动，不断吸收农机行业企事业单位、科研院所、大专院校申请入会，目前，协会及各分会会员数量达737名，其中总会会员354名。为让会员了解农机政策法规、检测鉴定产品质量、产品宣传等方面信息，每月定期给会员单位免费寄送《农机质量与监督》，为会员了解产品质量信息提供帮助。

（陈海燕　耿楷敏）

中国农业机械学会

【概况】 2015年，中国农业机械学会在学会各级领导、理事单位及会员们的共同努力下，重点开展举办2015学会学术研讨会暨十届二次理事会、主办全国大学生智能农业装备创新大赛、学会分支机构换届并开展学术交流、稳步推进国际合作与交流、精品期刊工程建设、党建强会特色计划活动、执行中国科协专题项目及做好学会组织建设等系列工作。

【2015学会学术研讨会暨十届二次理事会议隆重召开】 2015年9月19—21日，由中国农业机械学会和山东农业机械学会共同主办、山东五征集团有限公司承办的“2015中国农业机械学会学术研讨会暨学会十届二次理事会议”在山东日照隆重举行。出席会议的理事及代表、分支机构代表、会员等共300余人。

出席会议开幕式的嘉宾有：中国工程院院士、中国机械工程学会副理事长李培根，中国工程院院士、中国农业机械学会理事长罗锡文、中国农业机械学会副理事长陈学庚，中国农业机械学会副理事长李树君、胡乐鸣、刘敏、刘宪、姜卫东、赵剡水、赵春江、韩鲁佳等，农业部农机推广总站站长刘恒新，中国农机工业协会会长陈志，日照市副市长尹成基，山东农机学会理事长骆琳等。罗锡文理事长致开幕词，尹成基副市长、骆琳理事长、姜卫东董事长等先后在开幕式上致辞。

针对“科技创新促进新常态下的我国农机化发展”的主题，围绕中国制造2025、农业机械化和农机工业、农机科技创新等行业热点问题，大会邀请了李培根院士、罗锡文院士、陈学庚院士以及胡乐鸣副司长、陈志会长、李树君院长、姜卫东董事长、钟波副总工程师等作了8个内容丰富、信息量大、观点新颖的主题学术报告。会议邀请到我国《中国制造2025》权威专家李培根院士作《中国制造2025》浅释的专题报告，报告以诸多国内外实例诠释《中国制造2025》应以体现信息技术与制造技术深度融合为主线，坚持创新驱动、质量为先、绿色发展、结构优化四大转变，加快我国从制造大国向制造强国的转变。报告受到与会者的广泛欢迎和好评。

132位理事或理事代表出席十届二次理事会议。经审议和表决，会议同意杨建国、刘庆余、卢永泉三位同志替换担任十届理事会理事；张汝坤同志增选为十届理事会理事；刘恒新同志增选为十届理事会理事、常务理事，并担任副理事长。会议审议通过拖拉机分会、地面机器系统分会的换届方案。会议介绍首届全国大学生智能农业装备创新大赛的简要情况。

9月21日，围绕企业战略发展方向、农业装备产品技术问题，中国农业机械学会收获机械分会、拖拉机分会、耕作机械分会、青年工作委员会和山东农机学会分别举办“收获机械分会场”“拖拉机分会场”“植保移栽机械分会场”和“青年科技人才成长论坛”。特邀专家、部分参会理事和代表、五征集团专业技术骨干和青年科技工作者共计380余人参加分会场座谈交流活动。

9月21日，中国农业机械学会和山东五征集团有限公司联合举办“五征农业装备产业发展院士、专家高层论坛”。为更好地开展中国科协倡导的“创新驱动助力工程”，发挥学会的人才优势，更直接、有效地为企业的科技创新服务，同期举行中国农机学会五征集团工作站建站仪式，李树君常务副理事长主持该活动。罗锡文理事长、姜卫东董事长分别代表双方签署建站协议书，并共同为工作站铭牌揭幕。

【成功主办大学生智能农业装备创新大赛】 为进一步推动高等院校农业装备工程领域创新人才培养改革，大力提升农业装备工程类创新人才培养质量，经江苏大学倡议，中国农业机械学会作为第一主办单位，在前期筹备、宣传、组织、邀请专家和领导以及提供资助等方面，全面参与首届“东方红杯”全国大学生智能农业装备创新大赛的各项工作。大赛从上半年启动，经全国农业工程类高校积极响应和共同努力，12月22—23日，以“现代农装、创新科技”为主题的“东方红”杯首届全国大学生智能农业装备创新大赛决赛在江苏大学举行。中国农业机械学会罗锡文理事长，中国农业工程学会朱明理事长，江苏大学袁寿其校长，以及中国农业机械学会副理事长应义斌、韩鲁佳，秘书长张咸胜等有关领导出席开幕式，大赛指导委员会和评审委员会、各参赛高校师生代表、企业代表、新闻媒体人士约700余人参加开幕式。共有来自31个学校的291件作品进入终审决赛。决赛现场，A类智能农业装备科技发明制作类作品经过作品形式审查、申报书评审和决赛现场问辩，B类智能农业装备机器人通过现场竞技。经过激烈竞争，最终评出学生参赛作品特等奖15件、一等奖45件、二等奖91件、优秀奖140件，67位教师获优秀指导教师奖，江苏大学、华南农业大学、东北农业大学、山东理工大学、南京农业大学、沈阳农业大学、黑龙江八一农垦大学、福建农林大学、西南大学和中国农业大学荣获高校“优胜杯”。

本次大赛得到中国一拖集团有限公司、上海世达尔现代农机有限公司，江苏旺达喷灌机有限公司和江苏汇智知识产权服务有限公司等多家行业企业支持协办。中国农业机械学会官网和《农业机械学报》2016年第1期对大赛进行专题报道。新华网、科技日报、农民日报、中国教育报、中国科技报、中国农机化导报、江苏卫视等12家媒体对赛事进行报道。

【分支机构换届并开展多种形式的学术交流】 根据中国农业机械学会章程，按照民主推荐新任委员和负责人、常务理事会审议批复、召开换届会议的规定程序，耕作机械分会、地面机器系统分会、拖拉机分会、农业机械化分会、农机维修分会、普及工作委员会、青年工作委员会7个分支机构，先后召开换届会议，选举产生新一届委员会。机械化养猪工程分会、现代物理农业工程分会也结合学术交流活动的举行召开正式成立大会，产生第一届委员会。

2015年1月和2月，市场分会先后在潍坊和常州分别组织两次农机企业出口贸易座谈会，针对企业目前从事的国际贸易情况、经营模式、所遇困难、未来规划和需求，及分会可为企业服务的项目等方面进行交流，近20家企业先后参会。4月，普及工作委员会组织“第7届全国农机用户满意品牌评选活动”，该活动本着不搞赞助和冠名，不对参评企业收取费用的原则，采取广大用户直接投票、行业专家评审和有关领导把关的程序，评选出30家企业的46种产品获得全国农机用户满意品牌，并组织获奖企业和产品在郑州全国农业机械及零部件展览会上举办专题展览，起到推广普及优质农机产品的良好效果。5月11—13日，标准化分会在山东潍坊召开联合收割机标准征求意见会，讨论《全喂入联合收割机技术条件》等4项行业标准，与会人数30余人。5月29—31日，在长沙召开排灌机械标准宣贯会暨标准征求意见会，对4项国家行业标准进行宣贯，9项行业标准进行技术讨论，与会人数60人。9月下旬，农垦农机化分会等在海口召开农机学术交流研讨会，围绕农业机械在农场的应用展开研讨，全国农垦系统65专业人员参加研讨；12月在北京召开农垦农机工作专题研讨会，研讨以“管理科学、结构优化、节能减排、提质增效”为目标，全面推进农垦农机标准化示范农场创建工作；并于2015年3月在江苏垦区举办农垦农机标准化示范农场创建活动培训班，农垦系统专业人员96人参加培训。10月6—8日，排灌机械分会在江苏大学召开“节水灌溉装备与技术高峰论谈”，围绕节水灌溉装备行业现状与存在问题、行业今后发展趋势等内容，来自国内53个单位的91位专家、学者和企业家参加论坛。10月18日，基础技术分会与第二届智慧农业创新发展国际研讨会(ICSAID)组委会合作，在北京举办“2015年度中国农业机械学会基础技术分会技术研讨会”，围绕大田生产信息化与机械化、产后加工和农产品非破坏性检查、自动控制、温室生产及农业机械化等主题开展学术研讨与交流，共有15位专家及企业代表做了精彩报告。10月19—21日，拖拉机分会等在河南洛阳召开“2015拖拉机、农用车、农用发动机行业发展研讨会”，围绕现阶段我国拖拉机、农用车、农用发动机行业发展中的热点问题，来自拖拉机分会各委员单位、各拖拉机主机企业、配套件企业、大专院校、科研院所、有关外企单位以及相关媒体记者等90余人进行研讨和学术交流。10月22—23日，畜牧机械分会等在石家庄举办“畜牧机械分会2015年学术年会”，围绕畜牧机械行业发展，来自全国畜牧机械行业生产企业、科研院所、大专院校、农机推广鉴定等单位的近50位委员和专家学者参加了学术交流。10月27日，农业机械化分会等在山东青岛召开以“主要农作物生产全程机械化—机遇 挑战 对策”为主题的2015中国农机发展论坛，全国各省级农机管理、推广部门的领导和技术人员，农机科研、生产、经销单位，农机合作社等方面的代表约400人参加论坛。11月2—4日，地面机器系统分会等在河南洛阳召开“地面机器系统分会2015学术年会”，围绕“深空探测地面力学问题、复杂条件无人行走问题、仿生行走、特种行走机械以及拖拉机设计”等内容，来自25个单位的70余名代表参加会议，会议共收到学术论文45篇，会议组织参观了中国一拖集团公司的东方红农耕博物馆、技术中心和生产车间等。11月6—7日，农机维修分会等在昆明举办农机维修分会2015年学术研讨会，围绕农机维修行业发展等问题，来自全国有关高等院校、科研院所、农机管理部门、农机企业等80余名代表进行研讨。11月6—8日，农副产品加工机械分会等在江苏无锡举办“2015年国际包装与食品工程、农产品加工学术年会”，围绕食品加工、包装领域新技术、新材料及装备开发等主题，在全体大会以及“无损检测”和“食品加工及包装技术”2个分会场，来自美国、韩国和国内食品科技领域的专家学者、企业家代表和全国高院及科研院所的师生等共120余人参加学术研讨。11月19—21日，机械化养猪工程分会在广东清远召开中国农业机械学会机械化养猪工程分会成立大会暨“环保工程高层论坛”，围绕规模猪场发展及环保等主题，来自全国各地养猪行业的专家学者、企业家等约350余人参加相关活动。11月29日—12月1日，教育工作委员会等在南昌召开“农业工程教育与现代农业发展研讨会”，围绕“农业工程教育”“现代农业机械发展”等主题，来自全国20多个省(市、区)农业工程相关学科的专家、学者共计90多人参加本次大会；12月8日，在长春市还举办“生物质转化利用与智能装备”农业工程高端论坛，围绕生物质能源，以及就能源进一步利用、设备开发、环境保护等方面进行深层次的探讨，促进国际合作、校际交流。12月11—12日，青年工作委员会、现代物理农业工程分会等在浙江常山举办“第六届全国现代物理农业工程技术发展研讨会、2015农机装备产业科技发展青年论坛”，围绕现代物理农业工程技术发展等热点问题，来自全国各地高等院校、科研院所、管理部门、生产企业、生态园区的教学、科研、生产及推广应用人员，以及媒体记者共计130余人参加会议，与会者参观常山县油茶籽油加工基地、油茶、胡柚种植示范园等。12月14—15日，耕作机械分会联合有关机构在江苏镇江召开学术交流会，围绕耕作、种植和植保机械领域的新成果、存在的技术瓶颈、以及“十三五”技术发展趋势进行探讨，来自全国100余位专家、学者、企业家代表参加会议。

2015年12月28—29日，在天津组织“中国科协会员日活动暨2015年中国农业机械学会工作研讨会”。中国农业机械学会20个分支机构，以及天津农业机械与农业工程学会、上海市农业机械学会、浙江省农业机械学会和山东农业机械学会的负责人或代表，共41人参加相关活动。会议布置分支机构2015年度工作总结和2016年度工作计划，介绍2016年双年学术年会的初步设想。介绍中国科协创新驱动助力工程项目工作及中国农业机械学会执行情况。本着谋划2016年学会工作，围绕上述议题，以及学会分支机构如何创品牌活动、分支机构如何规范化开展活动等内容，与会人员热烈发言互动，积极献言献策。

【国际合作与交流稳步推进】 2015年，中国农业机械学会在做好学会国际交流与合作日常工作的同时，积极稳步推进中国农业机械学会及各分会开拓海外发展空间、引进技术设备等项工作，为实施“走出去”和“一带一路”发展战略做好服务工作。

首先，中国农业机械学会组团参加多次具有行业特色、较高世界影响力、广泛实效性的学术会议，中外学者、专家和各界人士通过多种方式，广泛交流学术思想，充分展现创新成就，这对于促进我国农机行业的发展和科技创新起到至关重要的作用。如5月25日，李树君常务副理事长作为CIGR继任主席、国际部主任张兰芳研究员作为CIGR期刊主编，受邀参加在俄罗斯召开的国际农业与生物系统工程学会(CIGR)主席团和常务理事会议，他们分别汇报了2014年9月的CIGR第18届世界大会召开情况、大会学术论文发表及大会后续工作事宜，以及CIGR期刊工作。6月17—23日，由全国政协副主席、国家科技部万钢部长率领的中国科技代表团赴巴西利亚出席第二届中国—巴西高级别科技创新对话会议，方宪法副理事长陪同参加会议，并参加了农业食品科技与生物技术、新能源与新材料等三个议题的对话讨论，会上发表了《创新农业装备、保障食物安全、实现持续发展》的主题演讲。11月16—20日，中国农业机械学会派遣5人代表团参加在新西兰奥克兰举办的第九届CIGR第六分会国际会议，会议主题是“利用新技术，从生物资源中创造价值”。12月9—11日，由亚太可持续农业机械化发展中心主办的亚太地区第三届可持续农业机械化发展论坛在菲律宾马尼拉举行，来自亚洲开发银行等4个国际组织及中国、孟加拉等16个国家的50余名国际代表以及菲律宾农业科技界200余名代表参加会议。论坛的主题是“可持续农业机械化发展中的人力资源开发”。中国农业机械学会派遣代表团参加论坛并作报告。

其次，在2015年共接待来访外宾团组38个，来自美国、日本、加拿大、西班牙等20个国家共65人次；共派出研究员、工程师约53余人赴俄罗斯、新西兰、巴西、美国、菲律宾等14个国家进行学术交流、参会参展合作洽谈，共计17个团组。

再次，中国农业机械学会还积极承担国际组织工作。在国际农业与生物系统工程学会(CIGR)方面，发表CIGR期刊5期187篇文章，共收到来自71个国家的作者提交的285篇稿件，拒稿和退稿61篇。为提高期刊学术影响力及文章质量，建立全球22人的副主编团队，在全球范围内积极寻找专业水平较高的领域评审专家，同时与世界知名学术文献出版公司Elsevier建立联系并在该检索系统中上传往期文章；继续保持与CIGR前任主席Fedro S. Zazueta的月度国际视频工作会议，通报和商议CIGR期刊工作情况。在亚洲农业工程学会(AAAE)方面，积极推进其秘书处日常性工作，不断吸收AAAE新会员，并向现有会员定时推送AAAE会讯，保持与会员之间的良性互动。本年度已发表3期AAAE会讯和43篇IAEJ期刊的学术论文。同时完成CIGR第18届世界大会剩余119篇全文投稿的评审工作。还积极参与盖茨基金会组织的重大国际活动，协调中国农业机械学会代表团参加盖茨基金2015大挑战年会议，开拓与联合国可持续农业机械化中心的交流与合作。

最后，在承担中国科协事务方面，共申请3项国际组织事务专项，两个项目获得科协项目经费资助，资助金额共计8万元，两个项目均已顺利完成。按照要求，为科协撰写提交了多份中国农业机械学会国际交流进展和成果报告。

【精品期刊工程建设成效显著】 《农业机械学报》自觉遵守期刊出版政策法规，规范有序开展工作，共收到有效来稿2 000余篇，来稿录用率28%，出版时滞7.5个月。全年按时出版正刊12期，增刊1期，平均每期384页。全年共刊出论文692篇，刊出论文分布于145个高等院校或科研单位，刊出论文中，各类基金类论文达100%，国家级项目资助论文比例达94%，其中，国家自然科学基金、国家“863”“973”计划资助论文占72%。学报通过编辑部初审对来稿的数量和质量进行控制，严格执行双盲审制度，依靠审稿专家学术把关。

经申报和评选，学报再次“荣获中国科协精品科技期刊工程(2015—2017)项目”支持。2015年度，中国农业机械学会从提升期刊学术影响力、提高期刊国际化水平、增强期刊服务能力三个主要方面认真执行了中国科协精品科技期刊工程项目，期刊各项评价指标持续提高，成效显著。据中信所2015年版《中国科技期刊引证报告(核心版)》数据，《农业机械学报》影响因子1.229，比2014年度提高8%；总被引频次5 617，比2014年度提高23%，被引频次和影响因子均居学科排名第2位。据中国学术期刊(光盘版)电子杂志社发布的《2015中国学术期刊影响因子年报》数据显示：《农业机械学报》复合总被引14 943，复合影响因子1.904；期刊综合总被引7 178，期刊综合影响因子1.336；技术研究影响因子1.326。在农业工程类19种期刊中排名居第2位，学报再次被中国学术期刊(光盘版)电子杂志社评为“2015中国国际影响力优秀期刊”。

根据中文DOI注册与服务中心提供的数据，2015年1—12月DOI解析链接总量为79 857，比2014年同期的41 397提高93%，特别是2015年5月，DOI链接总量超过1万。通过DOI链接来本刊网站下载论文全文的读者，主要是EI数据库检索阅读者，本刊刊出论文越来越受到国际同行的关注，国际读者群在明显增加。

严格执行三审制，规范各项规章制度，坚持规范、高质量、按时出版。充分依靠和发挥老专家和学科带头人在学术上的作用，并不断挖掘和发现新的审稿人，以适应不断扩展和延伸的专业范围要求。目前有分布于100多个单位的520余名审稿专家在为本刊审稿把关，对审稿专家实行动态管理。编辑部向具有国际学术影响的行业学科带头人约稿，并对这类论文采取优惠减免版面费，2015年度刊发13篇，这些论文对行业科技工作者起到很好的指导作用，提升了期刊的学术影响力。学报刊出论文数量保持稳定；学术质量有所提升；专业范围覆盖面扩大，比例合理；热点报道持续开展；论文刊出效率超出预期；彩印和英文表达能力明显提升。

2015年，《农业机械学报》编辑部继续对2014年度刊出的644篇论文(不含增刊)从学术质量、专业代表性、审稿综合评价，以及高下载量、高引用量等方面进行了筛选，评选出30篇高水平、高影响力学术论文予以表彰奖励；同时，为表彰审稿专家为期刊整体质量的不断提升所做出的贡献，综合考虑2014年度的审稿数量、审稿质量和审稿时效，评选出30位2014年度优秀审稿人予以表彰奖励。

2015年编辑部多人次参加中国科协和新闻出版署等组织的编辑培训、英文写作培训等。选送1名青年编辑骨干参加主编国际化出版业务培训班，使青年编辑开阔国际眼界，了解国外先进的出版理念和办刊经验，领略先进科技手段，同时也找出与国际一流期刊的差距，为今后工作指明方向。

期刊采编平台经过5年时间的使用更为成熟稳定，所有来稿均在当天告知初审结果，专家评审平均审稿周期43天。不仅方便作者投稿、专家审稿、读者看稿，还极大提升编辑部的服务能力和工作效率，使得编辑出版工作更为先进和规范，也使编辑出版工作水平得到进一步提升。为进一步加快期刊数字出版步伐，拓宽期刊信息资源传播渠道，同时更好地提升读者阅读体验，学报开通了微信公众平台，及时向读者推送论文。

【认真执行中国科协专题项目】 一是创新驱动助力工程项目。按照中国科协统一部署，中国农业机械学会遵循“充分发挥学会智力优势、尽量满足企业创新需求、认真开展多种形式工作、特别注重助力实际效果”的工作思路，开展了形式多样、富有成效的创新助力工作。先后统一派遣多位专家分赴浙江永康、山东日照等地，调研企业技术需求，帮助地方政府制定产业发展战略出谋划策，对接项目为企业技术进步提供智力支持。在充分调研基础上，与浙江永康市人民政府、安徽芜湖科协、福建漳州科协及山东五征集团分别签署建立合作协议或企业工作站。另外，中国农业机械学会收获机械专家、畜牧机械专家、拖拉机专家、设施养殖专家等，采取面谈或电话咨询方式，为吉林四平、河北保定、河南鹤壁、福建闽清等地企业提供技术咨询，解决实际问题。收获机械、耕作种植机械和拖拉机分会还派遣专家为五征集团技术人员现场提供技术咨询和交流。另外，还邀请山东常林农业装备股份有限公司、雷沃重工、常州东风农机、山东五征集团等20余家企业人员观摩首届“东方红杯”全国大学生智能农业装备创新大赛决赛，以促进农业装备企业科技进步并为企业发现创新人才。二是青年人才托举项目。在中国农业机械学会多位专家的大力支持下，经认真准备、积极申请，中国农业机械学会获准执行中国科协“青年人才托举工程”项目，在2015—2017连续三年每年获得科协资助30万元，托举农机行业制造企业青年科技人员2人。按照科协要求，中国农业机械学会经过自荐、推荐、评审、报批等环节，已最后确定中国一拖集团有限公司、现代农装科技股份有限公司人员为中国农业机械学会托举人员。目前项目正在顺利实施。

【认真做好学会组织建设工作】 一是组织建设工作。分别召开十届一次、十届二次常务理事（通信）会议，对涉及中国农业机械学会工作总结和计划、重大活动方案和会员管理办法等学会重大事项进行民主协商、集体决策。召开学会秘书长工作会，研讨学会工作，布置学会年度重大工作事项。中国农业机械学会高度重视并积极做好宣传工作，及时将学会活动在科协网站、学会网站、农机院网站及学术期刊上进行广泛宣传。2015年在学会网站共发布各类通知、报道等65篇，在中国农机院网站主页发布相关新闻12篇，在《中国农机人》报刊登学会活动报道6篇；向科协网站报送新闻并发布8篇。二是人才推荐工作。按照中国科协的部署，中国农业机械学会分别完成向中国工程院推荐1名院士候选人选、向中国科协推荐3名中国青年科技奖候选人选等工作。

（袁爱洁）

中国农业工程学会

【概况】 2015年中国农业工程学会成功获批学会创新和服务能力提升工程——优秀科技社团建设项目，以此为契机，中国农业工程学会理事会带领学会各级组织和广大会员凝心聚力，顺势而为，积极拓展业务触角，各项工作态势良好，稳步提升，获得中国科协创新驱动助力工程优秀单位、财务决算先进单位、科普工作优秀单位、文献收藏优秀单位、《中国科学技术协会年鉴》“优秀组织单位”、党建研究会优秀调研报告等多项荣誉称号，学会事业再创佳绩。

【持续提升学会服务创新能力】 2015年，中国农业工程学会以学术年会及专业学术会议资助为抓手，促进学术会议向大规模，深层次，广覆盖发展；以开展“期刊影响力”计划为依托，持续保持所属学术期刊学科领先地位；积极探索科技评价工作路径，取得进展。

据不完全统计，2015年学会及分支机构共举办学术活动27次，其中国际会议7场次，参会人数达5 000余人次，提交论文648篇，出版论文集1本。较2014年，学术会议交流频次增长110%。

中国农业工程学会2015年学术年会于2015年8月在黑龙江东北农业大学成功召开，来自全国31个省市83个单位的1 100余名代表参加会议，收到论文301篇，参会人数再创历史最高；工业化循环水养殖高端论坛、第九届国际计算机与计算技术在农业中的应用国际研讨会、农业工程教育与现代农业发展研讨会、生物质热解炭装备研发与生物炭应用研讨会、第五届畜禽健康环境与福利化养殖国际研讨会、农业电气化与信息化工程教育教学专题研讨会、陕西榆林市盐碱地蓖麻示范种植专题会议、农业智能装备和机器人国际研讨会等受资助专业会议，围绕“良田·良种·良法·良管”学术理念，深入研讨本领域重点、热点，难点问题，提出科学家建议8份。

国际会议影响力不断扩大，农业工程科技工作者国际知名度和话语权持续增强。据不完全统计，中国农业工程学会累计召开第六届亚洲精准农业会议、第九届国际计算机及计算技术在农业中的应用研讨会、第七届精准农业与航空施药技术国际学术研讨会、第五届畜禽健康环境和福利化养殖国际研讨会、2015年中加免耕播种机研讨会、农业智能装备和机器人国际研讨会、中国·寿光国际设施园艺高层学术论坛等国际会议，总计参会人数1 780人，其中外宾200余人，交流论文300余篇。学会专家相继参加世界工程师大会暨世界工程组织联合会（WFEO）专委会并执委会会议，CIGR执委会会议及第四、五分会工作会议暨第36届CIOSTA会议，接待CIMMYT（国际玉米小麦改良中心）主任率领的代表团来访，宣传我国农业工程领域科技进步，加强与外方相关领域的沟通合作，为中国科协顺利承接WFEO—CEIT专委会发挥积极作用。

继续夯实学科发展研究制度。组织召开2015农业工程学科发展研讨会，中国工程院汪懋华院士、中国科协学会学术部刘兴平副部长，报告首席科学家朱明研究员、课题组成员及特邀专家共52人参加会议。完成2014—2015年度农业工程学科发展报告，已交由中国科学技术出版社出版。报告系统总结“十二五”期间本学科在学科、队伍及平台建设、科技创新、人才培养、学术交流、学术出版及重要科研立项等方面的进展。较之以往，本次研究跨度由两年变为五年，内容在延续以往综合报告及农业机械化工程、农业水土工程、农业生物环境工程、农村能源工程、农业电气化与信息化工程、农产品加工与贮藏工程及土地利用工程七个专题报告基础上，增加农业系统工程分支领域，并在原农业生物环境工程专题中增加设施水产养殖环境工程方向，更为全面的体现了学科的交叉融合性及系统工程性。

《农业工程学报》全年出刊24期，刊发论文1 052篇，刊登论文均被EI、CABI、CA、Scopus、Ingenta connect、EBSCO收录。2015年首次入选国家新闻出版广电总局推荐为“百强报刊”；入选中国科协精品科技期刊工程TOP50；位列Google学术搜索高被引中文期刊第9名：$h5$指数和$h5$中位数分别为37和45；入选TOP 5% 2015中国最具国际影响力学术期刊。再次入选“中国精品科技期刊”及“百种中国杰出学术期刊”，6篇论文入选“中国百篇最具影响优秀国内学术论文”。根据CJCR发布，学报核心总被引频次、影响因子分别为14 005和1.732，在20种农业工程类期刊中继续排名第1位，在全部2 383种（含自然和社会期刊）中国科技核心期刊中分别排名第3位和第40位。

国际英文刊《国际农业与生物工程学报》（IJABE）全年出刊6期，刊发论文100篇，包括中国作者稿件为64篇，国外及国际合作发表论文36篇，具有项目基金资助论文93篇，刊登封面介绍国内大专院校与科研院所的科研团队与科研成果5项。所刊文章均被《科学引文索引》（SCI）、《工程索引》（EI Compendex）收录，质量、影响稳步提升。积极与SCI及EI检索机构沟通，采用FTP等新技术上传电子稿件，有效缩短英文刊收录检索时间。根据Web of Science - All Databases检索统计，截至2015年12月25日，IJABE刊发的437篇论文和信息，总计被引923次，篇均被引2.11，$h5$指数11。根据Google Scholar最新统计，IJABE刊发的文章累计被引2 108次，$h5$指数17，国际同行认可度持续提升，并带动增加了国内相关刊物尤其是《农业工程学报》的国际显示度。

科技评价工作取得新进展。完成“水果糖酸度及农业残留快速无损检测技术研究与装备开发”项目成果评价工作。与农业部老科协、中国畜牧业协会等联合发起成立“全国农业科技创业创新联盟”，为后续开展农业科技成果评价、农业科技成果转化等工作提供组织保障。

【推进实施创新驱动助力工程，加快提升学会服务政府和社会的能力】 中国农业工程学会充分发挥原有全国农口学（协）会产业联盟影响，开展创新驱动助力工程，与河南、河北、浙江、福建、保定、南阳、鹤壁、厦门、永康、涞水、雄县等11个省、市、县科协建立联系，签订7个合作协议，共建学会服务站、创新驿站、科技成果转化基地。承办第39次中国科技论坛“小品种大产业—环首都现代农业带建设与京津冀协同创新发展论坛”，牵头中国园艺学会、中国沼气学会、中国农村能源行业协会，与河南省科学技术协会、南阳市人民政府共同主办中国现代农业论坛，共议河北保定核桃产业发展及南水北调中线工程水源地现代农业建设和生态保护，服务农业生产全产业链，助力地方经济、环境建设。

举办第六届中国国际现代农业博览会和2015北京国际优质农产品展示交易会，汇聚参展企业900余家，展出面积2.5万米^2，吸引观众4万余人次，两会合力打造业内知名展会。

结合农业工程学科优势及国家农业现代化战略需求，推进科普信息化建设，设立科普微信公众订阅号“现代农业123”，开通辟谣功能，入驻“科普中国微平台”，筹划建设农业信息化网站；继续做好科普品牌活动，依托展览会开设科普展区及视频专区，通过展板介绍农业工程领域的技术热点，通过视频介绍农业航空植保及农情监测技术等农业工程技术，推广普及农业工程科学技术；持续丰富科普资源，完成36期科普杂志《农业工程技术》出版工作；制作《农业航空技术》3D科普动漫宣传片1部；积极参与中国科协“科普中国”品牌建设，参与《知识就是力量》特别策划“最柔软的力量——世界水日特别专题”及“科学前沿大师谈——机器人专题”工作；建立14个科学传播专家团队并向中国科协推荐14名农业工程及相关学科的首席科学传播专家。梳理完善学会分支机构和科学传播专家团队的联系人信息，建成“科普工作委员会—秘书处—科学传播专家团队联系人＋分支机构科普联系人”的纵向联络网。

【稳妥推进学会承接政府转移职能工作，不断提升学会服务科技工作者能力】 2015年，中国农业工程学会举荐中国工程院院士候选人2名，创新人才推进计划候选人3名，第十二届中国青年女科学家奖候选人1名，第十四届中国青年科技奖候选人2名，创新团队1个，青年人才托举工程候选人2名，国家科技奖励项目1项，第九届大北农科技奖项目8项。

严格遵循院士推荐办法及程序，制定出台《中国农业工程学会推选院士候选人工作实施细则（试行）》，组建学会院士候选人推选工作机构，经信息发布、人选推荐、初审推荐、材料审核、公示，按时按质完成院士推荐工作。

实施中国科协“青年人才托举工程”。评审推荐相结合，按照“具有科学共同体特色”的“小同行认可”和“崇高学术声望和高尚人格风范的高水平科学大师保荐”的推荐原则，经常务理事会和副理事长两轮投票推选产生人选。

第九届大北农科技奖学科（专业）评审范围首增农业工程类目，下设10个分支，为农业工程优秀科技成果的发现和推广搭建了新阵地。经申报、推荐、形审、初评、会评、公示、终审步骤，共14项农业工程类科技成果获奖。学会作为推荐单位成功举荐1项项目获奖。

与中国农业机械学会、中国农机化导报以及河南豪丰机械制造有限公司共同主办，评选第二届全国十佳农机教师。我会1位常务理事，2位理事获此殊荣。

服务青年学子，巩固举办第三届农业建筑环境与能源工程创新设计大赛，创办全国大学生智能农业装备创新大赛，共计1 000余人参加比赛，收到作品368件，激发青年学生投身农业工程事业的积极性、主动性和创造性。

积极、稳妥推进农业工程类教育认证工作，与教育部农业工程类专业教学指导委员会合作举办首次工作研讨会，出台了3项工作制度，提出“加大宣传力度，做好队伍建设、完善补充标准、积极参加培训、调研提升自我”五大未来工作方向。

关注新兴领域，突破继续教育短板，依托农业航空分会和特种水产工程专委会，举办农用无人机植保理论及技术及第一届工业化循环水养殖技术培训班，参与授课专家32人，累计培训学员191人，企业学员占比33%。值得一提的是，农用无人机植保理论及技术培训是我国首个将农业植保与无人机相结合的专业系统性培训，为农业航空人才培养积累了经验，为我国农业航空健康有序发展输送了人才。

【持续改革创新学会办会理念机制，着力提升学会自我发展能力】 继续完善网站、微信及手机报平台建设，网站浏览量增加30%，学报期刊微信平台建设初见成效，全年推送消息218条，手机报发送信息3 000余条。为“互联网＋学会”工作模式创造良好基础条件。

规范中国农业工程学会分支机构管理，经三轮意见征集，形成《中国农业工程学会分支机构绩效评估办法（试行）》

(讨论稿),评估办法坚持"自愿申报、以评促建"原则,自评估与工作委员会评估相结合方式,每两年评选一次。

学会新增缴费会员 165 名,较 2014 年增幅 15%。继续开展年度会员调研,聚焦党建工作,发放调研问卷 400 余份,完成"学会党组织在'建家交友'中如何增强对科技工作者的吸引力、凝聚力"的调研报告,提出做好需求分析,线上线下并举的"建家交友"工作模式。

树立党建强会活动品牌,牵头策划承办 2015 春季学会青年会员建家交友联谊活动、2015 中国科协会员日乒乓球赛(第六届),中国科协党组书记、常务副主席、书记处第一书记尚勇出席会员日乒乓球赛开幕式并为比赛开球,党组成员、书记处书记王春法认可此活动是中国科协"建家交友"活动一个很好的试点和样板。

作为全国学会党建强会服务平台系列活动,与中国科协学会服务中心党办、中国航空学会等七家学会走进全国最大的生态扶贫移民集中区宁夏红寺堡区及广西桂林开展活动,累计捐赠农业工程技术图书 500 余册,科普动漫片光盘 120 套,"低碳生活"科普挂图 1 套。结合当地农业发展实际面向种养大户做科普报告两场,实地走访十万亩葡萄种植区、现代畜牧业示范基地等,与当地农牧干部及区领导座谈,深入研讨当地现代农业发展路径。

【中国农业工程学会 2015 年学术年会隆重召开】 2015 年 8 月 5—7 日,中国农业工程学会 2015 年学术年会在黑龙江省哈尔滨市东北农业大学举行。年会以"农业工程科技创新与转方式调结构"为主题,来自全国 31 个省市 83 个单位的 1 100余名代表参加会议,收到论文 301 篇,参会人数再创年会新高。

年会以主旨演讲、主题发言和分组讨论、墙报展示相结合的方式进行。国家发展和改革委员会农村经济司胡恒洋巡视员,中国工程院汪懋华院士、蒋亦元院士、罗锡文院士、康绍忠院士、陈学庚院士,国家农业信息化工程技术研究中心主任赵春江研究员、东北农业大学校长包军教授应邀作大会报告。结合现代农业发展实际及今后发展趋势,年会分设农业机械化与装备工程、水土资源高效利用、设施农业工程与技术、可再生能源利用与低碳农业、农产品加工贮藏与质量保障、农业信息与电气工程六个分会场,122 人在分会场发言,其中学生代表发言人数 81 人,展出海报 117 篇。

会议评选表彰青年优秀学生论文 20 篇,同期举办了 2015 年全国农业工程博士后论坛,中国工程院咨询项目"我国农业全程全面机械化发展面临的新挑战和应对策略"的阶段性交流会,农业装备展等特色活动,创新了交流形式,丰富了交流内涵。

【精准对接,助力创新,服务地方经济民生】 2015 年中国农业工程学会积极参与中国科协创新驱动助力工程。在签订合作协议基础上,联合当地科协,深入当地农业产业寻找到切入点,针对性地组织开展高端论坛,搭建产、学、研、政交流平台;依托论坛成果,发挥桥梁作用,精准调动专家资源,解决地方政府、企业的实际需求,以封闭式循环水养殖技术为线,推动技术成果转化落地,完成了从纸面(协议、合同)到实际对接。

7 月 28 日,中国农业工程学会与保定市科学技术协会、中国园艺学会等共同承办"第三十九次中国科技论坛—小品种大产业—环首都现代农业带建设与京津冀协同创新发展论坛",120 余人参会,16 位专家作报告。论坛聚焦核桃产业领域,依托相关产业不同全国学(协)会、高校、科研院所组织优势,邀请领域知名专家,全面、广谱关注核桃产业,共谋核桃产业发展之路。作为亮点之一,论坛将文化因素引入传统核桃产业,打造文玩核桃研讨板块,从育种、栽培技术到营销再到文化传承,全方位对文玩核桃进行推介,拓宽了核桃产业的经济价值区间,为保定市、河北省乃至太行山区的扶贫模式提供了新的思路和可能性。中国核桃网、科普中国微平台提供媒体支持,新华网、中新网、搜狐网、和讯网、中国科技报、农民日报、科技日报等主流媒体进行报道。

9 月 13 日,由中国农业工程学会、河南省科学技术协会、南阳市人民政府主办,中国园艺学会、中国沼气学会、中国农村能源行业协会、南阳市科学技术协会、河南省农业工程学会联合主办,中国植物保护学会、中国畜牧兽医学会、南阳市农业局协办,中国科协学会学术部作为指导单位的中国现代农业论坛在河南省南阳市召开,共计 140 余代表参加了会议。本次论坛以"创新驱动 助力农业现代化——南水北调中线工程水源地现代农业建设和生态保护"为主题,邀请来自产、学、研、政四个方面共计 140 余名专家,结合南阳市农业产业需求,大视野、多角度阐述现代农业技术,助推工业化循环水养殖技术在南阳转化落地,10 位专家受邀进行了报告。

【举办第三届农业建筑环境与能源工程创新设计大赛,创办全国大学生智能农业装备创新大赛,完善学会青年人才成长培养体系】 2015 年 8 月 2 日,由中国农业工程学会、教育部高等学校农业工程教学指导委员会主办,中国农业大学、东北农业大学承办,哈尔滨良大实业有限公司协办的农建创新大赛在黑龙江哈尔滨召开。来自全国 24 所高校、77 支代表队,320 余人参加大赛。围绕"生态建筑与现代农业工程"主题,分设工艺与环境、乡村建筑、清洁能源工程、设施与设备四个竞赛单元,收到本科生作品 61 件,研究生作品 16 件,创历届比赛之最。竞赛最终产生本科生组特等奖 4 名、一等奖 14 名、二等奖 24 名和三等奖 19 名,研究生组特等奖 1 名、一等奖 4 名、二等奖 8 名和三等奖 3 名。

由中国农业机械学会、中国农业工程学会、教育部高等学校农业工程类专业教学指导委员会、江苏省现代农业装备与技术协同创新中心共同主办,江苏大学承办的"东方红"杯第一届全国大学生智能农业装备创新大赛于 12 月 22—23 日举行。大赛指导及评审委员会,各参赛高校师生代表,企业代表,新闻媒体人士 700 余人参加了开幕式。本次大赛以"现代农装、创新科技"为主题,共收到终审作品 291 件。按照竞赛规程,作品分为智能农业装备科技发明及智能田间行走机器人两类,经作品初审、现场答辩竞技、专家评审等环节,最终评出特等奖作品 15 件,一等奖作品 45 件,二等奖作品 92 件及优秀奖 139 个,优秀指导教师奖 60 个。江苏大学、华南农业大学、东北农业大学、山东理工大学、南京农业大学、沈阳农业大学、黑龙江八一农垦大学、福建农林大学、西南大学和中国农业大学荣获高校"优胜杯"。

经过一期能力提升专项培育,大赛已成为学会服务青年学子、发现优秀创意的重要平台,为培养学生的创新能力、协作精神和理论联系实际的学风,提高学生实际工作能力,推动农业工程教学改革及优秀人才脱颖而出创造了条件。

【中国农业工程学会首届工程教育专业认证研讨会成功召开】 11月30日至12月1日，中国农业工程学会会同教育部农业工程类专业指导教学委员会、学会教育委员会召开首次工程教育专业认证工作研讨会。江西农业大学、吉林大学具体承办会议。会议邀请了农业工程专业认证委员会(筹)专家库成员、教育部农业工程类专业指导教学委员会委员、学会教育委员会委员及所属分支机构主任委员、相关专家共计80名代表与会，并邀请中国机械工程学会继续教育处罗平处长、中国电工技术学会王志华副秘书长从宏观、微观两个角度向与会专家介绍了工程教育专业认证工作。

会议审议研究，出台3项工作制度，并就未来工作提出“加大宣传力度，做好队伍建设、完善补充标准、积极参加培训、调研提升自我”五大工作方向，进一步统一农业工程界对认证工作的思想认识，加强与本专业教学指导委员会的协同配合，为学会承接政府职能，推进农业工程类专业认证工作进展打下基础。

【举办第六届中国国际现代农业博览会和2015北京国际优质农产品展示交易会】 第六届农业博览会以“科技导向、产业对接”为主题，展出面积1.5万米^2，参展企业400余家，参会观众25 608人次，较去年增长近20%。2015北京国际优质农产品展示交易会吸引14个省(自治区)及相关市县组团参展，展览面积达1万米^2，参展企业超过500家，展览规模持续扩大，专业程度继续增强。

展会紧握农业科技创新端和农产品流通端，同期举办三场创新高层论坛，探讨农业精确灌溉、现代都市农业及农业航空前沿技术，引领行业发展；举办优质农产品推介对接会，着力创新农产品流通方式，推动优质特色农产品的多渠道、组织化营销，加快全国农产品市场体系转型升级。

作为中国农业工程学会科普品牌活动，博览会继续开设科普展区，推广普及农业工程科学技术。

【打造科技工作者自属品牌活动，牵头承办中国科协会员日活动】 牵头策划承办2015春季学会青年会员建家交友联谊活动、2015中国科协会员日乒乓球赛(第六届)。两个活动总计参与学会98家次，参与人数530余人，累计覆盖学会44%。

5月8日，2015春季学会青年会员建家交友联谊活动在奥林匹克森林公园举行，主题为“党建引领、建家交友、服务青年、友爱春天”，共有来自42个学会、31个学会党支部的共计130余名学会青年会员参加。活动采取线上线下联动的方式，为学会单身青年会员提供和搭建了婚恋平台。活动后调查显示，参与人员的活动满意度达98%。

11月28—29日，2015中国科协会员日乒乓球赛(第六届)在北京月坛体育馆举行。中国科学技术协会党组书记、常务副主席、书记处第一书记尚勇出席开幕式并为比赛开球，党组成员、书记处书记王春法出席开幕式并致辞，党组成员、机关党委书记、计划财务部部长王延祜主持开幕式。王春法在致辞中指出，中国科协会员日乒乓球赛是科学技术协会“建家交友”活动一个很好的试点和样板，通过开展这种能够吸引学会积极支持、会员广泛参与的活动，提高中国科学技术协会和全国学会的凝聚力，增强学会会员的归属感，增进学会之间的交流，向全社会展示中国科技工作者“积极向上、努力奋进”的健康形象。本届比赛由中国科学技术协会机关党委、中国科协学会服务中心党委主办，中国农业工程学会牵头承办，中国铁道学会、中国公路学会、中国体育科学学会联合承办，共有来自57个单位组成的56支队伍、近400人报名参赛，参与活动的学会数量和会员数量均为历年之最。

【搭建全国学会党建强会服务平台，开展科技扶贫】 10月26—29日，“全国学会党建强会走进红寺堡”活动在宁夏吴忠市红寺堡区成功举办。活动由中国科协学会服务中心指导，中国航空学会党支部、中国农业工程学会党支部、中国粮油学会党支部、中国生物医学工程学会与中国免疫学会联合党支部、中国国土经济学会党支部联合开展。活动期间，学会向当地捐赠了图书，与当地政府举行了深入研讨，共议现代农业发展方向。面向当地农牧干部、种养大户开展了“肉猪羊标准化养殖工程技术”及“农业航空技术及发展”的报告。学会党员专家团一行还参观了当地十余万亩的葡萄种植区、现代畜牧业示范基地、工业和农业园区及移民博物馆，深入了解了红寺堡地区老百姓在党的领导下，将荒无人烟大漠地区发展成如今初具规模的现代化城镇的历史。

为普及国防科技知识，放飞科学梦想，11月13—14日，“全国学会党建强会走进广西——国防科普知识进校园主题教育活动”在广西桂林成功举办。活动由中国航空学会党支部、中国农业工程学会、中国兵工学会、中国核学会、广西壮族自治区区委宣传部、自治区国防教育工作办公室、桂林市委宣传部、桂林市国防教育工作办公室和广西航空航天学会联合主办。活动共分科普报告会、航空模型飞行表演、公益捐赠和科普挂图宣传四项内容。中国农业工程学会面向中小学捐赠图书两百册，农业工程技术科普动漫片光盘120套(内容涵盖精准农机、农业物联网、节水灌溉及农业航空等内容)，“低碳生活”科普挂图1套。

(管小冬 席枝青)

机构与负责人

农业部农业机械化主管部门

【农业部农业机械化管理司】
司长:李伟国
副司长:李安宁　孔亮
综合处
处长:王家忠
调研员:刘小伟
副处长:路玉彬
副调研员:吴迪
产业发展处
处长:宋建武
副调研员:李伟
生产管理处
处长:李斯华
副处长:李庆东
科技教育处
处长:刘云泽
调研员:王国占
副处长:丁仕华
安全监理处
处长:范学民
副调研员:张汉夫

农业机械化业务部门

【农业部农业机械试验鉴定总站(中国农机产品质量认证中心)】
站长、党委书记:刘敏
副站长:朱良　刘旭　姚春生
总工程师:仪坤秀

【农业部农业机械化技术开发推广总站(农业部农机监理总站)】
站长:刘恒新
副站长:郭建辉　涂志强　李安宁

【农业部南京农业机械化研究所】
所长、党委副书记:陈巧敏
副所长、党委副书记(主持党委工作):胡志超
副所长:曹光乔
党委副书记、纪委书记:肖体琼

协　会

【中国农业机械化协会】
会长:张桃林
常务副会长:马世青
副会长兼秘书长:刘敏
副秘书长:杨林　陈海燕

【中国农业机械工业协会】
名誉会长:高元恩
会长:陈志
执行副会长:范景龙　洪暹国　侯庆忠
秘书长:洪暹国
副秘书长:刘伟华　宁学贵

【中国农业机械流通协会】
党委书记、会长:毛洪
副会长:陈涛、王玉狮
党委副书记、纪委书记:陈阳
副会长兼秘书长:吴军旗

地方农业机械化主管部门

【北京市农业局农业机械化管理处(北京市农业机械化管理办公室)】
农业局副局长:马荣才
处长:翟金津
副处长:宫少俊
副调研员:王雅红　梁井林

【天津市农村工作委员会农业机械管理办公室(天津市农业机械发展服务中心)】
党委书记、主任:韦恩学
党委副书记、纪检书记:张顺义
副主任:胡伟　刘志伟　李广来

【河北省农业机械化管理局】
局长:张连才
副局长:田继来　郭恒

【山西省农机局】
局长:左义河
副局长:姚建忠
纪检组长:侯振全

【内蒙古自治区农牧业厅农牧业机械化管理局】
局长:王建江
副局长:郭跃　白巨财

副调研员：赵克勤　董林香

【辽宁省农村经济委员会】
副主任：陈健

【吉林省农业机械化管理局】
局长：郑建东
副局长：杜少辉
调研员：曹殿广

【黑龙江省农业委员会农业机械化管理局】
农委副主任：李连瑞
局长：郑联邦
副局长：李宪义　王平

【上海市农业机械化管理办公室】
主任：施忠
副主任：郑雷
副调研员：刘利光　陆建华

【江苏省农业机械管理局】
局长、党组书记兼省农委副主任：沈建辉
副局长：王峰　王勇　王翠章
纪检组长、机关党委书记：景启坚
局党组成员：卓炜

【浙江省农业机械管理局】
局长：王建伟
调研员：蔡潮永
副局长：王天工　布明华　王建松
副调研员：魏绍林　竺锡雅

【安徽省农业机械管理局】
局长：刘绍太
副局长：纵风云　江洪银　陈发明
纪检组长：王萍
调研员：程晓芬　方彦琴

【福建省农业厅农业机械化管理处】
调研员（主持工作）：杨斌
副调研员：兰亨庭

【江西省农业机械化管理局】
局长：官少飞
副局长：万江华

【山东省农业机械管理局】
局长：高明飞
副巡视员：侯英忠
副局长：韩永平　刘娜
纪检组长：王瑞华
纪检组调研员：胡亚南

【河南省农业机械管理局】
局长：凌中南
副局长：程双进　王春贵
总工程师：张金龙
机关党委专职副书记：周慧深
纪检监察室专职纪监员：丁向阳

【湖北省农机局】
局长：刘长华
纪委书记：王再虎
副局长：周立明　皮少成

【湖南省农业机械管理局】
局长：王罗方
总工程师：汤绍武
纪检组长：涂文波
副局长：杨国成　黄育忠　龚昕　肖林

【广东省农业厅农业机械化管理办公室（广东省农业机械安全监督管理办公室）】
厅党组成员、副厅长：牛宝俊
主任：陈楚楷
调研员：郑为国
副主任：刘亚平　陈奕娟

【广西壮族自治区农业机械化管理局】
局长：黄铭福
副局长：李一洪　黄汉全　江垣德
纪检组长：蒋国鸿

【海南省农业厅农业机械化管理处（海南省农业机械化管理局）】
局长：陈雍
副局长：张绍辉
调研员：林道泽
副调研员：邢志坚

【重庆市农机管理办公室】
农委副主任兼农机办主任：秦大春
副主任：赵培江　杨昌华

【四川省农业厅】
厅长：任永昌
副厅长：牟锦毅
总农艺师：潘海平

【贵州省农业委员会】
党组成员、机关党委书记：徐成高
农机管理处处长：戴卫岑
农机管理处调研员：程文红
农机装备处处长：张荣

【云南省农业厅农业机械化管理处】
副厅长：杜建辉
处长：可斌
副处长：邓庆
副处级调研员：邱智银　李飒

【西藏自治区农牧厅农业机械化管理处】
总农艺师（厅分管领导）：潘旭春
厅办公室主任：秦松茂
农机处处长：战都
农机处调研员：罗布旺扎
农机处副处长：苏春华　徐超
农机处主任科员：米玛拉姆

【陕西省农业机械管理局】
局长：何存贵
副局长：马驰　段保群
总工程师：上官永

【甘肃省农业机械管理局】
农牧厅党组成员、农机局局长：杜永清
副局长：贾怀德
曹新惠
王学军

【青海省农牧机械管理局】
局长：王建元

副局长:何彦武
办公室主任:孔俊君　白延芳

【宁夏回族自治区农牧厅农业机械化管理局】

局长:虞景龙
副局长:陈峰江
调研员:朱晓江
　　　　郭广生
副调研员:马琦

【新疆维吾尔自治区农牧业机械管理局】

党组书记:贾立新
局长:木合塔尔·艾沙
副局长:欧兴江
总工程师:裴新民
副局长:依米提·肉孜
纪检组长:原晋南

【大连市农业机械化办公室】

农委主任:周洲
农委副主任:毕泽贺
农机办主任:唐瑞超
农机办副主任:田伟
农机办调研员:张蓉

【宁波市农业机械化服务总站】

站长:葛建平
副巡视员:毛荣华

【青岛市农业机械管理局】

局长:陈志颖
副局长:闫文圣
　　　　程兴谟
　　　　徐振峰
副巡视员:朱经凡
机关总支专职副书记:贺文祥
机关总支副书记:刘洪喜

【厦门市农业局】

局长:吕参军
巡视员:张友福
办公室主任:喻松钦

【新疆生产建设兵团农业机械化管理局】

局长:丁卫东
主任科员:闫向辉

【黑龙江省农垦总局农业机械化管理局】

局长:周建龙
副局长:冯舟

【广东省农垦总局】

副局长:吕林汉

大事记

中央篇

农业部农业机械化管理司

2014年12月23—25日

农业部副部长张桃林到江苏省溧阳市和金坛市，调研有关信贷保险支农政策、基层农技推广体系、农机合作社建设情况。张桃林强调，发展农机合作社，是推进土地适度规模经营的重要举措，是农业经营体制创新的重要力量。各地要鼓励农民兴办农机合作社，不断壮大农机合作社的整体实力，为农业现代化建设贡献力量。农业部农业机械化管理司副巡视员孔亮参与调研。

2015年1月10—15日、19—23日

农业部副部长张桃林带领国务院安全生产委员会第6综合督查组，深入广西和青海部分市州、区县以及工矿企业、生产经营建设单位和人员密集场所，对政府层面和企业层面的安全生产工作进行了督查。农业部农业机械化管理司副巡视员孔亮参加督导。

1月12日

农业部办公厅印发《关于切实做好当前农机推广鉴定工作的通知》，贯彻落实2014年11月6日农业部常务会议精神，要求各地加快推进农机推广鉴定信息公开等工作，着力提升农机推广鉴定规范化水平。

1月13—14日

农业部农业机械化管理司在广西南宁市召开全国农业机械化工作会议，总结交流2014年工作，分析当前农业机械化发展形势，研究加快农业机械化转型升级，推进全程、全面、高质、高效发展，部署2015年农机购置补贴等重点工作。农业部副部长张桃林出席会议并作重要讲话。广西壮族自治区党委副书记危朝安出席会议并讲话。农业部农业机械化管理司司长李伟国主持会议并作会议总结，农业部财务司司长李健华、发展计划司副司长陈章全、种植业管理司副司长何才文、中央纪委驻农业部纪检组监察局副局长岳金凤出席会议。

1月19日

为贯彻落实国务院安全生产委员会全体会议、全国安全生产电视电话会议的精神和要求，切实加强农机安全生产监督管理，保障人民群众生命财产安全，农业部办公厅印发《关于做好2015年农机安全监理工作的通知》，提出深入落实农机安全监理惠农政策、全面推进农机安全依法监理等六条措施，促进农机安全生产。

农业部办公厅通报2014年下半年各地农机购置补贴产品经营违规行为查处情况。据初步统计，全国共查处在参与农机购置补贴政策实施中有违规行为的企业69家，并将其中25家企业及法定代表人列入农机购置补贴产品经营黑名单。

1月22日

农业部农业机械化管理司在北京举办2015年全国农机购置补贴政策实施培训班，财政部农业司、农业部财务司有关同志参加培训班并讲话，农业部农业机械化管理司副司长胡乐鸣作总结。

1月24—25日

全国农业机械化科技创新战略咨询专家组年会在江苏省南京市召开，汪懋华院士、傅廷栋院士、陈温福院士、陈学庚院士作学术报告，农业部农业机械化管理司司长李伟国、科技教育司副司长刘艳讲话，罗锡文院士主持会议并作大会总结。中国工程院副院长刘旭院士、农业部农业机械化管理司副司长胡乐鸣出席会议。

1月29日

为进一步促进农机购置补贴政策规范实施，避免区域间分档标准不一、补贴额差距过大，农业部办公厅印发《2015—2017年全国通用类农业机械中央财政资金最高补贴额一览表》，要求各省尽快形成和公布省（区、市、兵团、农垦）《2015—2017年农机购置补贴机具补贴额一览表》。

1月30日

农业部、财政部联合印发《2015—2017年农业机械购置补贴实施指导意见》，进一步明确了补贴范围、补贴标准、补贴对象和补贴兑付等相关实施办法。

2月3日

农业部办公厅印发《关于做好2015年农机深松整地工作的通知》，细化分解了农机深松整地作业任务，对全年农机深松整地工作进行了部署。

2月7日

农业部农业机械化管理司在北京组织召开“十三五”农业机械化发展规划编

制工作启动会议，讨论通过了规划编制领导小组、专家咨询顾问组和编制组成员名单，研究提出了规划编制总体思路、基本原则和进度要求等。国家发展和改革委员会农村经济司副司长方言、中国农业大学教授白人朴等专家领导参加会议并发言。

2月7日、2月10日

农业部部长韩长赋、副部长张桃林分别在吉林省公主岭市乡镇农机站群众来信上批示：农机年检请农业部农业机械化管理司作一专题研究，提出意见。按照部领导的批示要求，农业部农业机械化管理司会同农业部农业机械化技术开发推广总站（农业部农机监理总站）就农机年检问题赴吉林、黑龙江、湖南、陕西、安徽等省进行了专题调研，研究提出了"推行免费检验、加强政策扶持，实行简政放权、推进分类管理，优化检测内容、提高检验效率，推广先进技术、提高检验水平，加强队伍建设、提高服务水平"5条改革意见。

2月11日

农业部办公厅通报了2014年农机事故情况。全国累计报告在国家等级公路以外的农机事故1 744起，死亡300人，受伤556人，直接经济损失1 450.04万元。与2013年同期相比，事故起数上升0.63%，死亡人数、受伤人数和直接经济损失分别下降30.56%、11.89%和15.28%。

2月12日

农业部党组研究决定，刘恒新任农业部农业机械化技术开发推广总站（农业部农机监理总站）站长，免去其农业部农业机械化管理司副司长职务。

根据农机质量投诉情况和农业生产实际需要，农业部农业机械化管理司下达2015年农业机械质量调查计划，重点调查在用玉米收获机和大中型拖拉机的整体质量安全水平。

2月13日

农业部部长韩长赋到农业部农业机械试验鉴定总站、农业部农业机械化技术开发推广总站调研，并看望慰问全体干部职工。韩长赋强调，2015年农业机械化工作要按照部党组"稳粮增收调结构、提质增效转方式"的要求，推进农机购置补贴政策完善和规范实施，开展主要作物生产全程机械化推进行动，大力发展农机社会化服务，推动农业机械化向高质、高效转型升级。农业部总经济师、办公厅主任毕美家，农业机械化管理司司长李伟国陪同调研。

2月16日

农业部副部长张桃林前往江苏无锡市锡山区严家桥农机合作社考察调研。张桃林指出，农机合作社作为适应农业现代化发展要求的新型主体，各级政府要加大支持力度，合作社也要依靠自身的力量，扩大服务规模、规范内部管理，提升经营效益。农业部农业机械化管理司司长李伟国陪同调研。

2月26日

农业部办公厅印发《关于做好2015年农机化培训工作的通知》，要求各省（区、市）继续开展农业机械化教育培训行动，加强农机管理人员培训，推进农机科技示范培训，努力打造新型职业农民，并定期报送培训进展和工作总结。

2月28日

农业部农业机械化管理司印发《关于加强"变型拖拉机"管理建议的函》，向国家安全监管总局监管二司提出"规范生产行为、抓好源头治理，开展重点督导、停止变拖上牌，开展联合执法、进行专项治理，加快报废淘汰、加速存量消化"的建议，并组织赴广西开展调研。

3月5日

中共中央政治局常委、国务院总理李克强在第十二届全国人民代表大会第三次会议上作政府工作报告时提出，2015年"增加深松土地1 333万公顷。"

3月6日

农业部党组成员、中央纪委驻农业部纪检组组长宋建朝同志到农业部农业机械试验鉴定总站调研，重点了解农机推广鉴定开展情况，强调要积极推进鉴定改革、依法规范鉴定。中央纪委驻农业部纪检组监察局局长董涵英和农业部农业机械化管理司司长李伟国等陪同调研。

3月13日

农业部农业机械化管理司制定《2015年推进农机深松整地工作方案》，确定分解下达任务、增加机具装备、实施作业补助、加大工作指导、强化督导检查、加强宣传引导、开展调查研究等7项重点工作，并按月份制定各项工作实施进度。

3月23日

农业部办公厅通报2014年微耕机质量调查情况。此次调查在湖南、甘肃两省开展，共涉及20家企业的20个型号的40台产品和300个用户。结果显示，用户对微耕机产品的总体评价"好"和"中"所占比例为95.4%，对企业的服务评价为"满意"和"基本满意"的占91.5%，共有10家企业的10个型号产品存在安全性问题。

3月25—29日

由农业部人事劳动司主办的全国农牧渔业大县轮训主要农作物生产全程机械化示范县农机局长班在江苏省南京市开班，农业部总农艺师孙中华、中央纪委驻农业部纪检组监察局局长董涵英、罗锡文院士、农业部农业机械化管理司副司长胡乐鸣等专家和领导到班讲课。

4月13—14日

农业部农业机械化管理司、农业部农业机械化技术开发推广总站在陕西省宝鸡市举办2015年全国春耕生产农业机械化技术暨保护性耕作技术培训班。农业部农业机械化管理司司长李伟国出席会议并讲话。

4月16日

农业部农业机械化管理司在湖南省长沙市召开全国水稻生产全程机械化现场会，组织观摩水稻生产全程机械化作业现场，总结交流各地水稻生产机械化的形势、问题和对策，部署做好水稻等主要农作物生产全程机械化推进工作。17个水稻主产省、黑龙江省农垦总局负责同志参加会议。农业部农业机械化管理司李伟国出席会议并讲话，副巡视员孔亮主持会议。

4月27日

农业部农业机械化管理司印发《关于切实加强粮食机械化收获作业质量的通知》，要求各有关部门牢固树立"减损就是增产，减损就是增收"的工作理念，通过加强机手培训和作业管理、加强技术指导和生产调度、促进机具质量提升、增加粮食烘干设备数量等措施，切实加强粮食机械化收获作业质量。

5月8日

国务院印发《中国制造2025》，明确将农机装备作为重点发展的十个领域之一。

5月13日

农业部召开2015年全国"三夏"小麦跨区机收工作视频会议，研究分析小麦跨区机收形势，安排部署"三夏"农业机械化工作。农业部副部长张桃林在会上强调，各地要充分发挥农业机械的主力军作用，全力打好"三夏"农业机械化生产这场攻坚战，力保夏粮丰产丰收。江苏、山东、河南、陕西等省农业机械化主管部门负责同志作交流发言。11 个小麦生产省(市)设立 347 个分会场，参会人员超过 5 300 人。农业部农业机械化管理司司长李伟国主持会议。

5 月 15 日

农业部农业机械化管理司组织开发的农机作业信息动态监测与服务系统通过专家验收，基于 Web 端和手机客户端的全国农业机械化生产信息服务平台正式上线运行。

5 月 18 日

农业部办公厅印发《关于切实做好 2015 年"三夏"农机跨区作业管理和服务工作的通知》，要求各地农机部门切实做好 2015 年"三夏"农机跨区作业管理和服务工作，努力夺取夏粮丰产丰收，力争全年农业有个好收成。

5 月 20 日

农业部党组成员、中央纪委驻农业部纪检组组长宋建朝到农业部农业机械化技术开发推广总站调研指导工作。宋建朝到各处室看望干部职工，了解农机推广、农机监理、农机购置补贴技术支撑和总站党建工作开展情况，并与总站领导班子、中层干部座谈，对总站近些年一手抓业务工作、一手抓党建工作取得的成效给予充分肯定，对总站今后如何适应新形势、研究新问题、凝练新思路提出指导意见。中央纪委驻农业部纪检组监察局局长董涵英、副局长岳金凤，农业部农业机械化管理司副司长胡乐鸣陪同调研。

国家发展和改革委员会、农业部联合印发《糖料蔗主产区生产发展规划(2015—2025)》，进一步明确稳定甘蔗产业发展的目标任务和保障措施，特别提出要加快推进甘蔗生产全程机械化。

6 月 5 日

农业部副部长张桃林在农业部农业机械化管理司《关于 2015 年春耕机械化生产情况的报告》上批示：今年全国春季农业机械化生产工作抓得早抓得实，各地又涌现了一批好典型，积累了一些好做法、好经验，有力保障了春季农业生产顺利进行。希望再接再厉，当前要集中精力，认真做好"三夏"农机跨区作业各项工作，切实将夏粮"丰收在望"变成"丰收在手"。

6 月 9 日

农业部党组成员、中央纪委驻农业部纪检组组长宋建朝召集农业部农业机械化管理司全体干部和农业部农业机械试验鉴定总站、农业部农业机械化技术开发推广总站领导班子成员，通报有关审计移交问题处理情况，强调要进一步改革完善农机补贴政策，切实推进政策的规范、安全实施。

6 月 15 日

农业部部长韩长赋，农业部总经济师、办公厅主任毕美家到山东省聊城市调研麦收情况。韩长赋强调，各级农机部门抓住当前有利时机，切实加强小麦跨区机收，努力夺取夏粮丰收，为全年粮食生产打好基础。农业部农业机械化管理司副司长胡乐鸣陪同调研。

6 月 16 日

按照《国务院安委会办公室关于开展 2015 年全国"安全生产月"和"安全生产万里行"活动的通知》要求，农业部农业机械化管理司在辽宁、湖南、四川三省联合举办全国农机安全生产宣传咨询日活动，深入农村集市、田间场院、农机经营维修网点和农机合作社，宣传农机安全法规和安全知识，解答农民群众有关农机安全生产方面的实际问题。

6 月 20 日

安徽、河南、江苏、山东、河北等五大小麦主产区麦收工作相继告捷，标志着大规模"三夏"小麦跨区机收工作基本结束。全国投入"三夏"生产的联合收割机达到 56 万台，完成小麦收获面积 21 000 千公顷。全国大规模小麦机收作业历时 25 天，比 2014 年缩短 1 天。

6 月 23—26 日

根据国务院部署，农业部副部长张桃林率督导组赴四川省和重庆市开展全国涉农资金专项整治行动督导并调研。张桃林强调，要加快完善涉农资金管理机制，推动中央强农惠农富农政策不折不扣地落实到位。并对四川等丘陵山区省份立足于农业机械化发展需要建设农机产业园表示肯定，希望园区不断创新机制，加强产学研推用有效结合，加快先进适用、节能环保技术和机具的推广应用，发挥好示范引领作用。农业部发展计划司副司长郭红宇、财务司副巡视员何斌、农业机械化管理司副司长胡乐鸣陪同调研。

6 月 24—25 日

农业部农业机械化管理司、农业部农机监理总站在北京举办农机安全法制建设培训班，认真学习贯彻《中共中央关于全面推进依法治国若干重大问题决定》《国务院办公厅关于加强安全生产监管执法的通知》和新修订的《安全生产法》，邀请国务院法制办公室、国家安全生产监督管理总局、农业部产业政策与法规司有关领导专家进行授课。农业部农业机械化管理司司长李伟国出席会议并讲话，副巡视员孔亮出席会议。

6 月 30 日

农业部部长韩长赋主持农业部常务会议，审议并通过"农业部关于修订《农业机械试验鉴定办法》的决定"。

7 月 10 日

农业部部长韩长赋在农业部农业机械化管理司上报的《关于 2015 年"三夏"小麦跨区机收工作的总结报告》上批示：今年跨区机收有创新，应该肯定，并望发扬。张桃林批示：今年"三夏"小麦跨区机收工作在继续巩固和发扬过去已有成功做法的基础上，更加注重作业效率和作业质量，尤其是通过行政、经济和技术等手段，推行复式和一体化作业，有效地控制了小麦机收损失率和减少了焚烧秸秆现象，经验值得肯定和总结推广。

7 月 14 日

"实施品牌战略，推动中国制造向中国创造转变"提案办理协商会在北京举行，中国人民政治协商会议全国委员会经济委员会副主任岳福洪主持会议，主任周伯华讲话。中国人民政治协商会议全国委员会经济委员会刘平均，中国科学院院士、中国工程院院士王越，国家质量监督检验检疫总局、国家发展和改革委员会、国家工商总局、国家知识产权局、工信部、农业部、商务部有关同志先后发言。农业部农业机械化管理司副司长胡乐鸣参加会议并发言。

7 月 15 日

农业部印发 2015 年第 2 号部令，公布《农业部关于修订〈农业机械试验鉴定办法〉的决定》。

7 月 30 日

农业部部长韩长赋主持召开部常务会议，审议并原则通过《关于开展主要农作物生产全程机械化推进行动的意见(送审稿)》。韩部长强调，这是现代农业建设上的一件大事、好事，各有关司局要密切协作，充分发挥专家团队的技术支撑作用，调动发挥地方的积极性主动性，形成推动任务落实的强大合力。

7 月 31 日

农业部办公厅通报 2015 年上半年各地农机购置补贴产品经营违规行为查处情况。据初步统计分析，全国共查处在参与农机购置补贴政策实施中有违规行为的企业66家，并将其中2家企业和6名企业法定代表人列入农机购置补贴产品经营黑名单，取消2个购机者若干年内享受农机购置补贴政策的资格。

8月3日

农业部公告第2282号决定：2015年7月15日后仍有效的由省级以上农业机械化主管部门颁发的农机推广鉴定证书有效期，自签发之日起延至第5年的12月31日。

8月5—7日

农业部副部长张桃林到江苏省徐州市农业科学院、常州市金坛区金锁农机专业合作社进行调研。强调农机合作社今后要着力提升农机作业水平，拓宽服务领域，不断规范运营管理，引领农业机械化和农业现代化。农业部科技教育司司长唐词、财务司副司长郭红宇、农业机械化管理司副司长胡乐鸣陪同调研。

8月11日

为提高我国农业综合生产能力和竞争力，加快推进农业现代化进程，农业部印发《关于开展主要农作物生产全程机械化推进行动的意见》，明确全程机械化推进行动的指导思想、目标任务、主要内容、工作重点和保障措施。

8月17日

农业部办公厅通报2015年上半年农机事故情况。累计报告在国家等级公路以外的农机事故482起，死亡39人，受伤165人，直接经济损失418.93万元。与2014年同期相比，事故起数、死亡人数、受伤人数和直接经济损失分别下降35.39%、45.07%、29.18%和24.44%。

为认真贯彻8月16日全国安全生产电视电话会议精神，落实《国务院安委会关于全面开展安全生产大检查深化“打非治违”和专项整治工作的通知》精神，农业部办公厅决定从8—12月底，在全国范围内集中开展农机安全生产大检查，进一步深化农机“打非治违”和专项整治工作。

8月18日

全国农业机械化科技创新研讨会在江苏省镇江市举行，罗锡文院士主持研讨会，陈学庚院士、农业部农业机械化管理司副司长胡乐鸣等参加研讨。

8月19日

农业部党组研究决定，姚春生同志任农业部农业机械试验鉴定总站副站长。

8月27—28日

农业部农业机械化管理司与工信部机械装备司赴山东省联合开展拖拉机合格证专题调研，两部门协商共同规范农业机械生产合格证的管理。

8月

为贯彻落实农业部安全生产委员会2015年第三次全体（扩大）会议精神，农业部农业机械化管理司、农业部农机监理总站组成3个督导组赴内蒙古、辽宁、黑龙江、重庆、云南、宁夏6省（直辖市、自治区）督导检查农机安全生产工作。

9月5—10日

农业部副部长张桃林赴新疆对农机购置补贴、农机金融租赁进行调研，强调支农政策要适应农业农村发展新形势，积极推进农业产业政策、财政政策、金融政策“三位一体”，合力支持现代农业建设。农业部财务司司长李建华、农业机械化管理司副司长胡乐鸣陪同调研。

9月7日

农业部办公厅根据《拖拉机联合收割机牌证制发监督管理办法》，公布2016年拖拉机检验合格标志式样。

9月9—13日

为推动《政府工作报告》关于粮食生产、深松整地、农产品质量安全监管等工作任务落实，农业部副部长张桃林率工作组深入河北省石家庄、保定、廊坊等地开展专项调研和督导。农业部农业机械化管理司副巡视员孔亮参与督导。

9月16日

农业部农业机械化管理司在山东省百南县召开2015年农机深松工作推进现场会，交流2015年农机深松作业进展，研究存在问题和对策，部署秋季农机深松工作重点。会议要求各省加强秋季农机深松工作的组织领导，精心实施农机深松作业补助，运用信息化手段监测深松作业质量，保质保量完成全年农机深松作业任务。农业部农业机械化管理司副巡视员孔亮出席会议并讲话。

农业部农业机械化管理司委托农业部农业机械化技术开发推广总站在山东省百南县举办全国“三秋”农业机械化技术示范培训班。农业部农业机械化管理司副巡视员孔亮出席会议并讲话。

9月23日

农业部办公厅印发《关于做好2015年“三秋”机械化生产工作的通知》，要求各地农业机械化部门从组织领导、部门协调、科学调度、督导检查和信息宣传等五个方面着手，切实保障2015年“三秋”工作顺利开展。

9月24—25日

中共中央政治局常委、国务院总理李克强到河南视察农村工作。在长葛市老城镇和平社区高标准粮田示范方，总理登上一台玉米收获机，进入操作间，感受机械性能，并与农机手亲切交谈。李克强强调，农业稳，百业安。2015年又是大丰收，这是经济稳中向好的重要表现。要大力发展现代农业，加快农业发展方式转变和结构调整。各地情况不一样，规模经营要因地制宜，探索多种形式。要从我国农村实际出发，发展多种形式适度规模经营。

9月29日

农业部办公厅印发《关于做好秋冬季农机安全生产工作的通知》，要求各地农业机械化主管部门及安全监理机构结合秋冬季农机作业特点，做好农机安全生产检查工作，加强秋冬季农机安全生产监督管理，减少事故隐患，遏制重大农机事故发生。

10月8日

针对一些地方非法改装联合收割机粮仓、加装自动卸粮机构，导致安全隐患增多现象，农业部办公厅印发《关于严禁非法改装联合收割机的通知》，要求各地加强联合收割机安全监管，在办理业务时严格查验整机，不得为非法改装的农机具办理登记；发现经销商参与或协助改装粮仓、跨区作业收割机改装等安全隐患的，要及时向有关部门反映并实行联管联治，防止事故发生。

10月10日

农业部在河北省石家庄市召开全国农作物秸秆综合利用暨农机深松整地作业现场会，河北、黑龙江、山东等省进行典型经验交流。张桃林副部长强调，开展农机深松整地是改善耕地质量、提高粮食综合生产能力、促进农业可持续发展的重要举措，要求各级农业机械化主管部门把农机深松整地作为当前的一项中心工作来抓，力争高质量、高效率完成国务院确定的2015年“新增深松整地2亿亩”的目标任务。农业部农业机械化管理司司长李伟国、副巡视员孔亮出席会议。

10月13日

农业部农业机械化管理司委托农业

部农业机械化技术开发推广总站在四川省西昌市召开农机购置补贴数据分析与信息公开座谈会，通报2015年上半年省级农机购置补贴信息公开抽查情况和省市县农机购置补贴咨询投诉电话抽查情况，研讨交流《农机购置补贴政策实施改革创新研讨提纲（征求意见稿）》。农业部农业机械化管理司副司长胡乐鸣出席会议并讲话。

10月19日

农业部部长韩长赋在农业部农业机械化管理司呈报的《关于我国农机装备研发制造情况的报告》上批示：农机装备研发制造，对于我国农业机械化进一步发展十分紧要。应抓住加快推进农业现代化和实施《中国制造2025》计划的历史机遇，加大力度，加快进度。农业部应积极主动配合工信部等有关部门，积极谋划，创设政策，争取国家投入，鼓励企业主体，政府和市场两个方向用力，研发制造和推广使用两个领域发力，力争"十三五"有一个"大跃进"。当务之急是加快拿出《农机装备制造发展行动方案》，经国务院审定后尽早实施。此事我和苗圩部长已几次沟通商定，请农业部农业机械化管理司抓紧推动。农业部副部长张桃林在该报告上批示：报韩部长阅示。调研分析较深入，拟同意针对问题所提思路和工作重点。望继续抓紧与工信部等的合作，力争尽早出台相关行动方案并抓好实施。

10月20日

农业部农业机械化管理司委托中国农业大学中国农业机械化发展研究中心，在北京组织召开《全国农业机械化发展第十三个五年规划（讨论稿）》座谈会。国家发展和改革委员会农村经济司副司长方言、中国农业大学教授白人朴等领导和专家从提高规划战略指导性、突出农业机械化在现代农业建设中的作用、聚焦"十三五"发展重点等方面提出宝贵意见。农业部农业机械化管理司司长李伟国主持座谈会并讲话，副司长胡乐鸣、副巡视员孔亮参加座谈会。

10月22日

农业部农业机械化管理司在湖南省首次举办全国农机事故应急处置演练。通过演示事故救援的处置流程，全面检验各级农业机械化系统在农机事故应急救援中的组织、指挥和快速反应能力。农业部农业机械化管理司副巡视员孔亮出席会议。

10月

为贯彻国务院关于"新增深松整地2亿亩"的部署，农业部农业机械化管理司组织对河北、山西、内蒙古、江苏、甘肃等省（自治区）开展秋季农机深松整地工作督导。

10—11月

为深入了解农机购置补贴创新完善有关措施落实情况，推动各项工作顺利完成，农业部农业机械化管理司围绕补贴机具品目确定及归档、补贴测算调整、补贴对象确定、补贴信息公开、举报投诉查处、实施和结算进度及其他重点工作落实情况，开展2015年农机购置补贴督导检查。

11月2日

农业部农业机械化管理司会同农业部农业机械试验鉴定总站对15个省（区、市）的农机推广鉴定和业务规范化等工作进行监督检查并通报检查结果。内蒙古、山东检查综合结论为"规范"；吉林、广西、河南、青海、北京、山西、陕西、新疆、浙江、江西检查综合结论为"基本规范"；上海、天津、海南检查综合结论为"不够规范"。

11月4日

农业部农业机械化管理司委托农业部农业机械化技术开发推广总站在陕西省咸阳市召开全国农机购置补贴政策实施与违规处理座谈会，重点研讨农机购置补贴政策实施管理工作，提出2016年主要工作思路。农业部农业机械化管理司司长李伟国出席会议并讲话，副司长胡乐鸣出席会议。

11月17日

农业部农业机械化管理司在山东省临沂市召开全国农机合作社发展经验座谈会，总结交流各地引导农机合作社规范化建设、创新发展经验做法，研究部署当前和今后一个时期促进农机合作社发展的重点工作。农业部农业机械化管理司司长李伟国出席会议并讲话，副巡视员孔亮主持会议。

11月18日

农业部部长韩长赋在农业部农业机械化管理司《关于今年农机深松整地工作的总结报告》上批示：近来工作很有成效，望再接再厉，确保一亩不少完成任务。农业部副部长张桃林批示：农业部农业机械化管理司和各地农业机械化部门做了大量工作和努力，希望一鼓作气，不折不扣完成全年目标任务。

11月24日

农业部农业机械化管理司在广西崇左市召开全国甘蔗生产全程机械化现场推进会，观摩甘蔗生产全程机械化作业演示，交流推进甘蔗生产全程机械化的经验、做法，分析推进甘蔗生产全程机械化面临的形势和问题，明确进一步推进的措施要求。农业部副部长张桃林出席会议并作重要讲话。农业部农业机械化管理司司长李伟国主持会议。农业部财务司司长陶怀颖、科技教育司副司长刘艳、农业机械化管理司副司长胡乐鸣和科学技术部、工业和信息化部有关同志出席会议。

11月27日

中国现代农业装备职业教育集团成立大会暨2015中国技能大赛——"中联重科杯"农业技能竞赛在安徽省芜湖市举行，罗锡文院士、农业部科技教育司司长唐闻、教育部职业教育与成人教育司副巡视员谢俐、中国农林水工会副主席常品超讲话，农业部农业机械化管理司副司长胡乐鸣主持开幕式。

11月30日

全国完成秋季深松整地作业11 100千公顷，加上春夏两季完成的2 470千公顷，全年共完成深松整地面积13 570千公顷，全面完成国务院年初确定的2亿亩任务。

农业部同意将江苏省、吉林省列为全国粮食生产全程机械化整体推进示范省，并希望两省加大项目资金投入，注重创新工作推进机制，探索建立全程机械化评价体系，为全国现代农业建设积累宝贵经验。

12月4日

由中国农业大学中国农业机械化发展研究中心主办的"2015全国农业机械化形势分析会"在北京举行，农业部农业机械化管理司司长李伟国出席会议并讲话，副司长胡乐鸣、副巡视员孔亮参加会议。

12月8日

农业部部长韩长赋主持部常务会，审议通过《农业机械推广鉴定实施办法》（修订草案）。

12月15日

农业部发布第2331号公告，《农业机械推广鉴定实施办法》自2016年1月1日起施行。2010年农业部公告第1438号、《农业部关于印发〈农业机械试验鉴定机构能力认定办法〉和〈农业机械推广鉴定证书和标志管理办法〉的通知》同时废止。

12 月 16 日

农业部农业机械化管理司组织开发的农机推广鉴定管理信息系统，通过了专家评审验收。

12 月 23 日

农业部办公厅印发《关于对〈2015—2017 年全国通用类农业机械中央财政资金最高补贴额一览表〉进行调整的通知》，重新修订发布《全国通用类农业机械中央财政资金最高补贴额一览表》，供各省参考使用。选取应用较为广泛、补贴资金使用量较大、技术标准体系适宜全国统一分档的 23 个机具品目的 232 个档次，作为通用类机具，并对最高补贴额进行小幅下调；将除此之外的其他补贴机具种类调整为非通用类机具。

2015 年

农业部农业机械化管理司人事变动情况如下：免去姚春生农业部农业机械化管理司综合处处长职务；王家忠任农业部农业机械化管理司综合处处长，免去其农业部农业机械化管理司产业发展处处长职务；宋建武任农业部农业机械化管理司产业发展处处长，免去其农业部农业机械化管理司产业发展处调研员职务；刘俊任农业部农业机械化管理司安全监理处主任科员，免去其农业部农业机械化管理司安全监理处副主任科员职务；孙少磊调农业部办公厅部长办。

农业部农业机械试验鉴定总站（中国农机产品质量认证中心）

2014 年 12 月 11—12 日

全国农业机械标准化技术委员会农业机械化分会在北京召开标准审定会，对《农业机械化水平评价第 5 部分：果、茶、桑》等 8 项农业行业标准进行审查，其中 6 项通过审定。农业部农产品质量安全监管局、农业部农业机械化管理司、农业部科技发展中心有关领导，标准审定专家及标准起草人共 40 余人参加会议。

2015 年 1 月 9 日

按照农业部要求，农业部农业机械试验鉴定总站印发《关于 2014 年下半年部级农机推广鉴定审核情况的通报》，公布通过部级农业机械推广鉴定的 496 家企业的 2 079 个产品、通过换证审核的 369 个产品、通过部级推广鉴定证书有效期内产品信息变更审核的 177 个产品和按规定应撤销部级推广鉴定证书的 20 个产品。这是首次以农业部农业机械试验鉴定总站名义向社会发布通过部级推广鉴定的产品信息。

1 月 30 日

按照农业部要求，农业部农业机械试验鉴定总站向社会发布《关于公布有效期内的部级农业机械推广鉴定证书信息的通知》，主要内容包括有效期内的部级推广鉴定证书信息、产品所属品目和同一时期内撤销的部级推广鉴定证书信息。

2 月 4 日

"部分通用类农机购置补贴产品归档信息表"（公示稿）（包含 61 个品目 9 508 个产品）在中国农业机械化信息网上公示。公示期 7 天。

2 月 15 日

农业部农业机械试验鉴定总站完成 2014 年微耕机质量调查报告报送农业部农业机械化管理司，报告从产品安全性、售后服务状况、流通和使用情况、事故情况等方面提出对策建议，为微耕机质量提升提供参考借鉴。3 月 23 日，该报告由农业部办公厅正式发文公布。

《农业机械试验鉴定办法（修订征求意见稿）》在中国政府法制信息网和农业部网站向公众公开征求意见。

3 月 16 日

《农业机械推广鉴定实施办法（修订征求意见稿）》在农业部网站向公众第一次公开征求意见。

3 月 18 日

根据农业部农业机械化管理司要求，农业部农业机械试验鉴定总站起草完成《小麦机械化收获减损技术指导意见》。该《意见》于 5 月 29 日在农业部官方网站正式公布，要求各地农机管理部门认真贯彻执行。

3 月 19—20 日

农业部农业机械试验鉴定总站在北京召开农机试验鉴定相关管理办法修订草案研讨会，对《农业机械试验鉴定办法》《农业机械推广鉴定实施办法》《农业机械推广鉴定证书和标志管理办法》《农业机械试验鉴定机构鉴定能力认定办法》《农业部农业机械试验鉴定大纲管理办法》5 个农业部规章和规范性文件进行深入讨论，提出修改意见。农业部农业机械化管理司副司长胡乐鸣及相关负责同志，农业部农业机械试验鉴定总站站长刘敏、副站长刘旭、总工程师仪坤秀及相关处室负责人出席会议。

3 月 24 日

联合国可持续农业机械化发展中心（CSAM）来函，任命农业部农业机械试验鉴定总站畅雄勃、张晓晨两位同志为亚太农机检测网络（ANTAM）技术工作组（TWG）成员。

3 月 31 日

中国合格评定国家认可委员会发布认证机构认可风险分级评价结果，北京东方凯姆质量认证中心认可风险分级综合评价为 A 级。这是中心自成立以来首次获此评价。

4 月 7 日

朝鲜农业科学院农业机械化培训班学员访问农业部农业机械试验鉴定总站，双方就两国农业机械化及农机试验鉴定等方面的问题进行交流。农业部农业机械试验鉴定总站站长刘敏接待来宾并参加会谈。代表团还参观了农业部农业机械试验鉴定总站拖拉机、发动机、环境监测和力值等试验室以及展览室。

农业部农业机械试验鉴定总站发布《关于 2015 年第一批部级农机推广鉴定审核情况的通报》，公布通过部级农业机械推广鉴定的 25 家企业 92 个产品、通过部级推广鉴定证书信息变更审核的 113 个产品和应撤销部级农业机械推广鉴定证书的 5 个产品。

4 月 9 日

农业部农业机械试验鉴定总站在北京召开全国农业机械试验鉴定站长会议暨农业机械化质量工作座谈会。会议总结 2014 年工作，分析当前农机试验鉴定和农业机械化质量等工作面临的新形势、新任务，谋划推进农机试验鉴定等工作改革发展的新思路和新举措，部署 2015 年重点工作。农业部副部长张桃林莅临指导并作讲话，农业部农业机械化管理司司长李伟国出席会议并讲话。农业部农业机械试验鉴定总站领导班子成员和各处室负责人、农业部农业机械化管理司有关处室同志、部分省（区、市）农机局分管领导、各省站及总站各专业站主要负责人参加会议。

4 月 13 日

农业部农业机械试验鉴定总站在北京与内蒙古蒙牛乳业（集团）股份有限公司签署战略合作协议，双方商定由总站对其奶源基地在用挤奶设备进行监测，监测结果将作为是否接受供方奶源以及确定奶价的重要依据。农业部原副部长刘成果、农业部农业机械试验鉴定总站总工程师仪坤秀等同志出席签约仪式。

4月28日

农业部农业机械试验鉴定总站在河南省郑州市召开2015年大中型轮式拖拉机质量调查布置会，会议宣贯了2015年大中型轮式拖拉机质量调查实施方案，对质量调查相关工作进行详细布置。

4月29日

俄罗斯库班农机试验站站长、俄罗斯农机技术试验工程师协会副主席维塔利·马斯洛夫斯基先生访问农业部农业机械试验鉴定总站，农业部农业机械试验鉴定总站站长刘敏接待了来宾。

4—11月

农业部农业机械试验鉴定总站牵头组织黑龙江省农业机械试验鉴定站、农业部南京农业机械化研究所（国家植保机械质量监督检验中心）开展2015年农业机械产品质量安全调查研究工作，针对圆盘耙、起垄机、风送式喷雾机、烟雾机四种机具的质量安全状况进行调查，并印制四种机具的安全警示标志图解。调研范围涉及14家企业、45个型号的产品、230个农机用户。

5月4—6日

农业部农业机械试验鉴定总站派相关人员参加联合国可持续农业机械化中心（CSAM）在印度尼西亚塞尔蓬召开的亚太地区农机检测网（ANTAM）首届技术委员会会议，研究讨论手扶拖拉机、背负式喷雾喷粉机试验规则。来自10个国家（孟加拉国、柬埔寨、中国、法国、印度、印度尼西亚、巴基斯坦、菲律宾、斯里兰卡、泰国）的14名代表参加会议。

5月8日

农业部农业机械试验鉴定总站发布《关于印发部级推广鉴定受理和信息变更有关审查规定的通知》，明确了信息变更的具体情况及审查要求。

5月13—14日

农业部农业机械试验鉴定总站在湖北省宜昌市举办畜牧机械鉴定技术培训班，通报农机试验鉴定改革情况、畜牧养殖机械分类分档和补贴额测算情况、部级推广鉴定受理及信息变更情况，围绕在用设备监测、第三方监测、补贴产品分档、补贴产品技术参数归档、推广鉴定改革、行业发展等展开讨论。近50家奶业机械、养猪和养鸡设备等畜牧机械生产企业及10家省级农机鉴定机构的近80名代表参加培训班。

5月15日

农业部农业机械试验鉴定总站牵头实施的“全国农机作业信息动态监测与服务平台建设”和“全国农机化政务信息直报系统升级改版”等两个项目顺利通过验收。

5月19日

农业部农业机械试验鉴定总站在北京召开2015年度部级推广鉴定有效期内监督检查工作布置会。会议通报了2014年监督检查工作情况，宣贯了监督检查工作规范，介绍了产品一致性检查要求及2015年监督检查计划。来自全国各相关农机鉴定机构代表40余人参加会议。

以孟加拉国农业部副部长拉沙德·阿科特为团长的孟加拉国农业部代表团一行8人访问农业部农业机械试验鉴定总站，代表团参观了农业部农业机械试验鉴定总站拖拉机试验室和内燃机试验室。农业部农业机械试验鉴定总站副站长刘旭接待了来宾。

5月20—21日

全国农业机械标准化技术委员会农业机械化分会四届二次会议暨标准审定会在安徽省合肥市召开。会议审议通过《农业机械化标准审定工作规则》，对《微耕机安全操作规程》等7项农业行业标准进行审定。农业部农业机械化管理司、科技发展中心、农业机械试验鉴定总站、农业机械化技术开发推广总站，全国农业机械标准化技术委员会，安徽省农业机械管理局等有关领导及全国农业机械标准化技术委员会农业机械化分会委员、标准起草人共50余人参加会议。

6月6日

《2015年第二批部级归档农机购置补贴产品信息表》（公示稿）（包含61个品目4 962个产品）在中国农业机械化信息网上公示。公示期为7天。

6月10日

农业部农业机械试验鉴定总站在北京召开动物尸体无害化处理设备行业研讨会。会议宣贯了农机试验鉴定程序，就动物尸体无害化处理设备从作用对象、作用形式、作用主体等方面开展研讨，明确动物尸体无害化处理设备的具体定义。广东省现代农业装备研究所等6家相关企业代表参加会议。农业部农业机械试验鉴定总站总工程师仪坤秀出席会议。

6月23—27日

经农业部批准，由农业部农业机械试验鉴定总站和联合国可持续农业机械化中心（CSAM）在南京市联合举办亚太农机检测技术人员培训班，就5个手扶拖拉机检测项目和10个喷雾喷粉机检测项目展开系统培训。来自亚太地区12个国家的农业机械化研究机构、试验机构的代表，以及来自法国农机研究机构的专家等50多人参加培训。农业部农业机械试验鉴定总站副站长刘旭和农业部农业机械化管理司有关负责同志出席。

6月25—26日

农业部农业机械试验鉴定总站实验室接受中国合格评定国家认可委员会安排的实验室监督评审，并顺利通过。农业部农业机械试验鉴定总站站长刘敏、副站长朱良、刘旭和总工程师仪坤秀出席。

6月30日

全国农业机械标准化技术委员会农业机械化分会印发《关于征集2016—2018年农业机械化标准制修订项目建议的通知》，共征集到各单位上报的农业机械化标准制修订项目建议106项。

农业部农业机械试验鉴定总站在辽宁省沈阳市召开《拖拉机驾驶培训管理办法》和“培训大纲”修订研讨会，围绕拖拉机驾驶培训机构行政审批下放、培训内容、培训时长和培训形式等问题进行充分研讨，形成《拖拉机驾驶培训管理办法及培训大纲修订研究报告》。

6月

《2014年全国农业机械化质量报告》正式印发。

6—8月

农业部农业机械试验鉴定总站配合农业部农业机械化管理司开展2015年农机推广鉴定监督检查工作，组织5个督查组分别对北京、天津、山西、内蒙古、吉林、上海、浙江、江西、山东、河南、广西、海南、陕西、青海、新疆等15个省（区、市）的农机推广鉴定管理规范化和业务规范化等情况进行检查。

7月6日

农业部农业机械试验鉴定总站印发《关于开展部级农机试验鉴定大纲修订工作的通知》，启动部级农机试验鉴定大纲修订工作。

农业部农业机械试验鉴定总站发布《关于2015年第二批部级农机推广鉴定审核情况的通报》，向社会公布通过部级农业机械推广鉴定的22家企业51个产品、通过部级推广鉴定证书信息变更审核的11个产品和按规定应撤销部级农业机械推广鉴定证书的2个产品。

7月14—15日

农业部农业机械试验鉴定总站在宁夏银川市举办2015年农用拖拉机、内燃机推广鉴定技术培训班。培训班就农业机械部级推广鉴定受理和信息变更、农业机械购置补贴产品分档和归档、涉及农用柴油机排放标准升级的部级推广鉴定信息变更等有关要求进行培训,就农用柴油机排放标准升级等问题进行主题交流。来自农机试验鉴定机构,拖拉机、内燃机生产企业的180多位代表参加培训班。农业部农业机械试验鉴定总站总工程师仪坤秀出席开班式并讲话。

7月29日

认证中心在北京召开2015年度公正性委员会会议。会议听取了认证中心《农机产品质量认证2014年工作总结》《2014年度认证申、投诉情况报告》;审议了《2014年度公正性执行情况报告》《年度财务状况报告》等。

8月10日

农业部农业机械试验鉴定总站发布《关于涉及农用柴油机排放标准升级的部级推广鉴定信息变更的通知》,针对农用柴油机产品因排气污染物排放限值从中国第二阶段升级到中国第三阶段后可能产生的变化,明确部分农机产品的部级推广鉴定信息变更要求。

8月17日

《农业机械试验鉴定办法(修订征求意见稿)》在农业部网站向公众第二次公开征求意见。

8月18日

农业部农业机械试验鉴定总站在黑龙江省齐齐哈尔市召开2015年玉米收获机械产品质量调查工作布置会。会议宣贯调查和督导工作方案,讲解调查实施要点和结果处理方法,颁发质量调查员证。河北、内蒙古、吉林、黑龙江、山东等五省(区)农机局和农机鉴定机构的有关负责人参加会议,农业部农业机械化管理司副巡视员孔亮出席会议并讲话,农业部农业机械试验鉴定总站总工程师仪坤秀主持会议。

8月19日

姚春生同志任农业部农业机械试验鉴定总站副站长。

8月26—27日

全国农业机械标准化技术委员会农业机械化分会在北京市召开农业行业(农业机械化)标准复审会议,对2006年至2010年发布实施的165项农业行业标准进行复审,建议54项标准继续有效,91项标准修订,20项标准废止。农业部农业机械化管理司、全国农业机械标准化技术委员会、农业部农业机械试验鉴定总站等有关领导及专家共45人参加会议。

8—10月

农业部农业机械试验鉴定总站组织对8个省(自治区)的2015年大中型轮式拖拉机质量调查工作开展督导。

8—11月

农业部农业机械试验鉴定总站对部级农机产品测试检验收费标准进行全面清理,提出调整意见。

9月6日

农业部农业机械试验鉴定总站技术委员会召开会议,审议通过《2015年部级农机推广鉴定通则和大纲制定修订计划建议》。

9月14—23日

农业部农业机械试验鉴定总站以中国农业机械化协会鉴定检测分会名义,组织11个检测单位参加自走式青贮收获机动态环境噪声检测能力比对,组织18个单位参加微耕机定置环境噪声、驾驶员操作位置处噪声检测能力比对。

9月16日

农业部农业机械试验鉴定总站副站长朱良主持完成的《秸秆(根茬)粉碎还田机使用、维护与选购指南》荣获2014—2015年度中华农业科技奖科普成果奖。

10月14日

农业部农业机械试验鉴定总站中国奶业协会养殖工程与机械专业委员会联合中国奶牛数据中心在吉林省延吉市举办DHI奶牛场挤奶设备检测技术培训班。会议通报挤奶机械鉴定工作情况和奶牛场挤奶设备监测计划,就挤奶设备检测技术进行系统培训。来自全国11个省(市)奶牛生产性能测定中心的主要负责人参加培训。

10月15日

农业部农业机械试验鉴定总站农业机械强制性产品认证技术专家组2015年会在山东省日照市召开。会议传达国家认监委关于强制性产品认证的改革方向,对东方凯姆质量认证中心提出的扩大农机3C认证产品目录进行研讨,对取消背负式电动喷雾器最高限定压力检测项目等16个技术议题进行研究。农业部农业机械试验鉴定总站副站长刘旭、中国国家认证认可监督管理委员会关钧文、农业部农业机械化管理司科教处副处长丁仕华等出席会议。

10月15—22日

根据农业部农业机械化管理司安排,农业部农业机械试验鉴定总站副站长姚春生、检验三室主任兰心敏赴山西和内蒙古开展了2015年秋季农机深松整地工作督导,对农机深松作业任务完成情况和方案执行情况进行检查。

10月21—22日

农业部农业机械试验鉴定总站在江苏省无锡市召开农机合作社规范化建设研讨会,对新起草的《农机合作社规范化建设指南》进行深入研讨。来自全国各地从事农机合作社管理和研究工作的专家共40余人参加会议。

10月22日

农业部农业机械试验鉴定总站印发《关于报送省级农业机械推广鉴定工作分析报告和调查表的通知》,组织鉴定系统总结分析当前农机推广鉴定工作情况和主要问题,对全国农机购置补贴机具种类范围梳理工作提出建议,形成《农机鉴定系统对全国农机购置补贴机具种类范围梳理工作的建议报告》和《全国农机鉴定工作调查及补贴品目压缩建议汇总表》,上报农业部农业机械化管理司。

10月26日

农业部农业机械试验鉴定总站携全媒体——中国农业机械化信息网、中国农业机械化质量网、《农机直通车·全国农机化生产信息服务平台》和《农机质量与监督》杂志在青岛国际博览中心参加2015中国国际农机展,引起广泛关注。农业部产业政策与法规司司长张天佐,市场与经济信息司副司长陈萍,农业机械化管理司司长李伟国、副巡视员孔亮和农业机械试验鉴定总站站长刘敏、总工程师仪坤秀等领导到展台观摩。

10月26—28日

中国农业机械化协会农机专业服务组织分会在山东省潍坊市举办农机合作社理事长培训班。培训内容包括农民专业合作社法规政策、国内外农业机械化发展情况、农机合作社发展政策分析、农机合作社规范化建设、农机合作社发展典型案例分析等。来自全国各地的 100 余名农机合作社理事长参加培训。

10 月 30 日

上海合作组织国家农业机械化支持政策与技术管理研修班学员代表团一行 8 人到农业部农业机械试验鉴定总站参观学习。

农业部农业机械试验鉴定总站在北京召开新型农业机械化人才培养专家研讨会。会议交流农业机械化人才培养的经验和成效，探讨新形势下农业机械化人才培养的模式、机制和“十三五”农业机械化人才培养的目标、重点，形成《新型农机化人才培养研究报告》。

11 月 5—6 日

全国农业机械标准化技术委员会农业机械化分会在北京召开《农业机械化标准体系建设规划(2016—2020)》专家审定及 2016 年农业机械化农业行业标准制修订项目立项评审会。会议对《农业机械化标准体系建设规划 2016—2020)》进行充分讨论，提出修改意见；对申报 2016 年农业行业标准制修订项目进行评审，研究确定推荐立项项目和承担单位。有关领导、专家及《规划》起草组成员共计 30 人参加会议。

11 月 10 日

由农业部农业机械试验鉴定总站负责具体运行维护的微信公众号“中国农机化”正式通过认证。该公众号由农业部农业机械化管理司会商办公厅批复同意，由农业部农业机械化管理司主办。

11 月 17—18 日

由农业部人事劳动司组织的 2015 年农业行业国家职业技能标准培训教材和鉴定试题库审定会在北京召开。农业部农业机械试验鉴定总站承担起草的《玉米收获机操作工》教材和题库顺利通过专家审定，进一步夯实农机职业技能开发技术基础。

11 月 19 日

农业部农业机械试验鉴定总站在四川省成都市举办 2015 年全国农机质量投诉工作培训班，就《农业机械产品修理、更换、退货责任规定》、新修订的《消费者权益保护法》和新发布的《消协组织消费维权约谈经营者办法(试行)》进行详细讲解，并通报 2014 年全国农机质量投诉的总体情况。来自全国各省(区、市)的 97 名农机质量投诉监督工作人员参加培训。农业部农业机械试验鉴定总站副站长姚春生出席并讲话。

按照农业部要求，农业部农业机械试验鉴定总站发布《农业部农业机械试验鉴定总站关于补发部级推广鉴定证书的通知》(农机鉴〔2015〕120 号)，对 2014 年下半年以来通过部级推广鉴定的 2 402 个产品补发部级推广鉴定证书，对通过证书信息变更审核的 528 个产品换发部级推广鉴定证书。此次发证通知是自 2014 年第二批(2014 年 8 月 20 日)以后，部级推广鉴定重新开始发放证书，共发放 2 930 张证书，也是农业部农业机械试验鉴定总站按照推广鉴定办法由农机鉴定机构发证的要求首次发放证书。

11 月 25—26 日

受农业部农业机械化管理司委托，农业部农业机械试验鉴定总站在湖北省宜昌市举办 2015 年中国农业机械化信息网信息员培训班。培训班总结 2015 年中国农业机械化信息网宣传工作情况，就“如何做好农业新闻写作”和“当前网络生态和舆情应对”进行专题培训。湖北、山东、江苏、新疆、广西和甘肃六省区代表就如何做好农业机械化信息工作做典型发言。来自全国各地的从事农业机械化信息化宣传工作的 170 多名信息员代表参加培训。农业部农业机械试验鉴定总站副站长姚春生出席并作主题讲话，农业部农业机械化管理司综合处副处长路玉彬主持会议。

11 月 26—27 日

2015 年中国技能大赛——“中联重科杯”全国农业职业技能竞赛在安徽省芜湖市举行。竞赛是针对职业农民举办的农机修理工技能竞赛，全国共 26 支代表队 76 名选手参加总决赛。作为承办单位之一，农业部农业机械试验鉴定总站全面负责竞赛技术工作，为竞赛提供技术支撑和组织保障。竞赛共评选出一等奖 4 名，二等奖 11 名，三等奖 20 名，优秀组织奖 10 名。竞赛第一名由全国总工会授予“全国五一劳动奖章”，第二、三、四名由人社部授予“全国技术能手”称号。农业部农业机械试验鉴定总站副站长朱良出席活动。

11 月

农业部农业机械试验鉴定总站配合农业部农业机械化管理司赴宁夏回族自治区和广东省开展 2015 年农机购置补贴政策实施专项督导检查工作。

2015 年

农业部农业机械试验鉴定总站接收部级鉴定申请 2 018 项，经审查受理 1 630 项，实施中信息变更 503 项(含项目中止 283 项)；审查受理证书有效期内信息变更申请 515 项。

农业部农业机械试验鉴定总站收到农机用户对各类农机产品的质量投诉 16 件(其中集体投诉 2 件)，受理 7 件，为农民挽回经济损失 38.7 万元。

农机行业职业技能鉴定指导站完成《设施种植装备操作工》教材出版发行，组织开发《玉米收获机操作工》教材及题库，更新 14 套农机修理工、拖拉机驾驶员试题，完成《职业大典》农机行业 3 个职业、12 个工种的职业描述修订。

农机行业通过职业技能鉴定共 9.3 万人次，其中初级 6.3 万人次，中级 2.6 万人次，高级 0.4 万人次。拖拉机驾驶员、联合收割机驾驶员、农机修理工为鉴定较多的职业工种，约占鉴定总人数的 60%以上。

中国农业机械化信息网工作日均点击量超过 204 万次，日点击峰值突破 500 万次，最高达到 537.62 万次；月均点击量突破 4 266 万次，最高达 7 620.17 万次，连续十年稳居农业部行业网站首位，保持着农机行业最具影响力的媒体地位。

农业部农业机械试验鉴定总站共组织实施 8 个出国(境)团组(含台湾团)，参加外单位团组 1 个，全年出国(境)人数 16 人次。接待朝鲜农业科学院农业机械化培训班学员代表团、孟加拉国农业部代表团、上海合作组织国家农业机械管理研修班学员代表团及俄罗斯库班农机检测站站长来访，全年共接待外事来访人员 39 人次。

农业部农业机械试验鉴定总站认证中心组织实施完成各类认证项目 521 项，新发农机强制性产品认证证书 112 张，暂停认证证书 75 张，撤销和注销认证证书 104 张。目前保持有效状态的农机强制性产品认证证书合计 769 张。

农业部农业机械化技术开发推广总站（农业部农机监理总站）

2014 年 12 月 12—13 日

农业部农业机械化技术开发推广总站在北京市举办病死动物无害化处理技

术培训班，促进病死动物无害化处理技术应用。农业部农业机械化管理司副巡视员孔亮、兽医局副局长李长友出席并讲话，农业部农业机械化技术开发推广总站站长刘宪主持，副站长李安宁出席。

12月17—19日

农业部农业机械化技术开发推广总站在贵州省贵阳市召开主要农作物全程机械化生产模式研究工作总结会，总结交流2014年主要农作物全程机械化生产模式研究项目、农业机械化新技术新机具试验示范工作的实施情况。农业部农业机械化技术开发推广总站副站长李安宁出席并讲话。

12月底

农业部农业机械化技术开发推广总站组团赴美国培训交流农机安全监理管理与技术。农业部农业机械试验鉴定总站、陕西省农业机械管理局、山西省农机局、广西壮族自治区农业机械化管理局等7家单位派员参加。

2015年1月17—18日

农业部农业机械化技术开发推广总站在北京市举办全国农机购置补贴辅助管理系统省级管理员培训班。来自全国38个省级行政单位农机购置补贴管理部门、省级系统管理及操作人员近80人参加培训班。农业部农业机械化管理司副司长胡乐鸣、农业部农业机械化技术开发推广总站副站长涂志强出席并讲话。

2月9日

农业部印发第2227号公告，批准发布农业部农业机械化技术开发推广总站编制的农业行业标准《油菜播种机作业质量》(NY/T 2709—2015)。

3月3日

农业部印发《关于刘恒新、刘宪职务任免的通知》(农任字〔2015〕28号)。经部党组2015年2月12日会议研究，决定刘恒新任农业部农业机械化技术开发推广(监理)总站站长；免去刘宪的农业部农业机械化技术开发推广(监理)总站站长职务，按规定办理退休手续。

3月18日

农业部农业机械化技术开发推广总站印发《关于发送〈农业机械化技术推广人员读本〉的通知》(农机推(体)发〔2015〕16号)，向基层农机推广机构发送《农业机械化技术推广人员读本》5 000册。

4月12—14日

农业部农业机械化技术开发推广总站在陕西省宝鸡市举办全国春耕生产农业机械化技术暨保护性耕作技术培训班，各省(区、市)农机局负责同志及推广站负责同志参加。农业部农业机械化管理司司长李伟国出席并讲话，农业部农业机械化技术开发推广站长刘恒新主持。

4月16日

农业部农业机械化技术开发推广总站印发《农业部农业机械化技术开发推广总站2015年工作要点》(农技推(办)发〔2015〕27号)、《2015年农业部农机监理总站工作要点》(农机监(办)发〔2015〕4号)。

4月16—18日

农业部农业机械化技术开发推广总站在陕西省西安市举办全国农机安全监理业务统计培训班，培训相关法规、农机事故数据采集的方式、方法和事故报告等知识，各省(区、市)农机监理站(所、队)负责事故统计和业务统计人员参加。农业部农业机械化技术开发推广总站副站长涂志强参加并讲话。

4—6月

农业部农业机械化技术开发推广总站在江苏吴江、安徽肥东、湖北蔡甸、湖南浏阳等地组织开展油菜收获损失检测工作，并于8月11日在北京召开油菜生产机械化技术研讨会，通报油菜收获损失检测情况，同时召开第二届农业部油菜生产机械化专家组2014—2015年度工作会，农业部农业机械化管理司副巡视员孔亮、农业部农业机械化技术开发推广总站站长刘恒新、副站长李安宁出席并讲话。

5月14—15日

农业部农业机械化技术开发推广总站在湖南省长沙市举办主要农作物生产全程机械化技术培训班。培训主要农作物生产全程机械化示范项目申报实施管理、全程机械化生产模式、项目管理软件操作和项目绩效管理内容及考核指标等内容，组织油菜机械化作业演示现场观摩。农业部农业机械化管理司副巡视员孔亮、农业部农业机械化技术开发推广总站副站长李安宁出席并讲话。

5月21日

农业部印发第2258号公告，批准发布农业部农业机械化技术开发推广总站编制的农业行业标准《农业机械安全监理机构装备建设标准》(NY/T2773—2015)。

5—9月

农业部农业机械化技术开发推广总站组织在山东临沂市百南县、淄博市沂源县、青岛市黄岛区设立试验点，开展花生机械化播种、收获技术试验。

6月2—3日

农业部农业机械化技术开发推广总站在甘肃省兰州市举办2015年全国农机购置补贴政策落实延伸绩效管理考核培训班。来自38个省级农机购置补贴政策实施单位的50多人参加培训。农业部农业机械化管理司副司长胡乐鸣、农业部农业机械化技术开发推广总站站长刘恒新出席并讲话。

6月24—26日

农业部农业机械化技术开发推广总站在北京市举办“全国农机安全监理法治建设培训班”，来自全国各省(区、市)及计划单列市、新疆生产建设兵团、黑龙江省农垦总局主管农机安全工作的领导及农机监理机构的负责人共计70多人参加培训。农业部农业机械化管理司司长李伟国在培训班讲话，农业部农业机械化技术开发推广总站站长刘恒新、副站长涂志强出席。

6月

农业部农业机械化技术开发推广总站设计印制《微耕机安全操作挂图》20万份，在农机安全生产月活动期间，免费发送给微耕机操作人员。

6—12月

农业部农业机械化技术开发推广总站组织江苏、河南、广东、甘肃、宁夏、新疆等省、自治区开展遥控飞行植保技术和残膜回收机械化技术验证工作试点，总结做法和经验，进一步规范推广程序和方法。

7月21—25日

农业部农业机械化技术开发推广总站在山东省潍坊市举办2015年第二期农机技术推广骨干人才培训班，来自全国各省(区、市)县级农机推广机构的技术骨干人员70余人参加培训。农业部农业机械化管理司副巡视员孔亮、农业机械化技术开发推广总站副站长李安宁出席并讲话。

7月23—24日

农业部农业机械化技术开发推广总站在山东省潍坊市举办全国农业机械化技术推广人员知识竞赛活动复赛和决赛，来自各省(区、市)的160多名农机推广技术骨干人员参加培训和竞赛。32

个省级代表队经过激烈角逐，山东代表队获一等奖，安徽、陕西代表队获二等奖，四川、新疆、河南代表队获三等奖。农业部农业机械化管理司副巡视员孔亮、农业机械化技术开发推广总站站长刘恒新、副站长李安宁参加了活动。

7月30日

经农业部农业机械化技术开发推广总站组织推荐、初评，全国农业机械化系统16名农业机械化技术推广人员和18名农机户获得中华农业科教基金会2015年度神内基金农技推广奖。

8月17日

农业部副部长张桃林对农业部农业机械化技术开发推广总站组织的全国农业机械化技术推广人员知识竞赛活动作出重要批示："农机推广总站组织开展全国农机化技术推广人员知识技能竞赛活动，'以赛促学、以赛代训'，取得良好效果，涌现出一批懂知识、会操作的基层农业机械化技术推广人员，为推进农业机械化技术推广队伍建设、不停提升推广服务水平和能力提供有益的探索和有效的途径，值得肯定和总结完善"，高度肯定了活动成效。

8月18—19日

农业部农业机械化技术开发推广总站在河南省开封市举办全国农机推广和监理信息化建设培训班，来自全国各省（区、市）以及计划单列市和新疆生产建设兵团的210名业务骨干人员参加培训。

8月26—28日

农业部农业机械化技术开发推广总站在宁夏银川市召开2014年主要农作物生产全程机械化示范项目验收会，34个项目全部通过验收，并对2015年项目实施管理工作进行部署。农业部农业机械化技术开发推广副站长李安宁出席并讲话。

9月8—9日

农业部农业机械化技术开发推广总站在贵州省贵阳市举办2015年农机购置补贴辅助管理系统运行维护培训班，来自全国38个农机购置补贴省级实施单位的60多位负责人和系统管理员参加培训。农业部农业机械化技术开发推广总站副站长涂志强出席并讲话。

9月16日

农业部农业机械化技术开发推广总站在山东省临沂市举办"三秋"农业机械化技术示范培训班暨花生生产机械化培训班，来自全国各省（区、市）、计划单列市农业机械化主管部门和农机推广站的100余位技术骨干参加培训。农业部农业机械化管理司副巡视员孔亮出席并讲话，农业部农业机械化技术开发推广总站站长刘恒新主持培训班。

9月18日

农业部农业机械化技术开发推广总站作为主要完成单位之一、总站副站长李安宁为主要完成人之一参加完成的《草地机械化破土切根复壮促生技术及机具研发应用》项目荣获中华农业科技奖二等奖；农业部农业机械化技术开发推广总站作为主要完成单位之一、总站副处长张园为主要完成人之一参加完成的《北方农牧交错风沙区农艺农机一体化可持续耕作技术创新与应用》项目荣获中华农业科技奖科学研究成果一等奖。

9月24—26日

农业部农业机械化技术开发推广总站在河南省洛阳市举办全国"三秋"农业机械化技术交流与安全生产活动，来自13个省（区、市）及新疆生产建设兵团、黑龙江农垦总局的80余名代表参加活动。农业部农业机械化管理司司长李伟国出席并讲话，农业部农业机械化技术开发推广总站站长刘恒新、副站长涂志强参加活动。

10月13日

农业部农业机械化技术开发推广总站在四川省西昌市召开农机购置补贴数据分析与信息公开座谈会，对农机购置补贴政策实施改革创新和重点工作落实提出要求，各省（区、市）农机局农机购置补贴工作主管处长参加。农业部农业机械化管理司副司长胡乐鸣、农业部农业机械化技术开发推广总站副站长涂志强出席并讲话。

10月26日

农业部农业机械化技术开发推广总站在山东省青岛市举办"三秋"农业生产机械化解决方案现场演示活动，现场演示玉米—小麦、马铃薯生产机械化解决方案11套，来自全国各地农机管理部门及技术推广机构、科研单位、新闻媒体、生产企业、流通企业、经销商、农机合作社的300多位代表参加现场观摩。农业部农业机械化管理司副巡视员孔亮、农业部农业机械化技术开发推广总站副站长李安宁出席活动。

10月26—27日

农业部农业机械化技术开发推广总站在山东省青岛市举办农业机械化主推技术现场演示活动暨培训班，来自全国各省（区、市）及计划单列市农机推广站的领导和技术骨干120余人参加培训。农业部农业机械化管理司副巡视员孔亮、农业部农业机械化技术开发推广总站副站长李安宁出席。

10月26—28日

农业部农业机械化技术开发推广总站会同中国农业技术推广协会、中国农机流通协会、中国农业机械化协会、中国农机工业协会、中国农业机械学会等单位，在2015中国国际农机展上组织主要农作物生产全程机械化解决方案展示活动。农业部政策法规司司长张天佐、农业机械化管理司司长李伟国、全国农业技术推广中心主任陈生斗、农业部农业机械化技术开发推广总站副站长李安宁出席。

11月4日

农业部农业机械化技术开发推广总站在陕西省咸阳市召开农机购置补贴政策实施监管与违规处理座谈会，有关省（区、市）农机局分管领导和处室负责人参加。农业部农业机械化管理司司长李伟国出席并讲话，副司长胡乐鸣、农业部农业机械化技术开发推广总站副站长涂志强参加会议。

11月23—24日

农业部农业机械化技术开发推广总站在江苏省南京市召开2015年全国农机推广与监理站长会。全国各省、自治区、直辖市及计划单列市、新疆生产建设兵团、黑龙江农垦总局的农机推广、监理机构主要负责人参加会议。会议以"总结经验，把握机遇，推动'十三五'农机推广、监理工作再上新台阶"为主题，总结"十二五"全国农业机械化技术推广和安全监理工作的成效经验，明确"十三五"的工作思路和目标任务。农业部副部长张桃林、农业机械化管理司司长李伟国到会并作重要讲话。

11月23日

农业部农业机械化技术开发推广总站《农机科技推广》杂志编辑部在江苏省南京市召开2015年度编委会议，总结一年来杂志编辑和发行工作，研讨2015农业机械化技术推广信息化建设和信息采集网络建设等工作。

11月25—27日

农业部农业机械化技术开发推广总站在北京市组织专家评审2016年农业

技术试验示范(农机)项目申报书，培训项目绩效评价工作。农业部农业机械化技术开发推广总站副站长李安宁出席并讲话。

农业部南京农业机械化研究所

2014 年 12 月

农业部南京农业机械化研究所副所长胡志超荣获第六届“江苏省十大杰出专利发明人”。

2015 年 1 月 5—6 日

农业部南京农业机械化研究所圆满完成 2014 年度专业技术职务任职资格评审推荐、专业技术岗位第四次分级聘用及第二次聘期考核工作。

1 月 10 日

“中国收获杯”2014 年全国农业机械化十大新闻评选第一轮投票活动在北京举办。农业部南京农业机械化研究所所长陈巧敏应邀担任评选活动专家评委。

1 月 11 日

由农业部南京农业机械化研究所主持的国家公益性(农业)科研专项经费项目“植保机械关键技术优化提升与集成示范”2014 年度总结会议在农业部南京农业机械化研究所圆满召开。

1 月 13—14 日

全国农业机械化工作会议在广西南宁召开。农业部南京农业机械化研究所所长陈巧敏全程参加会议，并围绕如何推进新形势下的农业机械化工作特别是完善购机补贴政策、推进主要作物生产全程机械化等问题与会议代表进行座谈交流。

1 月 15 日

农业部南京农业机械化研究所与西华大学联合培养研究生签约仪式在农业部南京农业机械化研究所综合实验室二楼会议室举行，西华大学校长刘清友、副校长何建平及相关职能部门和院所负责人一行 8 人到访并参加签约仪式。

1 月 16 日

农业部南京农业机械化研究所所长陈巧敏主持召开农业部南京农业机械化研究所传达全国农业机械化工作会议精神集中学习会。中层、副高以上科技人员以及各党支部书记等参加会议。

1 月 17 日

由中国农村杂志社组织的“2015 中国(南京)秸秆综合利用技术研讨会”在农业部南京农业机械化研究所召开。农业部南京农业机械化研究所生物质转化利用装备创新团队作为技术支持和协办单位，积极参与会议的组织和承办工作，圆满地完成各项任务。

1 月 19 日

重庆鑫源农机股份有限公司副总裁杨小松一行来农业部南京农业机械化研究所就成果转化进行洽谈、交流。双方就云、贵、川、渝地区山地机械化发展与成果转化进行深度探讨，签订战略合作框架协议。

1 月 20 日

农业部南京农业机械化研究所召开 2014 年度领导班子专题民主生活会。中国农业科学院党组成员、纪检组组长史志国，中国农业科学院监察局局长舒文华，中国农业科学院直属机关党委宣传处处长李建才到会指导。农业部南京农业机械化研究所党委书记曹曙明主持会议。

1 月 24 日

“中国农业工程学会农业航空分会成立大会”在南京正式召开。会议由农业部南京农业机械化研究所植保与环境工程技术中心研究员薛新宇主持，农业部农业机械化管理司副司长胡乐鸣、中国农业工程学会理事长朱明、中国农业机械化协会副理事长杨林、江苏省农业机械管理局副局长王翠章等领导莅临大会，中国工程院院士罗锡文、国家千人计划专家兰玉彬教授、西北农林科技大学副校长吴普特教授、国家农业信息化工程技术研究中心主任、首席专家赵春江研究员、农业部南京农业机械化研究所所长陈巧敏、副所长梁建以及来自科研院所、高校、企业、推广部门等 60 家单位 150 多名代表出席大会。

农业部农业机械化管理司司长李伟国、中国工程院院士汪懋华及中国农业机械化科学研究院院长李树君一行莅临农业部南京农业机械化研究所指导工作。农业部南京农业机械化研究所所长陈巧敏，党委书记曹曙明、副所长梁建及相关部门负责人和科研骨干参加座谈会。会议由农业部南京农业机械化研究所党委书记曹曙明主持。

1 月 26 日

国家农业科技服务云平台启动仪式在北京全国农业展览馆举行。启动仪式由农业部科技教育司司长唐珂主持，农业部副部长张桃林启动智能终端，宣布云平台正式运行。农业部南京农业机械化研究所应邀参加此次启动仪式。

1 月 29 日

农业部南京农业机械化研究所研究员胡志超荣获 2014 年度国务院政府特殊津贴。

2 月 4 日

农业部南京农业机械化研究所召开 2014 年度群团组织总结表彰会，工会干部、青年工作委员会(团委)委员、工会积极分子、青年职工及研究生代表参加会议，会议还邀请农业部南京农业机械化研究所党政领导、各党支部书记及部门主要负责同志参会。会议由农业部南京农业机械化研究所工会主席、青年工作委员会主任胡志超主持。

农业部南京农业机械化研究所 2014 年度工作总结表彰暨情况通报会在所综合实验室报告厅召开。会议传达 2015 年中国农业科学院工作会议精神，总结回顾 2014 年全所各项工作，通报并表彰 2014 年度工作中取得突出成绩的集体和个人。农业部南京农业机械化研究所全所在职职工、离退休职工分别参加相关会议。

2 月 4—6 日

农业部南京农业机械化研究所所长陈巧敏先后赴苏州相城、淮安盱眙两地调研，考察当地农业机械化现状，遴选农业机械化科研试验示范合作项目，并看望农业部南京农业机械化研究所在两地的挂职同志。

2 月 6 日

由农业部南京农业机械化研究所生物质转化利用装备创新团队牵头，联合江苏省农业机械化服务站、南通市农业机械推广站、海门市农业机械化技术推广服务站、常熟市农业机械技术推广站、江苏田娘农业科技有限公司共同举办的有机肥、厩肥机械撒施试验及演示现场会在常熟市召开。

2 月 9—11 日

农业部南京农业机械化研究所所领导陈巧敏，曹曙明、胡志超，梁建分别带队，走访慰问离休干部、厅局级老领导、生活困难的老党员老职工。

2 月 10 日

农业部南京农业机械化研究所举办国家自然科学基金项目申报培训与交流会，会议邀请到南京农业大学工学院院长汪小昆、江苏大学教授邱白晶和南京晓庄学院副教授王海鸥等专家开展培训指导，农业部南京农业机械化研究所副所长胡志超出席会议。

2 月 11 日

农业部南京农业机械化研究所组织召开中国农机工业现状与发展学术报告会。中国农业机械工业协会名誉会长高元恩作题为“黄金期—新常态—新机遇—新发展:中国农机工业的现状与发展”的学术报告,农业部南京农业机械化研究所所领导、全所科技人员和在读研究生共计百余人参加报告会,报告会由农业部南京农业机械化研究所所长陈巧敏主持。

2 月 12 日

中国机械工业联合会组织有关专家,在南京主持召开由农业部南京农业机械化研究所研制的“高效、低损失油菜机械化分段收获技术与装备”科技成果鉴定会。高效、低损失油菜机械化分段收获技术与装备顺利通过科技成果鉴定。

农业部南京农业机械化研究所研制的“复指杆式轻型采棉机”“刷辊式轻型采棉机”通过科技成果鉴定。

2 月 13 日

农业部南京农业机械化研究所所长陈巧敏率领全所各部门(中心)负责人、创新团队首席科学家及职工代表对“农业机械化技术创新试验基地”(白马基地)项目的建设工作情况进行视察,并在基地现场召开专题所务扩大会议。

2 月

农业部南京农业机械化研究所 2 项成果荣获江苏省装备制造业专利新产品奖。农业部南京农业机械化研究所研究员肖宏儒主持完成的“3SL—30 型低地隙乘坐式茶园多功能管理机”获得金奖。农业部南京农业机械化研究所研究员吴崇友主持完成的“4YJ—1.8 油菜捡拾脱粒机”获得优秀奖。

3 月 9 日

农业部南京农业机械化研究所召开女工委员、女工小组长座谈会,农业部南京农业机械化研究所工会主席胡志超同志给女职工赠发《让幸福走进女人的心田》三八妇女节活动用书,从而更好地激发广大女职工的阅读热情和求知欲望,提升女职工的综合素质,缓解压力、敞开心扉和感悟幸福的真谛。

3 月 11 日

农业部南京农业机械化研究所所长陈巧敏在综合试验室会见江苏苏美达集团有限公司副董事长杨永清。

3 月 12 日

农业部南京农业机械化研究所社区家属委员会组织离退休职工参加钟灵街社区在农业部南京农业机械化研究所离退休职工活动中心举办的“中老年健康知识讲座”和“消防安全知识讲座”。讲座特邀请钟山医院专家和消防大队教员主讲。

农业部南京农业机械化研究所应邀参加中国锦州农业科技博览会暨第十九届中国(锦州)北方农业新品种新技术展销会。

3 月 17 日

农业部南京农业机械化研究所召开 2015 年行政工作会议,农业部南京农业机械化研究所所长陈巧敏全面分析当前工作所面临的形势,从科技创新、成果转化、交流与合作、人才与团队建设、条件建设、管理与服务六个方面谋划部署 2015 年全所行政工作工作要点和重点任务。

3 月 18 日

农业部南京农业机械化研究所综合管理处联合江苏省血液中心在农业部南京农业机械化研究所综合实验楼 203 会议室开展无偿献血活动。此次献血活动得到广大职工的积极响应,共有 53 位职工及研究生积极报名。最后有 26 人成功献血,献血量达 5 900 毫升。

洋马农机(中国)有限公司副总裁上田启介一行 6 人来农业部南京农业机械化研究所交流蔬菜生产机械化工作。

3 月 19 日

农业部南京农业机械化研究所与中国热带农业科学院、中国热带农业科学院农业机械研究所签署战略合作协议。

3 月 22 日

农业部南京农业机械化研究所女工委组织女职工赴河西新城区青奥村“南京眼”和鱼嘴湿地公园参观学习。

3 月 24 日

农业部南京农业机械化研究所举办基层组织书记落实党风廉政建设主体责任暨纪检干部培训会。

3 月 25 日

离退休办公室组织农业部南京农业机械化研究所退休女职工赴南京雨发生态农业园参观。

3 月 25—26 日

农业部南京农业机械化研究所所长陈巧敏赴常州、泰州两地与企业洽谈合作事宜。

3 月 25—29 日

农业部南京农业机械化研究所党委书记曹曙明、副所长梁建及相关人员赴宁夏调研,并看望在宁夏回族自治区农牧厅挂职厅长助理的曹光乔处长。

3 月 26 日

中国作物学会藜麦分会成立大会暨第一届理事会在北京召开,农业部南京农业机械化研究所农副产品加工工程技术中心谢焕雄研究员应邀参会并被遴选为中国作物学会藜麦分会常务理事。

3 月 27 日

农业部南京农业机械化研究所篮球队与南京地质矿产研究所开展篮球友谊赛。

3 月 29 日

农业部南京农业机械化研究所与江苏省农业委员会足球队开展足球友谊赛。

4 月 7 日

“河南·新乡甘薯机械化种植现场演示会”在延津县召开,农业部南京农业机械化研究所研究员胡良龙及团队成员参加此次会议并重点演示 2ZL—1 型甘薯移栽机和 2CGF—2 型甘薯复式移栽机两款机具。

4 月 9 日

农业部农业机械化技术开发推广总站处长姚海率青年干部来农业部南京农业机械化研究所考察交流,农业部南京农业机械化研究所党委书记曹曙明、综合管理处处长肖体琼接待姚海处长一行。

第八届中国(江苏)国际农业机械展览会在南京国际博览中心开幕,农业部南京农业机械化研究所应邀参展。

中国农业机械流通协会、四川吉峰农机连锁集团领导来农业部南京农业机械化研究所进行科技洽谈。

4 月 9—10 日

由农业部水稻生产机械化专家组主办,农业部南京农业机械化研究所承办的水稻育秧基质技术交流研讨会暨农业部水稻生产机械化专家组年会在南京钟山宾馆隆重召开,农业部南京农业机械化研究所副所长胡志超出席会议。

4 月 10 日

中国蔬菜协会机械化分会在南京组织蔬菜生产机械化技术培训。

农业部农业机械化管理司副司长孔亮一行来农业部南京农业机械化研究所

调研指导工作，农业部农业机械化管理司生产管理处处长李斯华参与调研，农业部南京农业机械化研究所党委书记曹曙明，副所长梁建、胡志超及相关部门负责人陪同调研。

农业部南京农业机械化研究所现代农业装备技术应用中心在常熟市成立。

4月14日

农业部沼气科学研究所党委书记蔡萍一行来农业部南京农业机械化研究所考察交流。

4月21日

农业部南京农业机械化研究所荣获“江苏省机械行业人力资源工作先进单位”称号。

4月23日

中联重机股份有限公司副总经理王喜恩一行来农业部南京农业机械化研究所洽谈合作交流事宜。农业部南京农业机械化研究所所长陈巧敏、副所长胡志超以及参加合作对接的相关部门或项目负责人参加交流会。

4月28日

澳大利亚南昆士兰大学 Dr. Jack McHugh 来农业部南京农业机械化研究所交流并做专题报告。

4月30日

农业部南京农业机械化研究所召开增产增效技术集成模式研究与示范工作推进会。

农业部南京农业机械化研究所生物质装备团队召开“多功能大田固体有机肥撒施机”设计方案论证会。

5月12日

新疆农垦科学院机械装备研究所副所长汤智辉一行来农业部南京农业机械化研究所参观调研，农业部南京农业机械化研究所副所长胡志超研究员负责接待，并举行座谈交流。

5月15日—10月20日

农业部南京农业机械化研究所茶园机械科研团队分别赴湖北、福建、湖南、浙江、云南五省进行茶园机械化生产技术装备现场观摩培训会。

5月19日

以雷茂良副院长为组长的中国农业科学院督导调研第四小组来农业部南京农业机械化研究所调研指导工作。座谈会由中国农业科学院科技局副局长陆建中主持，农业部南京农业机械化研究所所长陈巧敏代表全所作农业部南京农业机械化研究所创新工程组织实施情况的汇报。

5月19—20日

农业部南京农业机械化研究所副所长梁建赴湖北荆门参加中国农业科学院“中国农谷”调研工作。

5月21日

甘肃机械科学研究院院长韩少平一行莅临农业部南京农业机械化研究所洽谈工作。

5月21—22日

农业部南京农业机械化研究所生物质转化利用装备创新团队应邀参加第三届中国国际生物质利用高峰论坛并报告。

5月22日

农业部南京农业机械化研究所党委书记曹曙明应邀参加2015年苏州市蔬菜行业产学研对接会并讲话。

5月23日

由农业部南京农业机械化研究所和扬州大学联合主办的毯状苗机械移栽油菜成熟期现场观摩暨产量鉴定会在扬州召开。

5月25日

第二届“农机杯”篮球联赛落下帷幕，由农业部南京农业机械化研究所特色经济作物生产装备工程技术中心组成的六队获得冠军。

5月27日

江苏省部属科研院所联合会第一届第四次理事会在农业部南京农业机械化研究所召开。

5月28—29日

茶叶生产和加工机械化技术示范活动在浙江绍兴顺利开展。

5月29日

江苏省在宁科研院所档案工作协作组业务交流现场会在农业部南京农业机械化研究所召开。

5月31日

农业部南京农业机械化研究所足球队荣获第四届“汇农杯”足球友谊赛亚军。

6月1日

农业部南京农业机械化研究所参加水稻“双增”项目研讨会。

农业部南京农业机械化研究所召开“三严三实”专题教育党课暨启动大会。

6月4日

农业部南京农业机械化研究所召开2015年科技工作会议，会议邀请到南京市科学技术委员会城乡科技发展处处长陶波作专题报告。

6月5日

以江苏省教育科技工会副主席陈望进为组长的验收组一行7人莅临农业部南京农业机械化研究所，对农业部南京农业机械化研究所申报中国教科文卫体工会系统“模范职工之家”进行验收检查。

6月9日

农业部南京农业机械化研究所综合档案室组织兼职档案员参加国际档案日广场宣传活动。

由农业部南京农业机械化研究所副所长梁建带队，穗粒类收获机械创新团队、成果转化处一行18人赴江苏东台开展油菜机械化技术示范活动。

6月10号

农业部南京农业机械化研究所离休支部组织离休党员到江都郭村战斗旧址参观，开展主题教育。

6月12日

由农业部南京农业机械化研究所主办的全秸秆覆盖地复式耕种作业技术示范推广活动，在天津静海县陈官屯镇西钓台村成功举行。

农业部南京农业机械化研究所组织青年职工开展科普和历史文化教育活动。

农业部南京农业机械化研究所果蔬茶类收获机械创新团队赴云南临沧开展茶园机械化管理技术示范培训活动。

6月17日

湖北荆门市农机管理局局长彭敬宝一行来农业部南京农业机械化研究所洽谈交流。

6月19—20日

农业部公益性行业(农业)科研专项“残膜污染农田综合治理技术方案”正式启动。

6月30日

农业部南京农业机械化研究所隆重举行“七一”党员大会。

7月1日

农业部南京农业机械化研究所举办2015届毕业研究生欢送会。

7月1—2日

中国农业科学院党委办公室主任培训班于湖南省衡阳市举办，农业部南京农业机械化研究所党委获评院党建宣传工作先进单位。

7月6日

农业部南京农业机械化研究所组织

专家对农业部现代农业装备重点实验室第一批开放课题进行验收。

7 月 15 日

农业部南京农业机械化研究所与南京恩邦物业管理有限公司正式签定《白马科研试验基地物业托管协议》。

7 月 17 日

第五期青春讲坛开讲，来自农业部南京农业机械化研究所农副产品加工工程中心刘敏基、农业资源开发与设施农业工程技术中心王振伟应邀主讲。

7 月 18 日

公益性行业（农业）科研专项“作物秸秆基质化利用”项目启动会在吉林省长春市举行。

7 月 24 日

农业部南京农业机械化研究所组织召开创新工程工作会，全面贯彻落实院创新工程视频大会精神，并就进一步推进创新工程深入开展，对下一阶段重点工作进行安排部署。

7 月 27—28 日

中欧麻类生物质材料可持续发展研究（FIBRA）项目对接会在北京举行，农业部南京农业机械化研究所研究员李显旺参加会议并作主题报告。

7 月 27—30 日

农业部南京农业机械化研究所全国农业机械化教育培训中心承办的 2015 年常熟市新型职业农民（农机）培训班在南京举办。

7 月 29—30 日

第三届江苏省工程机械、现代农业装备产业中小企业协作配套对接会在镇江召开，农业部南京农业机械化研究所应邀参会。

8 月 7 日

农业部南京农业机械化研究所与赣南科学院、江西省农业科学院联合举办“江西省花生生产全程机械化现场演示观摩会”。

8 月 17—26 日

农业部南京农业机械化研究所茎秆类收获机械创新团队针对新研发的棉花打顶机在华北棉区开展试验。

8 月 19 日

2015 年度国家自然科学基金项目评审结果揭晓，“油菜毯状苗高速切块栽插机理研究与机构优化”和“GABA 诱导桃果实采后抗冷性的机制研究”获立项。“气流扰动下种子群体状态对水稻精量排种器充种性能的作用机理研究”和“棉秆拔秆收获机理分析及机构优化”获青年科学基金项目立项。

8 月 24—28 日

农业部南京农业机械化研究所在连云港举办新型职业农民培育工程农机培训班。

8 月 27 日

农业部南京农业机械化研究所党委副书记、副所长胡志超代表所党政领导班子走访慰问抗战时期参加革命工作的离休干部姜伯衡、张学精、吕福泉。

8 月

《农机安全生产管理概论》一书正式出版、全国发行。

9 月 1 日

农业部南京农业机械化研究所召开安全隐患自查自纠专项工作会议。

9 月 6 日

农业部南京农业机械化研究所圆满完成 2015 年中国农业科学院博士后流动站拟进站人员考核工作。

9 月 8 日

农业部南京农业机械化研究所生物质转化利用装备创新团队在江苏省宜兴市坤兴农业废弃物处理有限公司召开“多元废弃物处理利用与新农村建设”现场观摩研讨会，并正式挂牌成立创新团队试验示范基地。

9 月 9 日

《中国农机化导报》社长刘卓、副社长陆海曙一行来农业部南京农业机械化研究所访问交流。

9 月 11 日

第二届中国—阿拉伯国家博览会在宁夏首府银川市召开，农业部南京农业机械化研究所应邀参会。

9 月 11—16 日

农业部南京农业机械化研究所所长陈巧敏赴宁夏、甘肃调研并看望挂职干部。

9 月 12 日

农业部科技发展中心组织专家对农业部南京农业机械化研究所完成的“柔性顶膜车库式干发酵技术研究与装备开发”进行科学技术技成果评价，认为项目总体达到国内领先水平，其中柔性顶膜车库式干发酵技术和发酵库密封技术达到国际先进水平。

农业部南京农业机械化研究所主持的 2012 年江苏省科技支撑计划项目（社会发展）“多元固体废弃物联合干法发酵产沼气关键技术研究与应用”顺利通过验收。

9 月 14 日

农业部南京农业机械化研究所与甘肃省机械科学院的合作协议签字仪式在甘肃省机械科学院创新大厦举行，农业部南京农业机械化研究所所长陈巧敏和甘肃省机械科学研究院院长韩少平分别代表双方单位在协议上签字。

农业部南京农业机械化研究所与酒泉奥凯种子机械股份有限公司签订战略合作协议。

9 月 18 日

中国农业科学院直属机关党委常务副书记高士军在中国农业科学院直属机关党委办公室副主任韩进的陪同下莅临农业部南京农业机械化研究所考察交流。

9 月 21 日

农业部南京农业机械化研究所 2015“雅苑杯”七人制足球赛正式开赛。

大豆绿色增产增效技术模式示范现场会在宿州召开，农业部南京农业机械化研究所研制的 2 款大豆收获机参加展示。

农业部南京农业机械化研究所“设施蔬菜垄作复式作业机中试与产业化”顺利通过验收。

2015 年度世界农业奖获得者，美国加州大学戴维斯分校 Paul Singh 教授到农业部南京农业机械化研究所进行学术交流。

9 月 21—22 日

受江苏省农业机械管理局邀请，农业部南京农业机械化研究所果蔬茶创新团队赴江苏省江阴市鹏程农业园参加“江苏省高效设施农业机械化现场会”，并负责“林果茶专栏”机具展示与田间试验。

9 月 24 日

农业部南京农业机械化研究所召开 2015 年新进人员座谈会。

9 月 25 日

农业部南京农业机械化研究所召开“科技镇长团”挂职工作交流会。

9 月 28 日—10 月 17 日

农业部南京农业机械化研究所“垄作区残膜污染农田机械化治理关键技术及装备研究与示范”项目组在辽宁义县顺利完成残膜回收试验示范工作。

10 月 11—23 日

桂林市农机系统管理人才研修班在农业部南京农业机械化研究所顺利结业。

10 月 12—13 日

农业部南京农业机械化研究所在辽宁锦州成功举办“全秸秆覆盖地小麦复

式耕种作业技术示范推广会”。

10月14日

农业部南京农业机械化研究所女工委组织女职工在所报告厅观看“清风正气传家远”家风展示活动视频。

10月18日

农业部南京农业机械化研究所参加单季稻绿色增产增效技术集成示范现场会。

10月23日

农业部南京农业机械化研究所召开领导班子宣布会，中国农业科学院党组成员、人事局局长魏琦主持会议并作重要讲话。

10月24日

农业部南京设计院中南分院在湖南省长沙市挂牌成立。农业部南京农业机械化研究所所长陈巧敏、设计院院长杨晓文以及中南分院负责人院长刘平云共同为中南分院揭牌。

10月25日—11月3日

农业部南京农业机械化研究所成功举办上海合作组织成员国农业机械化支持政策和技术管理研修班，来自上海合作组织成员国的俄罗斯、塔吉克斯坦、吉尔吉斯斯坦、乌兹别克斯坦4国的8位学员参加为期10天的培训。

10月26日

农业部南京农业机械化研究所发起的“丘陵山区与高新特色农机战略联盟”在青岛正式履约成立。

10月26—28日

2015中国国际农业机械展览会在青岛国际博览中心召开，农业部南京农业机械化研究所所长陈巧敏应邀出席开幕式，并主持“十三五”农业装备科技协同创新工作座谈会。

10月27日

农业部南京农业机械化研究所牵头组织的“十三五”农业装备科技协同创新座谈会在山东省青岛市成功举办。

10月29日

上海合作组织成员国农机领域8位专家应邀来农业部南京农业机械化研究所交流。

10—11月

茎秆类收获机械创新团队受邀参加河南安阳、江苏盐城、湖北荆门、安徽安庆等多地采棉机现场会，团队携新研制的轻型采棉机赴邀参加，并进行采收演示。

10—12月

农业部南京农业机械化研究所茎秆类收获机械创新团队赴河南安阳、新疆石河子山东滨州等多地进行统收式轻型采棉机试验示范。

11月3—6日

青岛市黄岛区农机管理人员及基层农机推广服务体系建设培训班在农业部南京农业机械化研究所开班。

11月4日

农业部南京农业机械化研究所高效花生联合收获技术研发取得新进展，四行半喂入花生联合收获机、八行花生捡拾联合收获机经新一轮优化设计，其技术性能尤其是自动限深挖掘等智能化控制技术日趋成熟。

11月4—7日

应宜昌市人民政府邀请，农业部南京农业机械化研究所参加在湖北宜昌举办的“中日韩甘薯产业洽谈与对接会”。会议期间，农业部南京农业机械化研究所与宜昌市人民政府签订战略合作框架协议。

农业部南京农业机械化研究所在湖北宜昌当阳市举行甘薯机械展示。

11月5日

农业部南京农业机械化研究所与江苏省农业机械技术推广站在宜兴市兰山茶场联合举办“茶园机械化管理装备应用技术培训暨现场演示会”。

11月7日

甘肃酒泉奥凯种子机械股份有限公司董事长贾生活一行来农业部南京农业机械化研究所考察交流。

11月12日

江苏省省委组织部考核小组来农业部南京农业机械化研究所开展党组织“四有”目标管理工作考核。

11月13日

农业部南京农业机械化研究所第六期“青春讲坛”如期开展，四位2015年新进员工分别作报告。

11月14—15日

第七届精准农业与航空施药技术国际学术研讨会暨中国农业工程学会农业航空分会2015年年会、中国农业机械化协会农用航空分会2015年年会在江苏溧阳召开，此次会议邀请到4个国家精准农业和航空植保领域内的知名专家学者60余名，为国内外农业航空科技工作者提供良好的交流平台，对推动我国农业航空健康发展具有十分重要的意义。

11月15日

农业部南京农业机械化研究所与国家信息农业工程技术中心、江苏省农业机械技术推广站3家单位签订战略合作协议。

11月16—21日

第十七届中国国际高新技术成果交易会在深圳市成功举办，农业部展区以“大力发展互联网+农业科技，促进现代农业发展”为主题，重点展示国家农业科技服务云平台和农业信息技术的应用等“十二五”科技成果，农业部南京农业机械化研究所应邀参会。

11月18日

山东理工大学副校长杜瑞成、刘国华一行4人来农业部南京农业机械化研究所调研。

11月19日

中国茶叶学会在青岛隆重召开2015中国茶叶科技年会，农业部南京农业机械化研究所研究员肖宏儒主持研发的低地隙多功能茶果园管理机及高地隙自走式多功能茶园管理机，荣获中国茶叶学会第五届茶叶科学技术奖(分获二、三等奖)。

11月19—20日

中国农业科学院监察局副局长姜维民、处长解小慧等一行3人来农业部南京农业机械化研究所专题调研科研经费信息公开、专项整治活动“两项工程”进展情况。

11月21日

农业部南京农业机械化研究所圆满完成2016年度应届高校毕业生公开招聘工作。

11月26日

农业部南京农业机械化研究所青年科技人员实训基地在中联重机股份有限公司挂牌成立。

11月27日

中国现代农业装备职业教育集团召开第一届理事大会。农业部南京农业机械化研究所当选第一届常务理事会常务理事单位，农业部南京农业机械化研究所所长陈巧敏当选副理事长，副所长胡志超当选副秘书长兼任基地建设工作委员会主任，并作为代表在大会上发言。

11月27—29日

由国家植保机械质量监督检验中心主办的第十六届全国植保机械质量与发展年会在浙江台州召开。

12月2日

由农业部南京农业机械化研究所耕

整地机械创新团队举办的旋耕机械类标准修订研讨会在江苏南京顺利召开。

12月2日

国家知识产权局公布第十七届中国专利奖评选结果，农业部南京农业机械化研究所"油菜割晒机""基于GPS导航的无人机施药作业自动控制系统及方法"2项发明专利获中国专利优秀奖。这是农业部南京农业机械化研究所继2013年、2014年荣获中国专利优秀奖后，连续第三次获此殊荣，并首次实现2项专利同时获奖，取得重大突破。

12月2—3日

农业部南京农业机械化研究所所长陈巧敏赴镇江市丹徒区考察调研。

12月3—11日

农业部南京农业机械化研究所所领导主持召开2015年度民主生活会前征求意见座谈会。

12月8—12日

由亚太可持续农业机械化发展中心主办的亚太地区第三届可持续农业机械化发展论坛，在菲律宾马尼拉举行，农业部南京农业机械化研究所副所长曹光乔参加会议，并做主题交流发言。

12月11日

由农业部南京农业机械化研究所特色经济作物中心果蔬茶创新团队研发的负压式茶树系列吸虫装备及技术，荣获第二届全国现代物理农业工程技术优秀创新项目奖。

12月22—23日

哈萨克斯坦农业机械化与电气化科学研究所所长 Кешуов Сейтказы Асылсеитович 到农业部南京农业机械化研究所访问交流。

12月24日

"水陆两用式苇草机械化收获技术研究及装备开发"项目通过验收。

12月24—25日

农业部南京农业机械化研究所在综合实验室南楼第二会议室召开2015年度专业技术职务任职资格评审推荐会，13名申报人员通过评审，其中3名正高级，8名副高级，1名中级，1名初级。

12月28日

由农业部南京农业机械化研究所负责编制的"海门市农作物秸秆综合利用规划（2016—2020年）"顺利通过评审。

地 方 篇

北 京 市

2014年12月25日

北京市顺义区农机监理所曾祥华、延庆县农机监理所纪成燕、怀柔区农业局农机监理所杨军，被评为2014年全国农机安全监理示范岗位标兵。

2015年1月16日

北京市、天津市、河北省、山西省、内蒙古自治区农机主管部门在北京签署《京津冀晋蒙农机安全监管联动机制协议》，建立华北5省（自治区、直辖市）的农机安全监管联控机制，在强化农机安全监管措施、提升农机安全服务能力、预防和减少农机事故等方面展开广泛而深入的合作。

1月20日

北京市人力资源和社会保障局发布《关于2015年度北京市职称评审工作安排的通知》，对农业工程系列职称评审工作进行调整，增加"农机推广"专业，其中级评审服务机构为北京市农业局，高级评审服务机构为北京市农村工作委员会。

1月26日

根据《中共北京市农业局党组关于调整局领导工作分工的通知》，由北京市农业局副局长马荣才分管农业机械化行业发展与管理工作。

1月

北京市农业机械监理总站与顺义区农机监理所联合成立项目组，首次开展农机服务组织安全生产标准化试点建设工作，将北京兴农天力农机服务专业合作社确定为试点单位，标志着北京市农机安全生产标准化工作正式启动。

2月28日

北京市副市长林克庆主持召开北京市农作物秸秆禁烧及综合利用座谈会，要求市农业局负责做好杜绝农作物秸秆焚烧的工作。

3月11日

北京市农业局、市农村工作委员会、市园林绿化局、市环保局、市城管执法局、市发展和改革委员会、市财政局等7部门联合印发《关于印发〈综合施策杜绝农作物秸秆和园林绿化废弃物焚烧工作方案〉的通知》，确定了北京市农作物秸秆禁烧的总体思路和重点任务。

5月28日

北京市农村工作委员会、市农业局、市园林绿化局、市环保局、市城管执法局等5部门联合印发《关于建立农作物秸秆和园林绿化废弃物禁烧联合工作机制的通知》，成立市—区县—乡镇的3级禁烧管理机制。

5月

北京市农业局确定《北京市农机深松整地作业补贴工作实施方案》，明确2015年深松整地作业的目标任务、工作原则、作业要求、补贴对象、补贴程序等内容，确定深松整地作业50元/亩的补贴标准。

北京市农机监理总站在顺义、平谷、密云、延庆4个区县开展村级农机安全协管员制度试点建设工作，在北京市范围首次建立了一支300人的村级农机安全协管员队伍。

启动农机监理行政审批流动服务大厅试点建设工作，将农机监理行政审批业务受理大厅进村入户。试点覆盖昌平区、怀柔区、门头沟区、密云县、延庆县5个区县的32个乡镇95个村；截至11月，累计现场办理各项业务1 176件，为农民机手节省办事往返里程约4.1万千米，节省办事时间3 200多小时。据现场收集的调查问卷显示，机手满意度达到99.1%。

6月4日

召开北京市2015年"三夏"农机生产暨农业机械化工作会，部署北京市农业机械化工作。

6月10日

北京市农机试验鉴定推广站扶持建设的房山区窦店镇河口村设施蔬菜农机专业服务队挂牌成立，这是北京市首个设施农机服务组织。满足了设施农业生产园区对农机社会化服务的需求，是北京农机社会化服务组织形式创新的具体举措。

7月

开展北京市“平安农机”示范单位评选工作，经公示最终评选出北京留民营兴旺农机专业合作社、北京金利农机服务专业合作社、北京天润园草莓专业合作社、北京三山蔬菜产销专业合作社4家单位为2015年北京市“平安农机”示范单位。

7月23—24日

北京市农机推广鉴定工作接受农业部检查，检查总体结论为业务开展基本规范。

7月30日

经北京市农业局党组会研究决定，任命赵景文为北京市农业机械试验鉴定推广站副站长；任命陆洪为北京市农业机械监理总站副站长。

9月21日

北京市农村工作委员会、市农业局联合印发《关于开展2015年度农作物秸秆全面禁烧工作考核的通知》到各区县人民政府，制定考核办法和程序，安排1 000万元奖励资金。至此，北京市农作物秸秆禁烧及综合利用工作机制全面建立。

9月21—23日

北京市农机试验鉴定推广站准备的以“农机创新助推现代农业发展”为主题的农机科技创新成果，在现代农业产业技术体系北京市创新团队成果展示活动上进行展示，集中展示了设施蔬菜、大田生产、农机信息化等5大板块20个环节共88台套技术与装备的农业装备科技创新成果。

11月11—13日

北京市农业机械试验鉴定推广站通过北京市质量技术监督局资质认定评审组的资质认定评审，农业部设施农业机械设备质量监督检验测试中心通过国家计量认证农业评审组的国家计量认证评审。

11月12日

北京市农业机械监理总站首次开展微耕机事故处理模拟演练现场观摩会，规范微耕机事故处理程序，进一步检验北京市农机事故应急预案的针对性、科学性和实用性。

11月

北京兴农天力农机服务专业合作社、北京市鑫利农机服务专业合作社荣获第六届精耕杯“全国五十佳优秀创新示范农机合作社”；北京多力多机械制造有限公司荣获第六届精耕杯“用户最心仪的丘陵山区农业机械十佳品牌获奖品牌”；北京丰茂植保机械有限公司荣获第六届精耕杯“用户最心仪的田间管理机械十佳品牌获奖品牌”。

天津市

2014年12月18—19日

天津市农业机械管理办公室召开2014年农机购置补贴绩效考核延伸管理考评会，通过采取集中考评，组织专项工作汇报会的形式，对区县工作进行考评。

12月19日

农业部印发《关于表扬2014年全国粮食生产先进单位和先进个人的决定》，天津市蓟县农业机械化技术推广服务站郑桂玖被评为2014年全国粮食生产突出贡献农业科技人员。

12月30日

农业部、国家安全监管总局印发《关于公布2014年全国“平安农机”示范县(区、市)农机安全监理示范岗位标兵名单的通知》，天津市津南区农业机械发展服务中心罗秀峰、武清区农机安全监理站刘克良被评为2014年全国农机安全监理示范岗位标兵。

12月31日

天津市农业机械管理办公室召开耕地深松及激光平地作业补贴项目总结暨绩效考核工作会。天津市农业机械管理办公室副主任胡伟出席会议。

2015年1月7日

天津市农业机械推广总站承担的畜禽健康养殖机械化技术集成示范推广项目通过市农业科技项目管理办公室组织的结题验收。

1月13日

天津市农业机械推广总站在静海县召开高秆作物植保机械化技术引进示范项目启动会。

1月21—22日

天津市农业机械管理办公室召开农机行政执法文书专题研讨会。

1月22—23日

天津市农业机械推广总站在滨海新区召开2014年度天津市农机推广工作会。天津市农业机械管理办公室主任韦恩学、副主任胡伟出席会议并讲话。

1月26日

农业部办公厅印发《关于公布全国农机职业技能培训和鉴定示范基地(第二批)名单的通知》，蓟县农机学校和滨海新区大港农业机械化技术学校被评为第二批“全国农机职业技能培训和鉴定示范基地”。

1月27日

天津市农业机械管理办公室召开天津市农业机械化信息宣传工作会议。天津市农业机械管理办公室副主任胡伟出席会议并讲话，党委委员、综合处处长于家会主持会议。

1月29日

天津市农业机械管理办公室召开天津市农业机械化工作会议，总结2014年天津市农业机械化工作，部署2015年工作目标任务。会议对2014年度天津市农业机械化工作先进集体和先进个人进行表彰。

2月5日

天津市精神文明建设委员会办公室召开精神文明建设工作会议暨精神文明创建工作表彰大会，天津市农业机械管理办公室推广总站被评为2012—2014年度文明单位。

2月28日

天津市人民代表大会常务委员会副主任张俊芳带领市农村工作委员会、市发展和改革委员会、市财政局、市环保局、市农业机械管理办公室等负责同志到宝坻区八门城镇调研农作物秸秆禁烧和综合利用情况，同时参观了清水思源合作社秸秆直燃供暖系统运行情况。宝坻区区委书记陈浙闽、区长李森阳陪同，副区长艾玉昆汇报了宝坻区农作物秸秆综合利用情况。

3月3日

天津市农业机械管理办公室召开天津市农机安全生产工作会议。天津市农业机械管理办公室主任韦恩学到会并讲话。

3月4日

天津市农业机械管理办公室召开天津市农机打假专项治理工作会，传达2015年全国农资打假专项治理行动电视电话会议精神，落实天津市农村工作委员会关于天津市农资打假专项治理行动的总体部署。天津市农业机械管理办公室主任韦恩学出席会议并讲话。

3月17日

天津市农业机械管理办公室在静海县大邱庄镇岳家庄村召开天津市百万亩农机深松整地作业启动现场会，标志着天津市农机深松整地作业结合春耕生产拉开序幕，同时农机深松整地作业补贴政策实施工作也正式启动。

3月26日

天津市农业机械管理办公室与市交通运输委员会联合印发《关于加强2015年联合收割机跨区作业管理的通知》，对2015年联合收割机跨区作业的组织管理工作进行部署。

3月29日

天津市农业机械管理办公室按照天津市农村工作委员会统一部署，出动六个市级巡查组，组织近30人，由党委班子成员带队，深入主要农业区县，对秸秆焚烧现象进行大范围巡查。

4月8—10日

天津市农业机械管理办公室召开2015年天津市农机购置补贴工作会议，正式启动农机购置补贴工作。

4月10日

天津市农业机械管理办公室召开农机深松整地及激光平地作业补贴实施启动会。

4月14—17日

天津市农业机械推广总站、静海县农业机械化技术推广服务站举办蛋鸡养殖物理技术、粮食烘干机械化技术、高地隙植保机械化技术培训班和科技赶大集活动。

4月17日

天津市委市政府印发《关于表彰天津市劳动模范和模范集体的决定》，天津市农业机械推广总站技术开发室被授予2014年度天津市模范集体荣誉称号。

4月21日

天津市总工会印发《关于授予2014年度天津市五一劳动奖状，五一劳动奖章和工人先锋号的决定》，天津市农业机械推广总站马超荣获2014年度天津市五一劳动奖章。

4月22日

天津市农业机械管理办公室在武清区召开天津市农机检审现场推动会，会上对便携式农机快速制动性能检测仪进行演示。天津市农业机械管理办公室副主任李广来到现场观摩。

4月23日

天津市农业机械推广总站、宁河县农业机械化技术推广站在天津市农业机械化示范推广中心举办蛋鸡养殖物理技术环境控制培训班。

4月24日

天津市农业机械推广总站召开液体肥撒施机械化技术推广培训会。天津市农业机械管理办公室副主任胡伟出席。

5月7日

天津市农业机械推广总站联合蓟县农业机械推广站在蓟县举办规模化蛋鸡养殖物理技术培 训班。

5月8—9日

农业部2014年农机购置补贴绩效考核实地检查组一行3人到天津市检查工作。

5月10日—29日

天津市农业机械管理办公室在天津市组织开展为期二十天的农机安全生产专项治理活动。

5月13日

天津市农机检验员培训班举办，同期开展农机安全生产隐患排查信息统计和报送工作培训。

5月14日

天津市农业机械试验鉴定站承担的天津市农业科技成果转化与推广项目——温室病虫害安全防控技术引进，通过天津市农村工作委员会组织的结题验收。

5月22日

为加强对2015年农机深松整地作业补贴项目的管理，天津市农业机械管理办公室对宝坻、武清、宁河、静海等4个区县农机中心的主管领导进行预防警示约谈。

2015年天津市农田残膜回收利用试点项目启动会召开。天津市农村工作委员会副巡视员李金田，农业机械管理办公室主任韦恩学、副主任胡伟等领导出席启动会并讲话。

5月25日

农业部农业机械化技术开发推广总站副站长涂志强一行3人到天津调研农机购置补贴工作。

5月26—27日

天津市农业机械管理办公室在天津市农业机械化技术示范推广中心举办2015年农业机械化管理人员培训。天津市农业机械管理办公室主任韦恩学，副主任胡伟、刘志伟出席。

5月28日

天津市农村工作委员会修订完善并印发《天津市农业机械事故应急预案》。

6月2日

天津市农业机械管理办公室召开会议部署2015年秸秆禁烧与综合利用督察工作，成立6个督察组，各组组长由领导班子成员担任，分片督察10个农业区县。

6月9日

天津市农业机械管理办公室召开2015年天津市"三夏"农业机械化工作会，天津市农业机械管理办公室主任韦恩学，副主任胡伟、李广来参加会议。

6月11日

天津市农业机械管理办公室召开天津市2015年秸秆禁烧与综合利用工作会，天津市农村工作委员会副巡视员李金田参加会议。

6月12日

天津市农业机械管理办公室在静海县召开2015年小麦机收启动仪式暨秸秆综合利用技术现场会。

6月16日

天津市农业机械管理办公室组织各区县开展安全生产月"宣传咨询日"活动。活动期间，天津市共出动农机安全监理人员42人、设置农机安全生产宣传展板65块、发放宣传资料3 000多份，现场接受咨询1 400余人次。

由天津市农业机械研究所承担的市农村工作委员会农作物秸秆收集综合利用技术试验示范项目，通过天津市农村工作委员会组织的现场验收。

6月17—19日

由农业部农业机械化司科教处处长刘云泽率领的农业部农机推广鉴定工作监督检查组一行3人，对天津市农机推广鉴定工作进行督察。

6月19日

天津市农业机械管理办公室印发《天津市农机百日安全生产大检查活动实施方案》。

6月24日

天津市农村工作委员会党委书记、主任张国庆，党委副书记、纪检组组长张懿到天津市农机发展服务中心调研，天津市农业机械发展服务中心党委书记、主任韦恩学及班子成员参加。

6月30日

天津市农业机械管理办公室在武清区举办天津市首届农机职业技能竞赛活动。天津市农村工作委员会副巡视员李金田，市农业机械管理办公室党委副书记张顺义、副主任李广来，武清区副区长李丽君等约200人观摩竞赛。

7月2日

由天津市农业机械化研究所承担的设施农业精细化管理与远程监控技术、设备引进示范项目，通过天津市农村工作委员会组织的结题验收。

7月7—23日

天津市农业机械管理办公室成立督查组，对9个主要农业区县2015年上半年落实农机深松整地及激光平地作业补贴政策情况进行督导，并实地抽查核实42个实施地块的作业质量，抽查比例超过10%。

7月14日

天津市农业机械管理办公室召开天津市农业机械化技术推广人员知识竞赛。农业部农业机械化技术开发推广总站站长刘恒新、处长胡东园，天津市农业机械管理办公室副书记张顺义、副主任刘志伟和李广来、党委委员于家会等领导出席本次活动并为获奖选手颁奖。

7月17日

天津市农业机械管理办公室召开天津市农业机械化工作座谈会。会议总结了上半年天津市农业机械化工作，部署了下半年工作任务。

7月21日

由天津市农业机械管理办公室主办、滨海新区大港农机中心承办的天津市农机事故处理演练活动在中塘镇常流庄村场院内举行。天津市农村工作委员会农业机械管理办公室主任韦恩学、副主任李广来，滨海新区农村工作委员会主任蒋凤刚等领导亲临指导。

7月23日

天津市农业机械管理办公室召开上半年农机安全生产分析会，总结分析上半年天津市农机安全生产工作情况，安排部署下半年主要工作。各区县农机安全监理站站长参加会议。

7月27—30日

天津市农业机械管理办公室在山东潍坊举办农机合作社减损技术培训班。

8月13日

天津市农业机械管理办公室召开市农业机械化学校校长座谈会。天津市农业机械管理办公室副主任李广来到会。

8月17日

天津市农业机械化示范推广中心召开安全生产工作会议，传达贯彻习近平总书记重要批示精神和天津市安全生产工作会议精神，部署农机系统全面开展安全生产大检查。天津市农业机械化示范推广中心党委书记、主任韦恩学主持会议并讲话。

8月18日

由天津市农业机械与农业工程学会主办，天津市农业机械推广总站承办的块茎经济作物生产机械化技术研讨会召开。天津市农业机械管理办公室副主任胡伟出席会议并讲话。

8月19日

天津市农业机械管理办公室召开2015年上半年农机管理工作形势分析座谈会，同时开展农机管理工作廉政风险警示教育及行政约谈。

8月20日

天津市农村工作委员会副主任沈欣带领安全生产督查组到天津市农业机械管理办公室检查安全生产工作。天津市农业机械管理办公室主任韦恩学、分管安全的领导及综合处、安全监理处有关人员陪同。

8月24日

天津市农业机械管理办公室召开农业物联网装备购置补贴可行性专题研讨会。

8月27日

天津市农业机械研究所举办农田残膜回收利用补贴试点项目技术培训班。

8月28日

天津市农业机械推广总站、宁河县农业技术推广中心在宁河县苗庄镇召开高秆作物植保机械化技术培训暨现场演示会。

8月31日

天津市农业机械管理办公室召开购机补贴资金使用座谈会。天津市农业机械管理办公室副主任胡伟出席会议并讲话。

8月

天津市农业机械管理办公室召开天津市2015—2017年农业机械购置补贴产品信息归档（第二批）审查会。

天津市农业机械管理办公室在静海县陈官屯镇西钓台村召开秸秆综合利用现场会。天津市农业机械管理办公室副主任胡伟、部分区县农机服务中心分管领导参加现场会。

9月8日

天津市农业机械推广总站、静海县农机技术服务中心在静海县西翟庄镇、唐官屯镇召开高秆作物植保机械化技术培训暨现场演示会。

9月9日

天津市农业机械管理办公室召开农机安全生产分析部署会，总结分析近期开展督查情况，安排部署下一步主要工作，各区县农机技术服务中心分管监理工作副主任、农机安全监理站长（科长）参加会议。

9月9—10日

天津市农业机械管理办公室举办第二期农机行政执法办案研讨班。各区县农机技术服务中心分管监理执法工作的副主任，农机安全监理站长（科长）及具体负责行政执法检查、执法文书制作人员和天津市农业机械管理办公室业务处室相关人员参加研讨班。

9月11日

天津市农业机械管理办公室召开物联网装备使用技术座谈会，就物联网装备构成、技术应用现状以及发展趋势进行深入交流和研讨。天津市农业机械管理办公室副主任胡伟、中国农机安全报社副社长王建鹏参加座谈会。

天津市农业机械管理办公室召开2015年农机职业技能培训会。天津市农业机械管理办公室技术服务处、市农村工作委员会科教处、各区县农业机械化学校校长及植保无人机企业代表共31人参加。

9月15日

天津市农业机械管理办公室召开天津市农作物秸秆综合利用和天津市设施蔬菜生产机械化发展两个专题调研报告讨论会。天津市农业机械管理办公室副主任胡伟主持。

9月16日

天津市农业机械管理办公室召开天津市“三秋”农业机械化生产工作会议，对2015年“三秋”机械化生产及农机管理服务工作进行统一部署。

9月17日

天津市农业机械推广总站在滨海新区大港召开水产养殖机械化技术研讨及演示会。天津市农业机械管理办公室副主任胡伟参加会议。

9月23日

天津市农业机械管理办公室在静海县王口镇民主村举行2015年“三秋”玉米机械化收获启动仪式。

9月24日

由天津市农业机械研究所承担的高负荷地下渗滤污水处理复合技术引进示

范项目(编号:201203070)通过了天津市农村工作委员会组织的现场及结题验收。

9月25日

天津市农业机械管理办公室召开2016年农田残膜回收利用项目申报会8个区县农机中心业务主管领导和管理科长共20余人参加会议,天津市农业机械管理办公室副主任胡伟到会并讲话。

天津市农业机械试验鉴定站在宝坻区郝各庄镇十四户村召开禽类养殖LED智能化节能补光技术培训班。

9月29—30日

由天津市农业机械管理办公室主任韦恩学等领导组成的督导组对重点区县开展秋冬季秸秆综合利用督导工作。

10月8日

天津市农业机械管理办公室在市农业机械化示范推广中心召开2016年度市农机系统农业科技成果转化与推广项目申报评审会。天津市农业机械管理办公室副主任胡伟参加会议。

10月10日

受天津市农村工作委员会、市财政局委托,天津市农业机械管理办公室组织专家对区县申报的13个秸秆综合利用扶持建设项目进行评审。

10月15日

天津市农业机械管理办公室开展农机安全技术检测设备操作技能比武决赛。天津市农业机械管理办公室副书记张顺义、副主任李广来及各区县农机中心领导现场观摩决赛阶段比赛。

10月21日

天津市农村工作委员会主任张国庆在天津市农业机械化示范推广中心党委书记、主任韦恩学等陪同下到宝坻区官庄村、十四户村调研并慰问天津市农业机械化示范推广中心驻村帮扶组。

10月29日

天津市农业机械与农业工程学会第八次会员代表大会举行。大会选举产生由38名理事组成的第八届理事会,选举蒲小平为天津市农业机械与农业工程学会第八届理事会理事长。天津市农业机械管理办公室副主任胡伟、市科学技术协会学会部部长张智新和学会会员代表共45人参加会议。

11月5日

天津市农业机械管理办公室召开2015年农机深松整地作业秋季实施工作督导会,就进一步加快农机深松整地作业进度进行部署。9个承担农机深松整地作业任务的区县农机中心主要领导及分管领导参加会议。天津市农业机械管理办公室主任韦恩学、副主任胡伟出席会议。

天津市农机工业创新发展研讨会召开。

11月12日

天津市农业机械研究所承担的残膜回收试点项目工作进展情况汇报会在天津市农业机械化示范推广中心召开,天津市农村工作委员会、市财政局、市农业机械化示范推广中心相关领导参加会议。

河 北 省

2015年2月5日

河北省就农作物全程机械化安排专项资金项目实施工作进行专项培训。河北省2015年预算批复对农作物全程机械化安排1 700万元专项资金。培训会上,对项目实施方案的讨论稿进行修改与完善。河北省农业机械化管理局副局长郭恒、省农业科学院粮油所研究员籍俊杰、省农业机械化管理局原局长陈春风分别对农作物全程机械化项目进行专题讲授培训。

3月12日

河北省农业机械化工作会议在石家庄市召开。会议深入贯彻全国和全省农业工作会议、全国农业机械化工作会议精神,分析当前河北省农业机械化面临的形势,明确农业机械化发展思路、目标和任务,要求全面做好2015年农业机械化工作。各市农业(农牧)局主管农机工作的局长、农机科科长及省农机四站班子成员参加会议,各市农机监理所所长和农机推广站站长列席会议。河北省农业厅副厅长李永山作重要讲话。

6月5日

2015年河北省小麦机收开机仪式在成安县北阳村举行,标志着河北省2 300千公顷小麦机收工作拉开序幕。河北省农业机械化管理局局长张连才,邯郸市农业机械化办公室主任宋永平,邯郸市农业局副局长李春波,农机相关部门及成安镇领导出席开机仪式。

6月8日

河北省农业厅厅长魏百刚一行到邯郸市永年县东杨庄乡屯庄小麦节水品种示范方调研"三夏"生产情况。实地调研小麦联合收割机、种肥一体播种机现场作业情况,查看当地农田水利设施,详细了解小麦联合收割机补贴情况,并就小麦生产成本、"一喷三防"效果、小麦大面积成熟期时间、小麦生产收益等情况与基层农业干部、农机手和农户作了深入交流。魏百刚肯定了邯郸市在小麦收割、玉米播种机械化方面取得的效果,要求各级农业农机部门高度重视,合理调配农业机械,动员农民群众积极开展麦收工作。

6月19日

河北省"三夏"小麦机收圆满结束。河北省2 300.3千公顷小麦,自6月5日开始机收,用时14天,机收小麦2 257千公顷,机收率达到98.1%。"三夏"作业中,河北省机收市场秩序平稳,机具投入充足,收获进度快,机收质量好,秸秆还田率高(基本全覆盖)。2015年小麦机收期间,通过省市县三级联动,针对2015年的机收形式,按照农业部农业机械化管理司的工作部署,下发做好"三夏"农机作业管理和服务工作的通知,从各个方面明确提出做好工作的具体要求。

7月15日

衡水市农牧局农机技术推广站自主研发的小麦匀播机用匀播器获得国家知识产权局颁发的专利证书。这是2015年衡水市农机技术推广站获得的第三个国家专利。

8月6日

2015年全国农业机械化信息管理平台试点工作启动。在河北省各设区市和省管县全面推进,推动基层农机管理部门认识和使用"全国农业机械化生产信息管理服务平台",建立农业机械化信息管理平台基础数据库,将省级农机试验鉴定机构和县以上农机技术推广、安全监理、质量投诉监督和培训学校等相关机构信息录入到系统中,将河北省的合作社基本数据报送中国农业机械化信息网信息中心。

8月7日

"河北省农业机械化生产信息管理服务平台"培训班在石家庄市开班。河北省11个设区市、10个省直管县农机生产信息管理服务平台测试信息员和石家庄市的县级信息员共40人参加培训。河北省农业机械化管理局副局长郭恒出席培训班并提出要求。

9月1—30日

河北省开展农机补贴联合督导检

查。河北省农业机械化管理局及农机四站主营人员，并抽调各设区市主管副局长、农机科科长以及相关工作人员，成立10个督导检查组，对河北省农民自主购机权、补贴市场秩序、投诉处理机制、公开公示制度、补贴资金结算等进行督导检查。督导检查采取面上督导检查和深入实地调查相结合，并以实地调查为主的方式进行。

9月7日

河北省农业机械化管理局对下达各地的第二批中央农机购置补贴资金计划进行调整，最大限度发挥补贴资金效用，全面完成河北省农机购置补贴目标任务。

10月26日

河北省农业机械化管理局研究2016年河北省农机购置补贴资金额度测算分配情况和拟分配意见。中央财政预算资金安排规模为12.2亿元，综合考虑各设区市（直管县）各项权重指标和2015年度各地农机购置补贴资金使用情况，2016年度资金需求摸底和绩效管理考核情况，各县农机购置补贴资金需求情况以及承担现代农业园区任务等因素，测算出各市级资金规模，并在征求各市农机管理部门意见后，根据会议上提出的意见和建议，再行调整后报省财政厅调整确定额度，农机购置补贴资金一次分配到实施县。

11月10日

按照河北省农业厅党组工作部署，与农业部农业机械化管理司和省直有关部门对接，找准工作契合点和着力点，最大限度争取支持；跳出河北看河北，走出去对标问计，学习山东省立足大农业发展大农机的经验做法，进一步提升发展思路。强化厅内横向交流，加强工作合作，征求畜牧兽医局、粮油处等相关业务处室对河北省农业机械化管理局的意见和建议。

山西省

2014年12月15—19日

山西省农机局在吕梁市组织开展山西省植保无人机操作及农药知识技术培训，培训农机推广人员30余名。

12月19日

山西省农业机械化科学研究院米志峰同志被农业部评为2014年度"全国粮食生产突出贡献农业科技人员"。

2015年1月22日

免去山西省农业机械质量监督管理站站长李武代职务，任命原山西省农机发展中心后勤服务中心主任刘莹基为山西省农业机械质量监督管理站站长。

2月12日

山西省农机局在太原市召开山西省农机购置补贴专项整治工作动员会，会议对农机购置补贴专项整治工作的内容、方法、步骤等进行安排部署。

3月11日

山西省农机局在太原市召开山西省农业机械化工作暨党风廉政建设会议，总结交流2014年度山西省农业机械化工作、安排部署2015年山西省农业机械化工作。

3月15日

山西省农机局在山西省组织开展"3·15"农机质量维权宣传专题活动，共出动宣传车辆130余部，制作宣传版面160余块及宣传条幅550余条，发放宣传资料19万余份，接受群众咨询1.1万余人次。

3月24日

山西省委副书记楼阳生在晋中市祁县等地调研春耕备耕情况，视察祁县旺达农机专业合作社，详细了解合作社建设和运行情况。

3月28日

山西省农机局在山西现代农机推广展示服务中心举办"第十届北方现代农业装备推广展示交易会"，展示来自省内外80多家农机企业10大类400余种型号的农机产品。

4月2日

农业部农业机械试验鉴定总站副站长刘旭带队的农业部"百乡万户"调研组，在山西省进行为期一个月的驻乡进村入户调查。

4月14日

山西省农机校承办山西省第九届职业院校车工、钳工、农机修理工技能大赛。

4月21日

山西省委副书记楼阳生到山西省农机局调研，在听取山西省农机局局长左义河汇报山西省农机系统概况、"十二五"以来山西省农业机械化发展情况以及今后一个时期农业机械化工作打算后，对山西省农业机械化工作给予肯定。

4月22日

山西省机构编制办公室主任刘传旺到山西省农机局进行调研，在听取山西省农机局局长左义河关于农业机械化工作情况和局机关及直属单位机构编制、人员结构、领导职数配置情况的汇报后，对省农机局机构编制执行情况和山西省农业机械化工作情况给予肯定，并对今后进一步做好机构编制工作提出指导性意见。

5月4—11日

山西省农机局在浙江大学举办2015年度第一期干部自主选学培训班，66人参加培训。

5月14日

山西省人民政府办公厅召集农机、公安、交通、气象、中石化、中石油等部门召开2015年农机跨区作业协调会，安排部署2015年小麦跨区机收工作。

5月20日

山西省农业机械化春耕生产工作基本结束。据统计，山西省共投入各种农业机械46万台件，完成机械化耕整地1 741.3千公顷，机械播种1 598.7千公顷，其中玉米机播1 192.7千公顷，马铃薯、豆类等杂粮机播406千公顷。

5月28日

山西省农机局召开学习讨论落实活动总结暨县处级以上领导干部"三严三实"专题教育动员会。会议总结了局直系统学习讨论落实活动，安排部署局直系统县处级以上领导干部开展"三严三实"专题教育。

5月30日

中国农业机械工业协会名誉会长高元恩到运城市调研农机推广工作。

5月

山西省机构编制委员会办公室批复山西省农机局及所属10个事业单位分类改革意见。局机关为承担行政职能的事业单位；省农机质量监督管理站、省农业机械化技术推广站、省农产品加工技术管理站、省农业机械化科学研究院、省农机会计核算中心、省农机新闻信息中心为公益一类事业单位；省农机新技术服务中心、省农机再制造技术开发中心、省农业机械化学校为公益二类事业单位；省农机后勤服务中心为待分类事业单位。

6月1—30日

山西省农机局在全省农机系统开展以"加强安全法治 保障安全生产"为主题的"安全生产月"活动，共发放宣传资料16万份，发送农机安全短信31 721人次，送达"一信三书"2万余份。

6 月 26 日

山西省"三夏"农业机械化生产基本结束。据统计,山西省共投入 40 万余台农机具,其中小麦联合收割机 1.2 万余台,机收小麦 660 千公顷,机收水平达到 97.7%;完成机械复播玉米、豆类面积 418 千公顷,机播率达到 94%。

7 月 10 日

山西省农机局在晋中市太谷县召开中国(山西)第二届农用无人机等高效植保装备演示会,展示来自全国十余个省、市的 16 家农机科研单位及生产企业研制的 24 台(架)无人驾驶直升机和高效植保机,500 余人到会观摩。

7 月 17—21 日

山西省农机局组织开展"全国农机化技术推广人员知识竞赛"山西省选拔赛,评选出四名农机推广人员参加全国比赛。

7 月 29—30 日

山西省农机局在太原市召开山西省市农机局局长座谈会,总结农机购置补贴专项整治等农业机械化重点工作情况,分析山西省农业机械化面临的新形势、新任务,安排下半年重点工作。

8 月 14—15 日

山西省农机局在岚县组织召开山西省马铃薯生产全程机械化技术培训,80 余人参加培训。

8 月 18 日

山西省农业机械化学校李金玲老师获全省职业院校信息化教学大赛"中职信息化课堂教学"一等奖,并参加全国大赛。

9 月 8—9 日

山西省农机局在太原市组织召开保护性耕作工程建设项目管理培训班,重点培训项目县相关管理人员的农业基本建设项目管理知识和财务管理知识,90 余人参加培训。

9 月 10 日

山西省农业机械化科学研究院承担的农业部公益性行业(农业)科研专项经费项目"长城沿线坡耕地抗旱补水播种保苗综合技术配套装备研究",通过农业部组织的项目验收,共获得实用新型专利 10 项,发明专利 1 项。

9 月 14—15 日

山西省农机局在繁峙县召开山西省柠条机械平茬技术培训会暨现场演示会,展示省内外 7 家企业 9 类柠条平茬机械,并进行作业演示。

9 月 18 日

山西省朔州市朔城区大兴农机合作社、定襄县建新农机合作社、芮城县天宜合作社三家合作社获得由农机 360 网主办的第六届精耕杯"全国五十佳优秀创新示范农机合作社"称号。

9 月 22—23 日

山西省农机局在临汾市召开全省保护性耕作暨深松技术培训会,重点培训农机深松和保护性耕作项目管理、技术创新与配套机具等知识,200 余人参加培训。

9 月

山西省农机局组织开展"全国农业职业技能竞赛农机修理工竞赛"山西省选拔赛,评选出 4 名农机修理人员参加全国比赛。

山西省农机局向社会公布经山西省委省政府审定后的权力清单、责任清单、权力运行流程图、廉政风险防控图和问责依据。

10 月 12 日

山西省农机局在太原市举办山西省农机购置补贴绩效管理考核培训班。会议解读《2015 年山西省农机购置补贴绩效管理考核方案》,安排 2015 农机购置补贴绩效管理考核工作。

10 月 19—21 日

农业部农业机械试验鉴定总站副站长姚春生一行到临汾市、运城市督导农机深松整地工作。

10 月 21 日

山西省省委副书记楼阳生到山西省农机局检查验收学习讨论落实活动农机购置补贴专项整治工作,听取山西省农机购置补贴专项整治工作汇报后,充分肯定农机购置补贴专项整治工作成绩,并给予"特色鲜明、成效显著"的评价。

山西省机构编制委员会办公室批准省农机局增设"产业政策法规处",核定处级领导职数一正一副。

10 月 23 日

山西省农机局组织承办第四届中国(山西)特色农产品交易博览会农机展。山西省委书记王儒林,省委副书记、省长李小鹏等领导先后参观农机展区。展会展示了无人机、智能拖拉机、电动拖拉机、蔬菜大棚果蔬输送机等 80 余台件先进的农机装备。

山西省委组织部在省农机局机关和直属单位正处职干部中,推荐、考察两名副局长和一名总工程师人选,尚未公示和任命。

10 月 30 日

山西省农机局组织召开电动农机发展座谈会,山西农业大学工学院教授、博士生导师郭玉明等专家学者参加座谈。

截至 11 月 19 日

山西省共使用中央农机购置补贴资金 4.69 亿元,补贴 6 万户农民购买各类农机具 7.6 万台(件),带动农民投入 10.4 亿元。

11 月 20 日

山西省"三秋"农业机械化作业已接近尾声。据统计,山西省共投入各类农业机械 40 万余台件,完成玉米机收面积 933.3 千公顷,马铃薯机收面积 81.3 千公顷,新增保护性耕作实施面积 34 千公顷,实施农机深松整地作业面积 333.3 千公顷,柠条机械化平茬作业面积 81 千公顷。

2015 年

山西省农业机械化科学研究院承担的"柠条饲料智能收获、制粒装备开发"项目已完成柠条饲料加工工艺技术和装备研究,建成柠条颗粒饲料生产线 3 条,形成新产品 3 个,获得柠条破碎机、柠条颗粒机智能控制装置实用新型专利 2 项,发表相关论文 2 篇。

内蒙古自治区

2015 年 1 月 27 日

内蒙古自治区农业机械化工作会议在呼和浩特市召开。会议的主要任务是,贯彻全国农业机械化工作会议和内蒙古自治区农牧业工作会议精神,总结交流 2014 年工作,分析当前农业机械化发展形势及内蒙古农业机械化发展薄弱环节,部署 2015 年重点工作。内蒙古自治区农牧业厅副厅长王国林,农牧业厅农机局局长王建江、副局长郭跃、副局长白巨财出席会议并作重要讲话。

2 月 13 日

内蒙古自治区农牧业厅印发《关于内蒙古自治区 2015 年农机深松整地工作实施方案的通知》,对内蒙古自治区农机深松工作进行部署,将 1 266.7 千公顷深松整地任务分解到各盟市,选择呼伦贝尔市莫力达瓦旗,继续开展秋季农机深松整地作业补助试点工作,安排中央财政农机购置补贴资金 100 万元。

3月9日

内蒙古自治区农牧业厅、财政厅联合签发《关于印发内蒙古2015—2017年农机购置补贴专项实施方案的通知》,对内蒙古自治区农机购置补贴政策进行重大改革创新。内蒙古自治区实行“开放购机、持据申请、购补脱钩、简化办理”操作模式,并对制度设计进行优化,补贴方式进行创新,补贴范围和品目进行缩减。

4月3日

内蒙古自治区农牧业厅印发《内蒙古自治区2015年农牧业生产全程机械化推进行动方案》,方案将内蒙古自治区农牧业生产全程机械化试点分为自治区、盟市、旗县三级试点,实行分级主抓,并选取22个主要农作物和畜牧业生产全程机械化试点作为自治区主抓试点。

5月7—9日

内蒙古自治区农牧业厅副厅长王国林,农牧业厅农机局局长王建江、副局长郭跃、副调研员赵克勤,内蒙古农牧业机械试验鉴定站副站长周风林赴黑龙江考察农机深松整地补助先进做法。

5月19日

内蒙古自治区农牧业厅副厅长王国林、农牧业厅农机局局长王建江赴重庆考察学习畜牧业机械化发展的先进经验。

5月27日

内蒙古自治区农牧业厅副厅长王国林、农牧业厅农机局局长王建江到农业部农业机械化管理司进行工作对接和工作汇报。

7月22日

内蒙古自治区畜牧业机械现场演示会暨畜牧业机械化发展座谈会在赤峰市召开。内蒙古自治区农牧业厅副厅长王国林;内蒙古自治区农牧业厅农机局全体成员,各盟市农业机械化主管部门领导、农机科科长、农机推广站站长参加会议。会议指出当前畜牧业机械化对内蒙古自治区畜牧业发展的影响,并深入分析内蒙古自治区畜牧业发展所面临的机遇和挑战,提出今后一个时期内蒙古自治区畜牧业机械化的发展对策,并从搞好新阶段发展规划设计、整合资源发挥综合效应、开展产品研发创新、拓展新技术应用、深化典型试验示范推广等五个方面布置新时期畜牧业机械化发展的重点工作。

8月3—5日

内蒙古自治区农牧业厅副厅长王国林,农牧业厅农机局局长王建江、副局长郭跃,内蒙古农牧业机械试验鉴定站站长苏日娜,内蒙古农牧业机械技术推广站站长程国彦赴山东省学习考察深松作业补助试点、报废更新试点及农机维修工作开展情况。

8月25—29日

农业部农业机械化管理司司长李伟国、综合处处长姚春生、调研员宋建武赴内蒙古自治区巴彦淖尔市、包头市、呼和浩特市等地,就农机购置补贴落实、农机专业合作社建设、农机推广鉴定等多项农业机械化重点工作进行了检查调研。

10月12日

内蒙古自治区农牧业厅印发《关于印发2016年内蒙古自治区农机深松整地作业补助试点工作方案的通知》,方案将2016年内蒙古自治区133.3千公顷农机深松整地作业补助试点分别安排在呼伦贝尔市、兴安盟、通辽市、赤峰市、巴彦淖尔市以及呼伦贝尔农垦集团,规定补贴对象、补贴标准,以及深松作业模式和作业质量要求。

10月16日

农业部农业机械试验鉴定总站副站长姚春生赴内蒙古自治区赤峰市,对当地农机深松整地作业实施情况进行督导检查。

辽宁省

2014年12月18日

辽宁省农村经济委员会副主任陈健陪同农业部农业机械化管理司司长李伟国深入鞍山市千山区专项督导检查农机购置补贴政策实施工作。检查组一行深入千山区甘泉镇、东鞍山镇镇政府公共行政服务中心农机补贴审批窗口,现场考察鞍山市千山区农机购置补贴审批试点工作。召开专题座谈会,认真听取鞍山市和千山区乡镇农机购置补贴审批试点工作汇报,广泛征求地方各级政府负责同志、农业机械化系统职工、农机大户对农机购置补贴政策、补贴审批试点、农机合作社发展等有关工作的意见和建议。

2015年2月2—6日

辽宁省农村经济委员会分区域在朝阳市、沈阳市和阜新市召开辽宁省农机购置补贴座谈会,对《辽宁省2015—2017年农机购置补贴实施方案》(征求意见稿)进行讨论。座谈会由农机产业发展处处长杨奕主持。

3月11日

辽宁省农村经济委员会主任刘长江等到铁岭市调研农机合作社建设、春耕生产、土地流转等工作。

3月16—20日

第六届“辽宁(铁岭)现代农机装备展示交易会”在铁岭东北物流城举办。参展企业130多家,参展机具种类80余种,参展人数3万余人。

3月20日

辽宁省农机购置补贴操作软件系统培训班在沈阳沈飞宾馆举办。辽宁省市县农机管理部门负责人及农机购置补贴具体工作人员150多人参加培训。

4月2日

阜新市人民政府与福田雷沃重工股份有限公司签署《阜新市人民政府、福田雷沃重工现代农业建设合作框架协议》,阜新市市长杨忠林、副市长李志成、副秘书长张帆、福田雷沃重工副总经理王玉荣等相关领导参加签约仪式。协议旨在依托福田雷沃重工先进的农机装备产品、雄厚的技术力量,通过引进示范推广先进、大型农业机械,推进沈阜200万亩现代农业示范带建设,优化农机装备结构,提高农业机械化水平。

4月9日

辽宁省农机购置补贴政策培训班在辽宁工会大厦举办。会议由辽宁省农村经济委员会副主任陈健主持,省农村经济委员会主任刘长江作重要讲话,省农村经济委员会农机产发处副处长周鹏飞就辽宁省2015—2017年农机购置补贴政策进行解读。

4月16日

辽宁省农村经济委员会副主任陈健出席全国水稻生产全程机械化现场会,并在会上作题为《转变发展方式,突出技术集成,推动水稻生产机械化实现新跨越》的经验交流。

4月28日

沈阳农业大学工程学院与盘锦市盘山县长财农机合作社结缘联姻,建立“沈阳农业大学工程学院实践教学基地”和“沈阳农业大学工程学院大学生创业孵化基地”,并签订为期五年的合作协议。盘锦市农机局局长伏承宽、大洼县农机局局长王军和沈阳农业大学工程学院院长张本华等一起为基地挂牌。

5月12日

辽宁省水稻机械插秧生产现场会在铁岭市召开，辽宁省农村经济委员会副主任陈健到会并讲话。与会人员参观了铁岭县新台子镇万鑫水稻种植专业合作社水稻机插秧现场。

5月16日

辽宁省农村经济委员会制定并印发《辽宁省农业机械化发展“十三五”规划编制工作方案》。

6月5日

辽宁省农业机械化研究所申报的《水稻工厂化育苗高速精量播种技术配套机具研究与应用》和《旱作农田生产能力提升关键技术研究与示范》项目，获得辽宁农业科技贡献二等奖。

7月10日

辽宁(阜新)秋季现代农机装备展示交易会在阜蒙县鑫隆茂农机大市场成功举办。辽宁省农业机械流通协会会长丛福滋、副会长王宝昌、阜新市副市长李志成，政协副主席刘文启、副秘书长张帆等相关领导出席。

8月14日

辽宁省农村经济委员会制定并印发《 辽宁省农机新产品中央财政资金购置补贴试点工作方案》。

9月14—18日

辽宁省农村经济委员会分别在丹东市和葫芦岛市举办2015年农机购置补贴政策延伸绩效考核工作培训班。培训班由辽宁省农村经济委员会农机产发处副处长周鹏飞主持，处长杨奕就搞好农机购置补贴绩效考核工作提出明确要求。

10月12日

辽宁省农村经济委员会副主任陈健陪同农业部种植业司副司长陈友权等到铁岭市调研农机深松作业补贴等工作。

10月19日

辽宁省农村经济委员会在盘锦市举办辽宁省农业机械化统计业务培训班。辽宁省农村经济委员会农机产发处处长杨奕、省农机质量监管站站长樊金鑫出席开班仪式。邀请农业部农业机械试验鉴定总站陈谦专家就2014年农业机械化统计中存在问题和农业机械化统计系统软件应用知识进行讲解。杨奕对2014年辽宁省农业机械化统计工作进行总结，安排部署2015年农业机械化统计工作。

10月26—28日

辽宁省农村经济委员会副主任陈健带队参加在山东青岛市举办的“2015中国国际农业机械展览会”。期间，辽宁省农村经济委员会副主任陈健一行先后深入山东五征集团、常林机械有限公司和福田雷沃重工有限公司考察学习，征求企业意见，探讨和推进当地企业与辽宁的合资、合作，并达成部分合作意向。辽宁省农村经济委员会农机产发处处长杨奕、农机监管处处长都业弘、省农机推广站站长杨宏、省农机质量监管站站长樊金鑫以及沈阳市、盘锦市、铁岭市、锦州市、阜新市等农机部门负责人和有关人员共100多人参加展览会。

10月29日

辽宁省副省长赵化明在省农村经济委员会主任关志鸥、副主任陈健以及本溪市市委书记高宏彬、代市长崔枫林的陪同下，到本溪满族自治县调研现代农业发展情况。赵化明一行考察了辽宁泰源汽车零部件制造有限公司，对该企业的农机生产线和产品进行实地了解。在听取企业负责人对产品的研发、制造、销售等情况的汇报后，他希望企业立足于为农、利农的出发点，为农民提供高效、价廉、质优的农业机械。

11月2日

农业部农业机械化技术开发推广总站副站长李安宁在省农村经济委员会农机监管处处长都业弘、省农机推广站站长杨宏、铁岭市农机局局长王耀杰、纪检组长汪玉坤、昌图县人民政府副县长刘显军、昌图县农机局局长丁文波的陪同下到昌图县督查指导深松整地工作。

11月13日

辽宁省农村经济委员会在阜新市阜蒙县伊吗图镇组织召开辽宁省深松和秸秆还田培训班暨作业现场会。辽宁省农村经济委员会副主任陈健出席会议并作重要讲话。辽宁省各市、县的农业、农机部门负责同志以及阜新市各乡、镇主要领导和农机站站长、农机专业合作社负责人、农机大户、农民等参加培训。

吉林省

2015年3月20日

吉林省农业委员会举办吉林省农业机械化暨农机购置补贴政策培训班，总结交流2014年工作，安排部署2015年重点工作及开展相关政策实施操作培训。吉林省农业委员会副主任于文波作重要讲话。

3月26日

吉林省人民政府召开农机购置补贴新闻发布会，吉林省农业委员会副主任于文波作重要讲话，对2015年的农机购置补贴政策和创新点进行公布和解读。

3月27日

2015中国吉林农业机械产品展示交易会在长春国际会展中心举办。吉林省副省长隋忠诚、长春市副市长陈巳、吉林省农业委员会主任李国强参观了产品展示区。

4月17日

中国农业银行与吉林省人民政府在公主岭市共同举办“吉林省农机金融租赁试点暨农机具抵押贷款购机启动仪式”。吉林省副省长隋忠诚，中国农业银行副行长李振江，农业银行金融租赁有限公司总裁陈佩华，农业部、财政部和国家银行业监督管理委员会相关司领导，吉林省农业委员会主任李国强、巡视员于文波，省农行行长沙龙天、副行长王金山，公主岭市市委与市人民政府领导、农机合作社代表、农机户代表等参加启动仪式。

7月10日

吉林省农业机械化管理中心与农业部保护性耕作研究中心(中国农业大学)联合举办“2015中国·吉林保护性耕作技术发展论坛”，旨在进一步研究探索东北黑土地保护实用工程技术方案，加快推进以秸秆还田、免耕播种为核心的机械化保护性耕作技术普及应用，逐步解决秸秆焚烧、水土流失和地力培肥等农业生产中存在的突出问题。农业部农业机械化管理司、科教司相关领导，农业与农业机械化工程相关领域两院院士、专家学者，农业部农业机械化技术开发推广总站、农业部农业机械试验鉴定总站以及黑龙江省农业机械化管理局、辽宁省农村经济委员会、内蒙古自治区农机局、吉林省人民政府、吉林省农业委员会、吉林省科技厅、长春市人民政府等相关领导参加了论坛。

黑龙江省

2015年2月7日

黑龙江省全省农机局局长培训班在哈尔滨市举办，在培训班上进行典型经验交流；黑龙江省农业委员会副主任李连瑞作《新常态下如何做好农业机械化工作》讲座；中国科学院东北地理研究所研究员韩晓增作保护性耕作讲座；黑龙江省农业机械化管理局局长郑联邦作农机购置补贴政策和合作社建设解读。各市（地）、县（市、区）农机局局长、省农业委员会农机单位主要领导、局机关全体人员共120人参加培训。

4月2日

黑龙江省农业委员会印发《全省2015年农机化备春耕生产工作指导意见》（黑农机指函〔2015〕14号），要求各地结合本地实际，分类指导春季农业机械化生产工作。

4月3日

黑龙江省农业委员会印发《黑龙江省2015年农业机械化教育培训工作方案》，2015年共培训各类农机人员41万人，其中培训农业机械化管理人员2.3万人，培训农业机械化技术人员5.7万人，培训农机操作人员33万人。

4月7日

黑龙江省农业委员会、黑龙江省财政厅联合印发《黑龙江省2015年深松整地补助实施方案》，明确工作目标、补助对象和补助标准，黑龙江省将完成深松整地2 906.7千公顷，预计补助面积666.7千公顷以上。

4月16日

黑龙江省副省长吕维峰在《关于2014年全省现代农机合作社发展情况的报告》上批示：农机合作社这个农村经营主体的创新，这两年农委抓得越来越好，与过去相比大有起色，而且走在全国的前列。望进一步总结经验，瞄准问题狠抓规范、调整、提高、完善，不断创新。用几年的时间，在全省普遍推开。

4月28日

在“五一”国际劳动节暨表彰全国劳动模范和先进工作者大会上，黑龙江省克山县仁发现代农业农机专业合作社理事长李凤玉被评为“全国先进工作者”，孙吴县桦林现代农机专业合作社理事长吴德显被评为“全国五一劳动模范”。

6月3日

黑龙江省农业委员会印发《2015年省农委玉米高产密植栽培技术和秸秆还田技术试验示范实施方案》。通过一年的试验形成《玉米秸秆还田耕种技术指导意见》和《水稻秸秆还田技术指导意见》。

6月17日

黑龙江省农业委员会、省财政厅联合印发《黑龙江省2015年农业机械购置补贴工作实施方案》。2015年度农机购置补贴工作正式启动，继续实行“自主购机、定额补贴、先购后补、县级结算、直补到卡”的补贴方式。

黑龙江省农业委员会、省财政厅、省人民政府扶贫开发领导小组办公室联合印发《2015年黑龙江省现代农机合作社建设方案》，按照方案黑龙江省新建107个现代农机合作社。

7月7日

黑龙江省农业委员会、省财政厅联合印发《2015年黑龙江省现代农机合作社规范社2015年粮食烘干设施建设方案》。按照方案要求，2015年继续加强现代农机合作社规范社粮食烘干项目建设，黑龙江省补贴烘干塔资金2 000万元。

8月23—30日

黑龙江省农业委员会副主任李连瑞率团一行4人赴美国、加拿大考察保护性耕作及秸秆还田项目。

9月9日

黑龙江省省委印发《黑龙江省2015年农机“质量月”活动方案》。在黑龙江省农业机械化信息网发布3C认证制度、生产许可证制度等介绍和《农业机械产品修理、更换、退货责任规定》等12条法律法规信息。之后举办大型宣传活动32次，参加群众7 897人次；组织新闻发布会3次，发布专题新闻、信息59条；播放广播、电视专题节目及新闻报道27次；制作张贴宣传画818张；制作发放宣传资料31 000份。

9月17—21日

“2015黑龙江国际绿色有机食品产业博览会暨哈尔滨世界农业博览会”（以下简称绿博会）在哈尔滨市国际会展中心举办。共组织约翰迪尔、凯斯纽荷兰、爱科、一拖、福田雷沃等30余家国内外知名农机装备制造企业参展。农机展区展示面积达19 000米²，参展的农机具达2 000余台套。黑龙江省省长陆昊和副省长吕维峰视察农机展区。

9月28日

黑龙江省农业委员会印发《关于做好秋季农机化生产工作的通知》，指导全省各地开展秋季农业机械化生产工作，确保农业机械化各项工作任务的全面完成。

9月28—30日

农业部在黑龙江省召开《农民合作社发展创新座谈会》，农业部副部长陈晓华到会并作重要讲话，黑龙江省及克山仁发合作社作典型发言。

10月19日

黑龙江省农业委员会主任王忠林代表黑龙江省人民政府向黑龙江省第十二届人民代表大会常务委员会第二十二次会议作《黑龙江省人民政府关于全省现代农机合作社发展情况报告》。

10月26日

黑龙江省农业委员会印发《关于全省第四批现代农机合作社规范社命名的通知》，命名现代农机合作社规范社56个。

10月28日

黑龙江省农业委员会印发《关于深入开展现代农机合作社规范社示范社评选活动的通知》，进一步完善农机合作社规范社示范社评选标准。

10月29日

孙吴县桦林现代农机专业合作社理事长吴德显被评为“‘全国十佳农民’2015年度资助项目人”。

上海市

2014年11月24日

上海市农机技术推广站更名为上海市农业机械鉴定推广站。

12月23日

上海市农机购置补贴工作座谈会召开。会议肯定了2014年上海市全面开展“自主购机”试点工作取得的成效，反馈了前阶段农机购置补贴监督检查过程中发现的一些问题。围绕政策统一“更开放、更规范、更有序、更简便”的核心思想，对2015年农机购置补贴工作提出四项要求：一是进一步提高对做好购机补贴工作重要性的认识；二是着力加强购机补贴政策的学习，严格按照规范流程操作；三是继续强化对基层购机补贴工作的业务指导；四是进一步加强补贴实施过程中的各项服务工作。

2015年1月6日

上海市召开2014年度农业机械化工作总结会议。会议肯定了2014年农业机械化工作成绩，突出体现为“一上一下”，即主要农作物综合机械化生产水平快速上升，达到81.5%，道路外农机事故起数明显下降，连续两年农机事故死亡人数为零。会议明确2015年要着重抓好六个方面工作：一是提高农业机械化服务能力，二是推进秸秆综合利用，三是完善农机购置补贴政策，四是加快粮食生产机械化进程，五是强化农机农艺融合，六是加强人才队伍建设。

中国工程院院士罗锡文到上海市作信息化提升农业机械化发展的专题报告，分析我国农业机械化发展面临的形势与存在的问题，指出要用信息化技术提升农机的设计水平、制造水平、作业水平和管理水平。报告会由上海市农业机械化管理办公室主任施忠主持，市委农村工作办公室、市农业委员会副主任殷欧出席报告会，市农业委员会相关处室、市农业科学院、市农业委员会有关直属事业单位、区县农业委员会及农机管理部门、市农村专业技术协会、市农业机械学会等单位100余人听取报告。

3月13日

上海市举办农民维权暨放心农资、农机下乡现场会。以“维护农民消费者合法权益，加快推进农业现代化”为主题，组织市、区农业、农机技术部门，工商、质监部门，安信农业保险公司及有关农机企业服务人员展示演示新型农业机械，发放宣传资料，受理农民维权咨询投诉，加强农机质量监管工作，增强农民维权意识。

3月18日

上海市召开2015年农机购置补贴工作会议。会议传达全国农机购置补贴会议精神，总结2014年农机购置补贴工作，部署2015年的任务，签订《上海市农机购置补贴实施工作责任书》，并对《上海市2015—2017年农业机械购置补贴实施方案》进行了全面解读。

3月23日

朱敏同志任上海市农业机械鉴定推广站站长。

4日16日

上海市举办2015年农机购置补贴辅助管理系统操作流程培训班。对农机购置补贴辅助管理系统的基本设置和操作方式进行实务培训，对部分地方自选等不纳入辅助管理系统的机具，进行系统内和系统外的对接实务培训。

4月20日

上海市举办“秸秆机械化全量还田暨水田机械化平整新技术”现场演示会。讲解麦秸秆机械化全量还田及水田机械化平整作业中的关键技术要点，演示水田动力耙平整作业。

4月29日

上海市召开2015年农业机械化教育培训工作座谈会。总结上海市2014年农业机械化教育培训工作，部署上海市2015年农业机械化教育培训工作。要求各级相关部门高度重视并加强农机人才培训工作，创新培训机制，拓展培训内涵。加强农机培训质量的监管，把好人员“入口关”，注重培训过程的巡查检查。规范培训经费的使用管理，严守“八项规定”，提高资金的使用效率。

5月20日

上海市召开“三夏”工作现场会。会议分析2015年“三夏”农业生产面临的形势任务，演示水稻穴播机、犁旋复式秸秆还田机、高效自走式植保车、水田平整埋茬机、筑埂机等先进适用农业机械，部署“三夏”工作。

上海市举办2015年新型职业农民技能大赛暨第三届农机职业技能竞赛。围绕拖拉机检修排故和秸秆深翻两个项目，11个代表队22名选手参加比赛。通过比赛，检验近几年来上海市农业机械化科技教育培训的成果，营造上海市农机行业“用农机，爱农机”的良好氛围，为打造农机新型职业农民队伍，推进上海整建制国家级现代农业示范区建设奠定基础。

5月28日

上海市委农村工作办公室、市农业委员会主任孙雷赴光明食品集团长江农机服务中心实地了解农机综合指挥调度平台研发建设情况。孙雷高度赞扬平台的先进性和实用性，对上海市“互联网+农机”研究、应用给予肯定，希望能尽快在上海实现大面积推广应用，并加快农机智能化在播种、施肥等领域应用的探索研究。

6月8日

上海农机系统克服不利气候，全面完成二麦抢收任务。“三夏”期间上海市遭遇多雨天气，农机系统全员调动，加强机械调配，抓晴天，抢阴天，基本完成53.3千公顷二麦抢收任务。

6月16日

上海市进行带施肥型水稻穴直播机田间作业试验，提高肥料利用率，促进施肥均匀，供水稻均匀吸收。

7月6日

上海市通报2015年水稻机械化种植情况。通过政策引导、示范推广、技术指导以及宣传教育等有力措施，上海市水稻机械化种植面积达53千公顷，较2014年增加12%。

9月24日

上海市举办秋播规划和水稻机械化种植工作座谈会。会议分析2015年水稻机械化种植情况和当前秋播工作面临的形势，部署秋播规划安排和推进水稻生产全程机械化等工作。

10月16日

上海市召开2015年蔬菜生产工作现场会，演示蔬菜生产机械。上海市蔬菜生产机械化水平有所提升，在耕整地环节基本实现机械设施全覆盖，管棚设施内的灌溉设施配置率也较高，基本能够保证蔬菜生产灌溉需求。

10月29日

上海市举办“三秋”工作现场会。现场会上，实地演示小麦机械化条播、秸秆机械化还田、农机智能化管理平台等农机先进技术，成为本次现场会的亮点，得到上海市副市长时光辉一行参会人员的高度肯定。

江苏省

2015年1月20日

江苏省农业机械管理局召开干部职工大会，宣布江苏省省委关于江苏省农业机械管理局主要负责人调整的决定。沈建辉同志任江苏省农业机械管理局局长、党组书记兼江苏省农业委员会副主任、党组成员，徐顺年同志任江苏省农业委员会巡视员。江苏省省委常务委员、副省长徐鸣到会并讲话。江苏省农业机械管理局机关全体干部职工和直属单位科级以上人员参加会议。

1月23日

江苏省农业机械化工作会议在南京市召开。总结2014年江苏省农业机械化工作，分析江苏省农业机械化面临的新形势，部署2015年江苏省农业机械化工作，表彰江苏省农机系统先进集体和先进个人。江苏省农业机械管理局领导班子成员，各省辖市和各县(市、区)农机主管部门主要负责人，局机关正副处长，直属单位主要负责人，以及部分新闻媒体记者近200人参加会议。

2月4—5日

江苏省农机安全生产工作会议在南京市召开。贯彻落实中央和省委省政府关于做好安全生产工作的决策部署和江苏省农业机械化工作会议精神，研究部署2015年江苏省农机安全生产工作，签订2015年农机安全生产责任状。各市农机主管部门分管领导和分管处室负责人，市农机安全监理所所长，江苏省农业机械管理局有关处室负责人，省农业机械安全监理所人员共80余人参加会议。

3月13日

江苏省2015年“送农机送科技送服务”下乡暨农机“3·15”现场活动在高邮市送桥镇、海安县海安镇、灌南县三口镇同时举行。本次活动主题是“春耕备耕，送农机、送科技、送服务下乡，进社入园到场”。有关市、县领导，江苏省农业机械管理局有关处（室）和直属单位负责人，以及企业代表、新闻媒体、当地农机合作社社长、农机手、农民1 000余人参加启动仪式并观摩新机具展示和作业演示现场。

3月23—27日

江苏省市县农机局局长知识更新培训班在南京市举办。近两年新到任的市、县（市、区）农机管理部门局级领导干部以及省农业机械管理局机关及直属单位部分青年干部70余人参加培训。

3月31日

江苏省省长李学勇视察调研省政务服务中心，看望并慰问省级机关各厅局进驻中心的窗口工作人员，并详细询问了解农机行政审批服务工作。

4月2日

江苏省农机购置补贴工作会议在南京市召开。部署2015年度农机购置补贴工作，各市、县（区）农机主管部门负责同志、江苏省农业机械管理局机关以及各直属单位负责人近200人参加会议。

4月3日

江苏省农机科技入户工作会议在南京市召开。总结交流2014年江苏省农机科技入户工作经验，部署安排2015年农机科技入户工作。各省辖市农机主管部门科技处处长，33个农机科技入户工程项目县项目负责人、首席专家，省局相关处室领导及省级农机科技入户专家组成员共90余人参加会议。

4月9—11日

第八届中国（江苏）国际农业机械展览会在南京国际博览中心举办。本次展览会为期三天，围绕“聚焦产业前沿引领创新发展”主题，吸引20多个国家和地区的近300家国内外知名企业和相关机构参展，展出面积超过6万米^2。展会期间还举办了江苏农垦采购需求信息发布会、集团大户面对面专场，并开展高效能植保机械现场演示等配套活动。

4月14日

江苏省秸秆机械化还田推进工作会议在南京市召开。部署2015年秸秆机械化还田工作。各市、县（市、区）农机主管部门分管领导和项目负责人，省秸秆机械化还田及综合利用机械化技术专家组，局机关有关处室和直属单位负责人近200人参加会议。

6月1日

江苏省夏季秸秆机械化还田现场会在扬州市邗江区公道镇召开。各省辖市、县（市、区）农机主管部门分管领导，省有关部门及省农机局有关处室和直属单位负责人，省秸秆机械化还田专家组成员，扬州市政府有关部门及所辖县（市、区）政府分管领导150多人参加会议。现场会围绕江苏省秸秆机械化还田水耕水整、旱耕水整、田间秸秆粉碎、犁耕水整等四种主推技术路线及主要配套机具进行作业演示，吸引了周边农机合作社、农机手和农民群众500余人观看。

6月10—11日

江苏省人民代表大会常务委员会委员、省农业委员会主任张京霞赴宝应县和丹阳市、丹徒区开展农作物秸秆综合利用情况调研。

6月12日

江苏省玉米机播现场培训会在泗洪县召开，来自江苏省农机管理、推广部门领导，以及灌南、沭阳、宿城区、东台、启东、邳州、睢宁、泗洪、大丰等县（市、区）农机分管领导、推广站站长、项目执行专家，泗洪县重点玉米种植乡镇农机合作社负责人、农机大户等近200余人参加现场培训会。现场演示玉米免耕精量播种（玉米贴茬机播）、秸秆全量还田条件下的玉米精量播种、高效植保等机械化技术。

7月23日

31名分别来自玻利维亚、巴巴多斯、牙买加、斐济、苏里南、特多、密克罗尼西亚、萨摩亚、汤加和瓦努阿图等国家农业部门的官员和技术人员（“中国与太平洋岛国农业技术培训班”学员），在我国农业部对外经济合作中心领导的带领下到江苏省农业机械技术推广站进行参观学习。

7月28日

江苏省农业机械化工作座谈会在南京市召开，总结交流2015年上半年农业机械化工作，研究部署下半年目标任务，探讨“十三五”农业机械化工作发展思路。江苏省农业机械管理局领导班子成员，各省辖市农机部门主要负责人及相关处室负责人，昆山、泰兴、沭阳农机主管部门主要负责人，省农业机械管理局机关处室、直属单位负责人参加会议。

8月7日

农业部副部长张桃林率农业部调研组到常州市金坛区金锁农机专业合作社考察调研。张桃林鼓励合作社负责人要坚持适度规模经营，不断拓展服务渠道，提高机具作业效率和效益；要注重农机与农艺融合，提高农业技术的集成应用水平；要规范内部管理，提高发展质量，为当地农业和农村经济发展作出贡献。

8月21日

江苏省农机深松整地试点工作会议在连云港市赣榆区召开。交流深松整地试点工作措施，部署试点工作任务。苏北5个省辖市及9个试点县（市、区）农机主管部门分管领导和业务处（科）室负责人，省局有关处室和直属单位负责人参加会议。

8月26日

江苏省级农业机械化科技创新中心交流研讨会在句容县召开。8个省级农业机械化科技创新中心负责人、有关专家，江苏省农业机械管理局相关处室和直属事业单位负责人共40余人参加本次会议。研讨会期间宣布，“江苏省现代农业装备工程中心”正式成立并授牌。

9月22日

江苏省高效设施农业机械化现场推进会在江阴市召开。各市农机主管部门负责人、科技处处长、推广站站长及各县（市、区）农机主管部门负责人，江苏省农业机械管理局相关处室和直属事业单位负责人，有关专家等180多人参加会议。现场会期间，召开了江苏省高效设施农业机械化推进会。

9月23日

江苏省农机事故应急处理演练活动在启东市北新镇举行。江苏省应急管理办公室、省安全生产监督管理局、南通市、启东市等有关方面领导，江苏省农业机械管理局有关处室、省农业机械安全监理所领导及相关科室负责人，各市及省管县、拟开展农机应急演练活动的县（市、区）农业机械化主管部门分管领导、分管处室负责人、监理所所长，启东市各镇乡分管领导及农机管理部门负责人，启东市部分农机专业合作社负责人，有关新闻单位记者等共200多人观摩本次演练活动。

9月28—30日

以农业部农业机械化管理司副巡视员孔亮为组长的督导组一行来江苏省检查指导农机深松整地工作，并就农机驾驶人考试和拖拉机年检工作进行调研。

10月14—16日

2015年全国农业职业技能竞赛江苏省选拔赛在常州市成功举办。各市通过推荐选拔，经资格审核，20名符合条件的从事一线农业生产的农业机械修理人员（农机合作社成员、新型职业农民等）参加选拔赛。

10月19—21日

全国农机合作社规范化建设研讨会在无锡市召开，来自全国25个省、计划单列市农机主管部门负责人参加会议。

10月23日

江苏省"三秋"机械化生产暨秸秆机械化还田现场会在如皋市城南街道肖陆村召开。各市、县（市、区）农机主管部门分管领导，江苏省秸秆机械化技术专家组成员，省有关部门及省农业机械管理局有关处室和直属单位负责人约180人参加会议。结合秋收秋种生产实际，16家企业进行收获、秸秆还田、捡拾打捆、开沟、施肥播种、智能精播、深松整地等作业环节的演示。

11月

国内首台青毛豆联合收获机在南通市问世。该青毛豆联合收获机创新设计新型带式采摘器和换把机构，可实现青毛豆二次上下两端采摘，每小时可采摘0.07公顷以上，是人工采摘的70倍左右。这台青毛豆收获机的研制成功，解决了青毛豆长期以来因采摘周期短，人工收获效率低而导致的种植成本成倍上升，制约青毛豆加工产业发展的问题，标志着青毛豆全程机械化技术取得重大突破。

浙 江 省

2014年12月8日

浙江省农业机械管理局组织专家对《浙江省农业机械产品需求与科研导向目录》进行评审论证。来自浙江省农业厅、省科技厅、省经济和信息化委员会、浙江大学、省农机研究院等单位的专家出席评审会。

12月8—12日

浙江省农业机械管理局、省农业教育培训中心在嘉善县联合举办浙江省农机维修工培训班，60余名来自农机专业合作社的维修技术人员参加培训。

12月17日

浙江省人民代表大会农业与农村委员会、省农业厅在浙江省人民大会堂联合召开《农业机械化促进法》实施十周年座谈会。浙江省人大常委会副主任程渭山、省政府副省长黄旭明、省政府办公厅副秘书长陈龙、省农业厅厅长史济锡、省人民代表大会农业与农村委员会副主任委员赵利民等领导出席会议。浙江省发展与改革委员会、省财政厅、浙江大学等25个省级部门、科研单位、大专院校、金融机构负责人，厅相关单位（处室），各市农业（农机）局负责人，以及农机产销企业和农业生产经营主体代表参加会议。

12月29—31日

浙江省质量技术监督局组织专家对省农机鉴定推广站进行计量认证现场复评审。评审专家组一致认为，浙江省农业机械试验鉴定推广总站具备联合收割机、插秧机、茶叶机械等45个项目/参数的检测能力，同意通过计量认证复评审。

2015年1月8日

浙江省安全生产监督管理局副局长徐洪军率考核组到浙江省农业厅召开会议考核2014年度农机安全生产目标管理责任制落实情况。浙江省农业厅副厅长叶新才出席会议。

2月6日

浙江省质量技术监督局和省农业厅共同组织专家对新修订的省级地方标准《扁形茶炒制机安全技术要求》进行审评。审评委员会一致同意该项省级地方标准通过审评。

3月26—27日

农业部农业机械化管理司副司长胡乐鸣到浙江省调研农机购置补贴工作，听取浙江省情况汇报，并与基层农机部门、生产企业和经销商代表进行座谈讨论。浙江省农业厅总农艺师蔡元杰参加座谈。

3月30日至4月2日

浙江省农业机械管理局与洋马农机（中国）有限公司联合举办水稻插秧机技术培训班。40名农机合作社、维修网点技术骨干参加培训。

4月2日

2015"越乡杯"浙江省龙井茶机械炒制大赛在嵊州市举办。浙江省共有21家全自动龙井茶炒制机械生产企业参加比赛。浙江省农业厅副厅长王建跃出席活动并讲话。

4月16日

浙江省水稻机械化栽植技术培训班暨现场演示会在湖州南浔举办。各市及部分县农机部门负责人，中国水稻研究所专家，种粮大户（合作社、家庭农场）和企业代表等参 加会议，并参观水稻机械化栽植现场。

4月21—23日

浙江省农业机械管理局联合莱恩农机装备有限公司在金华市举办第二期全省水稻插秧机技术培训班，50余名来自农机专业合作社、维修网点的技术人员参加培训。浙江省农业厅总农艺师蔡元杰出席开班仪式并讲话。

5月11日

浙江省农业厅、省科技厅、省经济和信息化委员会联合制定并发布《浙江省农业机械产品需求与科研导向目录（第一批）》，在全国率先建立起农机产品科研导向目录。此次共提出56个研发产品，其中"填补空白"类29个，"拓展功能（提升性能）"类27个，基本覆盖浙江省粮油及十大主导产业。

5月21日

浙江省农业厅、省财政厅印发《关于2015—2017年农业机械购置补贴的实施意见》。

5月22日

浙江省农业厅召开全省农机购置补贴工作视频会议，各市、县（市、区）农业局分管领导，农机系统相关人员，乡镇政府（街道办事处）农机分管领导和农机干部，以及厅相关单位负责人等共2 000余人参加会议。浙江省农业厅党组成员、总农艺师蔡元杰出席会议并讲话。

5月28—29日

全国茶叶生产与加工机械化技术研讨会在绍兴召开。10个主要茶叶产区省（市）50余名农机推广技术人员参加研讨活动。农业部农业机械化技术推广总站站长刘恒新参加研讨活动。

5月31日至6月1日

由浙江省农业机械管理局主办，浙江省农业机械学会、省农业工程学会、省农业机械工业行业协会承办的省农机科技协同创新对接会在永康市召开。浙江省农业厅总农艺师蔡元杰出席会议、省科学技术协会副主席梁细弟出席会议并讲话。

6 月 19 日

浙江省农业机械事故应急处置演练在桐乡市举行，各市及有关县(市、区)农机管理部门负责人参加。浙江省农业厅总农艺师蔡元杰观摩演练并讲话。

6 月 28—29 日

由浙江省农业机械管理局、台州市农业局、路桥区人民政府指导，中国农机360 网主办的中国农机企业制造升级研讨会暨第三届农机生产链配套洽谈会在路桥区举行。中国一拖集团有限公司、星光农机股份有限公司、山东五征集团有限公司、福田雷沃国际重工股份有限公司等来自全国各地的 130 余家骨干整机生产企业和 150 余家设备及零部件生产企业代表 300 余人参加研讨会和洽谈活动。

6 月 28—30 日

浙江省农业机械管理局、省农业教育培训中心在临海市联合举办全省农用无人机技术培训班，来自农机专业合作社、农机管理部门的 110 余名技术人员参加教育培训。

7 月 7—8 日

全国设施机械装备安全操作师资培训班在杭州市举办，来自全国 28 个省(区、市)农机管理部门，职业技能培训和鉴定示范基地，职业技能鉴定站的 92 名管理人员、教师参加培训。农业部农业机械化管理司副巡视员孔亮、农业部农业机械试验鉴定总站副站长朱良出席培训班。

8 月 20 日

浙江省农业厅任命王建伟为浙江省农业机械管理局局长兼任浙江省农机监理所所长；免去杨大海浙江省农业机械管理局局长兼任浙江省农机监理所所长职务。

8 月 31 日

浙江省农业厅任命王建松为浙江省农业机械管理局副局长兼任浙江省农机监理所副所长，免去其浙江省农业机械试验鉴定推广总站站长职务；免去舒伟军浙江省农业机械管理局副局长职务。

9 月 7 日

农民日报以《“机器换人”在浙江》为题，头版头条报道浙江省农业领域“机器换人”情况，对浙江推进农业领域“机器换人”的做法、成效进行介绍。浙江省委书记夏宝龙批示：很好，助推农业现代化。浙江省农业厅厅长史济锡批示：继续加强探索，力争更好助推，促进农业现代化。

9 月 11 日

浙江省农机购置补贴工作座谈会在杭州市召开，重点交流政策实施有关情况，讨论新产品补贴、市场化改革和农机政策性保险方案。各市及部分县(市、区)农机管理 部门负责同志 30 余人参加会议。

9 月 28—29 日

浙江省智能农业装备技术培训班暨现场演示会在宁波余姚举办。浙江省农机技术推广骨干 120 余人参加培训。

10 月 19—21 日

浙江省农业机械管理局和省农业技术推广中心在衢州市开化县联合召开全省油菜生产农机农艺融合技术培训班暨现场观摩会。浙江省农机和农技推广人员、油菜团队专家等 170 多人参加培训。

10 月 23 日

浙江省副省长黄旭明在龙游县人民政府办公室报送的《龙游县试点农业生产全程社会化服务促粮食生产增效》政务信息上批示：龙游县的试点，无论是对于解决农业生产目前面临的实际情况，还是从推进农业生产现代化的发展趋势看，都是很有意义的。请省农业厅注意帮助指导和总结推广。

10 月 29 日

浙江省举办粮食烘干技术培训班，首次采用远程视频教学的方式对浙江省1 600 余名农机技术推广人员、农机合作社负责人、农机大户进行培训，内容涵盖粮食烘干机发展情况、具体操作与保养技术等方面知识。

11 月 2 日

浙江省副省长黄旭明在平湖市人民政府办公室报送的《平湖市“以农为本”打造水稻生产全程机械化水平“浙北模板”》政务信息上批示“平湖推进水稻全程机械化，做得很好，值得推介。请农业厅火法、建跃等有关负责同志阅。”

安 徽 省

2014 年 12 月 10 日

安徽省山区农业机械化工作座谈会在潜山市召开。安徽省 5 个山区市、部分山区县(区、市)的农机局、农机技术推广站负责同志参加会议。

12 月 18 日

安徽省 2014 年度农业机械化好作品评审活动在合肥市举办。在数十名来自省内外的资深媒体工作者和专家中，经过初审和终审，评选出 2014 年度安徽农业机械化优秀原创作品。这是安徽省连续第二年举办农业机械化好作品评审活动。

12 月 19 日

安徽省农机安全生产检查工作汇报会在合肥市召开。此前，安徽省组织六个安全检查组，对 30 个市、县(区)的农机安全生产工作进行为期 4 天的农机安全生产大检查。

12 月 20 日

安徽省农机生产企业负责人培训会在合肥市召开。培训会由安徽省农业机械试验鉴定站主办，来自安徽省 89 家企业的 126 名总经理、质量和技术负责人参加培训。

12 月 24 日

安徽省农业机械管理局、财政厅、档案局联合出台《安徽省农业机械购置补贴档案管理办法(试行)》。这是安徽省实施农机购置补贴政策十一年来，三家相关单位首次联手专门制定全省统一的补贴档案管理办法，在全国也属首创。

12 月 29 日

安徽省农业机械化管理统计业务培训班在合肥市举办，各市县农机管理部门统计人员共 120 多人参加。

12 月 30 日

安徽省农业机械化示范县创建项目验收会在合肥市召开。10 个示范县(区)分别汇报项目实施情况，评审专家对各地项目实施情况进行绩效打分和绩效评价。农业机械化示范县创建项目由省农业机械管理局和省财政厅共同实施，项目总投资 375 万元。

2015 年 1 月 28 日

安徽省农业机械管理局在合肥市召开 2014 年度推广鉴定工作“回头看”专项质量检查总结座谈会。

1 月 30 日

安徽省农业机械化工作会议在合肥市召开。会议回顾总结 2014 年安徽省农业机械化工作取得的成绩，截至 2014 年末，安徽省农机总动力达 6 365 万千瓦，同比增长 3.6 个百分点；主要农作物耕种收综合机械化率达 69.6%，同比增长 2.4 个百分点，高出全国平均水平 8 个百分点。会上表彰安徽省劳动竞赛农业机械化推进工程综合考评先进单位、先进个人和全省农业机械化好作品评选获奖单位、个人。安徽省农业机械管理局与各市局签订农机安全生产责任书。

2月6日

安徽省"十三五"农业机械化发展规划编制工作专家论证会在合肥市召开。规划编制工作办公室汇报"十三五"规划编写第一阶段工作,并就安徽省"十三五"农业机械化发展规划中列出的重大工程、重大项目、专项规划提请专家组评审论证。

2月26日

安徽省农业机械管理局在合肥市组织召开《水稻生产全程机械化技术指南》专家论证会。来自各相关单位、院校的专家对水稻生产机械化技术要点、注意事项提出修改意见和建议。为提高水稻综合生产能力,安徽省财政厅、省农业委员会、省农业机械化管理局计划从2015年开始,统筹项目资金,以推广机械化育插秧和秸秆还田为重点,加快推进水稻生产全程机械化。

3月12日

安徽省农机购置补贴工作会议在合肥市召开。此次会议的召开,标志着安徽省2015年农机购置补贴工作全面启动。

4月1日

安徽省农机深松整地作业现场会在宿州市埇桥区召开。安徽省深松整地作业主要市县农机局负责人、部分农机合作社理事长及当地机手、农户共200余人参加现场观摩。这标志着安徽省2015年农机深松整地作业补助试点工作启动。

4月7—11日

安徽省农业机械管理局和省人民政府法制办公室联合在合肥市举办2015年度安徽省农机行政执法人员资格认证培训及考试。

4月9日

安徽省秸秆还田及夏种机械演示会在涡阳县召开。及早谋划皖北地区"三夏"秸秆还田和玉米、大豆播种机械选型,推进秸秆机械化还田作业,提高玉米、大豆机播作业质量。

4月初—22日

安徽省农业机械管理局根据地域特点,在宿州市、滁州市、黄山市分3期举办安徽省农机购置补贴政策培训班。培训结束后,各地全面接受购机者申请,开展农机购置补贴受理工作。

4月14日

安徽省农业机械管理局在合肥市召开农机系统预防职务犯罪案例分析报告会。安徽省各市、县(市、区)农机局局长,省农业机械管理局机关全体人员、局属各单位领导班子成员参加报告会。

4月29—30日

安徽省人民政府在黄山市组织召开山区农业机械化发展座谈会。会议分集体调研与座谈两部分进行。安徽省副省长梁卫国出席会议并作重要讲话。安徽省农业委员会主任孙正东主持会议。这是安徽省人民政府继2013年、2014年召开以农业机械化发展为主题的调研座谈会之后,连续第三年召开促进农业机械化发展的相关会议。安徽省有关厅局负责人,有关市政府负责人和市农机局局长,农机生产企业及农机专业合作社代表,相关媒体等参加调研及座谈。

5月6—7日

农业部农业机械化管理司副巡视员孔亮一行5人在安徽考核2014年度农机购置补贴政策落实延伸绩效管理情况。

5月8日

安徽省农业机械化管理局在太湖县召开全省平安农机创建工作推进现场会。总结交流"平安农机"创建活动的成功做法和经验,研究部署今后一个时期"平安农机"创建和"三夏"农机安全生产工作。各市及部分县区农机局局长、安全监理站长(所长)110余人参加会议。

5月11日

安徽省"十三五"农业机械化发展规划编制大纲专家论证会在合肥市召开。

5月13日

安徽省农业机械管理局在合肥市召开2015年农业机械化产业发展项目管理工作会议。

5月20日

安徽省人民政府召开安徽省"三夏"工作电视电话会议,研究部署夏收、夏种和夏季粮油收购工作,安徽省副省长梁卫国出席会议并讲话。梁卫国要求,精心组织跨区机收和适期夏种,强化田管措施,提高服务水平。

5月26日

安徽省农业机械管理局在含山县召开油稻连作生产全程机械化现场会。安徽省油菜、水稻主产区9个市、34个县(市、区)农机局局长、推广站站长参加会议。

5月31日—6月1日

农业部农业机械化管理司副巡视员孔亮、生产管理处处长李斯华等一行对安徽省"三夏"小麦机收工作进行督查。

6月5日

安徽省省委书记王学军深入六安市寿县检查指导夏收工作。王学军强调,一定要"抢"字当头,歇人不歇机,争取在最短时间内抢收完毕。在秸秆机械打捆现场,王学军与打捆公司负责人面对面交流,强调抓好秸秆综合利用是解决秸秆焚烧问题的根本出路。

6月11日

历经半个月奋战,安徽省小麦收获全部结束,实现丰产丰收,颗粒归仓。安徽省2 841.3千公顷小麦抢收任务圆满完成,其中机收2 800千公顷,共投入收割机14万台,机收率98.5%。6月5日至8日作业高峰期,日均收获小麦382千公顷,其中6月7日最高峰日收获442.3千公顷。为保障夏收,安徽省财政安排3 000万元小麦抢收专项资金,支持小麦抢收机械应急调度和小麦良种烘干补助。安徽省免费发放4.5万张农机《跨区作业证》和1.8万册《跨区作业信息手册》,开通跨区作业和农机加油绿色通道。

6月下旬

安徽省委副书记、代省长李锦斌到中联重科重机公司调研。李锦斌强调,中联重科重机公司从无到有,通过四年的发展,起步快、开局好,是一种成功的模式,要抓住我国现代农业发展和国家"一带一路"战略机遇,开拓创新,为安徽省农业装备产业发展和现代农业发展提供支持。

7月10日

农业部下发《关于表扬2014年专项工作延伸绩效管理试点工作优秀单位的通报》,安徽省农业机械管理局等10个单位被评为"强农惠农政策落实(农机购置补贴)延伸绩效管理优秀单位"。

7月16日

安徽省农业机械管理局在蚌埠市召开农机农艺融合座谈会。邀请部分市、县农机局、农机推广站、农机研究所和省农机推广总站的专家参加。

7月16—17日

安徽省农机安全监理总站在天长市召开全省农机安全监理工作座谈会。各市、省管县农机监理所长(站长),部分县(市、区)农机监理所长(站长)参加会议。

7月23—24日

全国农业机械化技术推广人员知识

竞赛活动在山东省潍坊市召开。来自全国 32 个代表队的 161 名队员参加了比赛。安徽省代表队获得二等奖的好成绩。

8 月 18 日

安徽省农机深松整地作业补助试点工作调度会在阜阳市召开。各试点市、县农机局分管领导和具体负责同志参加会议。

9 月 12—14 日

2015 中国安徽(合肥)农业产业化交易会农业机械展在合肥滨湖国际会展中心 10 号馆举办。展厅内重点展示安徽省农业机械化发展成就和国内现代农业装备。展会同期举办绿色增产模式农业机械化新技术培训及全省农机专业合作社理事长培训。

9 月 22 日

安徽省农机推广总站在宿州市埇桥区举办安徽省激光平整地暨农机信息化技术现场演示培训会,沿淮淮北地区农机推广技术骨干近 70 人参加培训。

10 月 16 日

安徽省农业机械管理局在合肥市举办 2015 年农机购置补贴政策落实延伸绩效管理业务培训班。

10 月 20 日

安徽省农业机械管理局在合肥市举办政策范围内无物证农村老拖拉机手工龄补助发放工作培训班。

10 月 23 日

安徽省农业机械管理局在合肥市举办部级农业技术试验示范(农机)项目培训班。

安徽省农业机械管理局召开 2015 年农机购置补贴资金实施结算工作调度暨农业机械化产业发展项目绩效考评布置会。会议通报截至 10 月中旬安徽省农机购置补贴资金实施结算进度,部署下一步补贴资金实施结算暨农业机械化产业发展项目绩效考评工作。

11 月 2 日

中央财政预拨安徽省 2016 年农机购置补贴资金 13.7 亿元,比 2015 年第一批补贴资金增加 1.3 亿元。其中专项安排深松整地作业补贴 1.5 亿元。2015 年中央财政共分配安徽省两批农机购置补贴资金,其中第一批 12.4 亿元,第二批 2 亿元。截至 11 月 2 日,安徽省已使用中央财政补贴资金 12.53 亿元,补贴各类农机具 10.34 万台(套),受益农户 7.98 万户,拉动农民和农业生产经营组织投入 29.5 亿元。除深松整地作业补贴资金外,资金使用进度达 到 97.2%。

11 月 2 日

安徽省完成深松整地作业面积 520.7 千公顷,全面完成农业部下达安徽省的深松整地作业任务。在实施准备阶段,安徽省农业机械管理局、省财政厅联合印发《安徽省 2015 农机深松整地作业补助试点工作实施指导意见》,从中央农机购置补贴资金中专项安排 1.505 亿元,按照不超过 35 元/亩的标准进行作业补助。同时,积极探索“互联网+”的深松整地作业信息化监管模式,在各地深松整地作业机具上安装信息化监测设备 3 487 台,以加强资金监管,监督作业质量。

11 月 4—5 日

安徽省设施农业装备与技术培训班在淮北市举办。来自安徽省各市和部分县(市、区)农机局分管负责人及部分农机企业相关人员共 100 余人参加培训。

11 月 10—11 日

“中联重科杯”全国农业职业技能竞赛安徽赛区选拔赛在芜湖市举办。比赛成绩前 3 名选手将代表安徽省参加 11 月底举办的 2015 年中国技能大赛——“中联重科杯”全国农业职业技能竞赛农机修理工竞赛。

福 建 省

2014 年 12 月 29 日

召开福建省农机安全生产工作会议,传达全国农机安全监理站站长、省政府第四季度防范重特大生产安全事故等会议精神;公布福建省 2014 年全国“平安农机”示范县及农机安全监理示范岗位标兵;总结 2014 年农机安全生产工作并部署 2015 年工作。福建省农业厅分管副厅长参加会议并讲话。

2015 年 1 月 4—15 日

福建省组织四个检查组赴 10 个地区开展农机安全生产目标责任考评与大检查。采取面上督导和深入实地检查相结合的方式,考评检查设区市后,随机抽查辖区 2 个县级农业(农机)部门,每个县抽查 1 个乡镇、1 个农机维修企业(或合作社)。

3 月 18 日

福建省印发《福建省农业厅　福建省财政厅关于印发 2015—2017 年福建省农业机械购置补贴实施意见的通知》,标志着 2015 年福建省农机购置补贴工作正式拉开帷幕。与往年相比,2015 年农机购置补贴政策进一步完善顶层设计,提高政策的延续性,逐步推进市场化改革,明确职责,简政放权。主要调整有:实现“两个全覆盖”、推进“两个脱钩”、实现“两个公开”、做到“两个加强”、强调“三个突出”。

5 月 14 日

福建省举办 2015 年全省农机管理系统负责人培训班,福建省各级农机管理部门负责人等相关人员共 110 多人参加本次培训。培训班上解读农机购置补贴政策,总结交流 2014 年福建省农业机械化工作,理清当前农业机械化发展形势和思路,部署 2015 年农业机械化重点工作。福建省农业厅分管副厅长参加培训并讲话。

5 月 28—30 日

农业部农业机械试验鉴定总站站长刘敏、农业部农业机械化管理司科技教育处处长刘云泽等一行 4 人,到福建省考察调研农业机械化人才培训工作。调研组听取福建省农业机械化工作情况汇报,分别与三明市农业学校、沙县夏茂农机合作社、尤溪县农机中心座谈交流。

6 月 4 日

福建省印发《福建省农业厅办公室关于印发福建省农机合作社示范社安全生产标准化建设实施方案的通知》,决定在省级以上农机合作社示范社开展安全生产标准化建设。

6 月

组织 4 个督导组赴 8 个设区市 16 个县开展 2015 年上半年农机购置补贴政策实施情况督导检查,督促各地制定补贴方案并尽快启动购机补贴申请工作。

7 月 2 日

福建省印制 2 万份《致全省广大农业机械购置者的一封信》,张贴发放到各乡镇及行政村、农机专业合作社、农机大户、补贴产品经销商。

7 月 17 日

福建省印发《福建省农业厅办公室关于印发 2015 年福建省农机购置补贴延伸绩效管理实施方案的通知》,设立市、县两级农机购置补贴政策延伸绩效管理考核指标,这是福建省首次将购机补贴绩效考核工作延伸到市、县。

8 月 5 日

福建省印发《福建省农业厅　福建省财政厅关于对部分特色农业机械实行

补贴的通知》，对部分适合福建省丘陵山区及优势特色经济作物，并在中央补贴机具种类范围外的农业机械实行农机购置补贴。补贴范围为割灌机、油锯、挖坑机、山地果茶园轨道搬运机、山地田园作业(管理)机、乌龙茶做青机、食用菌生产机械(翻堆机、装袋机、混合机)、种子清选机、电烤笋烘干机、种子烘干机、农用航空器等11个品目产品。于10月16日开通“福建省省级资金农机购置补贴辅助管理系统2015”，受理补贴申请。

9月29—30日

福建省举办2015年农机安全监理人员培训班，全省农机监理系统申报的农机考试员、检验员、其他管理人员共120人参加培训，福建省农业厅分管副厅长黄华康到场作开班动员讲话。

10月

福建省质量技术监督局派有关专家到福建省农机鉴定推广总站开展资质扩项计量认证工作和资质到期复评审准备工作。开展培土机、起垄机、铺膜机、施肥机、烟秆机、病死畜禽无害化处理机等6种农机产品的资质扩项计量认证工作和旋耕机、微耕机、茶叶揉捻机等13种农机产品资质到期复评审准备工作，并于11月4日取得《检验检测资质认定证书》，具备开展相应工作的能力和条件。

江西省

2014年12月31日

按照农业部、国家安全生产监督管理总局印发的《关于调整“平安农机”创建工作的通知》要求，江西省农业机械化管理局印发《关于公布2014年全国“平安农机”示范县(区、市)、农机安全监理示范岗位标兵名单的通知》。经过县级自愿申报、省级择优推荐等程序，农业部、国家安全监管总局确定江西大余县、吉安县、万安县3个县为2014年全国“平安农机”示范县(区、市)，江西黄建平、胡刚飞、陈福平、文飞、张健、邹小平6名同志为2014年农机安全监理示范岗位标兵。

2015年1月19日

第二届“雷沃杯”2014年“全国20佳农机合作社理事长”评选结果在北京市揭晓，该活动由中国农业机械化协会、中国农机安全报社等有关单位联合举办。由江西省农业机械化管理局推荐的进贤县三里乡血防区农机合作社理事长胡广辉获此殊荣。

1月29日

江西省农业机械化业务工作培训班和设区市农业(农机)局负责人座谈会在上饶市举办。

1月30日

江西省农业机械化工作会议在上饶市召开。本次会议传达学习全国农业机械化工作会议和全省农村农业工作会议精神，总结交流2014年农业机械化工作成效，部署安排2015年及今后一段时期农业机械化工作。江西省农业厅厅长胡汉平出席会议并讲话，省农业厅党委委员、纪委书记钟力民主持会议并作总结讲话，上饶市委常委、农村工作部部长倪美堂出席会议并致辞，省农业机械化管理局局长官少飞作农业机械化工作报告，省农业机械化管理局副局长、省农机安全监督管理总队队长陶其辉宣读有关表彰通报。江西省农业机械化管理局副局长万江华、省农机安全监督管理总队副队长王乐青、副调研员王立参加会议。

2月5日

江西省农业机械化管理局印发《2015年江西省农机维修(以奖代补)项目申报指南》的通知。2015年将在江西省开展农机维修服务中心和农机维修流动服务站建设。

2月9日

江西省农业机械化管理局印发《2015年全省农机化工作绩效考评方案》，将在江西省开展农业机械化工作绩效考评。本次绩效考评紧紧围绕2015年江西省农业机械化发展“227”目标(即全省水稻机插水平力争突破20%，机械烘干水平达到20%，水稻耕种收综合机械化水平达到70%)开展。“227”目标量化指标，重点突出，引导性和操作性强，有利于引导江西省上下联动，齐心协力推进农业机械化发展。

2月10日

2014年江西省农业机械化技术委员会年会在南昌市召开。江西省农业机械化管理局局长、委员会主任委员官少飞主持会议，江西省农业机械化管理局副局长、委员会常务副主任委员陶其辉和副局长、委员会副主任委员万江华及全体委员参加会议。

2月12日

江西省农业厅印发《江西省2015—2017年农机购置补贴产品分档及补贴额一览表》。

3月16日

江西省农业厅、江西财政厅印发《江西省2015—2017年农业机械购置补贴实施方案》。

3月20日

江西省农业厅、江西省财政厅、江西省商务厅印发《江西省2015年农机报废更新补贴试点工作实施方案》。

3月24日

江西省财政厅、江西省农业厅印发《关于拨付2015年第一批中央财政农机购置补贴资金的通知》。

3月31日

江西省农机安全监督管理业务暨农机报废更新补贴工作培训班在南昌市举办。江西省农业机械化管理局副局长陶其辉出席培训班并讲话，省农机安全监督管理总队副总队长王乐青主持。培训班上讲解农机安全监理法律法规、农机事故统计和农机报废更新补贴政策等有关业务。

4月16日

江西省农业厅副厅长刘光华、省农业机械化管理局局长官少飞、省粮油局调研员郑敏、省农业技术推广总站站长文喜贤及上高县农业局相关负责人等一行参加全国水稻生产全程机械化暨绿色增产模式攻关现场会。

5月15日

江西省农业机械化管理局与省工业和信息化委员会装备工业处共同召开中航天信植保无人机应用座谈会。江西省农业机械化管理局局长官少飞，副局长陶其辉、万江华，省工业和信息化委员会装备工业处副处长郭芳等出席座谈会，中航天信(北京)航空科技有限公司主要负责人一行和江西省农业机械化管理局相关科室负责同志参加座谈会。

5月22日

江西省农业厅印发关于调整《江西省2015—2017年农机购置补贴产品分档及补贴额一览表》的通知，调整后的分档及补贴额自5月25日起执行。

5月25日

江西省农业厅办公室、江西省商务厅办公室印发《关于简化参与农机报废更新补贴工作回收企业认定程序的通知》，进一步简化程序，提高效率，更好地落实国家支农惠农政策，推进江西省农机报废更新补贴工作。

5月28日

由浙江省永康市科技局推荐的意大利农机考察团一行6人抵赣参观考察。该考察团由意大利卡萨巴达纳银行总行副行长G. Grossetti格罗塞蒂带队，该行驻华首席代表黄艳挺担任翻译。考察团成员包括意大利农机制造联合会农机出口合作社、农机制造企业和戴达罗工业设计中心等。江西省农业机械化管理局副局长陶其辉陪同参观考察农机大市场，并转送江西省人民政府在2015年7月意大利米兰世博会江西馆举办活动的邀请函。考察团一行观看了江西省农机大市场（江西国际汽车广场）规划沙盘，召开专题座谈会，并参观大市场各大农机品牌经销商户。

6月9日

江西省农业厅印发《江西省农机事故求援处置应急预案》，建立健全江西省农业机械事故应急处置机制，确保发生较大以上农业机械安全事故能够迅速启动应急响应程序和应急处理工作，及时、有效地实施救援，最大限度地减少人员伤亡、财产损失，保障公众安全，维护社会稳定。

6月12日

2015"江西赣龙"首届江西农机手大赛第一次筹备会暨签约仪式在南昌市召开。大赛组委会主任陶其辉出席会议并讲话，大赛组委会副主任李新金出席会议，大赛组委会副主任王乐青主持会议。

7月7日

江西省农机购置补贴工作调度会在南昌市召开。江西省农业厅党委委员、副厅长刘光华出席会议并讲话；江西省农业机械化管理局局长官少飞主持会议并作总结讲话；副局长陶其辉介绍2015首届江西农机手大赛活动筹备情况并提出工作要求；副局长万江华通报2015年上半年全省农机购置补贴政策实施情况，并解读农业部农机购置补贴政策绩效考核工作要求。江西省农机安全监督管理总队副总队长王乐青参加会议。

8月7日

由国家花生产业技术体系赣州综合试验站和江西省农业科学院农业工程研究所联合举办的花生生产全程机械化现场演示观摩会在樟树市义城镇召开。江西省农业机械化管理局副局长陶其辉出席会议并讲话，省粮油局副局长蒋新华、省农业技术推广总站站长文喜贤、樟树市副市长朱凤英、国家花生产业技术体系首席科学家禹山林以及江西省农业科学院、山东花生研究所、赣南科学院、广东省农业科学院、青岛农业大学、农业部南京农业机械化研究所、赣州市旱作所、花生体系临沂试验站、花生体系驻马店试验站等专家出席会议并观摩论证。

8月17日

由江西省农业机械化技术推广站和《南方农机》杂志社联合举办的2015首届南方农机化发展论坛在井冈山市举办。论坛主题为"加快南方农业机械化发展，缩小南北发展差距"，并探讨南方水田保护性耕作技术推广应用。中国工程院院士汪懋华、农业部农业机械化技术开发推广总站副站长李安宁、农业部保护性耕作中心主任李洪文教授、中国农业机械流通协会副会长兼秘书长吴军旗、江西农业大学工学院院长刘木华教授、南方有关省农业机械化主管部门及农业机械化技术推广部门负责人、业界专家学者、有关农机企业代表等50余人，齐聚一堂，共同研讨新常态下南方农业机械化发展面临的机遇与挑战，探讨推进水田保护性耕作技术推广运用，推进南方农业机械化协调健康发展。

9月9日

江西省机构编制委员会办公室印发《关于省农业机械研究所省农业机械产品质量监督检测中心成建制规划省农业厅管理的通知》。

10月18—19日

2015年中国技能大赛——"中联重科杯"全国农业职业技能竞赛农机修理工竞赛江西赛区选拔赛在南昌市举行。本次竞赛由江西省农业机械化管理局、省农业厅科教处联合举办，由省农机行业职业技能鉴定站和省农民科技培训中心具体承办。江西省农业机械化管理局副局长陶其辉，农业厅科教处副处长赵梅等出席并现场观摩比赛。

11月20日

截至目前，江西省共使用补贴资金6.77亿元，接近2015年7亿的任务目标，比2014年任务5.9亿增长1.1亿元。资金实施进度和结算进度在全国均名列第五。

山东省

2014年12月17日

山东省农机维修服务能力建设培训班在日照市举办。山东省农业机械管理局纪检组组长王瑞华参加开班式并讲话。

12月26日

山东省农机手实用技术培训工作座谈会在济南市召开。会议对2014年农业机械化教育培训工作特别是农机作业能手培训和农机手实用技术培训进行分析总结，并对2015年的工作进行研究部署。山东省农业机械管理局局长高明飞出席会议并讲话。

12月31日

山东省发展与改革委员会、省财政厅、省国土资源厅、省住房和城乡建设厅、省粮食局、省农业机械管理局联合印发《关于加快推进粮食干燥机械设备研发与推广工作的意见》。

2015年1月21日

山东省农业机械化工作会议在济南市召开。会议深入贯彻党的十八大和十八届三中、四中全会及中央农村工作会议、全国农业工作会议、全国农业机械化工作会议和省农村工作会议精神，总结交流2014年山东省农业机械化工作情况，研究部署2015年工作任务。各市农机局长、全省农业机械化先进县代表和省农业机械管理局机关及直属单位副处级以上干部参加会议。山东省人力资源和社会保障厅副厅长杨喜坤出席会议，省农业机械管理局局长高明飞作主题讲话。

1月30日

山东省农业机械化装备研发创新推进行动实施座谈会在济南市召开。山东省农业机械管理局局长高明飞到会并讲话。

2月4日

山东省农业机械管理局在济南市举办山东省农机合作社调研工作培训班，部署并启动山东省农机合作社调研工作，解读调研工作方案，讲解调研内容、重点和注意事项，并对调研报告的撰写提出明确要求。山东省农业机械管理局局长高明飞出席培训班并讲话。

2月27日

山东省农业机械管理局、省财政厅联合下发通知，从2015年开始在全省启动实施农机装备研发创新计划。2015年省财政厅共安排专项经费6 600万元（跨年度安排600万元），其中上半年4 600万元，用于立项研究开发、优化提升、示范验证3大类共计52个项目；下半年安排2 000万元实施农机装备技术攻关，围绕高端动力装备、小麦高效播种机械、高效智能植保机械和高效智能收获机械攻关重点，共立项7个项目。

3月4日

山东省召开棉花机采联合推进会议，全面总结交流2014年机采棉示范推广、品种研发、种植农艺、机具研制、加工经营等工作，分析面临的困难和挑战，进一步明确下一步的工作方向和重点。山东省供销社、省农业厅棉花生产技术指导站、省农业科学院棉花研究中心、省农业机械科学研究院等棉花机采联合推进办公室成员单位负责同志参加会议，山东省农业机械管理局局长高明飞出席会议并讲话。

3月12日

山东省农机安全监理工作会议在济南市召开。山东省农业机械管理局局长高明飞参加会议并讲话。会议总结交流2014年度山东省农机安全监理工作情况，研究部署2015年工作任务。

3月16日

山东省农业机械管理局与省财政厅联合召开山东省农业机械购置补贴工作会议。山东省农业机械管理局局长高明飞、省财政厅农业处调研员韩如月分别作重要讲话，山东省农业机械管理局副局长韩永平对下一步农机报废更新工作和深松作业补助工作进行安排部署。会议由山东省农业机械管理局副巡视员侯英忠主持。

3月18日

《山东省农机化发展“十三五”规划编制工作方案》印发，成立山东省农业机械化发展“十三五”规划编制领导小组和起草小组，启动规划编制工作。

3月26日

山东省经济作物春季机械化生产现场推进会在潍坊青州市召开。会议全面总结部署山东省经济作物春季机械化生产工作，观摩经济作物播种、移栽等机械化作业演示，参观经济作物移栽机械生产企业。山东省农业机械管理局局长高明飞出席会议并讲话。

3月30日

山东省农业机械管理局在无棣县举办农机深松整地暨深松智能装备监测培训班，解读农机深松整地作业补助试点政策，参观农机深松整地作业现场，观摩智能监测装备的运行情况。农业部农业机械化管理司副司长胡乐鸣应邀出席培训班并提出要求，山东省农业机械管理局局局长高明飞出席作讲话。

4月14日

2015年春季花生机械化播种技术培训班在泰安市岱岳区举办。农业部农业机械化技术开发推广总站推广二处处长胡东元，山东省农业机械管理局局长高明飞、副局长韩永平观摩了花生机械化播种作业，泰安市副市长张瑞东参加活动。

4月16日

山东省农业机械管理局、省财政厅印发《关于下达2015年现代农业机械化水平提升计划项目计划的通知》，确定济南市历城区丰农农机合作社等55个单位承担2015年山东省农机规模化作业推进工程项目。

4月21日

山东省农机维修服务能力建设推进会在肥城市召开。各市农机局分管局长、主管站长(科长)、部分县局局长及农机生产企业“三包”服务经理共70多人参加会议。山东省农业机械管理局局长高明飞参加会议并发表讲话。

4月24日

山东省农业机械管理局印发《山东省农机化项目资金专项整治行动实施方案的通知》，组织实施农业机械化项目资金专项整治行动。

4月29日

2015年全国“三夏”小麦跨区机收形势分析会在济南市召开。山东省农业机械管理局局长高明飞介绍山东省“三夏”农业机械化生产准备情况，农业部农业机械化管理司副巡视员孔亮、生产管理处处长李斯华及8个小麦主产省农机部门负责同志参加会议。

5月11日

山东省农业机械管理局与省财政厅联合印发《关于下达2015年现代农业机械化水平提升项目计划的通知》，确定102个项目承担单位，下达项目资金1 350万元。

5月13日

山东省农业机械管理局组织各市收看全国“三夏”小麦跨区机收工作视频会议，山东省农业机械管理局局长高明飞在会上做典型发言。

山东省农机安全监理服务进社区现场观摩会议在青岛市召开。山东省农业机械管理局纪检组组长王瑞华、青岛市农业机械管理局陈志颖参加会议。会议主要是总结、推广青岛市开展社区农机安全监理服务中心、服务窗口建设的经验和做法，分析当前农机安全监理工作面临的新形势和新问题，部署山东省农机安全监理服务进社区工作。

5月16日

山东省委省直机关工作委员会下发通报，表彰山东省农业机械试验鉴定站党支部为省直先进党支部。

5月18日

山东省省委副书记王军民在山东省农机合作社发展情况调研报告呈阅件上作出重要批示：这个调研报告很好！

5月19日

山东省春季农业机械化生产基本结束。山东省累计投入各类机械129万台套，完成机耕面积1 700千公顷；深松面积116.7千公顷；机播面积1213.3千公顷，其中机播马铃薯101.3千公顷、花生506.7千公顷、棉花380千公顷、春玉米99.3千公顷；机械浇灌、施肥、植保面积分别为3 013.3千公顷、1 546.7千公顷、1 913.3千公顷。

5月31日

山东省农机安全生产月活动启动仪式在邹平县举行，标志着山东省农机安全生产月活动正式启动。山东省农业机械管理局局长高明飞在启动仪式上号召全省各级农机管理部门要以这次活动为契机，努力把农机安全生产月活动推向高潮。

6月5日

山东省小麦收获开机仪式在枣庄滕州市举行，标志着山东省3 799.3千公顷小麦收获将从南到北、自西向东全面展开。农业部农业机械化管理司副巡视员孔亮，山东省农业厅厅长王金宝，省农业机械管理局局长高明飞、副局长韩永平出席仪式。

6月15日

农业部部长韩长赋在聊城市调研指导山东省“三夏”农业机械化生产。山东省副省长赵润田，省农业厅厅长王金宝，省农业机械管理局局长高明飞等有关领导陪同调研。

6月19日

山东省小麦机收基本结束，收获小麦3 768千公顷、机收率98.3%，已播种玉米2 593.3千公顷，机播率96.8%。

6月30日

农业部印发《关于表扬2014年专项工作延伸绩效管理试点工作优秀单位的通报》，表彰山东省农业机械管理局为“强农惠农富农政策落实(农机购置补贴)优秀单位”。

6月

山东省省委副书记王军民在山东省三夏农业机械化工作呈阅件上作出重要批示:今年“三夏”小麦机收,组织有序,调度有方,服务有力,确保了夏粮及时收获、颗粒归仓。向全省农机战线的同志们表示诚挚的慰问。希望再接再厉,使山东省农业机械化工作持续走在全国前列。

山东省副省长赵润田也表扬山东省农业机械管理局:今年“三夏”生产进度快,质量好,山东省农业机械管理局立大功了。

7月20—22日

农业部农业机械化管理司副巡视员孔亮为组长,由农业部农业机械化管理司、农业部农业机械试验鉴定总站、重庆市农业机械鉴定站等单位6位专家组成的检查组,在山东省农业机械试验鉴定站对山东省农机推广鉴定管理工作和推广鉴定业务开展情况进行为期3天的监督检查工作,检查结论为通过。山东省农业机械管理局局长高明飞在检查工作结束后致辞,副局长韩永平、纪检组组长王瑞华分别陪同检查。

8月11日

山东省农业机械管理局在蓬莱市召开推进农业机械化转型升级暨经济作物机械化生产现场会。会议贯彻山东省农业厅全省农业转型升级现场交流会精神,总结交流2015年上半年工作,部署下半年重点工作,并观摩葡萄、苹果机械化生产,参观蓬莱市蔚阳农机专业合作社建设情况。山东省农业机械管理局高明飞局长出席会议并讲话。

8月19日

山东省农机购置补贴监督检查培训班开班。山东省农业机械管理局局长高明飞出席培训班并讲话,副巡视员侯英忠主持培训班。

8月20日

山东省农机合作社理事长培训班在肥城市举办。来自山东省近100位农机合作社理事长、17市农机管理科长(站长)参加培训。

8月27日

山东省农业机械管理局组织有关专家代表,在济南召开专题会议,对《山东省农机化提升实施方案》进行专题论证。山东省副省长赵润田出席会议并作重要讲话,山东省农业机械管理局局长高明飞主持会议。

9月11日

山东省粮食干燥和农机深松整地培训班在潍坊诸城举办。培训期间参观诸城富之道农机合作社粮食烘干基地、农机深松整地现场以及福田雷沃农机具厂粮食烘干设备生产车间,并邀请5家粮食干燥机械生产企业进行粮食干燥机械化技术培训。山东省农业机械管理局局长高明飞出席培训班并讲话。

9月15—17日

2015年全国暨山东“三秋”农业机械化技术示范培训班暨花生生产机械化培训班在山东省莒南县举办。培训班由农业部农业机械化管理司委托农业部农业机械化技术开发推广总站举办,旨在示范农业机械化技术培训的方法,推动“三秋”农业机械化技术培训深入开展,促进“三秋”农业机械化生产科技水平提高。农业部农业机械化管理司副巡视员孔亮,山东省农业机械管理局局长高明飞、副局长韩永平等领导出席开班仪式并讲话,开班仪式由农业机械化技术开发推广总站站长刘恒新主持。来自全国30多个省(区、市)级农业机械化主管部门、农业机械化技术推广机构、农机行业专家学者及媒体代表共100多人参加培训班。

9月16日

山东省农业机械管理局联合山东省人力资源和社会保障厅、省总工会在兖州举办2015年山东省农机职业技能竞赛。山东省农业机械管理局副巡视员侯英忠出席开幕式并讲话,山东省农业机械管理局副局长刘娜及省总工会、济宁市人民政府兖州区政府等有关领导参加开幕式。并列第一的两位选手按程序分别申报“富民兴鲁”劳动奖章、“山东省技术能手”称号,前三十名选手直接晋级中国农机手大赛全国总决赛。

9月25日

山东省农业机械管理局、中国联合网络通信有限公司山东省分公司、中国石油天然气股份有限公司山东销售分公司、中国石化销售有限公司山东石油分公司联合印发《关于加快推广使用“农机通——全国农机化生产信息管理服务平台”的通知》。

10月10日

山东省农业机械管理局局长高明飞在全国农作物秸秆综合利用暨农机深松整地作业现场会上作《精心组织抓好落实保质保量完成农机深松整地作业任务》的典型发言。

山东省质量技术监督局派出检查组对山东省农业机械试验鉴定站和山东省农机具产品质量监督检验站进行2015年度资质认定实验室监督检查,检查通过。

10月15日

山东省农业机械管理局在威海市文登区召开山东省中药材机械化收获现场观摩会。山东省部分中药材生产重点市、县农机部门负责人,有关企业,广大参农和省局有关处、站负责同志共100多人参加。山东省农业机械管理局局长高明飞出席会议并讲话,副局长刘娜主持会议。

10月22日

山东省“三秋”农业机械化生产基本结束。累计投入各类机具175万台套,其中玉米联合收获机11.7万台、播种机22.5万台,保证玉米适期晚收、经济作物适时收获和小麦适时播种。收获玉米3 150.7千公顷,机收率为宜收面积的84%;播种小麦3 618.7千公顷,机播率为99.2%。

10月23日

山东省省委农村工作领导小组副组长王军民同志对全省“三秋”农业机械化工作作出重要批示:感谢农机局从9月29日以来的每天一报,使我及时了解到“三秋”进展情况,在这二十多天时间里,你们工作认真负责,组织协调得力,在2015年严重干旱的情况下取得“三秋”农业生产的好成绩实属不易,向全省农机系统广大干部职工表示亲切的问候和崇高敬意!你们辛苦了!

山东省农业机械试验鉴定站被农业部农业机械试验鉴定总站评为2014—2015年度中国农业机械化质量网信息工作先进单位。

11月17日

全国农机合作社发展经验座谈会在临沂市召开。会议强调,要顺应农业发展新变化、农民群众新期待,坚持数量与质量并重、规范与创新并举理念,推进农机合作社创建形式多元化、服务方式市场化、扶持政策系列化、运行管理规范化。不断增强农机合作社发展活力和带动能力,实现持续健康发展。

河南省

2014年12月4—5日

河南省农业机械技术推广站站长会

在郑州市召开。河南省18个省辖市、10个省直管县(市)农机局负责农机推广工作的分管领导,河南省农业机械技术推广站站长和技术负责人共120余人参加会议。会议对河南省2014年农机推广工作给予肯定,分析当前全国和河南省农业机械化发展情况和农机推广工作面临的新形势,对河南省农机推广体系建设提出明确的要求,安排部署今后一个时期河南省农机推广工作的重点。会议对2014年度河南省农机推广工作中做出重大贡献、取得突出成绩的单位和个人进行表彰。

12月21—22日

河南省2015年农业机械购置补贴产品种类范围分类分档和补贴额征求意见座谈会在郑州市召开。来自河南省18个省辖市、10个省直管县(市)、7个县级农机局负责购机补贴工作的分管领导,5个农机专业合作社及18个有关农机生产企业负责人共150余人参加会议。座谈会着重围绕三个议题进行讨论:一是总结汇报2014年农机购置补贴执行情况;二是征求河南省2015年农机购置补贴机具种类范围的意见和建议;三是征求河南省2015年农机购置补贴机具分类分档和补贴额的意见和建议。

2015年1月28日

河南省农机深松整地工作座谈会在郑州市召开。会议总结2014年度的工作,提出2015年度工作思路。

4月9日

河南省烟草专卖局(公司)和中国一拖集团在洛阳签署战略合作协议,决定以烟草重大科技专项的形式,借助一拖强大的机械研发和生产能力,实施烟叶生产全程机械化战略合作,以实现烟草农机配套系统化、装备标准化、作业全程化、服务专业化。

4月15—19日

2015年河南省农村实用人才带头人农机技术示范培训班在郑州市举办。培训班由河南省农业厅和省农业机械管理局主办,省农业机械技术推广站承办,共有230名学员,分别为河南省18个省辖市,10个直管县(市)的农机合作社负责人及农机部门的领队。培训班围绕河南省农机推广的中心工作开办九场讲座,参观“2015年全国农业机械及零部件展览会”,听取展会的有关专题报告,组织学员进行经验交流。

4月16日

河南省农机购置补贴工作会议在郑州市召开。各省辖市、直管县(市)农机局主要负责同志和分管补贴工作的科长,省局各处室、站主要负责人参加会议。会议总结2014年农机购置补贴实施情况,安排部署2015年农机购置补贴工作。

4月17日

全国农业机械及零部件展览会在郑州市开幕。此次展览会由中国农机行业三大协会联合主办,国内外300余家企业参展。展会期间,国内主流企业纷纷举办活动,为展会增添诸多色彩。

4月18日

粮食烘干设备及粮油加工机械技术发展研讨会在郑州市召开。会议由中国农业机械工业协会粮食烘干设备分会、粮油加工机械分会主办。会议邀请国内相关专家做主题报告。

5月14—16日

河南省2015年根茎类作物机械化技术培训班在郑州市举办。来自河南省各省辖市、直管县的农机推广站站长和技术人员100余人参加培训班。

6月7—8日

农业部农业机械化管理司司长李伟国一行在河南省农业机械管理局巡视员张开伦、局长凌中南和商丘市副市长张家明等陪同下,先后到民权县、宁陵县、睢阳区、虞城县,深入田间地头,走访慰问机手,就商丘市“三夏”小麦机收、玉米机播、秸秆机械还田和农机深松整地工作进行调研。李伟国对商丘市“三夏”农机各项工作表示满意,同时要求各级农机管理部门要进一步认真贯彻落实农机强农惠农政策,加强农机服务体系创新,强化农机农艺融合,注重引领发展大型先进适用农业机械,充分发挥农业机械化在农业生产中的主力军作用,为农业丰产丰收做出新贡献。

6月16日

全国“农机安全宣传咨询日”在河南省、辽宁省和四川省同时展开,河南省在济源市开展此次活动。活动展示河南省农业机械安全生产能力建设情况,组织广大机手开展农业机械安全生产宣传咨询。农业部农业机械化技术开发推广总站站长刘恒新、国家安全监管总局统计司统计处处长彭成等一行赴现场指导,河南省农业机械管理局局长凌中南、副局长王春贵及济源市有关领导参加活动。

6月23—25日

河南赛区“全国农业机械化技术推广人员知识竞赛”初赛在郑州市举办,共9个省辖市、1个直管县的50多名选手参加。本次比赛由理论知识竞赛和实际操作竞赛两部分组成,理论知识竞赛采用笔答形式,由考生在指定时间内完成。实际操作竞赛分别进行玉米播种机种子粒距合格率检测、拖拉机发电机的拆装与调整、拖拉机挂接打捆机的操作。

7月8日

河南省农机购置补贴座谈会在郑州市召开,各省辖市、直管县农机购置补贴科室负责人和具体负责补贴工作人员参加会议。会议对2015年上半年农机补贴实施情况进行总结,安排部署2015年农机购置补贴政策落实延伸绩效管理工作,并安排2015年农机补贴第一次全省检查。

8月25日

河南省“三秋”农业机械化生产工作座谈会在鹤壁市召开。河南省农业机械管理局局长凌中南出席会议并安排部署河南省三秋农业机械化生产工作。各省辖市和直管县农机局局长、管理科科长、推广站站长及有关农机技术推广人员参加会议。会议参观玉米花生机收、植保航空器、饲料清贮及耕整地作业现场演示,座谈交流“三秋”农机生产准备工作。

10月10日

河南省农机深松整地工作情况汇报会在郑州市召开。参加会议的有18个省辖市、10个省直管县(市)农机局相关人员和河南省农业机械管理局三秋生产督导组有关同志。会议听取各地市和省直管县(市)负责同志深松整地工作汇报。会议指出,河南省前期深松整地工作开局良好,要求各地再接再厉,再下工夫,确保河南省1 600万亩深松整地任务的圆满完成。

10月27日

河南省农机购置补贴工作座谈会在郑州市召开。会议传达农业部农机购置补贴座谈会精神,交流补贴工作情况,总结第一次互查情况,并安排第二次互查工作,对有关补贴制度规定征求意见。

11月18—20日

示范农机合作社理事长培训班在洛阳市举办,来自河南省130位部省级示范农机专业合作社理事长参加培训。

培训班邀请相关专家，围绕合作社经营管理、财务管理等热点难点问题进行讲授。

湖北省

2014年12月3—9日

湖北省农业机械管理局在武汉市举办2014年年底基层农机人员知识更新培训班。

12月8—9日

湖北省农业机械管理局在武汉市召开全省农业机械化工作座谈会，全体局领导班子成员参加。

12月9日

湖北省农业厅厅长戴贵洲、副厅长王红玲到省农机安全监理总站调研指导农机安全生产工作，湖北省农业机械管理局局长刘长华陪同。

12月18日

湖北省农业机械学会第八次会员代表大会在武汉市召开。湖北省农业机械管理局局长刘长华当选省农业机械学会第八届理事会理事长。

2015年1月6—8日

湖北省农业机械管理局局长刘长华受湖北省农业厅厅长戴贵洲委托赴安徽考察秸秆综合利用工作。

1月15—16日

湖北省农村农业工作会议在武汉市召开，湖北省农业机械管理局领导班子参加。

1月16日

湖北省农业机械管理局在武汉市召开全省农业机械化工作会议。

1月21日

湖北省农业机械管理局在武汉市召开湖北省2015—2017年推广产品目录评审会，湖北省农业机械管理局局长刘长华、副局长皮少成参加。

1月28日

湖北省农业机械管理局领导班子全体成员到湖北省农机安全监理总站调研2014年度农机监理工作，并对2015年农机监理工作提出新要求。

1月29日

《农民日报》头版头条刊发对监利县稻米产业的调查报告——《育秧工厂串起“四大链条”》。湖北省农业厅厅长戴贵洲作出批示：“我把此文推荐给全省农业部门的领导阅读，从中受到启发，加快推进我省现代农业发展”。

2月6日

湖北省农业厅召开2014年度创新项目评审会。湖北省农业机械管理局局长刘长华、副局长皮少成参加。湖北省农业机械管理局主持完成的油菜机械直播示范推广应用项目获全厅第3名。

2月13日

湖北省农业机械管理局局长刘长华做客《垄上频道》，就2014年农业机械化工作回顾和2015年工作展望，接受《三农湖北》栏目专访。

3月5日

湖北省省政府副省长梁惠玲到湖北省农业厅调研农业工作，湖北省农业机械管理局副局长周立明汇报农业机械化工作。

3月9—10日

湖北省农业机械管理局在黄冈蕲春举办全省农机购置补贴和“三个百万”活动启动仪式暨春季农业机械化生产技术培训班。领导班子全体成员参加。

3月11日

湖北省政协到省农业厅调研农业机械化工作，湖北省农业机械管理局副局长周立明参加。

3月12日

《湖北日报》头版报道“我省十项农机指标跻身全国前十”。

3月18—19日

湖北省农业机械管理局在黄梅举办鄂东片区早稻育插秧集中培训班，湖北省农业机械管理局副局长皮少成出席。

3月19—20日

湖北省农业机械管理局在武汉市举行农机报废更新补贴培训班，湖北省农业机械管理局副局长皮少成出席。

3月23日

湖北省农业机械管理局在荆州召开2015年鄂南片早稻育插秧机械化技术培训会，湖北省农业机械管理局副局长皮少成参加。

4月9日

湖北省农业机械管理局局长刘长华、副局长皮少成出席省农机安全监理站与移动公司联合在武汉市举办的农机通启动仪式。

4月10日

湖北省政协副主席肖旭明带队到湖北省农业厅调研“十三五”农业发展规划。湖北省农业机械管理局局副局长皮少成参加。

4月10—13日

湖北省农业机械管理局副局长周立明带队赴巴东县调查省纪委督办的购机补贴事宜。

4月13—14日

湖北省农业机械管理局纪委书记王再虎陪同湖北省农业厅厅长戴贵洲到宣恩县开展“三万”活动。

4月30日

湖北省农业机械管理局在安陆召开水稻机直插现场会，湖北省农业机械管理局副局长皮少成参加。

5月8日

湖北省农业机械管理局在华中农业大学召开湖北省农业机械化发展“十三五”规划研讨会。湖北省农业机械管理局局长刘长华、副局长周立明参加。

5月12日

湖北省农业机械管理局局长刘长华做客政风行风热线节目。

5月12—13日

湖北省农业机械管理局在咸宁市举办湖北省三夏农业机械化技术培训班。湖北省农业机械管理局局长刘长华、副局长皮少成参加。

5月18—22日

湖北省农业机械管理局局长刘长华、副局长周立明赴荆门开展农业专项资金检查督查。

5月20日

湖北省农业机械管理局在江夏区举办大豆机械化生产观摩会。湖北省农业机械管理局副局长皮少成参加。

5月21日

湖北省农业机械化技术推广总站会同省果茶办公室在五峰县举办全省茶叶生产机械化现场演示观摩及技术培训班。湖北省农业机械管理局局长刘长华、副局长皮少成参加。

5月27日

湖北省农业机械管理局在荆门举办全省农机报废更新推进现场会及开展“三夏”农机安全跨区作业服务活动，湖北省农业机械管理局局副局长皮少成参加。

湖北省“三夏”农机跨区作业启动仪式在屈家岭管理区召开，湖北省农业机械管理局副局长皮少成参加。

5月29—30日

农业部农业机械化管理司副司长胡乐鸣调研襄阳市“三夏”农业机械化生产情况，省农业机械管理局局长刘长华陪同。

6 月 2—3 日

湖北省农业机械管理局在枣阳市举办全省玉米机械化生产现场观摩会，湖北省农业机械管理局副局长皮少成出席。

6 月 9—10 日

湖北省农业机械管理局在襄阳市香洲区举办马铃薯机械化生产现场观摩会，湖北省农业机械管理局副局长皮少成参加。

6 月 11—12 日

湖北省农业机械管理局局长刘长华出席荆州市万民农机专业合作联社总社挂牌仪式，并与荆州各县(市、区)农机局局长座谈。

6 月 16 日

湖北省农业机械管理局在武汉市举办全省农机系统办公室主任及信息员培训班。湖北省农业机械管理局纪委书记王再虎出席。

6 月 17—19 日

农业部农机安全监理总站副站长涂志强在湖北嘉鱼、崇阳、罗田等地调研，湖北省农业机械管理局副局长皮少成陪同。

6 月 29 日—7 月 1 日

湖北省农业机械管理局在枝江市举办全省拖拉机驾驶培训机构教员培训班，湖北省农业机械管理局局长刘长华、副局长皮少成出席。

6 月 30 日

湖北省农业厅副厅长焦泰文、省农业机械管理局局长刘长华赴枝江市调研农业机械化工作，考察农机合作社建设情况、了解购机补贴和农机报废更新补贴政策实施进展情况。

8 月 17—18 日

湖北省农业机械管理局在红安县举办湖北省丘陵山区花生生产全程机械化及秸秆综合利用现场观摩活动。湖北省农业机械管理局局长刘长华、副局长皮少成出席。

8 月 19—20 日

湖北省农业机械管理局在天门市举办全省农机维修体系建设暨农机行业职业技能鉴定现场推进活动。湖北省农业机械管理局局长刘长华、副局长皮少成出席。

8 月 20 日

湖北省农业厅党组副书记、副厅长徐能海督导省农业机械管理局党委“三严三实”专题研学活动。湖北省农业机械管理局领导班子全体成员及副处级以上干部参加，并发言谈学习体会。

9 月 9—11 日

湖北省农业机械管理局在竹溪县举办全省秋冬农业机械化生产服务暨山区机械化推进对接活动。湖北省农业机械管理局局长刘长华、副局长皮少成出席。

9 月 18—20 日

湖北省农业机械管理局在监利县开展“践行‘三严三实’专题教育实践活动”。局机关和省农机安全监理总站干部参加。

10 月 9—10 日

湖北省农业机械管理局在武汉市东西湖区举办“全省蔬菜生产全程机械化现场观摩暨技术培训班”。湖北省农业机械管理局副局长皮少成参加。

10 月 13 日

农业部财务司来湖北省调研农业系统财务管理能力建设情况，湖北省农业机械管理局副局长周立明陪同。

10 月 14—15 日

湖北省农业机械管理局在老河口市举办“全省秋冬播暨农机深松作业推进活动”，湖北省农业机械管理局局长刘长华、副局长皮少成参加。

11 月 2—3 日

陈学庚院士考察荆门市机采棉工作，湖北省农业机械管理局副局长周立明陪同。

湖北省农业机械管理局在天门市举办“2015 年中国技能大赛——‘中联重科杯’全国农业职业技能竞赛湖北省预赛”，湖北省农业机械管理局副局长皮少成参加。

11 月 16—17 日

湖北省农业机械管理局在武汉市召开湖北省水稻机插和油菜机播工作研讨会，湖北省农业机械管理局局长刘长华、副局长皮少成参加。

11 月 18—20 日

第 13 届中国(武汉)国际农业机械展览会在武汉举办，湖北省农业机械管理局局长刘长华、副局长皮少成参加。

11 月 19 日

湖北省农业机械管理局在武汉市召开全省转变农业机械化发展方式座谈会，局领导班子全体成员参加。

湖 南 省

2014 年 12 月 15 日

湖南省人大常委会在长沙市召开《农业机械化促进法》实施十周年座谈会。全面总结交流促进法实施十年来取得的成绩和经验，研究探讨全面贯彻落实法律，推动湖南农机又好又快发展有关事宜。湖南省农业委员会主任刘宗林主持会议，省农业机械管理局局长王罗方作工作汇报，省人大常委会副主任徐明华、副省长张硕辅出席会议并讲话。

12 月 17 日

湖南农机走向东南亚推介会在昆明市举行，湖南农业机械管理局局长王罗方、副局长黄育忠与部分企业负责人参加。柬埔寨驻昆明总领事馆总领事索科拉丁及夫人，泰国驻昆明总领事馆副总领事王文贤，马来西亚驻昆明总领事纳斯里，越南驻昆明总领事馆领事郑国毅、阮国兴，老挝驻昆明总领事馆副领事帮当巴萨帕迪等应邀参加。

2015 年 1 月 6 日

“杂交水稻超高产农机农艺融合示范项目”在长沙市启动。湖南省副省长张硕辅、中国工程院院士袁隆平、省农业机械管理局局长王罗方出席启动仪式并作主旨发言。

1 月 23 日

湖南省农机工作会议在长沙市召开。会议传达中央和省委的农村、农业工作会议及全国农业机械化工作会议精神，全面总结 2014 年的成绩，具体布置 2015 年工作。

湖南省农业机械与工程学会三届二次理事会暨学术年会在长沙市召开。会上发布“湖南省 2014 年农业科技创新成果”。

2 月 6 日

湖南省农机安全生产工作会议在长沙市召开，总结表彰 2014 年湖南省农机安全生产监管工作，研究部署 2015 年湖南省农机安全生产工作。

3 月 6—15 日

湖南省农业机械管理局分别在益阳市、株洲县、新化县和祁阳县举办四期水稻育插秧机械化技术培训班。对湖南省各市县农机局从事机插秧推广的技术人员、乡镇农机技术指导员和现代农机合作社理事长进行以“为机育秧”技术为主要内容的培训。

3 月 21 日

湖南省省委副书记杜家毫和副省长张硕辅赴省农业委员会调研，重点听取“百千万”工程实施情况汇报。杜家毫强调：今年省政府将进一步推进“百千万”

工程，使之成为推进农业现代化的重要抓手；实施农机“千社工程”，就是要因地制宜推进农业生产机械化，武装农业，解放农民。

4月3日

湖南省省委常委李微微听取省农业机械管理局局长王罗方关于全省农机工作和与民主党派合作调研共谋农机发展的汇报。李微微高度肯定省农业机械管理局重视联系民主党派，推进多党合作，开展共同调研，发挥民主党派参政议政作用；指出近几年湖南农机发展迅速，特别是在推动农机产业发展、促进农机广泛应用、使农机成为农业生产主力军方面成绩喜人，令人振奋。

4月7日

湖南省人民代表大会常务委员会副主任于来山、徐明华主持召开省直农业部门主要负责人会议，督办省人大代表有关农业、农机发展的建议。其中杨华代表提出的《关于加快推进湖南农业机械化的建议》列为省人大重点处理建议。于来山强调：发展现代农业必须依靠农机，不仅要发展水稻全程机械化，还要推动经济作物和林果业机械化，促进丘陵山区农业机械化发展。湖南省人大将就加快全省农业机械化问题组织专题调研视察活动，推动代表建议变成政府决策。

4月8日

湖南省委副书记杜家毫到汨罗市调研春耕生产和“百千万”工程，省农业机械管理局局长王罗方现场介绍情况。在古培镇，杜家毫对80后回乡创业青年徐灿波和他创办的现代农机合作社表示赞许；对汨罗近年来坚持大力发展粮食生产、提高农业生产机械化程度表示肯定；勉励汨罗大力发展大户种植，加大对现代农机合作社的扶持力度，提高农机使用效率，创建南方农作物全程机械化作业典范。

5月14—15日

湖南省农业机械管理局在长沙市组织召开全省油菜生产机械化现场会。湖南省14个市州农机局分管局长、科教科科长、推广站站长，30个油菜生产机械化示范县农机局分管局长，省农业机械管理局科教处、省农业机械化技术推广站相关人员参加会议。会议总结近年来油菜生产机械化推广的成绩和途径为“一密二高三合适”，即高密度直播；高效率、高效益；合适不同油菜品种、合适不同地理条件、合适不同种植模式，同时对今后油菜生产机械化推广工作提出相关要求。

5月16日

农业部在长沙市召开全国水稻生产全程机械化暨绿色增产模式攻关现场会。全国17个水稻主产省的农业农机部门领导、专家参加会议。同日，湖南省人民政府在汨罗召开水稻全程机械化推进会，湖南省农业委员会主任刘宗林主持会议，省农业机械管理局长王罗方作主题报告，省人民代表大会副主任徐明华到会讲话。会议深入分析当前水稻生产机械化发展面临的形势和任务，提出加快推进水稻生产全程机械化的思路和措施。

5月21日

湖南省农业机械管理局在郴州市对重金属污染治理深耕翻新机具研发项目进行验收，湖南省农业机械管理局局长王罗方主持会议，总工程师汤绍武、副局长黄育忠和省农业环保站、省土肥站、省农业机械鉴定站的专家参加验收会。专家组一致认为，新研发的深耕翻机具，优化了牵引动力转向设计和犁体由面设计，牵引功率提升，在南方水田作业具有十分明显的优势，技术性能达到设计预定目标，能满足重金属污染耕地修复所需的深耕翻农艺要求。

5月26日

湖南省农业机械管理局组织召开油菜生产全程机械化部级示范项目验收会，对衡阳县农机局承担建设的2014年油菜生产全程机械化示范项目进行验收。验收专家委员会认为项目验收采取的技术路线合理，促进该区域油菜生产机械化技术的集成配套和辐射推广，一致同意项目通过验收，评为优秀。

6月10日

湖南省人民代表大会常务委员会副主任徐明华率队赴双峰县就农机工作开展调研。湖南省人民代表大会农业与农村委员会主任委员李小平、副主任委员殷海清，省农业委员会党组成员、省农业机械管理局局长王罗方，省科技厅副巡视员刘铁兵，省经济和信息化委员会副巡视员黄学工，省十二届人民代表大会代表杨华等参加调研。调研组肯定湖南省农业机械管理局和双峰县创新抓实农机推广和农机制造取得的经验，就今后工作提出新思路。

6月18日

湖南省农业机械管理局召开2015年度现代农机合作社建设项目启动会。湖南省农业机械管理局局长王罗方、副局长文海波，省财政厅农业处副处长沈丽萍，各市州农机局分管领导参加会议。王罗方指出，现代农机合作社是建设现代农业体系的关键一环，在“百千万”工程的推动下，省农机合作社已迅速发展成为最具实力、最有活力的新型农业经营主体。湖南省农业机械管理局为合格现代农机合作社制作标牌，并在会上举行授牌仪式。

7月14日

湖南省农业机械管理局在长沙县举办农业机械化秸秆还田现场演示会。湖南省农业机械管理局副局长杨国成、省财政厅农财处副处长沈丽萍、省农业机械化技术推广站站长王洪明以及全省14个市州农机推广站、各项目实施单位的负责人参加会议。

7月26日至8月23日

水稻全程机械化使用与维护技能培训班在中联重机长沙基地举办。此次培训采取政企联合方式，由湖南省农业机械管理局负责组织，中联重机负责技术培训。共分10期，历时一个月，培训919人，结业发证682人，覆盖全省农机合作社、种粮大户及基层农机管理人员，社会反响良好。

8月7日

湖南省“俄罗斯潇湘农机产业园(喀山)农机与建筑工程机械项目”在成都市成功签约。湖南省省委常委、常务副省长陈肇雄，省外办主任肖百灵，省农业机械管理局局长王罗方见证。会议期间，陈肇雄对近年农机工作和农机产业发展，特别是农机“走出去”给予肯定，要求湖南省农业机械管理局今后要再下力气，带动一批农机企业“走出去”，主动对接“一带一路”国家战略，促进湖南农机特色制造业外向发展，服务于湖南现代农业和经济社会建设。

9月18日

湖南省人民代表大会农业与农村委员会向省长杜家毫、副省长戴道晋呈送《关于加快我省农业机械化发展的几点建议》。戴道晋批示：“农业机械化是现代农业的重要载体和手段，在解决谁来种地、怎样种地、谁来服务中具有关键性作用。全省农业机械化虽然取得了显著成绩，但差距仍然很大。建议继续实施农机千社扶持计划并加大力度；支持精品湘产农机研发、生产和产业化进程。”

杜家毫批示:“同意人大建议和道晋同志意见。”

9月23日

湖南省副省长戴道晋一行赴省农业机械管理局调研工作。戴道晋肯定了湖南省农机系统近年来所取得的成绩。戴道晋指出,要转变农业发展方式,就必须提高农业机械发展水平;要提高农业现代化水平,就必须要巩固发展农业机械化的组织形式。戴道晋要求,加快全省农业机械化发展,要紧密结合湖南实际,把转变农业发展方式作为切入点;要以湖南农业农村的特点为依据,创新组织发展模式;要以湖南农业产业为基础,推广湖南农机的应用;要以湖南现有农业机械生产现状为基础,壮大湘产农机的发展;要以平安农机创建为抓手,毫不松懈地抓好安全生产。

9月25日

湖南省农业机械管理局和省财政厅联合召开全省农机购置补贴电视电话会议。湖南省农业机械管理局纪检组组长涂文波对三年来该省查处的违法违规案件做了深刻分析。湖南省农业机械管理局副局长杨国成重申进一步强化监管规范操作,提出农机购置补贴政策规范高效廉洁实施的六条工作要求。湖南省财政厅农业处处长任安对财政系统提出严格要求。湖南省农业机械管理局局长王罗方主持会议并讲话。

9月

湖南省农业机械管理局课题组完成的《加速丘陵山区农业机械化途径选择与推进措施——以湖南省为例》研究课题,荣获农业部软科学研究优秀成果三等奖。这是农业部软科学委员会首次评奖,湖南省农业机械管理局是唯一的省级获奖单位。

10月21—22日

湖南省农业机械管理局在长沙市组织召开植保飞机鉴定会,对湖南高垅航空植保科技有限责任公司等4家企业6个型号的超低空遥控飞行植保机进行科技成果鉴定。专家委员会认为6个型号的超低空遥控飞行植保机在直升机平台、飞控平台、施药平台等方面不同程度的创新,符合湖南省地方标准《超低空遥控飞行植保机》(DB43/T849—2013),一致同意通过科技成果鉴定。

10月22日

全国农机安全事故应急演练在湘阴县举行。此次演练由农业部农业机械化管理司主办,湖南省农业机械管理局承办,湘阴县人民政府组织实施。演练活动涵盖农机事故报案、接案;层层报告、启动预案;部门应急响应;事故救援现场及现场应急处置等内容,重点展示各相关单位应对和处置突发事故的救援能力。农业部农机监理总站副站长涂志强评价,此次演练准备充分,组织严密,主题突出,现场逼真、接近实战,达到预期目的,有着很好的示范和指导作用。湖南省农业机械管理局局长王罗方,岳阳市副市长、公安局长唐文发,各省、自治区、直辖市农机局分管领导及农机安全监理工作负责人,以及湘阴县人民政府领导等观摩演练。

11月4日

湖南省农业机械管理局局长王罗方、副局长黄育忠、龚昕及相关人员,会同省农业委员会环保站、土肥站负责人及湖南农业大学课题组,到汨罗龙舟农机股份有限公司,对该企业承担的新型农机研发项目——4JYZ—2.0型自走履带式秸秆移除机进行验收。专家组一致认为:秸秆移除机技术性能达到项目预期目标,能满足重金属污染耕地修复所需的稻秸秆移除技术要求。王罗方要求在农机农艺高度融合的基础上,进一步提升相关功能。

11月5日

湖南省第六届“湘博会”农机产品产销对接会在娄底召开。湖南省农业机械管理局局长王罗方,副局长黄育忠、龚昕和娄底市副市长刘益丈偕同来自美国、法国、刚果、孟加拉、巴基斯坦、泰国等国及省内的宾客参加会议。会上,娄底5家农机生产企业代表进行产品推介,有12家企业与经销商现场成功签约,金额达16 533多万元。

11月18日

湖南省农业机械管理局发布《关于终止变型拖拉机注册登记有关事项的公告》。

11月18—25日

湖南省农业机械管理局局长王罗方率团赴印度、斯里兰卡两国进行经贸考察和农机产品推介。分别考察两国农业生产及农业机械化发展情况,在科伦坡和孟买举办两场湖南农机产品展销推介会。

11月25日

湖南省社会治安防控体系建设工作会在长沙市召开,会议宣读《湖南省人民政府关于表彰全省见义勇为先进个人的决定》,表彰湖南省26名见义勇为先进个人。浏阳市农机安全监理站监理员李誌诚被授予“湖南省见义勇为先进个人”荣誉称号,并记一等功。

广 东 省

2014年12月1日

广东省农业厅组织召开纪念农业机械化促进法实施十周年暨广东省“十三五”农业机械化发展规划专家座谈会。

12月2日

广东省农业厅发文,准予广东省农业机械试验鉴定站承担64个品目农业机械产品的省级鉴定能力。

12月4—6日

广东省农业厅农业机械化管理办公室在珠海市召开全省农业机械化评价指标体系和统计业务工作会议。

12月16日

广东省农业厅在惠东县举办广东省农机合作社发展经验交流暨农机促冬种现场会。广东省农业厅副厅长牛宝俊出席会议并讲话。农业部农业机械化管理司生产管理处处长李斯华作题为《我国农机合作社发展形势与任务》的主题报告。会议由广东省农业厅副巡视员潘雪芬主持。有关农业局领导、合作社理事长在会上进行热烈交流。现场会展示10家企业100多(台)套设备。

12月19日

经广东省农业厅党组研究决定,任命彭彬为广东省农业机械化技术推广总站副站长。

2015年1月9日

广东省农业机械化技术推广总站在广州市举办全省地级市农机推广站站长会议。会上交流2014年各市农机推广工作,汇报2015年工作设想和计划。

1月27日

经广东省农业厅党组研究决定,同意陈育辉的辞职请求,免去其广东省现代农业装备研究所副所长职务。

1月30日—2月3日

广东省农业厅党组成员、副厅长牛宝俊到江门、茂名、湛江市调研农业机械化工作。

2月3日

广东省农业厅农业机械化管理办公室组织召开节水灌溉设备首部经销商约谈会。

2月4日

广东省农业厅组织召开2015—2017年中央财政农业机械购置补贴实施方案、拟补贴种类范围、分档分类讨论会。广东省农业厅分管领导及农业机械化管理办公室、省农业机械试验鉴定站、省农业机械化技术推广总站有关负责同志和专家参加会议。

2月12日

广东省农业厅、财政厅联合印发《广东省2015—2017年中央财政农业机械购置补贴实施方案》。

3月4日

广东省春耕备耕暨农业科技、放心农资和农业机械“三下乡”现场会在海丰县召开。广东省副省长邓海光出席现场会并部署春耕备耕工作。

广东省安全生产委员会通报2013—2014年度安全生产责任制考核结果，广东省农业厅荣获“安全生产责任制考核优秀领导班子”称号，广东省农业厅厅长郑伟仪、副厅长牛宝俊荣获“安全生产责任制考核优秀领导干部”称号。

3月5日

广东省农业厅副厅长牛宝俊、副巡视员潘雪芬带领省农业厅农业机械化管理办公室、省农业机械化技术推广总站、省现代农业装备研究所等主要负责人到汕尾市调研指导农业机械化工作。

3月16日

广东省农业厅组织召开2015—2017年中央财政农机购置补贴机具补贴额一览表专家评审会。厅农业机械化管理办公室、省农业机械试验鉴定站、省农业机械化技术推广总站、省农业机械总公司等有关专家参加会议。

广东省农业厅、财政厅联合印发《广东省2015年农机深松整地作业补贴工作实施方案的通知》。

3月19—20日

广东省农业厅副巡视员潘雪芬一行到江门市调研农机促春耕和农业机械化工作情况。

3月20日

广东省农业厅办公室印发《关于印发广东省农业机械化教育培训大行动2015年实施方案的通知》。

3月30日

广东省农业厅召开2015年广东省农机购置补贴工作视频会议，解读2015—2017年中央财政农机购置补贴实施方案。

3月

广东省农业厅副厅长、巡视员牛宝俊与21个地级市（顺德区）农业局签订农机安全生产责任书，各市分别与各县（区）签订农机安全生产责任书，强化农机安全生产责任制的落实。

3—11月

广东省农业机械化技术推广总站分三期在江门市新会区、广州市南沙区、肇庆市举办新型水产机械及新技术现场演示会与培训班。

4月15日

广东省农业机械化技术推广总站和省养猪行业协会在新兴县共同举办“病死动物尸体无害化处理机械化技术培训班暨演示会”。广东省农业厅党组成员、副厅长牛宝俊出席会议，并作重要讲话。

4月17日

广东省农业厅农业机械化管理办公室批复广东省农业机械化技术推广总站制订的《2015年度广东省农业机械推广鉴定产品及证书使用情况监督检查实施方案》，开展对14家农机生产企业17个产品进行农业机械推广鉴定产品及证书使用情况监督检查。

4月20日

广东省农业厅印发《关于印发〈2015年广东省补贴机具质量跟踪调查工作实施方案〉的通知》。

4月20—23日

广东省农业厅农业机械化管理办公室（农机安全监理办）派员到梅州市平远县、大埔县等地开展农机安全生产督查工作。

4月27—29日

广东省农业厅农业机械化管理办公室在广州市分两期举办广东省农机购置补贴辅助管理系统操作人员培训班，全省有关市县两级农机购置软件系统操作人员约150人参加培训。

4月29日

广东省农业厅印发《广东省2015—2017年农机购置补贴机具补贴额一览表》（第一批）。

4月、9月

广东省农业机械化技术推广总站分两期在英德市和湛江市举办甘蔗生产机械化技术培训班和技术交流会。

5月10—11日

广东省深松整地作业技术培训暨现场作业演示会在湛江市召开。广东省农业厅农业机械化管理办公室副主任刘亚平、省农业机械化技术推广总站站长刘胜敏及全省6个开展深松整地作业补贴试点工作的市、县代表共200人参加。

5月12日

广东省农业厅举办2015年农机安全监理装备项目设备采购签约会，为县（区）农机安全监理机构配备7套拖拉机安全检测设备、11套农机事故处理设备。

5月13日

广东省农业厅党组研究决定，任命陈奕娟为广东省农业厅农业机械化管理办公室（农业机械安全监督管理办公室）副主任，试用期1年。

5月25—29日

2015年广东省农机质量投诉处理暨跟踪调查工作培训班（两期）在广州市举办。

5月28日

广东省农业厅印发《广东省2015—2017年农机购置补贴机具补贴额一览表》（第二批）。

6月15—26日

广东省农业厅组织开展2015年上半年农机购置补贴督查工作。督查分五个小组进行，分别由分管厅领导、厅农业机械化管理办公室领导班子、省农业机械化技术推广总站站长带队，对10个市15个县进行农机购置补贴督查。

6月16日

广东省农业厅在陆河县河田镇开展以“加强安全法治、保障安全生产、服务农民机手”为主题的2015年广东省农机安全生产、农机购置补贴政策暨丘陵山区农机技术推广宣传咨询活动。广东省农业厅各主要处室、单位，汕尾等市农业局及其县（区市）农机监理机构，陆河县安监局、交警大队，河田镇镇政府等单位，有关农机企业，农民群众近2 000人参加此次活动。

6月24—26日

广东省农业厅在开平市举办农机维修技能人才培训班，并为获得“全国农机职业技能培训和鉴定示范基地”称号的单位授牌。江门、茂名、阳江等市的农机管理部门相关人员，农机合作社以及农机大户的农机维修技术人员共80多人参加培训。广东省农业厅副厅长牛宝俊出席授牌及开班仪式。

6月9—11日

广东省现代农业装备研究所所长张汉月带队赴农业部南京农业机械化研究

所、山东省农业机械科学研究院进行交流学习，探讨科技成果转化机制。

6—8 月

广东省农业厅分三期在梅州市、开平市、惠州市举办“农机维修技能人才和机务管理培训班”，共培训农机维修技术人员 200 多人。

7 月 3 日

经广东省教育厅批准，省现代农业装备研究所与华南农业大学共同建设农业工程学科联合培养研究生示范基地。

7 月 6—17 日

广东省农业厅与省安全生产监督管理局联合组成省“平安农机”示范县（区、市）考评小组，对平远县等 4 县（市）及申报 2015 年全国“平安农机”示范县（区、市）和李青华等 5 人申报全国农机安全监理示范岗位标兵的申报材料进行审核与实地复评。上述县（区、市）和人员均达考评标准，并推荐上报农业部农业机械化管理司。

7 月 7 日

广东省农业机械化技术推广总站在梅州市举办谷物烘干机械化技术培训班。

7 月 8—10 日

广东省农业厅农业机械化管理办公室副主任陈奕娟带领省农机质量跟踪调查组一行 4 人赴江门市开展补贴机具质量跟踪调查。

7 月 9 日

广东省农业机械化技术推广总站在湛江雷州市召开花生生产机械化现场会。

7 月 10 日

由广东省科技厅组织，广东省农业厅在广州市主持召开广东省现代农业装备研究所完成的“广式腊肠热泵干燥技术与装备”项目科技成果鉴定会。会议同意该项目通过科技成果鉴定。

7 月 22—23 日

广东省农业厅在新会区举办全省水稻育插秧机械化现场会。广东省政协有关领导、省农业厅领导及厅有关处室、事业单位领导，全省各市农业局分管领导，40 个产粮大县农业局分管领导及单设农机局的负责人，部分种粮大户代表等 200 多人出席现场会。

7 月 29 日

广东省农业机械化技术推广总站在怀集县举办全省区域性（肇庆市）水稻育插秧机械化技术培训班。

8 月 2—15 日

广东省农业机械试验鉴定站在广州市举办全省拖拉机驾驶培训教练员考证培训班，54 人参加培训。

8 月 10 日

经广东省农业厅党组研究决定，马志光任广东省现代农业装备研究所副所长，免去其广东省农业机械试验鉴定站副站长职务。张辉任广东省农业机械试验鉴定站副站长，免去其广东省农业机械化技术推广总站副站长职务。

8 月 27—28 日

在农业部组织开展的 2014 年主要农作物生产全程机械化示范项目验收会上，新会区水稻全程机械化示范县获得优秀等次。

8 月 29—30 日

广东省农业机械试验鉴定站实验室通过省质量技术监督局计量认证/审查认可复评审，并扩展 2 项检验业务。

8 月 31 日至 9 月 2 日

广东省农业厅在广州市召开 2015 年全省农业机械化质量及维修管理培训班。广东省农业厅党组成员副厅长牛宝俊、农业部农业机械化管理司生产管理处处长李斯华，厅农业机械化管理办公室主任陈楚楷，厅属事业单位有关领导，各市、县农业机械化主管部门分管领导、业务骨干，部分合作社代表，部分农机生产、经销企业代表，全国农机职业技能培训和鉴定示范基地（广东）负责人等 160 多人参加培训班。

9 月 1—2 日

广东省甘蔗生产机械化技术座谈会在湛江市召开。

9 月 11 日

广东省农业机械化技术推广总站在大埔县召开山地水果生产机械化技术示范推广现场会。

9 月 15—23 日

广东省农业厅派出督查组到潮州市潮安区、怀集县、新丰县、英德市等地开展重点地区攻坚整治工作的督查工作，重点督查重点县（区）的低速载货汽车档案移交以及督促建立潮安区农机安全监理机构工作。

9 月 22 日

广东省农业机械化技术推广总站在珠海市举办遥控飞行器机械化植保技术培训班暨演示会活动。

9—11 月

广东省农业机械化技术推广总站联合省蔬菜产业协会分别在中山市、清远市、云浮市开展蔬菜质量安全、高效管理及蔬菜生产机械化推广应用培训。

10 月 19 日

广东省农业机械化技术推广总站联合省植物饮用作物研究所在英德市举办全省茶叶生产机械化技术现场会暨培训班。

10 月 26—28 日

广东省农业厅农业机械化管理办公室组织汕头市潮阳区顺杰、茂名市茂南区志远等 7 家农机合作社示范社理事长赴山东参加全国农机合作社示范社理事长培训班。

11 月 2—14 日

广东省农业厅在德庆县举办广东省微耕机等 6 个实地检验规范培训班。各县级以上农机安全监理机构人员 240 多人参加培训。

11 月 6 日

广东省农业机械化技术推广总站在茂名市举办全省区域性冬种生产机械化现场会。

11 月 9—10 日

广东省农业厅组织召开全省农机深松整地作业补贴试点工作座谈会。

11 月 23—30 日

广东省农业厅、省财政厅开展 2011—2013 年省级农业机械化示范县项目验收。

2015 年

广东省现代农业装备研究所 13 个项目通过鉴定验收：养殖场病死禽畜快速堆肥生化处理工艺和设备、养猪机械设备专用测试仪器的研制、养猪场固态料智能输送（饲喂）系统及装备的开发与应用、可追溯智能养猪管理系统及装备的研制、广东省农机所创新能力建设、生姜收获机械化技术与设备的研发、养殖场病死禽畜快速堆肥生化处理工艺和设备与应用、马铃薯机械化收获技术和设备的研发、花生机械化收获关键技术与装备、养猪场智能饲喂（湿料）设备的研制与应用、高性能联合收割机中试条件的建设、适用于农民专用合作社保鲜关键装备技术研究（原杂志社项目转）、广式腊肠热泵干燥技术与装备。

广东省现代农业装备研究所获得发明专利 1 项：一种索盘结构及其制造方法；获得实用新型专利 6 项：一种死畜运输拖车、畜牧业养殖喂料搅拌装置、畜牧业养殖喂料给水食槽、乳猪养殖喂料装置、畜牧业养殖喂料自动采食装置、畜牧业养殖喂料推料装置;获得著作权2项:健坤智能水质在线测控软件V1.0、健坤水肥一体机控制软件V1.0;获得外观设计专利1项:乳猪养殖喂养装置。

广西壮族自治区

2015年1月20日

广西壮族自治区“双高”糖料蔗基地建设现场推进会在柳州市召开。这次推进会提高了建设“双高”基地的信心,为推进“双高”基地建设提供很好的经验样板,有力促进全区“双高”基地甘蔗生产全程机械化和规模化、良种化、水利化发展。

2月2日

广西壮族自治区水稻机插育秧模式推广应用研讨会在贵港市召开。研讨会分别对工厂化育秧、集中育秧分散管理、庭院式小棚育秧三种机械化育秧技术模式进行技术经验交流。

2月3日

广西壮族自治区农业厅在贵港市举办全区马铃薯生产暨机械化收获技术培训班。广西壮族自治区农业厅副厅长郭绪全、贵港市副市长肖明贵、港南区区长杨亚俊、自治区农业机械化管理局科教处处长黄荣忠等领导出席培训班。

2月6日

广西壮族自治区农业机械化管理局局长黄铭福率领监督管理处、科教质量处、农机安全监理总站负责人做客广西人民广播电台《阳光在线·厅长在线》直播节目,就农机购置补贴、农机技术推广、农机质量、农机安全等群众关心的问题,与听众、网民朋友进行在线互动交流,听取群众的意见和建议。

2月10日

广西壮族自治区农业机械化工作会议在南宁市召开。会议总结2014年广西壮族自治区农业机械化工作,学习传达中央、自治区有关会议和文件精神,分析形势,交流经验,部署2015年广西壮族自治区农业机械化工作。

2月11日

广西壮族自治区防范重特大农机安全事故工作会议在南宁市召开。广西壮族自治区农业机械化管理局局长黄铭福作报告。

3月23—24日

广西壮族自治区农机深松整地作业补助试点工作现场培训会在来宾市召开。广西壮族自治区农业机械化管理局副局长黄汉全、纪检组组长蒋国鸿出席培训会。

3月25日

广西壮族自治区农业机械化管理局在南宁市召开广西壮族自治区甘蔗生产机械化培训班。培训班总结推广甘蔗生产全程机械化模式,交流2014/2015榨季甘蔗生产全程机械化情况,部署深入推进甘蔗生产机械化工作。广西壮族自治区“双高”办驻办副主任、糖业局副局长刘全跃到会指导。

3月27日

广西壮族自治区水稻生产全程机械化社会化服务试点(整县推进)工作培训班在平南县举办。贵港、桂林、南宁市农机局长,5个项目县农机局长,广西壮族自治区农业机械化管理局相关处室负责人,广西壮族自治区农业机械化技术推广总站负责人等50多人参加了培训班。

4月22—23日

2015年广西壮族自治区水稻生产全程机械化技术培训班在桂林市临桂县举办。广西壮族自治区15个水稻主产市的农机局分管领导和推广站站长、合作社代表等100多人参加培训。

4月22—25日

广西壮族自治区农业机械化管理局局长黄铭福率队到湖南、安徽两省学习观摩农机购置补贴和水稻机插秧工作。学习观摩小组分别与两省农机局座谈,深入湖南省湘潭县,安徽省肥东县、芜湖市的购机补贴办理点、农机合作社、育秧工厂、大棚育秧现场、机插秧现场、农机批发市场和中联重机芜湖农业机械生产基地进行现场考察观摩。广西壮族自治区农业机械化管理局副局长黄汉全、广西壮族自治区农业机械化管理局相关处室领导和有关市农机局局长参加学习观摩活动。

5月19日

广西壮族自治区副主席张秀隆一行到自治区农业机械化管理局调研指导工作。参观广西现代农业装备展示中心,并主持召开调研座谈会,充分肯定近年来农业机械化工作,对今后农业机械化工作该怎么做好提出明确要求。广西壮族自治区人民政府办公厅副主任周光华,第四秘书处处长杨瑞华、副处长梁茂杰等陪同调研。广西壮族自治区农业机械化管理局领导班子成员以及各处(室)各直属单位的主要负责人参加座谈会。

6月9日

广西壮族自治区甘蔗机械作业信息化试点项目建设培训班在南宁市举办。广西壮族自治区农业机械化管理局副局长江垣德出席培训班并讲话。各试点项目相关市、县农机局分管领导、农业机械化技术推广站专家,试点项目承担单位负责人,广西壮族自治区农垦局、财政厅、广西农业机械研究院、自治区农业机械化管理局相关处室人员共70多人参加培训。

6月11—12日

在武鸣县举办2015年广西壮族自治区农业机械化技术推广业务骨干培训班。会议结合当前实际及发展趋势,邀请7名专家分别对农业机械化新技术、农机农艺相融合、相关项目的政策形势解读、标准讲解,航空植保机械化技术、现代农业与技术推广、水稻生产机械化技术、农业机械化技术推广试验验证、“双高”甘蔗生产全程机械化技术、农业机械化推广项目编制等7大内容开展培训授课。

6月19日

广西壮族自治区农业机械化管理局在南宁市召开全区水稻生产全程机械化项目建设推进培训会。各市农机局局长和农机推广站站长,水稻生产全程机械化项目县农机局长,广西壮族自治区农业机械化管理局有关处室和农机技术推广站相关人员,2014年和2015年水稻生产机械化项目实施主体负责人等130多人参加培训会。

6月23—26日

广西壮族自治区农业机械化管理局局长黄铭福带队赴湖北和河南两省,实地考察国拓公司和辰汉公司,与企业负责人、技术骨干和当地农机部门负责人座谈,听取企业对推进广西壮族自治区甘蔗机收的意见建议,为企业改进机具、实现批量生产提供指导。期间,广西壮族自治区农业机械化管理局专家组还对国拓公司开展农机企业生产条件审查。

7月20—21日

2014—2015年度广西壮族自治区农业机械化推广信息员培训班在南宁市开班。培训班旨在进一步提高全区农机推广系统信息宣传工作水平,增强服务全区农业机械化推广工作的能力,表彰

2014—2015年度广西壮族自治区农业机械化推广宣传先进单位和个人。河池市、桂林市农机推广站等单位获得先进单位称号，卢世豪、江燕等人获得先进个人荣誉称号。

7月29日

2015年广西壮族自治区农业机械化年中工作暨购机补贴反腐倡廉警示教育培训会议在南宁市召开。会议深入贯彻落实中央和广西壮族自治区有关会议精神，总结分析2015年上半年农业机械化特别是购机补贴工作，开展购机补贴反腐倡廉培训，研究部署2015年下半年农业机械化工作。广西壮族自治区农业机械化管理局局长黄铭福，副局长李一洪、黄汉全、江垣德，纪检组长蒋国鸿出席会议。五县(市、区)农机局作了经验交流发言，会上还签订2015年农机购置补贴工作责任状。

8月18日

广西壮族自治区在南宁市召开农机安全生产工作紧急会议。会议旨在汲取天津爆炸事故沉痛教训，认真开展安全隐患大排查，确保人民生命财产安全。广西壮族自治区农业机械化管理局局长黄铭福作题为《坚决遏制重特大农机安全生产事故发生》的讲话，广西壮族自治区农业机械化管理局副局长黄汉全传达全国、全区安全生产电视电话会议精神，自治区农机安全监理总站通报全区农机道路安全生产情况，广西壮族自治区农业机械供应柳州公司、百色公司分别汇报仓储安全有关情况。

8月26日

广西壮族自治区农业机械化管理局与日本鱼谷铁工株式会社召开交流座谈会。广西壮族自治区农业机械化管理局局长黄铭福会见日本鱼谷铁工株式会社北久保董事一行。双方就广西甘蔗机械化发展情况及今后的合作进行深入交流。广西壮族自治区农业机械化管理局副局长江垣德，有关处室站领导、专家陪同座谈。

9月7日

广西财政厅副厅长曾纪芬到临桂两江镇水稻全程机械化基地进行调研。重点了解基地用于厂房、播种、育秧、烘干等硬件及软件配套设施的资金使用情况，表示当前农机要牢牢把住农业机械化特色不放松，以特色战略求发展，要不断把农业机械化事业做大做强，把惠农工作落到实处。

9月8日

2015年广西壮族自治区农机质量调查培训班暨年中农机质量投诉监督工作研讨会在钦州市召开。会议深入总结2015年上半年广西壮族自治区农机质量投诉监督工作，研究部署2015年下半年农机质量投诉监督工作，交流典型经验，培训农机质量调查人员。广西壮族自治区农业机械化管理局副局长江垣德出席并作重要讲话。

9月11日

广西壮族自治区在南宁市召开广西壮族自治区农机安全生产形势分析报告会。总结2015年以来广西壮族自治区农机安全监理工作，分析存在问题和广西壮族自治区农机安全生产形势，研究部署下一阶段农机安全生产工作。广西壮族自治区农业机械化管理局副局长李一洪到会作重要讲话。

9月12—13日

广西质量技术评价认证中心组织评审组对自治区农业机械鉴定站(检验站)申请的履带自走式旋耕机、挖坑机、起垄机、甘蔗装车机、自走式粉垄深耕深松机、甘蔗田间收集搬运机等6个产品进行实验室资质认定扩项评审。评审组对广西壮族自治区农业机械鉴定站(检验站)的组织、管理体系、文件控制、现场试验等方面进行评审，提出综合评审意见。评审结论为基本符合。

9月14日

广西壮族自治区法制办公室、农业机械化管理局组成调研组，在来宾市召开《广西壮族自治区农业机械化促进条例(征求意见稿)》调研座谈会。增强政府立法工作的透明度，提高政府立法工作质量，及时出台更利于促进农业机械化可持续健康发展的法律法规。广西壮族自治区法制办公室副主任范小辉、农业机械化管理局副局长江垣德参加座谈。来宾市法制办公室、农机局、公安局和兴宾区、武宣县农机局等12个单位代表，以及3家农机专业合作社、农机生产企业负责人在座谈会上积极建言献策。6月底，广西壮族自治区法制办公室就《广西壮族自治区农业机械化促进条例(征求意见稿)》向全区各市广泛征求意见建议。7月初，广西壮族自治区农业机械化管理局也在全区农机部门当中广泛征求意见建议。

9月29日

广西壮族自治区人民政府召开全区推进农村道路交通安全"两站两员"建设工作现场会，会议现场点设在扶绥县，其中东门镇渠荣村现场点将作为农机和公安交警联合执法共同推进"两站两员"建设的先进典型向参会人员作展示。

10月9—10日

广西壮族自治区农业机械化管理局在南宁市举办全区农机购置补贴辅助管理系统操作培训班，广西壮族自治区农业机械化管理局副局长黄汉全出席并讲话。各市、县(区)农机局(农委、农业局)农机购置补贴工作人员共240多人参加培训班。

10月19日

广西壮族自治区人民政府办公厅印发《广西壮族自治区人民政府办公厅关于加快推进我区水稻生产全程机械化的意见》。《意见》提出，到2020年，广西水稻耕种收综合机械化水平要达到80%以上。《意见》明确四方面重点任务、五方面主要措施，要求各市、县人民政府要加强组织领导，加大财政资金投入，各级财政、国土资源、科技、水利、农业、农机、电力等部门要各其职，强化协调配合，形成协调联动、整体推进的工作机制，加快推进水稻生产全程机械化。

10月20日

广西壮族自治区副主席张秀隆深入玉林市，就粉垄耕作技术的研发、应用推广情况，具有自主知识产权的"粉垄深耕深松机"研发情况进行调研，强调农机部门要更加重视粉垄深耕深松技术的推广和应用，服务好农机研发企业，帮助农机企业解决遇到的困难和问题，加强粉垄机械关键技术研发，重视农机、农艺配套研究和技术效率、效益比较。

10月26—27日

广西壮族自治区农业机械化管理局局长黄铭福带队，科教质量处、农业机械鉴定站有关人员，桂林市、玉林市农机局以及有关农机企业负责人一行8人前往青岛市参加中国农业机械学会农业机械化分会全国会员代表大会暨中国农机发展论坛，并参加2015中国国际农业机械展览会开幕式和参观农机展。展会上，广西壮族自治区农业机械化管理局被评为中国农业机械学会农业机械化分会先进单位(2011—2015年度)，黄铭福被评为中国农业机械学会农业机械化分会先进个人(2011—2015年度)。

10月28—30日

广西壮族自治区农业机械化管理局

干部全员培训暨2015年全区市县农机局长培训班在南宁市举办。广西壮族自治区农业机械化管理局党组书记、局长黄铭福作开班动员并授课。培训班邀请中国农业大学教授、博士生导师白人朴作现代农业与农业机械化专题讲座；中国农业大学教授、博士杨敏丽作“十三五”农业机械化发展规划专题讲座；广西壮族自治区党校教授贺先平作加强党性修养、严明政治纪律专题讲座；广西壮族自治区农村经济管理总站站长、研究员杨志作现代特色农业示范区建设专题讲座；广西壮族自治区农业机械化技术推广总站站长、推广研究员陈世凡作水稻生产全程机械化专题讲座；广西壮族自治区农业机械化管理局监督管理处处长、高级工程师刁其朗作农机合作社发展专题讲座；广西壮族自治区农业机械化管理局甘蔗办主任、高级农经师莫荣旭作甘蔗生产全程机械化专题讲座。研讨班还分组座谈，研讨广西壮族自治区农机购置补贴工作和“十三五”农机发展规划。

11月2日

广西水稻生产农机农艺融合试验示范项目培训班在桂林市召开。会上总结2013—2015年在相关市县（区）开展的水稻生产农机农艺融合试验示范项目的实施情况及结题验收要求，并就农机和农业部门如何加强沟通与合作、共同实施项目，更好更快地促进广西壮族自治区水稻、马铃薯、甘蔗等主要农作物生产的农机农艺融合等问题进行深入探讨。此次专题培训由广西壮族自治区农业机械化技术推广总站和广西壮族自治区农业技术推广总站联合举办。

11月5—6日

2015年广西基层农技推广体系改革与建设补助项目暨稻谷烘干机械化技术培训班在贵港市举办，进行水稻育秧技术现场培训，稻谷烘干机械化现场演示，无人机植保作业演示。广西壮族自治区农业机械化管理局科教质量处覃勇，广西壮族自治区农业机械化技术推广总站站长陈世凡、副站长丘成彦，贵港市农机局副局长吴守庄出席培训班，全区各市县农机推广站站长、承担基层农技推广体系改革与建设补助项目相关县农机局的项目负责人共140多人参加培训。

11月17日

广西壮族自治区农业机械化管理局局长黄铭福率队到崇左市检查指导全国甘蔗生产全程机械化现场推进会筹备工作，并深入扶绥“甜蜜之光”现代特色农业（核心）甘蔗示范区、扶绥县东亚糖厂等现场会的现场点检查。黄铭福强调：市、县相关部门要把这次现场会当作一项政府任务来抓好抓实，现场会的每个环节都要考虑周全，做到部门分工负责，任务到组，责任到人，确保现场会的顺利召开。同时，农机部门要以这次现场会为契机，谋划好2015—2016年榨季甘蔗机械化收获工作，做好今冬明春“双高”糖料蔗基地机械化建设，大力推进甘蔗生产全程机械化。

11月19—20日

广西壮族自治区农业机械化管理局在南宁市举办全区农机监理行政执法培训班。培训班邀请农业部农业机械化管理司副巡视员孔亮和国家安全监管总局监管二司副司长赵瑞华分别讲授农业机械化发展形势与农机监理改革思路、安全生产案例分析与综合监管等课程。广西壮族自治区法制办公室行政执法监督处处长李文金就依法行政的基本知识、行政执法基本知识、健全完善决策机制、增强法治意识提高依法行政能力四个方面进行阐述，强调依法推进法治社会建设的重要性。广西壮族自治区农业机械化管理局局长黄铭福作开班讲话，副局长李一洪主持开班仪式。

11月24日

广西壮族自治区副主席张秀隆会见农业部副部长张桃林，双方就甘蔗生产全程机械化工作进行深入交流。

11月25日

广西壮族自治区十二届人民政府第61次常务会审议通过《广西壮族自治区农业机械化促进条例（草案审查稿）》。

11月27日

以“推进现代科技，实现强农富民”为主题的第八届中国—东盟（百色）现代农业展示交易会开幕。本届农展会主要展示已进入国家或广西2015年农机购置补贴产品归档范围的农机产品及各种先进适用的动力、收获、植保等农业机械。参展商79家，参展机具350台套。

12月3—4日

2015年广西壮族自治区甘蔗生产全程机械化技术培训班在来宾市举办，现场观摩联合收获机作业、分段式收获作业、卫星定位自动驾驶、深耕深松深度检测系统作业深耕、深松作业等农业机械化技术和装备。

海南省

2015年年初

通过资金大力扶持，加强海南省各市县农机购置补贴便民服务窗口能力建设，实现农户购机一站式服务和补贴工作公开、透明、高效操作，强化监管。

3月

为充分发挥技术专家队伍在海南省农业机械化发展方面的技术和智力优势，提高海南省农业机械化发展政策研究能力和项目论证的科学性、合理性和客观性，建立海南省农业机械化技术专家库。

5—8月

相继发布《海南省农业厅关于规范农机购置补贴产品标志标识的通知》《海南省农业厅关于我省2015年农机购置补贴产品归档工作的通知》《海南省农业厅关于加强和规范农机购置补贴产品经营管理的通知》《海南省农业厅关于印发海南省2015年农机购置补贴政策落实延伸绩效管理方案的通知》和《海南省农业机械化管理局关于农机购置补贴县级信息公开专栏建设维护工作的通知》等文件。印制海南省农业机械购置补贴机具核查指导手册，提高海南省农机购置补贴管理水平。

重庆市

2015年3月2日

2015年重庆市春耕春播生产展示、演示现场会在万州区召开。

3月10日

重庆市2015年农机安全监理工作会议在永川区委党校召开。重庆市农业委员会副主任、市农机管理办公室主任秦大春出席会议并讲话，会议由重庆市农业委员会副巡视员邓光友主持。

4月13日

重庆市农业机械深松整地作业试点现场会在垫江县召开。重庆市农业委员会、市农机管理办公室领导，市农业委员会机关有关处室负责人，10余个区县分管农业机械化工作的领导、农机推广站站长、果树站（局）站（局）长或蔬菜（多经）站站长，共100余人参加会议。会议就深松整地作业模式进行现场演示和讲解，并研究部署2015年农业机械深松整地作业试点工作。

5 月 5 日

重庆市农机安全监理所制定印发《重庆市农机安全监理执法车辆管理办法》及《重庆市农机安全监理执法着装管理办法》。

5 月 14 日

举办重庆市设施农业装备与技术示范培训班，对各区县设施农业项目指导者和实施人员进行设施农业新产品、新技术，设施农业发展现状与发展趋势等方向的全方位培训。

6 月 29—30 日

重庆市水稻植保装备现场研讨会在荣昌区举行。

6 月

先后会同重庆市人民代表大会、市人民政府法制办公室召开座谈会和论证会，修改、整理《重庆市农业机械化条例》，筹备申报重庆市人民代表大会的立法审议项目。

7 月 10 日

重庆市农机深松整地作业试点工作会在潼南区召开。重庆市农业委员会、市农机管理办公室领导，市农业委员会机关有关处室负责人，20 个区县分管农业机械化工作的领导、农机推广站站长，共 200 余人参加会议。会议组织观摩潼南区粮油、蔬菜等根系作物土地免耕性深松及柠檬、葡萄园土地深松现场，并部署重庆市农机深松整地作业试点阶段性工作。

7 月 14—15 日

重庆市农机职业技能鉴定考评员适应性培训在梁平县举办。通过现场观摩学习和交流，推进农机职业技能鉴定工作。

7 月 23—24 日

重庆市农业机械化技术推广总站在全国农业机械化技术推广人员知识竞赛活动中荣获优秀组织奖。

7—8 月

重庆市农业机械化技术推广总站相继搜集整理出一系列实用农业机械化技术，汇集成《实用农机化技术汇编》，通过重庆市农业机械化信息网发布。

8 月 6 日

重庆市农业机械化技术推广专家委员会和重庆市农业机械化政策咨询专家委员会成立。两个专家委员会的成立，将加强全市农业机械化发展重大理论和政策问题的研究，提高农业机械化工作的科学决策水平，强化工作的科学性、专业性和规范性，充分发挥技术推广和政策咨询专家提供的智囊作用。同时也标志着重庆市农机推广技术力量上了一个新台阶。

8—11 月

在重庆三峡职业学院举办重庆市农机专业合作社高级经理人培训班，分三期 159 人次，每期培训时间 5 天。

9—10 月

重庆市农机管理办公室举办高级农机修理工培训班。培训中选拔选手参加“中联重科杯”全国农业技能(农机维修)竞赛。

2015 年

重庆市农业机械化技术推广总站制定实施“稻油”“稻薯”连作机械化轻简生产技术规程，积极探索推进农业机械化条件下的稻油(薯)连作模式。

重庆市农业机械化技术推广总站组织编写《重庆市农机合作社规范化建设手册》《重庆市农机购置补贴工作指导手册》《重庆市农机化新技术新机具选编手册》。

四 川 省

2014 年 12 月

四川省 2014 年度农田水利基本建设农机项目绩效考核工作开展，农机项目包括农业机械化生产道路建设和农村机电提灌建设两部分。考核结果评出：1 个第一名：眉山市；6 个第二名：广安市、宜宾市、遂宁市、泸州市、达州市、绵阳市；8 个第三名：资阳市、德阳市、南充市、凉山州、广元市、攀枝花市、巴中市、乐山市。

2015 年 1 月

四川省农业厅发出《关于开展全省农机和渔业船舶安全生产大检查的通知》(川农业函〔2015〕24 号)，安排布置为期 3 个月的农机和渔业船舶安全生产大检查。

“四川省农机化评价指标体系”分别通过四川省农业厅、省科技厅成果鉴定。“四川省农机化评价指标体系管理系统”上线，在四川省全省推广应用。

1 月、8 月

由四川省农业厅牵头，四川省农业厅副巡视员王晓军带领，四川省委宣传部、省水产局、省应急救援指挥中心、省公安消防总队、省交通厅等部门有关同志组成省人民政府第十一综合督查组，分别对凉山州安全生产情况进行两轮综合督查。

2 月

四川省农业厅为适应农业机械化发展形势，积极推进农机推广鉴定信息公开工作，根据《农业部办公厅关于切实做好当前农机推广鉴定工作的通知》(农机办〔2015〕2 号)精神和要求，制定《四川省农业厅农机推广鉴定信息公开实施工作方案》，明确农机推广鉴定信息公开的主要任务和进度安排。

3 月 30 日

四川省农业厅、省财政厅联合印发《四川省 2015—2017 年农业机械购置补贴实施指导意见》。

3 月

四川省农业厅与省质量技术监督局、省农业机械鉴定站召开座谈会，专题讨论研究当前四川省推行拖拉机安全技术检测社会化问题。

四川省农业厅组织开展全省拖拉机安全技术检验能力及发展方向调查。

四川省农业厅农机安监处(省农机监理总站)被省人民政府办公厅评为道路交通安全综合整治先进集体，万世云、邱夏、张浩然 3 名同志被评为先进个人。

四川省农业厅被四川省人民政府办公厅评为 2014 年度安全生产先进单位。

4 月 2 日

四川省农业机械鉴定站发布《四川省农机推广鉴定获证产品目录(2011—2014 年)》，对有效期内产品的推广鉴定证书信息、检验结果、鉴定机构、所属品目等进行公示。

4 月 10 日

四川省农业厅在遂宁市召开四川省农村机电提灌保春耕现场会，来自 21 个市(州)及部分县(市、区)分管机电提灌工作的局长、科长共 90 余人参加会议。

4 月 18 日

中央电视台宣传报道四川省“互联网+农村机电提灌信息化”工作开展情况。现场解剖泸县耿石桥提灌站借助“互联网+提灌”模式，实现机电灌区远程智能化运行、实时监测和控制，达到农村机电提灌站以“网”替“人”的无人自动化日常管护目的，宣告四川省农村提灌的大数据应用开始起步。

4 月

按照行政审批有关要求，编制四川

省农机监理相关审批许可业务办事指南、办事流程，进一步规范农机监理业务。

四川省农业厅副巡视员冯亮陪同省人民代表大会农业与农村委员会李清禾主任一行到遂宁、南充就《四川省农机安全监管条例》贯彻实施情况进行专题执法调研检查。

4—8 月

四川省农业厅组织开展全省农机维修服务能力调研，并组织相关人员赴江西省、山西省考察学习农机维修服务能力建设的经验和做法。

5 月

四川省农业厅对四川省第十二届人民代表大会第三次会议代表康宁有关农机监理工作的建议，从基层农机监管体系，监理人员着装，检验与考场等设施，培训与技术指导等四个方面进行协办回复。

6 月 10 日

农业部办公厅批复《四川省农业厅转报成都市农委关于四川现代农机产业园区申报中国农业机械化创新示范园区的请示》，同意“四川现代农机产业园区”为“中国农业机械化创新示范园区”。

6 月 12 日

四川省农业厅命名“郫县民兴农机专业合作社”等 82 家农机合作社为 2016—2019 年“四川省农机合作社省级示范社”。

6 月 26 日

四川省农业厅副厅长牟锦毅召集人事处、农业厅农机化发展处、省农业机械鉴定站、省农机行业特有工种职业技能鉴定站负责同志就农机职业技能鉴定工作进行专题研究。四川省农业厅农机化发展处将省农机行业特有工种职业技能鉴定站所承担工作全部委托给省农业机械鉴定站，由四川省农业机械鉴定站履行相关职责并承担相关义务。四川省农业厅农机化发展处负责四川省农机行业职业技能鉴定行政管理工作。

6 月

四川省农业厅组织全省开展农业行业安全生产月活动，协助农业部在郫县承办 2015 年全国农机安全生产月现场咨询日活动。农业部农业机械化管理司司长李伟国、国家安全监管总局监管二司领导到场督导工作，人民日报、农民日报等记者现场报道此次活动。

7 月 16 日

为进一步适应粮食烘干机在四川省全省呈暴发式增长态势，发挥好烘干机的作用和效益，减少粮食损失，提高农机合作社社会化服务水平，四川省农业厅农机化发展处、省农业机械化技术推广总站在邛崃市举办全省粮食烘干技术培训班，来自全省的农机推广技术人员、农机合作社人员共 120 余人参加培训。

7 月

四川省农业厅在新都区举办全省农机监理依法行政业务培训。对四川省共 700 余名农机监理人员（其中，210 余人为新增监理人员，480 余人为持有农机监理员证到期需换证人员）进行农机监理政策与法规，四川省农机监理业务系统操作使用，农机安全技术检验、考试、事故处理等专业知识培训。

四川省农业厅发布《关于实施“五大行动”进一步加强全省农业行业安全生产工作的通知》（川农业函〔2015〕370 号），就四川省农业行业扎实开展“安全生产新要求宣讲、安全生产专项整治、安全生产‘双基’建设、安全生产依法治理、安全生产责任落实”五大行动进行安排部署。

8 月

旺苍县、安县、青神县、通江县被四川省农业厅、省安全生产监督管理局联合评为省级“平安农机”示范县；南江县关坝镇等 62 个乡镇被评为省级“平安农机”示范乡镇；大英县农机监理站郭志军等 15 名同志被授予省级农机监理“为民服务 创先争优”示范岗位。同时，向农业部和国家安全生产监督管理总局推荐旺苍县参评国家级“平安农机”示范县；彭山县农机监理站苏艳宁、剑阁县农机监理站杨德全 2 位同志参评农机监理“为民服务 创先争优”示范岗位。

由四川省农业厅牵头，四川省农业厅副巡视员冯亮带队的省道路交通安全综合整治第四督导组，对眉山、雅安、攀枝花三市的道路交通安全综合整治工作进行督导检查。

由农业部副部长于康震任组长、农业部国家首席兽医师张仲秋任副组长的国务院安全生产委员会综合督查第八组，对泸州、乐山、遂宁、南充安全生产大检查进行综合督查。四川省农业厅副厅长杨朝波、副巡视员王晓军陪同检查。

9 月

组织四川省全省开展悬挂异地拖拉机号牌情况调查。

四川省农业厅安排部署全省开展为期 4 个月的农机安全生产大检查，深化“打非治违”工作，将拖拉机道路交通安全综合督查内容纳入大检查范围。四川省农业厅将全省分为 5 个片区，以市（州）为组长单位，省级派员参与的方式，组织开展交叉督查。

10 月

四川省农机监理总站人事调整，周晓琴同志任四川省农机监理站站长。

11 月

四川省农业厅与省人民代表大会农业与农村委员会联合召开《四川省农业机械安全监督管理条例》贯彻落实情况研讨会，四川省人民代表大会农业与农村委员会主任李清禾参会。

12 月

对 2015 年申报拖拉机驾驶培训教育和教练员的 65 名人员开展理论和操作实务考试。

2015 年

全面完成年度水利建设目标任务。四川省全省修复提灌机械 8.56 万台次 88.15 万千瓦，改造提灌站 2 788 座 7.58 万千瓦；新建提灌站 1 046 座 2.96 万千瓦。新增提水控灌设备 2.37 万台 14.2 万千瓦，新增提水控灌面积 26.49 千公顷。四川省投入提灌建设资金 6.84 亿元，其中中央 1.66 亿元，省 1.61 亿元，市县乡 2.05 亿元，其他投入 1.52 亿元。

四川省农业厅将全年确定为《四川省农业机械安全监督管理条例》贯彻年，省农业厅及时印制《四川省农机安全监督管理条例》6 万本，分发各市州、县、乡（镇）。实施简政放权，及时将拖拉机驾驶培训资格认定许可权限由省下放至市州，将拖拉机、联合收割机及驾驶人检验、考核、牌证办理等行政审批权由市下放至县，推动乡镇政府建立可能危及人身财产安全的农业机械台账，落实属地管理责任。积极争取将《四川省农机安全监管条例》列入四川省人民代表大会农业与农村委员会执法调研检查年度工作计划。

四川省人民政府部署全省开展道路交通安全综合整治深化巩固年行动，四川省农业厅积极参与，及时下发《关于开展拖拉机安全源头监管深化道路交通安全综合整治巩固年行动的通知》，组织全省开展为期 1 年的拖拉机安全源头监管深化道路交通安全综合整治。

贵 州 省

2014 年 12 月 1—6 日

贵州省人力资源和社会保障厅和省农业委员会在黔西南州兴义市联合举办中国南方山区农业机械化问题与解决途径高级研修班。各省、自治区、直辖市、新疆生产建设兵团人力资源和社会保障厅(局)、福建省公务员局等各有关单位的中高级职称及农机管理人员 90 余人参加培训。

12 月 3—5 日

贵州省全省农机管理暨农民农机专业合作社培训会在黔西南州兴义市召开。各市(州)农业委员会(农牧局、农机局、农机中心)分管领导和项目管理科科长,合作社理事长和财务人员 150 余人参加会议。会议主要针对农业项目管理、项目资金管理进行培训。

12 月 8 日

2014 年贵州省水稻全程机械化示范基地建设总结会、单轨运输车应用观摩会暨农机购置补贴廉政工作警示教育会在铜仁市举办。贵州省农业委员会领导及相关部门(单位)负责同志等 110 余人参加会议。会议主要对 2014 年贵州省水稻全程机械化示范基地建设项目进行总结;到江口县怒溪乡洛香省级茶叶园区参观单轨运输车;中国工程院院士、华南农业大学教授罗锡文对水稻精量穴直播技术进行精彩讲解;贵州省农业委员会机关党委书记徐成高作农机购置补贴廉政工作警示教育和 2014 年贵州省水稻全程机械化示范基地建设项目两个重要讲话。

12 月

由贵州省茶叶科学研究所主持的贵州省科技重大专项《贵州茶产业关键技术研究与产业化示范》获 2014 年贵州省科技进步二等奖,贵州省山地农业机械研究所作为主要参加研究单位荣获此奖。

2015 年 1 月 15—18 日

贵州省水稻和薏苡机械化生产技术培训会在华南农业大学召开。华南农业大学罗锡文教授、曾山博士讲授农业机械化生产关键技术,并就“2015 年贵州省水稻全程机械化示范基地建设方案”和“2015 年贵州省薏苡机械化试验示范方案”开展讨论。贵州省农业委员会与华南农业大学达成农业机械研发和机械化试验示范等相关方面的合作。贵州省农业委员会农业机械化管理办公室、省农作物技术推广总站、省农业机械技术推广总站、省山地农业机械研究所、省农业科学院水稻研究所、兴仁县农业局、贵州泛亚薏苡米有限公司和省农业宣传声像中心等相关部门代表共 19 人参加培训会。

2 月 6 日

贵州省农业机械技术推广总站职工罗翔,2014 年被选派到水城县参加同步小康驻村工作,驻村先进事迹深受当地党委和百姓好评。2015 年经贵州省委党的建设工作领导小组研究决定,该同志评为“2014 年度全省优秀同步小康驻村干部”。

3 月 10—14 日

贵州省农业委员会在贵阳市召开全省 2014 年度农业机械化统计年报数据修订工作会。各市(州)农业机械化统计员参加会议,贵州省农业委员逐个审核各地的农业机械化统计年报数据。

3 月 27 日

贵州省农业委员会制定《贵州省 2015 年农机化教育培训方案》,印发给各地,要求认真组织实施。

4 月 8 日

贵州省全省农机购置补贴管理软件系统操作人员培训班在贵阳市举办。各市、县农业机械化主管部门具体负责农机购置补贴管理软件系统操作的人员参加,重点培训 2015 版贵州省农机购置补贴管理软件系统操作技能。

4 月 10 日

贵州省农业机械化工作座谈会在贵阳市召开。会议传达贯彻全国农业工作会议及农机专业会议等会议精神,总结 2014 年工作,安排部署 2015 年工作。贵州省农业委员会机关党委书记徐成高强调在经济新常态下如何做好农业机械化工作,分析现阶段农业机械化工作的优势,要求各地因地制宜、实事求是,围绕当地党委、政府的重点工作,在大农业中谋农业机械化发展。会议期间还对“2015 年度省级农民农机合作组织发展资金项目”进行培训。各市(州)农业委员会(农机中心)分管农机的领导和农机项目、购机补贴管理科(站)长参加会议。

4 月 20 日

贵州省农业委员会机关党委书记徐成高率农机管理处、省农作物技术推广总站、省农业机械技术推广总站、省山地农业机械研究所、省农业职业学院等单位有关负责人,与华南农业大学“南方农业机械化与装备关键技术教育部重点实验室”曾山博士一行到黔西南州兴仁县调研薏苡全程机械化生产工作,实地落实 2015 年薏苡机械化试验示范项目。

4 月

贵州省农业委员会联合省财政厅发布《贵州省 2015—2017 年农机购置补贴实施方案》,方案实现五个历史首创。一是首次制定跨年度农机购置补贴政策,补贴政策连续 3 年整体稳定;二是首次扩大补贴对象的范围,凡是从事农业生产的个人和农业生产经营组织均可购机享受补贴,含农业企业;三是首次实行“先购后补”;四是首次缩小农业部下发的农机产品补贴范围,补贴产品的品目由 2014 年的 156 个缩减至 104 个;五是首次由农机补贴产品生产企业自行公布经销商。

5 月

由贵州省农业委员会、华南农业大学、省农作物技术推广总站、省山地农业机械研究所、省农业机械技术推广总站组成的专家组到西秀、平坝、遵义、碧江、独山、惠水等区县检查、指导“贵州省水稻全程机械化示范基地建设项目”实施情况。

6 月

贵州省组织开展农机专业合作社发展情况调研工作,形成《2015 年贵州省农机合作社发展情况调研报告》。

7 月 29 日

《省财政厅　省农委关于下达 2015 年省级财政农业和农机农民专业合作组织发展资金的通知》下达资金 5 150 万元,安排 219 个项目,其中:农机专业合作社建设项目 93 个,农业机械化技术试验示范项目 50 个,农机抗旱应急服务队建设项目 76 个。

8 月 16 日至 9 月 15 日

贵州省农业委员会成立督查组,就 2014 年度补贴政策延长实施情况、2015 年补贴对象购机情况、工作制度建设情况、信息公开情况、规范经营情况、补贴产品质量管理情况、补贴资金使用情况、延伸乡镇实施情况等农机购置补贴政策落实情况开展督导检查。

8 月 26—31 日

中国工程院院士、华南农业大学“南方农业机械化与装备关键技术教育部重点实验室”主任罗锡文带队的考察组到铜仁市及碧江区、江口县、石阡县等地，重点围绕“我国农业全程全面机械化发展面临的新挑战和应对策略”进行调研。并在石阡县举办“转变农业发展方式、推进现代农业发展”讲座。贵州省农业委员会党组成员、机关党委书记徐成高及市农业委员会、市科学技术协会相关领导参与调研。

9月11日

贵州省农业委员会根据群众举报，在全省范围内暂停常州常旋机械有限公司所有产品的农机购置补贴资格，并及时开展调查核实。印发《关于暂停常州常旋机械有限公司所有农机产品补贴资格的通知》。

9月16日

贵州省农业委员会在贵阳市组织召开全省农业废弃物处理循环利用生物制肥机示范推广现场交流会。各市(州)农业委员会(农机中心)、贵安新区农水局、仁怀市农牧局、威宁县农机局等分管农机的负责人，部分县土肥站负责人共120余人参加会议。

9月25日

贵州省农业委员会决定在全省范围内暂停武汉黄鹤拖拉机制造有限公司所有型号微耕机的农机购置补贴资格，并及时组织调查核实该企业所有微耕机在贵州省的补贴情况。印发《关于暂停武汉黄鹤拖拉机制造有限公司生产的微耕机农机购置补贴资格的通知》。

9月29日

由贵州省农业委员会组织的全省水稻全程机械化示范项目测产验收现场会在碧江区召开，贵州省农业委员会总农艺师黄俊明、省农业科学院副院长周维佳、省农业科学院水稻所和贵州大学等6位专家出席会议。与会代表观摩碧江区农牧科技局实施的水稻全程机械化示范项目，实施中结合农业部水稻高产创建项目，开展多方面的农机与农艺相结合的试验示范。专家组分别对水稻机插秧、水稻机直播(水直播、旱直播)、人工栽插等不同种植方式的田块进行实测实割。机直播(水直播)示范片平均每公顷产量8 004.6千克、机直播(旱直播)示范片平均每公顷产量7 709.4千克、机插秧示范片平均每公顷产量8 899.15千克、人工插秧平均每公顷产量8 120.7千克。

9月

开展“质量月”活动。加强农机操作技能培训、调查在用农机质量、检查农机经销企业质量制度建立情况、检查农机维修质量、为农机推广鉴定提供业务咨询等。

10月10日

在贵州省全省范围内暂停所有果蔬烘干机的补贴资格，并及时开展调查。印发《关于暂停所有果蔬烘干机补贴资格的通知》。

10月下旬

贵州省农业委员会成立以贵州省农业机械技术推广总站副站长为组长，贵州省农业机械技术推广总站、省农业委员会农机装备处部分人员为成员的调查组深入桐梓县、道真县购机农户家中和相关经销商处，就微灌设备(微喷、滴灌、渗灌)的补贴情况进行调查。11月16日向农业部农业机械化管理司报送调查报告。

10月

贵州省山地农业机械研究所组织申报的中央补助地方科技基础条件专项基金项目《贵州山地小型农机具创新研发平台建设》，通过省科技厅组织的答辩及国家财政部专家的评审，正式获得立项。这是贵州省山地农业机械研究所近20年来首次主持国家级重大项目，项目总经费920万元。项目将建设山地机械化耕作研究实验室、现代精密播种技术研究实验室和农业机械数字化设计研发中心，同时开展微耕机旋耕刀具优化设计、蔬菜精密播种技术等研究工作。

11月上旬

按照贵州省人民政府办公厅转来《国务院办公厅关于对民生领域跟踪审计和专项督查发现问题进行核查问责的通知》和贵州省省领导批示要求，就“松桃县2014年第二批中央农机购置补贴资金审批及拨付环节的审批时间违规超期20天”和“截至2015年8月底结存140万元”的问题，贵州省农业委员会和省财政厅协商，委托铜仁市农业委员会开展调查。经报告贵州省监察厅同意后，11月6日将核查情况向贵州省人民政府报告。

云南省

2015年1月13日

云南省农业厅副厅长杜建辉、农业机械化管理处处长可斌参加全国农业机械化工作会议，学习中央农村工作会议、全国农业工作会议、农业机械化工作会议精神，创新举措，推进全省农业机械化全程、全面、高质、高效发展。

2月10日

云南省农业厅副厅长杜建辉主持召开2015年全省农机购置补贴工作会议，根据农业部、财政部《2015—2017年农业机械购置补贴实施指导意见》，共同研究确定2015年农机购置补贴机具种类范围和全省2015年农机购置补贴实施方案。

3月9日

云南省农业厅印发《关于立即开展农业安全生产大检查的紧急通知》，决定3月中旬至6月底，在全省集中开展农业安全生产大检查活动。

3月10—13日

根据云南省安全生产委员会安全生产分片包干督查工作要求，云南省农业厅副厅长杜建辉带领由省农业厅、省安全生产监督管理局和普洱市相关人员组成的安全生产联合督查组，先后对江城县、思茅区、景谷县的安全生产进行督导检查。

3月16日

云南省农业厅审定《起垄机》(DG53/T001—2015)等14个省级鉴定大纲，以2015年第5号公告向社会公布；对云南省农业机械鉴定站的“《起垄机》(DG53/T001—2015)”等29个农业机械产品的省级鉴定能力进行认定，以2015年第6号公告向社会公布。

3月20—26日、10月12—18日

云南省农业机械化干部学校先后在澄江县举办两期全省拖拉机及联合收割机教学人员培训班，共培训学员170余人，经考核合格，由云南省农业厅核发云南省拖拉机和联合收割机教练员、理论教员、安全技术员、总教练员证书。

3月30日

云南省农业厅、省财政厅印发《关于下达2015年第一批中央财政农机购置补贴资金计划的通知》，将2.82亿元补贴资金提前下达到州市。

根据《农业部办公厅、财政部办公厅〈关于印发2015—2017年农业机械购置补贴实施指导意见〉的通知》，云南省农业厅、财政厅联合制定《云南省2015年农业机械购置补贴实施方案》，并下发实施。

4月1日

根据农业部农业机械化管理司关于

农机购置补贴产品归档工作通知精神，云南省农业厅组织专家测算农机购置补贴机具补贴额，归档形成《云南省2015年第一批农机购置补贴归档产品信息表》，向社会公布执行。

4月8日

云南省农业厅在昆明市召开全省农业机械化暨农机购置补贴工作会议，云南省农业厅厅长杜建辉副出席会议并作重要讲话，确定全省农业机械化工作年度目标任务，与州市农业局签订工作责任书，对全省农业机械化工作进行安排部署。

5月4日

根据《农业部办公厅关于恢复云南和贵州两省农机推广鉴定工作的函》，经研究，云南省农业厅以2015年第9号公告，正式恢复省级农业机械推广鉴定业务。

5月5日

农业部农机购置补贴工作延伸绩效考核组组长涂志强一行，对云南省2014年农机购置补贴政策落实及延伸绩效管理工作进行现场考核，云南省农业厅副厅长杜建辉参加报告会。考核组对泸西县、元阳县、建水县进行实地检查。

5月26日

云南省农业厅印发《关于开展2015年“安全生产月”活动的通知》，在6月扎实有效地开展2015年“安全生产月”活动。

6月30日

经农业部考核，云南省农业厅被2014年全国农机购置补贴延伸绩效管理试点工作优秀单位，全国排名第六。

7月3日

云南省农业厅、工业和信息化委员会、公安厅、质量技术监督局、工商行政管理局联合下发《关于停止执行〈云南省运输型拖拉机行业管理规范(暂行)〉的通知》，从10月1日起停止文件执行。

7月20日

云南省农业厅、财政厅联合印发《关于提高鲁甸地震重灾区中央财政农机购置补贴比例的通知》，确定昭通市鲁甸县、巧家县、昭阳区、永善县和曲靖市会泽县实行国家特殊县补贴政策。

云南省农业厅审定“《铧式犁》(DG53/T 015—2015)”等10个省级鉴定大纲，以2015年第12号公告向社会公布；对省农业机械鉴定站新增的“《铧式犁》(DG53/T 015—2015)”等10个农业机械产品的省级鉴定能力进行认定，以2015年第11号公告向社会公布。

7月30日

根据农业部文件要求，云南省农业厅组织编制《云南省2015年农机购置补贴机具补贴额一览表》和《云南省2015年第二批农机购置补贴归档产品信息表》，以2015年第13号公告向社会公布。

8月11日

云南省农业厅、财政厅联合研究制定《云南省2015年农机深松整地作业补贴试点工作实施方案》，在全省64个重点示范县开展农机深松作业补贴试点工作，计划完成深松面积37.33千公顷。

8月17日

云南省农业厅印发《关于印发安全生产大检查大排除大整治和“打非治违”专项行动实施方案的紧急通知》。8月至12月，在全省范围内积极组织开展全省农业安全生产大检查大排除大整治和“打非治违”专项行动。

9月6日

云南省农业厅印发《关于分解下达2015年全省农机安全生产控制指标的通知》，依据各州、市农业机械化具体情况和2014年农机事故发生情况，分解下达2015年农机安全生产控制指标。

9月10日

根据《2015省级财政支农专项申报指南》，云南省财政厅、农业厅印发《关于下达2015年现代农业农机技术推广专项资金和计划的通知》，推进项目实施。

9月11日

根据《2015省级财政支农专项申报指南》，云南省财政厅、农业厅印发《关于下达2015年省级农机购置补贴专项资金和计划的通知》，下达农机购置补贴、农机深松作业试点补贴工作和农机专业合作组织扶持项目经费，重点扶持农机专业合作社57个。

9月16日

根据各地补贴资金需求测报，云南省财政厅、省农业厅印发《关于下达2015年第二批中央财政农机购置补贴资金的通知》，将1.38亿元农机购置补贴资金全部下达到各州市。

9月23日

云南省农业厅印发《关于2014年农机购置补贴延伸绩效考核情况的通报》，东川区农业局等30个单位被评为“云南省2014年农机购置补贴延伸绩效考核优秀单位”。

9月29日

根据《农业部办公厅关于印发2015年专项工作延伸绩效管理实施方案的通知》，省农业厅办公室印发《2015年农机购置补贴政策落实延伸绩效管理实施方案》，全面深入推进全省农机购置补贴延伸绩效管理工作。

9月

云南省农业机械化干部学校先后在红河蒙自县、昭通水富县、楚雄州楚雄市组织召开农业机械化教育培训及农机购置补贴业务培训班。云南省农业厅农业机械化管理处处长可斌、副处长邓庆分别参加培训班并作讲话。共计290人参加培训，全面提升全省农机干部教育培训和农机购置补贴工作业务水平。

10月19日至11月2日

根据云南省财政厅、农业厅《关于下达2015年中央农民培训补助资金的通知》，云南省农业机械化干部学校成功组织举办一期全省2015年新型职业农民培训班。对享受2015年省级财政扶持的农机专业合作社社长和骨干成员共81人进行培训，全面提升全省农机专业合作社经营管理能力。

10月31日

云南省财政厅、省农业厅印发《关于提前下达2016年中央财政农机购置补贴资金计划的通知》，将2016年中央财政农机购置补贴资金提前下达到各州市。

11月6日

云南省农业厅、省安全生产监督管理局联合上报《关于申报2015年全国平安农机示范县农机安全监理示范岗位标兵的请示》，拟推荐昆明市石林县等6个县市申报全国“平安农机”示范县，陈配祥等8名同志申报农机安全监理示范岗位标兵。

根据农业部通知要求，云南省农业厅办公室印发《关于开展2015年农机购置补贴政策实施专项督导检查的通知》，组成检查组，对全省农机购置补贴工作进行检查督导。

11月17日

云南省农业厅副厅长杜建辉、农业机械化管理处处长可斌参加全国农机合作社发展经验座谈会，学习交流全国各地引导农机合作社规范化建设、创新发展的经验和做法。

西藏自治区

2015 年 3 月 27 日

西藏自治区农牧厅印发《关于加快推进粮食生产全程机械化工作的通知》，就进一步加快推进全区粮食生产全程机械化工作做出部署。自 2015 年起，将围绕青稞、小麦、马铃薯三大作物，以全区 35 个主产县粮食生产关键薄弱环节和社会化服务能力建设为主攻方向，进一步促进农机农艺融合，推动技术转化升级，为全区粮食稳产增产提供装备和技术支撑。

4 月 25 日

尼泊尔发生 8.1 级地震，日喀则市多县受灾，西藏自治区农牧厅农业机械化管理处派员前往聂拉木县参与开展抗震救灾工作，协助有关部门调查核实灾情，维护灾区的安全稳定。

5 月 22 日

西藏自治区十届人民代表大会常务委员会第十七次会议召开联组会议，听取和审议西藏自治区人民政府关于全区道路交通安全工作情况的报告。(时任)西藏自治区农牧厅厅长、党组副书记次旺多布杰代表区农牧厅出席会议，并就落实和加强拖拉机的登记、检验和拖拉机驾驶人的考试、发证工作等问题应询。

6 月 8 日

西藏自治区农牧厅、财政厅联合印发《西藏自治区 2015—2017 年农业机械购置补贴实施办法》，全区购机补贴工作全面开展。2015 年是自治区确定的推动农机购置补贴政策深化改革"三年窗口期"的头一年，补贴政策实施在推动市场化改革、辅助管理系统应用、进一步规范补贴程序、保障补贴资金安全等方面取得显著成效。

9 月 28 日

西藏自治区农牧厅与北京国宏英杰国际咨询有限公司西藏分公司签订咨询服务合同，准备全区农业机械化发展"十三五"规划编写事宜。

10 月 14 日

《全区农业机械化发展"十三五"规划编写建议》编制完成，《西藏自治区"十三五"农业机械化行业发展规划》编写工作正式启动。

陕 西 省

2014 年 12 月 11 日

陕西省《农业机械化促进法》实施十周年座谈会召开。座谈会由陕西省人民代表大会常务委员会农业和农村工作委员会和省农业厅联合举办。陕西省人民代表大会常务委员会副主任吴前进出席会议并讲话。陕西省农业厅厅长白宜勤、省农业机械管理局局长何存贵发言。

12 月 11 日

陕西省 6 家农机合作社被认定为国家农民合作社示范社。分别是西安市阎良区益农秸秆综合利用专业合作社、西安市长安区长丰农机专业合作社、富平县富秦星农机专业合作社、铜川市耀州区新兴农机专业合作社、横山县富士水稻机械化生产专业合作社和横山县崇俊农机服务专业合作社。

2015 年 1 月 7—9 日

农业部农业机械化管理司副巡视员孔亮来陕西省开展农业机械化工作调研。陕西省农业厅党组成员、省农业机械管理局党委书记、局长何存贵陪同调研。

1 月 15 日

全国首个"果园机械化示范基地"落户宝鸡市千阳县。农业部农业机械化技术开发推广总站在千阳县海升现代农业园区举行"果园机械化示范基地"揭牌仪式，标志着全国首个"果园机械化示范基地"正式落户千阳县。农业部农业机械化技术开发推广总站站长刘宪、宝鸡市人民政府副秘书长曹海琴以及千阳县县委县人民政府的领导出席揭牌仪式。

1 月 21 日

陕西省农业机械化工作会议在西安市召开。会议传达中央农村工作会议、全国农业工作会议和全国农业机械化工作会议精神，总结交流 2014 年工作，分析当前农业机械化发展形势，安排部署 2015 年工作。陕西省农业机械管理局局长何存贵出席会议并作重要讲话。

3 月 31 日

陕西省副省长祝列克主持召开专题会议，研究农机深松整地工作。陕西省农业厅、财政厅、发展与改革委员会、国土资源厅、农业综合开发办公室、农业机械管理局负责同志参加会议。会议听取陕西省农业机械管理局推进农机深松整地工作汇报，决定相关部门合力推进深松整地工作。

4 月 9 日

陕西省农业机械管理局和省财政厅联合印发《陕西省 2015 年农机深松整地项目实施方案》。2015 年首次开展农机深松作业补助试点工作。确定以关中灌区和渭北旱塬区为主、兼顾陕南和陕北适宜区域为项目区，按照"区域布局，整村推进；部门协作，行政推动；农民自主，市场运作；先干后补，补助到户；公开公正，严格监督"的原则，对自愿实施深松整地的农民(包括农场职工)、种粮大户、家庭农场以及从事粮食规模化经营的农民(农机)合作社，以每公顷 450 元的补助标准进行深松整地作业补贴，全省计划完成 266.67 千公顷深松整地任务。

4 月 10 日

陕西省春季农业生产现场会召开。陕西省副省长祝列克在讲话中要求全省各级政府要大力推进农机深松整地工作。陕西省农业机械管理局局长何存贵对全省农机深松整地工作进行安排部署。会议还观摩深松整地机具及作业演示。

4 月 28 日

陕西省农业机械管理局召开"企社合作共建"座谈会。邀请福田雷沃、中联重科、中国一拖等知名农机企业与全省数十家农机合作社交流对接，合作共建，促进双赢。陕西省农业机械管理局局长何存贵出席并讲话，咸阳市副市长刘新余致辞。

5 月 13 日

陕西省农业机械管理局局长何存贵在全国小麦跨区机收视频会上作典型发言。

5 月 20—21 日

陕西省水稻和油菜生产机械化新机具演示会在汉阴县召开。中国工程院院士、华南农大教授罗锡文，陕西省农业机械管理局局长何存贵，安康市副市长鲁琦到会观摩指导。本次演示会分 7 个作业环节，47 台参演机具展示了耕、播、插、收等四大类先进适用的稻油生产全程机械化技术，涵盖适宜丘陵山区稻油作物全程机械化生产的各个环节。

7 月 6—9 日

陕西省农业机械管理局局长何存贵、西北农林科技大学机电学院朱瑞祥教授等组成的调研组，赴山东专题考察学习农业机械化发展情况。山东省和青岛市农业机械管理局分别介绍他们在农业机械化发展方面的经验和做法。期间调研组先后参观福田雷沃重工公司、在坊昌邑市圣达全国示范农机专业合作社、潍坊高密市宏基农机专业合作社、青岛胶州市农机服务大厅和农机销售一条街等。

8月11日

由陕西农机安全互助协会、省农业机械学会主办，杨凌示范区农业局、展览局协办的陕西省首届农机手技能大赛在杨凌区开赛。陕西省农业机械管理局局长何存贵，杨凌示范区管委会副主任刘天雄等出席大赛开幕式。来自全省各地的103名农机手参加本次比赛，经过拖拉机百米加减档、移库倒库、收割机钓鱼、悬挂农机具4个专项激烈的角逐，渭南市蒲城县的李军民获得大赛冠军。冠、亚、季军分别获得不同型号拖拉机一辆，十强选手分别获得旋耕机一台。

9月8日

陕西省农机深松整地工作推进现场会在永寿县召开。陕西省农业厅厅长白宜勤出席会议并讲话。陕西省农业机械管理局局长何存贵就推进农机深松整地工作做具体安排部署。咸阳市副市长刘新余致辞。与会代表实地观摩永寿县整乡推进农机深松整地作业现场。永寿、岐山、蒲城等三个农机深松整地工作试点县做经验交流发言。

9月10日

陕西省农业机械管理局组织召开"十三五"农业机械化发展规划讨论座谈会，邀请院士、学者和农艺专家为陕西"十三五"农业机械化发展把脉支招，重点围绕"十三五"农业机械化发展规划(讨论稿)广泛征求意见和建议。陕西省农业机械管理局局长何存贵主持会议。中国工程院院士罗锡文、中国农业大学教授白人朴、原农业部农机技术推广总站站长刘宪、省农业厅多位农艺专家及省农业机械管理局退休老干部代表应邀出席会议。座谈会上，陕西省农业机械管理局向"十三五"农业机械化发展规划编制特邀顾问专家罗锡文院士、白人朴教授、刘宪同志颁发聘书，规划编制组介绍规划讨论稿的编制情况。

9月15日

汉中市农机部门受市科学技术协会委托，邀请中国工程院院士罗锡文到汉中开坛授课。陕西省科学技术协会副主席韩开兴，汉中市委常务委员、宣传部长谢京帅，副市长何俊杰，市科学技术协会主席吕萌到会并讲话。

9月29日

陕西省农业机械管理局在榆林市召开全省马铃薯生产全程机械化新机具演示展示会。演示和展示耕整地、施肥、播种、喷灌、收获等马铃薯和玉米生产机械化技术与机具8大类100多台套。继小麦、玉米、水稻之后，马铃薯将成为陕西省农业机械化发展的重点。

10月12—13日

陕西省农业机械管理局组团赴山东常林机械集团股份有限公司考察学习农机工业发展。考察团听取常林集团发展历史、主营业务和未来规划介绍，参观农业机械、工程机械、高精度铸造、高端液压的生产车间，观摩节能挖掘机、玉米联合收割机、深松机、秸秆还田灭茬旋耕机、小麦联合播种机等先进机具的现场演示，并就该集团与陕西渭恒农业机械制造公司合作事宜进行深入磋商。

11月15日

陕西省农业机械管理局认真贯彻落实农业部召开的全国农作物秸秆综合利用暨农机深松整地现场会精神，以省农业厅名义下发《关于加快推进农机深松整地工作的紧急通知》。全年共累计完成深松整地面积295.78千公顷，其中补贴面积113.89千公顷。

11月

陕西省财政投资2 000万元，在全省57个县区实施秸秆机械化处理和综合利用技术。建设19.33个千公顷、1.87个千公顷示范田；完善秸秆机械化综合利用合作社42个；规范实施秸秆还田、捡拾打捆、饲草加工等七大主推技术。全省秸秆综合利用机械保有量24万台，重点区和禁烧区机械化综合利用率达到96%，全省三大作物秸秆机械化综合利用率达到80%，利用面积2 000千公顷，秸秆饲草能力1 000万吨。

陕西省各级农机管理部门认真贯彻落实农业部办公厅《关于做好2015年农机深松整地工作的通知》精神，在全省适宜区域的65个县(区)实施农机深松整地作业补助项目。

甘肃省

2014年12月9日

甘肃省农业机械化标准化技术委员会审定通过《葡萄埋藤机作业质量》等7项农业机械化地方标准。

12月24日

民乐县、安定区、崇信县、甘州区被农业部、国家安全生产监督管理总局公布为全国"平安农机"示范县(区)。

12月29日

甘肃省农业机械管理局牵头在兰州市召开全国第三小组农机购置补贴分类分档及补贴额测算工作会，确定13个品目的《分类分档办法》《测算说明》及《部分非通用类机具中央财政资金最高补贴额一览表》。

2015年1月27日

甘肃省农业机械管理局在兰州市召开《2015—2017甘肃省支持推广农机产品目录》评审会，11大类1 496个产品通过审定。

2月5日

甘肃省农机监理总站在兰州市召开全省农机安全监理工作会议，甘肃省农业机械管理局局长杜永清出席会议并讲话，省农机监理总站站长刘俊昌作报告，14个市(州)农机监理所负责人参加。

3月9日

甘肃省农业机械管理局在兰州市召开全省农业机械化暨农机安全生产工作会议，甘肃省农业机械管理局局长杜永清主持会议，省农牧厅副厅长阎奋民出席会议并讲话，14个市州农机主管部门和省农垦事业管理办公室负责人、省农业机械管理局机关干部及直属农机三站班子成员参加。

3月10日

甘肃省农业机械管理局在兰州市召开全省农机购置补贴工作会议，甘肃省农业机械管理局局长杜永清讲话。各市州和县区农机主管部门负责人、省农垦事业管理办公室及相关农场负责人、省农业机械管理局机关干部及直属农机三站班子成员参加。

3月17日

甘肃省农牧厅印发《全省主要农作物及牧草生产全程机械化推进领导小组2015年工作要点》。

3月24日

甘肃省农牧厅印发《关于开展全省农业机械调查工作的通知》。

3月29日

甘肃省农业机械管理局在兰州市举办2015年全省农机购置补贴辅助管理系统培训班，各市县农机管理部门和有关农机生产、经销企业的500多人分5期接受培训。

3月31日

甘肃省农牧厅、省财政厅印发《甘肃省2015—2017年农业机械购置补贴实施方案》。

4月7—17日

甘肃省农牧厅派出5个检查组，在全

省范围开展春季农机安全生产督查活动。

4月8日

甘肃省农业机械管理局印发《甘肃省农机化科技示范推广及体系建设资金管理办法》。

4月16日

甘肃省机构编制委员会办公室根据甘机编办通字〔2015〕24号文增核省农机局副局长职数1名(正处级);设立农机装备办公室,核定处级职数2名(正处级1名、副处级1名)。

4月中旬

甘肃省农牧厅副厅长阎奋民、省农业机械管理局局长杜永清调研酒泉市肃州区、敦煌市、阿克塞县农业机械化工作。

4月24日

甘肃省农牧厅副厅长阎奋民调研定西市安定区主要农作物生产全程机械化省级示范点建设工作。

4月26日

甘肃省农业机械管理局局长杜永清调研定西市主要农作物全程机械化工作。

4月28日

甘肃省农业机械管理局在兰州市举办全省农业机械调查工作调查员培训班,各市州、县区农机部门和19个农垦农场的160多人参加。

西部农村社区农机具综合服务项目暨第一期农机具使用人员培训班在武威市启动,中国机械工业企业管理协会常务副理事长李玲、中国一拖集团有限公司副总经理朱卫江出席启动仪式。

5月4日

甘肃省农牧厅印发《全省主要农作物及牧草生产全程机械化推进领导小组2015年各专业组工作方案》,明确农机农艺融合、牧草及秸秆加工利用、农用废膜机械化回收工作组的主要任务。

5月11日

甘肃省公务员局根据甘公局函〔2015〕4号文增加省农机局调研员职数1名、副调研员职数1名。

5月13日

雷沃谷神"金张掖"收割机跨区机收队出征仪式在福田雷沃重工举行,张掖市农机部门组织近300名农机手统一培训并购买150多台联合收割机,从山东赴河南、安徽等地开展跨区作业。

5月15日

甘肃省农业机械管理局决定在全省范围内开展农机安全隐患大排查、大整治百日攻坚专项行动。

5月20—26日

甘肃省农业机械管理局副局长曹新惠带队赴陕西和四川考察学习丘陵山区农业机械化发展经验。

5月27日

甘肃省农业机械管理局下达2015年省级农机购置补贴资金4 500万元,调整优化省级资金使用方向,主要用于重点机具累加补贴、合作社购机累加补贴、果园防霜机和药材挖掘机补贴试点、深松整地报废更新及抓点示范等工作。

甘肃省农业机械管理局从省级农机购置补贴资金中安排1 100万元,对合作社购置73.5千瓦以上农业机械在中央财政资金补贴的基础上,给予等额累加补贴。

为支持地方特色富民产业机械化发展,甘肃省农业机械管理局从省级农机购置补贴资金中安排205万元,在天水市开展果园防霜机补贴专项试点,在兰州、定西、天水、张掖、陇南、临夏、甘南等7市州开展药材挖掘机补贴专项试点。

6月2日

农业部农业机械化管理司副司长胡乐鸣、农业部农业机械化技术开发推广总站站长刘恒新一行在兰州市调研全省农业机械化技术推广工作,甘肃省农业机械管理局局长杜永清陪同。

6月17—18日

甘肃省农牧厅副厅长阎奋民、总经济师梁仲科督导金昌市2015年上半年农牧业及农业机械化发展、涉农项目建设等工作。

6月17—19日

甘肃省农业机械管理局局长杜永清督导白银市2015年上半年农牧业及农业机械化发展、涉农项目建设等工作。

6月26日

甘肃省农业机械管理局在宁县举行"三夏"小麦跨区机收开镰仪式。"三夏"生产期间,全省共发放跨区作业证3 362份,完成小麦跨区机收398.09千公顷。

甘肃省农业机械管理局党委获省委直属机关"双联"行动结对共建"先进基层党组织"荣誉称号。

7月6日

甘肃省机构编制委员会批复省农业机械化技术推广总站为公益一类事业单位。

7月10日

甘肃省农业机械管理局在平凉市崆峒区召开全省农机深松整地作业技术现场演示暨培训会,甘肃省农牧厅副厅长阎奋民、省农业机械管理局局长杜永清、平凉市委副书记王奋彦、副市长王学书出席。甘肃省农牧厅、省农业机械管理局、省农业机械化技术推广总站、省农垦事业管理办公室、各市州及54个县区农机部门负责人共240多人参加。

7月25—27日

"农业部旱作农机具质量监督检验测试中心"通过农业部组织的计量认证/审查认可"双认证"复评审。

7月28—31日

甘肃省农牧厅党组成员、纪检组长尹昌城带队督查酒泉市、嘉峪关市农机购置补贴政策落实、农机深松整地补贴试点和农机安全生产等三项重点工作。

7月29日

甘肃省"平安农机"创建领导小组在兰州市召开2014—2015年度"平安农机"创建汇报审定会,甘肃省农牧厅副厅长阎奋民主持,省安全生产监督管理局、省农业机械管理局、省农机监理总站负责人参加。

8月2—8日

联合国粮农组织委托兰州大学草地农业科技学院和甘肃省农业机械化技术推广总站在兰州市联合举办草地放牧管理和保护性耕作农业培训班。塔吉克斯坦农业部、农业大学的12名代表参加培训班并赴宁县观摩保护性耕作工作。

8月6—9日

甘肃省农牧厅副厅长阎奋民带队督查临夏回族自治州、甘南藏族自治州农机购置补贴政策落实、农机深松整地补贴试点和农机安全生产等三项重点工作。

8月7日

为加强省级农业机械化科技示范推广项目管理工作,甘肃省农业机械管理局印发《甘肃省农机化科技示范推广项目管理办法(试行)》。

8月17日

甘肃省"平安农机"创建领导小组授牌表彰平凉市庄浪县等6个县(区)为"平安农机"县(区);兰州市榆中县龙泉乡等119个乡(镇)为"平安农机"乡(镇);白文凯等38人为全省农机安全监"为民服务创先争优"示范岗位标兵。

8月19—20日

甘肃省农业机械化技术推广总站在广河县召开全省主要农作物生产全程机械化现场观摩暨技术研讨会，甘肃省农业机械管理局局长杜永清出席并讲话，各市州农机推广站负责人及有关项目县区负责人参加会议并观摩了定西市、榆中县和广河县全程机械化示范点。

8月21日

在甘肃省农牧厅派出5个督查组分赴各地对农机购置补贴政策落实、农机深松整地作业补贴试点、农机安全生产等三项重点工作的专项督查结束后，向14个市州农机主管部门书面通报了督查结果并提出具体整改要求。

8月31日

甘肃省农牧厅表彰兰州市农业机械化技术推广站等30个农业机械化推广先进集体和魏万福等105名农业机械化推广先进工作者。

9月2日

甘肃省公共资源交易局在兰州市开展全省农机监理、农机驾驶人科目考试设备项目招标工作，山东科大微机应用研究所有限公司中标。

9月9—17日

甘肃省农机监理总站在瓜州县举办全省农机安全监理师资培训班，200名基层农机监理人员参加3期培训班。

9月11日

甘肃省农业机械管理局在全省范围开展非法拼装、改装拖拉机挂车专项整治行动。

9月18日

甘肃省农业机械管理局印发《关于着力推进丘陵山区农业机械化发展意见》。

9月22日

甘肃省人民政府在酒泉市召开全省农业机械化现场推进会，甘肃副省长杨子兴作重要讲话，省农牧厅厅长康国玺主持，省农牧厅副厅长阎奋民通报工作情况，农业部农业机械化管理司副司长胡乐鸣、省农业机械管理局局长杜永清出席会议。

10月8日

为落实好533.33千公顷农机深松整地作业任务，甘肃省农业机械管理局派出6个督导组在全省范围开展农机深松整地作业机具购置调研督导工作。

10月13—16日

农业部农业机械化管理司司长李伟国一行督导调研甘肃深松整地、农机购置补贴及农机社会化服务等重点工作，分别在定西、平凉、庆阳等地进行调研座谈。甘肃省农牧厅副厅长阎奋民、省农业机械管理局局长杜永清和当地政府、农机部门负责人陪同。

10月22—26日

甘肃省农牧厅副厅长阎奋民、省农业机械管理局局长杜永清带队参加青岛国际农机展览会，并前往福田雷沃重工和青岛洪珠农机厂调研座谈。

10月26日

甘肃省农牧厅根据（甘农党干〔2015〕16号）文决定王学军同志任省农机局副局长（试用期一年）、党委委员。

10月28日

甘肃省农业机械化技术推广总站承担的科技部农业科技成果转化资金项目《马铃薯起垄铺膜播种联合作业机中试与示范》，通过省科技厅组织的国家科技部农业科技成果转化资金项目验收。

11月1日

甘肃省农业机械鉴定站在定西市安定区举办全省废旧地膜机械化捡拾回收现场演示会，会议邀请中国工程院院士陈学庚、中国农业科学院博士何文清指导。甘肃省农牧厅副厅长阎奋民、省农业机械管理局局长杜永清出席。

11月2日

甘肃省农业机械管理局下达2016年中央财政农机购置补贴资金指标及资金4.93亿元，其中农机购置补贴4.03亿元、深松整地作业补贴9 000万元。

甘肃省农牧厅举办“甘肃农机发展论坛”院士专题讲座活动，中国工程院院士、农业机械设计制造专家陈学庚就农机装备制造作讲座。甘肃省农牧厅副厅长阎奋民主持活动，省农业机械管理局局长杜永清和副巡视员程浩明出席，厅系统及14个市州农牧部门分别在主会场及视频分会场参加。

11月9日

甘肃省农牧厅印发《关于开展主要农作物生产全程机械化推进行动的实施意见》。

11月18日

甘肃省农业机械管理局在兰州市召开全省农业机械化统计培训会，14个市（州）、农垦事业管理办公室和省委直属机关农机三站的统计人员共25人参加。

11月20日

甘肃省农业机械管理局在兰州市召开2014年省级农业机械化科技示范推广及体系建设项目总结会议，承担项目单位的有关人员40多人参加。

青海省

2015年1月16日

《青海省农业机械化发展报告》编印成册。

3月9—13日

青海省全省农机监理人员综合业务培训班在西宁市举办。来自全省六州、两市及所属县（区、市）的82名农机监理执法人员和监理单位的主要负责人，参加相关法律法规和农机监理业务的培训。

3月18日

机械化深松整地技术作业现场观摩会在贵南县茫拉乡白刺滩村召开。海南藏族自治州农牧局副局长，贵南县委常委、副县长，各县农牧局负责人及农机管理站站长、技术员，全县部分农机大户和农牧民共160余人参加观摩会。

3月18日至4月1日

根据全省安全生产电视电话会议精神，由青海省农牧厅办公室、厅财务处、省农牧机械管理局、省农机监理站组成的春播检查组，重点对西宁市及所属三县、海东市四县两区、海南藏族自治州共和县的“农机安全村”建设、拖拉机无牌无证和违法载人、农机维修网点有无安全标识等进行检查。

3月19日

青海省农牧厅、省财政厅印发《青海省2015年农业机械购置补贴政策实施方案和青海省2015年农机深松整地作业工作实施方案》。下达各地购置补贴资金6 642.7万元（其中中央资金5 942.7万元，省级资金700万元）；下达农机深松整地作业补助资金1 557.3万元，实施面积53.4千公顷。3月30日在《青海日报》刊登公示。

4月8日

青海省农牧机械管理局在《青海日报》专版发表《我省保护性耕作生态魅力，经济效益突显》等文章。

4月9日

青海省农牧机械管理局组织各有关专家对生产企业上报的支持推广的2015年修订目录进行评审，共评审产品561个，产生2015年增补产品546个，剔除产品15个；取消2014—2016年支持推广的农业机械产品 245 个。

4 月 30 日

青海省农牧机械管理局完成对省农牧厅权力清单的修改意见，依据法律法规增加农机监理部门的职权 3 条 6 项。

4—5 月

青海省农牧机械管理局对全省实施保护性耕作及机械化深松整地作业进行督导检查。全省已完成农机深松整地作业面积 32.43 千公顷，完成任务的 61%。

5 月 4 日

青海省农牧机械管理局印发《2015 年青海省“平安农机”建设项目实施方案》。2015 年省财政下拨全省“平安农机”创建资金 90 万元，在全省 6 个地区 28 个乡镇的 90 个村组织实施，目前这项工作正在实施阶段。

5 月 8—15 日

结合“三基”建设，本着“下基层、到一线、练本领”的宗旨，在河卡镇试验站进行农牧机械实践操作技能训练，增强广大干部职工的业务素质和工作能力，为服务基层打好基础。

5 月 12 日

油菜生产全程机械化示范项目现场观摩会在门源县举行。青海省农牧机械管理局、省农机推广站、门源县政府领导、部分农机大户及县农机管理站 50 余人参加现场观摩会。

5 月 21—23 日

青海省农牧机械管理局举办全省农业机械购置补贴廉政风险防控暨补助信息辅助系统培训班，有关农机生产经销企业和全省农牧、财政部门 100 余人参加培训。

5 月 26 日

由青海省分管厅领导主持，对“十三五”农业机械化发展规划进行审定，并形成送审稿。

5 月 27—29 日

青海省全省农机质量监督管理培训班在西宁市举办，来自全省农机管理部门 65 人参加培训。

5 月

等离子体处理技术在青海省首次应用于保护性耕作技术，此项目正式实施。

6 月 4 日

青海省农牧机械管理局召开“十三五”农业机械化发展规划专家初审会。

6 月 5 日

青海省农牧机械管理局审定 2015 年财政支农资金项目县实施方案，并签订项目执行合同。

6 月 8 日

青海省农牧机械管理局在互助县组织召开油菜全程机械化暨机械灭草、施肥现场观摩会。

6 月 24—29 日

青海省农牧机械管理局参加省农牧厅组织的玉树藏族自治州安全生产大检查。

8 月 4 日

青海省农牧厅和省安全生产监督管理局联合行文上报 2015 年全国“平安农机”示范县及示范岗位标兵名单。

8 月 5—25 日

青海省农牧机械管理局对全省农机购置补贴资金使用情况及农业机械化重点工作开展情况进行督导检查。

8 月 10 日

青海省农牧厅印发河卡牧草机械化生产技术示范基地建设项目实施方案。

8 月 12 日

青海省财政厅下达 2015 年第二批农机购置补贴资金 1 200 万元。

8 月 18 日

青海省农牧厅印发《关于进一步加强安全生产工作的紧急通知》。

8 月 24 日

青海省农牧机械管理局完成《青海省“十三五”农业机械化发展规划》的修改工作。

8—9 月

受省质量技术监督局委托，抽查青海省省内 4 家农机生产企业生产的液压翻转犁、马铃薯种植机、分层施肥播种机等 11 台件产品，出具检验报告 11 份，产品合格率 100%，省内农机产品质量相对稳定。

9 月 1 日

青海省农牧厅印发《开展农业机械安全生产大检查深化“打非治违”和专项整治工作实施方案》。

9 月 24 日

青海省农牧厅副巡视员李伟参加省农机部门在海南藏族自治州兴海县河卡镇举办的海南地区牧草机械化收获技术演示暨技能竞赛活动。

10 月 9—10 日

青海省农牧厅副厅长都茂庭和省农牧机械管理局局长王建元参加农业部在河北省举办的全国农作物秸秆综合利用暨农机深松整地作业现场会。

11 月 15 日

青海省农牧厅上报青海省 2016 年农业技术试验示范（农机）项目申报书。

11 月 16—18 日

青海省农牧机械管理局局长王建元参加农业部办公厅在山东省举办的全国农机合作社发展经验座谈会。

宁夏回族自治区

3 月 20—22 日

农业部农业机械化技术开发推广总站站长刘宪一行 4 人深入到灵武市、盐池县调研农机免费管理和农机社会化服务体系建设工作。宁夏回族自治区农牧厅马明巡视员陪同调研。

3 月 25—28 日

农业部南京农业机械化研究所党委书记曹曙明、副所长梁建一行 5 人实地考察宁夏回族自治区全区蔬菜移栽、枸杞及葡萄采摘等新机具试验示范情况，并就下一步新机械引进与研发进行深入交流。

3 月 30 日

宁夏回族自治区农牧厅、财政厅印发《2015 年中央农机购置补贴及深松作业补贴项目实施总体方案和资金计划》，农业机械化示范园区建设、农机作业服务公司建设、农机免费管理工作及春季覆膜和残膜专项整治、保护性耕作及配套新技术推广项目等 6 个，总资金 2.765 亿元。

3 月 31 日

宁夏回族自治区农机购置补贴工作暨廉政警示教育工作会议在银川市召开。会议深入学习贯彻落实全国农业机械化工作会议精神，总结工作，查找不足，研究部署 2015 年农业机械化重点工作。宁夏回族自治区农牧厅巡视员马明就全区农机购置补贴工作暨廉政教育作讲话，驻厅纪检组组长刘文斌作题为《强化纪律约束，强化制度执行力，确保农机购置补贴政策落到实处》的讲话。

4 月 10 日

宁夏回族自治区农牧厅在固原市隆德县召开全市农田残膜回收利用现场观摩推进会。会议观摩隆德县机械化回收残膜、网点收购和残膜再利用企业的残膜加工造粒等工作内容。宁夏回族自治区农牧厅巡视员马明参加现场观摩并对覆膜及残膜回收利用工作提出具体要求。

4月14—15日

宁夏回族自治区全区农机购置补贴辅助管理系统培训班在银川国贸新天地举办。

4月16—23日

由宁夏回族自治区农牧厅马明巡视员带领农业机械化管理局、农业机械化技术推广站有关负责人和部分市县农机中心主任赴江苏考察调研现代农机装备情况。

5月27日

宁夏回族自治区全区农机监理系统岗位练兵及技能竞赛活动在青铜峡市举办。宁夏回族自治区农牧厅巡视员马明出席活动并观看来自全区各市(县、区)代表队的精彩表演。

6月24日

宁夏回族自治区全区粮食烘干设备展示现场会在平罗县召开,自治区财政厅安排200万元用于家庭农场粮食烘干设备试验示范,解决家庭农场粮食烘干收储问题。宁夏回族自治区农牧厅副厅长赖伟利出席会议并讲话。

7月13日

2015年宁夏回族自治区全区"三夏"工作现场观摩会在自治区贺兰县原种场召开。宁夏回族自治区农牧厅党组书记、厅长王文宇主持并现场观摩小麦机械化收获、秸秆综合利用、机械化耕整地、免耕播种、高效植保等作业演示。宁夏回族自治区农牧厅副厅长赖伟利就"三夏"工作进行安排部署。

7月27—30日

宁夏回族自治区全区现代农机装备技术维修交流研修培训班在永宁县望远镇举办,来自全区农机行业的技术骨干和农机企业代表150余人参加培训。培训班邀请中国农业机械化科学院副院长方宪法和农业部农业机械化技术开发推广总站推广一处处长徐振兴进行授课。通过培训,提升了全区农机从业人员的整体素质和技能。

7月31日

经与宁夏回族自治区财政厅协调沟通,宁夏回族自治区农牧厅下达2015年度秋季覆膜补贴资金计划5 000万元,采购地膜4 000吨。

8月19—20日

农业部农机安全生产督导组组长涂志强一行3人,深入石嘴山市进行农机安全生产督导检查。

8月19—21日

宁夏回族自治区农业机械化管理局、农业机械化技术推广站组织全区农机推广中心(站)负责人对2015年全区开展农业机械化系统园区建设工作进行中期现场培训观摩。通过现场观摩培训和集中评议,总结经验、查找不足、相互学习,推动工作落实。宁夏回族自治区农牧厅副厅长赖伟利参加本次活动。

8月26—28日

全国主要农作物全程机械化项目验收会在银川市举行。农业部农业机械化技术开发推广总站副站长李安宁、推广一处处长徐振兴和农业部农业机械化管理司生产管理处处长李斯华参加会议。

9月13—19日

全国现代农业机械装备研发与运用高级研修班在银川市举办。来自全国各地和自治区各县(市、区)的农机推广技术人员及企业技术负责人共83人参加培训。农业部农业机械化技术开发推广总站副站长李安宁到班授课,并在宁夏回族自治区农牧厅农业机械化管理局局长虞景龙、农业机械化技术推广站站长田建民陪同下,前往固原市对农田残膜回收利用工作进行实地调研。

10月12日

2015年宁夏回族自治区粮食低温烘干技术设备现场观摩会在永宁县召开。宁夏回族自治区农牧厅副厅长赖伟利、自治区粮食局副局长解涛、自治区供销合作社联合社副巡视员郑旭参加现场观摩会。全区家庭农场、专业合作社、大米加工企业及粮食储备库代表等200余人观摩宁夏昊王米业引进的台湾三久机械有限公司的大型谷物干燥机(单次烘干300吨)工作现场。

10月18—21日

中国农业科学院农业资源与农业区划研究所陈仲和主任一行4人到隆德县调研利用农田遥感技术对地膜覆盖进行监测的情况。10月20日下午,中国农业科学院客座教授、美国乔治梅森大学教授狄黎平为农牧厅系统广大干部职工作"遥感技术在农业生产中的应用"专题讲座。讲课结束后,狄黎平教授与宁夏回族自治区农牧厅、农业科学院领导和专家进行座谈交流。

10月19日

四川省政协科技委员会主任毋世杰一行8人深入永宁县宏远达农机作业公司、宁夏吴升三农市场开发有限公司和玉泉营葡萄基地调研农业机械化工作。宁夏回族自治区农牧厅副厅长赖伟利陪同,并就农机社会化服务体系建设等进行深入交流。

11月9—12日

农业部农机购置补贴政策实施专项督导检查组组长刘敏一行3人,对宁夏回族自治区2015年农机购置补贴政策落实情况进行专项督导检查。

新疆维吾尔自治区

2014年12月24日

农业部公布第二批"全国农机职业技能培训和鉴定示范基地",霍城县农牧机械化学校、塔城地区农机局职业技能鉴定站、库尔勒市农业机械化技术学校3家单位入选。目前,新疆维吾尔自治区已有6家单位获"全国农机职业技能培训和鉴定示范基地"殊荣。

12月30日

农业部和国家安全生产监督管理总局联合发文,命名裕民县、疏附县、尼勒克县、洛浦县为全国"平安农机"示范县。目前,新疆维吾尔自治区已成功创建全国"平安农机"示范县31个。

2015年1月20—21日

新疆维吾尔自治区农机工作会议在乌鲁木齐市召开。农业厅党组书记朱岗、副厅长马成出席会议并讲话,新疆维吾尔自治区农牧业机械管理局党组书记贾立新作工作报告,自治区农牧业机械管理局局长木合塔尔·艾沙主持会议并作会议总结。新疆维吾尔自治区农牧业机械管理局、各地(外)市农机局有关领导,新疆维吾尔自治区农牧业机械管理局副处级以上干部,局属有关单位工作人员参加会议。

2月4—6日

新疆维吾尔自治区农牧业机械管理局在新疆农业大学继续教育学院举办农机购置补贴政策暨系统软件培训班。新疆维吾尔自治区农牧业机械管理局副局长欧兴江、纪检组组长原晋南出席开班仪式并讲话,全区农机系统200余人参加培训。

2月9—10日

2015年农机安全监理所(站)长培训班在新疆农业大学继续教育学院举办,农业部农机监理总站副站长涂志强出席会议,中国保险监督管理委员会新疆维吾尔自治区监管局、交警总队相关领导及全疆农机安全监理系统50余人参加培训。

3 月 1 日

新疆维吾尔自治区农牧业机械管理局举行第二批"访民情、惠民生、聚民心"工作组欢送仪式。2015 年,自治区农牧业机械管理局继续选派十名优秀干部,由局党组书记贾立新同志亲自带队,奔赴巴楚县色力布亚镇阿克墩杰米村开展为期一年的"访民情、惠民生、聚民心"工作。10 名选派干部按要求全部到岗开展工作。

3 月 13 日

《新疆维吾尔自治区支持推广的农业机械产品目录》(2014 年第二次调整)公布,增补 415 个产品,变更 30 个产品,取消 342 个产品。

3 月 18—19 日

新疆维吾尔自治区农牧业机械管理局局长木合塔尔・艾沙一行,在吐鲁番市、鄯善县调研督导农机春耕备耕工作。

3 月 20 日

新疆维吾尔自治区第十批有突出贡献优秀专家命名表彰大会在乌鲁木齐市召开,新疆农机质量监督管理站马惠玲、喀什地区农业机械技术推广站吐尔逊・买合苏木荣膺自治区第十批有突出贡献优秀专家荣誉称号。

3 月 25 日

新疆维吾尔自治区农牧业机械管理局与各地外(市)农机局签订 2015 年自治区农机安全生产监督管理目标责任书,使农机安全生产责任落实"横向到边,纵向到底"全覆盖,为农机安全生产各项目标任务的完成提供保障。

3 月 25 日、4 月 8 日

新疆维吾尔自治区农牧业机械管理局分别在巴州和昌吉州组织召开"南疆、东疆片区农机深松作业培训及现场作业演示会议"和"北疆片区农机深松作业培训及现场作业演示会议",就农机深松作业补助实施指导意见和作业技术规范进行培训。各地州农机局主要领导和农机推广站站长,购置补贴负责人员以及部分县市农机部门领导和技术人员,农机合作社相关人员,农机手和农民共 500 余人接受培训,现场观摩了解深松作业的效果和机具的操作要求。

3 月 26 日

新疆维吾尔自治区农牧业机械管理局组织全体干部职工 70 余人参观新疆"去极端化"宣传教育工作展。

6 月 9—10 日

新疆维吾尔自治区农牧业机械管理局委托自治区畜牧科学院副院长郑文新等组成评审组,对自治区农牧业机械产品质量监督管理站进行省级鉴定能力认定评审,新疆维吾尔自治区农牧业机械管理局局长木合塔尔・艾沙等参加评审会。

6 月 17—18 日

新疆维吾尔自治区 2015 年大中型轮式拖拉机质量调查员培训班在新疆农业大学继续教育学院举办。新疆维吾尔自治区农牧业机械管理局副局长依米提・肉孜参加开班典礼并讲话。来自全疆承担大中型轮式拖拉机质量调查项目的地(州)、县(市)农机系统及自治区农牧业机械产品质量监督管理站的 57 名质量调查员参加培训。

6 月 28 日

新疆维吾尔自治区农机作业质量及棉花生产机械化技术现场会在阿克苏地区沙雅县召开,来自全疆各地州的农机管理部门和农机推广站代表参加本次现场会。

6 月 30 日

新疆维吾尔自治区农牧业机械管理局邀请自治区党校党史党建教研部主任助理、教授何伟昌,为全局干部职工讲授以"中国共产党历史与启示"为主题的党课,隆重纪念中国共产党成立 94 周年,深入推进"三严三实"专题教育活动。局领导、全体党员干部职工、入党积极分子、共建社区—天山花园社区党员共计 80 余人聆听党课。

7 月 12 日

巴楚县色力布亚镇党委在阿克墩结米(13)村村民大会上宣布:新疆维吾尔自治区农牧业机械管理局住村干部艾克拜尔・阿不力孜任阿克墩结米(13)村党支部第一书记,任期 2 年。

7 月 22—27 日

新疆维吾尔自治区农机安全技术检验员培训班在新疆农业职业技术学院举办。新疆维吾尔自治区农牧业机械管理局局长木合塔尔・艾沙同志出席开班典礼。

7 月 23—24 日

新疆代表队在农业部农业机械化技术开发推广总站举办的"全国农业机械化技术推广人员知识竞赛"中荣获三等奖。

8 月 3 日

根据国务院批准吐鲁番地区撤地设市的决定,经吐鲁番地区行署统一安排,原吐鲁番地区农牧业机械管理局正式更名挂牌为吐鲁番市农牧业机械管理局。

8 月 13 日

"2015 新疆农业机械博览会"在昌吉中亚农机物流港召开。新疆维吾尔自治区副主席钱智,自治区党委副秘书长、农村工作办公室代宁祥,农业厅党组书记朱岗,农业部农业机械化技术开发推广总站副站长郭建辉参加博览会。

新疆农业机械学会在昌吉市召开学会第九次会员代表大会。会议由第八届秘书长欧兴江主持,中国工程院院士陈学庚致大会开幕同,来自全疆各地的会员代表共计 100 余人参加会议。

8 月 14 日

新疆农业机械化学院办学指导委员会第二次全体会议在新疆农业职业技术学院屯河校区召开。新疆维吾尔自治区农牧业机械管理局局长木合塔尔・艾沙,新疆农业职业技术学院院长王毅,以及自治区农牧业机械管理局、自治区农机科研院所、各地州市农机局、知名企业等代表共 70 余人参加会议。

9 月 17 日

新疆农机企业标准审定会在乌鲁木齐市召开。本次标准审定会共计审定鄯善德丽然目农机有限公司等 19 个企业的《葡萄开沟埋藤机》等 34 个标准。

9 月 22 日

新疆维吾尔自治区农牧业机械管理局组织全局干部职工集体前往新疆国际会展中心参观"在祖国的怀抱中—新疆维吾尔自治区成立 60 周年成就展"。

10 月 3—4 日

新疆维吾尔自治区农牧业机械管理局局长木合塔尔・艾沙带领自治区农机安全监理总站相关人员,前往吐鲁番市开展国庆节期间农机安全生产督查。

10 月 13—14 日

新疆维吾尔自治区棉花生产机械化种植模式对比试验现场测产工作会在博乐市贝林哈日莫墩乡召开。新疆维吾尔自治区农牧业机械管理局总工程师裴新民,自治区农牧业机械化技术推广总站和来自全疆种棉 4 地州县市农机局领导、推广部门技术人员,农机合作社相关人员等共 80 余名代表参加本次会议。

10 月 14—20 日

新疆维吾尔自治区农牧业机械管理局组织 6 家农机企业的 10 名人员,在新疆维吾尔自治区农牧业机械管理局局长木合塔尔・艾沙和市场监管处处长杜红的带领下，参加2015丝绸之路国际论坛暨第四周格鲁吉亚—中国新疆出口商品展洽会。

10月16日

新疆维吾尔自治区农牧业机械管理局印发《关于呈送〈新疆维吾尔自治区农业机械管理条例〉立法后评估报告及修订草案的报告》，将立法后评估报告送审稿和条例修订稿草案报送自治区人民政府法制办公室。

10月24日—11月5日

新疆维吾尔自治区农机管理人员培训班在新疆农业大学继续教育学院举办。培训分两个阶段进行，其中：区内培训3天，区外学习考察7天（山东、江苏），来自全疆各地18名学员参加培训。

10月26日

由新疆维吾尔自治区农牧业机械管理局局长木合塔尔·艾沙带队，部分地州农机局领导及局属相关部门代表组成的18人参观团，参加在青岛市国际展览中心举办的2015中国国际农业机械展览会。

11月13日

新疆维吾尔自治区农机科普“最后一公里”系列丛书审定会在新疆农业职业技术学院屯河校区举行。

11月18日

新疆维吾尔自治区农牧业机械管理局印发《关于山东一能九信农牧装备有限公司违反农机购置补贴政策处理情况的通报》，决定自即日起，永久取消山东一能九信农牧装备有限公司9ZP—8.0型铡草机在我区的补贴资格，同时，恢复其他补贴产品的农机购置补贴资格。

大连市

2015年4月24日

大连市农机局在普兰店市召开2015年全市农业机械化政策培训暨警示教育会议。会议解读农业机械化惠农政策，进行农机购置补贴工作警示教育，总结2014年、部署2015年农业机械化工作，签订2015年农业机械化工作责任书。大连市农村经济委员会副主任毕泽贺到会并作重要讲话。

4月29日

大连市人民代表大会视察金州新区和普兰店市8个视察点贯彻实施《中华人民共和国农业机械化促进法》情况。大连市副市长卢林做关于全市贯彻落实《中华人民共和国农业机械化促进法》情况报告，大连市人民代表大会主任里景瑞对全市农业机械化工作给予肯定。

4月30日

大连市农机局会同市财政局印发《大连市2015—2017年农业机械购置补贴实施方案》《大连市2015年农机深松整地作业试点实施方案》和《大连市2015年保护性耕作作业试点实施方案》，3项农机惠农政策正式开始实施。

9月7—9日

大连市农机局组织42名农机手赴吉林省长春市参加“2015年全国农机手大赛东北四省选拔赛”，并包揽辽宁省前四名，15人获得参加北京总决赛资格，占全省进京决赛人数的71%。

9月15日

大连市农机局在旅顺口区铁山街道王家村举办2015年大连市玉米机收和深松作业现场会。大连市财政局和各区市县农业资源开发局、农机局、农机推广站、农机监理所相关人员，以及农机合作社和农机大户代表等80余人参加会议。会议听取机收、秸秆还田和深松整地等保护性耕作技术介绍；观摩玉米收获机机收作业和深松犁整地作业。大连市农村经济委员会主任周洲出席会议并作动员讲话。

宁波市

2015年1月4日

浙江省农业机械管理局副局长王天工带领省农业厅安全生产目标管理考核组到宁波市农业机械化管理局考核2014年度农机安全生产责任书执行情况。考核组听取宁波市农业机械化管理局自查情况汇报，查看农机安全生产监管工作台账资料。考核组对全市农机安全监管工作给予充分肯定。

1月14日

宁波市人民政府印发通知，任命李强为宁波市农业局副局长（正局长级）。

1月16日

宁波市市委、市人民政府出台《关于印发〈宁波市人民政府职能转变和机构改革方案〉的通知》，市农业机械化服务总站（市农业机械化管理局）由市人民政府直属事业单位调整为市农业局管理的副局级事业单位，撤销市农业机械化服务总站增挂的市农业机械化管理局牌子。

1月20—21日

宁波市农机科教推广工作总结交流会及水稻机械穴直播技术推广培训会在象山县召开。各县（市）区农机（农林）局（站）分管领导，推广部门和合作社负责人等50余人参加会议。会议总结2014年全市科教推广工作和水稻基质适应性对比试验及示范项目工作；部署2015年农机科教推广和水稻基质育秧技术推广工作，开展水稻机械穴直播技术培训。宁波市农业机械化服务总站副站长张凤谦参加会议，并就2015年农机科教推广工作提出要求。

1月22日

宁波市农业机械化服务总站召开全市农机安全监管工作会议。各县（市）区农机（农林）局（站）分管农机安全生产工作的领导、农机安全监理科科长等30余人参加会议。会议通报2014年全市农机安全生产形势和外省籍拖拉机专项整治工作情况，慈溪、宁海相关领导在会上作典型发言。宁波市农业机械化服务总站站长李强参加会议并作题为《主动适应农机发展新常态，不断开创安全监管新局面》的工作报告。

宁波市农业机械化服务总站印发《关于表彰2014年度全市农机化先进集体的通报》。余姚、慈溪、宁海、象山、镇海农机局荣获农业机械化工作先进集体称号；鄞州、奉化农机站荣获粮食生产全程机械化先进集体称号；北仑、江北农机站荣获农机安全生产先进集体称号；鄞州、奉化农机站荣获农机社会化服务先进集体称号。

1月23日

宁波市副市长林静国到宁海县实地检查春节、春运前农机安全生产工作。慰问了现场执勤检查的宁海县农机监理员和公安民警。

1月30日

宁波市农业机械化服务总站召开全市农机管理工作座谈会。各县（市）区农机部门分管领导、管理科科长及工作人员30余人参加会议。会议总结交流2014年农机管理工作经验。宁波市农业机械化服务总站副站长葛建平参加会议并讲话。

2月3日

宁波市农业局副局长、市农业机械化服务总站站长李强带领市农业机械化服务总站副站长张玉申、葛建平，市农业机械化服务总站副巡视员毛荣华等一行，赴奉化市大堰镇宦塘村走访慰问。宁波市农业机械化服务总站领导与大堰镇党委、宦塘村两委负责人等开展座谈交流，走访村老党员和贫困家庭，送上过节的慰问金。

2 月 12 日

宁波市农业机械化服务总站召开全市农业机械化工作会议。会议传达中央农村工作会议、全国和全省农业工作会议、全国农业机械化工作会议精神，总结交流 2014 年农业机械化工作，分析当前农业机械化发展形势，部署 2015 年重点工作。还就抓好农机系统党风廉政建设等作具体部署。

2 月 26 日

浙江省农业厅印发《关于公布 2014 年度农机安全生产目标管理责任制考核结果的通知》，宁波市农业机械化服务总站荣获“考核优秀单位”称号。

3 月 12 日

浙江省农业厅总农艺师蔡元杰、省农业机械管理局局长杨大海等领导来宁波调研农业机械化工作。调研组首先在宁波市农业机械化服务总站调研智慧农机综合信息管理平台建设情况，随后到鄞州区与时农机作业服务公司和鄞州区粮食应急烘干中心梁桥米业，详细了解两家公司的运营管理情况。宁波市农业机械化服务总站站长李强、鄞州区农林局党委委员、农机站站长周斌朝等参加调研活动。

3 月 26 日

宁波市春耕备耕生产农机作业服务拉开帷幕。全市农机部门落实水稻机械化插秧面积近 13.33 千公顷，投入拖拉机 3 800 多台，机耕农田近 6.67 千公顷；举办机插育秧、基质育秧、机插等各类培训 30 期，共培训 700 多人次；派出 180 多名农机技术人员下乡指导工作；组建农机维修服务队 67 个，检修各类农机具 5 000 多台，备足价值近 1 000 万元的各类农机配件。

3 月 30 日

宁波市人民政府办公厅印发《关于表彰 2014 年度宁波法治政府建设先进单位的通报》，宁波市农业机械化服务总站荣获“市级行政执法单位”称号。

4 月 3 日

宁波市农业机械化服务总站站长李强率市、区两级农机监理机构和公安驻农机警务室有关人员到江北检查安全生产工作。江北区农林水利局副局长杨建荣陪同检查。在江北荣吉西路公安交警与农机监理联合执法检查点，李强查看拖拉机道路交通安全检查情况，听取江北区近期农机安全生产专项检查工作情况汇报，并对下步农机安全生产工作提出具体要求。

4 月 8 日

宁波市市委办公厅、市人民政府办公厅印发《关于表彰创建全国文明城市“四连冠”工作先进集体和个人的通报》，宁波市农业机械化服务总站严政荣获先进个人称号。

4 月 9 日

宁波市市委办公厅、市人民政府办公厅印发《关于表彰 2014 年度平安创建先进单位和社会管理综合治理工作先进集体及个人的通报》，市农机总站荣获“基层系列平安创建工作先进单位”称号。

4 月 22 日

宁波市农业机械化服务总站组织全市农机系统负责农机购置补贴政策实施的相关领导、具体操作人员到北仑区检察院廉政教育基地参观学习，接受反腐倡廉警示教育。全体同志观看典型犯罪案例的图片展，听取典型案例剖析教育，观看专题警示教育短片。通过参观活动，增强市农机系统干部廉洁从政的思想意识、法纪观念。

宁波市农业机械化服务总站召开全市农机购置补贴工作会议。宁波市农业机械化服务总站站长李强出席会议并作主题讲话，市财政局受邀派员到会，市农业机械化服务总站副站长葛建平主持会议。各县(市)区农机管理部门主要负责人、分管副局(站)长等参加会议。会议与县(市)区农机管理部门一把手签订 2015—2017 年农机购置补贴工作责任书，并开展农机购置补贴业务培训。

4 月 22—23 日

宁波市农业机械化服务总站在宁海县举办全市农机安全检验员业务培训班，各县(市)区农机检验员近 50 人参加培训。培训班就上道路拖拉机和纯农田作业拖拉机、联合收割机、插秧机、烘干机的检验依据、检验方法、检验程序、检验标准等内容进行授课，并对农业机械的静态和动态检验进行现场讲解和演示。

4 月 23 日

宁波市农业机械化服务总站组织开展农机购置补贴业务培训，各县(市)区农机购置补贴工作人员参加会议。宁波市农业机械化服务总站副站长葛建平主持培训。培训就农机购置补贴政策实施和系统操作方面具体工作要求进行详细解读，并就如何做好 2015 年农机购置补贴实施工作进行研讨。

4 月 30 日

宁波市农业机械化服务总站印发《关于印发宁波市农机安全生产约谈规定的通知》，进一步加强安全生产监督管理，促进政府安全监管责任落实，促进农机作业生产组织和单位安全生产主体责任的落实。《约谈规定》全文共 20 条，对约谈的适用范围、约谈对象、约谈形式、约谈程序等作了具体规定。

5 月 5 日

宁波市人民政府印发通知，任命张凤谦、张玉申为宁波市农业局巡视员，免去其宁波市农业机械化服务总站副站长职务。

5 月 13 日

宁波市农业机械化服务总站与中石油浙江宁波销售分公司联合印发《关于与中石油宁波分公司合作推行农机作业用(柴油)“三优一免”惠农便民服务措施的通知》，以进一步健全农机用油保障机制，强化机械化生产作业用油供应，确保农业生产顺利有序开展。全市农机(粮食)专业合作社等从事农机作业的农业生产经营组织、种粮大户、农机户可享受柴油每升 0.15 元的优惠。

5 月 15 日

宁波市农业机械化服务总站印发《关于开展农机安全技术检验规范年活动的指导意见》。决定自 2015 年 5 月起至 12 月底，在全市农机行业中开展“农机安全技术检验规范年”活动，以强化对农机安全技术检验工作的源头管理，筑牢预防和减少农机安全生产事故的第一道防线。

5 月 22 日

浙江省农业厅组织召开全省农机购置补贴工作视频会议，会后，宁波市农业机械化服务总站组织全市农机系统与会人员进行专题廉政教育。宁波市农业机械化服务总站站长李强在各县(市)区农机部门的视频会议上作讲话。

5 月 23 日

宁波市农业机械化服务总站印发《关于开展 2015 年农机“安全生产月”活动的通知》，决定 6 月在全市农机系统开展“加强安全法治，保障安全生产”为主题的安全生产月活动，以进一步加强农机安全生产宣传教育。

截至5月底

宁波市农机部门组织1 000多台联合收割机、700多台烘干机参加麦收作业，机收大小麦1万多公顷，烘干大小麦4万多吨，全市麦收圆满结束。

6月24日

宁波市农业机械化服务总站组织召开智慧农机项目验收暨演示会。实施项目单位、承建单位以及专家组参加会议。专家组听取建设单位、施工单位关于二期项目建设的情况介绍，查看现场演示效果，审阅相关文档资料，并经现场质询和讨论，一致同意二期建设项目通过竣工验收，标志着全省首个智慧农机项目顺利完成。

6月30日

由宁波市农业机械化服务总站主办、余姚市农机局承办的农业机械事故应急处置演练在马渚镇中国农机博物馆举行。市农机总站、余姚市安监局、交警大队、余姚各乡镇(街道)农机负责人和有关农机合作社负责人等40余人参加观摩。演练活动由余姚市农机局领导徐军荣主持，宁波市农业局党委委员、巡视员张玉申同志出席演练活动。

宁波市直属机关工作委员会印发《关于表彰先进基层党组织、先进基层纪检组织、优秀共产党员、优秀党务工作者和优秀纪检工作者的决定》，宁波市农业机械化服务总站邵滢荣获市直机关优秀共产党员称号。

7月7日

宁波市单季稻机械化插秧工作结束。2015年全市单季稻机械化插秧面积25.13千公顷，机插率稳定在50%以上。加上早稻机插面积11.23千公顷，共计机插面积36.35千公顷，完成市人民政府下达指标的76%。

7月28日

宁波市农业机械化服务总站召开全市半年度农机安全监管工作会议。各县(市)区农机(农林)局(站)分管农机安全生产工作的副局(站)长、农机安全监理(行政许可)科科长，江东区经济和信息化局、杭州湾新区社会事务和农村工作局分管农机安全监管工作的领导等近40人参加会议。会议交流2015年上半年农机安全监管工作经验和2015年下半年农机安全监管工作思路。宁波市农业局党委委员、巡视员张玉申参加会议并讲话。

截至8月6日

全市"双夏"农业机械化作业服务基本结束，共完成约13.33千公顷早稻机割、1.87万多公顷的机耕、1.2万多公顷连作晚稻的机插、6.3万吨粮食烘干等农机作业服务任务。

8月20日

宁波市市委印发通知，任命葛建平为宁波市农业机械化服务总站党委书记，免去李强宁波市农业机械化服务总站党委书记职务。

9月1日

宁波市人民政府印发通知，任命葛建平为宁波市农业机械化服务总站站长，免去李强宁波市农业机械化服务总站站长职务。

9月23—25日

宁波市农机专业合作社骨干人员培训班在余姚市举办，各县(市)区农机专业合作社骨干成员近60人参加培训。宁波市农业局党委委员、巡视员张凤谦出席培训开班仪式并讲话。培训分理论学习和实践操作两部分，主要内容是水稻插秧机修理维护技术。培训后进行农机职业技能鉴定考核，考核合格人员获得相应的农机职业技能证书。

9月25日

宁波市农业机械化服务总站组织召开智慧农机WEBGIS管理系统项目验收工作会议。宁波市农业机械化服务总站站长葛建平，各处室相关负责同志，农机、信息化领域有关专家等参加验收会。会议听取项目实施方宁波弘泰水利信息科技有限公司的项目工作汇报，观看系统演示，经质询讨论，专家组一致同意通过验收。

10月30日

宁波市农业机械化服务总站召开安全监管工作会议暨公安驻农机警务室工作座谈会。各县(市)区农机(农林)局(站)分管农机安全生产工作的副局(站)长、农机安全监理科科长，公安驻农机警务室常驻民警，江东区经济和信息化局、杭州湾新区社会事务和农村工作局分管农机安全监管工作的领导和农机安全监管工作负责同志近40多人参加会议。会议总结前三季度公安驻农机警务室工作，通报第二批外省籍拖拉机及驾驶人信息核实反馈情况。宁波市农业机械化服务总站站长葛建平参加会议并讲话。

青岛市

2015年1月23日

青岛市农机工作会议在黄海饭店召开。青岛市农业机械管理局局长陈志颖作工作报告，并与各区、市农机部门负责人签订农机安全生产责任书。青岛市农业机械管理局副局长程兴谟主持会议。青岛市农业机械管理局副局长徐振峰通报2014年度全市农机工作先进单位和先进个人，黄岛区、即墨市、胶州市、平度市、莱西市相关领导作了交流发言。青岛市局领导，四市、黄岛区农机局局长和办公室主任，红岛经济区、崂山区和城阳区农机主管部门分管领导和负责农机业务工作的同志，市局机关、事业站全体工作人员参加会议。

1月29日

青岛市农机安全生产工作会议在即墨市召开。会议总结2014年全市农机安全生产工作，分析全市安全生产形势，对2015年农机安全生产工作进行部署，并就农业部新颁标准《农业机械机身反光标识》进行解读。各区市分管农机安全生产工作的副局长、监理站站长和修配站站长参加会议。青岛市农业机械管理局副局长程兴谟参加会议并讲话。

2月25日至3月2日

青岛市农业机械管理局举办深入贯彻落实党的十八届四中全会精神学习班。学习班采取自学、集中动员辅导和处(室)、站组织学习讨论、总结交流相结合的方法进行。邀请中共青岛市委党校柴方胜教授、青岛大学附属医院王其新教授和海军某部黄青斌分别就党的十八届四中全会精神、健康保健、国防形势等进行辅导讲解，并观看安全生产、反腐倡廉宣传片。各处(室)站负责人汇报交流2015年的工作打算，青岛市农业机械管理局局长陈志颖作总结讲话。

3月19日

青岛市农业机械管理局副局长闫文圣做客青岛新闻网"民生在线"栏目直播室，围绕"提质增效，为现代农业提供装备保障"主题与网民进行在线交流，回答网民关注的问题，倾听网民对农机工作的意见和建议。局有关处室工作人员参加网谈。

3月

青岛市人民政府办公厅印发《关于做好2015年农机深松整地工作的通

知》。2015年将在黄岛区、即墨市、胶州市、平度市、莱西市适宜开展农机深松整地的区域，以粮食高产创建示范区、百万亩高标准农田、保护性耕作示范区等粮食生产区为重点，完成深松整地作业补助面积73.33千公顷的任务。

4月9日

青岛市农业机械管理局召开农机信息宣传与舆情监控培训会，旨在进一步提高农机工作舆情监控处置能力，全面提升全市农机系统信息宣传工作水平，为促进全市农业机械化发展营造良好的外部舆论环境。区、市农机局分管局长、办公室主任、信息员、舆情处置工作人员，市局所属部门信息员参加会议。

4月17日

青岛市农机安全监理工作会议在邮电部青岛疗养院举行。青岛市农业机械管理局副局长徐振峰出席会议，各区市分管农机安全生产工作的副局长、监理站站长和修配站站长参加会议。会议通报一季度全市农机安全生产情况。各区市汇报交流前期年度检审、反光贴粘贴、社区农机监理服务中心建设、农机维修服务体系建设、应急预案演练准备、农机安全隐患排查整治等工作情况。

5月28日

青岛市农业机械管理局副局长闫文圣带领监管处、计财处和推广站的负责人参加“网络在线问政”活动，就“购机补贴和深松整地政策”等方面的工作与广大网友进行交流，现场解答网友提问20多个，收到了良好的宣传效果。

6月4日

青岛市“三夏”生产培训启动仪式暨玉米机械化生产培训班在平度市举行。青岛市农业机械管理局副局长徐振峰参加培训班并在开班仪式上讲话。来自农机合作社、家庭农场、农机大户的120名农机手参加培训。

7月14日

青岛市农机教育培训工作交流会议召开。会上各区市农机校进行工作交流，青岛市农业机械管理局副局长徐振峰到会并讲话。

7月15日

青岛市农业机械管理局在即墨市举办农机行业特有工种职业技能鉴定考评工作培训班。各区、市分管职业技能鉴定工作的副局长，职业技能鉴定站站长，全体考评员和农机职业技能鉴定基地负责人共43人参加培训班。山东省农业机械维修指导站站长江平、副站长李易、市农机局副局长程兴谟出席开班仪式，程兴谟作动员讲话。

8月20日

青岛市农业机械管理局召开全市农机系统涉农资金廉政工作座谈会，目的是深入贯彻落实市纪委“查处发生在群众身边的“四风”和腐败问题工作调度会”精神，切实担负起涉农资金领域的党风廉政建设责任，推进全市农机系统党风、行风、政风建设。青岛市农业机械管理局局长陈志颖作重要讲话，市局处级以上干部，各区、市农机局主要负责人和纪检监察工作负责人参加会议。

8月

青岛市农业机械管理局组成5个督导组，由局级干部带队，分赴各区市对全市农机维修企业进行安全生产监督检查。

9月10日

为进一步提高全市玉米青贮机械化水平，促进玉米秸秆综合利用，青岛市农业机械管理局在莱西市夏格庄镇昌盛兴农机专业合作社召开“2015年玉米青贮机械化收获现场会”。观看“玉米全株青贮”“玉米全株打捆青贮—青贮捆包膜”“玉米茎穗兼收型青贮收获”三种模式10多台（套）机具的现场演示和展示。青岛市农业机械管理局副局长闫文圣、徐振峰参加会议。厦门市推广站、培训站站长，黄岛区及四市分管农机推广的副局长、推广站站长和农机大户、生产企业代表等120多人参加现场会。

9月16日

青岛市农业机械管理局组织人员参加“2015年全省农机职业技能竞赛”活动。青岛市代表队从全省17个地市中脱颖而出，获得团体二等奖。

9月29日

青岛市农业机械管理局召开全市“三秋”农机安全生产视频会议。青岛市农业机械管理局副局长程兴谟，市局有关处室（站）负责人，以及各区、市农机局分管局长、监理站站长、维修站站长，各农机监理中队、社区农机监理服务中心负责人，市级示范农机合作社、二级以上农机维修点负责人等100余人参加视频会议。

10月8日

青岛市农业机械管理局组成5个督导组，由局级干部带队，赴各区、市督导检查三秋农机工作。重点检查三秋玉米机收、秸秆还田、小麦免耕播种“一条龙”工作情况。

10月16日

青岛市农业机械管理局局长陈志颖一行到即墨市调研农机深松整地工作情况。即墨市副市长管元江陪同调研。陈志颖先后到段泊岚镇、省级高新区实地查看深松作业情况，向好帮手农机合作社理事长于波及作业机手了解农机深松整地工作的开展情况，详细询问农用机械的工作情况，查看深松整地深度。

10月19日

青岛市农机深松整地现场推进会在胶州市洋河镇召开。青岛市人民政府副秘书长韩守信、市农业机械管理局局长陈志颖、各区市农机局局长参加会议。

10月26—28日

2015中国国际农业机械展览会在青岛国际博览中心举办。本届农机展规模再创新高，展览总面积达22万米^2，参展企业超过1 900家。农业部农业机械化管理司司长李伟国、山东省农业机械管理局局长高明飞莅临参观，青岛市农业机械管理局局长陈志颖陪同参观。

厦 门 市

2014年12月12日

厦门日报刊发文章《农民买农机 政府给补贴》，对全市紧抓廉政风险防控，确保惠农政策落实到位的农机购置补贴工作进行报道。

2015年1月6日

根据《中共厦门市委、厦门市人民政府关于第十四届（2012—2014年度）精神文明创建活动考核达标情况的通报》，厦门市农业局被评为“市级文明单位”，市农业机械监理所获得“市级文明单位”和“军民共建达标单位”荣誉。

1月9日

福建省农业机械监理所副所长邱日翔带领省农业厅农机安全考评组到厦门市农业局，开展2014年度农机安全生产目标责任和农机道安“三年行动”目标落实情况考评。

1月16日

厦门市副市长倪超带领市人民政府办公厅、市发展与改革委员会、市农业局（市委农办）相关领导一行到市农机监理所负责筹建的厦门海峡农业高新技术园调研，实地查看园区太阳能智能植物工厂、PC连栋温室、科技大楼等主要建设项目，详细了解项目建设进展。

厦门市安全生产委员会办公室主任、市安全生产监督管理局局长林建带领市安全生产委员会办公室考评组到厦门市农业局，开展2014年度农机安全生产目标管理责任落实情况考评。

3月31日

厦门市农业局在同安区召开第一季度全市农机安全生产形势分析会。各区农机管理站站长、负责人参加会议。会议还组织农机检验员参加拖拉机反光标识粘贴操作技术培训。

4月27日

厦门市副市长倪超带领市人民政府办公厅、市发展与改革委员会、市农业局（市委农办）、翔安区政府相关领导到厦门市农机监理所负责筹建的厦门海峡农业高新技术园调研，实地查看园区科技大楼、组培中心和科技培训设施，详细了解太阳能智能植物工厂立项情况。

6月17日

厦门市农业局举办2015年农机购置补贴廉政风险警示教育会。厦门市纪委驻市农业局纪检组组长候卫群，市农业局副局长张友福，各区农业与林业（农林水利）局分管领导，市、区农机管理部门负责人和购机补贴经办人员共30多人参加会议。

厦门市农业局在市农业机械监理所会议室召开第二季度全市农机安全生产形势分析会。市、区农业和农机部门相关单位人员30多人参加会议。会上，厦门市农机部门与各区农机管理部门签订2015年农机安全生产责任书。

6月18日

厦门市农业局在思明区党校会议中心举办2015年全市农机购置补贴软件系统培训班。各区农机管理部门负责人、经办人员、有关农机生产经销企业负责人共计20余人参加培训。

6月25日

厦门市农业局与集美区农林水利局、集美区安全生产监督管理局、集美区公安交警大队在集美区灌口镇双岭村联合举行2015年厦门市农机事故应急救援演练。

厦门市农业局与集美区农林水利局在集美区灌口镇联合举办2015年厦门市农机安全生产月宣传咨询日活动，本次活动主题是“加强安全法治 保障安全生产”。

7月29日

厦门市农业局在翔安区新圩镇庄垵村开展“党员到村居服务进万家”活动。厦门市农业机械监理所组织农机人员现场为农民解读农机购置补贴政策，发放农机购置补贴和农机安全宣传材料，并组织相关农机企业现场展示新型农机具，激发农民购买使用农机热情。

9月18日

福建省安全生产监督管理局调研员庄有光和省农业机械监理所所长陈东进带领省“平安农机”考评组，对集美区、海沧区创建全国“平安农机”示范县开展考评工作。

9月30日

厦门市农业局在市农机监理所会议室召开第三季度全市农机安全生产形势分析会。市、区农业和农机部门相关单位人员20多人参加会议。

10月30日

厦门市农机监理所举办全市农机安全监理培训班。市、区农机管理部门负责人，全市在岗农机安全监理人员参加培训。

11月10日

厦门市纪委驻市农业局纪检组组长候卫群带领市农业局、市农业机械监理所相关人员组成的农机购置补贴督导检查组，对翔安区2015年农机购置补贴政策实施情况进行督导检查。

11月12日

厦门市纪委驻市农业局纪检组组长候卫群带领市农业局、市财政局、市农业机械监理所相关人员组成的农机购置补贴督导检查组，对同安区2015年农机购置补贴政策实施情况进行督导检查。

11月13日

厦门市农机行业企业安全生产标准化评审小组按照“省标”（即省行业主管部门制定的考评指标），组织对拖拉机驾驶培训机构安全生产标准化进行评审。

11月16日

中国海峡两岸农业协会理事长蔡胜佳先生一行16人来厦访问交流。厦门市农业局局长吕参军在市农机监理所会议室与台湾访问团就密切厦、台两地现代农业合作项目对接、赴台培训等相关事宜进行座谈交流。

新疆生产建设兵团

2014年12月

为贯彻落实中央赋予新疆生产建设兵团建设全国“农业机械化示范推广基地”的目标任务，根据新疆建设兵团领导指示，开始制定《兵团“农业机械化示范推广基地”评价指标体系》。

2015年2月9日

新疆生产建设兵团分类推进事业单位改革领导小组办公室下发《关于兵团农业局（畜牧局林业局）所属事业单位分类的通知》，兵团农机技术推广总站被列为公益一类事业单位。

3月

新疆生产建设兵团农业局联合新疆农垦科学院开始制定《新疆生产建设兵团农业机械化“十三五”发展规划》。

3月25日

新疆生产建设兵团农业机械化管理局印发《2015年兵团当年使用地膜回收工作行动方案》。方案提出2015年使用标准地膜600千公顷，开展可降解地膜试验示范6.67千公顷，大力推广新型高效地膜回收机具作业，当年地膜回收率将达到92%。

5月5日

新疆生产建设兵团农业机械化管理局和财务局联合印发《关于印发〈2015年兵团农机深松整地作业补助试点工作实施方案〉的通知》，首次在全兵团开展农机深松整地作业补助，补助面积达到156千公顷。

6月16日

为主动适应农牧团场综合改革，培育农机新型经营主体，新疆生产建设兵团农业局与兵团发展与改革委员会共同印发《2015年兵团20个团场标准化农机专业服务公司或合作社建设方案》，在已建的基础上，按照以奖代补的方式，2015年扩能新增投资6 100万元在全兵团建设20个标准农机专业服务公司或合作社，以起到示范引领作用。

7月1—3日

新疆生产建设兵团农业机械化管理局在乌鲁木齐市召开农机购置补贴警示教育培训班。来自各师农机局局长、农机购置补贴业务人员，以及兵团财务局、兵团检察院、兵团农机推广站相关人员等60余人参加会议。会议传达全国农机购置补贴工作会议精神，开展农机购置补贴工作警示教育、讲解农机购置补贴工作操作程序；部署农机购置补贴工作和有关要求。新疆生产建设兵团农业机械化管理局与各师农机局局长签订《2015年兵团农机购置补贴工作责任书》。

8月13日

新疆生产建设兵团农业机械化管理局与自治区农机局在昌吉回族自治州共同举办新疆农机博览会。新疆生产建设兵团组织近600人参加博览会。

11月底

农业部农垦局专家组完成兵团12个团场创建“2015年全国农垦农机化标准示范农场”的达标验收。至此，兵团全国农垦农业机械化标准示范农场已达到32家。

黑龙江省农垦总局

2015年1月9日

黑龙江省农垦总局农业机械化管理局接受总局安全委员会安全生产专项考核，被评为“2014年度安全生产先进单位”。

1月21日

黑龙江省农垦总局召开“垦区农机监理工作座谈会”，各管理局农机安全监理站站长参加会议。黑龙江省农垦总局农业机械化管理局副局长冯舟主持会议并作重要讲话，会议研究部署新形势下垦区农机安全监理工作。

4月2日

垦区航化作业签约会议在哈尔滨市召开，黑龙江省农垦总局副局长徐学阳参加会议并作重要讲话。

4月10日

黑龙江省农垦总局农业机械化管理局参加农垦广播电台的“民生在线”节目，现场回答垦区职工关注的农业机械化问题。

5月10日

黑龙江省省委书记王宪魁赴农垦建三江管理局进行调研。在勤得利农场第二管理区和农垦建三江管理局，王宪魁要求，要在适度规模的基础上，进行减化肥、减农药、减除草剂试验，力争在稳定产量、提高质量、增加效益的前提下逐步推广“三减”，发展绿色有机农业，提高农民收入。

5月

黑龙江省农垦总局农业机械化管理局与德国格力莫公司建立马铃薯全程机械化生产合作项目，确定垦区克山农场为合作示范基地，示范种植面积46.67公顷。该项目的建立对于保障垦区马铃薯高产稳产，解决马铃薯收获环节薯土分离难的问题有极大的推动作用，据克山农场试验田收获后测定，马铃薯产量为34.5吨/公顷。

6月2—12日

黑龙江省农垦总局农业机械化管理局派出3个检查组对9个管理局的21个农场进行农机标准化管理创建、农机购置补贴、农机安全生产三项重点工作的检查指导和调研。

6月29日至7月2日

受黑龙江省农机安全监理总站委托，黑龙江省农垦总局农机安全监理站在建三江管理局举办“黑龙江省农机事故处理员培训班”和“垦区农机监理考试员培训班”。全省161名农机事故处理员、垦区38名农机监理考试员参加此次培训，并观摩建三江管理局农机事故应急演练，参观农机标准化管理现场。

7月3日

由佳木斯市人民政府和黑龙江省农垦总局主办，新兴移山公司和悦达集团承办的农机新产品推介会在建三江管理局召开，黑龙江省农垦总局书记王兆力出席会议并对垦区农业机械化发展作出重要指示。

7月9日

黑龙江省农垦总局农业机械化管理局与垦区公安局联合印发《关于委托农机安全监理在垦区道路对拖拉机实施安全管理工作的通知》。正式委托垦区农机监理机构在垦区道路对拖拉机实施安全管理，并开始探索警监联合执法的新机制。

9月17—21日

在黑龙江省绿色食品博览会暨哈尔滨世界农业博览会上，黑龙江省农垦总局农业机械化管理局与省农业委员会农业机械化管理局一同负责现代农业机械展区展览组织工作，展览面积1.9万米^2。

10月16—19日

按照黑龙江省农垦总局领导指示，黑龙江省农垦总局农业机械化管理局派出2个调研组，分别赴宝泉岭、北安、绥化管理局进行农业机械化发展情况调研。

11月4日

黑龙江省农垦总局农业机械化管理局将鉴定证书发放权限移交鉴定站，有效期内证书信息变更、补发换发等工作一并移交。

附　录

重要文件

国务院关于印发《中国制造2025》的通知

国发〔2015〕28号

各省、自治区、直辖市人民政府，国务院各部委、各直属机构：

现将《中国制造2025》印发给你们，请认真贯彻执行。

国务院
二〇一五年五月八日

中国制造2025

（摘要）

制造业是国民经济的主体，是立国之本、兴国之器、强国之基。十八世纪中叶开启工业文明以来，世界强国的兴衰史和中华民族的奋斗史一再证明，没有强大的制造业，就没有国家和民族的强盛。打造具有国际竞争力的制造业，是我国提升综合国力、保障国家安全、建设世界强国的必由之路。

新中国成立尤其是改革开放以来，我国制造业持续快速发展，建成了门类齐全、独立完整的产业体系，有力推动工业化和现代化进程，显著增强综合国力，支撑我世界大国地位。然而，与世界先进水平相比，我国制造业仍然大而不强，在自主创新能力、资源利用效率、产业结构水平、信息化程度、质量效益等方面差距明显，转型升级和跨越发展的任务紧迫而艰巨。

当前，新一轮科技革命和产业变革与我国加快转变经济发展方式形成历史性交汇，国际产业分工格局正在重塑。必须紧紧抓住这一重大历史机遇，按照"四个全面"战略布局要求，实施制造强国战略，加强统筹规划和前瞻部署，力争通过三个十年的努力，到新中国成立一百年时，把我国建设成为引领世界制造业发展的制造强国，为实现中华民族伟大复兴的中国梦打下坚实基础。

《中国制造2025》，是我国实施制造强国战略第一个十年的行动纲领。

一、发展形势和环境

（一）全球制造业格局面临重大调整。

（二）我国经济发展环境发生重大变化。

（三）建设制造强国任务艰巨而紧迫。

二、战略方针和目标

（一）指导思想。

（二）基本原则。

（三）战略目标。

三、战略任务和重点

实现制造强国的战略目标，必须坚持问题导向，统筹谋划，突出重点；必须凝聚全社会共识，加快制造业转型升级，全面提高发展质量和核心竞争力。

(一)提高国家制造业创新能力。

(二)推进信息化与工业化深度融合。

(三)强化工业基础能力。

(四)加强质量品牌建设。

(五)全面推行绿色制造。

(六)大力推动重点领域突破发展。

瞄准新一代信息技术、高端装备、新材料、生物医药等战略重点,引导社会各类资源集聚,推动优势和战略产业快速发展。

1. 新一代信息技术产业。

2. 高档数控机床和机器人。

3. 航空航天装备。

4. 海洋工程装备及高技术船舶。

5. 先进轨道交通装备。

6. 节能与新能源汽车。

7. 电力装备。

8. 农机装备。重点发展粮、棉、油、糖等大宗粮食和战略性经济作物育、耕、种、管、收、运、贮等主要生产过程使用的先进农机装备,加快发展大型拖拉机及其复式作业机具、大型高效联合收割机等高端农业装备及关键核心零部件。提高农机装备信息收集、智能决策和精准作业能力,推进形成面向农业生产的信息化整体解决方案。

9. 新材料。

10. 生物医药及高性能医疗器械。

(七)深入推进制造业结构调整。

(八)积极发展服务型制造和生产性服务业。

(九)提高制造业国际化发展水平。

四、战略支撑与保障

建设制造强国,必须发挥制度优势,动员各方面力量,进一步深化改革,完善政策措施,建立灵活高效的实施机制,营造良好环境;必须培育创新文化和中国特色制造文化,推动制造业由大变强。

(一)深化体制机制改革。

(二)营造公平竞争市场环境。

(三)完善金融扶持政策。

(四)加大财税政策支持力度。

(五)健全多层次人才培养体系。

(六)完善中小微企业政策。

(七)进一步扩大制造业对外开放。

(八)健全组织实施机制。

各地区、各部门要充分认识建设制造强国的重大意义,加强组织领导,健全工作机制,强化部门协同和上下联动。各地区要结合当地实际,研究制定具体实施方案,细化政策措施,确保各项任务落实到位。工业和信息化部要会同相关部门加强跟踪分析和督促指导,重大事项及时向国务院报告。

农业部部门规章及文件

中华人民共和国农业部令

2015 年第 2 号

现公布《农业部关于修订〈农业机械试验鉴定办法〉的决定》,自公布之日起施行。

部长 韩长赋

二〇一五年七月十五日

农业部关于修订《农业机械试验鉴定办法》的决定

为进一步推进简政放权,充分发挥农机试验鉴定机构作用,农业部决定对《农业机械试验鉴定办法》(2005 年 7 月 26 日农业部令第 54 号公布,2013 年 12 月 31 日农业部令 2013 年第 5 号修订)以下条款进行修订。

一、将第十八条修改为:"农机鉴定机构应当在试验鉴定结束之日起 15 日内向企业出具鉴定报告。"

二、删除第二十条。

三、将第二十一条修改为:"农机鉴定机构应当在指定媒体上公布通过鉴定的产品和相应的检测结果。"

四、将第二十二条修改为:"对通过推广鉴定的产品,农机鉴定机构应当在公布后 10 日内颁发农业机械推广鉴定证书,产品生产者凭农业机械推广鉴定证书使用农业机械推广鉴定专用标志。"

五、将第二十三条第二款修改为:"农业机械推广鉴定证书和标志的有效期自签发之日起至第 5 年的 12 月 31 日止。"

六、将第二十六条修改为："获得农业机械推广鉴定证书产品的商标、企业名称和生产地点发生改变的，生产者应当凭相关证明文件向原发证机构申请变更换证；改变结构、型式和生产条件的，应当重新申请鉴定。"

七、将第二十八条中的"由省级以上人民政府农业机械化行政主管部门取消被选型资格或收回、注销农业机械推广鉴定证书和标志"修改为"由原发证机构撤销农业机械推广鉴定证书"。

本决定自公布之日起施行。《农业机械试验鉴定办法》根据本决定作相应修改，重新公布。

农业机械试验鉴定办法

（2005年7月26日农业部令第54号公布，2013年12月31日农业部令2013年第5号修订，2015年7月15日农业部令2015年第2号修订）

第一章　总则

第一条　为了促进先进适用农业机械的推广应用，维护农业机械使用者及生产者、销售者的合法权益，根据《中华人民共和国农业机械化促进法》和《中华人民共和国农业技术推广法》，制定本办法。

第二条　本办法所称农业机械试验鉴定(以下简称农机鉴定)，是指农业机械试验鉴定机构(以下简称农机鉴定机构)通过科学试验、检测和考核，对农业机械的适用性、安全性和可靠性做出技术评价，为农业机械的选择和推广提供依据和信息的活动。

根据鉴定目的不同，农机鉴定分为：

(一)推广鉴定：全面考核农业机械性能，评定是否适于推广；

(二)选型鉴定：对同类农业机械进行比对试验，选出适用机型；

(三)专项鉴定：考核、评定农业机械的专项性能。

第三条　农机鉴定包括部级鉴定和省级鉴定，由农业机械生产者或者销售者自愿申请。通过部级鉴定的产品不再进行省级鉴定。

第四条　农业部主管全国农机鉴定工作，制定并定期调整、发布全国农机鉴定产品种类指南、计划，公布鉴定大纲。

省、自治区、直辖市人民政府农业机械化行政主管部门主管本行政区域的农机鉴定工作，制定并定期调整、发布省级农机鉴定产品种类指南、计划，公布鉴定大纲。

第五条　农机鉴定坚持公正、公开、科学、高效的原则，接受农业机械使用者、生产者、销售者和社会的监督。

第六条　通过农机鉴定的产品，可以依法纳入国家促进农业机械化技术推广的财政补贴、优惠信贷、政府采购等政策支持的范围。

农业(农业机械化)行政主管部门和农业技术推广机构对通过农机鉴定的产品应当予以推广。

第二章　鉴定机构

第七条　农机鉴定由省级以上人民政府农业机械化行政主管部门所属的农机鉴定机构实施。

第八条　农机鉴定机构应当具备下列条件：

(一)不以赢利为目的的公益性事业组织；

(二)通过国家规定的计量认证；

(三)具有与鉴定工作相适应的工作人员、场所和设施设备；

(四)具有符合鉴定工作要求的工作制度和操作规范。

第九条　农业部和省级人民政府农业机械化行政主管部门根据第八条规定条件，分别确定承担部级和省级鉴定任务的农机鉴定机构及可鉴定的产品范围，并予公布。

第三章　申请和受理

第十条　申请农机鉴定的产品应当符合下列条件：

(一)属定型产品；

(二)有一定的生产批量；

(三)列入农机鉴定产品种类指南或计划；

(四)申请前三年内，未因违反本办法第二十七条第一、三、四、六项的规定被收回、注销农业机械推广鉴定证书和标志。

第十一条　申请农机鉴定的农业机械生产者或者销售者应当向农机鉴定机构提交下列材料：

(一)农机鉴定申请表；

(二)企业法人营业执照复印件(境外企业提供主管机关的登记注册证明)；

(三)产品定型证明文件；

(四)产品标准的文本；

(五)产品使用说明书。

委托他人代理申请的，还应当提交农业机械生产者或者销售者签署的委托书。

第十二条　农机鉴定机构应当在收到申请之日起10日内对申请材料进行审查，决定是否受理，并书面通知企业。不予受理的，应当说明理由。

第四章　试验鉴定

第十三条　农机鉴定依据省级以上人民政府农业机械化行政主管部门公布的鉴定大纲进行。

第十四条　农机鉴定机构应当在受理申请后与企业确定试验鉴定时间，组织人员按鉴定大纲抽取或确认样机，并审核必需的技术文件。

第十五条　鉴定用样机由申请者提供，并按期送到指定试验地点。鉴定结束后，样机由申请者自行处理。

第十六条　试验鉴定内容根据鉴定类型在下列五项中确定：

(一)生产条件审查；

(二)性能试验与安全检查；

(三)适用性和可靠性试验；

(四)使用说明书和"三包"凭证审查；

(五)用户调查。

第十七条　同一企业的同一产品在申请两种以上鉴定时，相同鉴定内容不重复进行。

第十八条　农机鉴定机构应当在试验鉴定结束之日起15日内向企业出具鉴定报告。

第十九条　申请者对鉴定结果有异议的，应当在收到鉴定报告之日起15日内向原鉴定机构申请复验一次。

第五章　鉴定公告

第二十条　农机鉴定机构应当在指定媒体上公布通过鉴定的产品和相应的检测结果。

第二十一条　对通过推广鉴定的产品，农机鉴定机构应当在公布后10日内颁发农业机械推广鉴定证书，产品生产者凭农业机械推广鉴定证书使用农业机械推广鉴定专用标志。

第二十二条　农业机械推广鉴定证书和标志的式样由农业部统一制定、发布。

农业机械推广鉴定证书和标志的有效期自签发之日起至第5年的12月31日止。

禁止伪造、涂改、转让和超范围使用农业机械推广鉴定证书和标志。

第六章　监督管理

第二十三条　省级以上人民政府农业机械化行政主管部门应当组织对通过农机鉴定的产品及农业机械推广鉴定证书和标志的使用情况进行监督，发现有违反本办法行为的，应当依法处理。

第二十四条　农机鉴定机构应当严格依照鉴定大纲进行农机鉴定，不得伪造鉴定结果或者出具虚假证明，并对鉴定结果承担责任。

第二十五条　获得农业机械推广鉴定证书产品的商标、企业名称和生产地点发生改变的，生产者应当凭相关证明文件向原发证机构申请变更换证；改变结构、型式和生产条件的，应当重新申请鉴定。

第二十六条　省级以上人民政府农业机械化行政主管部门根据用户的投诉和举报情况，组织对通过农机鉴定的产品进行调查，并及时公布调查结果。

第二十七条　通过鉴定的产品，有下列情形之一的，由原发证机构撤销农业机械推广鉴定证书，并予公告：

（一）产品出现重大质量问题，或出现集中的质量投诉后生产者在规定期限内不能解决的；

（二）商标、企业名称和生产地点发生改变未申请变更的；

（三）改变结构、型式和生产条件未重新申请鉴定的；

（四）在国家产品质量监督抽查或市场质量监督检查中有严重质量问题的；

（五）国家明令淘汰的；

（六）通过欺诈、贿赂等手段获取鉴定结果或证书的；

（七）涂改、转让、超范围使用农业机械推广鉴定证书和标志的。

第七章　罚则

第二十八条　县级以上地方人民政府农业（农业机械化）行政主管部门强制或者变相强制农业机械生产者、销售者对其生产、销售的农业机械产品进行鉴定的，由上级主管机关或者监察机关责令限期改正，并对直接负责的主管人员和其他直接责任人员给予行政处分。

第二十九条　农机鉴定机构不按规定进行鉴定、伪造鉴定结果或者出具虚假证明的，由农业机械化行政主管部门责令改正，对单位负责人和其他直接责任人员，依法给予行政处分；情节严重的，取消其鉴定资格；给农业机械使用者造成损失的，依法承担赔偿责任。

第三十条　从事农机鉴定、审查工作的人员徇私舞弊、弄虚作假、滥用职权、玩忽职守的，依法给予行政处分。

第三十一条　伪造、冒用或使用过期的农业机械推广鉴定证书和标志的，由农业机械化行政主管部门责令停止违法行为，有违法所得的，处违法所得二倍以下罚款，但最高不超过三万元；无违法所得的，处一万元以下罚款。

第八章　附则

第三十二条　农机鉴定机构从事农业机械的科研鉴定、新产品鉴定、进出口鉴定、仲裁检验、质量认证检验、质量监督抽查等其他鉴定、检验工作，按国家有关规定执行。

第三十三条　本办法所称日，是指工作日。

第三十四条　本办法自2005年11月1日起施行。1982年8月31日农牧渔业部发布、1997年12月25日和2004年7月1日农业部修订的《中华人民共和国农牧渔业部农业机械鉴定工作条例（试行）》（〔82〕农机字第10号）同时废止。

关于《农业部关于修订〈农业机械试验鉴定办法〉的决定》的说明

为贯彻落实国务院有关推进行政体制改革、转变政府职能的精神和部领导有关指示要求，农机化管理司在深入调研并听取各方面意见的基础上，起草了《农业机械试验鉴定办法》（简称《办法》）修订送审稿报政法司审查。政法司会同农业部农业机械化管理司对送审稿作了进一步研究论证和修改完善，并在农业部网站和中国政府法制信息网上向社会公开征求了意见，形成了《关于修订〈农业机械试验鉴定办法〉的决定（草案）》。现将有关情况说明如下。

一、修改《办法》的必要性

农机试验鉴定是通过试验、考核等对农业机械性能进行评价，为农业机械推广提供依据和信息的活动，属于具体的技术工作，由农机鉴定机构负责实施。《办法》规定，省级以上农机化行政主管部门对农机鉴定机构报送的鉴定报告等材料进行审查，并颁发鉴定证书。农机化主管部门仅对鉴定报告审查即颁发证书，既延长了发证时间，又与“谁检测，谁负责；谁发证，谁负责”的原则不符。为此，为适应改革开放新形势，推进简政放权、政事分开，减少行政审批，强化鉴定机构主体责任，有必要修改《办法》中审核发证主体。另外，有关农机产品的许可和认证制度的有效期均为5年，为减轻企业负担，并使鉴定证书的有效期与相关制度相衔接，有必要对证书有效期相关条款进行修改。

二、主要内容

（一）重新明确鉴定审核发证主体。按照部领导有关“农业部不直接发企业、产品推介”的指示精神，坚持“谁检测，谁负责；谁发证，谁负责”的原则，将农机鉴定审核发证及对外公开的主体由原来的农机化主管部门修改明确为农机鉴定机构，删除原《办法》第二十条，对《办法》第十八、二十一、二十二、二十六、二十八条进行相应修改。

（二）延长鉴定有效期。《办法》规定："农业机械推广鉴定证书和标志的有效期为四年"，然而，有关农机产品的许可和认证制度的有效期均为五年。为适应农机化发展新形势，减少企业申请鉴定的投入，减轻鉴定机构鉴定工作压力，积极与相关许可认证制度相衔接，应适当延长农机鉴定周期，为此，对《办法》第二十三条进行相应修改，将农业机械推广鉴定证书有效期改为五年。

农业部关于开展主要农作物生产全程机械化推进行动的意见

农机发〔2015〕1号

各省、自治区、直辖市及计划单列市农业、农机局（厅、委、办），新疆生产建设兵团农业局，黑龙江省农垦总局，广东省农垦总局：

为提高我国农业综合生产能力和市场竞争力，加快推进农业现代化进程，农业部决定在全国开展主要农作物生产全程机械化推进行动（以下简称"全程机械化推进行动"）。现就开展全程机械化推进行动提出以下意见。

一、充分认识开展全程机械化推进行动的重要意义

《农业机械化促进法》实施以来，在购机补贴等中央强农惠农富农政策的有力推动下，在广大农民对机械化作业的旺盛需求拉动下，我国农业机械化和农机工业持续快速发展，开创了全国农业机械化发展的"黄金十年"。但与现代农业发展的要求相比，我国农业机械化发展仍存在诸多"短板"，亟待解决。从作物上看，虽然小麦生产基本实现了耕种收机械化，但其他作物的综合机械化水平仍然偏低；从环节上看，虽然耕整地环节机械化水平较高，但部分作物的播种、植保、收获、烘干、秸秆处理等环节机械化水平仍然滞后；从区域上看，虽然东北、华北等地区装备水平和农机作业水平较高，但其他地区相对落后。当前，我国城镇化进程和农村劳动力转移步伐日益加快，农业资源偏紧和生态环境约束因素日益加剧，农产品的生产成本"地板"和市场价格"天花板"挤压矛盾日益凸显。加快推进主要农作物生产全程机械化，有利于充分发挥农业机械集成技术、节本增效、推动规模经营的重要作用，有利于提升农业生产效率、降低生产成本，有利于促进农业发展方式转变，破解我国农业生产面临的"谁来种地、怎么种地"的难题，不断提高农业的综合生产能力和市场竞争力。

二、总体思路、基本原则与发展目标

（一）总体思路

围绕转变农业发展方式的总要求，以提高主要农作物生产全程机械化水平为目标，以粮棉油糖主产区为重点区域，以耕整地、播种、植保、收获、烘干、秸秆处理为重点环节，以推广先进适用农机化技术及装备、培育壮大农机服务市场主体、探索全程机械化生产模式、改善农机化基础设施为重点内容，积极开展全程机械化示范区创建，努力构建上下联动、协调推进农业机械化的新机制，共同打造我国农业机械化发展的升级版。

（二）基本原则

坚持因地制宜、分类指导。根据不同地区的优势作物、经济条件、生产规模、机械化水平等因素，推动农机化技术集成，优选适宜的技术路线和装备，形成具有区域特色的全程机械化生产模式。

坚持统筹规划、梯度推进。优先推进主要粮食作物生产全程机械化，积极推进大宗经济作物主要环节生产机械化。围绕突破薄弱环节，突出工作重点，优先选择现代农业示范区、粮棉油糖生产大县和基础好的区域建设示范点，典型引路，由点及面，整乡整县，逐步推进。

坚持机艺融合、协同发展。以先进适用的农机装备为载体，以绿色增产的农艺技术为内容，结合采用信息化技术和开展农田基本建设等工程技术，加强农机、农艺等多部门的联合攻关、协同配合，推动农机农艺相融合、农机化与信息化技术相融合。

坚持政府引导、多方参与。以政府扶持为引导，以农机社会化服务组织、农业生产规模经营者为主体，广泛吸引农机生产企业和农业科研、推广和教育等部门参与，汇聚各方力量，增加资金投入，形成合力推进主要农作物生产全程机械化的良好格局。

（三）发展目标

到2020年，力争全国农作物耕种收综合机械化水平达到68%以上，其中三大粮食作物耕种收综合机械化水平均达到80%以上，机械化植保防治、机械化秸秆处理和机械化烘干处理水平有大幅度提升。在主要农作物的优势生产区域内，建设500个左右率先基本实现生产全程 机械化的示范县；在有条件的省份整省推进，率先基本实现全省（自治区、直辖市）主要农作物生产全程机械化。

三、主要内容

定位九大作物种类：以水稻、玉米、小麦、马铃薯、棉花、油菜、花生、大豆、甘蔗等主要农作物为重点。

聚焦六个生产环节：以提高耕整地、种植、植保、收获、烘干、秸秆处理等主要环节机械化水平为重点。

明确两个主攻方向：一是提升主要粮食作物生产全程机械化水平，重点是巩固提高深松整地、精量播种、水稻机械化育（插）秧、玉米机收、马铃薯机收、大豆机收等环节机械化作业水平，解决高效植保、烘干、秸秆处理等薄弱环节的机械应用难题；二是突破主要经济作物生产全程机械化"瓶颈"，重点是示范推广棉花机采、油菜机播和机收、花生机播和机收、甘蔗机种和机收等关键环节的农机化技术。

探索一系列全程机械化生产模式：根据我国主要农作物的优势产区、种植模式和全程机械化特点，确立推进各个主要农作物生产全程机械化的主要内容（详见附表），分作物、分区域建成一批率先基本实现生产全程机械化的示范区(县)。

四、重点工作

根据推进主要农作物生产全程机械化的发展目标和主要内容,要突出抓好以下四项重点工作。

(一)强化农机购置补贴等政策的导向作用,全面提升全程机械化生产的装备水平。中央财政农机购置补贴资金要重点向产粮大县、新型经营主体、粮棉油糖等主要农作物生产关键环节机具倾斜。积极推进农机新产品购置补贴试点,支持鼓励老旧农机报废更新,着力优化农机装备结构。探索北斗卫星精准定位、自动导航、物联网等现代信息技术在农机装备上的应用,进一步推动农机装备升级换代。积极推进农机工业实施《中国制造 2025》,鼓励和引导农机制造企业、科研院所等加大农机装备研发创新力度,提高研发能力和制造水平。重点围绕主要作物全程机械化生产的薄弱环节,搭建农业、农机制造、科研等多部门合作的科技创新平台,合力攻关,突破全程机械化所需关键环节机具的瓶颈制约。加强在用农机具质量监督检查,推进农机产品质量性能提升。

(二)发展农机社会化服务,培育壮大全程机械化的生产主体。积极培育多元化的农机社会化服务组织、农业生产规模经营者等市场化生产主体,大力推进跨区作业、订单作业、托管服务、租赁经营等农机社会化服务,切实提高主要农作物生产的组织化程度。引导工商社会资本投向农机作业服务,推进农机作业服务市场化、专业化、规模化、产业化。深入开展全国农机专业合作社示范社创建活动,重点培育一批农机合作社示范社。加强农机教育培训和农机职业技能开发,大力培养一批农机作业能手和农机维修能手。

(三)创建农机化示范区(县),探索形成区域化的全程机械化生产模式。优化农机财政专项资金支出结构,加大主要农作物生产全程机械化的投入力度,积极开展全程机械化的试验示范,探索总结全程机械化的技术路径、技术模式、机具配套、操作规程及服务方式。充分发挥农机深松等作业补助政策的导向作用,加快先进适用农机化技术的推广。在农作物主产区建设 500 个全程机械化示范县(区、场),探索形成一系列分作物、分区域的机械化生产模式,建成一批全程机械化万亩示范片。通过树立可复制、可推广的典型,以点带面,不断提高周边 地区主要农作物生产全程机械化水平。

(四)加强农机化基础建设,努力改善全程机械化的发展条件。加强高标准农田建设,积极推动农田水利基础设施建设和土地整理,促进农村土地经营权有序流转,发展农业适度规模经营,为规模化的农机作业服务创造条件。加快推进机械化与信息化融合发展,建设和完善全国统一的农机作业动态信息监测与服务平台,及时采集和发布农机作业供需信息,培育和规范农机作业等服务市场。大力支持农机合作社、农机大户兴建农机具库棚,不断加强机耕道路和农机维修网点建设,推动解决农机“住房难、行路难、看病难”等问题。

五、保障措施

(一)强化组织领导。各地要把推进主要农作物生产全程机械化作为加快现代农业发展的一项重点工作来抓,积极争取各级政府的重视和支持,主动协调有关职能部门以及农业系统各相关单位,形成高效的工作推动机制。要搞好统筹规划,制定实施方案,明确发展目标,落实工作任务,构建上下联动、多方协作、合力推进的工作责任机制。要制定评价科学的工作考核机制,把推进全程机械化纳入本地农业现代化发展的重要考核内容。

(二)强化政策扶持。积极争取各级发改、财政等有关部门支持,有关农机购置补贴、农机作业补助、农业技术示范等项目资金应向推进行动的实施区域倾斜。要落实有关农机化发展的税费减免措施,强化对农机户、农机服务组织的金融支持和信贷服务,积极探索发展大型农机金融租赁服务。进一步加强农机试验鉴定、技术推广、安全监理、质量监督、教育培训、信息宣传等农机化公共服务能力建设,确保全程机械化推进行动顺利实施。

(三)强化技术支撑。农业部成立全程机械化推进行动专家指导组,按作物设立专业组,由农机化行业和农业产业技术体系的有关专家组成,开展决策咨询、技术指导、培训交流、验收考核等工作。各地要充分发挥各级农技、农机推广机构和生产企业、科研院校、农民专业合作社等社会组织的作用,分作物、分区域总结主要农作物全程机械化生产模式。

(四)强化绩效考核。建立完善主要农作物生产全程机械化评价体系,以县(区、场)为单位进行绩效考核。重点实施区域要落实责任,整合力量,创建一批基本实现主要农作物生产全程机械化示范县。对符合创建工作要求的单位和地区,由农业部分批予以公布。

(五)强化宣传引导。各地要及时总结推进工作中的好做法、好经验、好典型,通过组织召开现场观摩活动、开设网络宣传专栏等多种形式,集中发布推进主要农作物生产全程机械化的技术成果、工作进展等,加强交流和学习借鉴。充分利用广播、电视、报刊、网络等多种媒体,开展主题突出、形式多样的宣传报道,为全程机械化推进行动营造良好舆论氛围。

附表:主要农作物生产全程机械化区域布局及主要内容

农业部

二〇一五年八月十一日

附表

主要农作物生产全程机械化区域布局及主要内容

作物	产区名称	产区范围	全程机械化主要内容
水稻	北方稻区	黑龙江、吉林、辽宁、天津、宁夏、内蒙古、山东、陕西、河南、新疆	集成示范以规模化、标准化、智能化育秧、机插秧为核心的较大经营规模全程机械化生产模式,重点推广规模化生产的大棚温室集中育秧、乘坐式高性能插秧机、大型机械化烘干设备与技术为主,集成示范秸秆还田耕整地、高效植保、大中型联合收获及秸秆处理等机械化技术;部分适宜地区示范钵苗功机械化移栽技术。

续表

作物	产区名称	产区范围	全程机械化主要内容
水稻	长江中下游单季稻区	江苏、上海、浙江和安徽两省部分地区	集成示范以工厂化育秧、机插秧为核心的中等经营规模全程机械化生产模式，重点以工厂化集中育供秧、乘坐式高性能机插秧、低温循环烘干技术为主，集成示范秸秆还田耕地、高效植保、联合收获等机械化技术；部分适宜地区示范钵体苗机械化移栽。
	南方双季稻区	湖南、江西、福建、广东、广西、海南，湖北、浙江和云南三省部分地区	集成示范以设施育秧、机插秧为核心的中小型经营规模全程机械化生产模式，重点以早稻保温育秧和晚稻控温育秧、高性能机插秧技术为主，集成示范秸秆还田耕整地、高效植保、联合收获、低温烘干及秸秆处理等机械化技术；适宜地区示范钵体苗机械化移栽技术。
	西南稻区	四川、重庆、贵州、湖北和云南两省部分地区	集成示范以工厂化育秧、机插秧为核心的中小型全程机械化模式，平原地区重点以工厂化集中育秧、高性能机插秧、机械化收获技术为主，集成示范高性能耕整地、高效植保、低温烘干及秸秆处理等机械化技术；丘陵山区示范微耕机、手扶式机插秧、有序浅栽、轻简型植保、分段收获、小型烘干等轻简机械化技术。
玉米	东北华北春玉米区	黑龙江、吉林、辽宁、内蒙古东部、北京北部、河北北部	集成示范以大型收获机与深松技术为核心的全程机械化生产模式，重点为与180～300马力拖拉机配套的深松联合整地、免耕精量直播、高速高效精量播种、高效精准施药、秸秆还田等技术。
	黄淮海夏玉米区	河南、山东、天津、北京大部、河北南部、山西南部、陕西关中、安徽北部、江苏北部	集成示范以少免耕精量播种技术为核心的全程机械化生产模式，重点为与80～120马力中型拖拉机配套的深松深耕、高效精准施药及摘穗收获等技术；部分适宜地区示范籽料直收与烘干、青贮玉米收获技术。
	西南山地玉米区	四川、重庆、云南、贵州，广西、湖北和湖南三省西部	集成示范以轻简型玉米精量播种技术、小型化机械收获技术为核心的关键生产环节机械化术模式，重点为与20～60马力施拉机相配套的耕整地技术；适宜地区集成示范青贮玉米收获技术。
	西北旱地玉米区	甘肃、宁夏、新疆、山西北部、陕西北部、内蒙古西部	集成示范以籽料收获与烘干技术为核心的全程机械化生产模式，重点为与100～180马力拖拉机配套的深松联合整地、精量播种保全苗、免少耕播种、地膜覆盖及回收、秸秆处理等技术。
小麦	黄淮及华北冬麦区	山东、河南、河北、陕西、山西、北京、天津、安徽北部、江苏北部	重点以旋耕灭茬整地、深松镇压、精量播种机械化技术为主，集成示范联合收获、秸秆切碎还田等机械化技术，加快发展高效植保、烘干机械及秸秆处理。
	长江中下游冬麦区	浙江、湖北、安徽南部、江苏南部	重点以免耕或旋耕精量播种机械化技术为主，集成示范联合收获、秸秆切碎还田等机械化技术，加快发展高效植保、烘干机械及秸秆处理。
	东北春麦区	黑龙江、吉林、辽宁、内蒙古东部	重点以翻耕精量播种、免少耕播种机械化技术为主，集成示范联合整地、高效收获机械化技术，加快发展高效植保、烘干机械及秸秆处理。
	西北冬、春麦区	甘肃、宁夏、青海、新疆、内蒙古西部	重点以旋耕精量播种、免少耕播种机械化技术为主，集成示范高效收获、秸秆打捆(回收)等机械化技术，加快发展高效植保、烘干机械及秸秆处理。
	西南冬麦区	四川、云南、贵州、重庆	重点以旋耕精量播种机械化技术为主，集成示范中小型多功能收获机械化技术，加快发展高效植保、烘干机械及秸秆处理。
马铃薯	北方一季作区	黑龙江、吉林、内蒙古、甘肃、宁夏、辽宁大部、河北北部、山西北部、青海东部、陕西北部、新疆北部	重点以大中型播种和收获技术为主，集成示范机械整地、联合收获和分段收获、高效精准施药及秸秆处理机械化技术。
	中原二季作区	河南、山东、江苏、浙江、安徽、江西、辽宁、河北、山西、陕西四省南部，湖南、湖北两省东部	重点以小型播种和收获技术为主，集成示范马铃薯机械化播种机、小型马铃薯收获机、高效精准施药及秸秆处理等机械化技术。

续表

作物	产区名称	产区范围	全程机械化主要内容
马铃薯	西南单、双季混作区	重庆、四川、贵州、云南	重点以丘陵山地小型机械化种植技术和收获技术为主，集成示范小型马铃薯收获机和小型马铃薯种植机及秸秆处理等机械化技术。
	南方冬作区	广东、广西、海南、福建	重点以小型播种和收获技术为主，集成示范马铃薯机械化播种机、小型马铃薯收获机、高效精准施药及秸秆处理等机械化技术。
棉花	西北内陆产区	新疆生产建设兵团、新疆地方、甘肃	新疆生产建设兵团重点以适应规化生产的365～373马力级大型带车载打垛功能的采棉机为核心的全程机械化生产模式为主，重点开展加装卫星导航系统的精量播种机械、高效精准施药机械集成示范，推广和示范残膜回收及秸秆处理机械技术。新疆地方重点以适应一定规模化生产的290马力以上的中、大型自走式采棉机和配套的棉模设备为核心的全程机械化生产模式为主，重点开展加装卫星导航系统的精量播种机械、高效精准施药机械集成示范，推进机械打顶(化学打顶)技术和残膜回收及秸秆处理机械技术的应用，进一步完善采棉种植模式。
	黄河流域产区	山东、河南、河北、山西、陕西	集成示范以110～130马力级中小型自走式轻型采棉机、牵引式采棉机和场地籽棉预处理机为核心的关键技术应用模式为主，重点开展机采棉种植模式、中小型精量播种机械、精准施药机械、机械采摘及秸秆处理技术集成示范。
	长江流域产区	江苏、安徽、湖北、湖南、江西	示范推广以背负式、牵引式(功率55～85马力)及中小型自走式轻型采棉机(功率110～130马力)和场地籽棉预处理机为核心的关键技术应用模式为主，重点开展机采棉种植模式、棉籽中小型精量播种、棉苗钵体移栽，精准施药、施肥，机械采摘和棉秆机械化综合利用技术集成示范。
油菜	长江上游产区	四川、重庆、云南、贵州	以适合于丘陵山地的小型油菜机械化作业模式为主，重点推广和示范基于小型多功能底盘的适于丘陵山地的油菜小型机械化耕整地、播种、收获及秸秆处理技术。
	长江中下游产区	湖北、湖南、江西、安徽、河南、江苏、浙江、上海	重点推广和示范秸秆全量还田条件下油菜机械化耕整地、开畦沟、精量播种复试作业技术，油菜机械化育苗移栽技术，油菜免耕机械化播种技术，油菜机械化分段收获和联合收获技术，机械化高效精准施药及秸秆处理技术。
	北方春油菜	内蒙古、甘肃、青海	以大型机械化播种和分段收获作业模式为主，重点推广和示范大型油菜机械化直播技术和耕整地、播种复式作业技术，大型油菜机械化联合收获和分段收获技术，大型机械化高效精准施药及秸秆处理技术。
花生	黄淮海产区	河南、山东、河北、江苏、安徽北部	以发展高效全程机械化生产模式为主，重点示范推广麦后机械化免耕播种和半喂入联合收获技术，集成示范耕后起垄(覆膜)直播和分段收获、秸秆处理及残膜回收等技术。
	东北及新疆产区	辽宁、吉林、新疆	以发展高效全程机械化生产模式为主，重点试验示范全喂入捡拾联合收获、半喂入联合收获技术，集成示范耕后起垄覆膜直播和分段收获、秸秆处理及残膜回收等技术。
	南方产区	广东、福建、广西、江西、四川、湖南、湖北、安徽南部	以推广轻简型机械化生产技术为主，重点试验示范分段收获技术、摘果技术、耕后起垄(覆膜)直播、秸秆处理及残膜回收技术。
大豆	北方产区	黑龙江、吉林、辽宁、内蒙古东部	以大型机械化耕整地、播种、收获作业模式为主；重点推广示范机械化深松、整地或机械化深松、整地起垄技术，机械化间隔深松和保护性耕作技术，机械化破茬、开沟、施肥、播种、覆土、镇压复式作业技术，机械化中耕、除草、追肥技术，大型机械化高效病虫害防治技术，机械化联合收获及秸秆处理技术。
	黄淮流域产区	山东、河南、河北、江苏、安徽	以机械化保护性耕作、播种、联合收获作业模式为主；重点推广和示范全秸秆还田条件下大豆机械化免耕精播根瘤菌同步喷施技术，机械化低损失、高品质大豆联合收获技术，机械化高效病虫害防治及秸秆处理技术。
	南方产区	四川、贵州、云南、广东、广西	以小型机械化间套作作业模式为主；重点推广和示范基于小型多功能底盘的机械化耕整地、播种、收获技术，鲜食大豆机械化生产技术。

续表

作物	产区名称	产区范围	全程机械化主要内容
甘蔗	桂中南产区	广西中南部	集成示范以80～180马力级中型收割机为核心的中型全程机械化生产模式，重点为深松深耕、联合种植和切段式联合收获技术。
	滇西南产区	云南西南部	以坡改梯区域示范50马力级以下小型机械化系统为主，重点为分段式种植和分段式收获，在坝子地可开展中型全程机械化生产模式示范。
	粤西琼北产区	广东西部、海南北部	粤西产区重点发展120～180马力段中大型机械化系统，重点为该马力段耕种管收联合作业机械与技术；琼北产区重点发展中小型耕整地机械化技术、分段种植机械化技术和中小型中耕施肥机械化技术。
	其他	广东农垦、广西农垦	集成示范以300～380马力段收割机为核心的耕种管收大型全程机械化生产模式。

中华人民共和国农业部公告

第 2282 号

为适应改革发展新形势，进一步简政放权，简化程序，强化鉴定机构主体责任，鼓励企业技术进步和科技创新，7 月 15 日，我部颁布了农业部 2015 年第 2 号令，公布了《农业部关于修订〈农业机械试验鉴定办法〉的决定》（以下简称《决定》），对《农业机械试验鉴定办法》进行修订，并从公布之日起施行。此次修订的主要内容涉及调整农机鉴定审核发证主体、延长农机推广鉴定证书有效期等内容。

由于《决定》实施前，农机推广鉴定证书均由省级以上农机化主管部门颁发，且有效期四年。为切实贯彻《决定》，方便企业，并使农机推广鉴定证书的有效期与相关制度相衔接，我部特作如下决定：2015 年 7 月 15 日后仍有效的由省级以上农机化主管部门颁发的农机推广鉴定证书有效期，自签发之日起延至第 5 年的 12 月 31 日。

特此公告。

农业部

二〇一五年八月三日

农业部办公厅　财政部办公厅关于印发《2015—2017 年农业机械购置补贴实施指导意见》的通知

农办财〔2015〕6 号

各省（自治区、直辖市、计划单列市）农业厅（局、委）、农机管理局（办公室）、财政厅（局），新疆生产建设兵团农业局、财务局，黑龙江省农垦总局、广东省农垦总局：

为确保农业机械（以下简称农机）购置补贴政策公开、规范、廉洁实施，充分发挥农机购置补贴政策效益，加快农机化发展方式转变，推动粮棉油糖作物生产全程机械化，促进农业机械化又好又快发展和农业综合生产能力提高，在总结近年经验和农机购置补贴操作创新试点工作的基础上，我们研究制定了《2015—2017 年农业机械购置补贴实施指导意见》，现予印发，请遵照执行。

农业部办公厅　财政部办公厅

二〇一五年一月二十七日

2015—2017 年农业机械购置补贴实施指导意见

一、总体要求

通过农业机械（以下简称农机）购置补贴政策实施，充分调动和保护农民购买使用农机的积极性，促进农机装备结构优化、农机化作业能力和水平提升，推进农业发展方式转变，切实保障主要农产品有效供给。实施中，要注重突出重点，加快推进粮棉油糖等主要农作物生产全程机械化，提高政策的指向性和精准性；注重改革完善，优化制度设计，体现惠民公平和便民高效，突出政策的普惠性、稳定性；注重规范实施，加强过程监管，强化信息公开、绩效考核和廉政风险防控，保障资金安全；注重市场化原则，通过市场机制发挥补贴政策对农机化发展的引导作用，推进补贴产品供需双方市场化对接，保障购机者选机购机自主权，促进农机科技进步。

二、实施范围及规模

农机购置补贴政策在全国所有农牧业县(场)范围内实施。综合考虑各省(自治区、直辖市、计划单列市，新疆生产建设兵团，黑龙江省农垦总局、广东省农垦总局，下同)耕地面积、农作物播种面积、主要农产品产量、购机需求意向(各地摸底调查取得)、绩效管理考核等因素和中央财政预算资金安排情况，确定补贴资金规模。

各省农机化主管部门、财政部门要参照上述要求，科学合理确定本辖区内市、县资金规模。上年结转资金可继续在下年使用，连续两年未用完的结转资金，按有关规定处理。

各省农机化主管部门、财政部门要加强对国有农场农机购置补贴工作的指导。省属管理体制的北京、天津、上海、江苏、安徽、河南、江西、湖北、广西、海南、云南、陕西、甘肃、宁夏等14个省(自治区、直辖市)地方垦区农场和海拉尔、大兴安岭垦区农场补贴资金规模、补贴农场名单及资金分配额度由各省农机化主管部门、农垦主管部门与财政部门协商确定，纳入各省补贴资金使用方案。其他市、县属的地方垦区农场的农机购置补贴纳入所在县农机购置补贴范围。

纳入《全国农机深松整地作业实施规划》的省份可结合实际，在农机购置补贴资金中安排补助资金(不超过补贴资金总量的15%)用于在适宜地区实行农机深松整地作业补助，具体操作办法参照《农业部办公厅关于开展农机深松整地作业补助试点工作的通知》(农办财〔2013〕98号)执行。鼓励有条件的农机大户、农机合作社等农机服务组织承担作业补助任务，开展跨区深松整地作业等社会化服务。

在河北、山西、黑龙江、江苏、浙江、安徽、江西、山东、河南、湖北、湖南、广西、陕西、甘肃、新疆、宁波、青岛开展农机报废更新补贴试点工作，具体操作办法参照《2012年农机报废更新补贴试点工作实施指导意见》(农办财〔2012〕133号)执行。农业部会同财政部对试点省份实施情况开展检查评价，视情况按年度对试点省份进行适当调整。

三、补贴范围及标准

(一)中央财政资金补贴机具种类范围。按照“确保谷物基本自给、口粮绝对安全”的目标要求，中央财政资金重点补贴粮棉油糖等主要农作物生产关键环节所需机具，兼顾畜牧业、渔业、设施农业、林果业及农产品初加工发展所需机具，力争用3年左右时间着力提升粮棉油糖等主要农作物生产全程机械化水平。中央财政资金补贴机具种类范围为11大类43个小类137个品目(详见附件1)。

各省应根据农业生产实际，在137个品目中，选择部分品目作为本省中央财政资金补贴范围；并要根据当地优势主导产业发展需要和补贴资金规模，选择部分关键环节机具实行敞开补贴。

粮食主产省(区)要选择粮食生产关键环节急需的部分机具品目敞开补贴，主要包括深松机、免耕播种机、水稻插秧机、机动喷雾喷粉机、动力(喷杆式、风送式)喷雾机、自走履带式谷物联合收割机(全喂入)、半喂入联合收割机、玉米收获机、薯类收获机、秸秆粉碎还田机、粮食烘干机、大中型轮式拖拉机等。棉花、油料、糖料作物主产省(区)要对棉花收获机、甘蔗种植机、甘蔗收获机、油菜籽收获机、花生收获机等机具品目敞开补贴。

有条件的省份，围绕主导产业，按照补贴资金规模与购机需求量匹配较一致的原则，选择机具品目试行全部敞开补贴。

其他地方特色农业发展所需和小区域适用性强的机具，可列入地方各级财政安排资金的补贴范围，具体补贴机具品目和补贴标准由地方自定。

为引导和鼓励农机生产企业加强研发创新，选择若干省份开展农机新产品中央财政资金购置补贴试点。新产品补贴试点，要突出当地粮棉油糖等主要产业发展和农机化新技术推广的需要，进行科学论证、集体研究决策，确保技术先进和风险可控。具体办法可由试点省农机化主管部门、财政部门共同制定。

鼓励开展大型农机金融租赁试点和创新农机信贷服务，多渠道、多形式支持农民购机、用机。

(二)补贴机具产品资质。补贴机具必须是在中华人民共和国境内生产的产品。除新产品补贴试点外，补贴机具应是已获得部级或省级有效推广鉴定证书的产品。

继续选择个别省份开展补贴产品市场化改革试点，在补贴机具种类范围内，除被明确取消补贴资格的或不符合生产许可证管理、强制性认证管理的农机产品外，符合条件的购机者购置的农机产品，均可申请补贴。

补贴机具产品须在明显位置固定标有生产企业、产品名称和型号、出厂编号、生产日期、执行标准等信息的永久性铭牌。

(三)补贴标准。中央财政农机购置补贴资金实行定额补贴，即同一种类、同一档次农业机械原则上在省域内实行统一的补贴标准，不允许对省内外企业生产的同类产品实行差别对待。为防止出现同类机具在不同省(区、市)补贴额差距过大，通用类机具最高补贴额由农业部统一发布。各省农机化主管部门结合本地农机产品市场售价情况进行测算，在不高于最高补贴额的基础上，负责确定本省通用类农机产品的补贴额。

各省农机化主管部门负责制定非通用类机具分类分档办法并确定补贴额。对于部分涉及多省需求的机具分类分档及补贴额可由相关省协商确定。

一般农机每档次产品补贴额原则上按不超过该档产品上年平均销售价格的30%测算，单机补贴额不超过5万元；挤奶机械、烘干机单机补贴额不超过12万元；100马力以上大型拖拉机、高性能青饲料收获机、大型免耕播种机、大型联合收割机、水稻大型浸种催芽程控设备单机补贴额不超过15万元；200马力以上拖拉机单机补贴额不超过25万元；大型甘蔗收获机单机补贴额不超过40万元；大型棉花采摘机单机补贴额不超过60万元。

玉米小麦两用收割机按单独的玉米收割割台和小麦联合收割机分别补贴。

各省农机化主管部门可自主决定补贴额的下调幅度。对于同一档次内大多数产品价格总体下降幅度较大的，可适时调低此档机具补贴额。各省要向社会公布补贴机具补贴额一览表(补贴额一览表式样见附件2)和补贴额调整情况。涉及中央资金补贴的通用类机具补贴额调整的，须及时抄报农业部，农业部可视情况按年度进行调整。

四、补贴对象确定和经销企业公布

补贴对象为直接从事农业生产的个人和农业生产经营组织。在申请补贴对象较多而补贴资金不足时，要按照公平公正公开的原则确定。

对已经报废老旧农机并取得拆解回收证明的补贴对象，可优先补贴。

对每一类补贴对象年度内享受补贴购置农机具的台（套）数或享受补贴资金总额应设置上限，由各地结合实际自行确定。

补贴产品经销企业由农机生产企业自主确定并向社会公布。省级农机化主管部门要及时公布已列入黑名单的经销企业和个人名单，该类企业及个人不允许参与补贴活动，所销售产品不能享受农机购置补贴政策。农机生产企业应对其确定的补贴产品经销企业的经销行为承担相应的责任。

原则上，补贴对象应到当地政府确定的主管部门办理所有补贴手续。要逐步使补贴政策实施操作过程与农机产品经销企业脱钩，过渡期3年。

补贴对象可自主选择补贴产品经销企业购机，也可通过企业直销等方式购机。按照权责一致原则，补贴对象应对自主购机行为和购买机具的真实性负责，承担相应风险。

五、补贴操作及资金兑付

农机购置补贴政策实施方式实行自主购机、定额补贴、县级结算、直补到卡（户），具体操作办法由各省制定。

获得农机购置补贴须由购机者提出申请，由县级农机化主管部门会同财政部门组织审核确定。购机者和农机产销企业分别对其提交的农机购置补贴相关申请资料和购买机具的真实性承担法律责任。县级农机化主管部门、财政部门按职责分工对农机购置补贴材料的合规性审核结果负责。

县级农机化主管部门要按时限向财政部门提交相关资料，财政部门按时限组织补贴资金兑付工作，具体时限由各省根据实际情况确定。

六、工作措施

（一）加强领导，密切配合。各级农机化主管部门、财政部门要进一步提高思想认识，加强组织领导，密切沟通配合，建立工作责任制，将任务和责任具体落实到岗位。要加强工作指导和监督检查，加大农机购置补贴绩效管理工作力度，并将考核结果与补贴资金分配挂钩。

地市级农机化主管部门要加强对县级农机购置补贴实施方案审核、补贴工作监督检查、补贴机具抽查核实、补贴投诉调查处理和督办等工作。

县级农机化主管部门、财政部门，要在本级政府领导下会同有关部门共同研究确定补贴资金使用和重点推广机具种类等事宜，联合对补贴政策实施进行监管。同时，强化县级农机化主管部门和财政部门内部约束机制，农机购置补贴重要工作事项须由集体研究确定。

地方各级财政部门要增加资金投入，加强资金监管，并保证必要的组织管理经费。

（二）加强引导，科学调控。要通过政策实施，促进农机装备结构布局优化，提高薄弱环节和主要农产品生产农机化水平，全面提升农机化发展质量和效益，同时推动农机工业科技进步和自主创新，提高制造水平。要因地制宜制定和实施中长期农机购置补贴规划，坚持行之有效的经验，创新改革工作措施，有重点、分阶段实现政策目标。

（三）规范操作，严格管理。要公开公平公正确定补贴对象，严格执行公示制度，充分尊重购机者自主选择权。对补贴额较高和供需矛盾突出的机具要重点核实，具体程序和要求由各省确定。提倡补贴对象先购机再申请补贴，鼓励县乡在购机集中地或当地政务大厅等开展受理申请、核实登记“一站式”服务。

全面深入推进农机购置补贴管理网络化，各地农机化主管部门、财政部门要全部使用全国农机购置补贴辅助管理系统。要配合相关部门严厉打击窃取、倒卖、泄露补贴信息和电信诈骗等不法行为，保护农民合法权益。

对购置实行牌证照管理的机具，其所有人要向当地农机安全监理机构办理牌证照。要依法开展补贴机具的质量调查，督促企业做好售后服务等工作。

要加强对基层农机购置补贴工作人员培训和警示教育，提高基层人员业务素质和工作能力。

（四）公开信息，接受监督。各级农机化主管部门要通过广播、电视、报纸、网络、宣传册、明白纸、挂图等形式，积极宣传补贴政策；要建立完善农机购置补贴信息公开专栏，确保专栏等信息公开载体有效运行。

省级和县级农机化主管部门重点公开实施方案、补贴额一览表、操作程序、投诉咨询方式、资金规模和使用进度、补贴受益对象、违规现象和问题等；各级农机化主管部门要组织农机试验鉴定机构按照“谁鉴定、谁公开”的原则，公开补贴机具的推广鉴定证书、鉴定检验结果等信息。

在年度补贴工作结束后，县级农机化主管部门要以公告的形式将所有享受补贴的购机者信息（格式见附件3）及落实情况在当地政府网站或农业（农机）部门网站（页）上公布，同时要注意保护个人隐私。

（五）加强监管，严惩违规。各级农机化主管部门、财政部门要全面履行监管职责，以问题为导向，适时开展专项督导检查，强化监管，严惩违规，对违规现象和问题主动向社会公布。

要高度重视群众举报投诉受理查处工作。建立健全相关机制，通过电话、网络、信函等有效形式受理投诉。对实名投诉举报的问题和线索，要做到凡报必查。

省、地、县级农机化主管部门要对投诉集中、“三包”服务不到位、采取不正当竞争、出厂未按规定使用辅助管理系统、虚假宣传、降低配置、以次充好、骗补套补等线索具体的投诉进行重点调查核实。对于违反农机购置补贴政策相关规定的生产和经销企业，地、县级农机化主管部门视调查情况可对违规企业采取约谈告诫、限期整改等措施，并将有关情况和进一步处理建议报省级农机化主管部门。省级农机化主管部门视调查情况及地、县级农机化主管部门建议，可采取约谈告诫、限期整改、暂停补贴、取消补贴资格及列入黑名单等措施，要将处理情况及时向社会公布，并视情况抄送工商、质量监督、公安等部门。同时，要将暂停或取消补贴资格的处理情况报农业部。

农机生产和经销企业产品补贴资格或经销补贴产品的资格被暂停、取消，所引起的纠纷和经济损失由违规农机生产或经销企业自行承担。

七、方案与总结报送

各省农机化主管部门、财政部门要根据本指导意见，结合实际制定本省补贴实施方案或实施指导意见(含农机深松整地作业补助),印发执行并抄报农业部、财政部。

开展农机新产品补贴试点、补贴产品市场化改革试点的省份,试点方案须报农业部、财政部备案。

每年12月31日前,要将全年农机购置补贴(包括农机深松整地作业补助和地方财政安排的农机购置补贴)实施情况总结报告报送农业部、财政部。

农机报废更新补贴试点工作实施方案和总结报告须按有关规定单独报送。

附件:1. 全国农机购置补贴机具种类范围(略)

2. ____省(区、市、兵团、农垦)农机购置补贴机具补贴额一览表(略)

3. ____年度____县(市、旗、场)享受农机购置补贴的购机者信息表(略)

农业部办公厅关于切实做好当前农机推广鉴定工作的通知

农办机〔2015〕2号

各省、自治区、直辖市及计划单列市农机(农业、农牧)局(厅、委、办),新疆生产建设兵团农业局,黑龙江省农垦总局,农业部农业机械试验鉴定总站,农业部农业机械化技术开发推广总站:

为适应当前农机化发展形势,推进农机鉴定制度改革,规范管理,加强监督,强化实施农机化惠农政策的技术支撑作用,当前各地要加快推进农机推广鉴定信息公开等工作,着力提升农机推广鉴定规范化水平。现将有关事项通知如下。

一、及时公开推广鉴定证书信息。各省级农机化主管部门要组织农机鉴定机构在本省指定网站上,将有效期内通过省级农机推广鉴定产品的企业名称、生产地址、产品名称、产品型号、所属品目、证书编号、有效期、鉴定机构等有关信息进行公开;同时,报送至农业部农机试验鉴定总站四室(地址:北京市朝阳区东三环南路96号,邮编:100122,电话:010－59199061、010－59199153);自2015年起,每季度报送一次农机鉴定证书发放情况。农业部农机试验鉴定总站负责将有效期内部级农业机械推广鉴定证书信息在中国农业机械化信息网上进行公开。证书信息公开以Excel表格形式(具体格式见附件1)进行,于1月31日前完成。

二、规范公开推广鉴定有关检测结果。根据农机鉴定机构应当公布相应推广鉴定检测结果的规定,自2015年起,各级农机鉴定机构要在农机推广鉴定证发放后两周内,在本级农业机械化主管部门指定的网站上,将获证产品的照片、技术规格、检测结果等信息公开(具体格式见附件2);获部级证产品的检测结果由部农机鉴定总站负责在中国农业机械化信息网公开。今年12月底之前,各级农机鉴定机构要在相应的网站上公开有期效内获证产品的农机推广鉴定结果。

三、合理确定获证产品所属品目。各鉴定机构公开和报送获证产品信息时,要准确填写"所属品目"一栏的信息。产品所属品目要根据该产品实施推广鉴定时所采用的大纲进行归类,具体品目名称要与农业行业标准《农业机械分类》(NY/T1640—2008)相一致。对于产品名称、所用鉴定大纲名称均与NY/T1640—2008中相应品目名称一致的,直接归入该品目;对于产品名称、所用的鉴定大纲名称与NY/T1640—2008相应品目不一致的,分为两种情况处理:一是对于已有部级鉴定大纲未按部级鉴定大纲开展推广鉴定的产品确定品目时,应征求农业部农机鉴定总站意见后归入NY/T1640—2008相应品目;二是对于尚未制定部级鉴定大纲的品目,经认真核对鉴定报告中的产品结构、性能参数后,归入NY/T1640—2008相应品目。

四、部分通过部级农机推广鉴定审核的产品视同取得部级农业机械推广鉴定证书。近期,我部正在开展农机鉴定制度改革调研论证工作,自2014年9月以来暂不发布有关农机推广鉴定的农业部公告和发放部级农机推广鉴定证书。为不影响相关工作进程,各省级以上农机化主管部门和相关单位在组织开展农业机械支持推广目录、购机补贴归档等工作时,应将《农业部农机试验鉴定总站关于2014年下半年部级农机推广鉴定审核情况的通报》(农机鉴〔2015〕10号)的相关产品视同为取得、换发、撤销部级农机推广鉴定证书。

附件:1. 农业部(×××省)农机推广鉴定获证(换证、撤证)产品目录(×××年第×××批)(略)

2. 农机推广鉴定获证产品有关检测信息(格式)(略)

农业部办公厅

二〇一五年一月十九日

农业部办公厅关于做好2015年农机安全监理工作的通知

农办机〔2015〕3号

各省、自治区、直辖市及计划单列市农机(农业、农牧)局(厅、委、办),新疆生产建设兵团农业局,黑龙江省农垦总局,广东省农垦总局:

为贯彻落实国务院安委会全体会议、全国安全生产电视电话会议有关精神和要求,切实加强农机安全生产监督管理,保障人民群众生命财产安全,现就做好2015年农机安全监理工作通知如下。

一、高度重视农机安全生产

2015 年是全面完成“十二五”规划的收官之年，是全面深化改革的关键之年，也是全面推进依法治国的开局之年。农机安全生产，事关农民群众生命财产安全，事关强农惠农政策的落实，事关农村社会的和谐稳定。做好农机安全监理工作具有特殊重要的意义。2015 年农机安全监理工作思路是：深入贯彻落实党的十八大和十八届三中、四中全会精神，深入贯彻落实中央领导关于加强安全生产工作的重要批示指示精神，深入贯彻落实国务院安委会全体会议和全国安全生产电视电话会议精神，适应农业机械化快速发展的新形势和强化安全发展的新要求，强化红线意识，坚持“安全第一、预防为主、综合治理”的方针，遵循“以人为本、预防事故、保障安全、促进发展”的原则，贯彻中央全面推进依法治国的决定，着力构建全面推进依法监理新常态，深入实施《农业机械安全监督管理条例》《安全生产“十二五”规划》和国务院有关工作意见，推进落实农机安全惠农政策，继续完善规章制度，严格依法安全监理，强化宣传教育，提高安全意识，加强事故防控，加强队伍和能力建设，大力提高拖拉机联合收割机“上牌率”“检验率”“持证率”，扎实开展安全生产检查、安全生产月、安全生产咨询日活动，努力促进农业机械化安全发展。

二、深入落实农机安全监理惠农政策

各地要学习借鉴北京、上海、陕西、青海、宁夏、大连、青岛和宁波等地实行免费监理的经验，以贯彻落实《财政部国家发展改革委关于取消停征和免征一批行政事业性收费的通知》(财税〔2014〕101 号)为契机，对小微企业(含个体工商户)免征农机监理行政事业性收费；积极争取财政支持，努力把免征范围扩大到所有农民和合作社。要学习借鉴北京、上海、江苏、陕西等地开展农机保险保费补贴的做法，争取将财政补贴农业保险的范围扩大到农机保险，进一步总结农机互助保险工作，积极探索适合农机特色的保险体制机制。要将农机培训纳入新型职业农民培育工程，加大对农机驾驶操作人员培训的支持力度，提高农业机械的安全使用和操作水平。要继续开展好农机报废更新补贴试点工作，进一步报废淘汰安全性能差、耗油高、可靠性差的农业机械，促进农业机械节能降耗和安全环保。要继续推广安全生产技术，选择部分地区开展防护性能提升试点，推进国家强制性标准的落实和安全防护性能的提升。

三、全面推进农机安全依法监理

各地要组织农机安全监管人员，认真学习中共中央关于全面推进依法治国的决定和新修订的《安全生产法》，牢固树立依法监理理念，加强法治培训，提高依法监理工作水平。要严格按照农机安全法规、规章、规范和标准开展农机安全监理执法活动，做到有法必依、执法必严、违法必究。要进一步巩固牌证治理和“打非治违”工作成效，严厉打击无牌行驶、无证驾驶、未检验作业、违规发放牌证、瞒报谎报漏报事故和其他违反安全生产法律、法规、规章的农机生产经营和安全监督管理行为。要按照全覆盖、零容忍、严执法、重实效的总要求，全面深入开展安全生产检查，排查安全隐患，堵塞监管漏洞，落实安全责任，强化安全生产措施。要继续加强源头管理，努力提高拖拉机联合收割机“上牌率”“持证率”和“检验率”水平，全面完成“十二五”70%的目标。

四、进一步强化农机安全应急处置与事故预防

各地要高度重视，加强农机事故勘查与应急救援工作，积极开展农机安全应急培训与应急演练，切实做好事故勘查、责任认定及赔偿调解，努力提高应急处置能力。要与安监部门及时沟通协调，科学分解国务院安委会确定的 2015 年农机安全生产控制指标，全面落实安全生产责任制。要建立农机事故统计分析评估制度，及时、准确、全面地掌握农机事故详细情况，严格做好农机事故统计月报和重特大事故的快报工作，不得迟报、漏报、谎报或者瞒报农机事故，做好安全形势的分析评估，定期发布信息。要严格按照《农业机械安全监督管理条例》第四十四条等有关规定，积极建立与公安交通部门的信息通报制度，及时、全面、准确了解农机道路交通事故情况。要根据本地农机安全事故发生特点和规律，采取有效措施，进一步加强事故预防工作力度，提高事故处理工作能力。农业部每半年通报一次典型的较大以上农机事故信息，各省级农业机械化主管部门每季度要发布一次相关事故信息。

五、深入开展“平安农机”创建活动

各地要认真贯彻落实我部与国家安全监管总局印发的《关于调整“平安农机”创建工作的通知》(农机发〔2014〕1 号)要求，进一步落实“转变创建方式、调整创建内容、简化创建程序、提高创建效果”的创建思路。要组织学习、宣传和推广已公布的全国“平安农机”示范县和农机安全监理岗位标兵的好做法好经验，结合自身实际，继续深入组织开展好 2015 年“平安农机”创建活动。要积极争取地方政府的重视和支持加大对创建活动的投入，将创建工作纳入农机化工作考核内容，作为农机安全生产的重要抓手。要充分发挥县乡两级政府在创建活动中的作用，通过政府整合公安、安监、交通以及村级组织等各方面管理资源，确保“平安农机”创建工作的深入持久开展。要调动农机合作社、农机作业公司等新型农机服务组织的积极性，进一步完善农机安全监管网络。要不断创新形式，提升质量，总结推广典型经验，整村、整乡、整县推进创建工作。通过创建活动，引导地方健全安全生产责任制，完善安全监管网络，强化安全生产措施，构建农机安全监管工作长效机制，促进地方转变工作作风，树立良好形象。

六、广泛开展农机安全宣传培训工作

做好农机安全宣传培训工作是普及安全知识、增强安全意识、保障安全生产的重要手段。各地要充分利用电视、广播、报纸、互联网等多种媒体和出动宣传车、发放明白纸、印制宣传材料等多种形式，广泛宣传农机安全管理的方针政策、法律法规、农机安全生产知识和安全操 作技术，使安全教育经常化、制度化。要组织农机人员进村入户，开展安全生产知识宣传、咨询活动，举办农机事故警示教育展览，用事实让广大农民群众认识到违章行为的严重危害性，提高安全生产的自觉性。要结合全国农业机械化教育培训大行动和新型职业农民培育工程农机培训工作的开展，以拖拉机、收割机、秸秆还田机、旋耕机、播种机、插秧机、卷帘机安全操作为重点，强技术指导和培训，提高安全操作水平。要全面开展好农机“安全生产月”、农机“安全宣传咨询日”活动，组织农机安全监管人员深入农村集市、田间场院、农机经营维修点和农机专业合作社进行农机安全宣传，为农民机手答疑解惑。

农业部办公厅

二〇一五年一月二十六日

农业部办公厅关于2014年下半年各地农机购置补贴产品经营违规行为查处情况的通报

农办机〔2015〕4号

各省、自治区、直辖市及计划单列市农机（农业、农牧）局（厅、委、办），新疆生产建设兵团农业局，黑龙江省农垦总局，广东省农垦总局：

2014年下半年，各地各级农机化主管部门按照农业部办公厅、财政部办公厅《2014年农业机械购置补贴实施指导意见》（农办财〔2014〕6号）及其他相关文件要求，组织查处了69家企业在参与农机购置补贴政策实施中的违规行为，取消或暂停了这些企业的产品补贴资格或经销补贴产品资格，将25家企业及其法定代表人列入农机购置补贴产品经营黑名单。被查处企业和列入黑名单的个人，有的虚假申报补贴，有的冒用推广鉴定证书，有的拉拢腐蚀国家机关工作人员，有的以小充大、以次充好蒙骗购机群众，有的虚高价格虚开发票牟取不当利益，有的售后服务差导致集体投诉，有的对政策理解不准确形成套取补贴之实，等等。对这些企业和个人，各级农机化主管部门要切实加强跟踪监管，一旦发现在所辖区域有违规线索，要坚决查处，涉嫌犯罪的，要及时移交有关部门处理；对在不同省份均被处理的企业，要结合实际情况从严监管。各级农机化主管部门要将农机购置补贴政策实施各项工作与防范、查处违法违规行为同步研究、同步部署、同步实施，以高度负责的精神做好举报投诉调查工作，加强与财政、工商、质量监督等部门的沟通协调，依法查处违法违规行为，全方位提高失信失范成本，坚持不懈地维护农机购置补贴政策的严肃性，维护公平公正、竞争有序的市场秩序。现将各地查处的企业集中通报如下。

一、辽宁省

1.取消辽宁亿丰农机有限公司农机购置补贴产品经销资格，将该公司及其法定代表人王成刚列入黑名单。

2.取消辽宁龙宇农业装备有限公司农机购置补贴产品经销资格，将该公司及其法定代表人周宇列入黑名单。

3.取消沈阳锦农农机销售有限公司农机购置补贴产品经销资格，将该公司及其法定代表人程学斌列入黑名单。

4.取消沈阳德农农机销售有限公司农机购置补贴产品经销资格，将该公司及其法定代表人葛丽丽列入黑名单。

5.取消海城市济远农机销售服务中心农机购置补贴产品经销资格，将该公司及其法定代表人刘明忠列入黑名单。

6.取消台安县华农农机销售有限公司农机购置补贴产品经销资格，将该公司及其法定代表人王为民列入黑名单。

7.取消台安县东星农机公司农机购置补贴产品经销资格，将该公司及其法定代表人周晓东列入黑名单。

8.取消台安县发展农机有限公司农机购置补贴产品经销资格，将该公司及其法定代表人张延青列入黑名单。

9.取消锦州辽能生物质能源开发有限公司农机购置补贴产品经销资格，将该公司及其法定代表人刘德伟列入黑名单。

10.取消辽阳市君鑫农机具制造有限公司农机购置补贴产品经销资格，将该公司及其法定代表人方桂兰列入黑名单。

11.取消凌源市兴华大棚机械公司农机购置补贴产品经销资格，将该公司及其法定代表人蒋俊华列入黑名单。

12.暂停辽宁金土地农机有限公司农机购置补贴产品经销资格。

13.暂停台安县宝民农机公司农机购置补贴产品经销资格。

14.暂停台安正大农机机电销售有限公司农机购置补贴产品经销资格。

15.暂停办理抚顺恩德瑞斯新能源科技有限公司GQM—250型烘干机农机购置补贴。

二、江苏省

16.取消浙江台州市群欢农业设备开发有限公司所有产品农机购置补贴资格。

17.取消南京汇丰农机有限公司农机购置补贴产品经销资格。

18.取消淮安市淮中农业机械有限公司农机购置补贴产品经销资格。

三、浙江省

19.取消江山市顺通汽贸有限公司农机购置补贴产品经销资格，将该公司及其法定代表人李梁列入黑名单。

20.取消湖州海冠农业机械有限公司农机购置补贴产品经销资格，将该公司及其法定代表人朱旭华列入黑名单。

21.取消湖州惠华农业机械设备有限公司农机购置补贴产品经销资格，将该公司及其法定代表人唐梅先列入黑名单。

22.取消宁波协力机电制造有限公司XL—5型田园管理机农机购置补贴资格。

23.取消宁波培禾科技有限公司1WG5.0Q型微耕机农机购置补贴资格。

24.暂停办理四川惠农机械有限责任公司5H—1.0型生物质移动式烘干机农机购置补贴。

四、安徽省

25.取消湖州春秋农业机械制造有限公司所有产品农机购置补贴资格，将该公司及其法定代表人费江亮列入黑名单。

26.取消湖州丰源农业装备制造有限公司4LZ—3.2Z、4LZ—4.5Z型联合收割机农机购置补贴资格，暂停办理该公司其余所有产品农机购置补贴。

27.取消台州亿源机电有限公司8GWP—7.5D型微灌设

备农机购置补贴资格，暂停办理该公司其余所有型号产品农机购置补贴。

28.取消绩溪县玉民农机销售中心农机购置补贴产品经销资格将该公司及其法定代表人张勇列入黑名单。

29.取消全椒县富安机械有限公司所有产品农机购置补贴资格。

30.取消东至县管方农机销售有限责任公司农机购置补贴产品经销资格，将该公司及其法定代表人管方明列入黑名单。

五、福建省

31.暂停办理福建省蓝兴机电设备有限公司、福建省安溪县创达茶叶机械有限公司、厦门志闽机械设备有限公司、福建安溪县剑光茶叶机械有限公司、福建省泉州市长丰机械有限公司等5家企业所有产品农机购置补贴。

32.暂停办理福州绿欣农林机械有限公司所有产品农机购置补贴暂停该公司农机购置补贴产品经销资格。

33.暂停办理建瓯市六鑫农业机械制造有限公司、福安市神州金鹏机械有限公司等2家企业所有产品农机购置补贴。

34.暂停福州顶力农业机械有限公司农机购置补贴产品经销资格。

35.暂停上杭县晟辉农机有限公司农机购置补贴产品经销资格。

六、湖北省

36.取消湖南省娄底湘圆农业装备有限公司9F—40型饲料粉碎机农机购置补贴资格。

37.取消陕西省汉中东方机械科研制造有限公司6CFC—25A型茶叶风选机农机购置补贴资格。

38.取消湖北双羽机械科技有限公司1GQN—200J、1GQN—230J、1GQQN—250J、1GQQN—300J型等4个型号旋耕机农机购置补贴资格。

七、湖南省

39.取消长沙楚博机电设备有限公司农机购置补贴产品经销资格，将该公司及其法定代表人李晓林列入黑名单。

40.取消湘阴顺和农机制造有限公司NZJ15/15—2B型碾米机农机购置补贴资格。

41.取消湘阴县鑫锐农机推广服务有限责任公司农机购置补贴产品经销资格，将该公司及其法定代表人张华列入黑名单。

42.取消湘潭富民农机有限公司农机购置补贴产品经销资格，将该公司及其法定代表人唐友根列入黑名单。

43.取消湘潭欣竹商贸有限公司农机购置补贴产品经销资格，将该公司及其法定代表人杨翠娥列入黑名单。

44.取消湘潭灿华农机销售有限公司农机购置补贴产品经销资格，将该公司及其法定代表人邓灿华列入黑名单。

45.取消湖南省灿华机械有限公司1Z—20型新型双棍耕整机、1WG—4.0型及1WG—4.4型微耕机农机购置补贴资格。

46.取消湖南株洲蔬菜轻质大棚厂LWSG1B—8—3型连栋温室农机购置补贴资格。

47.取消湘潭益农农机销售有限公司农机购置补贴产品经销资格，将该公司及其法定代表人孙见良列入黑名单。

48.取消湖南仁伟农机有限公司农机购置补贴产品经销资格，将该公司及其法定代表人谢仁文列入黑名单。

49.禁止浙江三联农机有限公司（法定代表人王小康）在湖南省申报任何产品农机购置补贴。

八、海南省

50.暂停办理四川惠农机械有限责任公司5H—1.5型、5H—2.0型粮食烘干机农机购置补贴。

51.暂停办理台州上华农科开发有限公司S8PDH型微灌设备农机购置补贴。

52.暂停办理台州天泉泵业有限公司8WGDL—5.1型微灌设备农机购置补贴。

53.暂停办理台州高利机械有限公司9FD—1.1—2.2型、9FQ—1.1—3.0型清粪机（车）农机购置补贴。

54.暂停办理浙江台州市群欢农业设备开发有限公司YJ/R—W—50—50—4.0Q型灌溉首部农机购置补贴。

55.暂停办理武汉市发尔奥机械有限公司YJ/R—P—16—40—1.3D型灌溉首部农机购置补贴。

56.暂停办理上海晨昌动力科技有限公司CC5000型固液分离机农机购置补贴。

57.暂停办理江苏常发农业装备股份有限公司CFEM5K型、CFEM25KS型、CFEM15KS型、CFEM30KS型、CFEM100K型、CFEM20KS型、CFEM50K型、CFEM80K型和CFEM10KS型等9个型号固液分离机农机购置补贴。

九、重庆市

58.取消郑州市牧昌农业机械制造有限公司9PM—B55型颗粒饲料压制机农机购置补贴资格。

59.取消湖北当阳市天工实业有限公司SLHP250型颗粒饲料压制机农机购置补贴资格。

60.取消陕西省汉中东方机械科研制造有限公司6CFC—25型、6CFC—25A型茶叶风选机农机购置补贴资格。

十、四川省

61.取消浙江富兰克机电有限公司所有产品农机购置补贴资格将该公司及其法定代表人钟加庆列入黑名单。

十一、贵州省

62.暂停办理贵州三丰农业机械有限公司1WG4.2—100FC—Z型微耕机农机购置补贴。

十二、陕西省

63.取消台州天泉泵业有限公司8WGDL—5.1型微灌设备农机购置补贴资格。

64.取消蒲城县盛鸿农业机械有限公司农机购置补贴产品经销资格。

65.取消商洛市岚飞琦工贸有限公司6B—H—40S型青核桃脱皮机农机购置补贴资格。

66.取消安康都子鼎农机制造有限公司6BH—1000型青核桃脱皮机农机购置补贴资格。

十三、新疆维吾尔自治区

67.取消新疆中收农牧机械有限公司4LZJ—3型自走式小麦秸秆籽粒联合收获机农机购置补贴资格。

68.暂停新疆润田农业设备有限公司2015年度农机购置补贴产品经销资格。

农业部办公厅

二〇一五年一月二十三日

农业部办公厅关于做好2015年农机深松整地工作的通知

农办机〔2015〕6号

各省、自治区、直辖市及计划单列市农机（农业、农牧）局（厅、委、办），新疆生产建设兵团农业局，黑龙江省农垦总局，广东省农垦总局：

开展农机深松整地，是改善耕地质量，提高粮食综合生产能力，促进农业可持续发展的重要举措。为扎实做好全年农机深松整地工作，现就有关要求通知如下。

一、提高责任意识。党中央、国务院高度重视耕地质量保护工作，充分肯定农机深松整地对粮食增产的促进作用。中央农村工作会议和全国农业工作会议都明确提出，2015年全国要力争完成深松整地2亿亩。根据《全国农机深松整地作业实施规划（2011—2015年）》和近年来各省农机深松整地的实施情况，在征求相关单位意见的基础上，我部对2015年农机深松整地作业任务进行了细化分解，提出了各省农机深松整地任务指导表（附件）。各地要进一步提高思想认识，切实加强领导，落实工作责任，整合相关资源，创新推进方式，力争完成全年任务。

二、加强机具装备。各地要充分发挥农机购置补贴政策的引导作用，加大支持力度，积极鼓励农民购置深松整地机具装备。要将深松作业机具列为农机购置补贴的重点，优先满足农民购置大马力拖拉机、深松机、联合整地机等作业机具的需求，力争做到敞开补贴、应补尽补。在确定本省深松作业机具补贴额时，可按规定适当提高深松作业机具的补贴标准。

三、开展作业补助。农业部和财政部《2015—2017年农业机械购置补贴实施指导意见》（农办财〔2015〕6号）已明确，纳入《全国农机深松整地作业实施规划》的省份可结合实际，在农机购置补贴资金中安排补助资金（不超过补贴资金总量的15%）用于在适宜地区实行农机深松整地作业补助，具体操作办法参照《农业部办公厅关于开展农机深松整地作业补助试点工作的通知》（农办财〔2013〕98号）执行。各地要认真贯彻农业部和财政部指导意见的精神，统筹一定比例中央财政资金用于深松作业补助，明确补助项目区和补助面积，因地制宜制定具体补助标准。要积极协调争取地方财政增加投入，扩大补助范围。鼓励有条件的农机大户、农机合作社等农机服务组织承担作业补助任务，开展跨区深松整地作业等社会化服务。

四、强化宣传检查。各地要加大对农机深松整地的技术服务和推广力度，通过召开现场会、培训班等方式，广泛宣传农机深松整地的重要作用，营造良好氛围，努力提高农民开展农机深松整地的积极性。要发挥农机合作社等农机服务组织的示范带动作用，推进集中连片作业，整村整乡推进。各地要强化对农机深松整地工作的督导检查，特别是对农机深松整地作业补助面积的信息公开和监督检查，坚决防止发生虚报作业面积、套取补助资金等违规行为。

五、做好督办总结。请各有关省（区、市）抓紧制定2015年农机深松整地实施方案，于2月28日前报送农业部备案。要加强任务落实督办力度，采取有效措施，努力完成深松整地作业任务。今年农机深松整地任务落实情况将作为明年安排中央财政农机购置补贴资金和相关项目的重要参考依据。要加强对农机深松整地工作的进度统计，“三秋”生产期间，各省按周报送农机深松整地作业进度，其他作业季节按月报送作业进度。请有关省在11月30日前，将2015年农机深松整地工作总结及《农机深松整地作业补助情况汇总表》报送农业部农业机械化管理司，并同时发送电子文档（E-mail：njhsglc@agri.gov.cn）。

附件：2015年全国农机深松整地任务指导表（略）

农业部办公厅

二〇一五年二月三日

农业部办公厅关于2014年农机事故情况的通报

农办机〔2015〕8号

各省、自治区、直辖市及计划单列市农机（农业、农牧）局（厅、委、办），新疆生产建设兵团农业局，黑龙江省农垦总局，广东省农垦总局：

按照《农业机械安全监督管理条例》和《农业机械事故处理办法》规定，现对2014年全国农机道路外事故情况、农机道路交通事故情况进行通报。

一、全国农机道路外事故情况及原因分析

2014年，全国累计报告在国家等级公路以外的农机事故1 744起，死亡300人，受伤556人，直接经济损失1 450.04万元。与上年同期相比，事故起数上升了0.63%，死亡人数、受伤人数和直接经济损失分别下降了30.56%、11.89%和15.28%。其中：拖拉机事故720起、死亡223人、受伤294人，分别占事故起数、死亡人数和受伤人数的41.3%、74.3%和52.9%；联合收割机事故843起、死亡50人、受伤193人，分别占事故起数、死亡人数和受伤人数的48.3%、16.7%和34.7%；其他农业机械事故181起、死亡27人、受伤69人，分别占事故起数、死亡人数和受伤人数的10.4%、9%和12.4%，农机安全生产形势持续好转。

造成农机道路外事故的主要原因：

(一)操作失误。操作失误引发的事故1 120起、死亡153人、受伤287人，分别占事故起数、死亡人数和受伤人数的64.2%、51%和51.6%。

(二)无证驾驶。无证驾驶引发的事故440起、死亡163人、受伤220人，分别占事故起数、死亡人数和受伤人数的25.2%、54.3%和39.6%。

(三)未年检。未年检引发的事故413起、死亡169人、受伤188人，分别占事故起数、死亡人数和受伤人数23.7%、56.3%和33.8%。

(四)无牌行驶。无牌行驶引发的事故298起、死亡115人、受伤153人，分别占事故起数、死亡人数和受伤人数的17.1%、38.3%和27.5%。

二、农机道路交通事故情况及特点分析

据公安部门提供的资料，2014年全国接报拖拉机肇事导致人员伤亡的道路交通事故2 458起，造成1 018人死亡、2 260人受伤，直接财产损失656.5万元。与上年相比，事故起数减少635起，下降20.5%；死亡人数减少241人，下降19.1%；受伤人数减少573人，下降20.2%；直接财产损失减少208.4万元，下降24.1%。其中，导致较大以上道路交通事故5起，同比减少2起；未发生重大道路交通事故，同比持平。

拖拉机道路交通事故呈现两大特点：一是部分省份无牌拖拉机肇事突出。全国拖拉机导致的交通事故中，39.8%的肇事拖拉机没有号牌，其中，安徽、江苏、广东、浙江、福建、黑龙江、山东等7个省无号牌拖拉机肇事最为突出，占全国总数的56.6%，黑龙江同比增幅较大。二是部分省份无证驾驶拖拉机事故突出。全国拖拉机导致的事故中，29.1%的肇事者没有驾驶证，其中，安徽、广东、江苏、黑龙江、浙江、新疆、云南、山东等8个省份无证驾驶拖拉机事故最为突出，占全国总数的60.5%，云南、黑龙江、新疆同比增幅较大。

三、2014年较大以上农业机械事故情况

2014年较大农业机械事故情况如下：

(一)2014年1月16日14时许，广西壮族自治区柳州市融水苗族自治县村民潘某，驾驶小型多功能拖拉机，司乘人员共10人，在拉砂途中，拖拉机从之字弯上方公路翻下约20米高的下方公路，造成4人(3男1女)当场死亡，6人(5男1女)不同程度受伤，拖拉机严重损毁。

(二)2014年9月22日18时许，福建省漳平市拱桥镇邓某驾驶拖拉机搭载15人，从山场返回时侧翻，造成2人当场死亡，2人送医院抢救无效死亡，1人受伤。

(三)2014年10月5日17时许，云南省丽江市玉龙县李某驾驶拖拉机搭载9人，行驶途中坠入金沙江中，造成8人失踪，1人受伤。

(四)2014年11月18日15时许，云南省文山州一辆拉运水泥的拖拉机在下坡时翻下高约50米的悬崖，导致车上4人全部死亡。

四、存在问题及下一步工作要求

2014年，全国大部分地区能够认真分解农机安全生产控制指标，加强事故预防工作力度，提高事故处理工作能力，切实做好事故统计报告工作。农机事故统计报送工作做得较好的省份有新疆、江苏、天津、浙江、四川、宁夏、福建、辽宁等。但是，从农机事故处理和统计报送情况看，一些地方工作还存在不足，有的省份未能将国务院安委会确定的农机事故死亡人数控制指标全面下达到农机部门，有的未能按规定调整统计口径，个别省份报告事故不及时、不全面，存在瞒报、漏报情况。

2015年是全面完成"十二五"规划的收官之年，是全面深化改革的关键之年，也是全面推进依法治国的开局之年。农机事故处理、统计报告和分析评估工作是农机安全监理的一项基础性业务，各级农业机械化主管部门及其安全监理机构必须高度重视。要与安监部门及时沟通协调，科学分解国务院安委会确定的2015年农机安全生产控制指标，全面落实安全生产责任制。要严格按照《农业机械安全监督管理条例》《农业机械事故处理办法》《农业部办公厅关于做好农机事故统计报告和分析评估工作的通知》(农办机〔2012〕8号)等有关规定和要求，建立农机事故统计分析评估制度，全面把握事故特征，深入分析事故原因，科学判断事故发生发展趋势，针对问题提出有效工作措施。要转变作风，深入基层，全面、主动掌握农机事故发生情况，严禁迟报、漏报、谎报或者瞒报农机事故，确保统计数据全面、及时、准确。要严格按照《农业机械安全监督管理条例》第四十四条等有关规定，积极建立与公安交通部门的信息通报制度，及时、全面、准确了解农机道路交通事故情况。要根据本地农机安全事故发生特点和规律，进一步加强事故预防工作力度，提高事故处理工作能力。要继续深入开展"平安农机"创建活动，组织好农机安全生产月、农机安全生产"打非治违"等活动，加强农机安全生产隐患排查和治理，努力提高农机上牌率、检验率、持证率"三率"水平，努力减少农机事故发生，确保农机安全生产形势持续稳定好转。

农业部办公厅

二〇一五年二月十三日

农业部办公厅关于做好2015年农机化培训工作的通知

农办机〔2015〕9号

各省、自治区、直辖市及计划单列市农机(农业、农牧)局(厅、委、办)，新疆生产建设兵团农业局，黑龙江省农垦总局：

为深入贯彻2015年中央一号文件精神，落实农机化教育培训"十二五"规划，进一步加强农机化人才队伍建设，推动农机化科学发展，现就做好2015年农机化培训工作有关事项通知如下。

一、继续开展农机化教育培训大行动。按照《农业部办公厅关于深入开展农业机械化教育培训大行动的通知》(农办机

〔2012〕15号)精神要求,2015年继续推进全国农机化教育培训大行动(以下简称大行动)。各省(区、市)农业机械化主管部门要将大行动作为推动全年农业机械化发展的重要任务来抓,及早部署,精心组织,加强领导,实行一把手负责制,确保大行动工作抓紧抓好抓到位。要进一步完善体制机制,争取增加农机培训投入,创新方式方法,丰富培训内容,强化农机化教育培训质量,努力完成本地的农机化培训目标任务。要按照《全国农业机械化教育培训年度计划表》(见附件),落实相应的培训工作,全年全国培训农机化管理人员20万人次、推广科技人员80万人次、实用人才450万人次以上,进一步提升农业 机械化人才队伍的能力素质。

二、加强农机管理人员培训。农机管理人才队伍是推进农机化发展的重要保障力量之一。各地农机化主管部门要按照依法行政、强化履职尽责等要求,进一步加强管理人员的培训,努力培养造就一支管理能力强、乐于奉献的农机化管理人才队伍。要加强基层农机管理人员的思想政治、"三农"政策理论、农机化法律法规和相关业务知识等方面的培训,增强服务意识,转变工作作风,全面提高农机管理人员的履职能力。2015年,我部委托部农机试验鉴定总站、部农机化技术开发推广总站开展农机职业技能及管理人员培训、农机安全法制化建设培训等。

三、推进农机科技示范培训。加强基层农机化技术推广人员培训,提升其示范推广、技术服务能力,有利于现代农业装备科研成果转化,有利于加快农机化发展。要积极发挥农业机械化科研院所、高等院校的作用,加强产学研推用结合,依托行业科技、支撑计划等重大科研项目,开展针对性的农机化技术示范培训。要加强农业机械试验鉴定、安全监理等专业技术人员培训,加快知识更新,不断提高专业技术水平和业务素质。各级农机化主管部门要结合当地农业生产实际和农机化发展特点,组织开展好农机化技术培训。我部委托部农机化技术开发推广总站、部规划设计研究院组织开展重要农时季节农机化技术示范培训。

四、努力打造新型职业农民。各地要深入贯彻落实今年中央一号文件精神,加大农机实用人才队伍培训力度,采取措施,加快打造有文化、懂技术、会操作、善经营的新型农机手和新型职业农民,优化农机化人才队伍结构,夯实农机化发展基础。要积极实施新型职业农民培训工程,加强农机合作社带头人农机驾驶操作和维护修理人员等实用人才的培训,提高作业服务能力,增强致富本领。要结合农机购置补贴政策实施,组织好新购机农民技术培训,提高农机手掌握使用现代农业装备的水平。进一步推进农机职业技能培训与维修管理、安全监理、技术推广等工作的结合,创新农机职业技能培训、鉴定模式。要充分发挥农机职业技能培训和鉴定示范基地、基层农机化学校等机构的作用,突出机械化深松整地、精量播种、收获、秸秆还田等作业技能培训,提升农机操作人员素质,优化农机技能人才队伍结构。鼓励开展农机职业技能竞赛活动,激发农机人员学技能、比技能、用技能的热情。

各地农机化主管部门要紧紧围绕当地农机化发展的需求,采取现场演示、送教进村、科技入户等多种形式,大胆探索培训新形式,创新培训方法,让更多的农民机手参加培训。要加强与有关部门的密切配合,充分吸引社会力量参与培训,采取事企联合、校企联动等方式,鼓励相关企业、农机社会化服务组织等共同参与培训活动。各省(区、市)农机化主管部门要将今年农业机械化教育培训方案于3月底前报送我部农业机械化管理司;将具体培训进展情况和全年的工作总结分别于7月5日、12月5日前报送我部农业机械化管理司。

附件:全国农业机械化教育培训年度计划表(略)

农业部办公厅

二〇一五年二月二十六日

农业部办公厅关于2014年微耕机质量调查情况的通报

农办机〔2015〕10号

各省、自治区、直辖市及计划单列市农机(农业、农牧)局(厅、委、办),新疆生产建设兵团农业局、黑龙江省农垦总局,各有关农机生产企业:

为深入了解微耕机质量安全状况,促使企业不断提升产品质量和安全水平,维护农民合法权益,依据《农业机械化促进法》《农业机械安全监督管理条例》和《农业机械质量调查办法》等有关规定,我部组织有关单位于2014年8月至12月对在用微耕机进行了质量调查。现将调查情况通报如下。

一、基本情况

本次质量调查在湖南、甘肃两省开展。调查方式采用对在用微耕机产品用户调查与安全性检查相结合的方式进行。用户调查的内容包括机具使用情况、安全性、售后服务状况、用户投诉及质量事故情况,并填写用户调查表;安全性检查是对待销售微耕机产品进行现场核测,并进行合格判定。

本次调查共涉及20家微耕机生产企业的20个型号的微耕机用户,每个型号抽样调查15个用户,调查总户数为300户;安全性检查所用样机的型号与用户调查的型号一致,每个型号在经销商处抽取2台,共计20家企业的20个型号的40台产品。

二、调查结果

综合用户调查结果,用户对微耕机产品的总体评价"好"和"中"所占比例为95.4%,表明微耕机产品的整体质量较好,基本上能满足用户在山区、丘陵等地区耕整地作业的需要。

(一)产品安全性:本次调查微耕机产品存在安全性问题的共有10家企业的10个型号,具体见下表。

用户调查中存在安全性问题的企业及微耕机产品一览表

序号	企业名称	产品型号
1	常州欧尔特机械进出口有限公司	ODT910K
2	甘谷县新兴机械有限公司	1WG6.3
3	甘肃洮河拖拉机制造有限公司	1WG—6.3
4	重庆泽华农业机械制造有限公司	1WG6.6—135FC—Z
5	甘肃华贸物资有限公司	1WG6.3—135FC—Z
6	重庆箭驰机械有限公司	1WG6.3—135FC—Z
7	重庆华田浩犁机械有限责任公司	1WG6.3—135FC—ZC
8	重庆华世丹机械制造有限公司	HSD1G—135
9	陇南市常林农业机械有限责任公司	1WG6.3—135FC—Z
10	重庆汇田机械制造有限公司	1WG6.3—135FC—Z

(二)售后服务情况:用户对企业的服务评价为“满意”和“基本满意”的占91.5%,表明大部分企业能够重视服务质量,能满足用户对售后服务的要求,但在“企业售后人员对用户进行(电话)回访”方面还有待进一步改善,仅有36.6%的用户接到了企业售后人员的(电话)回访。

(三)用户投诉及质量事故情况:本次调查仅发现3起用户投诉和1起事故,均未出现人身安全及重大质量问题,并且企业也对投诉问题进行了及时处理,用户评价为基本满意。

三、问题分析

通过对质量调查结果的综合分析,存在问题主要体现在以下几个方面:

(一)产品的安全性

1.安全设计方面

一是部分产品未设置使发动机只有在工作部件分离时才允许起动的装置,使得机具与旋耕工作部件同时起动,易造成伤人事故。在用户调查中,有46.0%的产品未有此装置。二是绝大多数产品未设置机具在运行过程中脱挡的挡位卡槽。在用户调查中,有81.7%的产品无挡位卡槽,存在安全隐患。三是产品无急停装置或急停装置设计不完善。多数产品采用停止发动机的方式来实现微耕机工作的停机,这种方式往往是通过用户长时间握住安装在扶手横杆上的急停手柄,容易引起操作者疲劳,因此有些用户为了方便并防止机器熄火,将握持把手卸掉、锯掉或用绳带缠绕固定在横杆上,使之失去安全防护功能。四是未通过合理设计驱动轴输出转速、改变行走轮直径等方式来限定最高行驶速度。

2.安全防护方面

一是防护件的强度不够,防护罩偏短、偏窄。有些厂家为了节约成本,选用较薄的钢板,减小防护面积,使得防护罩没有足够的强度,防护尺寸不够。二是防护的结构问题。旋耕工作部件的防护装置绝大多数是由主板和副板组合而成,部分用户为了装卸轮胎、旋耕刀方便,将副板拆掉不用,减小了防护面积,使得旋耕部件不能得到有效防护,存在挤压或剪切的危险。

3.操纵机构安全性方面

在田间作业时,微耕机操作强度大、易使人疲劳,加之用户安全意识淡薄,存在以下安全隐患:一是机器在运行过程中,会因颠簸振动或外力碰撞挡位杆而发生脱挡。二是在紧急情况下,不能立即停机。三是机器启动时,若未置于空挡,会带挡启动,易造成操作者伤残。此外,用户调查中有9.3%的产品操纵机构标识不清晰、脱落,易使用户操作失误。

4.安全警示标志方面

一是安全警示标志不规范。安全警示标志的内容和图示不能起到有效提醒操作者存在的危险,安全警示标志的形式不符合GB10396的要求。二是安全警示标志粘贴不牢靠。产品出厂时都贴有安全标志,但运输使用过程中,安全标志有卷边、脱落等现象。三是安全警示标志材质较差,使用一段时间后,安全标志易掉色或污损。四是部分产品的安全警示标志未在使用说明书中再现,并且未指明粘贴的具体位置和数量。

5.安全操作说明方面

部分机型使用说明书的安全操作说明内容不全、不细,或只有文字说明,无图示说明,可操作性差。本次调查发现,有5.7%的产品使用说明未对安全使用及注意事项进行规定,3.3%的产品使用说明未对操纵机构进行说明,并且有6.5%的用户看不懂使用说明书。

(二)产品的售后服务状况

一是配件供应不足,通用互换性差。大多微耕机企业的零部件都是非标准件,通用性差。二是对用户安全使用、安全操作等方面的培训指导不够。本次调查中,有19.0%的用户未进行培训。

(三)产品流通和使用情况

一是部分经销商不按企业要求进行销售。部分产品出厂时有安全防护挡板,但在销售过程中,经销商未给用户安装安全防护挡板,存在严重的安全隐患。二是有的企业生产销售的产品与推广鉴定产品不符,存在一个型号多个外观和结构的情况,导致产品的型号混乱。三是部分用户将微耕机加挂拖箱,换装大号橡胶轮,变身为运输机械。由于制动、转向等方面设计不足,存在很大的安全隐患。四是获证产品农机推广鉴定标志使用存在问题。本次调查产品均为补贴产品,但在调查中有10.7%的产品未在机具的显著位置加施农业机械推广鉴定标志。

(四)产品发生事故情况

本次质量调查的微耕机共发生过1起事故,为甘肃华贸物资有限公司生产的1WG6.3—135FC—Z型微耕机。该机在坡道行驶时,冲出路面,机器倾翻,造成空气滤清器损坏,未造成机器重大损失和人员伤害。经调查核实,造成事故原因:一是道路条件特殊,坡陡、路窄、又遇急转弯。二是驾驶人员操作不熟练,处置不当。

四、工作要求

针对本次微耕机质量调查中发现的问题,各省(区、市)农机化主管部门和相关农机生产企业要按照《农业机械化促进法》《农业机械安全监督管理条例》和《农业机械质量调查办法》等相关法律法规和部门规章的规定,认真做好后续整改和处理工作。

(一)本次质量调查中存在问题的微耕机生产企业,要针对发现的问题,认真进行整改,整改期为3个月。企业所在省份农机鉴定机构负责整改结果的验证,企业拒不整改或者逾期达不到整改要求的,注销该产品的农业机械推广鉴定证书。我部将密切关注问题企业的整改情况,视整改结果,委托相关省级农机化主管部门进行复查。

(二)各地农机化主管部门要进一步加强对微耕机的安全监督管理,加强农机安全生产宣传,引导农民使用安全可靠的微耕机产品。微耕机产品生产大省和主销大省要定期开展微耕机产品的质量调查，加强微耕机产品的质量监督，督促生产企业提升产品质量。

（三）各微耕机生产企业要高度重视本次质量调查发现的问题，引以为戒，增强安全质量意识，改进产品技术缺陷，强化产品安全防护设计。加强对产品经销商的售后服务技能培训，并监督其服务质量。

农业部办公厅

二〇一五年三月二十三日

农业部办公厅关于切实加强粮食机械化收获作业质量的通知

农办机〔2015〕12 号

各省、自治区、直辖市及计划单列市农机（农牧、农业）局（厅、委、办），新疆生产建设兵团、黑龙江省农垦总局农机局：

近年来，随着我国农业机械化的快速发展，联合收割机以其省时省力、节本高效的特点，受到广大农户的欢迎和认可。2014 年全国小麦、水稻、玉米机收水平分别达到 94%、81%、56%以上。机械化收获已成为当前粮食收获的主要方式，但是由于收割期选择不恰当、机收操作技能不熟练、机具调试不到位等原因，导致个别地区出现机收损失率偏高的现象，影响了粮食的丰产丰收。为贯彻落实《中共中央办公厅国务院办公厅关于厉行节约反对食品浪费的意见》中“加强粮食生产等环节管理，有效减少损失浪费”的要求，切实减少机械化收获环节中的粮食抛洒损失，确保颗粒归仓，现将有关要求通知如下。

一、加强机手培训和作业管理

各地要进一步强化联合收割机驾驶操作人员的教育培训，提高职业素养，牢固树立“减损就是增产、减损就是增收”理念。要结合新型职业农民培育工程等项目，积极引导和督促农机生产企业、经销商做好农机手特别是新机手的培训，重点讲授维修保养、操作规程、作业质量以及安全生产等方面的知识，切实提高农机手的技能水平。要通过开展机收作业质量竞赛等活动，树立一批联合收割机作业能手、服务标兵、明星服务队，引导广大机手依靠优质服务来赢得市场。要加强联合收割机的作业质量监督，做好《谷物（小麦）联合收获机械作业质量》（NY/T995—2006）、《水稻联合收割机作业质量》（NY/T498—2002）和《玉米收获机作业质量》（NY/T1335—2007）等标准的宣贯工作，不断提高机手执行标准的自觉性。

二、加强技术指导和生产调度

机收作业前，要组织农机技术力量下乡进行巡回指导，帮助机手正确调试检修机具，保证机具状态完好。要组织发布和及时更新小麦、水稻、玉米等农作物的机收作业市场信息，促进供需双方有效衔接，引导联合收割机有序流动。机收作业期间，要根据天气状况、成熟度等因素，加强机具调度，合理安排作业任务，避免出现收割机供需矛盾紧张现象。农业部将组织有关专家制定小麦、水稻、玉米等作物机械化收获减损技术指导意见，并在收获期前发布。各地要结合本地实际，加强宣传和普及应用，引导农户和机手选择合适机具、适宜割期、留茬高度和收割速度等，切实提高粮食收获作业质量。

三、不断促进机具质量提升

各地要充分发挥农机购置补贴政策的导向作用，鼓励农民购置先进适用、安全可靠、节能环保、服务到位的收获机械。积极推进农机报废更新补贴试点，加快淘汰老旧收获机械。农业机械试验鉴定机构要认真履行工作职责，严格相关鉴定程序和检测环节，促进农机企业提高产品质量和技术水平。鼓励科研机构和生产企业联合研发新型收获机械，促进产品升级换代。认真受理和处理联合收割机等农机质量投诉，维护农户合法权益。开展质量调查并公布调查结果，净化农机市场。

四、努力增加粮食烘干设备数量

一些地方缺乏粮食烘干设备，是造成农作物过熟收割、损失加大的重要原因。各地要优先满足农民购买粮食烘干机械的需求，引导种粮大户、家庭农场和农民合作社等新型农业经营主体建设烘干设施，改善粮食收获后晾晒和烘干条件，解决农户无法在最佳时期收割的问题。要结合农产品加工设施补助政策等措施，积极开展粮食产地烘干设施建设试点示范，大力推广先进适用的烘储技术，努力减少粮食收获后的霉变损失。

农业部办公厅

二〇一五年四月二十七日

农业部办公厅关于 2015 年上半年各地农机购置补贴产品经营违规行为查处情况的通报

农办机〔2015〕16 号

各省、自治区、直辖市及计划单列市农机（农牧、农业）局（厅、委、办），新疆生产建设兵团、黑龙江省农垦总局，广东省农垦总局：

2015 年上半年，各地各级农机化主管部门按照农业部办公厅、财政部办公厅《2015—2017 年农业机械购置补贴实施指导意见》(农办财〔2015〕6号)及其他相关文件要求,组织查处了66家企业在参与农机购置补贴政策实施中的违规行为,取消或暂停了这些企业的产品补贴资格或经销补贴产品的资格,将2家企业和6名企业法定代表人列入农机购置补贴产品经营黑名单,2个购机者也被取消了若干年内享受农机购置补贴政策的资格。被查处的这些企业和个人,不同程度地存在虚假申报补贴产品归档、擅自更改补贴机具结构、明知补贴额度偏高但隐瞒不报以图不当得利、虚高价格虚开发票、售后服务差、伙同生产或经销企业套骗补贴资金等问题。现将各地查处的违规情节较重的企业或个人集中通报如下。

一、山西省

1.取消右玉县丰收农机销售公司农机购置补贴产品经销资格,将该公司和其法定代表人石平列入农机购置补贴产品经营黑名单。

2.暂停莱州奥伦农业机械有限公司1WG—4型微耕机农机购置补贴资格。

二、内蒙古自治区

3.取消杭锦后旗农具三厂所有产品农机购置补贴资格,将该企业列入农机购置补贴产品经营黑名单。

三、吉林省

4.暂停浙江奔野拖拉机制造有限公司404型拖拉机农机购置补贴资格。

5.暂停宁波北野拖拉机制造有限公司404型拖拉机农机购置补贴资格。

6.暂停宁波甬野拖拉机制造有限公司404型拖拉机农机购置补贴资格。

四、安徽省

7.取消山东亿嘉现代农业有限公司YJ—1254型轮式拖拉机农机购置补贴资格,同时暂停该公司其他所有产品农机购置补贴资格。

8.暂停界首市群力农机有限公司农机购置补贴产品经销资格。

9.暂停界首市惠民农机有限公司农机购置补贴产品经销资格。

10.暂停福田雷沃国际重工股份有限公司4LG—2G、4LZ—3G、4LZ—1.5A、4LZ—1.8型联合收割机,以及M554—BA、M804—AA型轮式拖拉机农机购置补贴资格。

五、福建省

11.取消重庆华伟联龙科技有限公司1WG3.8—100FQ—D型微耕机农机购置补贴资格。

12.暂停自贡鑫牛农机制造有限公司所有产品农机购置补贴资格。

13.暂停天水鑫磊农机有限公司所有产品农机购置补贴资格。

14.暂停合肥泰禾光电科技股份有限公司所有产品农机购置补贴资格。

15.暂停安徽中科光电色选机械有限公司所有产品农机购置补贴资格。

16.暂停安徽捷迅光电技术有限公司所有产品农机购置补贴资格。

17.暂停福建佳友茶叶机械智能科技股份有限公司所有产品农机购置补贴资格。

18.取消建瓯市安亮农机有限公司农机购置补贴产品经销资格。

19.取消浦城县民丰农机贸易有限公司农机购置补贴产品经销资格。

20.取消建阳市常荣农业机械有限公司农机购置补贴产品经销资格。

21.暂停建阳市益农机械贸易有限公司农机购置补贴产品经销资格。

22.暂停政和县川田农机有限公司农机购置补贴产品经销资格。

23.暂停宁德市华尔盛农业机械有限公司农机购置补贴产品经销资格。

六、江西省

24.暂停湖南湘潭湘涟农机制造有限公司所有产品农机购置补贴资格。

25.暂停浙江绿鑫机电有限公司8PD—WG型微灌首部农机购置补贴资格。

26.暂停山东鑫正农业装备有限公司8DGG—90型微灌首部农机购置补贴资格。

27.暂停山东寿光丰农现代农业机械装备有限公司8DGG—90型微灌首部农机购置补贴资格。

28.暂停江西省九江市星子县常发农机经销有限公司、湖口诚信农业机械销售有限责任公司、湖口县四方农机销售有限公司、抚州市临川亿鑫农机有限公司和广丰县洋口农机销售有限公司等5家经销企业农机购置补贴产品经销资格。

七、山东省

29.取消济南德农农机有限公司、无棣县恒丰农业机械有限公司、邹城市丰圣农业机械有限公司、威海市建荣农业生产资料有限公司、荣成市春乾农业生产资料有限公司、文登市江浩农机有限公司、蒙阴县金汇农机销售有限公司、蒙阴县华源农机销售有限公司、德州亚飞汽贸有限公司、无棣县盛丰农机有限责任公司、阳信县农业机械有限公司、平原县环宇汽贸有限公司等12家企业的农机购置补贴产品经销资格。

八、湖北省

30.取消湖南鸿运农业装备科技有限公司所有产品农机购置补贴资格。

31.取消湖南省丰彩机械有限公司所有产品农机购置补贴资格。

32.取消湖南省通赢机械有限责任公司所有产品农机购置补贴资格。

33.取消常德智鹏机械制造有限公司所有产品农机购置补贴资格。

34.取消新余市嘉福农业机械制造有限公司JSBZ—020型金属粮仓农机购置补贴资格。

九、湖南省

35.取消常德市金惠农机销售有限公司农机购置补贴产品经销资格,将其法定代表人李恒兰列入农机购置补贴产品经营黑名单。

36.取消湖南农舟经贸有限公司农机购置补贴产品经销资格,将其法定代表人雷淑娥列入农机购置补贴产品经营黑名单。

37.取消桃江县国锋农机制造有限公司1GC—90型机滚船农机购置补贴资格。

38.取消桃江县国锋农机制造有限公司自设经销商农机购

置补贴产品经销资格，将该经销企业法定代表人夏国彪列入农机购置补贴产品经营黑名单。

39.取消西洞庭永昌畜牧养殖公司5年内享受农机购置补贴的资格。

40.取消养殖户唐志发5年内享受农机购置补贴的资格。

十、广东省

41.取消广东丹霞农机有限公司(原韶关市第二拖拉机有限公司)4LZ—1.0型收割机农机购置补贴资格。

42.取消台州天泉泵业有限公司8WGDL—5.1型微灌设备(首部)农机购置补贴资格，同时暂停该公司其他所有产品农机购置补贴的资格(时限为一年)。

43.取消浙江绿鑫机电有限公司8PD—WG型微灌设备(首部)农机购置补贴资格。

44.取消杭州雄伟科技开发有限公司JPD5型微灌设备(首部)农机购置补贴资格。

45.取消台州亿源机电有限公司8GWP—7.5D型微灌设备(首部)农机购置补贴的资格。

十一、海南省

46.取消上海晨昌动力科技有限公司CC5000型固液分离机农机购置补贴格，将其法定代表人蒋学明列入农机购置补贴产品经营黑名单。

47.取消海南民声农业科技有限公司农机购置补贴产品经销资格，将其法定代表人魏冬斌列入农机购置补贴产品经营黑名单。

十二、四川省

48.暂停泸州市金禾农业装备有限公司农机购置补贴产品经销资格。

49.取消四川省鑫毅贸易有限责任公司农机购置补贴产品经销资格。

十三、陕西省

50.取消河北神禾农业机械有限公司2BYMF—4型玉米施肥精量播种机农机购置补贴资格。

十四、甘肃省

51.暂停河北通田机械有限公司所有产品农机购置补贴资格。

52.暂停武威市星光农机销售有限责任公司农机购置补贴产品经销资格。

十五、新疆维吾尔自治区

53.暂停新疆永成农机制造公司所有产品农机购置补贴资格。

对这些企业和个人，各级农机化主管部门、农机试验鉴定机构要切实加强监管，可到我部及有关省份农机购置补贴信息公开专栏查阅这些企业和个人的具体违规行为材料，有针对性地加严加密监管措施。要将农机购置补贴政策实施各项工作与防范、查处违法违规行为同步研究、同步部署、同步实施，以高度负责的精神做好举报投诉调查工作，依法查处违法违规行为，全方位提高失信失范成本，坚持不懈地维护农机购置补贴政策的严肃性，维护公平公正、竞争有序的市场秩序。

农业部办公厅

二〇一五年七月三十一日

农业部办公厅关于进一步明确农机购置补贴相关事宜的通知

农办机〔2015〕17号

各省、自治区、直辖市及计划单列市农机(农牧、农业)局(厅、委、办)，新疆生产建设兵团、黑龙江省农垦总局，广东省农垦总局：

2015年1月，农业部办公厅、财政部办公厅印发《2015—2017年农业机械购置补贴实施指导意见》(农办财〔2015〕6号)(以下简称《意见》)。各地在实施过程中，陆续就具体问题进行咨询。现将有关事宜进一步明确如下。

一、关于农机购置补贴产品资质

《意见》规定，“除新产品补贴试点外，补贴机具应是已获得部级或省级有效推广鉴定证书的产品”。获得部级或省级农机推广鉴定证书产品经部级或省级归档进入补贴实施程序之后，证书有效期到期没有换发新证的，鉴于农机产品制造、销售和购机者申领补贴存在时间差，对在推广鉴定证书有效期内制造的产品，其补贴资质在本补贴年度内继续有效，其他相关事宜由省级农机化主管部门结合实际统一作出明确规定。

农机产销企业应据实提供补贴机具推广鉴定证书有效期等信息，不得在制造日期上弄虚作假，不得虚假宣传和误导购机者。补贴机具的推广鉴定证书有效期到期后续证或换发新证的，农机生产企业应及时向省级农机化主管部门提供新证；省级农机化主管部门可视情况重新组织归档。

补贴机具的推广鉴定证书被撤销，其补贴资质自动失效，相关企业负责及时向省级农机化主管部门报告撤证情况，并停止相关产品的补贴销售。

省级农机化主管部门应按照《农业部办公厅关于切实做好当前农机推广鉴定工作的通知》(农办机〔2015〕2号)要求，组织农机鉴定机构在本省农机购置补贴信息公开专栏上，将有效期内通过省级农机推广鉴定产品的企业名称、生产地址、产品名称、产品型号、所属品目、证书编号、有效期、鉴定机构等信息，以及撤证、换证等信息及时进行公开。

二、关于农机购置补贴产品归档信息管理

2015年，我部组织开展了两批部级农机购置补贴产品归档工作。考虑到绝大多数产品已进行了归档，原则上我部不再组织开展归档工作，今后由各省结合实际自行组织归档。

省级农机化主管部门负责将归档补贴产品导入全国农机购置补贴辅助管理系统，农业部农业机械化管理司发布的部级农机购置补贴产品归档信息由各省参考使用，部级和省级归档的农机购置补贴产品均由省级农机化主管部门进行日常管理。如对部级和省级归档结果存有异议或生产企业要求调整完善的，省级农机化主管部门可结合部级归档依据和公平公正、实事求是的原则，对部级归档补贴产品归档信息进行必要的调整完善，并将调整完善情况通过部级和省级农机购置补贴信息公开专栏及时向社会发布。

我部不再受理农机产销企业关于部级归档农机购置补贴产品的信息变更工作。

三、关于农机产销企业在归档相关工作中的责任义务

按照权责统一的原则，农机生产企业应对其申报的农机购置补贴产品归档材料的真实性、准确性和合规性负主体责任；农机生产及销售企业应对各省公示和公布的农机购置补贴产品信息表进行认真核对，并在补贴销售前负责确认补贴产品归档档次和产品信息的准确性。

对于完全因农机生产企业自身原因，导致本企业产品归入低档造成补贴额偏低的，补贴额在一个补贴年度内不作调整，按低档补贴。对于补贴产品的补贴比例畸高，或归档档次有误等情况，农机生产及销售企业应暂停补贴销售并主动向省级农机化主管部门和归档单位书面报告；企业未主动报告的，经举报反映查实，将暂停或取消该企业部分或全部产品补贴资格。归档错误产品已经补贴销售的，农机生产及销售企业负责按期退还购机者购买此产品多获得的补贴资金，并妥善处理相关纠纷和矛盾；企业未按规定处理的，将暂停或取消该企业部分或全部产品补贴资格。因调低补贴额而引发纠纷的，必要时可作退机处理。

省级农机化主管部门应结合实际，进一步细化实化农机生产及销售企业的责任和义务。农机生产及销售企业应主动配合各级农机化主管部门调查，对拒不配合或提供虚假信息的，农机化主管部门应责令其限期整改，整改不到位的应暂停其产品补贴资格或经销补贴产品的资格，并及时报告我部，同时提出进一步的处理建议。

原有政策规定与本通知内容不符的，以本通知为准。

农业部办公厅

二〇一五年七月三十一日

农业部办公厅关于全面开展农机安全生产大检查深化“打非治违”和专项整治工作的通知

农办机〔2015〕18号

各省、自治区、直辖市及计划单列市农机（农业、农牧）局（厅、委、办），新疆生产建设兵团农业局，黑龙江省农垦总局、广东省农垦总局：

为认真贯彻8月16日全国安全生产电视电话会议精神，落实《国务院安委会关于全面开展安全生产大检查深化“打非治违”和专项整治工作的通知》（安委明电〔2015〕2号）精神，我部定于今年8月至12月底，在全国范围内集中开展农机安全生产大检查，进一步深化农机“打非治违”和专项整治工作。现将有关事项通知如下：

一、总体要求

认真贯彻落实习近平总书记、李克强总理等党中央、国务院领导同志关于加强安全生产工作的重要批示指示精神，按照“全覆盖、零容忍、严执法、重实效”的总要求，坚持问题导向，全面开展大检查、大排查，强化安全生产监管执法，保持“打非治违”高压态势，深化农机行业专项整治，真正深下去、严起来，彻查安全隐患，堵塞管理漏洞，强化源头治理，有效防范和坚决遏制重特大事故发生，为纪念抗日战争胜利70周年活动等创造良好的安全生产环境，为稳增长、促改革、调结构、惠民生提供有力安全保障。

二、主要内容

各级农业机械化主管部门及其安全监理机构要组织执法检查人员，立即全面开展农机安全生产大检查。重点检查农机专业合作社、农机维修点、农机库棚、培训学校、田间场院等重点场所，突出农机驾驶人、操作员、维修工等重点人员，水稻双抢、“三秋”作业、秋冬种等重点农业生产环节，着重检查拖拉机、联合收割机、微耕机和插秧机等易发生安全事故的农业机械。主要内容是：

（一）建立健全“党政同责、一岗双责、齐抓共管”安全责任体系，推进重点工作落实的情况；建立农机安全生产责任制，纳入政府考核，实行安全目标管理的情况；落实农机专业合作社、农机大户和农机手等主体责任，签订安全生产责任书的情况。

（二）建立事故责任追究、倒查、岗位责任等农机安全生产制度，制订农机安全生产应急预案的情况；农机经营主体建立完善农业机械安全维护、定期检修和驾驶员安全管理制度的情况。

（三）加强农业机械及驾驶操作人员源头管理，提高上牌率、检验率、持证率“三率”水平，纳入业务考核内容，推进落实的情况；农民机手安全操作培训、安全宣传教育的情况。

（四）落实《农业机械安全监督管理条例》和《国务院关于加强安全生产监管执法的通知》（国办发〔2015〕20号）要求，加强农机监管执法的情况。

（五）分解农机安全生产控制指标，深入基层主动调查处理农机事故，开展事故救援和应急演练，公开事故报告电话的情况；严格执行事故上报制度，每月对事故情况进行分析的情况；加强与公安、安监等部门沟通协作，依法建立信息共享机制的情况。

在此基础上，深入开展“打非治违”和专项整治工作，加强农机安全监管和事故防控，严厉打击非法违规行为。突出对无牌行驶、无证驾驶、违法载人、未检验作业；对个别地区的违规发放牌证、瞒报谎报事故等的治理；检查农业机械安全警示标志、安全防护装置、夜间反光装置等，排除农机安全隐患，提高农业机械安全性能。

三、工作安排

（一）全面排查。各地要结合实际制定工作方案，深入动员、层层落实，全面开展自查自纠。对辖区内所负责的农机生产经营单位进行全面覆盖检查。

（二）边查边治。深入农村开展安全执法和排查整治，发现一处隐患督导整治一处，确保隐患不排除、机械不上路不下田。加强督促检查，开展暗查暗访，推动各项工作措施落实到位。

（三）巩固提升。对重点地区和单位隐患整改落实情况进行"回头看"，对存在重大安全隐患的农机合作社逐一复查。针对突出问题制定有力措施，推动建立安全生产长效机制。请各地分别于今年8月底和12月21日前，将安全检查整治方案和有关工作总结报我部农业机械化管理司。农业部近期将组织对农机安全生产开展综合督导检查。

农业部办公厅
二〇一五年八月十七日

农业部办公厅关于严禁非法改装联合收割机的通知

农办机〔2015〕24号

各省、自治区、直辖市及计划单列市农机（农业、农牧、农村经济）局（厅、委、办），新疆生产建设兵团农业局，黑龙江省农垦总局、广东省农垦总局：

近期，一些地方反映出现非法改装联合收割机粮仓、加装自动卸粮机构等行为，造成安全隐患。联合收割机改装后，载荷增加，重心偏移，易导致整机侧翻和粮仓脱落；电路、燃油系统改造可能引发火灾自燃等问题。为加强联合收割机安全监管，现就有关事项通知如下：

一、加强宣传教育

各级农业机械化主管部门及其安全监理机构要通过明白纸、宣传单、短信、集中宣讲等多种方式，对乡镇、村组、农机合作社负责人及联合收割机所有人、驾驶人、用机大户等开展安全操作规程、依法用机常识等方面的宣传教育，让农民了解非法改装联合收割机的危害。结合事故以案说法进行警示教育，强化农机手的安全意识，让农民群众清醒认识到非法改装农业机械的危险性，汲取事故教训，引导农民依法安全使用机械。

二、严格登记检验

在受理联合收割机登记业务时，要严格执行国家有关规定，严格查验整机，对非法改装的，不得办理登记。要强化安全检验，严格执行《拖拉机和联合收割机安全监理检验技术规范》（NYIT1830—2009），禁止有妨碍操作、影响安全的改装，禁止安全防护装置不全、油电管路结合不严密的收割机通过安全检验。

三、注重源头治理

要主动向生产企业反馈意见督促生产企业从保障人民生命财产安全的角度，加强对经销商和配套厂商服务行为的监管，向购机农民宣传改装可能造成的危害，从源头上杜绝改装行为。发现经销商参与或协助改装粮仓的，要将掌握的情况及时向当地工商行政管理部门反映，按照职责权限进行查处。对农机维修网点改装联合收割机的，农业机械化主管部门要依据《农业机械安全监督管理条例》严格纠正违法行为。

四、开展隐患排查

要认真开展隐患排查，对检验、检查中发现改装的收割机，要及时告知并督促整改，保障收割机安全使用。对安全隐患拒不整改的，依法采取责令停止使用等措施。对发现的跨区作业收割机改装等安全隐患，应及时进行安全告知，并向其登记地农机化主管部门进行通报，实行联管联治，防止事故发生。

五、强化政策引导

利用好农机购置补贴等强农惠农富农政策，引导农民群众购买使用先进适用、安全可靠、节能环保、服务到位的联合收割机。鼓励企业产品升级换代，加快联合收割机报废更新，逐步淘汰落后老旧机型，不得向改装车辆发放跨区作业证。

农业部办公厅
二〇一五年十月九日

农业部办公厅关于2015年农机推广鉴定监督检查情况的通报

农办机〔2015〕28号

各省、自治区、直辖市农机（农业、农牧）局（厅、委、办），黑龙江省农垦总局，新疆生产建设兵团农业局：

为进一步规范农机推广鉴定工作，提升鉴定管理和业务水平，促进农机化发展，我部农业机械化管理司会同部农机试验鉴定总站对农机推广鉴定工作进行了监督检查。现将有关情况通报如下。

一、检查的总体情况

2015年6月至8月份，我部组成了5个检查组，通过审核材料、抽查鉴定报告、召开座谈会等方式，分别对北京、天津、山西、内蒙古、吉林、上海、浙江、江西、山东、河南、广西、海南、陕西、青海、新疆等15个省（区、市）的农机推广鉴定管理规范化和业务规范化等情况进行了检查。农机推广鉴定管理规范化检查内容包括“省级农机试验鉴定管理组织机构是否健全、鉴定依据是否严格规范、省级鉴定能力认定工作是否严格规范、鉴定过程管理和审批管理是否严格规范、开展证后监督是否有效、廉政风险防控是否有效”等6个方面16个条款，其中3个关键项。农机推广鉴定业务工作检查内容包括“鉴定机构资质条件是否满足要求、推广鉴定项目受理审查是否规范和及时、推广鉴定项目费用核算和收取是否规范、现场试验工作是否规范、推广鉴定报告是否及时准确规范完成、推广鉴定项目结果文件归档是否规范、廉政风险防控是否有效”等7个方面23个条款，其中8个关键项。综合各督查组的检查情况看，大部分省份农机化主管部门能够贯彻我部相关规章制度要求，建立健全农机试验鉴定政策法规保障体系，农机鉴定机构进一步完善各项工作制度和程序，鉴定业务工作基本做到了有章可循、有据可依，农机鉴定管理和业务规范化水平明显提升。然而，仍有少数省份农机鉴定能力认定管理工作不够规范，存在农机鉴定能力认定依据、内容不够全面等现象；部分省级推广鉴定规章制度有待完善，一些省份农机推广鉴定业务仍存在不够规范的情况。

二、检查结果及处理意见

根据对所抽查省份农机推广鉴定管理工作和业务工作的检查情况，特别是“关键项”的评价结果，本年度监督检查综合结论如下：内蒙古、山东农机推广鉴定工作检查综合结论为“规范”，吉林、广西、河南、青海、北京、山西、陕西、新疆、浙江、江西农机推广鉴定工作检查综合结论为“基本规范”，上海、天津、海南的农机推广鉴定工作检查综合结论为“不够规范”。

经研究，我部决定对综合结论为“规范”的内蒙古自治区和山东省农机化主管部门及农机鉴定机构予以通报表扬；对综合结论为“不够规范”的上海、天津和海南等省（市）农机化主管部门及农机鉴定机构给予通报批评。综合结论为“不够规范”和“基本规范”的农机化主管部门要自本通报发布之日起，对农机推广鉴定管理和鉴定业务工作中存在的问题进行整改，并在3个月内将整改报告报送至我部农机化管理司。

三、相关要求

各省（区、市）农机化主管部门及农机鉴定机构要加强农机鉴定管理、业务规范化建设，全面梳理完善有关规章制度和业务流程，加大监督检查力度，推进依法鉴定有效实施。

（一）进一步提升农机鉴定规范化水平。各省（区、市）农机化主管部门要按照我部近年来提出的全国农机推广鉴定工作监督检查内容的要求，再次进行自查自纠，全面梳理省级农机鉴定管理制度和业务规范，对发现的问题要采取措施、限期整改；对严重违规的，要追究相关人员的责任，及时按规定进行处理。要增强依法鉴定意识，进一步提升鉴定人员的综合素质。要积极做好农机试验鉴定大纲的制修订工作，确保鉴定人员有章可循、有据可依。要严格规范地开展鉴定业务工作，坚决杜绝简化工作程序、减少鉴定内容、以偏概全和弄虚作假等现象，确保农机鉴定公正、公平。

（二）积极完善农机鉴定制度。今年7月，我部颁布《农业部关于修订〈农业机械试验鉴定办法〉的决定》（2015年第2号农业部令），对农机推广鉴定证书的审核发证主体、有效期进行调整。最近，我部正在研究修改具体的实施办法，拟尽快公布实施。各省级农机化主管部门要及时贯彻实施有关农机鉴定规章制度，积极推进鉴定改革工作。要立足当前、着眼长远，加强农机试验鉴定工作规范化管理，指导鉴定机构完善业务工作制度和程序，进一步规范鉴定受理审查、检测试验、证书变更和证后监督等关键环节的管理。要积极加强调查研究，认真总结经验，完善相关管理办法，建立健全农机推广鉴定监督管理工作的长效机制。

（三）加快推进农机鉴定各项业务工作。农机试验鉴定是国家法律法规赋予农机化主管部门及农机鉴定机构的重要职责。各地农机化主管部门及农机鉴定机构要忠诚履责、尽心尽责、勇于担责，积极推进部级和省级农机推广鉴定业务工作，保质保量按时完成应担负的鉴定任务，为实施好相关农机化惠农政策提供支撑，促进先进适用农业机械的推广应用。要按照《农业部办公厅关于切实做好当前农机推广鉴定工作的通知》（农办机〔2015〕2号）要求，及时公开推广鉴定证书信息，规范公开推广鉴定有关检测结果。

农业部办公厅

二〇一五年十一月二日

地方性法规、规章及文件

山西省农机局　山西省财政厅关于印发《2015年中央现代农业玉米丰产方机收秸秆还田项目实施方案》的通知

晋农机财字〔2015〕38号

各有关市、县（市、区）农机局、财政局：

为做好玉米丰产方机收秸秆还田项目的实施工作，省农机局和省财政厅共同制定了《2015年中央现代农业玉米丰产方机收秸秆还田项目实施方案》（见附件1），现下发给你们，请认真落实。

附件：1. 2015年中央现代农业玉米丰产方机收秸秆还田项目实施方案

2. 山西省玉米机收秸秆还田作业技术规范

山西省农机局　山西省财政厅

二〇一五年八月十三日

2015年中央现代农业玉米丰产方机收秸秆还田项目实施方案

为保证我省2015年中央现代农业玉米丰产方机收秸秆还田项目(简称玉米机收秸秆还田项目,下同)顺利实施,特制订本方案。

一、项目实施范围和任务

我省今年继续利用中央财政现代农业生产发展资金7 800万元,在全省11个市的53个县(市、区)实施玉米丰产方机收秸秆还田项目,计划完成机收秸秆还田面积260万亩。

二、项目实施原则和补贴方式

1.整村或整乡推进。每个项目区集中连片面积不少于500亩。

2.实行差价收费。项目作业任务承担者按每亩低于市场价30元收取作业费,其30元差价由财政补助。

3.先作业后补贴。作业结束后,按验收核定面积计算补贴额,由县财政部门将补贴资金

直接支付给作业任务承担者。

三、项目的组织管理及职责

中央现代农业玉米丰产方机收秸秆还田项目是一项机械化作业补贴项目,其受益人是项目区农户或农业生产经营组织。

省农机局、省财政厅共同组成项目领导组,负责全省项目实施方案的制定、计划任务的下达、项目执行的督导和重点抽查。

市农机局、市财政局负责其所辖县(市、区)执行项目过程的监管和绩效考核。

项目县(市、区)承担项目任务的实施和组织管理工作,具体做好项目规划、实施方案、技术规范、验收办法、绩效考评等文件的编制,做好项目实施期间的管理、作业质量监督、技术服务、检查验收、资金监管、资金兑付和绩效自评。

项目乡(镇)政府负责当地项目任务申报、组织村委会落实计划任务、检查作业质量和核实面积工作。

项目村组织农机户、农机作业服务组织进行作业、登记和公示。

四、项目实施区域的规划

各项目县要坚持民主、公平、科学、透明的原则,拟定任务分配方案和落实程序,组织乡(镇)、村做好项目申报、任务落实、实施区域规划等工作,并以文件形式下达项目实施方案和计划任务到乡(镇)、村。项目实施区域的规划要重点向农机化示范乡(镇)、村倾斜。

各项目县的实施方案中须包括项目实施区域分布图(标明项目实施区域的具体位置及面积)和《项目实施区域规划表》(以村为单位)(格式见附表1)。

在实施过程中项目区计划任务需要调整的,由相关乡(镇)报县农机局审核批准,并将调整批文报市农机局备案。

五、项目作业任务的落实

农机户、农机作业服务组织均为实施项目作业的主体。作业任务的安排要以其机具数量、技术性能、工作效率、操作手技能、作业报价等因素作为重要依据。

各项目县要结合本地实际,认真研究和制定项目作业任务的具体安排办法,通过乡(镇)、村委将作业任务落实到农机户和农机作业服务组织。

农机户、农机作业服务组织承担的项目作业任务不得转包给他人进行作业。

项目村要与农机户、农机作业服务组织签订作业任务合同。

六、项目作业技术要求

县农机局要参照省农机局的《山西省玉米机收秸秆还田作业技术规范》(见附件2)制定符合本地实际的作业技术规范。

项目要求在玉米机械化收获的同时完成秸秆还田作业,人工摘穗后的秸秆粉碎还田作业不能计入项目完成面积。

七、项目作业面积的登记和汇总

在作业过程中,农机户、农机作业服务组织要给农户出具收款收据(格式由县农机部门制定,一式二份,一份农户留存,一份作业者留存。),各项目村要组织农户、农机户、农机作业服务组织认真填写《玉米丰产方机收秸秆还田项目作业面积登记表》(格式见附表2,以下简称《登记表》),并及时签字确认。对土地发生流转的,要以实际经营人登记,村委会要出具证明。所有签字或盖章必须由当事人完成,不得代签代办。

《登记表》由村委会负责人签字并加盖村委会公章确认后,在村务公开栏张榜公示7天。项目县农机局要对公示位置和现场拍照并留存。公示期间群众有异议或有问题的,要限期加以整改,整改后必须再次张榜公示。

乡(镇)政府要在认真核实《登记表》中计划任务完成情况的基础上,准确填报《玉米丰产方机收秸秆还田项目作业面积核验汇总表》(格式见附表3,以下简称《汇总表》),并经农机户、农机服务组织签字确认,加盖乡(镇)公章。

八、项目检查验收

县项目领导组负责制定项目检查验收办法和制度(包括记录制度、签字制度、反馈制度等),及时组织项目验收工作。项目验收时要认真检查《登记表》、复核《汇总表》,实地查看作业质量。随机走访项目区农户每村35户,实地抽查作业面积不得低于项目计划任务的10%。

乡(镇)政府在组织完成作业面积核实和质量抽查后,及时向县项目领导组提交书面验收申请,并附有效的《登记表》和《汇总表》。

九、项目资金管理

县财政部门要强化作业补贴资金的兑付管理。项目经乡(镇)、县验收后,县农机局要及时编制《玉米丰产方机收秸秆还田项目作业补贴资金支付表》(格式见附表4,以下简称《支付表》),并将支付表连同《登记表》和《汇总表》报送县财政局。县财政局及时依据《支付表》将补贴资金直接支付给承担项目区作业任务的农机户、农机作业服务组织。

项目县因客观原因而导致的未完成的项目任务或因验收不合格的项目任务,不得兑付补贴资金。

十、项目实施进度

2015年5月至9月,省农机局、省财政厅联合下发《2015年玉米丰产方机收秸秆还田项目实施方案》、下达《2015年玉

米丰产方机收秸秆还田项目计划任务》。

项目县农机、财政部门参照省级实施方案和计划任务编制本县实施方案，报当地人民政府审批后，下发项目乡、村执行。并报省市农机、财政部门备案。

2015年9月—12月，项目县组织玉米机收秸秆还田作业，进行项目任务督查，质量和作业面积核实，及时开展验收并完成情况总结。

2015年12月—2016年6月，检查验收并兑付补贴资金，进行项目工作总结和绩效考评。

2016年7月，各市上报项目绩效考核报告、项目工作总结。

十一、保障措施

1.加强组织领导

省项目领导组办公室设在省农机推广总站，具体负责项目的计划安排、组织实施、督促、抽查、对全省项目实施情况进行绩效评价等。

各市农机局要组织管理和技术人员组成相应机构，负责各项目县的项目实施指导、督促检查和绩效考核等工作。

承担项目的县要成立项目领导组，由政府分管领导任组长，吸收农机、财政、乡(镇)政府等有关部门领导参加。领导组下设办公室，办公室设在县农机局。

承担项目任务的乡(镇)政府、村委会要责成专人负责此项工作，落实作业任务、组织农机户、农机作业服务组织进行作业和面积核实工作。

2.精心组织实施

县项目领导组要与项目乡(镇)政府签订目标责任书；乡(镇)政府要与项目村签订目标责任书。

推广玉米机收秸秆还田技术要符合当地实际情况，要充分尊重农民意愿，不得采取强制手段。项目县农机部门要做好玉米收获机械的摸底登记工作，保证作业机具的数量，要摸清本地玉米种植情况和可机收面积，为乡(镇)、村组织农机户和农机作业服务组织开展生产作业做好服务保障工作。

3.搞好技术服务和宣传培训工作

省、市农机推广部门根据项目实施需要，做好项目县实施人员的技术培训和项目管理培训工作。

项目县要成立由农机部门、农业部门专家和技术人员组成的技术指导组开展技术指导，帮助解决具体困难和问题，提高技术服务水平。要抓好机具操作手的培训工作，做好新机型的性能跟踪考核。

要利用各种媒体采取多种形式，广泛宣传玉米机械化收获秸秆直接还田技术对改造中低产田、提高耕地综合生产能力的好处和优越性，应编印通俗易懂的宣传科普单行材料，及时发放到种植户手中。

4.严格资金管理

项目县农机局要建立以《登记表》《汇总表》和《支付表》为主要内容的"玉米丰产方机收秸秆还田作业补贴档案"；财政部门要建立《玉米丰产方机收秸秆还田项目作业补贴资金使用台账》。

补贴资金要直接支付给承担作业的农机户或农机服务组织，不得由他人代领，不得抵扣任何费用，并保证及时、足额发放到位。

项目县要主动接受上级主管部门和纪检监察部门的监督，补贴资金要专款专用，要做到及时拨付，严格执行报账制、国库直接支付等财政管理制度。

5.实行动态管理

为及时了解和掌握各地项目进展情况，在项目实施期间，项目县要及时上报《2015年玉米丰产方机收秸秆还田项目进展动态报表》(格式见附表5)。各市县也要及时组织交流工作经验，通报项目进展情况，督促项目科学有序实施。

6.认真监督检查

市县农机部门要强化对项目实施的组织管理，市县财政部门要加强项目资金管理，确保各项工作有序推进。

项目实施过程中，市农机局要严格依照县人民政府批复的各项目县《玉米丰产方机收秸秆还田项目实施方案》，重点在项目准备阶段和作业高峰期进行督查，监督检查次数不得少于两次，并将每次督查情况形成报告报省农机推广总站。督查中要查看项目县项目工作布置、实施、检查、验收等原始资料(包括文件、会议记录、通知、便函、工作记录等)。重点检查项目区规划、机具准备情况、实施进度、作业质量、作业登记手续、面积核实等情况。督查中发现的问题要及时向项目县领导组提出书面的限期整改意见。

项目县要组织人员包片、包村，督查项目实施进度，抽查作业面积、作业质量。发现问题及时整改，确保项目任务如期完成。

十二、项目绩效考核

项目实施结束后，项目县按照2015年省级项目绩效考核方案(另文下发)的要求做好自评工作，按时上报市农机局自评报告和项目工作总结。市农机局根据项目检查验收结果，及时编制本市项目绩效考核报告和项目工作总结，并将项目绩效考核报告和项目工作总结上报省项目领导组办公室。省级农机部门和财政部门对项目县年度项目实施情况进行重点抽查并对全省项目工作进行绩效评价和总结。

附表：1.××县玉米丰产方机收秸秆还田项目实施区域规划表(略)

2.××县玉米丰产方机收秸秆还田项目作业面积登记表(略)

3.××县××乡(镇)玉米丰产方机收秸秆还田项目作业面积核验汇总表(略)

4.××县玉米丰产方机收秸秆还田项目作业补贴资金支付表(略)

5.2015年玉米丰产方机收秸秆还田项目进展动态报表(略)

山西省玉米机收秸秆还田作业技术规范

制定本标准旨在规范山西省玉米机收秸秆还田作业，为全省推广应用玉米机收秸秆还田技术提供科学、规范的技术指导。

1　适用范围

本标准规定了玉米机收秸秆还田的作业条件、技术要求、作业时间、机具选用、作业准备、作业规程、安全注意事项及维护保养。本标准适用于带秸秆还田装置的玉米收获机。

2　作业条件

2.1　作物品种应统一。凡是使用玉米联合收获机收获的地块，种植玉米的品种应统一，以利于机械收获作业。

2.2　种植行距应统一。在项目规划区域种植玉米时，根据玉米收获机的性能特点，应在55～65cm等行距种植，便于机械作业。

2.3　种植方式应统一。在同一地块内，平作垄作不交叉，以提高作业质量。

2.4　待收玉米应满足下列要求。玉米籽粒含水率小于30%、茎秆含水率70%左右、植株倒伏率小于5%、最低结穗高度大于60cm、果穗下垂率小于15%。

2.5　收获地块不得有树桩、水沟、石块等障碍物，土壤含水率应适中(以不陷车为宜)，并对机组有足够的承载能力。

2.6　地面坡度不大于8°。

3　作业准备

3.1　对玉米机收地块，应提前对其作物的倒伏程度、种植密度和行距、果穗的下垂度、最低结穗高度等情况调查清楚，并提前制定好作业计划。

3.2　提前对田块中的沟渠、水井、电杆拉线、木桩等不明显的障碍物设置明显标志，以利安全作业。

3.3　在挂接动力前，按动力输出轴旋转方向转动传动轴两周以上，确定各回转部分无卡阻现象后接合动力，将拖拉机油门由小逐渐加大至额定转速，无异常现象方可作业。

3.4　按照拖拉机和收获机《使用说明书》要求，对机组进行班次保养和必要的调整，并加足燃油、冷却水和润滑油。

3.5　作业前应进行试收获，调整机具达到农艺要求后，方可投入正式作业。大部分玉米联合收机均为对行收获，作业时其割台要对准玉米行，以减少掉穗损失。

3.6　作业前，适当调整摘穗辊间隙，以减少籽粒破碎。

3.7　在试收期间，应先用Ⅰ挡试收，待工作正常后，再适当提高挡位。收获一段距离后，应停车检查收获质量，并征求用户意见。

4　技术要求

4.1　收获作业中果穗落粒损失率小于2%、果穗落地损失率小于3%、籽粒破碎率小于1.5%、茎秆切碎长度小于15cm、茎秆切碎长度合格率大于90%、割茬高度小于15cm、苞叶剥净率大于70%、使用可靠性大于90%。

4.2　机车在起步、转弯或倒车时，应先鸣喇叭示意，并仔细观察机组前后左右情况，提醒闲杂人员远离作业机组。

4.3　作业时，注意观察玉米行是否对准割道中心，注意果穗升运过程的流畅性，以免卡住、堵塞；随时观察果穗箱充满程度，及时倾卸果穗，以免果穗满箱后溢出或卸粮时卡堵现象；随时观察还田锤爪是否打土，如有异常，应及时停车调整、排除。

4.4　作业过程中一般不得随意停车，若非停不可时，应先停止机组前进，让收获机继续运转30秒左右，然后再切断动力输出轴的动力，以减少再次启动时的果穗断裂和籽粒破碎现象的发生。

4.5　机组行进过程中，驾驶员应灵活操作拖拉机的提升手柄，使秸秆切碎和破茬机构适应田块的要求，以免锤爪打土，而造成刀具的早期磨损。

4.6　机组到达地头时，不应立即减速，应使之继续高速前进一段距离，以提高秸秆切碎作业质量，达到指标要求。

4.7　作业时应随时观察拖拉机的各种仪表，注意水温、油温和油压是否正常，倾听机组有无异音，一旦发现不正常现象应立即停车检查。

5　安全规则

5.1　牵引运输时，收获机的驾驶台上不准坐人。

5.2　作业中摘穗辊或剥皮辊堵塞时，禁止用手清理茎秆。

5.3　前传动轴附近不准站人，禁止跨越正在旋转的传动轴。

5.4　地头转弯及排除故障时必须切断动力。

5.5　禁止机组在工作时和未完全停止运转前排除故障、清除杂物、检查保养等。检修摘穗辊、拨禾链、切碎器、链条、链轮等运动部位的故障时，严禁任何人员转动传动机构。

5.6　工作期间，禁止驾驶人员饮酒，禁止驾驶员在过度疲劳、睡眠不足、健康状况不好的情况下驾驶机组。

6　维护保养

6.1　悬挂式玉米收获机作业季节完成后，应将收获机各部分随即卸下，按拆卸顺序置于库房内封存保管。

6.2　清除机具外部泥土、秸秆、杂草、油污等杂物。

6.3　检查各部件，对掉漆的部位应涂漆防锈、对磨损严重或损坏的部分应立即修复或更换。

6.4　各部位的皮带、弹簧要消除张紧力，使其处于自然长度状态，以防变形失去原有性能。

6.5　凡应卸下的链条，应立即清洗干净，然后浸泡在机油中予以保管，以免锈蚀。

6.6　对于外露齿轮、摘穗辊等部件应涂油防锈。

6.7　存放秸秆还田、除茬装置时，应将其垫起放平，切忌不要以地轮作支撑点存放，以防变形。

6.8　如无库房，必须在室外存放时，应选择地势较高且干燥的位置，并用帆布或塑料布等物予以遮盖，防止锈蚀。

江苏省农业保险工作领导小组办公室关于印发《江苏省农业机械综合保险条款费率(试行)》的通知

苏农险办发〔2015〕8号

各市、县(市、区)财政局，各市、县(市、区)农机主管部门，各市农业保险工作领导小组办公室，各财产保险公司省级分公司：

为贯彻落实《省政府办公厅关于做好2015年全省农业保险工作的通知》(苏政办发〔2015〕51号)精神，按照“探索发展农机综合保险试点，丰富农业风险管理工具"要求，进一步推进农机保险政策实施，发挥农机保险在保障农民利益、促进农业生产中的作用，经研究决定在部分地区试行农业机械综合保险。现将《江苏省农业机械综合保险条款费率（试行）》印发你们，并就有关事项通知如下：

一、充分认识开展农业机械综合保险的意义。农业机械综合保险（以下简称农机综合保险）既是农业支持保护体系的重要环节，也是涉农保险的重要内容。开展农机综合保险不仅有利于提高农民保障水平、促进农业集约化生产，也有利于增强农民保险意识，推进保险服务业在农村地区的发展。新的农机综合保险在总结既往经验的基础上进一步扩大了保险覆盖面，提高了保险保障能力，对完善农机使用风险保障体系，降低农机事故对农业生产的影响，减少农民因灾返贫现象，促进农村和谐稳定都将起到积极的作用。

二、正确把握农机综合保险的基本内涵。农机综合保险将坚持政策扶持、保障适度、费率合理、操作简便的原则，涵盖了农机财产损失保险、第三者责任保险、操作人员责任保险三个方面。保险金额按保险内容分项计算，其中，第三者责任险和操作人员责任险责任限额分别为20万元，农业机械损失险保险金额为5万元。年保险费按机械种类分类设定，其中，大中型拖拉机、方向盘自走式联合收割机和操纵杆自走式联合收割机保险费分别为500元，小型方向盘式拖拉机和手扶式拖拉机保险费分别为400元。

三、稳步推进农机综合保险实施。农机综合保险将在试点地区取得成功经验的基础上适时向全省整体推进。各省辖市根据实际情况，可自行选择是否参与试点，于2015年11月30日前报省农机局和省农险办备案，并把握农机综合保险试点工作要求：（一）加强部门协调。实施过程中，各地农险办、财政、农机主管和保险监管部门要按各自职责统筹协作，形成合力，共同推进。（二）规范财政补贴。试点过程中，各级财政给予农机综合保险累计不低于50%的保费补贴，其中，省级财政补贴比例和方法参照现有农机保险执行。保险单中应载明财政补贴、投保人承担的保险费比例和具体金额，投保人交清应承担的保险费后，保险合同生效。保险经办机构开具保单金额经同级农机主管部门核对后提交财政部门，财政部门审核后及时将保费补贴资金支付到保险经办机构。（三）规范市场管理。各省辖市农机主管部门会同有关部门通过招标方式择优确立保险经办机构，原则上不超过两家财产保险公司，保险服务协议原则上不超过两年。（四）强化监督考核。探索建立农机综合保险绩效评价优胜劣汰机制，对保险机构服务质量进行跟踪考核。对管理不规范、理赔不及时、服务不到位的保险机构，要责令其限期改正，并可视情节严重程度取消其经办资格直至追究相关责任。（五）严格规范操作。保险经办机构和投保人应按照行业标准，自觉规范投保理赔行为，防止骗保、惜（滥）赔、拖（慢）赔等行为的发生。各地农机主管部门要发挥专业优势指导农民投保，配合做好事故查勘定损理赔工作，做好保险争议的调处工作。（六）完善统计制度。各保险经办机构应按省农险办关于农业保险信息数据管理的要求，及时将投保理赔数据报送当地农险办、财政、农机主管部门。

试点实施过程如遇问题，请及时与省农险办和省农机局联系。

附件：江苏省农业机械综合保险条款费率（试行）

二〇一五年十月二十一日

江苏省农业机械综合保险条款费率（试行）

总　则

第一条　江苏省农业机械综合保险合同由本条款、投保单、保险单、批单或其他保险凭证和特别约定共同组成。凡涉及保险合同的约定，均应采用书面形式。

第二条　本条款由农业机械损失保险、第三者责任保险、操作人员责任保险和通用条款四部分组成。农业机械损失保险、第三者责任保险、操作人员责任保险的约定适用于各自部分，通用条款的约定适用于整个保险合同。保险人在本保险合同下承担的保险责任以保险单中载明的相应部分保险金额或责任限额为限。

第三条　保险合同中的农业机械是指纳入农机管理范围的拖拉机和联合收割机。

第四条　保险合同中的第三者是指因被保险农业机械发生意外事故而遭受人身伤亡和财产损失的人，但不包括被保险农业机械上的人员。

第五条　保险合同中的操作人员是指发生意外事故的瞬间，合法操作被保险农业机械的人员、被保险人。

第六条　投保标的属于财政给予保险费补贴范围的，由财政部门按规定给予保险费补贴。投保时，在保险单中载明财政补贴、投保人承担的保险费比例和具体金额。投保人交清应承担的保险费，保险合同生效。财政补贴资金由保险人按规定向当地财政部门申领。

第一部分　农业机械损失保险

保险责任

第七条　保险期间内，被保险人或其允许的合法操作人员在使用被保险农业机械过程中，因下列原因造成被保险农业机械的直接损失，且不属于责任免除范围的，保险人依照本保险合同的约定在保险金额内负责赔偿：

（一）碰撞、倾覆、坠落；

（二）火灾、爆炸；

（三）外界物体坠落、倒塌；

（四）雷击、暴风、暴雨、洪水、龙卷风、冰雹、台风；

（五）地陷、崖崩、滑坡、泥石流、暴雪、雪崩、冰凌、沙尘暴；

（六）受到被保险农业机械所载货物意外撞击；

（七）被保险农业机械在运输装卸过程中发生意外事故；

（八）载运被保险农业机械的运输工具发生意外事故（营业性运输除外）；

（九）载运被保险农业机械的渡船遭受自然灾害（仅限有操作人员随船的情形）。

第八条　发生保险事故时，被保险人或其允许的合法操作人员为防止或者减少被保险农业机械损失所支付的必要的、合理的施救费用，由保险人承担。施救费用在被保险农业机械损失赔偿金额以外另行计算，最高不超过保险金额的数额。

责任免除

第九条　在上述保险责任范围内，下列情况，被保险农业机械的损失和费用，保险人不负责赔偿：

（一）事故发生后，被保险人或其允许的合法操作人员故意破坏、伪造现场、毁灭证据；

（二）操作人员有下列情形之一者：

1.事故发生后，理当采取合理措施而未采取的情况下操作被保险农业机械或者遗弃被保险农业机械离开事故现场，致使损失扩大的部分；

2.饮酒、吸食或注射毒品、服用国家管制的精神药品或者麻醉药品；

3.无操作证件、操作证件超过有效期或被依法扣留、暂扣、吊销、注销期间；

4.操作与操作证件载明的允许操作机型不相符的农业机械；

5.未经被保险人允许擅自操作的。

（三）被保险农业机械有下列情形之一者：

1.发生保险事故时被保险农业机械注册登记证件、号牌被注销的，或未按规定检验或检验不合格；

2.被扣押、收缴、没收、政府征用期间；

3.在营业性场所维修、保养、改装、测试期间；

4.被保险人或其允许的合法操作人员故意或重大过失，导致被保险农业机械被利用从事犯罪行为。

第十条　下列原因导致的被保险农业机械的损失和费用，保险人不负责赔偿：

（一）地震及其次生灾害；

（二）战争、军事冲突、恐怖活动、暴乱、污染（含放射性污染）、核反应、核辐射；

（三）违反操作规程进行人工直接供油、高温烘烤及自燃；

（四）因违反安全装载规定直接导致被保险农业机械损失的；

（五）因非法改装、加装或改变使用性质等直接导致被保险农业机械损失的；

（六）被保险人或其允许的合法操作人员的故意行为。

第十一条　下列损失和费用，保险人不负责赔偿：

（一）因市场价格变动造成的贬值、修理后因价值降低引起的减值损失；

（二）自然磨损、朽蚀、腐蚀、故障、本身质量缺陷；

（三）遭受保险责任范围内的损失后，未经必要修理继续使用，致使损失扩大的部分；

（四）投保人、被保险人或其允许的合法操作人员知道保险事故发生后，故意或因重大过失未及时通知，致使保险事故的性质、原因、损失程度等难以确定的，保险人对无法确定的部分，不承担赔偿责任，但保险人通过其他途径已经知道或应当及时知道保险事故发生的除外；

（五）被保险农业机械被盗窃、被抢劫、被抢夺、下落不明，以及在此期间受到的损坏，或被盗窃、被抢劫、被抢夺未遂受到的损坏，或车上零部件、附属设备丢失；

（六）车轮单独损坏，玻璃单独破碎，无明显碰撞痕迹的车身划痕，以及新增设备的损失；

（七）因操作不当导致发动机进水而造成发动机损坏。

第十二条　本保险事故起赔点为200元。

赔偿处理

第十三条　因保险事故损坏的被保险农业机械，应当尽量修复。修理前被保险人应当会同保险人检验，协商确定修理项目、方式和费用。未能协商确定的，修理费以实际产生的合理费用为准。

第十四条　被保险农业机械遭受损失后的残余部分可由保险人、被保险人协商处理。如折归被保险人的，由双方协商确定其价值并在赔款中扣除。

第十五条　因第三方原因造成保险事故的，被保险人向第三方索赔的，保险人应积极协助；被保险人也可以直接向保险人索赔，保险人在保险金额内先行赔付被保险人，并在赔偿金额内代位行使被保险人对第三方请求赔偿的权利。

被保险人已经从第三方取得损害赔偿的，保险人进行赔偿时，相应扣减被保险人从第三方已取得的赔偿金额。

保险人赔偿之前，被保险人放弃对第三方请求赔偿的权利的，保险人不承担赔偿责任。

保险人向被保险人先行赔付的，保险人向第三方行使代位请求赔偿的权利时，被保险人应当向保险人提供必要的文件和所知道的有关情况。被保险人故意或因重大过失致使保险人不能行使代位请求赔偿的权利的，保险人可以扣减或者要求返还相应的赔款。

第十六条　赔款计算：

（一）全部损失

赔款＝保险金额－被保险人已从第三方获得的赔偿金额

当农业机械实际价值不足额定保险金额时，以实际价值为准，农业机械实际价值由保险人和投保人约定，并在保险单中载明。

（二）部分损失

保险人按实际修复费用在保险金额内计算赔偿：

赔款＝实际修复费用被保险人已从第三方获得的赔偿金额

实际修复费用低于200元的，不予赔偿。

（三）施救费

施救的财产中，含有本保险合同未保险的财产，应按本保险合同保险财产的实际价值占总施救财产的实际价值比例分摊施救费用。

第十七条　被保险农业机械发生保险事故，导致灭失或发生全部损失或多次损失的赔款金额之和（不含施救费用）达到保险金额，保险人按保险合同约定支付赔款后，保险责任终止。

第二部分　第三者责任保险

保险责任

第十八条　保险期间内，被保险人或其允许的合法操作人员在使用被保险农业机械过程中发生意外事故，致使第三者遭受人身伤亡或财产损毁，依法应当对第三者承担的损害赔偿责任，且不属于责任免除范围的，保险人依照保险合同的约定负责赔偿。依法律规定，上道路行驶的拖拉机应投保机动车交通事故责任强制保险的，保险人仅对超过机动车交通事故责任强制保险各分项赔偿限额的部分负责赔偿；法律没有规定需要投保机动车交通事故责任强制保险的其他农业机械，保险人依照保险合同的约定在责任限额内负责赔偿。

第十九条 保险人根据被保险农业机械一方在事故中所负的事故责任比例，承担相应的赔偿责任。

被保险人或被保险农业机械一方根据有关法律法规规定选择自行协商，或由农机、公安事故处理部门进行处理但未确定事故责任比例的，按照以下规定确定事故责任比例：

被保险农业机械一方负全部事故责任的，事故责任比例为100%；

被保险农业机械一方负主要事故责任的，事故责任比例为70%；

被保险农业机械一方负同等事故责任的，事故责任比例为50%；

被保险农业机械一方负次要事故责任的，事故责任比例为30%；

被保险农业机械与行人或非机动车发生碰撞时，被保险农业机械一方无责任时，无责任赔偿限额按第三者责任险责任限额的10%计算。

涉及司法或仲裁程序的，以法院或仲裁机构最终生效的法律文书为准。

责任免除

第二十条 在上述保险责任范围内，下列情况下，造成的第三者人身伤亡、财产损失和费用，保险人不负责赔偿：

（一）事故发生后，被保险人或其允许的合法操作人员故意破坏、伪造现场、毁灭证据；

（二）操作人员有下列情形之一者：

1.事故发生后，理应采取措施而未采取的，致使受害人损失扩大的部分；

2.饮酒、吸食或注射毒品、服用国家管制的精神药品或者麻醉药品；

3.无操作证件、操作证件超过有效期或被依法扣留、暂扣、吊销、注销期间；

4.操作与操作证件载明的允许操作机型不相符的农业机械；

5.未经被保险人允许擅自操作的。

（三）被保险农业机械有下列情形之一者：

1.发生保险事故时被保险农业机械注册登记证件、号牌被注销的，或未按规定检验或检验不合格；

2.被扣押、收缴、没收、政府征用期间；

3.在营业性场所维修、保养、改装、测试期间；

4.农业机械被盗窃、被抢劫、被抢夺、下落不明期间。

第二十一条 下列原因导致的人身伤亡、财产损失和费用，保险人不负责赔偿：

（一）地震及其次生灾害；

（二）战争、军事冲突、恐怖活动、暴乱、污染（含放射性污染）、核反应、核辐射；

（三）第三者、被保险人或其允许的合法操作人员的故意行为、犯罪行为，第三者与被保险人或其他致害人恶意串通的行为；

（四）因非法改装、加装或改变使用性质等直接导致被保险农业机械发生事故的。

第二十二条 下列人身伤亡、财产损失和费用，保险人不负责赔偿：

（一）被保险农业机械发生意外事故，致使任何单位或个人停业、停驶、停电、停水、停气、停产、通讯或者网络中断、数据丢失、电压变化等造成的损失以及其他间接损失；

（二）第三者财产因市场价格变动造成的贬值，修理后因价值降低引起的减值损失；

（三）被保险农业机械上的财产损失；

（四）被保险农业机械上人员的人身伤亡；

（五）停车费、保管费、扣车费、罚款、罚金或惩罚性赔款；

（六）超出《道路交通事故受伤人员临床诊疗指南》和国家基本医疗保险同类医疗费用标 准的费用部分；

（七）律师费，未经保险人事先书面同意的诉讼费、仲裁费；

（八）投保人、被保险人或其允许的合法操作人员知道保险事故发生后，故意或因重大过失未及时通知保险人，致使保险事故的性质、原因、损失程度等难以确定的，保险人对无法确定的部分，不承担赔偿责任，但保险人通过其他途径已经知道或应当及时知道保险事故发生的除外；

（九）精神损害抚慰金；

（十）应当由机动车交通事故责任强制保险赔偿的损失和费用。

保险事故发生时，上道路行驶的拖拉机未投保机动车交通事故责任强制保险或机动车交通事故责任强制保险合同已经失效的，对于机动车交通事故责任强制保险各分项赔偿限额以内的损失和费用，保险人不负责赔偿。

赔偿处理

第二十三条 保险人对被保险人给第三者造成的损害，也可以直接向该第三者赔偿。

被保险人给第三者造成损害，被保险人对第三者的赔偿责任确定的，根据被保险人的请求，保险人应当直接向该第三者赔偿。被保险人怠于请求的，第三者有权就其应获赔偿部分直接向保险人请求赔偿。

被保险人给第三者造成损害，被保险人未向该第三者赔偿的，保险人不得向被保险人赔偿。

第二十四条 因保险事故损坏的第三者财产，应当尽量修复。修理前被保险人应当会同保险人检验，协商确定修理项目、方式和费用。未能协商确定的，修理费以实际产生的合理费用为准。

第二十五条 赔款计算：

（一）当（依合同约定核定的第三者损失金额－机动车交通事故责任强制保险的分项赔偿限额）×事故责任比例，等于或高于每次事故赔偿限额时：

赔款＝每次事故责任限额

（二）当（依合同约定核定的第三者损失金额－机动车交通事故责任强制保险的分项赔偿限额）×事故责任比例，低于每次事故赔偿限额时：

赔款＝（依合同约定核定的第三者损失金额－机动车交通事故责任强制保险的分项赔偿限额）×事故责任比例

第二十六条 保险人按照《道路交通事故受伤人员临床诊疗指南》和国家基本医疗保险的同类医疗费用标准核定医疗费用赔偿金额。

未经保险人书面同意，被保险人自行承诺或支付的赔偿金额，保险人有权重新核定。不属于保险人赔偿范围或超出保险人应赔偿金额的，保险人不承担赔偿责任。

第三部分 操作人员责任保险

保险责任

第二十七条 保险期间内，被保险人或其允许的合法操作人员在操作被保险农业机械过程中发生意外事故，致使操作人员遭受人身伤亡，且不属于责任免除范围的，保险人依照本保险合同的约定在责任限额内负责赔偿。

第二十八条 保险人根据被保险农业机械一方在事故中所负的事故责任比例，承担相应的赔偿责任。

被保险人或被保险农业机械一方根据有关法律法规规定选择自行协商，或由农机、公安事故处理部门进行处理但未确定事故责任比例的，按照以下规定确定事故责任比例：

被保险农业机械一方负全部事故责任的，事故责任比例为100%；

被保险农业机械一方负主要事故责任的，事故责任比例为70%；

被保险农业机械一方负同等事故责任的，事故责任比例为50%；

被保险农业机械一方负次要事故责任的，事故责任比例为30%。

涉及司法或仲裁程序的，以法院或仲裁机构最终生效的法律文书为准。

责任免除

第二十九条 在上述保险责任范围内，下列情况，造成的操作人员人身伤亡，保险人不负责赔偿：

（一）事故发生后，被保险人或其允许的合法操作人员故意破坏、伪造现场、毁灭证据；

（二）操作人员有下列情形之一者：

1. 事故发生后，理应采取措施而未采取的，致使操作人员损失扩大的部分；

2. 饮酒、吸食或注射毒品、服用国家管制的精神药品或者麻醉药品；

3. 无操作证件、操作证件超过有效期或被依法扣留、暂扣、吊销、注销期间；

4. 操作与操作证件载明的允许操作机型不相符的农业机械；

5. 未经被保险人允许擅自操作的。

（三）被保险农业机械有下列情形之一者：

1. 发生保险事故时被保险农业机械注册登记证件、号牌被注销的，或未按规定检验或检验不合格；

2. 被扣押、收缴、没收、政府征用期间；

3. 在营业性场所维修、保养、改装、测试期间；

4. 农业机械被盗窃、被抢劫、被抢夺、下落不明期间。

第三十条 下列原因导致的人身伤亡，保险人不负责赔偿：

（一）地震及其次生灾害；

（二）战争、军事冲突、恐怖活动、暴乱、污染（含放射性污染）、核反应、核辐射；

（三）因非法改装、加装或改变使用性质等直接导致被保险农业机械发生事故的；

（四）被保险人或其允许的合法操作人员的故意行为。

第三十一条 下列人身伤亡、损失和费用，保险人不负责赔偿：

（一）操作人员因疾病、分娩、自残、殴斗、自杀、犯罪行为造成的自身伤亡；

（二）违法搭乘人员的人身伤亡；

（三）罚款、罚金或惩罚性赔款；

（四）超出《道路交通事故受伤人员临床诊疗指南》和国家基本医疗保险同类医疗费用标 准的费用部分；

（五）律师费，未经保险人事先书面同意的诉讼费、仲裁费。

（六）投保人、被保险人或其允许的合法操作人员知道保险事故发生后，故意或因重大过失未及时通知，致使保险事故的性质、原因、损失程度等难以确定的，保险人对无法确定的部分，不承担赔偿责任，但保险人通过其他途径已经知道或应当及时知道保险事故发生的除外；

（七）精神损害抚慰金。

赔偿处理

第三十二条 赔款计算：

（一）当依合同约定核定的操作人员人身伤亡损失金额×事故责任比例，等于或高于每次事故责任限额时：

赔款＝每次事故责任限额

（二）当依合同约定核定的操作人员人身伤亡损失金额×事故责任比例，低于每次事故责任限额时：

赔款＝依合同约定核定的操作人员人身伤亡损失金额×事故责任比例

第三十三条 保险人按照《道路交通事故受伤人员临床诊疗指南》和国家基本医疗保险的同类医疗费用标准核定医疗费用赔偿金额。

第四部分 通用条款

保险期间

第三十四条 除另有约定外，保险期间为一年，以保险单载明的起讫时间为准。

保险金额和保险费

第三十五条 本保险为定额保险，保险金额和保险费按《江苏省农业机械综合保险费率（试行）》执行，并在保险单中载明。

其他事项

第三十六条 发生保险事故时，被保险人或其允许的合法操作人员应当及时采取合理、必要的施救和保护措施，防止或减少损失，并在保险事故发生后48小时内通知保险人。被保险人或其允许的合法操作人员根据有关法律法规规定选择自行协商方式处理事故的，应当立即通知保险人。

第三十七条 被保险人索赔时，应当向保险人提供与确认保险事故的性质、原因、损失程度等有关的证明和资料。

被保险人应当提供保险单、损失清单、有关费用单据、被保险农业机械的注册登记证件和发生事故时农业机械操作人员的相关操作证件。

属于农机事故的，被保险人应当提供农机安全监理机构、公安机关交通管理部门或法院等机构出具的事故证明、有关法律文书（判决书、调解书、裁定书、裁决书等）及其他证明。

属于道路交通事故的，被保险人应当提供公安机关交通管理部门或法院等机构出具的事故证明、有关法律文书（判决书、调解书、裁定书、裁决书等）及其他证明。被保险人或其允许的合法操作人员根据有关法律法规规定选择自行协商处理交通事故的，被保险人应当提供依照《道路交通事故处理程序规定》签订记录交通事故情况的协议书。

第三十八条　保险人按照本保险合同的约定，认为被保险人索赔所提供的有关证明和资料不完整的，应当及时一次性通知被保险人补充提供。

第三十九条　保险人收到被保险人的索赔请求后，应于十五日内作出核定；情形复杂的，应在三十日内作出核定。保险人应将核定结果通知被保险人；对属于保险责任的，在与被保险人达成赔偿协议后十日内，履行赔偿义务。保险合同对赔偿期限另有约定的，保险人应当按照约定履行赔偿义务。

保险人未及时履行前款规定义务的，除支付赔款外，应当赔偿被保险人因此受到的损失。

第四十条　对于不属于保险责任的，保险人应自作出核定之日起三日内向被保险人发出拒绝赔偿通知书，并说明理由。

第四十一条　保险人自收到索赔请求和有关证明、资料之日起三十日内，对其赔偿金额不能确定的，应当根据已有证明和资料可以确定的数额先予支付；保险人最终确定赔偿金额后不得超过六十天，应当支付相应的差额。

第四十二条　在保险期间内，被保险农业机械转让他人的，受让人承继被保险人的权利和义务。被保险人或受让人应当及时书面通知保险人，未及时通知造成损失的，保险人不负责赔偿。

因被保险农业机械转让导致被保险农业机械危险程度发生显著变化的，保险人自收到前款规定的通知之日起三十日内，可以相应调整保险费或者解除本保险合同。

第四十三条　保险责任开始前，投保人要求解除本保险合同的，应当向保险人支付应缴保险费金额3%的退保手续费，保险人应当退还投保人自交的保险费。保险责任开始后，保险标的未出险的，投保人要求解除本保险合同的，自通知保险人之日起，本保险合同解除。保险人按日收取自保险责任开始之日起至合同解除之日止期间的保险费，并退还投保人自交的剩余部分保险费。保险标的已出险的，保险合同不得解除。保险合同解除涉及保险费财政补贴的，由保险人退还当地财政部门。

第四十四条　保险人受理报案、现场查勘、参与诉讼、进行抗辩、要求被保险人提供证明和资料、向被保险人提供专业建议等行为，均不构成保险人对赔偿责任的承诺。

第四十五条　被保险农业机械发生事故造成人员伤亡，符合道路交通事故社会救助基金使用规定的，保险人协助受害人申请道路交通事故社会救助基金救助。

第四十六条　因履行本保险合同发生的争议，当事人可协商解决，协商不成的，由当事人从下列两种合同争议解决方式中选择一种，并在本保险合同中载明：

（一）提交保险单载明的仲裁委员会仲裁；

（二）依法向人民法院起诉。

释　义

（一）碰撞：指被保险农业机械与外界物体直接接触并发生意外撞击、产生撞击痕迹的现象。包括被保险农业机械按规定载运货物时，所载货物与外界物体的意外撞击。

（二）倾覆：指意外事故导致被保险农业机械翻倒（两轮以上离地、车体触地），处于失去正常状态和行驶能力、不经施救不能恢复行驶的状态。

（三）坠落：指被保险农业机械在行驶中发生意外事故，整车腾空后下落，造成本车损失的情况。非整车腾空，仅由于颠簸造成被保险农业机械损失的，不属坠落责任。

（四）火灾：指被保险农业机械本身以外的火源引起的、在时间或空间上失去控制的燃烧（即有热、有光、有火焰的剧烈的氧化反应）所造成的灾害。

（五）暴风：指风速在28.5米/秒（相当于11级大风）以上的大风。风速以气象部门公布的数据为准。

（六）地陷：指地壳因为自然变异、地层收缩而发生突然塌陷以及海潮、河流、大雨侵蚀时，地下有孔穴、矿穴，以致地面突然塌陷。

（七）次生灾害：地震造成工程结构、设施和自然环境破坏而引发的火灾、爆炸、瘟疫、有毒有害物质污染、海啸、水灾、泥石流、滑坡等灾害。

（八）玻璃单独破碎：指未发生被保险农业机械其他部位的损坏，仅发生被保险农业机械前后风挡玻璃和左右车窗玻璃的损坏。

（九）车轮单独损坏：指未发生被保险农业机械其他部位的损坏，仅发生轮胎、轮辋、轮毂罩的分别单独损坏，或上述三者之中任意二者的共同损坏，或三者的共同损坏。

（十）测试：指对被保险农业机械的性能或技术参数进行测量或试验。

（十一）自燃：指由于被保险农业机械电器、线路、供油系统、供气系统等自身原因或所载货物自身原因引起的燃烧。

（十二）被盗窃、抢劫、抢夺期间：指被保险农业机械被盗窃、抢劫、抢夺过程中及被保险农业机械被盗窃、抢劫、抢夺后至全车被追回。

（十三）交通事故：指农业机械在道路上因过错或者意外，造成人身伤亡或者财产损失的事件。

（十四）农机事故：指农业机械在作业、转移或停放等过程中造成人身伤亡、财产损失的事件。

（十五）上道路行驶的拖拉机：指手扶拖拉机等最高设计行驶速度不超过每小时20公里的轮式拖拉机和最高设计行驶速度不超过每小时40公里、牵引挂车方可从事道路运输的轮式拖拉机。

江苏省农业机械综合保险费率(试行)

序号	农机种类	保险金额/责任限额			保费
		农业机械损失保险	第三者责任保险	操作人员责任保险	
1	大中型拖拉机（额定功率≥14.7千瓦）	5万元	20万元	20万元	500元
2	小型方向盘式拖拉机（额定功率<14.7千瓦）		20万元	20万元	400元
3	手扶式拖拉机		20万元	20万元	400元
4	方向盘自走式联合收割机	5万元	20万元	20万元	500元
5	操纵杆自走式联合收割机	5万元	20万元	20万元	500元

江苏省农业保险工作领导小组办公室

二〇一五年十月二十二日

浙江省农业厅等3部门
关于发布浙江省农业机械产品需求与
科研导向目录（第一批）的公告

第8号

为进一步明确农机科研开发的方向和重点，提高农机科研开发的针对性和有效性，强化农机产品有效供给和超前储备，满足农业领域“机器换人”需求，我省组织专家以应用需求为导向，按填补空白、拓展功能（提升性能）两个层次，编制了《浙江省农业机械产品需求与科研导向目录》，首批提出56个研发产品，其中“填补空白”类29个，“拓展功能（提升性能）”类27个，现予以公布。

浙江省农业厅　浙江省科学技术厅
浙江省经济和信息化委员会
二〇一五年五月十一日

浙江省农业机械产品需求与科研导向目录

第一类：填补空白

序号	应用产业/技术类型	产品分类	机型	用途与功能（略）	技术指标（略）
1	粮油	种植机械	水稻同步施肥精量穴播机		
2		种植机械	杂交稻制种插秧机		
3		收获机械	船式水稻收割机		
4	蔬菜	收获机械	青毛豆采摘机		
5		收获机械	甘蓝类蔬菜收获机		
6		收获机械	榨菜收获机		
7		农产品初加工机械	芦笋分级机		
8	茶叶	收获机械	乘坐式采茶机		
9		农产品初加工机械	茶叶加工在线水分检测装置		
10		农产品初加工机械	鲜叶分级机		
11		农产品初加工机械	茶叶清洗与表面去水机械		
12	果品	其他机械设备	水果轨道式运输设备		
13	畜牧	畜牧养殖机械	无害化处理病死畜禽设备		
14		畜牧养殖机械	饲料秸秆固化成型设备		
15		智能化农业机械设备	畜牧场环境监测系统		
16	水产	水产养殖机械	无损伤池塘捕鱼、装鱼、运输成套设备		
17	竹木	收获机械	毛笋挖掘机械		
18		农产品初加工机械	竹笋自动剥壳机械		
19	花卉苗木	其他设备机械	基质装盆机		

续表

序号	应用产业/技术类型	产品分类	机型	用途与功能(略)	技术指标(略)
20	食用菌	收获机械	食用菌采摘机		
21		其他机械设备	袋栽食用菌自动接种机		
22	蚕桑	检测设备	快速鲜茧检测评茧仪		
23	设施农业	智能化农业机械设备	农村污水处理系统		
24		智能化农业机械设备	作物病虫害预警检测系统		
25	其他特色产业	收获机械	菌草收割机械		
26	通用类	智能化农业机械设备	自动驾驶系统		
27		动力和底盘	南方旱地通用底盘		
28		动力和底盘	通用水田作业底盘		
29		动力和底盘	微型差速底盘		

第二类:拓展功能、提升性能

序号	产品分类	应用产业/技术应用	机械设备	用途与功能(略)	技术指标(略)
1	耕整地机械	通用类	小型耕作机械及配套机具		
2	种植机械	粮油	杂交稻播种流水线		
3		粮油	水稻田间盘育秧播种机		
4		粮油	田间双膜育秧机		
5		粮油	小麦、油菜精量穴播或条播的复式作业机		
6		粮油	移栽机		
7	田间管理机械	通用类	植保施肥作业机		
8	收获机械	粮油	谷物收割机		
9	收获后处理机械	粮油	谷物烘干机		
10		食用菌	食用菌烘干机		
11		蚕桑	小型烘茧机		
12	农产品初加工机械	果品	果品分级机		
13		中药材	中药材初加工设备		
14	畜牧水产养殖机械	畜牧	矮茎牧草收割打捆机		
15		畜牧	自动收集处理畜禽粪便设备		
16		畜牧	畜禽污水处理机械设备		
17		水产	集中供料远程风送投饲系统		
18	能化农业装备	水产	工厂化循环水养殖系统		
19		蚕桑	蚕室控温控湿仪		
20		设施农业	专门化物联网智能控制系统		
21		设施农业	土壤多养分测试分析仪		
22		通用类	农用无人机		

续表

序号	产品分类	应用产业/技术应用	机械设备	用途与功能(略)	技术指标(略)
23	动力和底盘	通用类	高性能发动机		
24		通用类	设施内电动动力及其控制系统		
25		通用类	新型变速器		
26	其他机械	食用菌	食用菌基质装袋机		
27		花卉苗木	苗木挖掘移栽机		

安徽省农业委员会　安徽省财政厅
安徽省农业机械管理局关于印发《统筹项目资金加快推进水稻生产全程机械化实施方案》的通知

皖农机〔2015〕49 号

各有关市、县(市、区)农委、财政局、农机局：

经省政府同意，2015 年在全省水稻主产区开展水稻生产全程机械化创建，现将《关于统筹项目资金加快推进水稻生产全程机械化实施方案》印发给你们，并就做好有关工作提出如下要求：

一、提高认识，加强组织领导。水稻是我省重要粮食作物，提升水稻全程机械化水平，是提高水稻生产能力的重要举措。各地要站在发展粮食生产的大局，充分认识加快水稻生产全程机械化的重要性，成立由政府领导牵头，相关部门参加的领导小组和农机、农艺专家组成的技术指导组，切实加强组织领导和协调指导，加快我省水稻生产全程机械化步伐。

二、密切配合，形成工作合力。财政部门要加强资金整合，加大资金使用监督和管理力度；农业、农机部门要加强农机农艺融合，坚持分工不分家，力求做到示范区同建、培训班同办、检查验收同步、示范点与绿色增产模式攻关点相衔接。协调水利、国土等部门完善农田水利基础设施建设，为农机作业创造条件。各部门要在当地政府的统一领导下，围绕水稻生产全程机械化目标，各司其职，同向用力，形成工作合力，加大推进力度。

三、集成技术，提高应用水平。各地要根据《水稻生产全程机械化技术指南》，结合自然条件、农民种植习惯和农业生产需要，制定、发布符合当地实际，农机农艺融合的水稻生产全程机械化作业路线和技术规程，充分发挥农业机械节本增效和集成技术的优势，实现绿色增产。要加大宣传培训和技术指导，提高农机作业质量和农业技术应用水平。

四、突出重点，确保取得实效。当前水稻生产全程机械化以机械化栽植和秸秆还田为重点。要优化育秧工厂布局，切实提高育秧能力，推进育秧工厂化、供秧商品化；中央购机补贴资金对插秧机、秸秆还田机具实行优先补贴、敞开补贴，加大地方奖补力度，调动农民购机积极性，快速增加农机装备；实施机插秧、秸秆还田农机作业补贴，培育扶持农业生产经营主体，多措并举，统筹推进，确保各项措施落实，务求取得实效。

五、编制规划，有序推进。各县(市、区)要依据水稻生产全程机械化总体目标，结合当地实际，编制水稻生产全程机械化三年规划(2015—2017)和分年度实施方案，于 2015 年 4 月 25 日前，由农委、财政、农机联合行文，分别报送省农委、省财政厅、省农机局。

安徽省农业委员会　安徽省财政厅

安徽省农业机械管理局

二〇一五年四月十三日

统筹项目资金加快推进水稻生产全程机械化实施方案

水稻是我省主要粮食作物之一，常年种植面积在 3 300 万亩左右。发展水稻生产全程机械化，对于增强我省农业综合生产能力、构建新型农业经营体系、推进农业现代化、实现粮食绿色增产、增加农民收入具有十分重要的意义。根据全国农业工作会议关于开展主要农作物全程机械化推进行动的要求，在 2014 年业已部署重点推进水稻工厂化育秧和机插秧推广的基础上，现就发展水稻生产全程机械化提出如下实施方案。

一、实施背景

2014 年，我省水稻生产综合机械化水平为 77%，低于小麦、玉米等主要粮食作物，而且区域间和环节间不平衡。从区域来看，江淮之间水稻生产机械化水平相对较高，皖南丘陵和山区水稻生产机械化水平较低；从环节来看，耕整地和收获环节机械化水平较高，育插秧和干燥环节机械化水平较低，尤其水稻栽插机械化发展滞后，是水稻生产全程机械化的薄弱环节。

(一)机械化育插秧是推进水稻全程机械化的主要路径。水稻机插秧节约成本，提质增效，育秧是重点和难点。机插秧水稻育秧的特点是播种密度大，标准化要求高，对播种的均匀度、温度和湿度控制以及秧龄都有严格的要求，农户分散育秧的秧苗素质难以适应机插秧的要求。但标准化育秧工厂投入不足，水稻插秧机数量少(全省保有量只有2.3万台)，影响水稻育插秧机械化技术的快速推广。

(二)秸秆还田对水稻机械化生产提出新要求。出于大气污染防治和改良土壤、增加地力等考虑，我省对农作物秸秆实行全面禁烧，推进综合利用取得一定成效。实践表明农作物秸秆综合利用主要途径是秸秆机械化还田。我省秸秆综合利用起步较晚，适宜水稻秸秆粉碎、还田、打捆等综合利用的机械配备不足，都给水稻秸秆还田带来了较大难度。

(三)水稻全程机械化是粮食绿色增产模式攻关的主要手段。水稻连年增产，资源过度消耗，环境承载能力不断加大，拼资源、拼生态环境的传统发展方式难以为继，必须走资源节约、生态友好的农业可持续发展之路。推广水稻生产全程机械化，可以减少种子用量，有效控肥、控药、控水，是实现水稻绿色增产的主要方法。

(四)农田基础设施薄弱是水稻全程机械化的重要制约因素。农田基础设施不完善是机插秧的一大硬性制约。在我省水稻生产的大部分区域，农田基础设施差，尤其是江淮丘陵和沿江地区，田块小而分散、水利条件差、机耕路不配套，适宜全程机械化生产的面积不到种植面积的一半。

二、目标任务

(一)总体思路。按照“因地制宜、经济有效、分类指导、突出重点、分步实施”的原则，坚持生产生态并重，行政科研推广联动，以提高水稻综合生产能力和增加种粮农民收入为核心，以水稻优势产区为重点，以种植和秸秆还田两个薄弱环节为着力点，全力主攻水稻育插秧机械化技术，加速推进水稻秸秆综合利用，大力提升水稻生产全程机械化水平，探索水稻绿色增产模式。

(二)发展目标。第一期到2017年，全省水稻生产综合机械化率超过85%，部分地区率先实现全程机械化，其中机械化栽植水平达到60%，水稻机插秧作业水平达到55%以上，水稻植保、秸秆还田和烘干机械化取得明显进展。第二期到2020年，全省水稻耕种收综合机械化水平超过90%，全省水稻生产基本实现全程机械化，其中机械化栽植水平达到80%以上，水稻机插秧作业水平达到75%。

(三)技术路线。水田耕整地以大中型拖拉机配套旋耕机或秸秆还田机具进行整地，要求做到“平整、洁净、细碎、沉实”，推广高性能水田平整地机械；水稻机械化栽植以工厂化育秧和水稻机插秧技术为主，重点推广育秧流水线和高性能插秧机；机械化植保提倡高效、低毒和精准施药，加强水稻病虫草害统防统治工作，不断扩大统防统治实施面积，主推机具以喷杆式、担架式、车载式植保机械为主；机械化收获选用带茎秆切碎和抛洒装置的机械，便于秸秆还田和埋茬，以推广高性能联合收割机为主，提高收获质量，减少损失率；水稻秸秆机械化还田主推技术以秸秆切碎均匀抛洒后深旋耕两遍灭茬秸秆还田作业为主，机具以大型机械配套旋耕机、反转灭茬机、深耕犁、旋耕播种施肥镇压复式作业相关机械为主；机械化烘干以低温循环谷物烘干机推广为主。

三、工作措施

(一)加强农田基础设施建设。大力整合高标准农田建设、土地复垦、土地治理等项目，以县为单位，统一规划，集中资源，连片治理，分年实施，不断改善农田基础设施。要加强稻田整体规划和流域综合治理，扩大有效灌溉面积，提高沿江圩区防涝除涝能力，建成能够满足机械化生产需要的高标准农田。将农田道路建设纳入基本建设规划，大力加强农田机耕道路建设，满足农机通行条件。

(二)全面提升水稻生产农机装备水平。将育秧流水线及配套设施设备、水稻插秧机、水稻秸秆还田机械、大型先进植保机械作为推广重点，全面提升水稻生产机械化水平。水稻重点产区每万亩保有高速插秧机1 520台，各类机械化植保和机械烘干设备合理配置。

(三)提升机手技能水平。要结合新型职业农民培育等项目，整合农机教育培训资源，面向广大农机手开展多层级、多形式的水稻生产机械化技术培训，指导到户、培训到人、服务到田，造就一批既懂农艺技术、又懂机械操作的农机作业能手。有条件的地方，要建立水稻生产机械化的培训实践中心和基地，开展专业化的技术培训，开展技能竞赛和劳动竞赛，重点提高水稻育插秧机械化技术的到位率。

(四)培育新型经营服务主体。大力培育扶持家庭农场、种粮大户、机插秧合作社、农机合作社等各类新型生产经营主体和社会化服务组织，重点扶持示范服务组织和农业产业化联合体内的服务组织，鼓励机械、技术、资本和服务的联合，以市场为导向，服务为手段，不断创新服务模式和机制。鼓励开展跨区作业、订单作业、承包作业，不断提高水稻机械的使用效率和经营效益。积极开展水稻机耕、机插、植保、机收、烘干、精米加工等农机“一条龙”服务，大力推进农机服务社会化、专业化、标准化和规模化，以农机服务产业化推进水稻生产全程机械化。

四、编制规划

按照统一规划、分步实施的原则，从2015年起开展水稻生产全程机械化先行县和示范县创建活动，第一期在全省水稻主产区通过竞争立项方式，选择积极性较高、基础设施和机械化水平较好、农机装备较充足的10个县(市、区)，开展水稻生产全程机械化先行县创建，力争率先实现适宜地区水稻生产全程机械化；兼顾地区平衡，按照申报情况，择优选择种植面积较大、适宜水稻生产全程机械化的20个县(市、区)，开展水稻生产全程机械化示范县创建。

先行县和示范县采取竞争性申报，择优选择，并实行动态管理。有意申办的县(市、区)，要围绕省里确定的发展思路、目标任务、技术路线等，结合本地水稻生产实际，编制水稻生产全程机械化三年发展规划和分年度实施方案，内容包括发展现状、实施目标、具体举措、资金筹措方案、保障措施等。其中，工厂化育秧和机插秧推广以省农委、省财政厅和省农机局《关于印发加快水稻工厂化育秧和机插秧技术推广应用实施方案的通知》(皖农农〔2014〕199号)为编制实施依据，其他机械化环节以本实施方案为依据。省里组织专家对各地报来的规划和实施方案进行评审，或组织公开答辩，择优选择先行县和示范县。

五、资金保障

资金筹措坚持"三级共同投入、省级加大补助、县级统筹安排"的原则，省市县三级财政都要加大对水稻生产全程机械化的投入力度，省级从现有专项资金中，加大对水稻主产县的倾斜力度，专项支持水稻机械化生产。县级在加大投入的同时，发挥资金整合主体作用，大力整合各级财政安排的农业综合开发、高标准农田建设、小农水重点县等相关项目资金，切实加强农田基础设施条件建设，并将省级倾斜安排的资金，根据规划，统筹用于水稻生产全程机械化。

省级将重点倾斜的专项资金有：

（一）农机购置补贴资金。水稻全程机械化生产所需的机械，符合条件的，全部纳入农机推广目录，列入农机购置补贴范围，鼓励各地对水稻生产机械在中央财政补贴基础上，给予奖补，加快推广农机具配备与使用。在安排购机补贴资金时，将水稻生产全程机械化作为重要权重列入因素法测算，先行县和示范县原则上在2014年资金实际使用量基础上增加20%，增加部分主要用于对水稻栽植机械实行普惠制补贴。

（二）现代农业生产发展资金。2015年将水稻作为现代农业生产发展资金扶持的主导产业，扶持资金额度原则上不低于中央财政资金总量的50%，10个先行县，每县安排项目资金不少于800万元，20个示范县申报实施水稻产业的优先予以支持。现代农业生产发展水稻产业资金中，70%用于水稻生产全程社会化服务，重点推广水稻工厂化育秧、机插秧、植保、收获、秸秆还田、烘干技术推广，扶持农机服务组织等；30%用于农田基础设施建设，重点支持农田机耕道路、桥涵闸等灌溉设施，确保项目区内农田达到机械化生产的条件。

（三）粮食发展专项资金和高产创建资金。省财政粮食生产发展专项资金向先行县和示范县倾斜，县级要优先将省里安排的资金用于支持水稻工厂化育秧、机械化统防统治等农机农艺一体化技术推广。水稻高产创建和增产模式攻关试点县，要将示范片向基础条件较好的区域布局，以机械化为载体，对关键技术环节和专业化服务进行补助，促进农机农艺融合，推广高产高效技术模式。

（四）农机化发展资金及新型职业农民培育资金。农机化产业发展专项资金，要把推进水稻生产全程机械化作为重点，支持水稻机械化插秧、秸秆机械化还田等关键技术示范推广和农机服务组织建设。要将水稻机械化生产技术作为重要内容纳入新型职业农民培育计划，优先安排新型职业农民培育资金。暂时无法列入新型职业农民培育计划的，从农机化专项资金中切块安排资金用于机手、大户、统防统治队伍等机械化生产技术培训。

六、责任分工

（一）省级层面。为统筹推进水稻生产全程机械化工作，建立全省水稻生产全程机械化实施工作联席会议，省农委、省财政厅、省水利厅、省农机局、省农科院、安徽农业大学等部门为成员单位，负责组织协调、决策指挥、指导服务和成效宣传等工作。其中，工厂化育秧和机械化统防统治由省农委牵头组织实施，其他环节机械化由省农机局牵头组织实施。成立全省水稻生产全程机械化实施专家指导组，以省水稻产业技术体系为依托，以首席专家为核心，以岗位专家和综合试验站为基础，组织科研、教学、推广等部门的专家，开展巡回指导、咨询服务和技术培训，制定并落实技术方案，解决生产上存在的技术薄弱环节和问题。

（二）县级层面。各项目县（市、区）要成立专门实施小组，政府分管领导要亲自抓、负总责，按照职责分工，明确牵头部门和责任单位，协调各方力量，强化协作配合，层层落实目标任务，保证政策和措施到位，确保水稻生产全程机械化顺利实施。省联席会议将对各地工作开展情况、实施情况进行综合评估，及时通报评估结果，作为考核评优和下年度资金安排的重要依据。

附件：1. 水稻生产全程机械化资金项目统筹整合安排指南（略）

2. 水稻生产全程机械化技术指南（略）

福建省农业厅　福建省财政厅关于对部分特色农业机械实行补贴的通知

闽农计〔2015〕171号

各市、县（区）农机管理局（站）、财政局，福州市农业局，平潭综合实验区经济发展局、财政金融局：

为推进我省特色现代农业发展，根据《省政府办公厅关于支持三明市建设"中国稻种基地"六条措施的通知》（闽政办〔2015〕95号）精神和《省农业厅省财政厅关于印发2015—2017年福建省农业机械购置补贴实施意见的通知》（闽农计〔2015〕68号）的有关要求，经研究，决定对部分适合我省丘陵山区及优势特色经济作物、中央补贴机具种类范围外的农业机械实行农机购置补贴。

一、省级农机购置补贴资金补贴范围

割灌机、油锯、挖坑机、山地果茶园轨道搬运机、山地田园作业（管理）机、乌龙茶做青机、食用菌生产机械（翻堆机、装袋机、混合机）、种子清选机、电烤笋烘干机、种子烘干机、农用航空器等11个品目产品列入补贴范围（11个品目补贴额一览表见附件）。

二、省级补贴产品补贴原则

（一）近年来享受过中央资金补贴但2015年中央方案中未补的品目，为保证政策的延续性，原则上参照2014年分类分档标准及补贴额执行；上述品目产品均应取得部级或省级有效鉴定推广证书方可享受补贴。

（二）近年来未享受过中央资金补贴且未经鉴定的产品，应按市场化改革的原则，产品的准入应取得法律授权的第三方质量认可。

三、上述11个品目机具，凡在2015年1月1日之后（以开具的购机发票日期为准）购买的，均可按照《2015—2017年福建省农业机械购置补贴实施意见》有关规定办理补贴申请。《福建省农业厅福建省财政厅关于印发 2014 年福建省农业机械购置补贴实施方案的通知》(闽农计〔2014〕101 号)已将农用航空器列入补贴机具种类范围,符合条件的购机者(2014 年被评定为部、省级农机专业合作社示范社、列入省农业厅农民合作社规范社名录的农机、植保专业合作社)可凭 2014 年度购机发票,按照 2014 年补贴标准给予补贴。

四、申请农用航空器补贴的,应另持农业部门提供的未享受过购机项目补助的证明材料和农用航空器生产企业提供的农用航空器操控人员培训证明。

五、省级财政补贴范围将根据市场需求适时进行调整。

附件:省级农机购置补贴机具补贴额一览表(略)

福建省农业厅　福建省财政厅

二〇一五年八月五日

江西省农业厅　江西省商务厅
关于简化参与农机报废更新补贴工作回收企业认定程序的通知

赣农办字〔2015〕50 号

各市、县(区)农业(农机)局、商务主管部门:

《江西省 2015 年农机报废更新补贴试点工作实施方案》(赣农计字〔2015〕23 号)下发后,各县级农机、商务主管部门正在积极按要求初审报废农机回收企业。按《方案》要求,申报回收单位经各县级农机、商务主管部门初审后,对符合条件的报废农机回收企业,要上报设区市农机、商务主管部门复审,并公示 5 天。由于各设区市农机报废工作管理体制不同,职能交叉,导致认定工作进展缓慢,影响了农机报废更新补贴工作的推进。

为进一步简化程序,提高效率,更好的落实国家支农惠农政策,推进我省农机报废更新补贴工作,经研究,决定对参与农机报废更新补贴工作回收企业的认定程序予以简化:由县级农机、商务主管部门共同对申请单位申报的材料进行审核,并现场核查,对符合要求的申请单位,在公示 5 天无异议后,由县级农机、商务主管部门予以认定并颁发《江西省参与农机报废更新补贴工作回收企业认定书》,并及时抄送设区市和省级农机、商务主管部门。

江西省农业厅办公室　江西省商务厅办公室

二〇一五年五月二十五日

山东省农业机械管理局　山东省财政厅关于申报 2015 年
山东省农机装备研发创新计划攻关项目的通知

鲁农机计字〔2015〕24 号

各市农机局、财政局,各有关农机科研院所、高等学校、农机生产企业:

为进一步提高我省农机装备技术水平,引领推动我省农机化发展转型升级,着力加快全省农业机械化、农业现代化发展步伐,省财政厅、省农机局研究确定组织实施粮食生产重点机具装备技术攻关。现将有关事项通知如下:

一、总体目标

瞄准国内领先、国际先进,着眼粮食生产全程机械化,以创新创造为引领,以适应农业规模化生产、有效提高粮食综合生产能力为目标,以粮食生产重点机械装备技术为主攻方向,整合利用省内外农机研发资源,集中力量,着力在粮食生产前沿机械装备技术上取得新突破,在关键机械装备技术上取得新提升,巩固发展我省农机工业国内领先地位,推动我省农机装备技术迈上新水平,为加速我省农业现代化步伐,打造山东农业农村发展升级版,提供更为有力的装备和技术支撑。

二、攻关重点

(一)高端动力装备。以智能操作、节能高效为主攻方向,进行高端动力换挡拖拉机研发。技术要求:配套功率 200 马力以上,最高行驶速度 50 公里/小时以上,配置 CANBUS 总线系统,力位调节电控提升器、动力系统、传动系统、控制系统等关键零部件达到国内领先国际先进水平。

(二)小麦高效播种机械。围绕提高小麦播种质量和规范化种植水平,以免耕播种、节种节肥、智能高效为主攻方向,满足现代农业规模化生产发展需要,研发小麦智能气力式高速条播机与深松免耕宽苗带精播机。技术要求:配套动力 100 马力以上,作业行数 12 行,断条检测响应时间不大于 2 秒,报警准确率大于 90%。达到播深一致、种肥分施、同步镇压、智能监测、电子导航、高产高效的目标。条播机作业速度 8 公里/小时以上;免耕播种机能有效处理作物秸秆,实现秸秆覆盖免耕宽苗带播种,深松深度大于 25 厘米。

(三)智能高效植保机械。按照精准、高效、环保、智能要求实现精准施药,减少农药用量,降低农业污染,用于规模化生产植保、化控、喷施除草剂等作业。一是多旋翼自动飞控植保无人机。农药有效载重量 15 千克以上,飞行时间 25 分钟以上,飞行速度1～8米/秒。可实现半自控和全自控飞行模式，且两种模式可随时切换；在全自控模式下可依据作业范围规划路径，实施自动喷药作业；具备地形实时监测、障碍自动避让等功能。二是大型智能高效喷杆喷雾机。配套动力大于120马力，最大离地间隙大于2.2米，药箱容量大于2 200升，喷幅大于24米，喷杆调节高度0.8～3.2米，配有风幕系统，配置静液压底盘，具备防滑、轮距无级可调、自动变量控制、喷杆自动平衡等功能，驾驶室可升降。

（四）高效智能收获机械。适应现代农业生产方式，研发智能高效小麦、玉米、马铃薯联合收获机械，进一步减少生产环节，降低收获损失，提高收获效率，全面提升粮食收获现代化水平。一是高效智能小麦联合收获机。采用静液压四驱底盘技术、单纵轴流脱粒分离技术、清选损失实时监测报警技术、割台高度自动检测控制技术、作业负荷自动控制技术、导航及远程故障诊断技术、人机工程优化技术，实现低损失、高效率收获，喂入量10千克/秒以上。二是玉米籽粒秸秆收获机。实现玉米籽粒直收、智能监测、秸秆收集打捆、留茬切碎；作业行数4行以上。三是马铃薯收获机。实现马铃薯的一次性挖掘、薯土分离、集中收集等作业，液力传动，智能监控，一次收获两垄，作业效率达到5亩/小时以上。

以上重点共设7个项目：

1.高端动力换挡拖拉机研发；

2.小麦智能气力式高速条播机与深松免耕宽苗带精播机研发；

3.多旋翼自动飞控植保无人机研发；

4.大型智能高效喷杆喷雾机研发；

5.高效智能小麦联合收获机研发；

6.玉米籽粒秸秆收获机研发；

7.马铃薯收获机研发。

三、申报要求

（一）申报条件

申报单位须为省内综合实力雄厚、研发能力强、具备一定基础的农机科研院所、高等学校、农机生产企业，每个单位限申报1项。项目完成时限为1～2年。

（二）申报材料

1.申报材料主要包括《项目申报单位与项目建设情况概述表》（附件1）、《山东省农机装备研发创新计划项目申报（合同）书》（附件2）和其他相关材料。

2.申请材料的纸质文件采用A4纸打印，并按正式出版书籍样式装订。申报材料的装订顺序是：封面、目录、概述、申报书。

3.纸质申请材料一式10份。

（三）申报程序

各农机生产企业申报项目须经所在市、县（市、区）财政、农机部门推荐；省直单位申报项目，由其主管部门推荐；驻鲁部属或省属高校、科研单位申报项目，由本单位科技管理部门推荐。

（四）申报时间

申报截止日期10月19日，逾期不予受理。

（五）联系方式省农机局科技质量处：赵海　侯献伟

电话：0531－83199630，0531－83192017

邮箱：kjcsdnj@163.com

材料报送地址：省农机局科技质量处（济南市解放路15号）

附件：1.项目申报单位与项目建设情况概述表（略）

2.山东省农机化装备研发创新项目申报（合同）书（略）

山东省农业机械管理局　山东省财政厅

二〇一五年十月十三日

湖南省农业委员会　湖南省财政厅关于印发《2015年湖南省现代农机合作社建设项目实施方案》的通知

湘农联〔2015〕113号

各市州、县市区农机局、财政局：

为加快我省农业现代化进程，2014年省政府印发了《关于实施两个“百千万”工程加快现代农业建设的意见》（湘政发〔2014〕5号），提出建设1 000个为水稻生产提供全程服务的现代农机合作社。为强化政策落实，我们制定了《2015年湖南省现代农机合作社建设项目实施方案》，现印发给你们，请遵照执行。

湖南省农业委员会　湖南省财政厅

二〇一五年六月八日

2015年湖南省现代农机合作社建设项目实施方案

根据《湖南省人民政府关于实施两个“百千万”工程加快现代农业建设的意见》（湘政发〔2014〕5号）精神，制定2015年湖南省现代农机合作社建设项目实施方案。

一、扶持原则

（一）依法组建原则。扶持建设的农机合作社，必须是严格按照《农民专业合作社法》组建，依法注册并按相关法规严格管理的农机合作社；

（二）自主自愿原则。扶持建设的现代农机合作社，由农户自愿组建，自愿由县向省申请扶持资金；

（三）“小（型）、精（良）、坚（固）”原则。扶持建设的现代农机合作社，应高标准配备符合现代农业发展要求、质量优良、性能可靠的现代农机装备。

二、建设内容及补助标准

按照水稻生产全程机械化要求，主要装备水稻生产机耕、机插、机收、机械植保、机械转运、机械烘干、机械化加工等环节的农业机械及设施，新购农机装备总额不低于100万元。中央财政农机购置补贴按现行政策予以补贴，省市县财政按照以奖代投方式进行补助，其中省财政补助15万元，市州、县市区财政补助15万元，其余部分由合作社自筹。

三、申报条件

申请财政扶持建设的现代农机合作社应当符合以下条件：

(一)已经工商注册登记；

(二)按水稻生产全程机械化要求新购置100万元以上的农机具，所购机具应为农机购置补贴范围产品；

(三)入社户数不少于5户，其中80%以上为当地农户；

(四)经营土地规模在500亩以上，其中集中连片经营300亩以上。扶贫开发工作重点县条件可放400亩以上，其中集中连片200亩以上(扶贫开发工作重点县名单附后)；

(五)有固定的经营场所，有800米^{2}以上农机停放场地，扶贫开发工作重点县可放宽至500米^{2}以上。已有机库棚和配套设施者优先。

四、申报及资金拨付程序

(一)农机合作社自主采购农机，按农机购置补贴要求办理购机补贴手续。

(二)达到申报条件的农机合作社填写《湖南省现代农机合作社建设项目申报书》，由当地村委会和乡镇政府签署意见后，向县市区农机局申报。申报时须提交合作社营业执照，组织机构代码证，法人身份证明，入社成员名单，土地入社、托管或租赁协议及明细表，经营场所土地使用证和佐证图片等。2014年已获扶持的农机合作社不得再次申报。

(三)县市区农机局会同财政局实地调查核实申报者资质条件，按项目建设内容要求核实合作社购机情况，公示15天，合格的经县市区政府主管领导同意后，由县市区农机局和财政局联合行文上报市州农机局、财政局，上报时须提交从农机购置补贴系统中调出并打印的每个合作社的购机明细，并加盖公章，对其真实性负责。

(四)市州农机局会同财政局审核县市区申报材料，合格的以市州农机局和财政局联合行文于9月1日前上报省农业委员会、省财政厅、省农机局。

(五)省农业委员会、省财政厅与省农机局共同审定财政扶持建设的现代农机合作社名单，公示15天。

(六)公示无异议后，市县财政部门在七个工作日内拨付市县财政扶持资金，并将资金到位凭据复印件报省财政厅。

(七)省财政厅审核后将省级财政补贴资金拨付到有关市州及省直管县市区。

(八)市州财政部门收到省级补助资金后，七个工作日内将资金拨付到有关县市区，县市区在收到资金后七个工作日内将资金拨付到农机合作社；省直管县财政部门在收到省级补助资金后，七个工作日内将资金拨付到农机合作社。

(九)每县原则上扶持对象不超过10个，产粮大县原则上不超过15个(产粮大县名单附后)，水田面积小于10万亩的城郊区原则上不超过5个。

五、保障措施

(一)加强指导服务。本方案在网上公开发布，各地可在网上直接下载申报表格。各级农机、财政部门要积极向农民群众作好宣传，鼓励符合条件的农机合作社申报，并配套安排好相关补助资金。要加强对现代农机合作社的指导服务，帮助完善相关制度和运作机制，健全民主管理、集体决议机制和利益同事、风险共担机制，激励合作社向设施完备、功能齐全、特色明显、效益良好的方向发展。

(二)开展人员培训。各级农机部门要加强对农机合作社领头人和农机从业人员的系统培训，农机教育培训、新型职业农民技能培训向农机合作社倾斜，培养一批懂经营善管理的经营管理人员和技术过硬的驾驶操作及维修人员，助推农机合作社发展壮大。

(三)落实相关责任。省负责制定全省合作社建设实施方案，审定扶持对象，落实省级扶持资金，组织检查指导和验收；市州负责辖区内申报合作社复审和合作社建设的组织、管理和监督工作，落实市州扶持资金；县市区负责合作社申报、农机装备验收、体制机制建设及对合作社的经常性管理服务工作，落实县级扶持资金。

各地要严格按照规定程序操作，严禁弄虚作假。如发现违规操作，将全额追回财政补贴资金，并由当地政府和司法机关追究相关人员的行政和法律责任。

附件：1.湖南省现代农机合作社建设项目申报书(略)

2.产粮大县、扶贫开发工作重点县名单(略)

广西壮族自治区人民政府办公厅关于加快推进我区水稻生产全程机械化的意见

桂政办发〔2015〕97号

各市、县人民政府，自治区人民政府各组成部门、各直属机构：

为加快转变我区水稻生产方式，发挥农业机械化在提升水稻综合生产能力、保障粮食安全的作用，促进我区粮食产业持续稳定发展和农民增收，经自治区人民政府同意，现提出以下意见。

一、目的意义

水稻是我区第一大粮食作物，常年播种面积在3 100万亩左右、总产量约1 200万吨，在全国30个水稻生产省区中分别排列第7位和第8位。但是我区水稻生产面临着机械化水平偏低的突出问题。从作业水平上看，2014年我区水稻耕种收综合机械化水平只有67.32%,低于全国平均水平6.51个百分点。从生产环节上看,2014年我区水稻耕整地、收获机械化水平分别为95.05%、77.24%,只接近全国平均水平,而机械化插秧水平仅为20.44%,低于全国平均水平17.56个百分点。此外,我区水稻机械化烘干工作才刚刚起步。因此,水稻生产机械化水平不高已成为制约我区水稻稳产增产进而影响全区粮食安全的重要因素,亟须进一步转变我区水稻生产方式,加快推进水稻生产全程机械化,提高我区水稻综合生产能力和竞争力。

二、总体要求

(一)指导思想。贯彻落实《国务院办公厅关于加快转变农业发展方式的意见》(国办发〔2015〕59号)以及《农业部关于开展主要农作物生产全程机械化推进行动的意见》(农机发〔2015〕1号)精神,以提高劳动生产率、土地产出率和资源利用率为目标,以水稻主产县(指粮源基地县,下同)为重点,以水稻机械化育插秧为着力点,优化农机装备结构,加快技术转化升级,促进农机农艺融合,加快推进水稻生产全程机械化,提升水稻生产综合机械化水平,增强水稻生产综合能力,确保我区粮食安全。

(二)基本原则。坚持行政推动,加强政府扶持和政策引导,提高公共服务和保障能力。坚持改革创新,优化装备结构,提升作业水平。坚持农机农艺融合,建立良种良法相配套、农机农艺相融合的工作机制和技术路线。坚持示范带动,加快先进适用农机化技术应用。坚持重点突破,全力攻克水稻育插秧、烘干、病虫防治等薄弱环节,着眼生产全程,加快推进水稻生产全程机械化。

(三)主要目标。到2020年,全区水稻生产的耕、种、管、收、烘干等机械化作业完成升级换代,形成水稻稳产高产机械化生产模式,水稻耕种收综合机械化水平达到80%以上,其中水稻耕整田机械化水平95%以上、水稻栽植环节机械化水平达到50%以上、水稻收获机械化水平达到85%以上、水稻植保机械化取得明显进展。

三、重点任务

(一)提高水稻育秧、插秧、烘干、病虫防治等薄弱环节机械化水平。主攻水稻标准化育秧和机插秧,重点推广应用水稻播种成套设备、规模化育秧模式,推进标准化育秧工厂、育秧中心建设,实现手工育秧向机械化育秧、一家一户育秧向商品化集中供秧转变。大力推广水稻机械化插秧技术,扩大机械化插秧应用面积。扶持建设稻谷烘干中心,推广应用烘干成套设备和技术,提高稻谷干燥处理能力和机械化水平。加大水稻生产新型经营主体和社会化服务组织建设力度,积极推进水稻订单机耕、订单育秧、订单机插、订单机收、订单烘干、专业化统防统治和跨区作业等社会化服务模式,探索水稻生产规模化、专业化、标准化、市场化、全程机械化发展道路。

(二)加强水稻生产机械装备建设。按照技术先进、科学适用、安全可靠、节能环保的原则,稳定增加水稻生产现代农机装备总量。50个水稻主产县重点发展大功率、高性能、复式作业、航空作业等机械。非水稻主产县重点发展技术含量高、适应性强、多功能作业、中等功率机械。丘陵山区县重点发展轻便、耐用、低耗的中小型作业机械。全区水稻生产形成作物、机械和种植模式相互适应的装备结构、产业结构和服务结构,提高水稻生产全程机械化技术集成和装备配套水平,促进机械化与信息化融合。

(三)强化水稻生产全程机械化技术服务。自治区成立水稻生产全程机械化技术专家组,负责全区水稻生产全程机械化技术指导工作;市、县(市、区,以下统称县)相应成立由农机、农业等部门技术骨干组成的水稻生产全程机械化技术指导组,充分发挥科技支撑和技术人员咨询、指导、培训作用。围绕良种良法配套、农机农艺融合,制定技术方案,开展技术服务。加强水稻机械化育插秧、收获、烘干、病虫防治等主推技术和关键技术的培训,以种粮大户、专业合作社、家庭农场、社会化服务组织为重点,着力培养机械化育插秧作业能手和插秧机、植保机械、联合收获机等驾驶、操作、维修能手,提升农机手操作技能。明确乡镇负责农机推广工作的机构,在“十三五”期间解决乡镇农机推广办公业务用房建设问题,增加工作经费,加强人员队伍建设,改善工作条件,配备摩托车等农机推广下村交通工具,提高农机推广人员的工作效率和积极性。扶持和培育从事水稻生产的农机专业合作社、农机大户、家庭农场和专业化社会化服务组织,提高水稻生产组织化和社会化服务水平。

(四)大力推广应用减灾避灾机具与技术措施。立足于防灾抗灾夺丰收目标,农业、农机、气象等部门联合建立和完善灾害监测预警机制,为水稻生产及时提供预防旱涝自然灾害、病虫害综合防治等减灾避灾信息。依托水稻生产新型经营主体和社会化服务组织,组建农机应急作业队伍,引导开展跨区播种、跨区收获等农机作业。推广应用大型、高效植保机械,开展水稻病虫害机械化统防统治。推广应用排涝设备、节水灌溉和小型抗旱设备,增强抗旱排涝能力。推广应用先进适用的烘干设备、烘干技术和加工储藏技术,加快建立水稻机械化烘干中心和稻谷加工及储藏中心,提高水稻干燥处理、加工储藏机械化水平,减少水稻收获后不必要的损失。

四、主要措施

(一)支持建设水稻工厂化育秧中心、集中育秧中心。各级财政加大资金整合力度,统筹相关涉农资金,重点支持建设水稻工厂化育秧中心、集中育秧中心,重点组织实施水稻育插秧“百千万”工程,有效突破水稻机械化育秧、插秧、烘干薄弱环节。通过支持融资租赁、提供融资担保、先建后补、以奖代补、政府购买服务等方式,重点支持水稻生产新型经营主体建设一百个配套有稻谷烘干设备的大型工厂化育秧中心和一千个中型育秧中心,引导带动社会资本投入发展一万个小型育秧中心,充分发挥财政资金的引导和放大效应,形成大、中、小型工厂化集中育秧中心共同发展和水稻生产全程机械化水平稳步提高的良好局面。同时,扶持建设两百个现代农机合作组织,逐步形成“育秧中心为龙头,现代农机合作组织为载体,规模种植大户为骨干,水稻种植户共同参与”的水稻机械化育插秧推广模式。扶持研发水稻工厂化集中育秧基质,着力解决育秧基质难题,节约育秧成本,提高秧苗质量。

(二)支持创建全区水稻生产全程机械化示范县。大力推进广西粮食产业提升行动,支持创建全区水稻生产全程机械化示范县。自治区、市、县财政加大投入力度,重点发挥财政部门整合涉农资金的主体作用,大力整合农业综合开发、高标准农田建设、农田水利建设、农网改造升级等相关项目资金,统筹用于推进水稻生产全程机械化。倾斜支持50个水稻主产县建设水稻生产全程机械化示范基地,每个县至少建立1个2 000亩以上相对连片的示范基地;鼓励支持有条件的县整村、整镇、整县推进水稻生产全程机械化;鼓励支持市、县创建水稻生产全程机械化示范区。重点支持创建全国和全区水稻生产全程机械化示范县,力争在示范县率先实现水稻生产耕、种、管、收、烘干全程机械化,为全区农业机械化发展树立典型。评审确定为全国和自治区级水稻生产全程机械化示范县的,优先安排承担国家及自治区的农业社会化服务整县推进项目、水稻生产全程机械化示范推广项目、扶持现代农机合作组织发展项目等重大项目。

(三)进一步落实各类扶持政策。进一步落实农机购置补贴、农机作业补贴、农业技术示范推广项目、财政贷款贴息等扶持政策,扶持水稻工厂化育秧中心建设发展,加快推进水稻生产全程机械化。加大对水稻生产机械的补贴资金投入,购机补贴资金向水稻生产的关键环节和薄弱环节倾斜,对购买水稻插秧机、联合收割机、高效植保机械、秸秆粉碎还田机、烘干机械等,实行优先保证补贴。按照"先试点、后推广"原则,逐步实施水稻生产机械化育秧、插秧、烘干等关键薄弱环节的作业补贴和报废农机补贴政策。采取政府购买服务等方式,鼓励和引导社会力量参与水稻生产全程机械化。进一步协调落实联合收割机、插秧机运输车辆免道路通行费的政策,推动水稻生产机械跨区域开展社会化作业服务。

(四)改善水稻生产基础设施条件。加快推进以适应机械化作业为目标的农田水利基础设施建设和高标准农田建设,国土资源和移民部门在土地整治、水利部门在农田水利建设、财政部门在农业综合开发、电力部门在农网改造升级等项目规划建设中,要重点推进农田"小块并大块",配套建设机耕道路和机械下田作业道口,保证设施建设不影响机械作业,确保农田提水灌溉所需电力,为水稻生产全程机械化创造条件。各级人民政府要将农村机耕道路、农机场库棚、水稻工厂化育秧中心和烘干中心等纳入农业农村基础设施建设规划和农用设施用地范围,在建设用地、资金投入等方面给予大力支持。

(五)强化组织领导和协调配合。各市、县人民政府要把加快推进水稻生产全程机械化纳入重要议事日程,加强组织领导,加大财政资金投入,做到有部署、有措施、有落实、有成效。要通过督促指导、跟踪检查、信息交流、媒体宣传、绩效考核等一系列措施,加快推进水稻生产全程机械化。各级财政、国土资源、科技、水利、农业、农机、电力等部门要各司其职,强化协调配合,形成协调联动、整体推进的工作机制,加快推进水稻生产全程机械化。

附件:全区粮源基地县名单(略)

广西壮族自治区人民政府办公厅

二〇一五年十月十九日

广西壮族自治区人民政府办公厅关于印发广西2016年优质高产高糖糖料蔗基地建设实施方案的通知

桂政办发〔2015〕106号

各市、县人民政府,自治区人民政府各组成部门、各直属机构:

《广西2016年优质高产高糖糖料蔗基地建设实施方案》已经自治区人民政府同意,现印发给你们,请结合实际,认真组织实施。

二〇一五年十一月十三日

广西2016年优质高产高糖糖料蔗基地建设实施方案

为贯彻落实《广西壮族自治区人民政府关于促进我区糖业可持续发展的意见》(桂政发〔2013〕36号)和《国家糖料蔗主产区生产发展规划(2015—2020年)》精神,加快推进我区500万亩优质高产高糖糖料蔗基地(以下简称"双高"基地)建设,自治区人民政府决定在2014年和2015年建设130万亩"双高"基地的基础上,2016年进一步加强"双高"基地建设。为确保工作顺利推进,特制定本方案。

一、总体思路

充分吸收2014年和2015年建设经验,加强财政资金统筹使用管理,强化和落实县级人民政府主体责任,充分调动实施主体的积极性,逐步实现糖料蔗基地经营规模化、水利现代化、种植良种化、生产机械化(以下简称"四化"),降低糖料蔗生产成本,不断提高单产、糖分和生产效益,提升我区糖业国际竞争力,促进糖业可持续发展。

二、工作目标

2016年建设100万亩符合"四化"要求的"双高"基地,力争平均亩产达到8吨、蔗糖分达到14%以上。

三、建设范围

在列入《国家糖料蔗主产区生产发展规划(2015—2020年)》的32个糖料蔗生产基地县(市、区)片区范围内(见附件1),选择水源充足、地势平缓、集中连片、基础设施较好、建设主体和群众积极性较高的区域,开展"双高"基地建设工作。自治区监狱管理局"双高"基地建设不受32个生产基地县(市、区)的范围限制。

四、建设任务

2016年"双高"基地建设任务具体为:南宁市16.5万亩、柳州市11万亩、北海市1万亩、防城港市2.5万亩、钦州市1.5万亩、贵港市1.5万亩、河池市2.5万亩、来宾市27万亩、崇左市36万亩,自治区监狱管理局0.5万亩。

五、建设内容及要求

根据"双高"基地建设的"四化"要求,按照"缺什么,补什么"的原则开展"双高"基地建设。具体建设要求如下:

（一）经营规模化。按照“依法、自愿、有偿”的原则，归并零碎地块，积极稳妥地推进土地流转或整合。流转或整合后基地片区相对集中连片面积在200亩以上；单幅地块长200米以上、宽25米以上，面积在7.5亩以上；单幅地块之间最远距离不超过100米。通过开展土地整治和道路建设，实现基地单幅地块坡度在13度以下；田间道路和生产道路采用泥结石路面，路面压实并能满足大中型农机作业和运输，道路密度不小于30米/公顷；可根据需要配套建设排水沟渠。

（二）水利现代化。保障基地灌溉水源，科学规划水源到田间灌溉系统及其配套设施，合理建设水源工程、输水工程和田间灌溉工程。实施主体自行选择滴灌、喷灌等高效节水灌溉设施设备和水、肥、药一体化技术。田间灌溉工程建设应与农艺和全程机械化相适应。落实和完善灌溉工程与实施主体管护能力相适应的运行和管理机制，确保基地水利基础设施持久、高效地发挥作用。

（三）种植良种化。推广种植高产、高糖、抗逆性强、宿根性好并经自治区审定的糖料蔗品种及脱毒健康种苗。推广地膜覆盖、蔗叶还田、测土配方施肥、病虫草鼠害综合防治等先进适用技术。推广满足生产全程机械化要求的标准化种植方式，采取1.2米以上的等行距种植或

宽行1.2米以上、窄行0.4～0.5米的宽窄行种植。结合“双高”基地建设，根据全区糖料蔗良种繁育推广体系建设规划布局，建设一批区域性糖料蔗良种繁育基地。

（四）生产机械化。积极引进国内外先进装备，重点推进大中型切段式糖料蔗联合收割机应用，推广一批适应性强、可靠性好、性能优良的糖料蔗耕作机械。树立从选地开始相关主体参与系统谋划推进机械化的理念，大力培育壮大农机合作社、农机作业公司等农机专业服务组织，支持有条件的实施主体成立农机合作社，通过合作社向社会有偿提供糖料蔗生产农机服务，辐射和带动周边蔗区或企业开展机械耕、种、管、收、运等社会化服务；大力推广普及深耕深松、一体化标准化种植、中耕培土、植保、收获等机械化技术；着力解决切段式糖料蔗田间装载转运、道路运输及糖厂卸蔗平台、蔗槽改造相关问题；加快信息化与精准装备应用推广，实现糖料蔗生产全程机械化。

六、实施主体、责任主体和建设模式

（一）实施主体。制糖企业、种植公司、农民合作社、种植大户（家庭农场）以及广西华盛集团公司等经营主体为“双高”基地实施主体，负责或参与项目的具体建设和管理。制糖企业应通过多种方式积极参与“双高”基地建设，有试点任务的要积极配合开展蔗区面积增减与“双高”基地建设挂钩试点、糖蔗一体化经营试点或压榨槽技术改造试点。

（二）责任主体。各有关市、县（市、区）人民政府及自治区监狱管理局为“双高”基地建设的责任主体，负责统筹协调推进基地项目建设各项工作。

（三）建设模式。

1.实施主体自建。对具备项目建设能力和条件的经营主体，应当鼓励和支持其作为项目业主，按规定的建设标准自主建设管理“双高”基地，采取以奖代补或先建后补方式给予财政补助。

（1）制糖企业直接经营模式。制糖企业租赁农民土地后建立自营糖料蔗生产基地，实现制糖与糖料蔗种植一体化发展。

（2）制糖企业与农户合作经营模式。制糖企业与农户协商合作，由制糖企业在蔗种、机耕、土地整治、道路建设、田间水利设施建设及灌溉管理、机械砍收等方面统一管理，农户以土地承包经营权入股等方式参与基地建设，利益共同分享。

（3）种植公司投资经营模式。农民以出租、转包、入股、互换等形式流转土地承包经营权，交由有资金、懂技术、会管理的专业种植公司建设和管理。

（4）农民合作社经营模式。农民以土地承包经营权入股，建立糖料蔗生产专业合作社，实行“民办、民营、民管”的经营方式，统一经营，按股分红。

（5）种植大户（家庭农场）经营模式。农民将土地流转给种植大户或家庭农场，发展规模化经营。

（6）“双加双带”模式。制糖企业负责、当地人民政府配合流转农民土地，制糖企业先行垫付部分建设资金，由种植公司具体开展基地建设，并与当地农民签订用工协议就地就业。通过“制糖企业＋种植企业”“企业＋农户”，实现“制糖企业带动农民租地”“种植企业带动农民就业”。

（7）“并户联营”模式。农民自愿以土地承包经营权折股组建农民土地股份合作社，合作社聘请糖料蔗种植能人负责基地经营管理。农民除按入股比例获得保底收益外，还参与高于约定产量的收益分成。

2.政府组织建设。对项目片区和实施主体已经落实，但实施主体没有能力和条件自主承担项目建设任务的，可由县级人民政府从发展改革、国土资源、水利三个主管部门中指定一个主管部门，牵头组织项目建设（不含应由经营主体负责建设的田间灌溉工程部分），按规定落实项目施工单位；或由项目县（市、区）政府从上述三个主管部门中明确牵头主管部门，利用现有建设平台或组建统一的“双高”基地建设公司作为项目法人负责项目实施。项目建设完成、验收合格后，移交相关经营主体管理、完善。各地可参照上述模式，因地制宜，创新模式，扎实推进“双高”基地建设。

七、资金筹措及财政补助

“双高”基地建设通过争取中央支持，自治区、市、县三级财政投入，以及实施主体投入等渠道筹措建设资金。主要构成如下：

（一）经营规模化和水利现代化。自治区财政根据全区500万亩“双高”基地建设需要和自治区承担的补助标准，通过整合现行中央、自治区相关专项资金和新增预算安排，统筹用于支持“双高”基地土地整治和水利化建设，按每亩2 478元实行综合补助，由县级包干使用。各市、县（市、区）按2015年承担比例筹措每亩462元财政补助资金，经营主体按要求落实所承担每亩660元的建设资金，并与各级财政补助资金统筹使用。“双高”基地建设资金统筹使用管理办法由财政厅会同自治区有关部门另行制定，各地各单位可参照该办法制定符合基地片区实际情况的差异性财政补助标准。

（二）种植良种化。对达到土地整治要求新植或翻兜新种自治区甘蔗良种审定委员会审定发布的糖料蔗良种、符合种植技术要求的，给予不低于每亩500元的一次性补助，其中自治区财政补助每亩300元、市县财政补助不低于每亩200元。

（三）生产机械化。生产机械化投资以受益主体为主、政府补助为辅。政府补助按照中央和自治区农机具购置补贴政策执行，自治区在安排农机具购置补贴资金和农机购置贷款贴息时向“双高”基地项目区域倾斜。支持开展切段式大型糖料蔗

联合收获机配套服务，基地建设责任主体和实施主体可考虑对切段式大型糖料蔗联合收获机收获的糖料蔗运输给予一定的补助。机械化作业补贴方案由自治区农机局会同自治区有关部门另行制定。

八、工作步骤

（一）实施准备阶段（2015年11月）。一是印发本方案，明确目标任务、财政补助标准、责任分工、工作要求等。二是层层分解任务，自治区将任务分解下达到有关市及自治区监狱管理局，有关市将任务分解到县（市、区）、自治区监狱管理局将任务分解到监狱，县（市、区）、监狱将任务落实到地块。

（二）组织实施阶段（2015年11月—2017年4月）。落实实施主体、制定项目实施方案（经营规模化和水利现代化项目实行由建设主体组织编制项目申报书，由县级“双高”基地办牵头组织相关部门对项目申报方案进行审批，报市级和自治区“双高”基地办备案后实施，申报书模板见附件2），组织实施“双高”基地的“四化”建设工作。

（三）竣工验收阶段（2017年5月前）。“双高”基地建设的“四化”建设内容全部列入验收范围内，实行竣工分级验收制度，即县级初验、市级终验、自治区抽验。县级按照“统一标准、加强监管、分项验收、及时兑现”的原则，具体组织开展本辖区项目初验工作。市级和自治区采取综合验收方式，其中市级按照基地片区总数的30%进行终验、自治区按照基地片区总数的10%进行抽验（自治区监狱管理局系统各监狱参照县级开展初验工作，自治区监狱管理局参照市级进行终验工作）。具体验收管理办法由自治区“双高”基地办会同自治区有关部门另行制定。

九、保障措施

（一）加强组织领导。各地各单位要参照自治区做法，成立“双高”基地建设工作领导小组及其办公室，落实脱产工作人员，实行集中办公，保障必要的工作经费。在自治区“双高”基地建设工作领导小组的统一领导下，各有关市、县（市、区）人民政府和自治区有关单位要各司其职，分别负责做好“双高”基地建设相关工作。各地各单位要根据“双高”基地建设的实际需要，及时制定和完善建设资金统筹使用管理、政策性保险、鼓励制糖企业参与基地建设激励政策等支持政策。

（二）实行绩效考评。“双高”基地建设工作纳入对有关市、县（市、区）和自治区“双高”基地建设工作领导小组成员单位的绩效考评范围，考评结果按相应比例折算后计入该市、该单位年度绩效考评总分。对绩效考评结果良好、优秀的项目市、县（市、区）和自治区单位，给予通报表扬；对工作推进不力、没有完成任务的，视情况给予通报批评、进行约谈或启动问责程序。

（三）加强项目管理。一是自治区监狱管理局、有关县（市、区）人民政府与实施主体签订建设协议，强化实施主体责任，并明确基地建成后必须种植糖料蔗6年以上，特殊情况需要改变的，要报批并将各级财政投入的资金按原渠道收回上缴财政。二是县级人民政府要结合实际，制定和完善建设资金使用和管理实施细则，保障资金使用的安全和效益。三是完善水利设施、田间道路等农田基础设施建成后的管护制度，提高运营效率和使用寿命。四是完善适应“四化”要求的糖料蔗种植农艺标准和糖料蔗生产全程机械化作业规范，制定水肥一体化技术标准。

（四）强化督促指导。实行“双高”基地建设进度定期通报制度，营造鼓励先进、鞭策后进的氛围。定期编印工作简报，分送自治区四家班子领导、自治区有关部门和各有关市、县（市、区）。自治区适时组织督导组到各地各单位检查、指导工作。

（五）引导群众参与。各地各单位要充分利用电视、电台、网络、报纸等媒体，扎实做好宣传发动工作，统一各级各有关部门思想，充分发挥制糖企业、乡镇、村委等与农户紧密联系的基层单位的作用，做好广大农户的思想工作，引导项目区农户自发自愿流转土地，积极参与支持项目建设。

各有关市人民政府和自治区各有关单位要按照本方案精神，抓紧制定出台具体实施方案，并认真抓好落实。

附件：1. 广西32个糖料蔗生产基地县（市、区）名单（略）

2. 广西2016年优质高产高糖糖料蔗基地土地整治和水利化项目建设申报书（略）

索　引

说　明

一、本索引采用主题分析索引方法，依据汉语拼音字母顺序排列，同音字按声调排列。

二、类目用黑体字。数字表示内容所在页码或参见页码，数字后字母表示从左到右内容所在栏别。

三、除标题外，机构与负责人、大事记栏目内容不作索引。

K

L

M

N

P

Q

R

S

T

W

X

Y

Z

中联重科

农业生产机械化整体解决方案服务商

ZOOMLION-AGRICULTURAL MECHANIZATION FULL SOLUTION SERVICE PROVIDER

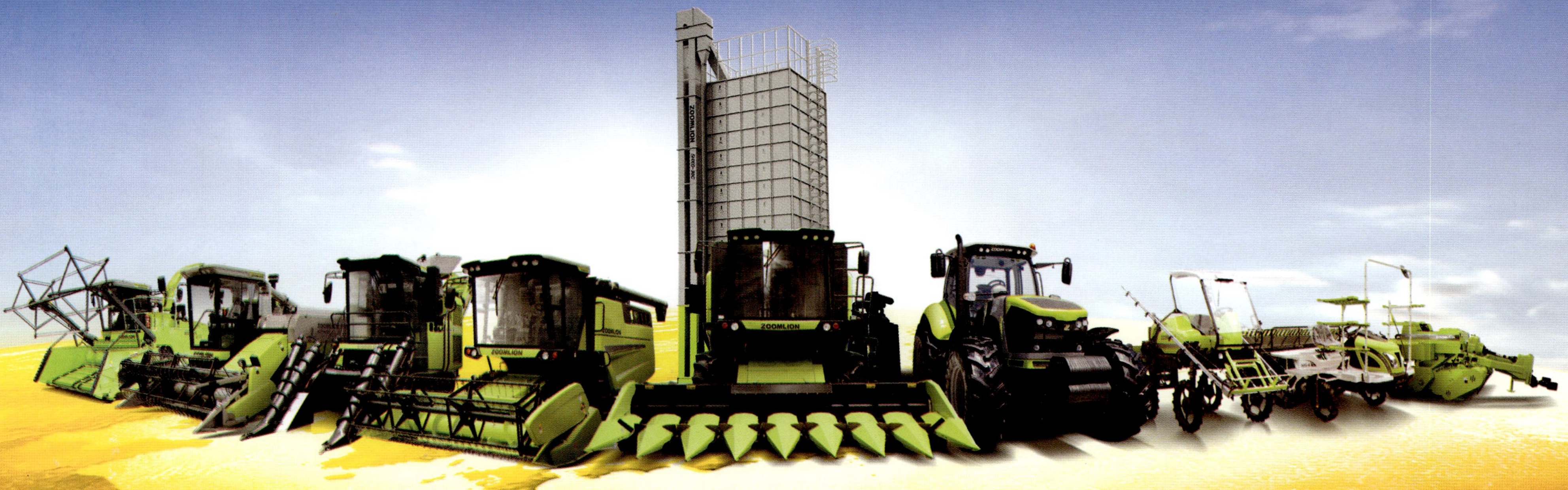

ZOOMLION

中联重科旗下企业：

中联重机股份有限公司　官网：www.zoomlion-hm.com　电话：400-601-6688

四川刚毅科技集团有限公司

四川刚毅科技集团有限公司董事长 张勇刚

四川刚毅科技集团有限公司（以下简称集团）始建于2004年，现有员工600余人，占地100余亩，是一家以生产现代农业装备为主的综合性民营企业。

刚毅集团是中国农机工业协会耕整机分会理事单位，四川省农机协会常任理事单位，崇州市先进民营企业，成都市农业产业化经营重点龙头企业和AAA级信用企业；2011年集团通过了ISO9000质量认证和国家强制性3C认证，获得了“2011年度中国成长型、科技创新型中小企业百强”荣誉称号；2012年集团技术中心被认定为“成都市企业技术中心”，农用机械系列产品被授予“四川名牌产品”称号；2013年四川省科技厅、财政厅、国税局、地税局授予集团为“高新技术企业”；2014年成都市科技局、发改委、经信委等十个市级政府机关授予集团为四川省建设创新型企业“培育企业”；2015年刚毅集团被成都企业联合会、成都工业经济联合会评为“民营企业一百强”；荣获中国农业机械“精耕杯”年度用户心仪奖、丘陵山区农业机械十佳品牌；2015年12月由四川省经信委组织省内高等院校、研究院所和农机生产、销售企业成立了“四川省现代农机产业技术发展联盟”，刚毅集团被推荐为理事长。

集团现有技术人员70余人，其中中高级职称的占24人，集团还依托四川省农机研究设计院、西华大学、四川省农科院、四川农业大学和四川省机械设计院等人才和科技优势，组成产学研联合体，走科技创新之路，不断开发新产品；集团先后自主创新研发、生产了多款具有自主知识产权、国内领先水平的农用机械系列产品，部分产品填补了国内空白，达到世界先进水平。几年来申请了各项专利51个，其中发明专利9个、适用新型专利36个、外观设计专利6个；已获授权的专利26个。

4D-2型大豆联合收割机

4LZ-1.6 谷物联合收割机

4L-0.9B型带乘坐式微型谷物收割机

四川刚毅科技集团有限公司

地址：成都崇州经济开发区宏业大道北段1105号

热线电话：4009996362

DSC_1003　时风玉米收割机　时风D102电动汽车　时风国五轻卡汽车　时风全自动冲压生产线

时风集团成立于1993年5月18日，总占地5000亩，总资产200亿元，员工30000人。主导产品为三轮汽车、低速货车、轻卡汽车、电动汽车、拖拉机、发动机、轮胎、联合收割机。母公司山东时风（集团）有限责任公司下设五大产业园，设有时风中央研究院。

- 全国五一劳动奖状
- 国家创新型企业
- 中国出口质量安全示范企业
- 博士后科研工作站
- 全国节能先进集体
- 国家级企业技术中心
- 山东省省长质量奖
- 改革开放30年山东省功勋企业
- 农业部农机动力与收获机械重点实验室
- 通过GB/T19001－2008质量管理体系认证、GB/T24001－2004环境管理体系认证和GB/T28001－2001职业健康安全管理体系认证。

时风文化

- 发展宗旨：造福用户，造福员工，造福社会；
- 同行业的最高标准是时风的最低要求；
- 用户需求第一，经销商利益第一，时风集团第二；
- 认真做事只是把事情做对，用心做事才能把事情做好；
- 市场对一个企业来说永远是无限的；
- 产量是钱，质量是命，不能要钱不要命；
- 没有办不成的事，只有办不成事的人；
- 安全第一、质量第一、市场需求第一；
- 市场是检验产品质量的最终标准，用第一的标准生产第一的产品；
- 抓现场不能手软、抓质量不能手软、抓安全不能手软、抓廉洁不能手软；
- 员工质量意识、技术素质提高一小步，时风事业发展就会前进一大步。

集团历史演革

- 1989年高唐县工具厂（时风集团前身）租赁了县财局管理的3000平方米的厂房；
- 1990年划并了化工厂部分厂区；
- 1992年高唐县工具厂更名为高唐县时风机器总厂；
- 1993年合并了县机械厂成立时风集团；
- 1994年联合了县拖拉机站，购买了燃料公司储货场；
- 1995年兼并了县纺织机械厂；
- 1996年5月，投资2亿元建成占地217亩的总装厂；
- 1998年7月，投资7.5亿元建成占地486亩的农用汽车产业园；
- 2000年组建了时风酒业公司；规划总投资30亿元，建设占地1000亩的农业装备产业园；
- 2003年至2006年，投资10亿元建设占地500亩的时风热电产业园，总装机容量为100MW，年发电量为7.2亿度，年供热能力270万吨。
- 2003年至2010年，投资20亿元建设时风化纤轮胎产业园（第一工厂和第二工厂），形成年产820万套农业装备轮胎、60万套大型工程轮胎、6万吨锦化工业布的规模。
- 2006年组建山东时风（集团）聊城农业装备有限公司，投资1.5亿元，建设占地258亩，形成年产2万台联合收割机的生产能力。
- 2010年建设时风电动汽车产业园，总投资50亿元，总占地1300亩，第一工厂投资20亿元，形成年产轻卡汽车8万辆、电动汽车20万辆的生产能力。
- 2013年建成电动汽车产业园第二工厂，总投资30亿元，目前建成拖拉机总装线、三轮汽车总装线及仓库、试车场、检测线等设施。
- 2014年建设电动汽车自动化冲压线、涂装线和总装线，总装线正在安装设备，冲压线、涂装线设备已订购，年底将全面投入运行。
- 2015年建成3.5万吨锦纶工业布产能扩建项目，形成年产10万吨锦纶工业布的生产能力，生产规模居全国领先。

主要指标

2015年，实现主营业务收入340亿元，利税18亿元，生产整车146万辆，电动车100159辆。2016年1-9月份，时风集团实现主营业务收入266亿元，实现利税13.9亿元，生产整车110万辆，产销电动车87213辆。

产业支撑

- 时风集团居2016年中国企业500强第372位，中国机械500强第60位，中国机械品牌100强第38位，中国农机工业50强第1位。
- 时风品牌价值超过500亿元。
- 时风中央研究院有13个研究所，专业技术人员2500余人，是三轮汽车、低速货车行业先进的CAD示范基地。有1000多项科研成果和国家专利。
- 1500多个营销网点和2000多家配套企业，形成"买全国、卖全国"的供应配套网络和营销网络，产品远销美国、墨西哥、阿尔巴尼亚等50多个国家。
- 时风配件营销公司年销售额达5亿元，是全国最大的农用汽车配件集散地。
- 冲压、焊装、涂装、总装、机加工、铸造、热处理等生产能力均居全国同行业前列。
- 形成年产农用汽车130万辆、轻卡汽车8万辆、电动车20万辆、发动机150万台、拖拉机30万台、轮胎880万套、联合收割机2万台的生产能力。

战略规划

总体思路是：聚焦国家新四化战略构想，树立和落实科学发展观，遵循"传统产业转型升级，战略新兴产业加快发展"决策要求，围绕"一个战略目标"，建设"五大产业园"，做强做大做久运输机械、农业装备、汽车、电动车和化纤轮胎，全力打造电动汽车千亿产业，在未来跻身世界500强。

- 一个战略目标：即"中国驰名、世界著名"运输机械集团。
- 五大产业园：即农用汽车产业园、农业装备产业园、电动汽车产业园、化纤轮胎产业园、热电产业园。
- 2016年方针目标：全面贯彻党的经济社会稳中求进、创新驱动的方针政策，发挥高端智能制造产业集群优势，以提高企业经济运行质量和效益为中心，以加快培植建设战略新兴产业为重点，注重市场供给需求导向，注重低碳绿色新品打造，注重经营管理能力提升，注重发展成果惠及员工及合作伙伴互利多赢，主动适应国家经济发展新常态，动员30000员工坚定信心，凝心聚力，以攻坚克难、奋发有为的新境界、新作风，奋力开创时风集团科学发展新局面。

地址：山东省高唐县时风路1号
电话：0635-3953153（集团电话）
0635-3609889（销售电话）
0635-3959771（国际贸易部）

时风时风　路路畅通

http://www.cnshifeng.com

黄海金马

耕耘你的梦想 CULTIVATE YOUR DREAM

- 印度马恒达集团与江苏悦达集团组建的大型合资公司。
- 在江苏盐城经济开发区兴建了大型完善的现代化生产工厂。
- 公司生产设备精良，质量保证体系完善，产品符合多项国际品质标准。
- 产品功率覆盖18马力—180马力，含大棚王、果林王、窄轮距，满足多种作业。
- 销售区域遍及全国和国外六十多个国家和地区，获E-mark和OECD认证。
- 服务网络覆盖全国，由技术一流的服务团队提供优质的售后服务。

18-30A

25-40D

30-40A

30-40C

50-60C

50D-60D

40-70A

70-90A

90-130A

110-1354

85M-100M

160-180

马恒达悦达[盐城]拖拉机有限公司
Mahindra Yueda [Yancheng] Tractor Co., Ltd.

地址：中国江苏省盐城市经济开发区嫩江路9号
9,Nenjiang Road Economic Developing Zone,YanCheng,JiangSu,PRC

电话（Tel）
0515 8823 0030　6882 3896

传真（Fax）
0515 8823 1121